NEUE WISSENSCHAFTLICHE BIBLIOTHEK 90
SOZIOLOGIE

ENTWICKLUNG DES ICHS

Neue Wissenschaftliche Bibliothek

Entwicklung des Ichs

Herausgegeben von
Rainer Döbert
Jürgen Habermas und
Gertrud Nunner-Winkler

Verlagsgruppe
Athenäum · Hain · Scriptor · Hanstein

CIP-Kurztitelaufnahme der Deutschen Bibliothek

Entwicklung des Ichs / hrsg. von Rainer Döbert . . .
- 2. Aufl. - Königstein/Ts. : Verlagsgruppe
Athenäum, Hain, Scriptor, Hanstein, 1980. -
(Neue wissenschaftliche Bibliothek ; 90 :
Soziologie)
1. Aufl. im Verl. Kiepenheuer u. Witsch, Köln.
ISBN 3-445-01723-9

NE: Döbert, Rainer [Hrsg.]

2. Auflage

Druck und Bindung: Friedrich Pustet, Regensburg
Printed in Germany
ISBN 3-445-01723-9

Inhalt

III. ENTWICKLUNG DES MORALISCHEN BEWUSSTSEINS

IV. ICH-ENTWICKLUNG

DRITTER TEIL
ASPEKTE DER IDENTITÄTSBILDUNG IN DER ADOLESZENZ

I. KOGNITIVER ASPEKT

II. MOTIVATIONALER ASPEKT

III. MORALISCHER ASPEKT

VIERTER TEIL
MORAL-ENTWICKLUNG UND POLITISCHES BEWUSSTSEIN
BEI JUGENDLICHEN

Zur Einführung

RAINER DÖBERT, JÜRGEN HABERMAS, GERTRUD NUNNER-WINKLER

I

Wenn ein Fachgebiet durch spezielle Theorien wohl umschrieben ist, besteht ein klarer Bezugspunkt für die Auswahl repräsentativer Beiträge. Was wir »Theorie der Ich-Entwicklung« nennen, ist kein gut definierter Bezugspunkt. Vielmehr muß aus der Zusammenstellung der Beiträge selbst indirekt hervorgehen, wie das Gebiet abzugrenzen ist, das die Beiträge repräsentieren sollen. Bei dieser Sachlage ist es für die Herausgeber einer Anthologie schwer, plausibel zu machen, daß ihre Auswahl nicht schierer Willkür entspringt.

Um mit dem Willkürlichen zu beginnen: Anlaß zur Beschäftigung mit den Literaturbereichen, aus denen wir ausgewählt haben, gab eine empirische Untersuchung, die zwei der Herausgeber am Starnberger Max-Planck-Institut durchgeführt haben[1]. Wir hatten ein Interesse an einem Typus von Konflikt- und Rückzugspotentialen, der anzeigt, daß heute die Beschaffung funktional notwendiger Motivationen und Legitimationen auf Grenzen stößt. Solche Potentiale entstehen im Sozialisationsbereich; sie können nicht mit trivialpsychologischen Annahmen erklärt werden. Unter diesem Gesichtspunkt stellt die Adoleszenz eine besondere Gefahrenzone dar. Der Übergang zum Erwachsenenstatus ist in jeder Gesellschaft eine Risikoschwelle, weil sich hier zeigen muß, ob ein systemkonformer Anschluß der jeweils nächsten Generation an die vorhergehende gelingt. In Gesellschaften unseres Typs muß dieser Anschluß unter den unwahrscheinlichen Bedingungen eines Moratoriums hergestellt werden, das wachsenden Teilen der Jugend die Möglichkeit gibt, die kulturelle Überlieferung mit den durch formale Schulbildung erworbenen reflexiven Mitteln anzueignen und kritisch zu mustern. Daher hat sich die erwähnte Untersuchung auf Zusammenhänge zwischen Adoleszenzkrisenverlauf, moralischem Bewußtsein und Wertorientierungen, insbesondere politischen Grundeinstellungen konzentriert. Diese Fragestellung spiegelt sich auch noch in der Gliederung des vorliegenden Bandes.

Freilich konnte dieses Thema einen Anknüpfungspunkt nur deshalb bieten, weil die Verlaufsformen der Adoleszenz, die Stufen des moralischen Bewußtseins und die im Persönlichkeitssystem verankerten Lebensorientierungen das Netz von Variablen beschreiben, dessen wir uns bei der Analyse der Ich-Entwicklung bedienen müssen; das gilt jedenfalls für den Fall, daß wir die Ich-Entwicklung unter dem soziologisch relevanten Aspekt der Ausbildung der Identität erwachsener Gesellschaftsmitglieder betrachten wollen. Der Identitätsbegriff ist das soziologische Äquivalent des Ich-Begriffs. »Identität« nennen wir die symbolische Struktur, die es einem Persönlichkeitssystem erlaubt, im Wechsel der biographischen Zustände und über die verschiedenen Positionen im sozialen Raum hinweg Kontinuität und Konsistenz zu sichern.

Ihre Identität behauptet eine Person gleichzeitig für sich und gegenüber anderen; die Selbstidentifikation, das Sich-Unterscheiden-von-Anderen, muß von diesen anderen auch anerkannt werden. Die reflexive Beziehung des sich mit sich identifizierenden Einzelnen hängt von den intersubjektiven Beziehungen ab, die er mit anderen Personen, von denen er identifiziert wird, eingeht. Dabei soll er seine Identität in der lebensgeschichtlichen Vertikale, nämlich im Durchgang durch die verschiedenen, oft konträren Lebensstadien ebenso aufrechterhalten wie horizontal in der gleichzeitigen Reaktion auf verschiedene, oft konkurrierende Erwartungsstrukturen. Beide, die personale wie die soziale Identität, haben einen spezifisch soziologischen Sinn. Indem die Einzelnen ihre Identität erhalten, sichern sie nämlich zugleich die Intersubjektivität möglicher Verständigung untereinander. So besteht ein struktureller Zusammenhang zwischen den Formen der Identität der Individuen und den Formen der sozialen Integration des Lebenszusammenhangs, in dem sie miteinander verkehren. Extreme Fälle des Identitätsverlustes, etwa der psychotische Rückzug aus der sozialen Lebenswelt oder der Selbstmord als der definitive Abschied von ihr, sind ebensosehr Symptome eines zerrissenen, deformierten Lebenszusammenhanges von sozialen Gruppen wie Anzeichen einer individuellen Krankengeschichte.

Die Identitätsbildung ist ein komplexer Vorgang, den wir uns, im idealisierten Fall als eine Entwicklung von der *natürlichen* leibgebundenen Identität des kleinen Kindes über die *rollengebundene Identität* des Schulkindes bis zur *Ich-Identität* des jungen Erwachsenen vorstellen können[2]. Dieser Prozeß läßt sich aus der Perspektive des Kindes, das in das symbolische Universum seiner Umwelt hineinwächst, als ein Kompetenzerwerb analysieren, der sich stufenweise vollzieht. Indem das Kind lernt, seinen Leib von der noch nicht nach physischen und sozialen Objekten unterschiedenen Umgebung abzugrenzen, gewinnt es eine, wie wir sagen können, *natürliche Identität*, die sich dem zeitüberwindenden Charakter eines grenzerhaltenden Organismus verdankt. Schon Pflanzen und Tiere sind ja Systeme in einer Umwelt, so daß sie nicht nur, wie physische Gegenstände, eine Identität »für uns« (die identifizierenden Beobachter), sondern in gewissem Sinne eine Identität »für sich« besitzen. Aber zur Person bildet sich das Kind erst in dem Maße, wie es sich in einer sozialen Lebenswelt zu lokalisieren lernt. Wenn es sich die symbolischen Allgemeinheiten weniger fundamentaler Rollen seiner Familienumgebung und später die Handlungsnormen größerer Gruppen einverleibt, wird die am Organismus haftende natürliche Identität des Kindes durch eine symbolisch gestützte Rollenidentität abgelöst. Dabei beruht der kontinuitätsstiftende Charakter der *Rollenidentität* auf der Stabilität der Verhaltenserwartungen, die sich über die Ich-Ideale auch in der Person selbst festsetzen.

Diese konventionelle Identität kann während der Adoleszenzphase zerbrechen. Während dieser Zeit lernt der Jugendliche die wichtige Unterscheidung zwischen Normen einerseits und Grundsätzen, nach denen wir Normen erzeugen können, andererseits. Solche Prinzipien können als Maßstab für die Kritik und die Rechtfertigung vorgefundener Normen dienen. Ja, dem prinzipiell Urteilenden müssen alle geltenden Normen als Setzungen, als bloße Konventionen erscheinen. Unter diesen lassen sich als moralisch allein *allgemeine* Normen auszeichnen, denn nur diese sichern die Reziprozität der Rechte und Pflichten eines jeden gegenüber jedermann. Sobald aber in diesem Sinne die interaktive Reziprozität, die in der Rollenstruktur angelegt ist, selber zum Prinzip erhoben wird, kann sich das Ich nicht länger über die partikularen Rollen und die vorgefundenen Normen mit sich identifizieren. Es muß damit rechnen, daß sich die traditionell eingewöhnten Lebensformen als bloß partikular, als unvernünftig erweisen; deshalb muß es seine Identität sozusagen hinter die Linien aller *besonderen* Rollen und Normen zurücknehmen und allein über die abstrakte Fähigkeit stabilisieren, sich in beliebigen Situationen als derjenige zu präsentieren, der auch angesichts inkompatibler Rollenerwartungen und im Durchgang durch eine lebensgeschichtliche Folge widersprüchlicher Rollensysteme den Forderungen nach Konsistenz genügen kann. Die *Ich-Identität* des Erwachsenen bewährt sich in der Fähigkeit, neue Identitäten aufzubauen und zugleich mit den überwundenen zu integrieren, um sich und seine Interaktionen in einer unverwechselbaren Lebensgeschichte zu organisieren.

Das provisorisch eingeführte Konzept von Entwicklungsstufen der Identität hat noch keineswegs den Status eines hinreichend validierten Konstrukts. Aber es bietet einen Leitfaden, um die Literatur zu sichten, die sich mit einzelnen Aspekten dieses Vorgangs befaßt. Die Entwicklungsprobleme, die sich mit dem Begriff der Identitätsbildung verknüpfen lassen, sind in drei verschiedenen Theorietraditionen bearbeitet worden: in der kognitivistischen Entwicklungspsychologie, die auf Jean Piaget, in der Sozialpsychologie des symbolischen Interaktionismus, die auf G. H. Mead, und in der analytischen Ich-Psychologie, die auf S. Freud zurückgeht. In allen drei Theorietraditionen wird die Entwicklungsrichtung durch zunehmende Autonomie gegenüber mindestens einer von drei speziellen Umwelten charakterisiert, nämlich durch die Unabhängigkeit, die das Ich in dem Maße erwirbt, wie es im Umgang

- mit der äußeren Natur manipulierbarer Gegenstände und strategisch vergegenständlichter sozialer Beziehungen,
- mit der in performativer Einstellung erfahrenen symbolischen Realität von Verhaltenserwartungen, kulturellen Werten und Identitäten,
- mit der inneren Natur der intentionalen Erlebnisse und des eigenen Leibes, insbesondere mit den kommunikativ nicht verfügbaren Antrieben

seine Problemlösungsfähigkeiten erweitert. Piagets Theorie der kognitiven Entwicklung setzt an dem ersten Aspekt, Meads Theorie der interaktiven Entwicklung setzt am zweiten Aspekt und Freuds Theorie der psychosexuellen Entwicklung am dritten Aspekt an. Für alle drei ist die Umsetzung äußerer Strukturen in innere Strukturen ein wichtiger Lernmechanismus. Piaget spricht von Interiorisierung, wenn Schemata des Handelns, also Regeln der manipulativen Beherrschung von Gegenständen nach innen verlegt und in Schemata der Auffassung und des Denkens verwandelt werden. Psychoanalyse und Interaktionismus behaupten eine ähnliche Umsetzung von Interaktionsmustern in intrapsychische Beziehungsmuster (Internalisierung). Mit diesem Mechanismus der Verinnerlichung hängt das weitere Prinzip zusammen, durch aktive Wiederholung dessen, was man zunächst passiv erfahren oder erlitten hat, Unabhängigkeit sei es gegenüber äußeren Objekten, Beziehungspersonen oder eigenen Impulsen zu erlangen.

Gewiß dürfen wir die Konvergenzen der drei Ansätze nicht überschätzen; aber die theoretischen Gesichtspunkte, die sie jeweils hervorheben, ergänzen sich. So ist das *Konzept der Entwicklungslogik* insbesondere von Piaget ausgearbeitet worden. Der Bildungsprozeß erkenntnis- und handlungsfähiger Subjekte durchläuft eine irreversible Reihe diskreter und zunehmend komplexer Entwicklungsstufen, wobei keine Stufe übersprungen und jede höhere Stufe im Sinne eines rational nachkonstruierbaren Musters interner Beziehungen die vorangehende Stufe »impliziert«. Mead hat das *Konzept der Ich-Identität* entwickelt. Der Heranwachsende konstituiert sich erst in dem Maße als Individuum, wie er an sozialen Interaktionen teilnimmt. Seine Identität bildet sich durch Vergesellschaftung, also dadurch, daß er sich über die Aneignung symbolischer Allgemeinheiten in ein bestimmtes soziales System zunächst integriert, um dann über die Identifizierung mit immer abstrakteren Gruppen und Strukturen zu lernen, seine Interaktionen in einem unverwechselbaren lebensgeschichtlichen Zusammenhang selber zu organisieren: Vergesellschaftung bedeutet Individuierung. Schließlich spielt das *Konzept der Reifungskrise* vor allem bei Freud eine Rolle. Der Bildungsprozeß vollzieht sich nicht nur diskontinuierlich, sondern in der Regel auch krisenhaft[3]. Der Lösung von stufenspezifischen Entwicklungsproblemen geht eine Phase der Entstrukturierung und sogar der Regression voraus. Die Erfahrung der produktiven Auflösung einer Krise, also die erfolgreiche Abwehr der Gefahr, auf pathologische Entwicklungspfade abzugleiten, ist Bedingung der Bewältigung späterer Krisen.

Die Konvergenzen zwischen diesen drei theoretischen Traditionen fallen heute stärker auf. Assimilationen haben in der einen oder anderen Richtung schon stattgefunden. Die Integration Freudscher und Meadscher Ansätze ist in der Soziologie am weitesten fortgeschritten[4]. Analytisch orientierte Ich-Psychologen versuchen, Piagets Theorie der kognitiven Entwicklung mit psychodynamischen Konzepten zu verbinden[5]. Kognitivistische Psychologen, die sich mit der Entwicklung der moralischen Entwicklung befassen, haben den Anschluß an Grundbegriffe des symbolischen Interaktionismus gefunden[6]. Die Perspektive, in der sich heute solche Verbindungen mehr oder weniger eklektisch herstellen, ist im übrigen schon in den frühen Arbeiten der Freudschen Linken, die Marx und Freud mit Hegelschen Mitteln zusammengeführt hat[7], ausgebildet worden[8].

Wir verfügen zwar noch immer nicht über eine erklärungskräftige Theorie der Ich-Entwicklung, die den komplexen Vorgang der Identitätsbildung hinreichend aufklärt. Aber wir haben die Beiträge dieses Bandes programmatisch im Hinblick auf die Aufgabe, eine solche Theorie zu entwickeln, ausgewählt. Dabei hat sich (obwohl die Herausgeber Soziologen sind) ein unverkennbares Übergewicht von im engeren Sinne psychologischen Arbeiten ergeben. Wir halten trotzdem den Umstand, daß der Band in einer soziologischen Reihe erscheint, nicht für gleichgültig. Die Verfestigung von theoretischen Fragestellungen zu Disziplinen mag von wissenschaftsgeschichtlichen Zufällen abhängen; aber nachdem sich disziplinäre Identitäten herausgebildet haben, die im Falle von Soziologie und Psychologie sogar weiter auseinanderliegen als bei anderen Sozialwissenschaften, fühlen wir uns verpflichtet, die *Bedeutung*, die nach unserer Auffassung eine programmatisch sich abzeichnende *Theorie der Ich-Entwicklung* gerade *für die Soziologie* gewinnt, zu erläutern. Wir skizzieren zunächst den theoretischen Rahmen (II), charakterisieren die Entwicklung der Interaktionskompetenz als Kern der Identitätsbildung (III) und überlegen abschließend, ob nicht eine solche Theorie unter methodologischen Gesichtspunkten sogar einen Paradigmawechsel in der Soziologie anzeigt (IV).

II

Die hier versammelten Arbeiten stammen aus verschiedenen Kontexten, die sich nicht ohne Gewalt auf einen gemeinsamen theoretischen Nenner hätten bringen lassen. Im ersten Teil wird ein handlungstheoretischer Begriff der Identität und ein theoretisches Modell des für die Konstitution von Identität wichtigsten sozialen Systems, nämlich der Familie, vorgestellt. Der Aufsatz von Stierlin zeigt dann exemplarisch, wie spezifische Familienkonstellationen die Identitätsbildung in der Adoleszenz beeinflussen. Die für ein angemessenes psychologisches Modell der Ich-Entwicklung relevanten Variablen werden dann im zweiten Teil eingeführt, wobei die Reihenfolge der Variablen (kognitive Entwicklung, Rollenübernahme, moralische Entwicklung, Ich-Entwicklung als Synthese kognitiver und motivationaler Faktoren) eine Hierarchie zunehmend komplexer Strukturen widerspiegelt. Im folgenden Teil wird gezeigt, wie sich unter Rekurs auf diese Variablen die spezifischen Entwicklungsprobleme der Adoleszenz beschreiben lassen. Die im letzten Teil zusammengefaßten Arbeiten analysieren politische Einstellungen und politisches Handeln als Resultanten der in den vorangehenden Teilen vorgestellten formalen, lebensbereichunspezifischen Dimensionen.

Diese thematische Gliederung spiegelt die theoretischen Gesichtspunkte der Auswahl nur unzureichend. So bleiben die soziologischen Interessen zu sehr im Hintergrund. Es handelt sich kurz um die folgenden Gesichtspunkte.

1) Entwicklungsphasen

Die verschiedenen entwicklungspsychologischen Ansätze stimmen darin überein, daß zwei Entwicklungsschübe für die Ich-Entwicklung von besonderer Bedeutung sind. Der eine, der nach unseren kulturellen Definitionen zur »Schulreife« führt, wird unter psychodynamischen Gesichtspunkten als ödipale Krise und unter Gesichtspunkten der kognitiven Entwicklung als Übergang vom präoperationalen zum konkret operationalen Denken begriffen. Der andere Entwicklungsschub, der nach unseren kulturellen Definitionen das Jugendalter kennzeichnet, wird unter psychodynamischen Gesichtspunkten als Adoleszenzkrise und unter Gesichtspunkten der kognitiven Entwicklung als Übergang vom konkret-operationalen zum formal-operationalen Denken verstanden. Soziologisch gesehen hängen diese beiden Entwicklungsschübe mit dem Hineinwachsen in die Elternfamilie und mit der Ablösung von ihr zusammen. Wenn man dieses vereinheitlichende Konzept zugrunde legt, handelt es sich um zwei Stufen eines Sozialisationsvorgangs, der motivationale und kognitive Aspekte hat, dessen Kern jedoch im Erwerb von interaktiven Fähigkeiten und in der Ausbildung einer Identität besteht.

Für beide Stufen lassen sich die funktionalen Entwicklungsprobleme, die gelöst werden müssen, soziologisch bestimmen. Mit der Lösung der ödipalen Krise und dem Erwerb von Geschlechts- und Generationsrolle macht sich das Kind die soziale Struktur der Elternfamilie zu eigen. Damit lernt es, die partikularen Beziehungen zu bestimmten Bezugspersonen von generalisierten Verhaltenserwartungen zu unterscheiden. Es baut interne Verhaltenskontrollen auf, erwirbt eine rollengebundene Identität, grenzt das Familiensystem gegen dessen soziale Umwelten ab usw. In der Adoleszenz wiederholt sich zunächst das Problem der Lösung aus der konkretistischen Bindung an die frühkindlichen Liebesobjekte auf höherer Ebene. Der Jugendliche muß seine Familienmitgliedschaft nicht mehr nur an den peers relativieren, sondern aus dem Familienverband heraustreten und aktiv Rollen übernehmen, die auf das Gesamtsystem bezogen sind. In Gesellschaften unseres Typs handelt es sich um eine spezialisierte Berufs- oder Berufsvorbereitungsrolle, eine abstrakte Staatsbürgerrolle, die hochindividualisierte Rolle eines sexuellen Partners, die Elternrolle usw. Kurzum, der Jugendliche muß den Autonomieerwartungen, die mit dem Erwachsenenstatus verbunden sind, gerecht werden.

2) *Identitätsformationen*

Wenn man die in der Adoleszenz gestellten Entwicklungsprobleme genauer analysiert, stößt man auf eine zentrale Aufgabe: auf die Rekonstruktion der an die Elternfamilie gebundenen Rollenidentität. Der Ablösung von der Familie muß der Versuch folgen, anstelle der Familienzugehörigkeit eine andere Identitätsbasis zu finden. Diese Sequenz von Lösungs- und Identitätskrise hat Erikson exemplarisch untersucht. Die Adoleszenzkrise kann unauffälligere oder dramatischere Formen annehmen; sie führt im Falle eines intensiveren Verlaufs zu Konflikten, die manche Jugendliche eher intern verarbeiten, andere stärker ausagieren. Von den Verlaufsformen hängen die *Ausgänge* der Krise ab[9]. Idealtypisch lassen sich drei Ausgänge unterscheiden. Die Identitätsbildung mißlingt, wenn der Jugendliche eine zwanglose Integration in die Gesamtgesellschaft, eine Balancierung der verschiedenen Lebensbereiche und eine einheitsstiftende Interpretation seiner Lebensgeschichte nicht erreicht. Das Ergebnis sind *diffuse*, gespaltene, labile bzw. unsichere *Identitäten*. Diese Phänomene, die in den Grenzbereich von Psychopathologie und Soziologie gehören, haben wir nicht berücksichtigt. Denn unter strukturellen Gesichtspunkten würden sich die Formen »beschädigter Identität« erst untersuchen lassen, wenn die zugehörigen Formen systematisch verzerrter Kommunikation besser als bisher erforscht wären und theoretisch beschrieben werden könnten. Natürlich treten diese Erscheinungen auch in weniger extremen Ausprägungen als Pathologien des Alltagslebens auf; sie sind kulturell normalisiert und kaum von den beiden anderen Identitätsformationen zu unterscheiden, die wir für den gelungenen Adoleszenzverlauf postulieren.

Entweder rekonstruiert der Jugendliche die zerbrochene, an die Herkunftsfamilie gebundene Rollenidentität auf gleichem strukturellen Niveau, oder er überwindet die Rollenidentität zugunsten einer Ich-Identität. Im ersten Fall ersetzt die Zugehörigkeit zu abstrakteren Gruppen die Familienzugehörigkeit als Identitätsbasis; das ist in der Regel die Zugehörigkeit zu einer bestimmten Berufs- und Statusgruppe, meist in Verbindung sei es mit regionalen, landsmannschaftlichen, nationalen, staatlichen oder sprachlich-kulturellen Mitgliedsrollen. Auch im zweiten Fall müssen diese abstrakteren, nicht mehr an die Familie gebundenen Rollenidentitäten erworben werden; aber sie zerbrechen wieder, und der Jugendliche lernt in diesem Prozeß, wie er die Fähigkeit, alte Identitäten zu überwinden und neue Identitäten aufzubauen, generalisieren und auf beliebige Situationen übertragen kann. Die partikularen Kerne aufgegebener Rollenidentitäten sind dann nur die biographischen Spuren eines Lernvorgangs, der dazu geführt hat, daß die Identitätsbildung reflexiv geworden ist; diese ist nun ein Prozeß, der in jeder kritischen Situation von neuem in Gang kommt.

3) Lebensorientierungen

Die Adoleszenzphase wird vielfach als das »philosophische« Lebensalter dargestellt. Dabei denkt man sogleich an literarische Vorbilder einer kultur- und zeittypischen, vor allem schicht-spezifischen Jugendentwicklung. Aber der Idealismus des hochfliegenden, intellektuell geprägten bürgerlichen Jugendlichen scheint nur eine besonders auffällige Variante eines allgemeineren Musters zu sein. Während der Adoleszenzphase gewinnt der Jugendliche einen wie immer differentiellen Zugang zur jeweils herrschenden kulturellen Überlieferung; er muß sich diese Tradition aneignen, um die Zeithorizonte des Erwachsenenstatus mit Inhalten einer übergreifenden Lebensorientierung auszufüllen. Identitätsformationen haben auch diesen inhaltlichen Aspekt: die Selbstidentifikation verlangt eine Selbstdeutung, die mit sehr verschiedenen Tiefenschärfen artikuliert werden kann. Diese Artikulation der Lebensorientierung hängt gewiß davon ab, welche Chancen des Zugangs zum kulturellen Deutungssystem jeweils bestehen und welche Chancen tatsächlich genutzt werden. Aber bei gegebenen Zugangsmöglichkeiten hängt der Ausgang der Adoleszenzkrise auch davon ab, welche Strukturen eine Überlieferung anbietet. Der Jugendliche entlehnt der kulturellen Überlieferung nicht nur *Inhalte*, sondern auch die *Konstruktionsmittel* für den Aufbau einer nicht mehr an die Familie gebundenen Identität. In dieser Hinsicht enthalten kulturelle Überlieferungen je nach ihrem formalen Niveau verschiedene Anregungspotentiale: sie können z. B. den Übergang zu einer postkonventionellen Identität anbieten und stimulieren oder den Umbau der Rollenidentität auf konventioneller Ebene festhalten. Die in diesem Band enthaltenen Beiträge zum politischen Bewußtsein von Adoleszenten (s. unten S. 272ff.) beziehen sich auf Ausschnitte unserer kulturellen Überlieferung, deren formales Niveau zu einem Bruch mit autoritätsgebundenem konventionellen Denken herausfordert. Überwiegend handelt es sich um die aus dem rationalen Naturrecht und den Theorien der bürgerlichen Gesellschaft stammenden politischen Grundbegriffe, in denen sich heute das Selbstverständnis von Konkurrenzdemokratien mit zugleich rechts- und wohlfahrtsstaatlicher Programmatik ausdrückt. Obwohl viele Jugendliche dieses Anregungspotential nicht nutzen, kann man sich die katalysatorische Wirkung, die eine solche Tradition unter geeigneten Umständen für die Lösung von Adoleszenzkrisen haben kann, am Modell jener Versuche klarmachen, bei denen das moralische Bewußtsein von Kindern dadurch gefördert werden soll, daß man sie an Beispielsfällen mit Argumenten einer jeweils höheren Stufe des moralischen Urteils konfrontiert (s. unten S. 145 ff.). In dieser Perspektive wird die selektive Ausschöpfung des kulturellen Anregungspotentials zum erklärungsbedürftigen Phänomen.

4) Kognitive Strukturen

Wenn wir die Ausgänge der Adoleszenzkrise nach den Entwicklungsstufen der erreichten Identitätsformationen beurteilen, machen wir mindestens implizit Gebrauch von einem Konzept, das Piaget zunächst für die kognitive Entwicklung eingeführt hat (s. unten S. 91 ff.). Die Stufen der kognitiven Entwicklung können durch problemlösende Handlungen oder »Operationen« beschrieben werden, die ein strukturiertes Ganzes bilden. Die internen Beziehungen, die jeweils zwischen Operationen derselben Stufe bestehen, verstehen wir als Strukturen, deren Bedeutung formal expliziert werden kann. Sie können rational nachkonstruiert werden. Das gilt aber nicht nur für die Beziehungen innerhalb einer Struktur, sondern für die Beziehungen zwischen den Strukturen verschiedener Stufen: Dieses Konzept der Entwicklungslogik, das noch nicht hinreichend analysiert ist[10], liegt auch unseren Annahmen zur Identitätsentwicklung zugrunde. Offenbar besteht zwischen Identitätsformationen und Stufen des moralischen Bewußtseins eine enge Verwandtschaft (s. unten S. 212 ff.). Eine prinzipiengeleitete Moral muß in einer rollenunabhängigen Identitätsformation verankert werden. Vermutlich liegt beiden dieselbe Struktur zugrunde. Freilich sind vorerst nur die Stufen des moralischen Bewußtseins empirisch soweit untersucht, daß das Konzept der Entwicklungslogik hier angewendet werden kann. Im übrigen scheint die kognitive Entwicklung für die moralische Entwicklung Schrittmacherfunktionen zu übernehmen; so ist beispielsweise die Beherrschung formaler Operationen eine notwendige, jedoch keine hinreichende Bedingung für ein prinzipiengeleitetes moralisches Urteil. Es ist aber nicht klar, ob sich die kognitive Entwicklung im Bereich des Umgangs mit manipulierbaren Gegenständen selbst reguliert und in diesem Sinne autonom fortschreitet oder ob sie ihrerseits von Kompetenzentwicklungen im moralisch-praktischen Bereich des kommunikativen Handelns abhängt. So stellt sich etwa die Frage, ob die Fähigkeit, Operationen in entgegengesetzten Richtungen reversibel auszuführen, nicht zunächst in sozialen Interaktionen erworben und dann erst auf kognitive Operationen übertragen wird.

Das wird sich empirisch erst entscheiden lassen, wenn man weiß, welche Funktion der Erwerb von spezifisch interaktiven Fähigkeiten für die Ich-Entwicklung hat. Auf diesem Gebiet ist mit den Experimenten zur Rollenübernahme erst ein Anfang gemacht worden.

5) Motivationaler Hintergrund

Die entwicklungs*logischen* Muster werden anhand kognitiver Strukturen untersucht. Für die Entwicklungs*mechanismen* wird man auf die Analyse psychodynamischer Prozesse nicht verzichten können. Diese sind vor allem von der Psychoanalyse untersucht worden. Der klassische Ansatz beschreibt dabei die Entwicklung in erster Linie unter dem Gesichtspunkt wechselnder Triebschicksale: der in der Frühadoleszenz neu aufkommende sexuelle Triebdruck führt zur regressiven Wiederbelebung von ödipalen Ängsten und frühkindlichen Bedürfnissen, die abgewehrt werden müssen. Bei erfolgreicher Abwehr kommt es zu einem Rückzug der frühkindlichen Objektbesetzungen: der Jugendliche löst sich von seinen verinnerlichten Mutter- und Vaterbildern, was zu einer Schwächung des Über-Ich und zu Depressionen führt. Die bisherige Objektlibido wird in narzißtische Libido umgewandelt; sie verstärkt den kognitiv bedingten Egozentrismus (s. unten S. 170ff.) und den bei einer heftigen Adoleszenzkrise auftretenden moralischen Instrumentalismus (Protestinstrumentalismus bzw. Stufe 4½ (s. unten S. 225ff.). Die narzißtische Libido muß wieder in Objektbesetzungen (Partnerwahl, Lebensziele) umgewandelt werden. Die Ich-Psychologie hat, wie die in diesem Band abgedruckten Beiträge von Blos und Jacobson zeigen, nachgewiesen, daß damit eine weitreichende Reorganisation von Ich und Über-Ich, die subjektiv als Entwicklungskrise erfahren wird, einhergeht. Die psychoanalytischen Untersuchungen bestätigen, daß die Reifungskrisen untereinander in einem kumulativen Zusammenhang stehen: die Prognose ist ungünstig für denjenigen, der aus vorangehenden Krisen die Hypothek ungelöster Entwicklungsprobleme mitschleppt[11].

In diesem Zusammenhang möchten wir noch einen Punkt berühren. Weil der Übergang zur postkonventionellen Stufe des moralischen Bewußtseins mit der Identitätsbildung eng verflochten ist, treffen in diesem Prozeß *zwei Formen der Reflexion* aufeinander, nämlich eine analytische Reflexion auf die eigene Lebensgeschichte, die in den Motivbildungsprozeß eingreift, und jene reflexive Abstraktion, mit der Piaget die Entstehung kognitiver Strukturen erklärt. Das Kind lernt konstruktiv, indem es der formalen Eigenschaften seiner geradehin vollzogenen Handlungen und Handlungskoordinationen innewird, indem es also von dem, was es naiv ausführt, das Formale abzieht und zur Grundlage neuer, abstrakter Handlungen macht. Piaget spricht hier von Interiorisierung. Die fortschreitende Interiorisierung läßt sich auch als Reflexivwerden des manipulierenden Umgangs mit einer zunehmend objektivierten Wirklichkeit verstehen: auf jeder nächsten Entwicklungsstufe verfügt der Heranwachsende über eine neue Kategorie von Handlungen, die über den Handlungen der vorangehenden Stufe operiert, sie sozusagen zum Objekt hat. Sensumotorische Handlungsschemata erlauben die Behandlung primitiver Bewegungen, d.h. die Koordinierung einfacher Handlungen. Konkrete Operationen erlauben die Behandlung von koordinierten Handlungen, und formale Operationen wiederum die Behandlung von konkreten Operationen. Bei konstruktiven Lernschritten reflektiert das Kind auf die formalen Eigenschaften seiner Tätigkeit; dabei bilden sich kulturinvariante allgemeine Strukturen heraus: *jedes* kompetente Subjekt erwirbt gegebenenfalls *dieselben* Strukturen.

Das Eigentümliche an der Entwicklung des moralischen Bewußtseins scheint nun darin zu bestehen, daß sich diese Strukturen nicht alleine auf diesem Wege des reflexiven Innewerdens allgemeiner formaler Eigenschaften vollzieht. Der Übergang zum postkonventionellen Bewußtsein erfordert auch noch eine Reflexion anderer Art; hier muß die kritische Selbstreflexion des Heranwachsenden, der seine partikulare Bildungsgeschichte durchschauen lernt, hinzutreten. Die Reflexion im Sinne eines rekonstruierenden Hervorhebens (intuitiv bereits beherrschter Universalien) bedarf der Vermittlung durch eine Reflexion im Sinne der kritischen Distanzierung von unbewußt gebliebenen Konstellationen des eigenen, unvertretbaren Lebensschicksals.

6) Sozialisatorischer Hintergrund

An den Entwicklungsproblemen des Jugendalters läßt sich exemplarisch zeigen, daß die Identitätsbildung nicht ohne eine systematische Verknüpfung psychoanalytischer und kognitivistischer Ansätze erklärt werden kann; aber bisher ist es nicht gelungen, die Psychodynamik dieses Vorgangs mit dem Entstehen postkonventioneller Bewußtseinsstrukturen in einen auch nur begrifflich geklärten Zusammenhang zu bringen. Wie das Stichwort »Selbstreflexion« andeutet, scheinen Veränderungen im System der Abwehrmechanismen eine vermittelnde Rolle zu spielen[12]. Nun hängen die Sperren der intrapsychischen Kommunikation ihrerseits mit Verformungen der familialen Kommunikation zusammen. Deshalb liegt die Vermutung nahe, daß ein besseres Verständnis der sozialisatorischen Interaktion zwischen Eltern und Kindern Aufschluß darüber geben könnte, wie die entwicklungsdynamische Seite mit der entwicklungslogischen Seite der Identitätsbildung zusammenhängt. Stierlin zeigt an zwei Beispielen, wie die Psychodynamik von Lösungskrisen durch die verzerrten Kommunikationsstrukturen im Elternhaus gesteuert wird (s. unten S. 46ff.). Hess und Handel untersuchen anhand der Systemprobleme, die die Kleinfamilie lösen muß, einige Ursachen solcher Kommunikationspathologien. In den letzten beiden Jahrzehnten sind Familien mit klinischem Potential, also mit Merkmalen, die nach intuitivem Vorverständnis als Symptome gelten, soweit untersucht worden, daß man einige tentative Verallgemeinerungen riskieren darf. Die Interaktions- und Rollenstrukturen sind in solchen Familien entweder zu starr oder zu wenig festgelegt, um jenes flexible Verhältnis zwischen Nähen und Distanzen, Gleichheiten und Differenzen, eigenen Initiativen und Abhängigkeiten, Innen und Außen herzustellen, das für ungezwungene intersubjektive Beziehungen konstitutiv ist und das insbesondere eine Bedingung für die optimale Ich-Entwicklung von Kindern darstellt. In Ergänzung von Hess und Handel möchten wir auf einige Ergebnisse der Familienforschung hinweisen:

Nähe/Distanz

Die bekannten Untersuchungen der von Lidz und Wynne geleiteten Forschungsgruppen [13] bestätigen, daß in pathogenen Familien die Entfernungen zwischen den einzelnen Familienmitgliedern nicht situationsangemessen reguliert werden können. Die Basisrollen der Familie (Geschlecht/Generation) sind entweder so rigide gegeneinander abgegrenzt oder sie bleiben so diffus, daß die Grenzen zwischen Generationen und Geschlechtern zu starr fixiert oder unzureichend ausdifferenziert sind. Dieses Muster zieht sich oft durch alle Interaktionen hindurch. So können die sozialen Distanzen nicht flexibel eingestellt werden, weil entweder die Desintegration der Gruppe zu Aufspaltungen und Entfremdungen oder weil eine erzwungene und krampfhafte Überintegration zu zwanghaft aufrechterhaltener Solidarität führt. In diesem Zusammenhang gehört das Konzept einer nur zum Schein aufrechterhaltenen Gegenseitigkeit (pseudomutuality).

Gleichheit/Verschiedenheit

Wichtig ist ferner der innerfamiliale Spielraum für die individuelle Selbstrepräsentation des einzelnen Mitgliedes. In pathogenen Familien ist die wechselseitig bestätigte Kongruenz der Selbstbilder, d. h. der dargestellten und anerkannten Identitäten der Mitglieder, entweder so groß, daß die übermächtigen Familienstereotypen die Ausprägung von Individualität behindern, oder so gering, daß die kollektive Einheit durch mangelnde normative Übereinstimmung bedroht ist. Dabei sind nicht der Grad der Stereotypisierung oder die Stärke der Diskrepanz entscheidend, sondern die Unfähigkeit, die Aspekte von Gleichheit und Verschiedenheit zu synthetisieren. Dadurch ergibt sich nämlich die Notwendigkeit, den Kontrast zwischen den tolerierten Selbstbildern und dem tatsächlichen Verhalten zu maskieren.

Aktivität/Passivität

Ungleiche Machtverteilung bedeutet, daß der Handlungsspielraum eines Interaktionspartners nicht nur durch den Handlungsspielraum eines anderen Familienmitglieds begrenzt, sondern durch dessen Initiativen bestimmt und kontrolliert wird. In Symptomfamilien sind häufig Versäulungen zu beobachten, die auf die Abhängigkeit des einen Ehepartners vom anderen und auf Koalitionsbildungen zwischen mindestens einem Elternteil und einem oder mehreren Kindern zurückgehen[14]. In diesen Zusammenhang gehört das von Oevermann entwickelte Konzept der zwischen Eltern bestehenden affektiven Solidarität[15], die in den untersuchten Familien gestört ist. Wiederum ist nicht die Ungleichverteilung der Aktivitäten unter den Mitgliedern als solche ein Problem, problematisch sind die mehr oder weniger unauffällig eingelebten Dominanzbeziehungen, die eine Anpassung an Wünsche marginalisierter Mitglieder, Initiativen zu ergreifen, nicht zulassen. Das ist eine Voraussetzung für die verschiedenen innerfamilialen Ausbeutungsstrategien.

Abgrenzung des Familiensystems

Eine große Anzahl von Beobachtungen stützt die Annahme, daß Symptomfamilien keine Selbststeuerungskapazität entwickeln, die ausreicht, um den Austausch mit der Umwelt autonom zu regeln. Stark gestörte Familien sind einerseits isolierter, sie haben weniger gut organisierte Umweltkontakte als unauffällige Familien; andererseits sind sie externen Einflüssen, typischerweise von seiten der beiden Herkunftsfamilien der Eltern schutzloser ausgesetzt. Ackermann und Behrens haben anhand klinischer Eindrücke die folgende Typologie entwickelt: sie unterscheiden die nach außen isolierte Familie; die nur nach außen integrierte, in sich aber ungeeinte Familie; die im Inneren nicht integrierte Familie; schließlich die desintegrierte und regressive Familiengruppe[16]. In diesem Zusammenhang gehört das von der Wynnegruppe entwickelte Konzept des »Gummizaunes«, also einer diffusen Abgrenzung der pathogenen Familie, die eine klare Außen-Innen-Differenzierung und insbesondere die Unterscheidung zwischen partikularistischen und stärker universalistischen Beziehungen nicht erlaubt und die zur Folge hat, daß sich die Familienmitglieder von ihrer Umgebung tatsächlich isolieren.

Für Symptomfamilien beobachten wir in den erwähnten vier Dimensionen häufiger extreme Werte. Diese zeigen eine systematische Verzerrung der Kommunikation an und eine in den Interaktionsstrukturen zugleich aufgefangene und abgewehrte Konfliktladung. Manches spricht dafür, daß die Kinder, die in solchen Familienumwelten heranwachsen, intrapsychische Abwehrsysteme aufbauen, die eine optimale Lösung ihrer altersspezifischen Entwicklungsprobleme verhindern; dadurch entstehen psychodynamische Sperren auch gegen konstruktive Lernprozesse, gegen ein Fortschreiten zu komplexeren Strukturen des Denkens wie des moralischen Urteilens und Handelns.

III

Wenn man die Ich-Entwicklung in einen theoretischen Rahmen wie den hier skizzierten einordnet, liegt die soziologische Bedeutung der angestrebten Theorie der Ich-Entwicklung auf der Hand: der Kern der Identitätsbildung besteht im Erwerb einer Interaktionskompetenz, d.h. der Fähigkeit, an zunehmend komplexen Handlungssystemen teilzunehmen. Die Sozialisationsforschung hat im Anschluß an G. H. Mead diese Ontogenese allgemeiner Handlungsfähigkeiten als Stufen der Rollenübernahme (play, game, universal discourse) begriffen. Dieses Konzept ist inzwischen unter dem kognitivistischen Gesichtspunkt eines stufenweisen Abbaus des kindlichen Egozentrismus strengeren experimentellen Überprüfungen zugänglich gemacht worden[17]. So unterscheidet Selman (s. unten S. 109ff.) drei Stufen der Rollenübernahme.

Zunächst lernt das Kind, daß verschiedene Interaktionsteilnehmer dieselbe Situation aus verschiedenen Perspektiven »sehen«, wobei es nicht nur den Blickwinkel ihrer Wahrnehmungen unterscheidet, sondern auch ihre Interpretationen, also Gedanken, Absichten, Gefühle und Motive. Freilich kann das Kind diese Perspektiven nur eine nach der anderen einnehmen; es kann sie noch nicht koordinieren. Erst auf der *zweiten Stufe* stellt das Kind reziproke Perspektiven her; es lernt, aus der Perspektive eines anderen seine eigenen Verhaltensweisen und Intentionen zu verstehen. Das Kind weiß nun, daß seine Handlungen die Erwartungen eines anderen und daß dessen Handlungen wiederum die eigenen Erwartungen erfüllen oder enttäuschen können. Dieser andere hat stets die Position eines Gegenübers; er ist kein neutraler Dritter, sondern ein Du. Erst auf der *dritten Stufe* kann die Reziprozität der Perspektiven, die an die Kommunikationsrollen von Ich und Du gebunden ist, als solche zum Gegenstand gemacht werden. Nun können beide Interaktionsteilnehmer nicht nur die Rolle des anderen übernehmen, sondern auch vom Standpunkt einer dritten Person aus wissen, wie die eigene Perspektive mit der des anderen reziprok verknüpft ist. Das Konzept der Handlungsnorm, die alle Mitglieder einer sozialen Gruppe zu bestimmten Verhaltenserwartungen berechtigt, wird erst ausgebildet, wenn der interaktive Egozentrismus soweit abgebaut ist, daß das Kind reziproke Erwartungsstrukturen vom Standpunkt eines aktuell unbeteiligten Gruppenmitglieds aus objektiviert. Die Kommunikationsrolle von Alter wird in die Rollen des Alter ego, eines teilnehmenden Gegenübers, und in die des Neuter, der an der Interaktion nur als Zuschauer beteiligt ist, aufgespalten. Der Entwicklungsschritt von einer Interaktion, die allein durch die konkreten Verhaltenserwartungen einzelner Bezugspersonen gesteuert wird, zu einem rollengebundenen Handeln, das auch durch generalisierte Verhaltenserwartungen reguliert wird, ist einigermaßen gut untersucht; er steht freilich in einem Kontext, der weniger gut überschaubar ist. Zu diesem komplexen Zusammenhang des Erwerbs der Interaktionskompetenz bieten sich einige *tentative Überlegungen* an.

1) Die Einführung der Beobachterperspektive in den Bereich der Interaktion

Kehren wir noch einmal zu den Entwicklungsproblemen zurück, vor denen das Kind in der ödipalen Phase steht. Die Interaktion mit den Eltern ist durch Generationsgefälle und Autorität gekennzeichnet. Die Interaktionen mit Gleichaltrigen, die das heranwachsende Kind nach und nach erweitert, sind hingegen überwiegend durch symmetrische Machtbeziehungen bestimmt. Wegen dieser strukturellen Unähnlichkeit kann der Umgang mit den peers an den Umgang in der Familie nicht einfach assimiliert werden[18]. Beide Interaktionsbereiche müssen vielmehr auf der strukturellen Ebene von Rollen koordiniert werden. Das bedeutet eine Abgrenzung des Familiensystems gegenüber mindestens einem weiteren sozialen System (und nicht nur gegen eine negativ ausgegrenzte Familienumwelt). Diesen funktionalen Imperativ kann das Kind indessen nur erfüllen, wenn es seine konkretistischen Beziehungen zu bestimmten Bezugspersonen in normativ geregelte Beziehungen eines Interaktionssystems umformt. So etwa kann man sich das vollständige Hineinwachsen in das symbolische Universum der eigenen Familie unter einem strukturellen Aspekt vorstellen. Dieser Vorgang hat auch einen motivationalen Aspekt. Am Beispiel der eigenen Familie lernt das Kind sein erstes Interaktionssystem erst in dem Maße beherrschen, wie seine durch Lust/Unlust kontrollierten Handlungsmotive in Rollenverpflichtungen umgearbeitet werden. Um diesen Vorgang zu erklären, hat Parsons die ödipale Phase rollentheoretisch uminterpretiert[19]. Die in der kulturell universalen Einrichtung des Inzesttabus verankerte Rollenstruktur der Familie verlangt vom heranwachsenden Kind einerseits eine antizipatorisch gelernte Identifikation mit einer Geschlechtsrolle, andererseits den gleichzeitigen Verzicht auf eine Sexualisierung der innerfamilialen Beziehungen. An dieser naturgeschichtlich kontingenten Aufgabe (einer Identifikation mit der Rolle des ödipalen Rivalen unter Verzicht auf den unmittelbaren Besitz des Liebesobjekts) lernt das Kind exemplarisch die Verinnerlichung reziproker Verhaltenserwartungen.

Die Experimente zur Rollenübernahme klären den strukturellen Aspekt des von Freud unter psychodynamischen Gesichtspunkten untersuchten ödipalen Lernprozesses. Der entscheidende Schritt zur Ausbildung des Rollenkonzepts und zur Teilnahme an normativ geregelten Interaktionen hängt offenbar davon ab, daß zwei fundamentale Einstellungen erst ausdifferenziert und dann systematisch verknüpft werden: die mit den Kommunikationsrollen von Ich und Du eingeübte *performative Einstellung* zwischen Interaktionsteilnehmern, deren Perspektiven aufeinander reziprok bezogen sind; und die mit der Beobachterperspektive eingeübte *neutrale Einstellung* einer dritten Person, die an einer Interaktion nur als Zuschauer beteiligt ist. Mit dem Übergang zum konkret-operationalen Denken sind die kognitiven Voraussetzungen für eine objektivierende Einstellung gegenüber manipulierbaren Gegenständen erfüllt, d.h. für eine dezentrierte Wahrnehmung einer Wirklichkeit, die im Verlauf der konkret-operationalen Entwicklung den Bedingungen physikalischen Messens unterworfen wird. Sobald diese objektivierende Einstellung in analoger Weise in den Interaktionsbereich eingeführt wird, ist es möglich, die bereits hergestellte Reziprozität der Handlungsperspektiven als solche zu vergegenständlichen. Das System der Personalpronomina bringt die entscheidende Verknüpfung der Perspektivenverschränkung von Ego und Alter mit den Transformationsmöglichkeiten zwischen teilnehmender und beobachtender Einstellung zum Ausdruck: die reziprok verschränkten Perspektiven können nun aus der Perspektive eines Dritten wahrgenommen werden. Soziale Rollen können sich erst konstituieren, wenn die Interaktionsteilnehmer nicht nur die Perspektive des anderen Beteiligten *übernehmen*, sondern die Teilnehmerperspektive gegen die Beobachterperspektive *auswechseln* können.

Unter der Voraussetzung, daß Ego, indem er x äußert, nicht nur die Perspektive von Alter ihm gegenüber einnehmen, sondern gleichzeitig seine und Alters Perspektiven vom Standpunkt eines Unbeteiligten neutralisieren und zu seiner teilnehmenden Einstellung zurückkehren kann, kann Ego die zwischen ihm und Alter bestehende interpersonale Beziehung nicht nur geradehin, sondern reflexiv herstellen: Ego handelt dann nicht mehr nur im Lichte der Erwartung von Alter, er weiß, daß Alter Egos Äußerung als die intentionale Erfüllung seiner, Alters, Verhaltenserwartung versteht. Wenn dieselbe Voraussetzung auch von Alter erfüllt wird, können beide Seiten in dem Bewußtsein kommunizieren, daß jeder von ihnen den komplementären Zusammenhang von Verhaltenserwartung und Erfüllung vor Augen hat. Sobald diese Bedingung erfüllt ist, können zwei reziproke Verhaltenserwartungen so koordiniert werden, daß sie ein *System wechselseitiger Motivation* bilden. Alter darf damit rechnen, daß Ego seine Verhaltenserwartung erfüllt, weil Ego damit rechnen darf, daß Alter Egos Verhaltenserwartungen erfüllt. In dem Maße wie Alter und Ego die konstituierte Rolle als ein System wechselseitig motivierender Verhaltenserwartungen verstehen und internalisieren, können sich stabile, von einzelnen Bezugspersonen unabhängige Handlungsmotive bilden.

Damit löst sich der normative Kontext der in Rollen institutionalisierten und in Handlungsmotive umgeformten Werte von der Ebene der kommunikativen Handlungen ab. Was in symbolisch vermittelten Interaktionen noch vermischt ist, tritt nun auseinander: Handlung und normative Realität. Jetzt können Sprecher und Hörer, wenn sie interpersonale Beziehungen aufnehmen, zwischen ihren Äußerungen und dem normativen Kontext der Äußerung unterscheiden. Äußerungen sind nicht mehr nur verständlich oder unverständlich, wahrhaftig oder unwahrhaftig; sie können nun auch im Hinblick auf anerkannte normative Kontexte passend oder fehl am Platze sein.

2) Die Einführung des hypothetischen Denkens in den Bereich der Interaktion

Diese Annahmen über die Interaktionsentwicklung während der ödipalen Phase sind erst zum Teil überprüft, aber wir verfügen über genügend Indikatoren, auf die sich ein plausibles Bild stützen kann. Das gilt nicht für die weitere Entwicklung der Interaktionskompetenz. Die Untersuchungen zur Kommunikationspathologie zeigen, daß die interaktiven Fähigkeiten, die in der Adoleszenzphase erworben werden können, einen Fokus haben: nämlich die Distanzierung von einer naiv vollzogenen Interaktion, sei es durch Mittel der indirekten Verständigung (wie Andeutung, Ironie, Witz usw.) oder durch den Übergang zu einer metakommunikativen Ebene der Verständigung. Alle rationalen Antworten auf Situationen der gestörten Kommunikation verlangen eine reflexive Thematisierung des Gesagten, Getanen oder Gemeinten. Es ist aber keineswegs klar, in genau welcher Hinsicht die Interaktionskompetenz erweitert wird. Die Teilnahme an normativ geregelten Interaktionen läßt sich als Rollenhandeln konstruieren; was ist auf der nächst höheren Stufe das Äquivalent zum Rollenhandeln? Einerseits, so vermuten wir, eine komplexe Form des strategischen Handelns, wobei sich der Handelnde von Hypothesen über verhaltensbestimmende Hypothesen eines Gegenspielers leiten läßt; und andererseits die argumentative Rede, in der problematisch gewordene Geltungsansprüche zum Thema gemacht und einer shstematischen Prüfung unterzogen werden.

Piaget hat für die kognitive Entwicklung im einzelnen gezeigt, wie sich am Ende der konkret operationalen Entwicklungsphase dem Kind Probleme aufdrängen, die es mit den zur Verfügung stehenden kognitiven Mitteln nicht lösen kann. Wahrscheinlich häufen sich in der Adoleszenz in ähnlicher Weise Interaktionsprobleme, die mit den interaktiven Mitteln des Rollenhandelns nicht gelöst werden können. Rollenkonflikte werden oft durch Rekurs auf übergeordnete Normen bewältigt. Die Möglichkeit, Nicht-Übereinstimmungen gemeinsam zu identifizieren, kann aber unter Umständen dazu führen, daß Normenkonflikte bewußt werden, die konsensuell nicht mehr gelöst werden können, ohne die Geltung auch der übergeordneten Normen in Frage zu stellen. Solange das Gesellschaftssystem eine so geringe Komplexität hat, daß solche Konflikte nur zufällig oder, wenn strukturell bedingt, nur vorübergehend und phasenspezifisch auftreten, genügen spezielle Übergangsnormen (Adoleszenzriten, Heiratsriten usw.), um sie aufzufangen. Sobald hingegen, wie regelmäßig in modernen Gesellschaften, Handlungsbereiche entstehen, die nicht mehr ausschließlich traditionell geregelt sind, entstehen Konfliktstoffe, die im Rahmen eines normalen Rollenhandelns nicht bewältigt werden können. Offenbar kann dieser Rahmen zugunsten eines strategischen Handelns (im Sinne eines Verhaltens rationaler Wahl) oder zugunsten eines Versuchs der argumentativen Klärung problematisierter Geltungsansprüche verlassen werden, wenn noch einmal eine grundsätzlich neue Einstellung in den Bereich der Interaktion eingeführt wird, und zwar jene tentative, Geltungsansprüche suspendierende Einstellung, die wir gegenüber Hypothesen einnehmen.

Mit dem Übergang zur formal-operationalen Phase lernt der Jugendliche hypothetisch denken; er lernt, mit Sachverhalten umzugehen, von denen zunächst dahinsteht, ob sie existieren oder nicht. Das hypothetische Denken erfordert Argumentation, weil vorausgesetzt wird, daß der Wahrheitsanspruch einer hypothetisch behandelten Aussage allein durch Gründe entschieden werden kann. In jeder Argumentation besteht mindestens virtuell eine Arbeitsteilung zwischen einem Opponenten, der den kontroversen Geltungsanspruch angreift, und dem Proponenten, der ihn verteidigt. Beide sind durch das Ziel kooperativer Wahrheitssuche verbunden. Der Heranwachsende wird durch die Teilnahme an solchen Argumentationen in eine hypothetische Einstellung eingeübt. Wir haben gesehen, daß Rollenspieler in der Lage sein müssen, die Perspektiven des Teilnehmers und des Beobachters ineinander zu transformieren; wie ändert sich die Interaktion, wenn nun eine dritte, eine hypothetische Einstellung hinzukommt?

Den Anschluß des Rollenhandelns an eine hypothetische Einstellung kann man sich so vorstellen, daß die Handelnden den normativen Kontext nicht mehr einfach unterstellen, sondern die normativen Geltungsansprüche suspendieren. Dann stehen sie vor der Alternative, das Rollenhandeln entweder durch strategisches Handeln oder durch diskursive Rede fortzusetzen. In beiden Fällen wird die normative Realität der Gesellschaft ihrer affirmativen Geltungsansprüche entkleidet. Freilich werden diese Geltungsansprüche im strategischen Handeln einfach beiseite geschoben, während sie im Diskurs gerade zum Gegenstand einer systematischen Prüfung gemacht werden. Der strategisch Handelnde ersetzt die auf Einverständnis zielende Orientierung des Rollenhandelns durch eine Orientierung am jeweils eigenen Erfolg, während der Diskursteilnehmer die konsensuelle Einstellung des Rollenhandelns auf reflexiver Stufe, auf dem indirekten Wege der kooperativen Wahrheitssuche beibehält.

Da der strategisch Handelnde den sozialen Gegenspielern in der gleichen objektivierenden Einstellung gegenübertritt wie seiner physischen Umwelt, läßt sich das Handeln unmittelbar ans hypothetische Denken anschließen: der Handelnde stützt seine Entscheidungen auf hypothetische Voraussagen über die Optionen des Gegenspielers. Hingegen verlangt der Übergang vom Rollenhandeln zum Diskurs die Übertragung des hypothetischen Denkens von Aussagen auf Normen. Der Übergang zur Phase des formal operationalen Denkens bedeutet, daß der Jugendliche lernt, wie man Aussagen hypothetisch behandelt; die gleiche hypothetische Einstellung gegenüber Handlungsnormen erreicht er aber erst mit der postkonventionellen Stufe des moralischen Urteilens. Auf dieser Linie kommt die Entwicklung der Interaktionskompetenz mit der des moralischen Bewußtseins zur Deckung.

Strategisches Handeln (im Sinne eines Verhaltens rationaler Wahl) und Argumentation sind beides Formen indirekten Umgangs, beide sind durch die hypothetische Einstellung der Interaktionsteilnehmer charakterisiert. Im strategischen Handeln nehmen wir auf die Entscheidungen eines Gegenspielers über die Manipulation seiner Wahlmöglichkeiten Einfluß, in der Argumentation soll ein suspendiertes Einverständnis mit diskursiven Mitteln wiederhergestellt werden. Diese Formen indirekten Umgangs markieren Grenzfälle. Mit der Option, zum strategischen Handeln oder zum Diskurs überzuwechseln, wird jedoch ein Spektrum von Verständigungsmöglichkeiten eröffnet, in dem die normativ bereits eingespielte Interaktion, also das rollengebundene konsensuelle Handeln eine Randstellung einnimmt. Im Normalfall müssen Situationsdefinitionen erst ausgehandelt, muß ein implizites Einverständnis über die jeweiligen Kommunikationsvoraussetzungen erst herbeigeführt werden – und dafür bedarf es des kontextabhängig dosierten Einsatzes von Mitteln der indirekten Verständigung, eines Einsatzes, der nur in Extremfällen zum strategischen Handeln oder zur argumentativen Rede stilisiert wird. Unter dem Gesichtspunkt der Konsensbildung lassen sich dann aber die konventionelle und die postkonventionelle Stufe der Interaktion sehr grob vergleichen: im Rollenhandeln können sich die Interaktionsteilnehmer auf ein Einverständnis stützen, das durch normative Integration vorgängig gesichert ist; in dem Maße wie dieses Einverständnis auf der nächsten Stufe seine Fraglosigkeit einbüßt, muß es durch interpretatorische Leistungen der Beteiligten ersetzt werden, die Formen der indirekten Kommunikation verlangen.

3) Die Entstehung der Interaktionskompetenz

Wenn diese Hypothesen nicht ganz in die Irre führen, bietet sich für die Entwicklung der Interaktionskompetenz ein vorläufiges Schema an. Für das Vorschulkind, das sich kognitiv noch auf der Stufe präoperationalen Denkens befindet, besteht der handlungsrelevante Ausschnitt des symbolischen Universums erst aus einzelnen konkreten Verhaltenserwartungen und Handlungen sowie aus Handlungsfolgen, die als Gratifikationen oder Sanktionen verstanden werden können. Sobald das Kind gelernt hat, soziale Rollen zu spielen, d.h. als kompetentes Mitglied an Interaktionen teilzunehmen, besteht sein symbolisches Universum nicht mehr nur als Handlungen, die vereinzelte Intentionen, z.B. Wünsche oder Wunscherfüllungen zum Ausdruck bringen; vielmehr kann es nun Handlungen als Erfüllung generalisierter Verhaltenserwartungen (oder als Verstoß gegen sie) verstehen. Wenn schließlich der Jugendliche gelernt hat, die Geltung von sozialen Rollen und Handlungsnormen in Frage zu stellen, erweitert sich der Ausschnitt des symbolischen Universums noch einmal: es treten jetzt Prinzipien auf, nach denen widerstreitende Normen beurteilt werden können. Diese Behandlung hypothetischer Geltungsansprüche verlangt die zeitweise Suspendierung von Handlungszwängen oder, wie wir auch sagen können, das Eintreten in Diskurse, in denen praktische Fragen argumentativ geklärt werden.

In der Folge dieser drei Niveaus erwirbt der Heranwachsende die entsprechenden Konzepte für Handlungs*motive* und Handlungs*subjekte*. Das Kind kann im Hinblick auf die motivationalen Komponenten des Handelns zunächst nicht zwischen Naturkausalität und Freiheitskausalität unterscheiden: Imperative werden in der Natur wie in der Gesellschaft als die Äußerung konkreter Wünsche verstanden. Auf der nächsten Stufe lernt das Kind gesollte von bloß gewollten Handlungen, also Pflicht und Neigung, zu unterscheiden: es differenziert zwischen der Faktizität eines Wunsches oder einer Willensäußerung und der Geltung einer Norm. Der Jugendliche bildet schließlich die Begriffe von Heteronomie und Autonomie, er erkennt die Differenz zwischen bestehenden (faktisch überlieferten) Konventionen und rechtfertigungsfähigen Normen. Die handlungssteuernden Orientierungen werden also vom konkreten Bedürfnis über die Pflicht zum autonomen Willen immer abstrakter gefaßt. Dem entsprechen immer allgemeinere Konzeptionen vom handelnden Subjekt. Zunächst werden kontextabhängige, d.h. konkrete Handlungen und Akteure wahrgenommen. Es existiert nur Besonderes. Auf dem nächsten Niveau werden symbolische Strukturen nach Allgemeinem und Besonderem differenziert, nämlich einzelne Handlungen gegenüber Normen und einzelne Akteure gegenüber Rollenträgern. Auf dem dritten Niveau müssen die besonderen Normen unter dem Gesichtspunkt der Verallgemeinerungsfähigkeit thematisiert werden können, so daß die Unterscheidung zwischen partikularen und allgemeinen Normen möglich wird. Gleichzeitig werden die Akteure nicht länger als eine Kombination von Rollenattributen verstanden, sie gelten vielmehr als individuierte einzelne, die durch Anwendung von Prinzipien eine jeweils unverwechselbare Biographie organisieren; auf dieser Stufe muß, mit anderen Worten, zwischen Individualität und »Ich überhaupt« differenziert werden.

Wenn wir von der Annahme ausgehen dürfen, daß »moralisches Bewußtsein« nur die Fähigkeit bezeichnet, die interaktive Kompetenz für eine *bewußte* Lösung moralisch relevanter Handlungskonflikte einzusetzen, müssen sich die Entwicklungsstufen des moralischen Bewußtseins als Spezialfall aus den Entwicklungsstufen interaktiver Fähigkeiten ableiten lassen. Wir haben andernorts versucht, ein solches Vorhaben plausibel zu machen[20].

IV

Eine Theorie der Ich-Entwicklung, die die Identitätsbildung im Zusammenhang mit der Ontogenese allgemeiner Handlungsfähigkeiten erklären könnte, wäre per se von soziologischem Interesse. Das bedarf nun keiner Erläuterung mehr. Zum Schluß möchten wir aber ein noch weitergehendes Interesse anmelden. Eine Theorie dieser Art ist nicht nur unter soziologischen Gesichtspunkten informativ, sie könnte sogar für einen Paradigmenwechsel der soziologischen Forschung exemplarisch sein.

Die soziologische Handlungstheorie ist bisher als eine Metatheorie verstanden worden, die Grundbegriffe wie Aktor, Handlung, Situation, Handlungsorientierung, Rolle, Norm, Wert usw. klärt. Diese Grundbegriffe sollen den kategorialen Rahmen für empirische Theorien festlegen. Dieses methodologische Selbstverständnis hat die Soziologie daran gehindert, der Frage nach ihren Grundbegriffen eine *naturalistische Wendung* zu geben. Offensichtlich schließt die soziologische Begriffsbildung an die Alltagsbegriffe an, in denen die Mitglieder sozialer Gruppen die normative Realität ihrer gesellschaftlichen Umgebung konstruieren. Es liegt daher nahe, die soziologische Handlungstheorie als eine Theorie anzulegen, die die universalen Bestandteile des relevanten vortheoretischen Wissens von soziologischen Laien zu rekonstruieren versucht.

Damit würde die Soziologie zu sich in ein reflexives Verhältnis treten: sie würde ihre Grundbegriffe nicht mehr konventionell wählen, sondern mit dem Ziel entfalten, die allgemeinen formalen Eigenschaften der Handlungsfähigkeit vergesellschafteter Subjekte und der Handlungssysteme selber zu charakterisieren. Zwar zielt das phänomenologische Forschungsprogramm in ähnlicher Absicht auf die Erfassung allgemeiner Strukturen möglicher sozialer Lebenswelten; aber die Durchführung dieses Programms war von Anbeginn mit den Schwächen einer Methode belastet, die den introspektiven Verfahrensweisen der Bewußtseinsphilosophie nachgebildet ist. Erst die kompetenztheoretischen Ansätze in Linguistik und Entwicklungspsychologie haben ein Paradigma geschaffen, das die formale Analyse von gewußten Strukturen mit der kausalen Analyse von beobachtbaren Prozessen verbindet. Der Ausdruck ›Interaktionskompetenz‹ steht für die Annahme, daß sich die Fähigkeiten sozial handelnder Subjeke ebenso wie Sprache und Kognition unter Gesichtspunkten einer universalen, also von bestimmten Kulturen unabhängigen Kompetenz untersuchen lassen.

Das der konventionellen Handlungstheorie zugrunde liegende Modell des Rollenspiels hätte Anlaß zu einer Untersuchung der Interaktionskompetenz geben können; dem stand aber nicht nur das erwähnte methodologische Selbstmißverständnis im Wege, sondern auch die Vernachlässigung der ontogenetischen Fragestellung. Ironischerweise hat die Rollentheorie die Begriffsbildungen und Fragestellungen der Sozialisationsforschung mehr als die irgendeines anderen soziologischen Forschungsbereichs beherrscht, ohne ernstlich dazu anzuhalten, den Erwerb der Rollenkompetenz zu untersuchen. Es bedurfte des äußeren Anstoßes der spät zum Durchbruch gelangten kognitivistischen Entwicklungspsychologie, um eine fällige

Fragestellung zu aktualisieren. Der u. a. von Gouldner und Oevermann geäußerte Verdacht, daß die konventionellen Varianten der Rollentheorie den Grenzfall totaler Institutionen unter der Hand zum Normalfall stilisieren, kann heute unter entwicklungslogischen Gesichtspunkten präzisiert werden. Solange die Rollentheorie Fragen der Ontogenese nur in terms des Erwerbs kultureller *Inhalte* behandelt und nicht in terms der Entwicklung der Interaktionskompetenz, muß sie sich zu sich selbst unkritisch verhalten. Sie kann nicht kontrollieren, auf welchem Entwicklungsniveau, sei es in der Lebensgeschichte oder in der sozialen Evolution, die Merkmale liegen, die sie durch ihren kategorialen Rahmen auszeichnet[21].

Mit dem neuen Paradigma handelt sich die Soziologie freilich auch Schwierigkeiten ein. Das betrifft nicht nur die Schwierigkeiten, mit denen theoretische Ansätze dieser Art überhaupt zu kämpfen haben: vor allem die operationell trennscharfe Abgrenzung von Kompetenz und Performanz, eine hinreichende analytische Klärung des Konzepts der Entwicklungslogik und eine einleuchtende Verknüpfung von Mechanismen, die die Entwicklungsdynamik erklären können, mit entwicklungslogisch angeordneten Bewußtseinsstrukturen. Für die Soziologie kommt eine weitere Schwierigkeit hinzu. Sie muß die Bewußtseinsstrukturen so allgemein konzeptualisieren, daß die Beschreibung der formalen Eigenschaften gegenüber den Systemreferenzen Persönlichkeit und Gesellschaft zunächst neutral bleibt. Nur dann kann nämlich die Frage der Interdependenz von Lernniveaus, die einerseits in der Ontogenese und andererseits in der sozialen Evolution erreicht werden, als empirische Frage behandelt werden, ohne auf analytischer Ebene bereits präjudiziert zu sein. Im übrigen wird die Fruchtbarkeit des kompetenztheoretischen Ansatzes für makrosoziologische Fragestellungen auch davon abhängen, ob sich die Vorstellung einer institutionellen Verkörperung von kulturell bereitstehenden Rationalitätsstrukturen bewährt[22].

ANMERKUNGEN

1. R. Döbert, G. Nunner-Winkler, Adoleszenzkrise und Identitätsbildung, Ffm. 1975, Teil III, S. 73 ff.

2. Ebd., S. 38–46; ferner J. Habermas, Notizen zum Begriff der Rollenkompetenz, in: Kultur und Kritik, Ffm. 1973, D. 195–231. Zum Identitätsbegriff vgl. L. Krappmann, Soziologische Dimensionen der Identität, Stuttg. 1969; D. J. de Levita, Der Begriff der Identität, Ffm. 1971; H. Dubiel, Identität und Institution, Düsseldorf 1973.

3. H. Erikson, Identität und Lebenszyklus, Ffm. 1966.

4. T. Parsons, F. F. Bales, Family, Socialization and Interaction, Process Glencoe 1955; N. K. Denzin, The Genesis of Self in Early Childhood, in: Soc. Quart. 13, 1972, S. 291–314.

5. E. J. Anthony, The System Makers: Piaget and Freud, in: Brit. J. Med. Psych. 30, 1957, S. 255–269; P. H. Wolff, The Developmental Psychologies of J. Piaget and Psychoanalysis, N. Y. 1960; W. G. Cobliner, Die Genfer Schule der genetischen Psychologie und Psychoanalyse: Parallelen und Gegensätze, in: R. A. Spitz, Vom Säugling zum Kleinkind, Stgt. 1967, S. 312–367; A. Haynal, Freud und Piaget, in: Psyche 3, 1975, S. 242–273.

6. M. Feffer, The Cognitive Implications of Role-Taking Behavior, Journ. of Personal 27,

1959, S. 152–167; M. Feffer, V. Gourevitch, Cognitive Aspects of Role-Taking, in: Journ. of Personal. 28, 1960, S. 383–396; M. Feffer, A Developmental Analysis of Interpersonal Behavior, Psych. Rev. 77, S. 197–214; J. D. Flavell et al., The Development of Role Taking and Communication Skills, N.Y. 1968; J. D. Flavell, The Development of Inferences about Others, in: Th. Mishel, Ed., Cognitive Development and Genetic Psychology, N.Y. 1971, S. 66–111.

7. H. Dahmer, Libido und Gesellschaft, Ffm. 1973.

8. J. Habermas, Moralentwicklung und Ich-Identität, in: Zur Rekonstruktion des Historischen Materialismus, Ffm. 1976, S. 63–91.

9. Durch eine heftige Identitätskrise wird beispielsweise die konventionelle Rollenidentität soweit aufgebrochen, daß eine Restabilisierung auf konventionellem Niveau unwahrscheinlich wird. In Abhängigkeit von der Struktur der intrafamilialen Kommunikation kann Ich-Identität auch relativ krisenfrei erworben werden. Diese Ausgänge sind jedoch eher selten. Die Modallösung besteht in einer inhaltlichen Veränderung der Rollenidentität: die Bindung an die Herkunftsfamilie wird transformiert und neue, auf die Gesamtgesellschaft bezogene Rollen (Beruf usw. ...) werden erworben, ohne daß sich auf struktureller Ebene eine Transformation vollzöge. Vgl. R. Döbert/G. Nunner-Winkler, Adoleszenzkrise und Identitätsbildung, Ffm. 1975, und N. Haan, The Adolescent Antecedents of an Ego Model of Coping and Defense and Comparisons with Q-sorted Ideal Personalities, in: Genetic Psychology Monogr., 1974, 89 (2), S. 273–306.

10. J. D. Flavel, An Analysis of Cognitive Developmental Sequences, in: Gen. Psych. Monogr. 86, 1972, S. 279–350.

11. Vgl. z.B. M. Siegerts Interpretation der Biographien von Drogenabhängigen. MS Max-Planck-Institut, Starnberg.

12. N. Haan, A Tripartite Model of Ego Functioning Values and Clinical and Research Applications, Journ. Ment. Dis. 148, 1969, S. 14–29; J. D. Lichtenberg, J. W. Slap, On the Defense Mechanism: A Survey and Synthesis, Journ. Am. Psychanaly. Ass. 10/1972, S. 776–791; St. Mentzos, Interpersonale und Institutionelle Abwehr, Ffm. 1976.

13. L. C. Wynne et al., Pseudogemeinschaft in den Familienbeziehungen von Schizophrenen, in: Schizophrenie und Familie, Ffm., 1970, S. 44–80; Th. Lidz, Familie und psychosoziale Entwicklung, Ffm. 1971; H. Stierlin, Eltern und Kinder im Prozeß der Ablösung, Ffm. 1975; sowie die Übersichtsartikel: L. R. Mohler et al., Cognitive Style, Schizophrenia and the Family, Fam. Proc., 11/1972, S. 125–146; A Family Perspective of Psychosomatic Factors of Illness, Fam. Proc., 11/1972, S. 457–486; Luc Kaufmann, Familie, Kommunikation und Psychose, Bern 1972, S. 11–42.

14. Th. Lidz et al., Spaltung und Strukturverschiebung in der Ehe, in: Schizophrenie und Familie a.a.O., S. 108–127.

15. U. Oevermann, Rollenstruktur der Familie und ihre Implikation für die kognitive Entwicklung von Kindern, in: G. Szell, Privilegierung und Nichtprivilegierung im Bildungssystem, München 1974, S. 64–89.

16. N. W. Ackerman, M. L. Behrens, A Study of Family Diagnosis, Amer. J. Orthopsychiatry 26, 1956, S. 66–78; N. W. Ackerman, The Family Approach and Levels of Interpretation, in: Amer. J. Psychother. 22/I, 1968, S. 5–14.

17. zuletzt: M. Keller, Kognitive Entwicklung und soziale Kompetenz, Sttgt. 1976; R. Selman, Toward a Structural Analysis of Developing Intersonal Relation Concepts, in: Minnesota Symposion on Child Psychology, 10, Minneapolis 76.

18. Den Gegensatz von Interaktionsformen in der Familie und unter Gleichaltrigen betont

J. Piaget im Zusammenhang der Ausbildung des »moralischen Realismus«: Das moralische Urteil beim Kinde, Ffm. 1973.

19. T. Parsons, Social Structure and Personality, Glencoe 1964, S. 1–111.

20. R. Döbert, G. Nunner-Winkler, Adoleszenzkrise a.a.O., S. 106–117; J. Habermas, Moralentwicklung und Ich-Identität a.a.O., S. 80–86.

21. Zur Kritik an der konventionellen Rollentheorie vgl. J. Habermas, Stichworte zur Theorie der Sozialisation (1968), in: Kultur und Kritik, Ffm. 1973, S. 118–196; H. Joas, Die gegenwärtige Lage der soziologischen Rollentheorie, Ffm. 1973; D. Geulen, Das vergesellschaftete Subjekt, Ffm. 1977.

22. K. Eder, Zur Entstehung staatlich organisierter Gesellschaften, Ffm. 1976.

ERSTER TEIL

Familie und Ich-Identität

Die Familie als psychosoziale Organisation

ROBERT D. HESS UND GERALD HANDEL

Wie stark auch immer die Familie in umfassendere Lebenswelten verstrickt sein mag, sie bleibt in gewisser Hinsicht ein begrenztes Universum. Die Familienmitglieder – Eltern und Kinder – leben in einer von ihnen selbst konstituierten Welt, in einer Gemeinschaft von Gefühlen und Phantasie, von Handeln und Geboten. Die Eltern malen sich schon vor der Geburt ihres Kindes seine zukünftige Rolle innerhalb der Familie aus und bereiten nicht nur die Wiege vor, sondern überlegen sich vorausgreifend, was das Kind ihnen bedeuten wird. Das Kind bringt seine eigenen Unwägbarkeiten mit, aber mit der Zeit stellt sich – indem die Familienmitglieder ihre wechselseitige Verbundenheit im engen täglichen Umgang miteinander aufbauen – Bekanntheit, dann Vertrautheit ein. Jeder hat schließlich seine nur ihm eigene Kopie ihrer gemeinsamen Lebenswelt, gefiltert durch die eigenen Emotionen und individuelle Erfahrungen.

Die Familienmitglieder kooperieren in dem Bemühen, Konsensus herzustellen und mit Ungewißheit fertig zu werden und entwickeln so in ihrer wechselseitigen Interaktion ein mehr oder weniger angemessenes Verständnis für und voneinander. Das Zusammenleben der Familie stellt sich als ein endloses Oszillieren um einen Punkt optimalen Einverständnisses dar: Zuneigung wird – wieder und wieder – durch Konflikt und Konflikt durch Rückzug abgelöst. Vereinzelung und Verbundenheit sind die Grundbedingungen des Familienlebens, und die gemeinsame Aufgabe besteht darin, beiden Gestalt zu geben.*

In diesem Artikel soll ein begrifflicher Rahmen skizziert werden, der die Beschreibung und Analyse der Verschlungenheit von gewöhnlichen Familieninteraktionen, ohne auf Pathologien abzuzielen, erleichtert. Die hier beschriebenen wichtigsten Prozesse geben dem beständigen Fluß des Familienlebens Gestalt und bringen Kohärenz in den breiten Bereich von Wahrnehmungen, Gefühlen, Handlungen, Lernprozessen und Veränderungen, die die Familienmitglieder erfahren oder durchführen. Folgende Hauptprozesse werden im Folgenden diskutiert:

1. Konstitution und Erhaltung eines strukturierten Verhältnisses von Vereinzelung und Verbundenheit
2. Herstellung einer ausreichenden Deckungsgleichheit kollektiv validierter Selbst- und Fremdbilder.

Abdruck mit freundlicher Genehmigung der Autoren und der University of Chicago Press aus: Robert D. Hess und Gerald Handel, *Family Worlds*, Chicago 1959. Die Übersetzung besorgten Claudia v. Grote und Rainer Döbert.

* An dieser Stelle wurden etwa 2 Seiten gestrichen. Kürzere Passagen wurden noch an einigen anderen Stellen des Aufsatzes gestrichen. Die Herausgeber.

3. Die Entwicklung bestimmter Interaktionsmuster zu zentralen Familienangelegenheiten oder -thematiken.
4. Festlegung der Grenzen der familialen Lebenswelt
5. Auseinandersetzung mit wichtigen biosozialen Problemen des Familienlebens wie der Definition von Geschlechts- und Generationsrollen.

DAS BEMÜHEN, EIN ANGEMESSENES VERHÄLTNIS ZWISCHEN VEREINZELUNG UND VERBUNDENHEIT HERZUSTELLEN

Für die Kernfamilie ist charakteristisch, daß ihre Mitglieder einander verbunden und gleichzeitig gegenüber einander vereinzelt sind. Jede Familie muß dem Verhältnis dieser beiden polaren Aspekte in ihrer eigenen Art Gestalt geben. Sie kann mehr Wert auf den einen oder den anderen legen; beide sind jedoch für das Familienleben konstitutiv. Das Kind wird aus dem Mutterschoß in die Grenzen seiner eigenen Haut entlassen, mit einem individuellen Sensitivitäts- und Aktivitätspotential. Es verfügt über eine irreduzible psychobiologische Individualität, die keine noch so intensive Sozialisation vernichten kann. Auch seine Eltern bleiben individuelle Personen, gleichgültig, wie sehr sie sich lieben, wie intensiv ihr Verlangen nacheinander ist oder wie diffus ihre Identitätsgrenzen sind. Die Familie definiert und gestaltet je nach Wünschen und Fähigkeiten ihrer Mitglieder das Moment der Vereinzelung so, daß es im Familienleben einen breiten oder schmalen Raum einnimmt, Anlaß zu Freude oder Unglück gibt. Hier gibt es einen breiten Spielraum. Das autistische Kind oder ein psychotischer Elternteil verkörpern den pathologischen Extremwert von Vereinzelung. Am positiven Pol gibt es mehr Mannigfaltigkeit – ein reiches Gefühlsleben, Ich-Autonomie, individuelle Kreativität. Vielleicht trifft Eriksons (1950) Begriff einer klar umrissenen Ich-Identität am besten die positive Bedeutung von Vereinzelung.

Verbundenheit der Familienmitglieder ist aber ebenso wichtig. Kein menschliches Kleinkind überlebt ohne soziale Bindungen. Verbundenheit kann zwischen bloßer physischer Nähe oder elementarer Versorgung des Kindes und höchst intensiven wechselseitigen Bindungen, die alle anderen Interessen fast ausschließen, variieren. Vereinzelung bleibt immer bestehen, sie kann aber durch Liebe und Leidenschaften überwunden werden; und diese können so stark sein, daß der Anschein entsteht, die Vereinzelung sei minimal oder gerade angenehm. Die Indizien für ihre wechselseitige Verbundenheit, die die Familienmitglieder suchen, unterscheiden sich sogar im (mittleren) Normalbereich sehr stark voneinander. In manchen Familien wird intensiver emotionaler Austausch gesucht; die Familienmitglieder müssen ihren Abwehrapparat und ihre äußere Fassade entlasten und agieren spontan. In anderen Familien empfindet man eine derartige Konfrontation mit Gefühlen als bedrohlich, wenngleich der Wunsch, sich als vereint zu empfinden, stark sein kann. Derartige Familien können dieses Verlangen häufig nur durch eine Vielzahl formalisierter und ritualisierter Handlungen wie Austausch von Geschenken, Geburtstagsfeiern, gemeinsame Ferien und Ausflüge erfüllen.

Diese grundlegende Polarität des Familienlebens ist außerordentlich wichtig, da das Bestreben des Individuums, auf seine eigene Art an der Welt Anteil zu nehmen und seine Persönlichkeit individuell zu entwickeln, mit dem Bemühen, eine befriedigende Form der Verbundenheit mit den anderen Familienmitgliedern herzustellen, einhergeht. Diese sind gleichzeitig damit beschäftigt, ihre Interessen an ihm und an sich selbst wahrzunehmen. Dies macht das Netz von Interaktionen aus, innerhalb dessen eine Familie ihren Lebensstil entwickelt. Die Familie versucht sich selbst eine Gestalt zu geben, die den jeweiligen Ausprägungen der Bedürfnisse nach Vereinzelung und Verbundenheit ihrer Mitglieder entspricht. Das sich schließlich herauskristallisierende Kommunikationsmuster ist Resultante dieser verschiedenartigen Beiträge. Dies doppelte Erfordernis von unvermeidlicher Individualität und unentrinnbarer psychosozialer Verbundenheit hat dynamischen Charakter; es nötigt die Familie, eine gemeinsame Lebensform zu entwickeln, damit die Familie sich nicht auflöst. Die Familie und ihre Mitglieder müssen diesen beiden Bedingungen in *irgendeiner* Weise Rechnung tragen. Das Verständnis des Familienlebens wird erleichtert, wenn der Forscher sich beständig fragt, wie diese oder jene Begebenheit, Tendenz oder Handlung die Familienmitglieder vereint oder trennt.

DIE DECKUNGSGLEICHHEIT VON SELBST- UND FREMDBILDERN

Es ist nützlich, wenn man das Familienleben als ein beständiges Bemühen der Familie betrachtet, durch Austausch entsprechender ›beglaubigender‹ Signale eine ausreichende Übereinstimmung zwischen den Bildern (images) der einzelnen Individuen und der Familie als ganzer herzustellen. Unter diesem Gesichtspunkt thematisiert man die Familie in erster Linie als Gruppe von Mitgliedern. Familienuntersuchungen müssen dieser evidenten Tatsache irgendwie Rechnung tragen. Man muß alle Mitglieder der Kernfamilie einbeziehen, wenn man das Familienleben verstehen will. Es müssen Daten über jedes Mitglied erhoben werden. Die Struktur einer familialen Lebenswelt bleibt unklar, wenn wir die Rollen der Eheleute als Ehegefährten und Eltern kennen, aber nichts von ihren Kindern wissen; unser Wissen ist auch dann inadäquat, wenn wir in der Therapie Informationen aus erster Hand von Mutter und Kind erhalten, den Vater und die anderen Kinder aber ausschließlich durch ihre Augen sehen müssen. Die erste Implikation ist also methodologischer Art. Durch sie wird der Bereich von Daten, der erfaßt werden muß, festgelegt.

Im Zusammenleben baut jedes Familienmitglied ein Bild von den anderen Mitgliedern auf. In dieses Bild geht die emotionale Bedeutung, die ein anderer für den, der das Bild entwirft, hat, ein. Der Begriff des Bildes stellt ein vermittelndes Konzept dar. Es bezieht sich auf die Persönlichkeit und auch auf die interpersonellen Beziehungen. Das Bild, d. h. das gefühlsgeladene Konzept, das eine Person sich von einer anderen macht, wird von der Persönlichkeit desjenigen, der die entsprechende Vorstellung entwickelt hat, wie auch von dem, der Objekt dieser Vorstellung ist, geprägt. In ein derartiges Bild gehen die vergangenen Erfahrungen des entsprechenden

Akteurs ein und legen fest, welche Schemata von anderen ihm zugänglich sind. Man weiß damit etwas über ihn als Person. Es trägt aber auch insofern den Stempel der Zukunft, als es die Beziehungen dieses Handelnden zu und seine Interaktionen mit dem Objekt steuert. Während es so die Bedürfnisse und Wünsche von Ego verkörpert, steht es auch für Alter als Quelle der Befriedigung.

Jedes Familienmitglied hat irgendein Bild von allen anderen und von sich selbst in seiner Beziehung zu ihnen. Dieses Schema enthält realistische und idealisierte Elemente in wechselnden Mischungsverhältnissen, und es kann sich ebenso in verschiedenen Anteilen aus den Persönlichkeiten von Ego oder Alter ableiten. Es speist sich aus kulturellen Werten, Rollenerwartungen und dem Niederschlag der Erfahrungen der Eltern in ihrer Herkunftsfamilie. Das Bild, das man sich von *alter* macht, ist Produkt der unmittelbaren Erfahrung im Umgang mit *alter* und der Bewertung *alters* durch Dritte. Aus dieser Erfahrung, ihrer Bewertung und ihrer Ausarbeitung in Phantasien wird eine Konzeption der anderen Person entwickelt, die die Funktion hat, Egos Handeln gegenüber Alter anzuleiten und zu formen, und die ein definierendes Moment der interpersonellen Beziehung wird. *Das Bild, das man sich von einer anderen Person macht, definiert diese als Objekt des eigenen Handelns oder möglichen Handelns.*

Bei der Untersuchung einer Familie muß man also die Bilder, die die Familienmitglieder sich voneinander machen, identifizieren und herausfinden, wie sie miteinander verknüpft sind. Man muß zu verstehen versuchen, wie die Interaktion der Familienmitglieder sich aus dieser Interrelation von Bildern ableitet und zu ihr beiträgt. Damit ist impliziert, daß Interaktion nicht per se und ausschließlich auf ihrer eigenen Ebene angemessen verstanden werden kann, sondern im Kontext der Definitionen, die die Interaktionspartner voneinander als relevanten Objekten entwickeln, gesehen werden muß.

Aus den Erfahrungen im Umgang mit den anderen Familienmitgliedern und aus den Erfahrungen außerhalb der Familie baut das Individuum allmählich einen weiteren Typus bildlicher Schematisierung auf – ein Bild von seiner Familie, in dem sich die Modalität seiner Beziehungen zu dieser kollektiven Einheit ausdrückt und das die Art des Einflusses der Familie auf es bestimmt. Eine Frau mag die für sie angenehme Vorstellung entwickeln, ihre Familie bestehe aus Abhängigen, die sie brauchen und belohnen; oder sie mag sie in erster Linie als Gruppe sehen, die sie versklavt und für die sie sich aufreibt. Ein Mann mag auf seine Familie als eine Demonstration seiner Männlichkeit stolz sein; oder er mag das Bild einer Gruppe von verwirrenden Leuten mit Reaktionen und Emotionen, die er nicht versteht, aufbauen; oder seine Familie mag für ihn in erster Linie ein willkommenes Refugium vor und ein Kontrast zur Arbeitswelt darstellen. Auch für ein Kind kann die Familie verschiedene Bedeutungen haben. Dem einen ist sie eine Gruppe, zu der es sehr gerne gehört. Für ein anderes besteht sie aus denjenigen, mit denen es leben muß, weil es nicht weiß, wohin es sonst gehen könnte. In das Bild, das sich jemand von seiner Familie macht, geht ein, was er von ihr erwartet und was er ihr gibt, wie wichtig sie ist und welche Art von Bedeutung ihr zukommt.

Die Bilder, die die Familienmitglieder sich voneinander machen, divergieren auf mannigfaltige Art voneinander und von ihren Selbstbildern. Aufgrund der für die Kernfamilie charakteristischen intimen und beständigen Kommunikation sind derartige Abweichungen höchst bedeutsam. Die Familienmitglieder wollen und müssen miteinander umgehen. Von Anbeginn an sind sie damit befaßt, ihre wechselseitigen Bilder weiter zu entwickeln und einander anzupassen. Diese wechselseitige Anpassung geschieht im Verlauf der Interaktion und ist, teilweise, Ziel der Interaktion. Da totaler Konsensus höchst unwahrscheinlich ist, muß man das Leben in einer Familie – wie anderswo – als einen Prozeß ansehen, der in einer Situation aktueller oder potentieller Instabilität abläuft. Es kristallisiert sich zwar ein Muster heraus, aber dieses kann niemals als endgültig gelten, da Handeln sich beständig neu entfaltet und der Status der Familienmitglieder sich verändert.[1]

Wenn das System interpersoneller Beziehungen in der Familie soll Kontinuität aufweisen können, dann müssen die Bilder, die die Familienmitglieder sich voneinander und von der Familie als ganzer machen, irgendwie zu Kompatibilität tendieren. Damit soll nur gesagt werden, daß sie irgendeine Art von Stabilität oder Voraussagbarkeit des bevorzugten Verhaltens anstreben. Bei der Geburt des Kindes haben die Eltern bereits ein Bild von ihm – dieses wird im Verlauf der Zeit mit Sicherheit verändert und elaboriert – das das Kind nicht teilen kann. Der Begriff der Sozialisation bezieht sich auf das Bemühen der Eltern, das Kind dahin zu bringen, daß es sich im wesentlichen genauso sieht, wie sie es sehen. Auch das Kind ist von Geburt an damit befaßt, Bilder seiner Eltern zu entwickeln, und es bemüht sich beständig, diese Schematisierungen der Eltern mit deren Selbstbildern in Einklang zu bringen. Keines der beiden Ziele kann – strictissimo sensu – erreicht werden, aber die Anstrengungen, ausreichende Annäherungen – oder Deckungsgleichheit – zu erreichen, bilden einen der Motoren von Interaktion.

Es dürfte nützlich sein, zwischen dem tatsächlichen Bild von einem anderen und dem entsprechenden Wunschbild analytisch zu unterscheiden. Individuen haben nicht nur für ihr eigenes Verhalten eine Idealvorstellung – das Ich-Ideal – sondern sie entwickeln auch Vorstellungen davon, wie andere sein sollten. In manchen Familien kann es die größten Diskrepanzen zwischen diesen wechselseitigen Idealbildern geben. Eine derartige Diskrepanz kann man als Auseinanderklaffen des Ich-Ideals einer Person (seinem eigenen Bild von dem, wonach er strebt) und des Wunschbildes eines anderen von ihm (was der andere in ihm realisiert sehen möchte) beschreiben.

In anderen Familien mag es relativ wenig Spannungen dieser Art geben. Das verzwickte gemeinsame Unternehmen einer solchen Familie kann man als die Anstrengung bezeichnen, beispielhaft ein Leben zu führen, das als hinlängliche Verkörperung dessen, was als wünschenswert akzeptiert ist, gelten darf. Die Probleme dieser Art von Systemen entstehen eher aus einem ›Zurückbleiben‹ hinter den konsensuell validierten Idealen und aus den Schwierigkeiten, alle diese Ideale gleichzeitig zu realisieren, als aus Dissens über die Ideale.

Familien unterscheiden sich auch in der Fähigkeit, Inkongruenzen wechselseitiger Bilder zu tolerieren. In einigen drängt man auf engste Übereinstimmung bei Kleinigkeiten. In anderen akzeptiert man es, wenn die Bilder nicht genau zur Deckung kommen, oder man kann mit den aus mangelnder Deckungsgleichheit resultierenden Spannungen umgehen, ohne daß das System zusammenbricht.

Es geht hier nicht darum, wie stark die einzelnen Familienmitglieder einander ähneln müssen, d. h. nicht darum, ob eine ordentliche Hausfrau von ihrem Ehemann oder Kindern gleich viel Ordnungsliebe verlangt, oder darum, ob ein ernster Ehemann von den anderen Familienmitgliedern erwartet, genauso zu sein. Es geht hier eher darum, ob die Unterschiede und Ähnlichkeiten zwischen Familienmitgliedern wechselweise akzeptiert werden können. Kinderkliniken werden von Eltern überflutet, die darüber jammern, daß ein delinquentes Kind sich so verhält wie sie selber, aber nicht so, wie sie ihm sagen. Die Persönlichkeiten von Eltern und Kind mögen sehr ähnlich sein; dennoch können sie sich voneinander unterschiedliche Bilder gemacht haben, die – in unbefriedigender Art – auseinanderklaffen. Die Verschiedenheit der Persönlichkeiten – in welchen Aspekten auch immer – kann jedoch eine sichere Grundlage für eine zufriedenstellende Deckung der wechselseitigen Schematisierungen abgeben. Wenn ein ernsthafter Mann sich für verantwortungsvoll hält, seine fröhliche Frau aber für leichtfertig, und wenn sie das Gefühl hat, daß er langweilig, sie aber aufregend ist, dann wird man sagen müssen, daß für ihre Beziehung Inkongruenz der wechselseitigen Schematisierungen charakteristisch ist. Wenn der ernste Ehemann jedoch die Lustigkeit seiner Frau als lebhaft und stimulierend genießt, wenn sie seine Ernsthaftigkeit als Form von Stärke und Stabilität begrüßt, und wenn beide sich darin einig sind, wie der andere sein sollte, dann kommen die Bilder, die sie sich wechselseitig voneinander machen, ausreichend zur Deckung.

Die Gemeinsamkeit der Erfahrungsbasis trägt dazu bei, daß die Familienbilder der einzelnen Familienmitglieder bis zu einem gewissen Grade zur Deckung kommen. Die immanenten Unterschiede mit Hinsicht auf Alter, Geschlecht, Geburtenfolge und Stellung innerhalb der Gesellschaft tragen zur Diversifikation dieser Bilder bei. Die Übereinstimmungen und Abweichungen werden innerhalb der Familie zum Ausdruck gebracht und ausagiert, wobei jedes Familienmitglied so an der Kommunikation teilnimmt, wie es durch sein Bild festgelegt wird.

Auch wenn die Bilder ausreichend zur Deckung kommen, bezieht man sich im Ablauf der Interaktionsprozesse auf diesen Problembereich. Wenn das explorierende Ausprobieren an Bedeutung verliert, treten Bekräftigung und Wiederholung der eingespielten Muster in den Vordergrund. Die Familienmitglieder demonstrieren ihre Übereinstimmung mit der Gruppe und streben nach kollektiver Validierung ihrer Bedeutung im Rahmen der Familie. Die positiven Aspekte des Familienbildes fungieren als Kriterien für die Bewertung individuellen Verhaltens. Das Publikum, vor dem ›Zeugnis‹ abgelegt wird, kann in erster Linie die Familie selbst sein oder auch Nicht-Familienmitglieder umfassen. Kollektive Validierung sucht man – wie immer das »Publikum« zusammengesetzt ist – in den Verhaltensdimensionen, die die Familie als bedeutungsvoll erachtet.

Stabil sind solche menschlichen Beziehungen, in denen die Interaktionspartner ein hohes Maß an Konsens übereinander erzielt haben; wie der Wert einer Person demonstriert werden kann, ist klar und unkontrovers. Die Interaktion stellt einen Austausch von ›Beglaubigungen‹ der Bedeutungen, die die Interaktionspartner füreinander haben, dar. Das Handeln eines jeden Familienmitglieds bezeugt sein Familienbild, sein Selbstbild und die von ihm entwickelten Fremdbilder. Die Mitglieder machen oder suchen in interpersonellen Begegnungen solche Erfahrungen, die für sie bedeutungsvoll und angenehm sind. Auf Gefühle und Handlungen reagiert man nach Maßgabe ihrer Angemessenheit. *Reaktive Urteile und Gefühle reagieren zunächst auf die internalisierten Bilder vom Selbst, von den Anderen und der Familie. Sie werden dann Reaktionen auf und für Andere, so daß das Familienleben in und zwischen den Mitgliedern gestaltet wird.*

Wir haben versucht, zusammenfassend darzulegen, wie sich das Familienleben von den Selbst- und Fremdbildern der jeweiligen Mitglieder her verstehen läßt. Wir haben hingewiesen auf die unvermeidlichen Schwankungen und Divergenzen dieser Bilder; auf die psychosoziale Aufgabe, trotz dieser immer möglichen Schwankungen mit den anderen eine Beziehung einzugehen und ein erträgliches Maß an Stabilität zu erreichen; auf das Bild, das die Familienmitglieder sich von der Familie als ganzer machen – auf ihre Bedeutung für die einzelnen Familienmitglieder, auf den Stil der in ihr ablaufenden emotionalen und sozialen Austauschprozesse; auf die Funktion der positiven Aspekte des Familienbildes, jedem Mitglied und der Gruppe als ganzer gegenüber den persönlichen Wert und das Recht auf emotionale Anerkennung und Teilnahme zu bestätigen.

DIE FAMILIENTHEMATIK

Die Bilder und Reaktionen der Individuen sind miteinander verknüpft. In jeder Familie machen sich die Prozesse, die wir als Ausprobieren, Erkunden und Bestätigen bezeichnet haben, jeweils an einem bestimmten Gehalt fest, den man ein ›Familienthema‹ nennen kann. Ein Familienthema ist eine Konfiguration von Gefühlen, Motiven, Phantasien und stereotypisierten Vorverständnissen, die auf irgendeinen Brennpunkt, der in den einzelnen Familienmitgliedern jeweils eine spezifische Form annimmt, zentriert ist. Eine derartige Konfiguration enthält eine grundlegende Realitätsdefinition und dazugehörige Verhaltensstrategien. In diesen Familienthematiken müssen sich ein Bündel impliziter Verhaltensmaximen der Familie, ein Begriff davon, ›wer wir sind‹ und ›was wir damit anfangen‹, identifizieren lassen. Man kann auf mehrere Kriterien rekurrieren, wenn man ein bestimmtes Familienthema abgrenzen will.

Ein derartiges Thema beeinflußt erstens das Familienleben in mehreren wichtigen Bereichen und Tätigkeitsfeldern. Man kann es als ein postuliertes Modell betrachten, das die beobachtbaren Ereignisse und feststellbaren Konsequenzen des Familienlebens in höchst unterschiedlicher Art prägt. So können die Gefühle einer Familie, die ihre Aktivitäten begleiten, als jeweils besondere Manifestationen eines umfassenderen organisierenden Prinzips aufgefaßt werden. Für einen Familientypus könnte man ein solches Prinzip wie folgt umschreiben: die Familie hat das Gefühl, sie sei im Grunde allein auf der Welt. Die Mitglieder sind dann bestrebt, miteinander zu kommunizieren. Sie bemühen sich, alle Symbole oder äußeren Anzeichen von Kommunikation besonders herauszustreichen. Der Kommunikationsprozeß ist für die Familienmitglieder als solcher wichtig, und Versuche, miteinander in Kontakt zu kommen, müssen möglichst oft unternommen werden. Ein Fehllaufen oder ein Abbruch der Kommunikation ist ein Versagen gegenüber der alles beherrschenden Zielvorstellung der Familie.

Das Thema ist impliziter Ausgangs- und Orientierungspunkt für das Verhalten dieser Familie. Die Heimkehr des Vaters von der Arbeit gegen Tagesende löst ein Gewirr von Begrüßungsritualen und Freudenkundgebungen aus; das gemeinsame Essen der Familie wird zu dem bedeutendsten Ereignis des Tages. Hausarbeiten gelten als Gelegenheiten für Unterhaltungen. Die einzelnen Familienmitglieder sollen aufeinander Rücksicht nehmen, um Konflikte und Zwietracht, die den Kommunikationsprozeß bedrohen könnten, zu vermeiden. Unabhängigkeit oder Vereinzelung wird moniert; das einzelne Familienmitglied sollte immer erreichbar und zur Interaktion bereit sein; Aktivitäten, die ein Mitglied aus der Gruppe herausführen, werden mißbilligt.

Das Thema stellt zweitens eine wichtige Angelegenheit des Familienlebens dar, in dem sich Grundformen des Austauschs mit der externen Welt und interpersonellen Engagements ausdrücken.

Drittens sind alle Mitglieder der Familie an den psychosozialen Definitionen und Prozessen, die in das Thema eingehen, beteiligt – wenngleich jeder u. U. auf verschiedene Art. Das Thema entsteht somit aus den und hat Konsequenzen für die Persönlichkeiten aller Mitglieder.

Ein solches Thema ist damit eine besonders nützliche Untersuchungseinheit bei der Analyse des Familienlebens, da es erlaubt, die Familie als ganze in umfassenden und wichtigen psychosozialen und psychokulturellen Dimensionen zu charakterisieren. Gleichzeitig läßt es Flexibilität des Vorgehens zu, da es keine willkürliche Untersuchungseinheit darstellt und somit nicht gefordert wird, daß die Familie im Rahmen einer Reihe von vorgängig festliegenden Kategorien analysiert wird. Der Forscher kann die Familie im Rahmen ihres eigenen Begriffssystems einschätzen, indem er die Relevanzstrukturen ihrer Lebenswelt aufgreift und sich ihnen unterwirft.[2]

Das Konzept des Familienthemas ist in zwei anderen wichtigen Hinsichten von Vorteil. Da es die Familie von ihren eigenen Relevanzstrukturen her beschreibt, kann man es als Bezugspunkt verwenden, um die einzelnen Familienmitglieder und spezifische interpersonelle Beziehungen als je besondere Varianten und Manifestationen des Themas zu verstehen. Die Stellung des Individuums in der Familie – wie es sich verhält und was ihm dort geschieht – kann als seine Art der Teilnahme an diesen breiteren Strömungen, die die Eigenart seiner Familienzugehörigkeit mitbestimmen, begriffen werden. Wenn wir davon ausgehen, daß ein Thema irgendeinen wichtigen Problembereich und in etwa die Richtung, in der Lösungen gesucht und gefunden werden, enthält, so müssen wir auch annehmen, daß jedes Mitglied in dieser umfassenderen Konstellation seine Rolle spielt. Seine Rolle ist wie jede andere Rolle auch mehrfach determiniert – teilweise durch andere zugeschrieben, teilweise selbst konstituiert. Indem wir die zentralen Themen des Familienlebens bestimmen, sehen wir deutlicher, wovon das Schicksal eines Individuums abhängt, welche Chancen es hat, sein Leben mit anderen zu verknüpfen, und mit welchen Pressionen es sich auseinandersetzen muß.

Der Begriff des Familienthemas erlaubt auch einen Vergleich verschiedener Familien. Man kann mit ihm nämlich eine Gruppe als ganze so beschreiben, daß die Beschreibung auch für die individuellen Gruppenmitglieder Relevanz hat; da es sich jedoch um eine globale Gruppenbeschreibung handelt, läßt sie sich auch neben andere derartige Beschreibungen stellen.

DIE GRENZEN DER FAMILIALEN LEBENSWELT

Die von uns vorgeschlagenen Begriffe sind nicht nur darauf angelegt, die inneren Kommunikationsprozesse der Familie zu erhellen, sondern auch darauf, ihre Haltung oder Position gegenüber der äußeren, familienexternen Welt zu bestimmen. Die wichtigen Themen greifen konsequenterweise nicht nur den psychischen Inhalt des Familienlebens auf, sondern zeigen auch in etwa die Ausdehnung dieser Lebenswelt an. Familien konstituieren ihre eigene Welt; das soll nicht heißen, daß sie sich von der externen Realität total abschotten, sondern daß sie festlegen, welche Aspekte dieser äußeren Welt wie frei zugänglich sind. Die Familie steckt für sich einen Bereich annehmbarer und erwünschter Erfahrungen, ihren Lebensraum ab. Die äußeren Grenzen des Lebensraums sind bei allen Familien ziemlich fest umrissen und einigermaßen gut markiert. Es gibt Wegweiser für Ziele und Warntafeln für Gefahr. Diese Metaphern treffen jedoch den Sachverhalt nicht genau, da die Grenzlinien im Inneren von Personen verlaufen, und – wie fest diese auch sein mögen – es immer Bereiche mangelnder Erfahrung gibt, die nicht ausreichend vermessen sind. Wenn neue Erfahrungen gemacht, neue Gefühle empfunden werden, dann werden auch neue Handlungen vollzogen, und sie tangieren die inneren Grenzlinien und die Markierungslinien, die andere ziehen helfen. In diesem Hin und Her von Interaktionen ist die wechselseitige Regulierung der Familienmitglieder zu lokalisieren. Jeder richtet sich vermittels der Schemata, die er von den anderen aufgebaut hat, an diesen aus. Die anderen reagieren auf ihn, indem sie sich von ihren Vorstellungen von ihm anleiten lassen. Erfahrungsgrenzen – ob weite oder enge – werden in unterschiedlichster Weise und in mehreren Dimensionen gesetzt. Zu den wichtigeren gehören:

1. *Die Differenzierung der individuellen Persönlichkeit.* Wie differenziert sind die Mitglieder der Familie als individuelle Personen? Wie autonom sind die Individuen und welcher Grad von Autonomie wird von ihnen erwartet? In ihrer Entwicklung läßt die Persönlichkeit die groben Kategorien der frühkindlichen Erfahrung (Lust und Unlust, Einverleibung und Ausstoßung) schließlich hinter sich, um für einen breiten Bereich emotionaler Erfahrungen offen zu werden und über reifere Ich-

Mechanismen zu verfügen. Die Komplexität und Differenzierung des Persönlichkeitssystems kann in einigen Familien weiter voranschreiten als in anderen.

2. *Die Intensität der Erfahrungen.* Wie tief oder oberflächlich ist die Erfahrung? Wie desinteressiert oder engagiert sind die Familienmitglieder an ihren Tätigkeiten und an einander? Wie kontrolliert oder spontan ist ihr Verhalten? Es geht hier darum, wie breit die Bereiche des Selbst sind, die der Erfahrung zugänglich sind – um den Grad von Intimität oder den Enthusiasmus der Hingabe an etwas.

3. *Die Extensität der Erfahrung.* Hier geht es – ganz wörtlich – um die Breite des geographischen Lebensraums, um Spannweite und Verschiedenartigkeit von Handlungen; um die Bedeutung der Nachbarschaft und des Wohnsitzes im Vergleich zu abstrakter definierten Gemeinschaften wie der ›demokratischen Gesellschaft‹, dem ›Juristenstand‹; darum, wieviel man von der Welt kennen soll und für wieviel man Interesse zeigen soll und wieweit sich Bekanntschaftsnetze tatsächlich erstrecken. Weniger wörtlich genommen geht es also darum, wieviele Facetten des Lebens und Handelns vorgestellt, gekannt oder verstanden werden.

4. *Die Tendenz, Erfahrung zu bewerten.* Familien unterscheiden sich in ihrer Bereitschaft, ihren Mitgliedern zu erlauben, Stimuli hoch individualisiert zu bewerten oder auf sie einzigartig zu reagieren. Die Bewertungsbeschränkungen – internalisierte Kriterien – modifizieren und transformieren Stimuli und Erfahrungen. Werte schaffen im Individuum emotional besetzte Haltungen zu definierbaren Kategorien von Erfahrung – zu Jazz, Sport, klassischer Kunst und Musik, Comics, Politikern, Wissenschaft und Wissenschaftlern, Literatur, um einen breiten Bereich von in unserer Kultur vorhandenen Stimuli zu nennen. Die Familie bewertet auch ihre Erfahrungen im Umgang mit dem einzelnen Familienmitglied und sensibilisiert ihn auf unterschiedliche Art und Weise für sein eigenes Verhalten und das Verhalten anderer. In diesem Kontext ist die Neigung, Erfahrung moralisch zu bewerten, von spezieller Bedeutung. Hier geht es um den von möglichen Gewissensängsten ausgeübten Zwang und um die Freiheit, seine Gedanken, Impulse und Phantasien ungehemmt zu explorieren und ungewöhnliche oder unkonventionelle Möglichkeiten zu bewahren. Moralische Bewertungen beeinflussen auch den äußeren Handlungsspielraum: Fühlt man sich in unbekannten Situationen wohl und wagt man es, Dinge selbst herauszufinden? Im wesentlichen handelt es sich hier um das Bedürfnis – oder das Fehlen eines solchen Bedürfnisses – traditionellerweise Fremdes zu verdammen, verwerfen oder auch einfach zu vermeiden.

Damit sind zumindest einige der wichtigsten Dimensionen, die die Grenzen der familialen Lebenswelt und die in ihr akzeptierten Lebensweisen festlegen, genannt. Die Merkmale dieses umgrenzten Szenariums bestimmen für jedes einzelne Familienmitglied, wie mannigfaltig sein Leben ist, wie nahe das Individuum sich selbst oder anderen kommen kann, wie eng die Bindung an die häusliche Sphäre ist. Die Festsetzung der Grenzen der familialen Lebenswelt gehört – so wie sie eben beschrieben worden ist – zu den zentralen Prozessen des Familienlebens. Sie wird nicht nur vollzogen, solange die Familienmitglieder zusammen leben, sondern auch noch, nachdem sie sich zerstreut haben – sie hat immer noch einen Einfluß darauf, wie weit und in welche Richtung sie gehen werden.

Die vom Forscher diagnostizierten Konstellationen werden, genaugenommen, niemals realisiert. Welche Wendungen der Verlauf einer Biographie nehmen wird, kann man nicht wissen, so daß Prozesse der Struktursetzung nicht zu ewigen Lösungen führen. Zwar kann man möglicherweise voraussagen, wie eine Familie eines bestimmten Typs ökonomischer Deprivation widerstehen wird, sollte sie ihr ausgesetzt werden, aber die vorausgesetzte Transformation wird nicht eintreten, wenn die finanzielle Belastung ausbleibt. Mit den Strukturierungsprozessen verhält es sich – mehr oder weniger – ähnlich: sie sind ständig in Bewegung und reagieren auf neu in die familiale Lebenswelt eingeführte Elemente. Nichtsdestoweniger muß man sehen, daß es möglich ist, mit hoher Sicherheit zu bestimmen, wo die Grenzen der Erfahrungswelt einer bestimmten Familie liegen werden – obwohl diese Grenzen, ganz wörtlich genommen, nie endgültig festgesetzt sind. Auch wenn das Familienleben niemals eine endgültige und unveränderliche Gestalt annimmt – nicht einmal für eine begrenzte Periode des Familienzyklus wie etwa die Phase, in der die Kinder großgezogen werden – bindet es sich dennoch in einer bemerkenswert festen Struktur – einer notwendigen Voraussetzung einer jeden Form menschlicher Vergesellschaftung.

DIE AUSEINANDERSETZUNG MIT WICHTIGEN VORGEGEBENEN BIOSOZIALEN PROBLEMBEREICHEN DES FAMILIENLEBENS

Die meisten wesentlichen strukturellen Charakteristika der Kernfamilie sind wohlbekannt und bedürfen hier keiner ausführlicheren Erläuterung. Die Tatsache, daß eine Kernfamilie – anders als andere auf Freiwilligkeit basierende Gruppen – von zwei Personen unterschiedlichen Geschlechts gegründet werden muß, bedeutet, daß Geschlechtszugehörigkeit ein zentraler Angelpunkt ist. Bei der Untersuchung jeder einzelnen Familie muß erforscht werden, wie sie männliche und weibliche Geschlechtsrollen interpretiert. Welche Eigenschaften werden jedem Geschlecht zugeschrieben? Was wird von jedem verlangt? Was wird jedem zugebilligt? Für wie wichtig hält man Geschlechtsunterschiede? Wird der Unterschied zwischen den Geschlechtern minimiert oder dient er als Basis für ein Auswuchern von Emotionen und Aktivitäten? Werden die beiden Geschlechter unterschiedlich bewertet, so daß Lohn und Strafe nach Maßgabe von Geschlechtszugehörigkeit verteilt werden? Die größeren sozialen Einheiten, zu denen die Familie gehört (soziale Schicht, ethnische Gruppierung, Gemeinde), stellen natürlich bestimmte konventionalisierte Antworten auf diese Fragen bereit. Doch jede Familie erarbeitet auch ihre eigenen Antworten; jede Familie rekurriert beim Aufbau ihrer eigenen Lebenswelt auf den Geschlechtsunterschied.

Während die Eltern einander freiwillig heiraten, werden ihre Kinder, ohne wählen zu können, Familienmitglieder. Dieser Umstand und der weitere, daß sie bei der Geburt hilflos sind und daher auf die Fürsorge der Eltern angewiesen und deren Autorität unterworfen sind, wirft die Frage auf, als was die Unterschiede zwischen den zwei Generationen konstruiert und wie sie gehandhabt werden sollen. Wieweit sich der Bereich des Familienlebens erstreckt, der dem Autoritätsgefälle entsprechend reguliert werden soll, wird zu einer wichtigen Dimension. Die elterliche Autorität – ihr Geltungsbereich und die Art ihrer Ausübung – gehört zu den Faktoren, die das Verhältnis von Vereinzelung und Verbundenheit bestimmen. Das ihr innewohnende Potential verwirklicht sich auf der Ebene der Konsequenzen für das Kind in Selbststeuerung, Unterwürfigkeit, ein Gefühl der Ungerechtigkeit oder der Bereitschaft, von anderen mit mehr Erfahrung zu lernen.

Indem sich die Eltern mit dem Abgrund von Macht und Fähigkeit zwischen ihnen und ihren Kindern auseinandersetzen, haben sie – zwar im wesentlichen nicht bewußt, sondern gleichsam automatisch im Einklang mit ihren Persönlichkeiten – darüber zu entscheiden, wie hartnäckig sie ihre Bilder den Kindern oktroyieren werden. Familien unterscheiden sich danach, wie weit die Eltern mit den Kindern interagieren und dabei ihre eigenen Wünsche verbessern oder umformen, wenn die Persönlichkeiten ihrer Kinder zunehmend an Struktur gewinnen. Wo sie erwarten, daß die Kinder den Anpassungsprozeß allein bewältigen, bleibt wenig Raum für Verhandeln, sodaß dem wechselseitigen Prozeß der Entdeckung des Selbst und des Anderen enge Grenzen gesetzt sind.

Familien unterscheiden sich auch danach, wie schnell sie ihre Kinder durch die Kindheitsjahre bringen: sie können hetzen, ermutigen oder verzögern. Um ihr eigenes Bedürfnis nach angenehmen Erfahrungen zu befriedigen, versuchen Eltern, ihre Kinder zu prägen. Sie formen die Kinder im Verlauf der Konstruktion ihrer eigenen Lebenswelt nach Maßgabe ihrer Idealvorstellungen von Kindern. Die Struktur der elterlichen Stimulierung – ihre Intensität, Häufigkeit und Mannigfaltigkeit – drückt die hinter ihrem Fürsorge- und Autoritätsverhalten liegenden Wünsche aus. Wenn wir beobachten, daß eine Elterngestalt darauf erpicht ist, daß ihr Kind sich möglichst schnell möglichst ›erwachsen‹ verhält, während eine andere bedauert, daß ihr Kind das Baby-Verhalten ablegt, dann ist klar, daß in beiden Fällen unterschiedliche persönliche Wünsche oder Ziele verantwortlich sind. Aber man könnte auch annehmen, daß hier unterschiedliche Vorstellungen von Wachstum und unterschiedliche Zeitperspektiven wirksam sind. In einigen Familien drängt man auf Erwachsenwerden – was manchmal durch den Wunsch der Eltern, die als belastend empfundenen Aspekte der Kindererziehung möglichst schnell loszuwerden, oder durch die Befürchtung, daß jede ›Verzögerung‹ oder Konzession an die Impulsivität des Kindes das erwünschte letzte Entwicklungsniveau bedroht, motiviert ist. Diese Idee scheint die Vorstellung eines festen Endpunktes zu implizieren, eines Zeitpunktes, an dem die Entwicklung ihr Ziel erreicht hat und im wesentlichen abgeschlossen ist. Was nach diesem Zeitpunkt geschieht, wird nicht als Wachstum begriffen, sondern nur als – wichtige oder unwichtige – Ereigniskette im Ablauf der Zeit. In anderen Familien herrscht die Vorstellung einer langen unbestimmten Zeitspanne vor, verbunden mit dem Glauben, daß Wachstumsprozesse sich nicht komprimieren lassen. Man sieht die Kinder als Wesen, die sich langsam an einen Zustand der Reife annähern, und hat das Gefühl, daß sie dazu auch Zeit genug haben. Wachstum gilt als verwickelt und schlecht mechanisierbar: die irrationalen Kräfte der Kindheit werden so eher gezähmt als gebrochen.

In diesen verschiedenen Aspekten elterlicher Gefühle und Handlungen gegenüber ihren Kindern steckt implizit eine andere Entscheidung: *Wie breit sind die Bereiche der Welt des Kindes, die nicht seinen Eltern gehören?* Das ist teilweise eine Sache der Autoritätsstruktur. Die Eltern wählen bei der Ausübung ihrer Autorität nicht nur zwischen Techniken der Belohnung und Bestrafung. Sie können auch (oder können auch nicht) sich selbst daran hindern, in den Bereich des Kindes einzudringen. Ob einem Kind eine Privatsphäre, welcher Art auch immer (eigener Raum, eigener Besitz, eigenes Denken, Fühlen und eigene Art des Umgangs mit anderen), zugestanden wird, oder ob der ganze Verhaltensbereich des Kindes als der Überwachung und Manipulation der Eltern unterworfen gilt, ist eine Frage, die in Abhängigkeit davon beantwortet werden muß, wie die Eltern sich selbst und ihre Kinder definieren. In diese Entscheidung ist immer ein Begriff von Integrität eingeflochten, da die Bedingungen, unter denen Menschen Zugang zueinander haben, zwar schon in der frühkindlichen Phase kommunikativ vermittelt werden, aber erst in der späteren Kindheit schärfer definiert und aktualisiert werden.

Die Beziehungen, die sich zwischen den verschiedenen Familienmitgliedern entwickeln, orientieren sich nicht einfach ausschließlich an den intrinsischen Kriterien von Alter und Geschlecht. Sie werden auch durch die zugrundeliegenden Familienthemen und Bilder geprägt, die Alter, Geschlechtszugehörigkeit und auch verschiedenen anderen Persönlichkeitsmerkmalen Bedeutung verleihen. Auf der Basis der Bedeutung, die die Familienmitglieder füreinander haben, entwickeln sich spezifische interpersonelle Bindungen. So hängt beispielsweise die Nähe zwischen zwei Familienmitgliedern oder die Distanz zwischen einer Gruppe von drei sehr eng miteinander verbundenen Familienmitgliedern und einem vierten, das abseits steht, von den miteinander verwobenen Bedeutungen der Personen ab. Jede Familie hat tendenziell eine charakteristische Verteilung von Bindungen oder ein charakteristisches Muster von Zuordnungen (die emotional negativ oder positiv getönt sein können) ihrer Mitglieder. Wie diese Muster entwickelt und erhalten werden, ist von erheblicher Bedeutung, will man das Familienleben oder das Leben irgendeines Familienmitglieds verstehen.

Mit den vorgetragenen Konzepten wurde versucht, einen theoretischen Rahmen für das Verständnis der Familie als einer intimen Gruppe von Mitgliedern, die bestimmten systematischen Regeln gehorcht, zur Verfügung zu stellen. Wir haben uns auf die Binnenbeziehungen der Familie konzentriert, so daß dieser Rahmen für die Analyse der Beziehungen zwischen Familie und Gesellschaft etwas weniger hilfreich ist.

ANMERKUNGEN

1. George Herbert Mead hat diese Ungewißheit der Zukunft des Handelns in seinem Begriff des ›I‹ theoretisch eingefangen. »Auf das Ich ist es zurückzuführen, daß wir uns niemals ganz unserer selbst bewußt sind, daß wir uns durch unsere eigenen Aktionen überraschen. Nur während wir handeln, sind wir uns unserer selbst bewußt . . . Ich möchte besonders darauf hinweisen, daß diese Reaktion des ›Ich‹ mehr oder weniger unbestimmt ist . . . Das ›Ich‹ liefert das Gefühl der Freiheit, der Initiative« (1968, S. 217, 219, 221).

2. Der Begriff des ›Themas‹ wurde in die Sozialwissenschaft von Henry Murray (Psychologie) und Morris Opler (Anthropologie) eingeführt. Vgl. *Henry A. Murray, et al.*, 1938, und Morris Opler, ›Themes as Dynamic Forces in Culture‹, *American Journal of Sociology*, LI 198–206. Obwohl Fritz Redl den Terminus nicht gebraucht hat, basiert sein Ansatz der Untersuchung von Gruppenstrukturen auf einer ähnlichen Logik. Vgl. seinen Artikel ›Group Emotion and Leadership‹, *Psychiatry*, V (1942), S. 573–596.

Zentrifugale und zentripetale Ablösung in der Adoleszenz: zwei Modi und einige ihrer Implikationen

HELM STIERLIN / L. DAVID LEVI / ROBERT J. SAVARD

In diesem Aufsatz wollen wir zwei Ablösungsmodi beschreiben, die sich aus einer Untersuchung Jugendlicher in der Phase ihrer Ablösung ergaben. Den einen dieser Modi werden wir ›zentrifugal‹, den anderen ›zentripetal‹ nennen. Diese Modi sind Ausdruck von Kräften innerhalb der Familie, die entweder nach außen (zentrifugal) oder nach innen (zentripetal) gerichtet sind. Wir betrachten diese Modi als extreme Formen des jugendlichen Ablösungsprozesses. Diese Ablösungsmodi können, wie wir zu zeigen versuchen, jene Prozesse und Verhaltensweisen durchsichtig und verständlich machen, die zu verschiedenen Formen der Psychopathologie, insbesondere zu bestimmten Formen von Schizophrenie und Soziopathie führen. Außerdem wollen wir zu zeigen versuchen, wie andere Ablösungsmodi innerhalb des vorgegebenen Rahmens verstanden werden können.

Die Ablösungsmodi werden in ihrer Eigenart deutlich, wenn man sie zu einem begrifflich konstruierten Ablösungsmodell in Beziehung setzt, das in reiner Form nicht unbedingt in der Realität beobachtbar sein muß. Wir denken dabei an Weber's »Idealtypen«. Dieser idealtypische Modus beschreibt eine Entwicklung, innerhalb derer der Jugendliche Werte und Eigenschaften der Eltern mit Werten und Eigenschaften, die er aus der Begegnung mit Altersgenossen und mit anderen Erwachsenen übernimmt, in Einklang zu bringen vermag. Indem der Konflikt zwischen Eltern und Jugendlichem sich entwickelt, entsteht auf jeder neuen Stufe der Entwicklung eine neue Synthese, in der sich der Jugendliche weiter von seinen Eltern gelöst und von den äußeren Einflüssen seiner Kultur tiefer geprägt findet, ohne daß gemeinsame Werte und die Identifikation mit den Eltern völlig aufgegeben würden.

Wir haben es so mit einer aufsteigenden Spirale von Ablösung und Differenzierung auf verschiedenen Ebenen – der emotionalen, der intellektuellen und der moralischen – zu tun. Die einzelnen Abschnitte auf dieser Spirale sind so klein, daß die Qualen und Depressionen, mit denen die wachsende Differenzierung von Eltern und Jugendlichem verbunden ist, ohne gewaltsame Brüche oder gar den völligen Abbruch der Beziehungen zwischen beiden Seiten bewältigt werden können. Und die Schmer-

Dieser Aufsatz erschien ursprünglich unter dem Titel ›Centrifugal Versus Centripetal Separation in Adolescence: Two Patterns and Some of their Implications‹, in: Feinstein, Sherman, C. / Giovacchini, Peter (Hrsg.), *Adolescent Psychiatry*, Vol. II (Developmental and Clinical Studies), New York 1973, S. 211–239. Die Übersetzung wurde besorgt durch Rose Kessler. Abdruck mit freundlicher Genehmigung von Basic Books, New York. (Die beiden Ablösungsmodi werden im Original durch je 2 Fallbeispiele illustriert, von denen hier jeweils eines gestrichen wurde. Die Herausgeber)

zen sind auch nicht so intensiv und unerträglich, daß der Prozeß der Differenzierung überhaupt zum Stillstand kommt. Dieser dialektische Prozeß von Konflikt und Versöhnung wird im einzelnen in Helm Stierlins Buch *Conflict and Reconciliation* (1969) beschrieben. Er ist in allen Phasen menschlicher Entwicklung und sozialer Bindungen zu beobachten, scheint jedoch in der ödipalen Phase und in der Adoleszenz besonders wirksam zu sein.

Während der ödipalen Phase introjiziert das Kind die Elternbilder, um sich auf diese Weise von seinen Inzestwünschen und den mit Strafe drohenden Eltern zu distanzieren. Durch diesen Prozeß der Introjektion löst es sich von ihnen und bleibt doch in entscheidenden Punkten an sie gebunden. Während es sich von seinen Eltern löst, bindet es sich an Personen außerhalb der Familie wie an Freunde oder Lehrer. In einem sich positiv erweiternden Ablösungszirkel schwächt und modifiziert es die Bindung an seine Eltern noch mehr.

Die Phase der Adoleszenz läßt ödipale Konflikte wieder aufleben und führt im günstigen Fall zu ihrer endgültigen Lösung. Damit dies gelingen kann, muß sich der dialektische Ablösungsprozeß, wie er hier skizziert wurde, erneut intensivieren und an Komplexität gewinnen. Noch einmal wird der Jugendliche in das Feld seiner Eltern hineingezogen, und er leidet in diesem Prozeß unter ambivalenten Gefühlen, Inzestwünschen und Strafandrohungen. Gleichzeitig aber kann er sich nun mit einem größeren Kreis von Altersgenossen, von anderen Erwachsenen und von potentiellen Sexualpartnern identifizieren als zuvor.

Vor dem Hintergrund dieses Modells können wir zwischen zwei extremen Formen der Ablösung unterscheiden. Bei der einen übt der Kreis der Familie und der Eltern eine ungewöhnliche Anziehung auf den Jugendlichen aus: die zentripetalen Kräfte sind vorherrschend. Diese Kräfte haben die Tendenz, die Ablösungsbemühungen des Jugendlichen zu verzögern oder verkümmern zu lassen. Dennoch können sie bestimmte Erfahrungen begünstigen, die den Betroffenen bereichern, so konfliktgeladen und schmerzvoll sie auch sein mögen. In der anderen extremen Konstellation, die dieses Modell nahelegt, entzieht sich der Jugendliche der von den Eltern ausgehenden Anziehungskraft oder schwächt sie zumindest sehr ab. Gleichzeitig mißt er den Altersgenossen oder anderen Erwachsenen eine übersteigerte Bedeutung bei. Hier werden die zentrifugalen Kräfte in hohem Maß wirksam. Statt seine Ablösung hinauszuzögern, beschleunigt der Jugendliche sie. Dadurch liefert er sich Erfahrungen und Problemen aus, die von denen, die in der zuerst genannten Form auftreten, völlig verschieden sind.

Diese beiden verschiedenen Ablösungsmodi implizieren daher unterschiedliche Beziehungsschicksale und ebenso unterschiedliche Entwicklungspotentiale.

Die hier skizzierten Ablösungsmodi sind jeweils durch die Familie und durch den sich ablösenden Jugendlichen bestimmt. Wir können daher von beteiligten[1] Familienfaktoren und von beteiligten individuellen Faktoren sprechen. Im ganzen erhalten wir so vier Faktorengruppen (oder Gruppen von Beiträgen), die zu berücksichtigen sind (vgl. Abbildung 1).

Abb. 1

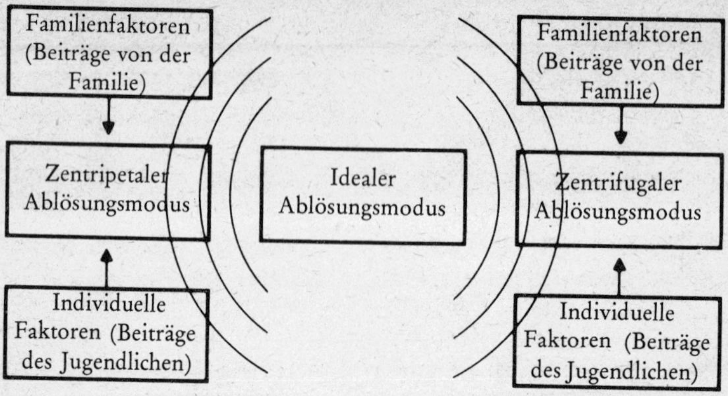

Um die Wirkungsweise dieser Faktorengruppen aufzuhellen, untersuchten wir dreizehn Familien mit Jugendlichen, die sich am National Institute of Mental Health (NIMH) ursprünglich einer dreimonatigen Familientherapie unterzogen. Nach ungefähr zwei bis drei Jahren wurden diese Familien in detaillierten Nachinterviews erneut befragt. Diese Interviews konzentrierten sich im wesentlichen auf einzelne Punkte, über die vorher Prognosen aufgestellt worden waren. Darüber hinaus stützten wir uns auf weitere zwanzig Familien, die wir während der letzten vier Jahre in der Familientherapie behandelten und mit denen wir einen formlosen Kontakt aufrechterhalten haben oder die noch immer am NIMH behandelt werden.

Wir werden zunächst jene Familienfaktoren beschreiben, die in den zentripetalen Ablösungsmodus eingehen.

FAMILIENFAKTOREN IM ZENTRIPETALEN MODUS

Im zentripetalen Modus verspricht die Familie eine größere Befriedigung entscheidender Beziehungsbedürfnisse als die Außenwelt. Dies scheint eine Grundannahme der Familie zu sein und ist mit den Grundannahmen vergleichbar, die Bion (1961) bei Gruppen identifiziert hat.[2] Die Antennen der Familienmitglieder scheinen bei ihrer Suche nach möglichen Quellen der Befriedigung und Sicherheit mehr oder weniger ausschließlich aufeinander ausgerichtet zu sein; sie nehmen nur auf, was innerhalb der Grenzen der Familie verfügbar zu sein scheint. Was außerhalb dieser Grenzen liegt, wird nur sehr vage oder überhaupt nicht wahrgenommen. Die Außenwelt erscheint finster und bedrohlich. Im selben Maß, in dem innerfamiliäre Befriedigungen (und die Erwartung solcher Befriedigungen) an Bedeutung gewinnen, nimmt der tatsächliche Kontakt zur Außenwelt tendenziell ab. Bei genauerem Hinsehen zeigt es sich, daß viele dieser Familien sozial isoliert sind, obwohl häufig scheinbar harmonische und erfreuliche berufliche Beziehungen bestehen und trotz gelegentlicher hektischer Aktivitäten von seiten (in der Regel) eines Elternteils in Vereinen oder der Kirche.

Obwohl die Familienmitglieder aneinander fixiert bleiben, scheinen die Antennen innerhalb der Familie eine spezifische selektive Sensitivität zu besitzen. Um wesentliche Aspekte einer solchen Sensitivität zu erfassen, können wir uns eines Modells bedienen, das David Reiss (1970) experimentell entwickelt hat: Reiss sprach von konsensus-sensitiven Familien in Fällen, in denen es für die Familienmitglieder offenbar wichtiger war, einen (oft unbewußten und emotionalen) Konsensus untereinander herzustellen, als Meinungsverschiedenheiten über die Erledigung gemeinsamer Aufgaben auszutragen. Obwohl der Begriff *Konsensus-Sensitivität* im Kontext der experimentellen Psychologie entwickelt wurde, scheint er diese Familien auch unter klinischen Gesichtspunkten zu beschreiben. Offenbar haben wir es hier mit einem Teil der Phänomene zu tun, die Wynne, Ryckoff, Day und Hirsch (1958) unter Titeln wie Pseudogemeinsamkeit (pseudomutualitiy) und Pseudofeindlichkeit (pseudohostilitiy) beschrieben haben und die Lidz, Fleck und Cornelison (1965) teilweise unter dem Etikett »Familienverzerrung« (family skew) thematisieren: alle diese Familien weisen offenbar Ungleichgewichtigkeiten zugunsten jener Kräfte auf, die eine oft stickige und erdrückende Familiengemeinsamkeit fördern, und zuungunsten jener Kräfte, die eine dem Entwicklungsstand gemäße Differenzierung und Ablösung der Familienmitglieder voneinander ermöglichen. Klinisch betrachtet scheint eine solche Konsensus-Sensitivität oft eine übermäßige Sensibilität der Mitglieder gegenüber bestimmten unbewußten und abgespaltenen Bedürfnissen anderer Familienmitglieder zu implizieren. Unter diesen Bedürfnissen fallen besonders häufig verdrängte erotische und masochistische Bedürfnisse auf.

Darüber hinaus beobachten wir in vielen dieser Familien ein Netz elterlicher Vorstellungen und Erwartungen, dessen Funktion speziell darin zu bestehen scheint, den Jugendlichen an den Kreis der Familie zu binden. An anderer Stelle (Stierlin, Levi und Savard, 1971) haben wir einige dieser Vorstellungen und Erwartungen beschrieben. Auf die eine wie auf die andere Weise machen sie es dem Jugendlichen schwer, Ablösungsbestrebungen als gerechtfertigt und erfolgversprechend zu begreifen. Statt dessen betrachtet man ihn und betrachtet er sich schließlich selbst als unfähig zur Ablösung, d.h. als zu krank, zu ungeschickt, zu abhängig, zu schwach usw., als daß er sich ablösen könnte; oder als zu selbstsüchtig, zu grausam und zu zerstörerisch, sollte er seine Unabhängigkeit durchzusetzen versuchen. Die Eltern drohen dem Jugendlichen mit Sanktionen, wecken Schuldgefühle in ihm und suchen sein Selbstvertrauen zu schwächen; aber ebenso häufig verteilen sie Belohnungen wie besondere Zuwendung und Gratifikationen, wenn der Jugendliche im Kreis der Familie verbleibt. Die elterlichen Kommunikationssignale sind oft verdeckt und widersprüchlich – und zwar sowohl auf der intraparentalen als auch auf der interparentalen Ebene. Oft wird auf diese Weise der Jugendliche von den Eltern mystifiziert, wie es Laing (1960, 1961), Wynne und Singer (1963, 1965) u. a. beschrieben haben. Diese Mystifikation ist der Versuch der Eltern, ihre Kinder psychologisch auszubeuten: die Eltern »rekrutieren« die Kinder ständig dafür, daß sie ihr ganzes Leben lang undifferenzierte und unabgelöste Komplemente ihrer (der Eltern) eigenen nicht behobenen Defekte, ungelösten Konflikte und unbefriedigten Bedürfnisse bleiben.

Schließlich scheint in diesen Familien häufig ein gestörtes Gleichgewicht zu herrschen im Hinblick darauf, wie die beiden Elternteile sich für einen Jugendlichen engagieren, wenn dessen ödipaler Konflikt wieder akut wird. Ein Elternteil scheint dadurch, daß er den Jugendlichen in der eben beschriebenen Weise bindet und mystifiziert, überengagiert zu sein, während der andere Elternteil zurückzutreten scheint und sich entzieht. Meistens, jedoch nicht immer, ist es der gegengeschlechtliche Elternteil, der sich überengagiert, während der gleichgeschlechtliche Elternteil sich zurückzieht. Eine solche, von neuem aktivierte ödipale Sackgasse scheint die bindenden, zentripetalen Kräfte, die in der Familie wirksam sind, weiter zu verstärken: eine sehr intensive, regressiv gefärbte Zweierbeziehung scheint den Jugendlichen immer fester an das elterliche Feld zu ketten.

INDIVIDUELLE FAKTOREN IM ZENTRIPETALEN MODUS

Individuelle Faktoren scheinen die logische Ergänzung zu den eben beschriebenen Familienfaktoren zu sein. Man kann davon ausgehen, daß ein jugendliches Individuum bestimmte typische Charakterzüge, Abwehrmechanismen und Motivationen besitzen muß, um für die zentripetalen Kräfte innerhalb einer Familie anfällig zu werden. Man kann erwarten, daß er zu den Menschen gehört, die sich dazu konditionieren lassen, Sicherheit und die Befriedigung ihrer entscheidenden Bedürfnisse innerhalb der Familie und nicht in der Außenwelt zu suchen. Man kann weiterhin davon ausgehen, daß er sich auf ein symbiotisches Überleben, wie es von Stierlin (1969) beschrieben wurde, einrichtet; und daß er seinen Weg, mehr oder weniger gut, in einem Dschungel teils mystifizierender, teils bindender Vorstellungen und Erwartungen der Eltern findet. Auf diese Weise wird er lernen, sich an einigen kostbaren Quellen von Befriedigung und Sicherheit, die in diesem Dschungel verborgen sind, zu orientieren. Ja, man kann in der Tat davon ausgehen, daß diese Quellen der Befriedigung und Sicherheit solche Bedeutung für ihn bekommen, daß ihm jede Alternative, die die Außenwelt zu bieten hat, im Vergleich zu ihnen wertlos vorkommen muß. Indem er sich den jede Ablösung verhindernden Strategien und Vorstellungen seiner Eltern unterwirft, wird er vermutlich den Willen zur Ablösung mehr oder weniger vollständig einbüßen. Diese elterlichen Strategien werden ihn gegebenenfalls so gefangennehmen, ihn so mit Angst und Schuldgefühlen belasten, daß Ablösung für ihn zum größten und unverzeihlichsten Verbrechen wird. Wir unterstellen, daß er mehr von einem Ocnophilen als von einem Philobaten an sich hat (im Sinn wie Balint [1959] diese Begriffe geprägt hat), daß er möglicherweise eher feldabhängig als feldunabhängig ist, eher reizfliehend als reizsuchend und eher eine passive als eine aktive Persönlichkeitsstruktur aufweist.

Außerdem kann man davon ausgehen, daß dieser Jugendliche, wenn er seine Realität rekonstruiert, fest im Kreis der Familie und ihren erdrückenden Verstrickungen verankert bleibt. Man kann davon ausgehen, daß er sich eine private Nische und Phantasiewelt inmitten eines überwiegend konsensus-sensitiven und gleichzeitig quälenden Familienfeldes einrichtet. Je mehr seine Persönlichkeitsstruktur ihn für diese Richtung prädisponiert, um so größer ist die Wahrscheinlichkeit, daß er bei der Einrichtung einer solchen privaten Nische und Phantasiewelt Erfolg hat. Das heißt, er wird sich von seinen Eltern distanzieren, ohne sich wirklich zu distanzieren: er wird sich ablösen durch einen Rückzug von elterlichen Objekten, ohne daß dieser Rückzug aufgewogen würde durch ein angemessenes Engagement für neue Objekte des realen Lebens. Die hier unterstellten individuellen Faktoren und Familienfaktoren fanden wir, mehr oder weniger deutlich ausgeprägt, bei bestimmten typischen Familien und Jugendlichen wieder. Im Folgenden werden wir eine solche Familie vorstellen, der wir den Namen Fenwald geben.

DIE FAMILIE FENWALD

Die Familie bestand aus Herrn Sigmund Fenwald, einem Ingenieur für elektronische Datenverarbeitung von ungefähr 45 Jahren, seiner etwa gleichaltrigen Frau Martha, dem 16 Jahre alten Kurt, aufgrund dessen wir die Familie ausgewählt hatten, und seinem vierzehnjährigen Bruder Marvin. Eine ältere Schwester war von der Familie fortgezogen und stand weder für die Therapie noch für Interviews zur Verfügung. Die Fenwalds hatten sich beinah acht Monate lang einer Familien- bzw. Ehetherapie unterzogen und wurden nach zweieinhalb Jahren wieder aufgesucht.

Alles in allem schienen die Fenwalds – wenngleich nicht extrem – sozial isoliert zu sein. Herr Fenwald war zu der Zeit, als wir mit ihm in Beziehung standen, scheu und zurückhaltend. Er hatte keine wirklichen Freunde, und sein sozialer Kontakt beschränkte sich im großen und ganzen auf ein paar Berufskollegen, mit denen er sich zum Mittagessen traf. Er verbrachte seine Abende am liebsten zu Hause, lesend oder fernsehend. An den Wochenenden arbeitete er im Garten oder ging fischen.

Frau Fenwald, sorgfältig gekleidet und angespannt, zeigte sich sozial aktiver. Sie traf sich mit verschiedenen Hausfrauen ab und zu zum Kaffeeklatsch am Nachmittag und bemühte sich scheinbar, andere Ehepaare dafür zu gewinnen, mit ihnen abends auszugehen. Sie hatte eine besondere Vorliebe für französische Filme. Die abendlichen Unternehmungen wurden jedoch nur selten verwirklicht, da ihr Mann kein Interesse daran hatte. Aus diesem Grund schimpfte sie ständig mit ihm. Immer wieder ließ sie sich über seinen Mangel an sozialer Unternehmungslust aus, in dem sie die Ursache ihrer eigenen Leere und Frustration sah. Wenn Herr Fenwald sie aber bat, mit ihren Freunden auszugehen und ihn allein zu Haus zu lassen, weigerte sie sich. In der Familien- und Ehetherapie stellte sich heraus, daß sie in Wirklichkeit Angst vor sozialem Kontakt hatte, da sie sich ihrer Freunde nicht sicher war und befürchtete, zurückgestoßen oder nicht genügend beachtet zu werden. Sie war zur Zeit ihrer Heirat Verkäuferin gewesen und hatte sich große Hoffnungen gemacht, Schauspielerin oder Sängerin zu werden. Keiner ihrer ehrgeizigen Träume war jedoch in Erfüllung gegangen, was im wesentlichen an ihrem mangelnden Talent lag. (Für sie sprach lediglich ein hübsches Gesicht und eine angenehme Stimme.)

Sie hatte Herrn Fenwald vor allem geheiratet, um von einem glanzlosen Routinejob und dem damit verbundenen Leben befreit zu werden. Wegen der angeseheneren sozialen Stellung ihres Mannes erwarb sie sich durch ihre Heirat das Anrecht auf einen Platz in der – in ihren Augen – »großen Welt«. Aber beim Versuch, diese große Welt zu genießen (obwohl diese große Welt aus kaum mehr bestand als Avantgarde-Kinos, Boulevard-Restaurants und dergleichen), wurden notwendig alte Ambivalenzen wieder wach: auf der einen Seite wollte sie ein Star werden, und auf der anderen Seite fürchtete sie, wegen Mangel an Talent zu versagen. Sie versuchte, diesen Konflikt im wesentlichen dadurch zu lösen, daß sie ihre Furcht vor sozialen Kontakten verleugnete und gleichzeitig ihren Mann wegen seiner sozialen Unsicherheit beschimpfte. Das Resultat dieses psychologischen Manövers war jedoch, daß sie sich nur sehr dürftig emotional an die Außenwelt band. In ihrer faktischen Suche nach Befriedigung und Sicherheit war sie (wie sich in der Familien- und Ehetherapie herausstellte) noch mehr in die Familie verflochten als ihr Mann. Und in ihrer Bindung an ihre Familie konzentrierte sie sich beinahe ausschließlich auf ihren Sohn Kurt.

Im gleichen Maße, in dem die Fenwalds nur spärliche Beziehungen zur Außenwelt hatten und wenig in sie investierten, schienen sie aneinander gebunden und füreinander sensibilisiert. Obwohl sie einander beinah ständig stichelten, vermieden sie offene oder scharfe Argumente, die die Funktion der Distanzierung oder Selbstabgrenzung hätten übernehmen können. Die vergifteten Pfeile gegenseitiger Beschuldigungen, Unterstellungen und streitsüchtiger Provokationen schienen überzuckert zu sein, und wenn sie verletzten, so schienen sie den Familienzusammenhalt nur zu festigen. In sadomasochistischer Manier zeigten sich die Mitglieder der Familie sensibilisiert und empfänglich für die gegenseitigen Bedürfnisse. Ablösung oder Scheidung schien für die Eltern unvorstellbar zu sein.

Diese bittersüße Familienidylle schien Kurts Anstrengungen, sich aus dem Kreis der Familie zu befreien, zu paralysieren. Er schien zunehmend die erotischen Elemente in den sadomasochistischen Streitereien, zu denen Frau Fenwald immer bereit war, zu genießen. Diese Streitereien begannen häufig damit, daß Kurt morgens nicht aufstand und nicht pünktlich zur Schule ging. Obwohl er in einer erotisierten Feindabhängigkeit an seine Mutter gebunden blieb, schien er es immer seltener für notwendig zu halten, in die Schule zu gehen und sich damit selbst in der Außenwelt zu verwurzeln.

Hinzu kam, daß Frau Fenwald, und in geringerem Maß auch Herr Fenwald, dazu neigten, Kurt zu mystifizieren und Strategien anzuwenden, die sein Selbstvertrauen und sein Bewußtsein von der Rechtmäßigkeit der letzten ihm noch verbliebenen Bemühungen um Unabhängigkeit untergruben. So konnte z. B. Frau Fenwald Kurt offen darin bestärken, sich intensiv mit seinem Lieblingshobby, der Konstruktion und Reparatur von Hi-Fi-Anlagen, zu beschäftigen, mit dem einzigen Ziel, seine Anstrengungen, darin eine gewisse Meisterschaft zu erreichen, als unangemessen und selbstsüchtig abwerten zu können.

Schließlich müssen wir die ungleichen Bindungen der Eltern an Kurt hervorheben. Während sich die Mutter mit einer hemmungslosen, besitzergreifenden Intensität an

Kurt klammerte und sich mit jedem anlegte und jeden verschreckte, mit dem Kurt eine tiefergehende Beziehung einzugehen versprach (wie Lehrer, Psychiater und mögliche Freunde), schien Herrn Fenwald – depressiv und passiv, jedoch offensichtlich besorgt – die Energie zu fehlen, um sich mit Kurt zu beschäftigen und ihn vor seiner zudringlichen Mutter zu schützen. (Als Folge der Familientherapie lud er jedoch Kurt zu einigen seiner Angel-Ausflüge ein.)

Kurt Fenwald, sechzehn Jahre alt, war ein umgänglicher, hoch aufgeschossener Junge. Bevor er an der Familientherapie am NIMH teilnahm, war er ungefähr ein Jahr lang ein- oder zweimal in der Woche zu einem am Ort wohnenden Psychiater gegangen. Diese Therapie war aufgegeben worden, nachdem er immer später zu seinen Therapiestunden erschienen war oder sie überhaupt versäumt hatte. In den Jahren vor der Adoleszenz hatte er einige Freunde gehabt, die zugleich Freunde seines Bruders gewesen waren, und er schien Vergnügen daran gehabt zu haben, durch die Gegend zu streifen und das Land auszukundschaften. Zu der Zeit jedoch, als er an der Familientherapie teilnahm, schien wenig Expansivdrang und Initiative bei ihm übriggeblieben zu sein. Damals las er relativ viel, bastelte im Souterrain an seinen Hi-Fi-Anlagen und ging hin und wieder mit seinem Bruder Hamburger essen. Nur selten ließ er sich herab, mit einem seiner früheren Freunde nach draußen zu gehen. In der Familientherapie saß er entweder einfach mürrisch und trotzig herum, ohne auch nur ein Wort zu sagen, oder er beschäftigte sich neckend und hänselnd mit seiner Mutter oder aber beteiligte sich abrupt und nur für einen Augenblick an der Familiendiskussion. In solchen Augenblicken konnte er häufig eine besonders scharfsichtige oder herausfordernde Bemerkung machen. Dabei zeigte sich dann, daß er differenzierter und ehrlicher als die anderen Mitglieder der Familie war.

Als wir Kurt zum erstenmal trafen, war er offenbar eng an seine Familie, insbesondere an seine Mutter, gebunden. Aber er schien doch schon auf dem Weg zu sein, sich von der Familie zu distanzieren, indem er seine Lebenswelt umstrukturierte und eine private Nische für sich suchte. Obwohl er mit seiner Mutter in der oben beschriebenen erotisierten, sadomasochistischen Weise herumstritt, schien er sich doch gleichzeitig zunehmend hinter einer gleichgültigen Routine gegenüber dem täglichen Leben zu verschanzen, in der seine Bücher und seine Phantasien das einzige waren, was zählte. In gewisser Weise schien diese Routine mit der fortschreitenden Verstrikkung in die Familie zusammenzufallen. So schien Kurt sich auf eine Existenz vorzubereiten, die es ihm auf der einen Seite erlauben würde, im Kreis der Familie zu bleiben, d. h. auf Dauer ein Brennpunkt elterlicher Fürsorge und Hilfe zu sein; und die ihm doch, auf der anderen Seite, eine ungestörte Nische für sein Eigenleben sichern würde. Immer weniger zeigte er Interesse daran, sich Freunde oder Freundinnen zu suchen. Er bemühte sich nie darum, eine Verabredung mit einem Mädchen zu bekommen.

Die Familientherapie der Fenwalds wurde vorzeitig abgebrochen: die Mutter wurde unzufrieden mit dem Familientherapeuten und wollte zu ihrem früheren Individualtherapeuten zurückkehren. Nachdem die Familientherapie aufgehört hatte, wurde Kurts Doppelexistenz innerhalb des Kreises der Familie (in die er verstrickt und von der er gleichzeitig distanziert schien) eine Zeitlang fortgeführt. Dann mußte Kurt plötzlich in eine psychiatrische Anstalt eingewiesen werden. In einer recht bizarren Manier war er in einen Wohnwagenanhänger eingedrungen, wo er auf ein nichtsahnendes Mädchen gestoßen war. Dieses Mädchen hatte die Polizei verständigt, die Kurt in eine psychiatrische Anstalt einlieferte. Als sein ehemaliger Familientherapeut ihn in dieser Anstalt besuchte, machte Kurt einen ruhigen, freundlichen und beinah gelassenen Eindruck. Er konnte keinen Grund dafür angeben, warum er in den Wohnwagenanhänger eingedrungen war. In der Folgezeit wurde er in ein Internat in einem anderen Staat gebracht, wo er sich bald von beinah jedem menschlichen Kontakt zurückzog und sich weigerte, am Unterricht teilzunehmen. Er wurde anschließend in einer privaten psychiatrischen Anstalt untergebracht, in der unsere Nachfolgeinterviews stattfanden. Zur Zeit der Interviews lehnte er es ab, einen Therapeuten der Anstalt zu sehen, redete aber ganz vergnügt – wenn auch vage – über Philosophie und das Hippieleben, dem er sich anschließen wollte. Er schien von seinen Eltern Abstand gewonnen zu haben, aber es wurde doch auch deutlich, daß er überzeugt war, sie würden für ihn sorgen, solange sie und er lebten. Da er weder Halluzinationen noch Wahnvorstellungen oder andere eindeutige Symptome von Schizophrenie aufwies, wurde Kurt damals nicht als schizophren diagnostiziert. Dennoch schien er, wenngleich nicht eindeutig schizophrenie-verdächtig, doch auf einen solchen Zustand hinzusteuern. Alles in allem stellen wir bei Kurt einen Mangel an zentrifugalem Expansionsdrang fest und, parallel dazu, nur schwache Versuche, aus eigenem Antrieb Beziehungen zur Außenwelt aufzubauen. Statt dessen hat er seine interpersonale Realität neu strukturiert und sich eine Nische in einem anhaltend verstrickten Familienfeld eingerichtet. Obwohl es ihm in gewissem Sinn gelungen war, von seiner Familie Abstand zu gewinnen, schien er dennoch unfähig, sich eine Zukunft außerhalb des (erweiterten) Kreises der Familie vorzustellen. Er scheint fest darauf zu vertrauen, daß, was immer auch geschehen mag, seine Eltern ihn stets herausreißen oder unterstützen werden.

FAMILIENFAKTOREN IM ZENTRIFUGALEN MODUS

Die Grundannahme, auf der das Familienleben beim zentrifugalen Modus basiert, ist das genaue Gegenstück zu der des zentripetalen: wesentliche Quellen für Befriedigung und Sicherheit können nicht innerhalb, sondern nur außerhalb der Familie gefunden werden. Wenn sich daher die Eltern voneinander oder von ihren Kindern frustriert fühlen (was zwangsläufig häufig vorkommen muß), werden sie die Befriedigung ihrer Bedürfnisse außerhalb der Familie suchen. Außerdem werden sie dazu neigen, ihren Kindern eine zentrifugale Orientierung beizubringen. Sie werden sie mit dem Gedanken vertraut machen, daß die Dinge draußen meistens besser sind als innerhalb der Familie. Als Teil dieser Orientierung an der Außenwelt vermitteln sie ihnen die feste Überzeugung, daß man Probleme lösen kann, wenn man sich aus der Familie entfernt.

Parallel zu einer solchen zentrifugalen Grundannahme der Familie läßt sich beobachten, daß jene Kräfte, die den Zusammenhalt der Familie zu festigen scheinen, entweder ganz fehlen oder schwächer ausgeprägt sind: Wir finden eine geringere Konsensus-Sensitivität und eine seltenere Verwendung von Strategien, die andere Mitglieder zu mystifizieren und dadurch die Ablösung des Jugendlichen zu blockieren suchen. Statt dessen finden wir eine offene und häufig feindselige Streitlust, die offensichtlich dadurch abgesichert ist und vielleicht sogar Vergnügen macht, daß die Familienmitglieder voneinander weglaufen können und keine rigiden Familienbande sie daran hindern, sich voneinander zu distanzieren.[3]

Geht man von dieser relativen Leichtigkeit aus, mit der der Jugendliche sich aus dem Familienfeld entfernen kann, dann müssen inzestuöse Bindungen an einen Elternteil ihn anders affizieren, als im zentripetalen Modus beobachtet werden konnte. Es ist wahrscheinlicher, daß sie ihn hier dazu verleiten, im wiederbelebten ödipalen Kampf rachsüchtig auszuagieren und zu diesem Zweck Sexualpartner aus der Gruppe seiner Altersgenossen zu rekrutieren, die als Ersatzobjekte dienen. Es läßt sich vorhersagen, daß diese Sexualbeziehungen dazu neigen, plötzlich abzubrechen, sobald sie ihren Zweck erfüllt haben. Nichtsdestoweniger können sie, wie wir später beschreiben werden, Schrittmacherdienste für Identifikationen und Lernprozesse leisten, die schließlich dazu beitragen, den Jugendlichen aus dem Feld der Eltern herauszureißen.

Angesichts des Vorherrschens derartiger zentrifugalen Valenzen in solchen Familien kann somit erwartet werden, daß der Jugendliche früh und gewaltsam in die Außenwelt ausbricht (oder hinausgetrieben wird). Indem er sich von seiner Familie ablöst, scheint er von einer *vis à tergo* gestoßen zu werden.

Im einzelnen können wir verschiedene dynamische Strukturen unterscheiden, die auf der Ebene des Familiensystems wirksam werden und zu einer vorzeitigen und möglicherweise abrupten Ablösung des Jugendlichen beitragen können.

So kann ein Jugendlicher in dieser zentrifugalen Konstellation als Delegierter und Kundschafter der Familie in der Außenwelt benutzt werden: die Eltern können eines ihrer Kinder begierig in die Welt hinausschicken in der Erwartung, daß es ihren Hunger auf Schätze, die sie außerhalb der Familie vermuten, stillen wird. Insbesondere können sie von ihm erwarten, daß es sie mit den sexuellen Genüssen versorgt, die sie in ihren eigenen ehelichen Beziehungen vermissen. Es ist um so wahrscheinlicher, daß Eltern einem Jugendlichen den Auftrag erteilen, das draußen liegende Paradies in die Familie hineinzuholen, je unfähiger sie sich selbst fühlen, ihre eigenen zentrifugalen Sehnsüchte auszuleben (weil sie durch Ängste und internalisierte Verbote viel zu gehemmt sind). Der Jugendliche aber wird, obwohl sie erwarten, daß er wie ein guter Apportierhund funktioniert, in der Erfüllung dieses Auftrags häufig sehr lässig sein, da einerseits die elterlichen Forderungen wenig Macht über ihn haben und er andererseits am Herumstreunen außerhalb der Familie zu viel Gefallen findet.

Neben der Verwendung eines Jugendlichen als Vertreter gegenüber der Außenwelt können auch noch andere Familienprozesse im Spiel sein, die zur Ablösung führen. Zu diesen Prozessen gehören vor allem die Zurückweisung und Vernachlässigung der Kinder durch die Eltern. Jedesmal, wenn diese Kinder mit Zurückgestoßen-Werden, Vernachlässigung, Streitsucht, konfliktgeladenen Anforderungen und anderen unangenehmen Erfahrungen konfrontiert werden, die von ihren Eltern ausgehen, werden sie – oft ohne lange zu überlegen – aus dem Einflußbereich der Eltern zu entfliehen und Unterstützung bei Altersgenossen oder anderen Erwachsenen zu bekommen versuchen. Diese Jugendlichen werden sich so verhalten, weil sie sich nicht mit jenen ablösungsfeindlichen Familienkräften auseinandersetzen müssen, die wir als typisch für die zentripetale Situation beschrieben haben.

Es mag schwer zu entscheiden sein, was der Auslöser der zentrifugalen Tendenzen eines Jugendlichen in solchen Familien ist. Es ist denkbar, daß solche Tendenzen des Jugendlichen um so schwächer werden, je mehr die Eltern ihre Sehnsüchte durch eigene Aktivitäten zu befriedigen suchen. Denn dadurch scheint die Notwendigkeit abzunehmen, den Jugendlichen als Delegierten und Kundschafter in der Außenwelt zu verwenden, wie wir oben dargestellt haben. Andererseits könnte man einwenden, daß gerade solche nach außen orientierten Eltern ein Beispiel für zentrifugales Handeln geben, dem der Jugendliche zu folgen versucht ist. Dies kann z.B. bei ehelicher Untreue der Fall sein, oder wenn die Eltern auf andere Weise mangelndes Vertrauen in die Beziehungen zwischen den Ehepartnern und innerhalb der Familie zeigen. Es wird daher weitgehend von den Motivationen der Eltern und der Struktur ihrer außerfamiliären Aktivitäten abhängen, ob sie zentrifugale Tendenzen bei ihren heranwachsenden Kindern verstärken oder entmutigen.

INDIVIDUELLE FAKTOREN IM ZENTRIFUGALEN MODUS

Auch hier stehen die individuellen Faktoren, die in diesem Modus wirksam werden, in einem logischen Zusammenhang mit den eben skizzierten Familienfaktoren. Auch hier muß der Jugendliche, der ein Opfer des zentrifugalen Drucks werden soll, bestimmte komplementäre Charakterzüge, Abwehrmechanismen und Motivationen besitzen.

Man kann davon ausgehen, daß dieser Jugendliche mehr motorische Expansivkraft hat als sein Pendant in der zentripetalen Konstellation; daß er sich infolge mangelhafter Triebkontrolle sehr viel leichter auslebt, daß er feldunabhängiger ist und aktiv Reize sucht, daß er eher ein Abenteurer und Philobat (Balint, 1959) ist. Wegen dieser Charakterzüge und/oder Abwehrmechanismen fällt es ihm viel leichter, durch Argumentation und Kampf eine »Sofortdistanz« herzustellen: er kann leicht »aus dem Feld der Eltern ausbrechen«. Bei der Leichtigkeit, mit der er sich unangenehmen Belastungen von seiten der Familie entziehen kann, ist der Druck für ihn geringer, sich seine Realität durch die oben beschriebenen psychologischen Manöver zu rekonstruieren und sich eine private Nische in einem verwickelten Familienfeld abzustekken.

Der relativen Leichtigkeit, mit der er aus dem Kreis der Familie auszubrechen vermag, scheint die Leichtigkeit zu entsprechen, mit der er in neue Beziehungen zu

Gleichaltrigen oder anderen Erwachsenen treten kann – mögen diese Beziehungen auch nur flüchtig und ausbeuterisch sein. Insbesondere scheint es ihm wenig Schwierigkeiten zu machen, Sexualpartner zu finden, die seinen Vorstellungen entsprechen.

Wir wollen uns nun einer Familie zuwenden, die den zentrifugalen Modus repräsentiert.

DIE FAMILIE KENWOOD

Die Familie besteht aus Herrn und Frau Kenwood, beide Mitte Vierzig, und ihren vier Kindern: Jack, unserem »Fall«, der zur Zeit unseres ersten Kontaktes mit der Familie gerade sechzehn wurde; seiner zwei Jahre älteren Schwester Evelyn und einem Bruder, der zwei, sowie einem anderen, der acht Jahre jünger war als Jack. Nur Evelyn und Jack nahmen zusammen mit ihren Eltern an der Familientherapie teil.

Herr Kenwood, ein magerer, bekümmert aussehender Mann mit einer gleichermaßen klagenden wie anklagenden Stimme, arbeitet als Sprengmeister. Noch bevor er zwanzig war, hatte man ihn wegen Schule-Schwänzens und kleineren Diebstählen, deretwegen er einige Zeit im Gefängnis zubrachte, von der High-School verwiesen. In seinen Augen ist das ein Zeichen dafür, daß er damals ein Draufgänger war, der sich in schwierige Situationen hineinmanövriert hatte, aber bei seinen Altersgenossen beliebt war und es schließlich geschafft hatte, sein Leben zu meistern. Als er kaum über zwanzig war, hatte er exzessiv zu trinken begonnen. Ungefähr acht Jahre vor unserem ersten Kontakt mit ihm hatte er die Kontrolle über das Trinken verloren und sich schließlich den Anonymen Alkoholikern (AA) angeschlossen. Während der letzten Jahre hatte er an den regelmäßig stattfindenden Sitzungen der AA teilgenommen und keinen Tropfen Alkohol mehr angerührt.

Als er die Kontrolle über das Trinken verloren hatte, wurde das Familienleben (nach Aussagen seiner Frau) zur Hölle. Völlig willkürlich schlug er seine Kinder und machte der halbwüchsigen Tochter kaum verhüllte Anträge. Die Mutter sah sich gezwungen, ihre Kinder, vor allem die beiden ältesten, vor ihrem »brutalen, versoffenen Vater« zu schützen. Dadurch ergab sich ganz von selbst eine enge Bindung zwischen der Mutter und den Kindern, die infantilisierende Züge aufwies, wiewohl den Kindern gleichzeitig Elternfunktionen übertragen wurden. Nachdem Herr Kenwood mit dem Trinken aufgehört hatte, verlief die Ehe in einem ruhigeren Fahrwasser, die Eltern stritten und kämpften nur noch verbal miteinander, ohne daß es zu Tätlichkeiten und Gewaltanwendung kam.

Die Mutter, äußerlich eine zurückhaltende Hausfrau mit sanfter Stimme, hatte einen Alkoholiker zum Vater und einen ebensolchen Bruder. Sie hatte sich von der Weltgewandtheit ihres Mannes angezogen gefühlt und, wie sie sagte, nie vermutet, daß er die Kontrolle über sein geselliges Trinken verlieren könnte. Obwohl sie sich zu Anfang als gehorsames und fügsames Weib sah, lernte sie es mit der Zeit, sich gegen ihren gewalttätigen, trinkenden Mann zu verteidigen. Zur Zeit des Nachfolgeinterviews konnte sie hart mit ihm streiten, sowie ihren Sohn Jack kritisieren, der beim Interview nicht dabei war. Im Gegensatz zur oben beschriebenen Familie Fenwald fanden die Kenwoods mühelos sozialen Kontakt. Der Vater stand mit verschiedenen Kumpels und Kollegen auf vertrautem Fuß und beeindruckte uns als ein Typ, der ohne Zögern in einer Bar ein vertrauliches Gespräch mit einem Mitreisenden oder mit dem Barmädchen anfangen kann. Wiederholt hatte er seine Frau betrogen.

Die Auseinandersetzungen in dieser Familie schienen zusammenhanglos, lebhaft und feindselig, jedoch offen. Die Familienmitglieder schienen, wenn sie stritten, voneinander wegzulaufen, konnten aber auch mit großer Leichtigkeit die gegenseitigen Argumente wiederaufnehmen. Einer von uns, der an den Nachfolgeinterviews teilnahm, aber noch nicht mit den Ablösungsmodi, die wir hier diskutieren, vertraut war, schrieb nach einem Interview: »Es sieht so aus, als ob diese Familie, innerlich zerbrochen, nach Kontakten in der Außenwelt sucht, um überleben zu können.«

Wir stellten ein gestörtes Gleichgewicht ödipaler Bindungen fest: jeder Elternteil schien über Gebühr an das gegengeschlechtliche ältere Kind gebunden zu sein. Hier bewirkten die inzestuösen Beziehungen jedoch keinen zentripetalen Druck, sondern führten, wie wir gleich sehen werden, zu Jacks und Evelyns Flucht aus dem Feld der Eltern in Beziehungen zu Altersgenossen und Sexualpartnern.

Jack Kenwood gab sich zur Zeit der Familientherapie als schmaler, umgänglicher Junge, der zwar in der Schule schlechte Noten hatte, aber ein hervorragender Leichtathlet und Schwimmer war. In den Therapiesitzungen wußte er sich gut gegen seinen Vater zu verteidigen. Wenn sein Vater ihn als faulen Herumtreiber beschimpfte, der es mit Sicherheit im Leben zu nichts bringen werde, ließ sich Jack triumphierend über seines Vaters Versagen aus, über sein ehemaliges Schuleschwänzen und Stehlen und vor allem über sein späteres Trinken. Die Mutter neigte dazu, Jack gegen die, wie sie meinte, ungerechten und brutalen Angriffe seines Vaters in Schutz zu nehmen.

Währenddessen schien Jack beinah unmerklich aus dem Kreis der Familie hinauszutreiben. Er verbrachte eine Menge Zeit mit Altersgenossen, von denen viele zu einer Gruppe kraftprotzender Motorradfahrer gehörten. Während des Verlaufs der Familientherapie probierte er eine Anzahl verschiedener Jobs aus, wie Hilfsarbeiter bei einem Schreiner und Eisenwarenverkäufer. Jedesmal wurde er nach kurzer Zeit wieder hinausgeworfen, da er entweder zu unzuverlässig oder zu aufmüpfig war. Trotz seines unregelmäßigen Schulbesuchs und obwohl er selten ein Buch aufschlug, absolvierte er die High-School mit Erfolg. Zu diesem Zeitpunkt schien er ängstlich und unentschlossen. Nachdem ein weiterer Versuch, einen Beruf zu ergreifen, fehlgeschlagen war, trat er schließlich mit dem Segen und der tatkräftigen Unterstützung seines Vaters in die Armee ein. Die hier herrschenden Einschränkungen und die Disziplin schienen ihm willkommen zu sein. Dennoch wurde er, nachdem er sich zunächst dem militärischen Leben angepaßt hatte, schließlich fahnenflüchtig. Zur Zeit der Nachfolgeinterviews mit der Familie wußte man von ihm, daß er sich in der Gegend herumtrieb. Außerdem hatten die Eltern aus indirekten Quellen erfahren, daß er irgendwo mit einem sechzehn Jahre alten Mädchen zusammen lebte, sich

Schlägerbanden angeschlossen hatte und mit seinen brutalen und kriminellen Freunden Verbindung hatte. Die Mutter, die immer noch sehr an Jack hing, schien einen rachsüchtigen Groll gegen ihn zu hegen, weil er ihr Vertrauen getäuscht hatte. Dem Vater dagegen schien Jacks Treiben seltsam gleichgültig zu sein. Es war, als hätte er das schwarze Schaf aus der Familie ausgestoßen.

Ein solches Ausstoßen des schwarzen Schafs, die relativ leichte Zurücknahme der emotionalen Bindung an einen jugendlichen Nachkommen nach offensichtlich bitteren und heftigen Auseinandersetzungen mit ihm scheint für den zentrifugalen Ablösungsmodus typisch zu sein. Und ebenso typisch scheint die Lösung des wiedererwachten ödipalen Konflikts durch die Flucht des Jugendlichen in verfrühte sexuelle Aktivitäten zu sein, in denen die Sexualpartner austauschbar sind und nicht als Personen akzeptiert werden.

Auch der Ablösungsprozeß von Evelyn, Jacks zwei Jahre älterer Schwester, zeigt starke zentrifugale Züge. Insgesamt gesehen schien Evelyn allerdings besser integriert zu sein als Jack, und man konnte sich eher vorstellen, daß es ihr gelingen würde, ein normales Leben zu führen. Während der Zeit von Herrn Kenwoods unkontrolliertem Trinken hatte Evelyn, wie schon erwähnt, unter den rohen Verführungsversuchen ihres Vaters zu leiden. Diese Tatsache scheint zu einem stark sadomasochistischen Band zwischen den beiden geführt zu haben, das schwer zu durchbrechen schien. In den Familientherapiesitzungen griff Evelyn mit heimlicher Unterstützung durch ihre Mutter ihren Vater noch beleidigender an als Jack, aber sie wandte sich ebenso wie Jack frühzeitig heterosexuellen Geschlechtspartnern in der oben beschriebenen Form des Ausbruchs zu. Sie wurde schwanger und mußte eine Abtreibung vornehmen lassen. Obwohl ihre Verhaltensweisen insofern eine pathologisch unvollständige Ablösung von ihrem Vater zu spiegeln schienen, als die Jungen ihr als Ersatzobjekte dienten, um ihn rachsüchtig bekämpfen zu können und sie einige der anormalen sexuellen Neigungen ihres Vaters stellvertretend auszuführen schien, bestand kaum Zweifel, daß der elterliche Lebensbereich seine Anziehungskraft auf Evelyn sehr schnell verlor. Evelyn konnte unbekümmert von zu Hause wegbleiben, wann immer ihr danach zumute war. Sie schien entschlossen, ihr eigenes Leben außerhalb der Familie zu führen. Obwohl sie von ihrem Vater – über Traumatisierung und Internalisierung – viele Probleme und Konflikte mitbekommen hatte, die auch weiterhin wirksam blieben, schien sie nun in der Lage zu sein, sie, wenn schon nicht zu lösen, so doch zu wiederholen, indem sie sie auf Personen außerhalb der Familie übertrug.

VARIIERENDE ABLÖSUNGSMODI

Die bisher skizzierten Ablösungsmodi stellen die Extreme auf unserer hypothetischen Skala dar. Häufiger als auf diese Extreme werden wir auf Mischformen stoßen, in denen entweder zentripetale oder zentrifugale Elemente dominieren. Aus den vielen Variationen, die von klinischem Interesse sind, wollen wir zwei Kombinationen herausheben. Wir nennen sie pseudozentripetale und pseudozentrifugale Modi. Die folgenden beiden Fälle aus unserer Untersuchung illustrieren diese beiden Varianten wieder.

In einem Fall machte die Familie große Anstrengungen, uns das Bild einer absolut harmonischen Familienidylle zu bieten. Die Eltern und ihre Kinder – sie hatten vier – betonten ständig, daß sie eine glückliche und harmonische Familie seien: sie machten alles gemeinsam, sie liebten Familienpicknicks, sie gingen häufig zusammen in den Zoo, sie schwatzten am Frühstückstisch alle glücklich drauflos. Der Jugendliche, der für uns als Fall in Frage kam, war zur Zeit der Familientherapie fünfzehn Jahre alt und schien ein Musterbeispiel für den zentripetalen Modus zu sein. Er wollte nicht zur Schule gehen, verbrachte die meiste Zeit im Souterrain, wo er Briefmarken und Kröten sammelte, und er genoß es, von seiner Mutter infantilisiert zu werden. Außerdem schien er die Gesellschaft seiner jüngeren Geschwister der seiner Altersgenossen vorzuziehen.

Die Nachfolgeinterviews jedoch, die ungefähr drei Jahre später durchgeführt wurden, ließen die früheren zentripetalen Züge weitgehend als Ausdruck seiner physischen und psychischen Unreife zu jenem früheren Zeitpunkt erscheinen. Mit fünfzehn sah er wie ein Zehnjähriger aus und schien von den Interessen und Problemen durchschnittlicher Fünfzehnjähriger völlig unberührt. Als zum Beispiel ein junger, ehrgeiziger Lehrer in seiner Klasse Salingers *Fänger im Roggen* (1951) behandelte, fand er das Buch, trotz überlegener Intelligenz, völlig unverständlich. Statt dessen dachte er weiterhin an seine Kröten im Souterrain. Er spielte nicht mit seinen Altersgenossen, weil der Unterschied in der physischen und geistigen Entwicklung zu jener Zeit zu groß zu sein schien. Zur Zeit der Nachfolgeinterviews sah der Junge immer noch unreif aus, aber seine Beziehungen zu den Gleichaltrigen hatten sich altersgemäß entwickelt. Wir glaubten damals getrost vorhersagen zu können, daß er sich mit der Zeit ablösen und den Weg in ein normales Leben und eine normale Ehe einschlagen würde. Was die Familie angeht, so schien die oben erwähnte Zusammengehörigkeit immer weniger überzeugend zu sein, je besser und länger wir die Familie kannten. Es wurde bei genauerem Hinsehen deutlich, daß die Kinder in Wirklichkeit dabei waren, sich in die verschiedensten Richtungen zu entwickeln, obwohl sie wenig Aufhebens davon machten. Vielleicht war es die exzessive Konventionalität dieser Familie, die ihre Mitglieder dem unsinnigen Zwang auszusetzen schien, das Bild einer glücklichen und harmonischen amerikanischen Familie zu erwecken. Alles in allem handelte es sich hier also um eine Familie, deren zentripetale Struktur sich bei näherer Untersuchung als recht schwach und unbeständig erwies.

In einer anderen Familie, die wir die Neidermans nennen wollen, schienen zuerst die zentrifugalen Tendenzen vorzuherrschen. Diese Familie bestand aus den Eltern und vier Kindern, von denen der drittjüngste, Paul, der Grund gewesen war, weshalb wir die Familie in unsere Untersuchung aufgenommen hatten. Pauls drei Schwestern waren fünf bzw. zwei Jahre älter und ein Jahr jünger als er. Zur Zeit unserer ersten Kontakte war Paul zum Schulschwänzer geworden und war wiederholt für kurze Zeit von zu Hause weggelaufen. Bei den Familiensitzungen pflegte Paul entweder in explosivem Trotz zu schweigen oder seine Eltern wütend zu attackieren. Zu Hause hatte er sich immer unberechenbarer gegenüber seinem Vater verhalten. Wie die beiden älteren Mädchen hatte Paul häufig deutlich gemacht, daß er von seiner Familie nichts Gutes erwartete und sich daher die Quellen seiner Befriedigung außerhalb der Familie suchte. Als die Familientherapie begann, schien er mit mehreren Mädchen befreundet zu sein und in seinen Beziehungen zu Altersgenossen keine besonderen Schwierigkeiten zu haben. Auch die ihm im Alter am nächsten stehende ältere Schwester schien solche Schwierigkeiten nicht zu kennen. Diese Schwester präsentierte sich als allgemein beliebtes und attraktives Mädchen, das während der Familiensitzungen unbefangen über seine Freunde schwatzte.

In den Jahren, die auf unseren kurzen therapeutischen Kontakt mit dieser Familie folgten, war Paul weiterhin ein Schulschwänzer und schlechter Schüler; er arbeitete nur sporadisch in verschiedenen Jobs. Schließlich ›verstieß‹ sein Vater, in offensichtlicher Verbitterung, Paul in die Armee, wo er später fahnenflüchtig wurde.

Die Neidermans zeigten sich somit als eine Familie, die wir anfänglich ohne zu zögern auf die zentrifugale Seite unserer Skala eingeordnet hätten. Als wir sie jedoch, im Zuge der Nachfolgeinterviews, erneut zu Gesicht bekamen, entdeckten wir starke, wenn auch verborgene zentripetale Elemente. Sicherlich hatten alle drei größeren Kinder den Eindruck gemacht, darauf erpicht zu sein, schnell und frühzeitig aus dem Kreis der Familie auszubrechen. In allen drei Fällen konnten wir jedoch feststellen, daß das anfängliche zentrifugale Moment offenbar verpufft war, während die Anziehungskraft der Familie parallel dazu gewachsen zu sein schien. Wie sich herausstellte, hatte die älteste Tochter die Familie Hals über Kopf wegen einer überstürzt eingegangenen Ehe verlassen; nachdem sie aber ein Kind bekommen hatte, brach diese Ehe schnell, wenn auch nicht unerwartet, auseinander, so daß der jungen Frau keine andere Wahl blieb, als mit ihrem Baby ins Elternhaus zurückzukehren. Die zweitälteste, oben erwähnte Tochter, die sich zur Zeit der Familientherapie als unwiderstehliche Type, hinter der die Jungen herliefen, aufführte, ließ sich später mit älteren, verheirateten Männern ein, die wenig Aussicht auf dauerhafte Beziehungen boten. Sie machte in der Folgezeit verschiedene Selbstmordversuche, die jedesmal das Eingreifen der Eltern erforderten. Dies alles führte dazu, daß sie, je älter sie wurde, um so fester an ihre Eltern gebunden war. Auch bei dem zuerst erwähnten Jugendlichen, dessentwegen wir die Familie zu unserer Untersuchung herangezogen hatten, und bei seiner jüngeren Schwester stellten wir ein ähnliches Muster von scheinbar verfrühten und abrupten Ablösungsversuchen fest, die schon bald ihre Kraft zu verlieren und einer gegenläufigen zentripetalen Tendenz Raum zu geben schienen. Man hatte den Eindruck, daß diese Kinder von ihren Eltern an einer langen Leine gehalten wurden, die es ihnen zuerst leichtmachte, sich in die Welt außerhalb der Familie zu stürzen, dafür aber später ihre zurückziehende Kraft um so stärker fühlen ließ. Eine genauere Betrachtung dieser Familie ließ uns außerdem starke mystifizierende und Ablösung verhindernde Strategien und Erwartungen von seiten der Eltern gewahr werden.[4]

DIE BEDEUTUNG DER ABLÖSUNGSMODI FÜR SCHIZOPHRENE UND SOZIOPATHISCHE ENTWICKLUNGEN

Wir erwarten nicht, daß die hier skizzierten Ablösungsmodi zwischen den üblichen emotionalen und geistigen Pathologien diskriminieren werden. Sie können uns jedoch dazu verhelfen, diese Störungen unter neuen Perspektiven zu sehen. Dies dürfte vor allem für Syndrome wie Neurosen und Perversionen zutreffen, bei denen wir eine spezifische Kombination zentripetaler und zentrifugaler Elemente erwarten können. Es trifft insbesondere für Störungen zu, die der Schizophrenie und der Soziopathie zuzurechnen sind.

Obwohl durch einige neuere Untersuchungen, unter ihnen die Dänemark-Studien von Kety, Rosenthal, Wender und Schulsinger (1968) und Rosenthal, Wender, Kety, Schulsinger, Welner und Ostergaard (1968), die Grenzen zwischen schizophrenen und soziopathischen Gruppen verwischt wurden (die Autoren nehmen soziopathische Züge und Persönlichkeitstypen in ihr Konzept eines Spektrums schizophrener Störungen mit auf), schlagen andere Studien eine davon verschiedene Betrachtungsweise vor. Zumindest einige Formen von Schizophrenie und Soziopathie spiegeln nach diesen Untersuchungen jeweils verschiedene Persönlichkeitsstrukturen und Familiensituationen wider. Besonders Untersuchungen von Reiss (1970), Stabenau, Tupin, Werner und Pollin (1965) und anderen machen deutlich, daß diese beiden diagnostischen Gruppen an unterschiedliche Familienkonfigurationen und intrafamiliale Milieus gebunden sind. In den Familien von Schizophrenen haben die genannten Autoren vor allem vernichtende, bindende und mystifizierende Formen der Interaktion verbunden mit einer hochgradigen Konsensus-Sensitivität oder Pseudogemeinschaftlichkeit (wie von Reiss, 1970, bzw. Wynne und anderen, 1958, beschrieben) festgestellt. In Familien mit soziopathischen Kindern dagegen glaubten sie eine bittere und fragmentarische, aber artikulierte Streitsucht und eine entschiedene und offen selbstsüchtige Verachtung der Familienmitglieder füreinander beobachten zu können.

Beobachtungen wie diese lassen unterschiedliche Ablösungsmodi für diese beiden Gruppen gestörter Jugendlicher und ihrer Familien vermuten. Die unterschiedlichen Ablösungsmodi gewinnen an Konkretheit und Plastizität, wenn wir bestimmte extreme Formen der schizophrenen und der soziopathischen Entwicklung miteinander vergleichen.

Als Extrem des schizophrenen Ablösungsspektrums betrachten wir jene Patienten, die auf Dauer in Anstalten enden, in denen sie nur noch dahinvegetieren. Dies sind Patienten, die sich innerhalb einer der bestehenden psychiatrischen Anstalten in ihrer neu strukturierten inneren Realität häuslich einrichten und scheinbar allen Willen verloren haben, neue Beziehungen einzugehen oder neue Aktivitäten außerhalb dieser zweiten Heimat aufzunehmen. Verschiedene Autoren (Scott und Ashworth, 1969; Nameche und Ricks, 1966; Nameche, Waring und Ricks, 1964) haben solche Patienten durch Paradoxien beschrieben. Diese lassen, gleichzeitig und nebeneinander, einen extremen Zustand der nicht vollzogenen Ablösung wie der vollzogenen

Ablösung von der Familie, aus der der Patient kommt, vermuten. So schildern z.B. Ashworth und Scott, daß diese Patienten für ihre Eltern gestorben sind und nur noch als Schatten existieren. Trotzdem bleiben sie als Tote und in ihrem Schattendasein für die Eltern eine unerschöpfliche Quelle verzehrender Qual und Schuld. Diese chronisch kranken, ›toten‹ Patienten scheinen ihrerseits offensichtlich für immer von ihren Eltern als von rigiden, internalisierten inneren Objekten ausgefüllt oder an sie als an graue Eminenzen gebunden zu sein, von denen sie sich eine Ablösung nicht einmal vorstellen können. Nameche und seine Kollegen verfolgten die Entwicklung schizophrener Patienten, die als chronisch krank in eine Anstalt eingewiesen worden waren, in einer Longitudinalstudie und verglichen sie mit der Entwicklung schizophrener Patienten, die Phasen der Besserung aufwiesen und längere oder kürzere Zeit außerhalb psychiatrischer Anstalten verbrachten. Sie fanden, daß die chronisch kranken Patienten wesentlich enger und symbiotischer mit ihren Eltern (besonders ihren Müttern) verwachsen waren als die Patienten, die zeitweilige Besserungen aufweisen konnten. Während die chronisch kranken Patienten so mit ihren Eltern eng verbunden blieben, hatten sie in den Jahren vor und während der Adoleszenz faktisch überhaupt keinen Kontakt zu Altersgenossen oder anderen Erwachsenen. In der remittierenden Gruppe dagegen hatten die Patienten in der Regel einige Kontakte außerhalb der Familie gehabt, mochten diese Kontakte auch noch so sprunghaft, kurz und qualvoll gewesen sein.

Wenn wir uns nun den Extremen im soziopathischen Ablösungsspektrum zuwenden, so finden wir in ähnlicher Weise als Ergebnis der Entwicklung die dauerhafte Unterbringung hinter Anstaltsmauern. Hier jedoch führt der Weg nicht in die psychiatrische Anstalt, sondern ins Gefängnis. Claude Brown hat in seinem Buch *Manchild in the Promised Land* (1965) in ergreifender Weise die Stufen geschildert, über die Kinder aus dem Milieu unserer schwarzen Ghettos unausweichlich auf den Weg der Einweisung auf Dauer geraten. Er beschreibt ihren ziellosen Haß und die Vernachlässigung im familiären Milieu, ihre frühzeitigen und brutalen Experimente mit Sex und Drogen, ihren frühen Rückzug aus dem Kreis der Familie und, parallel dazu, den ebenso frühen Anschluß an eine delinquente Gruppe Gleichaltriger. Diese Gruppe bestärkt sie in ihrer Meinung, daß die Welt ein Dschungel ist, in dem allein Stärke und List das Überleben zu sichern vermögen. Brown beschreibt weiter, wie die Schwere ihrer Verbrechen sich von Mal zu Mal steigert, bis sie schließlich in der Besserungsanstalt landen, von wo sie, als hoffnungslose Fälle etikettiert und in der Unverbesserlichkeit ihrer Kriminalität bestätigt, schließlich als Lebenslängliche ins Gefängnis wandern.

Können wir darüber hinaus genauer spezifizieren, wie bestimmte Formen der Schizophrenie sich gemäß einem zentripetalen Ablösungsmodus entwickeln? Um diese Frage zu beantworten, müssen wir jene Hauptgruppen von Faktoren betrachten, die dazu beitragen können, daß ein Entwicklungsprozeß schließlich in der Schizophrenie endet. Hier ist nicht der Ort, diese Faktorengruppen im einzelnen zu beschreiben. Wir verweisen den Leser statt dessen auf die neuesten Arbeiten von Wynne und Singer (Wynne, 1972; Wynne und Singer, 1972a, 1972b), die eine Darstellung dieser Frage nach dem neuesten Forschungsstand enthalten. Hier mag es genügen festzuhalten, daß Schizophrenie als Ergebnis des Entwicklungsprozesses von drei interagierenden Faktorengruppen abzuhängen scheint: 1. von einer individuellen genetischen Komponente, die eine psychophysiologische Reaktionsdisposition entstehen läßt, die Anfälligkeit für Schizophrenie enthält; 2. von bestimmten charakteristischen Abweichungen der Kommunikationsstruktur der Familie, die während der entscheidenden Jahre seiner emotionalen, intellektuellen und relationalen Entwicklung beständig auf das präschizophrene Kind einwirken und in ihrer Gesamtheit darauf hinauslaufen, das Kind zu verwirren, zu mystifizieren und seine Orientierung an seiner Innen- und Außenwelt idiosynkratisch zu prägen; 3. von dem Verlauf des Ablösungsprozesses des Kindes in der Adoleszenz, der, statt mit Erfahrungen und Identifikationsmodellen zu konfrontieren, die zu den in einer verstörenden Familie vorhandenen eine Alternative darstellen, entscheidende alternative Erfahrungen und Identifikationen von vorneherein ausschließt. Dies ist der Punkt, an dem unser Konzept der Ablösungsmodi relevant wird, denn es gibt einen Rahmen, innerhalb dessen, soweit er bis jetzt entwickelt ist, jene Faktoren sichtbar werden, die Schizophrenie als Resultat der Entwicklung des Jugendlichen fördern oder verhindern. Darüber hinaus könnte ein solcher Rahmen die Untersuchung jener Entwicklungssequenzen erleichtern, die zwar nicht zu eindeutig schizophrenen Ergebnissen führen, aber doch zum Spektrum der Schizophrenie gehören.

Die Unterscheidung zwischen echten und pseudo-zentrifugalen Modi scheint hier hilfreich. Wir können zum Beispiel, wenn wir uns der Möglichkeit pseudozentrifugaler Ablösungsprozesse bewußt sind, den speziellen Typ des scheinbar verfrühten und raschen Ablösers bestimmen, der trotz seiner offenen zentrifugalen Tendenzen zu einem grundsätzlich zentripetalen Modus gehört.

Mit Hilfe der gleichen Unterscheidung können wir nach verborgenen zentripetalen Elementen im Ablösungsprozeß tatsächlicher oder potentieller Soziopathen suchen. Wir können zum Beispiel die Qualität und Dauer jener vorübergehenden Zustände in der pathologisch unvollständigen Ablösung in neuem Licht betrachten, in denen viele nach außen hin unabhängige und vorzeitig sich ablösende Kriminelle dazu neigen, die verdeckten Erwartungen und Wünsche ihrer Eltern gehorsam zu erfüllen, wie es A. M. Johnson (1959) und andere beschrieben haben.

IMPLIKATIONEN DER BEIDEN ABLÖSUNGSMODI FÜR DIE REIFUNG DES JUGENDLICHEN

Diese Beobachtungen erhalten eine weitere Bedeutung, wenn wir speziell den Reifungsprozeß des Jugendlichen betrachten, denn jedem der beschriebenen Modi inhärieren ebenso Gefahren wie Chancen, Vorteile wie Nachteile für einen solchen Reifungsprozeß.

Wenn wir mit dem zentripetalen Modus beginnen, so stechen seine möglichen Gefahren sofort ins Auge: da der Jugendliche zu lange an seiner Familie festhält, kommt sein Zeitplan für die Ablösung in Unordnung. Da er sich nicht hinreichend an Gleichaltrige und andere Erwachsene bindet, verpaßt er die Chance, neue Erfahrungen zu machen und Identifikationsmodelle kennenzulernen, die ihm als Sprungbrett für den Eintritt in die Außenwelt dienen können. Da er beständig an die Familie und die Eltern gebunden bleibt, läuft er Gefahr, mit seinen Beziehungen in einer Sackgasse zu scheitern, wie das Schicksal der chronisch kranken, in Anstalten eingewiesenen Schizophrenen gezeigt hat. Selbst wenn ihm eine partielle Ablösung gelingt, indem er sich seine Realität neu strukturiert und sich eine Nische im Feld der Familie einrichtet, werden seine introjizierten Eltern weiterhin einen bösartigen Zauber auf ihn ausüben. Denn ihr Einfluß wird nicht durch reale Kontakte mit anderen Menschen gemildert. Stierlin (1970) hat beschrieben, wie solche feindseligen inneren Objekte auf Kosten von potentiell erreichbaren äußeren Objekten an Bedeutung und Leben gewinnen. In Fällen, die weniger extrem sind als die oben erwähnten chronisch kranken, in Anstalten verwahrten Schizophrenen, finden wir in dieser Gruppe oft einsame, schizoide Individuen, die nur sehr schwach in der Außenwelt verwurzelt sind. Solche Fälle wurden unter anderem von Fairbairn (1952) und Guntrip (1961) beschrieben.

Was jedoch – und damit wechseln wir unsere Perspektive bei der Betrachtung des zentripetalen Modus – von einem Standpunkt aus als Gefahr erscheinen mag, kann von einem anderen Standpunkt aus als Chance erscheinen. Die beständige Bindung an die Eltern, so quälend und konfliktreich sie auch sein kann, vermag eine innere Tiefe und Stärke zu fördern, die frühen und raschen Ablösern offenbar häufig unerreichbar ist. Wie sehr sich auch viele Jugendliche aus dieser Gruppe mit beinahe unlösbaren Bindungen und Widersprüchen auseinanderzusetzen haben mögen, sie können beim Versuch, sie zu meistern, reifen. Besonders Bateson (1969) und Wynne (1969) haben über die Gefahren und Herausforderungen geschrieben, die in Familien mit schizophrenen Nachkommen vorhanden sind, in denen zentripetale Züge tendenziell dominieren. Aber wir haben den Eindruck, daß in Familiensituationen, in denen ein Kind einen mehr zentripetalen und ein anderes einen mehr zentrifugalen Ablösungsmodus wählt, ersteres – gewöhnlich das Kind, um dessentwillen wir uns mit der Familie beschäftigten – in der Regel eine emotional differenziertere und sensiblere Person ist. Soweit es sich dabei um Familien mit schizophrenen Kindern handelt, scheint dieser Eindruck durch Beobachtungen von Day und Kwiatkowska (1962) bestätigt zu werden, die die künstlerischen Fähigkeiten schizophrener Patienten mit denen ihrer nicht schizophrenen (und sich eher zentrifugal ablösenden) Geschwister verglichen haben.[5]

Im Gegensatz dazu fallen uns beim zentrifugalen Modus auf den ersten Blick die Reifungschancen ins Auge. Hier haben wir offensichtlich jene Jugendlichen, die gezwungen sind, sich von einer Familie zu befreien, die sie zu zermalmen und zu erstikken droht. Indem sie ungehindert in die Welt der Gleichaltrigen und der anderen Erwachsenen hinausziehen, sichern sie sich Lernmöglichkeiten und neue Identifikationsmodelle. Auf diese Weise schaffen sie sich ein Sprungbrett, um weiter in die interpersonale Welt, die außerhalb ihrer Familien existiert, vorzustoßen und in ihr zu reifen. Wir haben nach den Beobachtungen, die Nameche und Ricks (1966), Nameche u. a. (1964), Artiss (1962) und andere gemacht haben, Grund zu der Annahme, daß immer, wenn einem Jugendlichen erlaubt wird, in die Außenwelt auszubrechen, die Wahrscheinlichkeit für eine auf Dauer lähmende Schizophrenie erheblich abnimmt.

Indessen muß dafür – und damit wenden wir uns den Gefahren und Nachteilen dieses zweiten Ablösungsverlaufs zu – unter Umständen ein hoher Preis gezahlt werden. Die Leichtigkeit, mit der viele dieser Jugendlichen in den Kreis ihrer Altersgenossen hineinfinden, an deren bandenmäßig organisierten Unternehmungen teilnehmen und die notwendigen Sexualpartner finden, ist oft ein Zeichen für die Unwirklichkeit und Unbeständigkeit ihrer menschlichen Beziehungen. Wegen ihrer zentrifugalen Neigung werden viele dieser Jugendlichen neue – sexuelle wie nicht-sexuelle – Beziehungen eingehen, sobald Konflikte und Ambivalenzen, die in ungelösten ödipalen Problemen wurzeln, wiederaufleben. Bestimmte Züge des modernen Gruppen- und Kommunelebens, wie sie besonders in der Hippie-Kultur und in der »Human-Potential«-Bewegung existieren, scheinen auf die Bedürfnisse von überwiegend zentrifugalen Ablösern zugeschnitten zu sein, die die Wärme menschlicher Beziehungen brauchen, aber schlecht darauf vorbereitet sind, es mit den Konflikten und Ambivalenzen aufzunehmen, die in intensiven und dauerhaften Zweierbeziehungen notwendig entstehen.

Vielen dieser jungen Leute fehlt zumeist die Kraft, inmitten emotionaler Stürme eine gewisse Distanz zu bewahren, wie wir sie bei nicht wenigen Jugendlichen beobachten können, die einem zentripetalen Ablösungsprozeß folgen. Darüber hinaus scheinen Jugendliche, die sich zentrifugal ablösen, dadurch, daß sie vor ihren wirklichen Eltern fliehen, dazu verleitet zu werden, in ihren Altersgenossen das zu finden, was sie von ihren Eltern nicht erhalten konnten. Daher werden sie sich oft gedrängt fühlen, ihre Altersgenossen in den Rang von Eltern zu erheben, d. h. ihre Beziehungen zu diesen Altersgenossen so zu gestalten, als ob ihnen wesentliche Eigenschaften der Eltern zukämen. Solche »Verelterlichung« Gleichaltriger kann jedoch selten nur in einer Richtung verlaufen. Um von ihren Altersgenossen akzeptiert zu werden, müssen diese jungen Leute oft auf die eine oder andere Weise wiederum sich selbst »verelterlichen« lassen. Dadurch werden in ihre Beziehungen zu Gleichaltrigen eine ganze Reihe gerade jener Merkmale und Probleme eingebracht, denen sie durch ihren vorzeitigen Rückzug aus dem Kreis der Familie zu entgehen suchten.

Schließlich scheinen die kriminellen Delikte, die sie mit ihren Altersgenossen begehen, häufig dazu zu dienen, die schmerzlichen Gefühle von Verlust und Trauer abzuwehren, die diese jungen Leute als Folge der vorzeitigen Ablösung von ihren Eltern beherrschen. Denn in gewisser Hinsicht bedeutet ihre frühe Ablösung von den Eltern, daß diese Eltern für sie gestorben sind.

Wir sind gegenwärtig dabei, genauer zu erforschen, was solche überintensiven Beziehungen zu Gleichaltrigen beinhalten. Wir haben den Eindruck, daß viele sich zentrifugal ablösende Jugendliche ihre Ablösung von ihren Familien in wichtigen Punkten nur verschieben, nicht aber vollziehen. Statt an den Kreis der Familie gefesselt zu bleiben, ziehen sie es vor, an einen Kreis Gleichaltriger gefesselt zu sein.

Obwohl dieser Kreis Zugänge zur Welt der Erwachsenen anzubieten scheint, scheinen diese Zugänge wenig zu nützen. Selbst dort, wo diese Individuen schließlich in die Welt der Erwachsenen hineinzufinden scheinen, bringen sie viel von jener Unreife, Verantwortungslosigkeit und ungelösten Problematik mit, die ihre Beziehungen zu den Gleichaltrigen belastet hat. Wir können so manchen Reifestop und manche Sackgasse in den Beziehungen zu anderen Menschen beobachten, die sich zwar in ihrer Qualität von den Extremen des zentripetalen Modus unterscheiden, aber kaum weniger ernst genommen werden dürfen.

ANMERKUNGEN

1. Zum Konzept der Beiträge (contributions) in Beziehungen vgl. Stierlin (1968, 1969).

2. Neuerdings haben Shapiro und Zinner (1971) die Implikationen von Bions Arbeit bei der Untersuchung von Familien berücksichtigt.

3. Diese feindselige Streitlust, die gleichermaßen Distanz hervorruft wie voraussetzt, muß unterschieden werden von der Pseudofeindlichkeit (pseudohostility, Wynne u.a., 1958). Obwohl sie eine phänomenale Ähnlichkeit aufweisen, ist Pseudofeindlichkeit von den hier diskutierten Erscheinungen darin verschieden, daß sie ein rigid strukturiertes und gebundenes Familienfeld voraussetzt. Wir finden dort nicht jenes Phänomen des Vor-einander-Weglaufens, das für die hier beschriebene zentrifugale Familie so typisch ist.

4. Wir dürfen nicht vergessen, daß der Begriff ›Ablösungsmodus‹ stets eine zeitliche Dimension impliziert. Zwischen die oben beschriebenen Familienfaktoren und die individuellen Faktoren müssen wir bestimmte kontingente Situationen und Erfahrungen einschieben. Diese Kontingenzen wirken verschieden stark auf die Dynamik der Familie wie des Individuums ein und beeinflussen damit auch den Ablösungsprozeß des jeweiligen Jugendlichen. Diese Kontingenzen sind in geringerem oder größerem Maße voraussagbar.

Einige der eher voraussagbaren Kontingenzen ergeben sich gewöhnlich in Verbindung mit, wie man sagen könnte, Wendepunkten in der Ablösung, wie z.B. dem erwarteten oder tatsächlich erfolgreichen Abschluß der High-School oder, im Falle von Jungen, der Wehrfähigkeit. Eine andere voraussagbare Kontingenz tritt auf, wenn der betreffende Jugendliche nicht wesentlich jüngere Geschwister hat, die das interpersonale Vakuum, das durch den sich ablösenden Jugendlichen geschaffen wird, für die Eltern aufzufüllen oder nicht aufzufüllen vermögen. Zu den weniger voraussagbaren Kontingenzen gehören Wechsel im interpersonalen Bereich der Eltern oder des Jugendlichen, wie sie z.B. durch Individual- oder Familientherapie bewirkt werden können, Todesfälle in der Familie oder im engen Freundeskreis oder andere unerwartete Katastrophen wie Krankheit oder Arbeitslosigkeit des Vaters während der entscheidenden Ablösungsjahre des Jugendlichen. Diese Wechselfälle können die verschiedenen Familienfaktoren oder die individuellen Faktoren entscheidend verändern. Kontingenzen der hier beschriebenen Art waren nicht der Gegenstand dieses Aufsatzes, obwohl sie offensichtlich wichtig sind. In unseren gegenwärtigen und zukünftigen Untersuchungen wollen wir ihnen größere Aufmerksamkeit schenken.

5. Wir haben beobachtet, daß Geschwister mit geringem Altersunterschied sich in ihrem Ablösungsmodus manchmal wesentlich unterscheiden: das eine wählt einen eher zentripetalen, das andere einen zentrifugalen Ablösungsmodus. Wir haben vor, die diesem Phänomen zugrunde liegende spezifische Struktur noch genauer zu untersuchen.

Der Stellenwert des Identitätsbegriffs in der allgemeinen Handlungstheorie

TALCOTT PARSONS

Der Begriff ›Identität‹ ist zu einem Modewort geworden, das zwar primär als terminus technicus dem Bereich der Sozialpsychologie angehört, das jedoch auch – besonders in den Vereinigten Staaten – breitere Kreise von Intellektuellen anzieht. Die Verbreitung derartiger Begriffe – man denke etwa auch an den eng verwandten der Entfremdung – ist in der Regel symptomatisch für die Spannungen, die durch Veränderungen der Struktur einer Gesellschaft und der kulturellen ›Definition der Situation‹ erzeugt werden. Für die beiden genannten Begriffe möchte ich hier lediglich behaupten, daß ihre Verbreitung – vom sozialen System her gesehen – teilweise als Konsequenz einer zunehmenden strukturellen Differenzierung der Gesellschaft zu interpretieren ist, durch die eine zunehmende Pluralisierung der Rollenverpflichtungen des typischen Individuums produziert wird. Dadurch wird nämlich ein häufig verwirrender Bereich von Wahlmöglichkeiten und – nachdem man sich einmal festgelegt hat – von sich vielfältig überlappenden Zwängen freigesetzt. Vom kulturellen System her gesehen handelt es sich im wesentlichen um die Frage, ob und wie wir mit dem sich entwickelnden Wissen über die Natur der sozialen und psychologischen Welt, in der wir leben, fertig werden.

Vielleicht kann man von diesem Komplex her unser Hauptargument einführen. Seit dem Auftauchen hochrationalisierter Interpretationen der ›condition humaine‹ stand man dem, was in der modernen Philosophie als Problem des freien Willens und des Determinismus formuliert worden ist, sehr ambivalent gegenüber. Unter motivationalen, nicht-philosophischen Gesichtspunkten bestand das auffällige Phänomen in der Tendenz, angesichts der mit dem Fortschritt der Erkenntnis deutlich werdenden Begrenzung der Freiheit zu verzweifeln oder, eng damit verknüpft, angesichts der neu entdeckten Determinanten menschlichen Handelns die Gefahr der Herabsetzung der menschlichen Würde zu beschwören.

Der Leser möge sich nur – um nicht noch hinter die Anfänge der Moderne zurückzugehen – an das Aufsehen erinnern, das in der westlichen Welt durch die kopernikanische Revolution hervorgerufen wurde: durch sie wurde der Planet Erde von einem Zentrum der göttlichen Schöpfung zu einer bloßen Einheit in einem unendlichen deterministischen System, das nach eigenen, von göttlichem wie menschlichem Willen

Dieser Aufsatz erschien ursprünglich unter dem Titel ›The Position of Identity in the General Theory of Action‹, in: Gordon, C./Gergen, K. J. (Hrsg.), *The Self in Social Interaction,* New York/London/Sidney/Toronto 1968, S. 11–24. Die Übersetzung besorgten Claudia v. Grote und Rainer Döbert.
Abdruck mit freundlicher Genehmigung von John Wiley & Sons, Inc.

unabhängigen Gesetzen funktioniert, degradiert. Ein weiterer Fall, bei dem es um »besondere Schöpfung« und also gewissermaßen um Auserwählung ging, war das Auftreten des Darwinismus mit seiner Implikation, den Menschen als integralen Bestandteil der gesamten irdischen organischen Welt zu behandeln – und zwar auf der Basis von Annahmen, die der älteren Auffassung von der besonderen Schöpfung ›nach dem Bilde Gottes‹ zuwiderliefen. Der Mensch wurde nur als Tier wie jedes andere behandelt, und die großen religiösen Traditionen schienen damit also definitiv widerlegt zu sein. Natürlich ging es in diesen beiden Fällen eher um die Freiheit Gottes als um die Freiheit des Menschen. Der Mensch galt jedoch als Teilhaber an der Freiheit Gottes aufgrund seines besonderen Status auf der Erde und in der organischen Welt. Daher sah man auch seine Freiheit und Würde bedroht.

Im Laufe der Zeit haben die Menschen sich jedoch mit den neuen Erkenntnissen versöhnt. Tatsächlich hat die moderne Astronomie und Wissenschaft sogar ein neues Gefühl der Ehrfurcht und des Staunens gegenüber der unendlichen Weite und Komplexität der Welt der bezeichnenderweise ›himmlisch‹ genannten Körper, gegenüber der enormen Vielfältigkeit des Organischen und der subtilen Raffinesse adaptiver Mechanismen und gegenüber der Zielgerichtetheit von Prozessen der organischen Evolution hervorgebracht.

Seit knapp über einem Jahrhundert sind wir intensiv mit einer anderen Phase des Einwanderns neuer Determinismen in tradierte Konzeptionen der ›condition humaine‹ befaßt; diese sind insofern ›hautnäher‹, als sie das Netzwerk sozialer Beziehungen, in die Menschen eingebunden sind, und die Persönlichkeit des Individuums selbst – soweit beide mit Hilfe der Methoden der empirischen Wissenschaft erforscht werden können – betreffen. Der erste Bereich wurde – vielleicht etwas dramatisch – ursprünglich durch die marxistische Theorie in den Bannkreis des Determinismus gezogen. Nach meiner Auffassung wurde eine zweite, höchst bedeutsame Phase, die den Marxismus grundsätzlich ablöst, durch die moderne soziologische Bewegung, die aufs engste mit den Namen von Sigmund Freud, Emil Durkheim und Max Weber verknüpft ist, eingeleitet.

Von der Struktur seines Denkens und den damit einhergehenden Einstellungen her ist der Marxismus eine Art ›später Calvinismus‹. Im Bereich sozialen Handelns hebt er die Komponenten hervor, die am wenigsten tief in der Persönlichkeitsstruktur des Individuums verankert sind und nichts zu tun haben mit dessen moralischen Fundamenten – der Kultur und den Institutionen der Gesellschaft – nämlich die ökonomischen Komponenten. Er erhebt diese Gruppe von Faktoren zu den Hauptdeterminanten des menschlichen gesellschaftlichen Lebens, ähnlich wie es der Calvinismus mit dem ›sündigen Fleisch‹ tut. Der Determinismus gilt jedoch nicht als absolut und unüberwindlich, sondern als abhängig von spezifischen ›historischen‹ Bedingungen. Diese Bedingungen können durch äußerste Anstrengungen des kollektiven Willens, durch den organisierten Einsatz der ›Auserwählten‹, nämlich der Parteiführer des ›Proletariats‹, verändert werden. Dann können völlig neue Bedingungen eines »Reichs der Freiheit« durchgesetzt werden, unter denen die alten Determinismen ihre Macht total verlieren werden.

Die marxistische Dialektik verbindet somit in gewisser Weise die neuen deterministischen Erkenntnisse der Ökonomie mit der energischen Behauptung der Existenz von Freiheit und Autonomie, *wenn nur die rechten Dinge* von den rechten Leuten getan werden. In weniger dramatischer Form haben alle Kulturtheorien behauptet, daß der Darwinsche Determinismus den Menschen nicht auf das bloß Animalische reduzieren muß, weil der Mensch durch Kultur ›lernen‹ kann, sowohl seine animalischen Züge wie auch die physische Umwelt zu kontrollieren.

Seit Beginn des Jahrhunderts waren die Entwicklung der Soziologie und die der Persönlichkeitspsychologie eng miteinander verbunden und haben den deterministischen ›Belagerungsring‹ erheblich verstärkt und enger gezogen. Aufgrund dieser Entwicklungen stellt sich das Problem jetzt noch schärfer als vorher: wie kann der Mensch sich frei und autonom fühlen? Auf westliche Intellektuelle übt der Marxismus immer noch eine starke Faszinationskraft aus, dennoch kann man sagen, daß diese klassischen Probleme seit Marx in eine neue Phase eingetreten sind. Wir können von einer Ausweitung auf die neue »Definition der Situation« sprechen: es handelt sich um das marxistische Thema der Entfremdung. Entfremdung ist im wesentlichen die Formel für die vermeintliche Bedeutung, die die deterministische Funktionsweise des »Systems« für den einzelnen »Arbeiter« annimmt – eines Systems, welches ihm die theoretisch als wesentlich geltenden Kontrollmöglichkeiten über die Bedingungen seiner Arbeit und über die Verfügung seiner Arbeitsprodukte vorenthält. Heute umfaßt die Bedeutung von ›Entfremdung‹ nicht mehr nur den ökonomischen Determinismus, sondern sie wird – in der einen Richtung – auf politische (das Individuum wird als einem ›fremden‹ Machtsystem unterworfen konzipiert) und – in der anderen Richtung – auf psychologische Determinismen ausgedehnt. Durch die zuletzt genannte Entwicklung stellen sich bei den Menschen große Unsicherheiten hinsichtlich ihrer eigenen Motive und deren Ursprung ein. Es verbreitet sich somit der Verdacht, daß der moderne Mensch, trotz seiner oberflächlich frei gewählten und subjektiven Lebensführung, durch Mächte getrieben wird, deren er sich nicht bewußt ist und die er wahrscheinlich nicht billigen könnte, wenn er sich ihrer bewußt wäre.

Die für das Persönlichkeitssystem relevanten Faktoren sind durch die Freudsche Tradition den Gebildeten und Gelehrten bekannt geworden. Diese Erkenntnisse wurden durch zusätzliche Einsichten, die durch Untersuchungen zum Verhältnis von Kultur und Persönlichkeit und durch die jüngere Soziologie verfügbar wurden, noch erheblich verzwickter: die Struktur der Gesellschaft selbst unterliegt demselben deterministischen System; der Determinismus geht über den ökonomischen Bereich hinaus, er erstreckt sich auch auf Wertsysteme und die Legitimation von normativen Erwartungen und auf die externen (z. B. biologischen) Bedingungen von Handeln; und die Grenzlinie zwischen sozialen und ›psychologischen‹ (im Sinne von für die individuelle Persönlichkeit konstitutiven) Faktoren ist somit kaum sicher zu ziehen. Diese Einsichten sind aufs engste mit der Antinomie von Determinismus und Freiheit verknüpft.

All das war kulturelle Begleiterscheinung – auf keinen Fall einfach ein ›Produkt‹ – eines Prozesses einer ungeheuren Aufsplitterung und Differenzierung der Sozialstruktur. Das System der primären Rollenbindungen von Individuen wurde außerordentlich differenziert; aber gleichzeitig haben sich auch die Sozialsysteme, die unmittelbar Interesse auf sich ziehen, ungeheuer ausgedehnt – bis zu einem Punkt, wo eigentlich die ganze Welt für jedes einzelne einigermaßen aufgeklärte Individuum zum Handlungsfeld wird. Daher ist das Individuum entschieden stärker und bewußter damit beschäftigt herauszufinden, was und wer er in dem ganzen Universum von Identitäten aller möglichen Menschen auf der Erde ist.

Diese Entwicklungsprozesse sind m. E. dafür verantwortlich, daß das Problem der Identität (und das damit zusammenhängende, aber von diesem zu unterscheidende der Entfremdung) innerhalb der westlichen Kultur – vor allem der Vereinigten Staaten – in den Vordergrund gerückt ist. Es ist natürlich verständlich, daß die Identitätsprobleme vor allem innerhalb der sensitiveren Gruppen der jüngeren Generation akut sind, da diese Individuen in ein Interaktionssystem einzutreten haben, das erheblich komplexer und verzweigter ist als das, dem ihre Eltern zum entsprechenden Zeitpunkt ihres Lebenszyklus gegenüberstanden.

Die Themenkomplexe von Entfremdung und Identität scheinen sich auf zwei eng miteinander verbundene, aber doch zu unterscheidende Aspekte der Situation des Individuums in der modernen Gesellschaft und Kultur zu beziehen. Der eine besteht im Bewußtsein von Momenten des eigenen Systems, die jenseits von als normal empfundenen Einflußmöglichkeiten liegen und deren Funktionsweise als ›feindselig‹ oder ›sinnlos‹ empfunden werden kann. Der andere besteht in dem Problem, sich selbst innerhalb des Systems zu lokalisieren; dessen Lösung ist deshalb besonders schwierig, weil Selbstlokalisierung in diesem Sinne nicht nur die rein kognitive Aufgabe des Erkennens der Tatsachen und ihrer Interpretation bezeichnet, sondern auch die Festlegung auf Alternativen innerhalb eines breiten Bereichs der Wahlfreiheit. Die kognitiven und motivationalen Aspekte des Problems sind natürlich eng miteinander verknüpft.

Der Sozialwissenschaftler, der sich mit solchen Modebegriffen der intellektuellen Schichten wie ›Entfremdung‹ und ›Identität‹ konfrontiert sieht, muß versuchen, ihre möglicherweise legitimen wissenschaftlichen Bedeutungskomponenten herauszuarbeiten, indem er möglichst sorgfältig die Merkmale der psychologischen, sozialen und kulturellen Situationen, die in Frage kommen, analysiert. Der Rest dieses Artikels ist dieser Aufgabe gewidmet, wobei dem Problem der Identität besondere Beachtung geschenkt werden soll.

Ich habe darauf angespielt, daß das Problem des Determinismus enger an das Zentrum der individuellen Persönlichkeit herangerückt ist. Um zu verstehen, was damit und mit den daran hängenden Implikationen gemeint ist, muß der Begriff der *sozialen Interaktion* und seine Verwendungsweise in der gegenwärtigen Sozialpsychologie diskutiert werden.

Die Bedeutung des Marxismus verdankt sich teilweise der Tatsache, daß für Marx die interaktiven Implikationen der wechselseitigen Abhängigkeit von Marktteilnehmern weiter reichten als für seine Vorgänger in der klassischen englischen Ökonomie. Die Situation eines jeden Marktteilnehmers galt als bestimmt durch die vergangenen und zukünftigen Handlungen aller anderen Teilnehmer. Unter der Voraussetzung, daß die Menschen sich ökonomisch rational verhalten, d. h. ihr eigenes Interesse verfolgen – eine Voraussetzung, die Marx mit den klassischen Ökonomen und anderen utilitaristischen Theoretikern teilte – war zukünftiges Handeln so lange vorhersagbar, wie das kapitalistische System funktionierte.

Eine der entscheidendsten Annahmen dieser Theorie bestand darin, daß die Konsumbedürfnisse der Individuen als *gegeben* behandelt wurden. Sie galten als teilweise von biologischen Bedürfnissen (Essen) abhängig; in den höheren Zivilisationen jedoch galt es als Bollwerk der Freiheit des Individuums, daß es nach all dem streben konnte, was ihm – um die utilitaristische Redewendung zu benutzen – ›Lust‹ verschaffte. Die deterministischen Gesetzmäßigkeiten beschränkten sich demnach auf die Ebene der *interaktiven Mittel*, die die Individuen bei dem Versuch, ihre Bedürfnisse zu befriedigen, verwendeten.

Neuere Untersuchungen von Prozessen der sozialen Interaktion haben seit Marx diese Annahme von Grund auf in Frage gestellt. Die vielleicht bedeutendste Version dieser neueren Auffassung ist die Durkheimsche. In einem direkten Angriff auf die utilitaristische Perspektive, die auch die marxistische ist, zeigte er, daß die in einem Marktsystem vorhandenen Regelmäßigkeiten (Ordnung) nicht erklärt werden konnten ohne die Annahme der Geltung eines normativen Systems von Institutionen, unter anderen Eigentum und Vertrag. In ihrer Wirkungsweise ist die Institution des Vertrages analytisch unabhängig von den Interessen (im strikt utilitaristisch-marxistischen Sinne) der Marktteilnehmer, gleichgültig, ob es sich um Ausbeuter, Ausgebeutete, oder beide handelt (Durkheim 1960, Buch I Kap. 7, ders. 1953, Kap. 2).

Bei der Suche nach der Grundlage dieses unabhängigen Einflusses der Institutionen entwickelte Durkheim die These, daß sich ihre regulative Funktion, aufgrund deren das Marktverhalten der Individuen kanalisiert wird, zu einem großen Teil ihrer *moralischen* Autorität verdankt. Die moralische Autorität konnte ihrerseits nur dann wirksam sein, wenn sich die individuellen Marktteilnehmer *verpflichtet* fühlten, in Einklang mit den ihnen zugrundeliegenden Normen oder Werten zu handeln. Von der Persönlichkeitspsychologie her gesehen bedeutet Verpflichtung in diesem Sinne, daß diese normativen Komponenten der Struktur der Gesellschaft und Kultur *internalisiert* worden sind. Durch einen solchen Internalisierungsprozeß werden die Werte und Normen der Gesellschaft zu *konstitutiven Bestandteilen* der Persönlichkeit ihrer Mitglieder; sie sind nicht länger nur Aspekte der externen Situationen des Individuums.

Was ich hier als normative Komponente des Handelns bezeichnet habe, kommt in keinem der drei Subsysteme des Handelns – dem Persönlichkeitssystem, dem sozialen System und dem kulturellen System – isoliert vor. Seine Beziehungen zu anderen Komponenten innerhalb der drei Subsysteme und deren Interrelationen sind komplex und können nicht in Kürze oder ohne ein Eingehen auf technische Details analysiert werden. Hier ist nur die Erkenntnis von Bedeutung, daß die traditionelle Disjunktion (die so tief im westlichen Denken verankert war) zwischen Organismus,

Persönlichkeit, Struktur der Gesellschaft und Kultur unhaltbar ist. Durkheims diesbezügliche Einsicht stand nicht allein; sie konvergierte höchst eindrucksvoll mit den Theorien von Freud und denen der amerikanischen Sozialpsychologen, die als ›symbolische Interaktionisten‹ bekannt sind, insbesondere G. H. Mead.

Auf zwei vielleicht entscheidende Gesichtspunkte muß besonders hingewiesen werden: 1. In *jedem* durch kulturelle Symbolsysteme vermittelten System menschlicher sozialer Interaktion muß *jedes* Individuum als Einheit eines solchen Systems *sowohl* als *Handelnder*, der ›motiviert‹ ist (er hat Wünsche, Ziele, internalisierte Wertorientierungen und natürlich Affekte, ›Gefühle‹), *als auch* als ein *Objekt von Orientierungen*, und zwar für andere Handelnde wie auch für sich selbst, begriffen werden. Was ich Theorie des Handelns genannt habe, baut ganz fundamental auf den Beziehungen zwischen diesen beiden wesentlichen Gesichtspunkten auf.

2. Jedes Individuum ist in *vielfältigen* Interaktionssystemen eingebettet, so daß der Teil seines motivationalen Systems, der jeweils ›engagiert‹ ist, von Situation zu Situation verschieden sein wird. Ebenso wird seine Bedeutung als Objekt von Kontext zu Kontext variieren. Diese vielfältigen Interaktionsverpflichtungen desselben Individuums sind nicht zufällig zusammengewürfelt, sondern bilden ein System, das wie alle anderen lebenden Systeme den Typ von Fehlintegration aufweisen kann, den wir ›pathologisch‹ nennen. Dennoch ist es eindeutig strukturiert. Es wird im Laufe eines evolutionären Prozesses aufgebaut, den Soziologen gewöhnlich ›Sozialisation‹ nennen. Der Entwicklungsprozeß beginnt dabei mit der einfachsten Struktur und schreitet dann durch zunehmende Differenzierung dieser Ausgangsstruktur, die Freud anscheinend orale Identifikation genannt hat, fort.

Diese beiden Gesichtspunkte haben Implikationen für unsere Konzeption der individuellen Identität. Erstens: Um angemessen in psychischen und sozialen Bereichen und in deren beständigem Zusammenspiel zu fungieren, muß die Persönlichkeit des Individuums als ein hinreichend deutlich konstituiertes und fest umrissenes *Objekt* definierbar sein – und zwar, damit Fragen wie ›Wer oder was bin ich‹ bzw. ist er? beantwortet werden können, sowohl für das Individuum selbst wie für seine Interaktionspartner. In diesem Zusammenhang muß man sich daran erinnern, daß die Persönlichkeit als Objekt das Produkt eines sozialen Prozesses innerhalb eines kulturellen Rahmens ist; Identität konstituiert sich nicht auf der biologischen Ebene. Zweitens: die Tatsache, daß Rollenpluralismus an Bedeutung gewinnt, bedeutet, daß die Individuen mehr zentrifugalen Kräften ausgesetzt sind, weil an jede Rollenverpflichtung je eigene Erwartungen, Belohnungen und Verpflichtungen geknüpft sind. Für die Persönlichkeit wird es unerläßlich, ein angemessenes Niveau der Integration dieser einzelnen Komponenten herzustellen. Das internalisierte Selbstbild ist der natürliche Bezugspunkt für diese Integrationsleistung. Es ist wichtig, sich hier noch einmal vor Augen zu halten, daß die Individualisierung ein Produkt des von uns genannten Differenzierungsprozesses ist. Daher taugen spezifische institutionalisierte Kategorien immer weniger zur Organisation der Persönlichkeitsdefinition. Wenn man beispielsweise auf Berufsbilder (z.B. Arzt) rekurriert, taucht – jenseits dieser ersten Identifizierung, wie wichtig sie auch sein mag – sofort die Frage nach dem medizinischen Spezialgebiet und, wenn in diesem Bereich alle Details geklärt sind, nach den außerberuflichen Fähigkeiten und Eigenschaften der Person auf.

Es dürfte nützlich und richtig sein, den *Begriff Identität* für den technischen Gebrauch so zu definieren, daß er sich auf das *zentrale System von Bedeutungen der individuellen Person* bezieht, soweit sie in ihrem sozialen Feld als *Objekt* gegeben ist. Diese Aussage muß ausführlich erläutert werden.

IDENTITÄT UND SOZIALISATION

Der Begriff Identität bezeichnet hier einen strukturellen Aspekt der als System begriffenen individuellen Persönlichkeit. Die biologistischen Tendenzen psychologischer Theorien sind so stark, daß die folgenden Ausführungen nur von einer Minderheit akzeptiert werden können. Ich möchte jedoch zunächst behaupten, daß auf der Ebene der Handlungstheorie die analytischen Unterscheidungen zwischen Persönlichkeitssystem und Organismus sowie die zwischen diesen beiden und dem sozialen und kulturellen System unbedingt durchgehalten werden müssen. Alle vier sind primäre Subsysteme des umfassenderen und stärker generalisierten Systems des Handelns. Selbstverständlich sind Organismus und Persönlichkeitssystem von ihrem Wesen her am direktesten mit dem Stellenwert dessen, was wir ›Individuum‹ nennen, verbunden.

›Handeln‹ definiere ich als ein System des Verhaltens von lebenden Organismen, das auf der symbolischen Ebene durch Systeme von kulturellen Bedeutungen organisiert und somit kontrolliert wird. Das setzt *generalisierte Codes* voraus, die einzelnen Symbolen und deren Kombinationen, welche *Information* verkörpern und transportieren, Bedeutung verleihen. Denn für das Konzept des Symbols ist konstitutiv, daß seine Bedeutung nicht direkt aus seinen immanenten Eigenschaften abgelesen werden kann: die Bedeutung eines Wortes ist beispielsweise nicht aus den akustischen Eigenschaften seiner phonetischen Struktur ableitbar.

Die analytische Unterscheidung zwischen Organismus und Persönlichkeit hat somit auf die Tatsache abzustellen, daß die *Struktur* des Persönlichkeitssystems sich aus ›Objekten‹ aufbaut, die durch Erfahrung im Verlauf des Lebens *gelernt* wurden – wobei diese Erfahrung mittels kultureller, symbolisch generalisierter Medien ›kodifiziert‹ wurde. Das gilt ungeachtet der Bedeutung von idiosynkratischen Veränderungen dieser Codes und der unter Rekurs auf sie formulierten Objektbedeutungen.

Die Erforschung des Sozialisationsprozesses, zu der Freud am meisten beigetragen hat, erlaubt uns, diesen Aspekt der Entwicklung der Persönlichkeit am Einzelfall grob zu skizzieren.

Den Angelpunkt bildet Freuds fundamentale Einsicht, daß der Kern der ›Realität‹ (sein Realitätsprinzip) in der Realität der sozialen Beziehungen des Kindes besteht; daher sind ›Objektbeziehungen‹ *soziale* Beziehungen, nicht Beziehungen zu physischen Objekten. Das Persönlichkeitssystem des Individuums baut sich auf durch

Internalisierung von sozialen Objekten. Es ist besonders wichtig, daß dieser Prozeß, wie ihn gerade der späte Freud beschreibt, vor allem das *Ich* berührt und nicht das Über-Ich. Das Ich wird durch das Realitätsprinzip gesteuert (Parsons 1964a, Kap. 4).

Freud war sich selbst jedoch nicht ganz darüber im klaren, daß die Internalisierung von sozialen Objekten der Organisation auf zwei Ebenen bedarf. Um, was Freud nicht tat, die soziologische Terminologie zu benutzen: Internalisiert wird *sowohl* eine Rollenbeziehung als *auch* eine Bezugsgruppe (collectivity) als Objekt. Freud sagt deutlich, daß das Kind beim Lernen seiner eigenen Rolle auch die reziproke Rolle der Eltern lernen muß (Freud 1961a). Somit kompliziert sich der Erwerb einer Rolle durch die Notwendigkeit, mindestens eine komplementäre Rolle desselben Systems zu verstehen und – in Grenzen – spielen zu können. Der Bezugsgruppenaspekt (collectivity-aspect) thematisiert daher sozusagen die Basis, aufgrund deren die beiden (oder mehr) Rollen tatsächlich komplementär, d.h. miteinander ›integriert‹ sind. Eine solche Integration erfordert vor allem die Internalisierung gewisser *normativer* Komponenten, die die Beziehungen zwischen den komplementären Rollen normativ festlegen. Die umgangssprachliche Triade von ›Ich–Wir–Du‹ bietet einen entscheidenden Bezugspunkt. Rollentheoretisch formuliert: mein Handeln und das von mir – im normativen und prognostischen Sinne – erwartete Handeln ›ergeben keinen Sinn‹ ohne Bezugnahme auf wechselseitige Erwartungen, die ein *Du* voraussetzen. Die Beziehung zwischen Ich und Du impliziert jedoch einen dritten Begriff, den des gemeinsamen *Wir*. Einige der normativen Komponenten sind verschieden – von Dir und Mir erwartet man nicht, daß wir uns gleich verhalten. Andere Komponenten jedoch werden geteilt, beide Handelnde gehören zur selben Bezugsgruppe, und es gibt Probleme der Bezugsgruppe (collectivity), die uns *gemeinsam* betreffen.

In diesem theoretischen Rahmen schreitet die Sozialisation über Differenzierungsprozesse (und natürlich komplementäre Prozesse der Integration) voran, wobei die einfachste dyadische Struktur, nämlich die zwischen Mutter und Kind, den Ausgangspunkt bildet. Die – im Freudschen Sprachgebrauch – erste Identifikation kann begriffen werden als die Gemeinschaft (collectivity), die durch diese Verbindung von Mutter und Kind gebildet wird, wobei die Autonomie der kindlichen »Persönlichkeit« minimal ist. Die nächsten Schritte bestehen dann in der Internalisierung einer aktiv und autonom vom Kind mitbestimmten Liebesbeziehung zwischen Mutter und Kind in der prä-ödipalen Phase, dann der ödipalen Phase usw.

Dieser Prozeß kann hier nicht en detail diskutiert werden. Es ist jedoch wichtig, darauf hinzuweisen, daß die Sozialisationsagenturen zunehmend differenziertere soziale Systeme sind – in der ödipalen Phase die Kernfamilie als Ganzes, dann (in modernen Gesellschaften) Familie plus Schule usw. bis zu den differenzierten Rollensystemen des Erwachsenen. Mit jedem Entwicklungsschritt wird dem gegebenen Rollenrepertoire mindestens eine neue Rolle eines komplexeren und umfassenderen Bezugsgruppensystems hinzugefügt. So ist beispielsweise die Rollenstruktur der Grundschule erheblich komplexer als die innerfamiliale Lebenswelt des prä-ödipalen Kindes; Analoges gilt für das Verhältnis der Lebenswelt des Jugendlichen und der des jungen Schulkindes.

Von einem entscheidenden Blickwinkel her kann dieser ganze Prozeß als *Aufstieg* beschrieben werden. Man erwartet von dem Kind und erlaubt ihm, eine neue Rolle innerhalb einer Gemeinschaft, von der es bislang ausgeschlossen war, zu spielen. Die Zugehörigkeit zu dieser neuen Gemeinschaft verleiht dabei mehr Prestige und verlangt schwerwiegendere Verantwortlichkeiten als früher.

In den verzweigten Konsequenzen dieses Differenzierungs- und Aufstiegsprozesses lassen sich die zentralen Probleme der Beziehung zwischen Persönlichkeit des Individuums und sozialem und kulturellem System ausmachen. Persönlichkeit ist das *organisierte* System des Verhaltens eines *einzelnen* lebenden Organismus auf der symbolischen Ebene. Seine Geschichte als Persönlichkeit fängt mit den einfachen intrafamilialen Beziehungen nach der Geburt und in der frühen Kindheit an. *Von dort* muß dieses System sich ausdehnen und differenzieren, und es kann in gewissem Sinne seinem Ursprung niemals entkommen. Sowohl die wichtigsten Merkmale seiner organischen Ausstattung wie seine frühen Persönlichkeitscharakteristika gehören unauflöslich zu dieser Sphäre der ›Macht der Vergangenheit‹. Diese frühen Ausgangspunkte bilden ein untilgbares Moment der Identität jeder erwachsenen Person.[1]

In jeder Gesellschaft bedeutet ›Erwachsenwerden‹, daß der Einfluß dieser ›urzeitlichen‹ Ankerpunkte zugunsten einer zunehmenden Bedeutung von Rollen- und Bezugsgruppeninternalisierungen zurückgedrängt wird, die von ihnen unabhängig sind. So wird Schulleistung nicht durch Zuschreibung mit der Familienherkunft verknüpft, und die Peer-Gruppen-Zugehörigkeit des Jugendlichen ist nicht einfach eine Funktion seiner Herkunft oder seiner Leistungen in der Grundschule – obwohl es selbstverständlich positive Korrelationen gibt.

Weil sie als unabhängige Faktoren zu werten sind, stehen diese später erworbenen Bezugsgruppenmitgliedschaften jedoch in einer problematischen Beziehung zu den Objektbeziehungen der Frühphasen der Sozialisation. In Freuds immer noch beispielhafter Darstellung können wir zwei ›Spannung‹-erzeugende Momente unterscheiden, nämlich das biosoziale Reifungselement und die Komponente der Strukturheterogeneität. Selbst unter Berücksichtigung der Möglichkeit von Regressionen kann kein Erwachsener in irgendeiner Gesellschaft realistischerweise Kleinkind oder auch prä-ödipales Kind bleiben und gleichzeitig voll an dem Rollensystem der Erwachsenen teilnehmen. Den dramatischsten Fall eines solchen Zwangs zum Erwachsenwerden stellt das Inzesttabu dar. Freud hat nachgewiesen, daß die Beziehungen zwischen prä-ödipalen Kindern und Eltern definitiv erotisch sind. Möglicherweise kann diese These wegen der ›Schuld-durch-Dabeisein‹ von Geschwistern gegensätzlichen Geschlechts dahingehend generalisiert werden, daß die Kernfamilie – in einer fundamentalen Hinsicht – als ›erotische Gemeinschaft‹ angesehen werden muß. In diesem Kontext besteht die entscheidende Bedeutung des Inzesttabus in der Etablierung der Norm, daß das reifende Kind seine erotischen Bindungen an die Mitglieder seiner Kernfamilie zurücknehmen muß, um sich selbst für Verpflichtungen außerhalb der Familie freizumachen.

Die Kern-Herkunftsfamilie wird – in der Freudschen Terminologie gesprochen – zum Prototypen der eminent bedeutenden Kategorie des ›aufgegebenen Objekts‹. Es ist selbstverständlich evident, daß ein erwachsener Mann oder eine erwachsene Frau die Beziehung zu ihrer Mutter nicht genauso gestalten können wie in der prä-ödipalen Situation. Zumindest erfordern die außerordentlich angewachsenen Verpflichtungen in außerfamilialen Bereichen eine Abschwächung in diesem Feld. Das Inzesttabu ist die augenfälligste Institutionalisierung dieser Abschwächung – so generalisiert, daß alle Mitglieder der Herkunfts-Kernfamilie, nicht nur die Mutter, betroffen sind. Es ist als Befehl von seiten der Gesellschaft zu interpretieren, Kindheitsbeziehungen abzubrechen, damit Rollen in der Gesamtgesellschaft, jenseits der Kernfamilie, übernommen werden können.

Obwohl die konkrete Objektbeziehung transformiert wird und obwohl das konkrete Objekt in seiner ursprünglichen Gestalt ›verloren‹ wird, bleibt das internalisierte Objektsystem beständig Bestandteil der Persönlichkeit. Das erotische Liebesobjekt kann so verlorengehen und die Sehnsucht nach ihm unterdrückt werden, aber durch eine bemerkenswerte Transformation wird dieses ältere internalisierte Objektsystem die Hauptbasis für das Bedürfnis des Erwachsenen nach genital-erotischen Beziehungen, wodurch sich von Generation zu Generation die auf das Familiensystem gerichtete affektive Ökonomie von Persönlichkeiten durchhält. Bei aller intergesellschaftlichen Variabilität des Familiensystems kann immer noch gesagt werden, daß dieser Prozeß im wesentlichen ein Prozeß der biosozialen Reifung ist.

In Industriegesellschaften ist der Ausleseprozeß durch das Bildungssystem, durch den Individuen, insbesondere Knaben, eine Berufsrolle wählen oder erhalten, ein Hauptbeispiel für das, was als Prozeß auf der Basis von Strukturheterogeneität bezeichnet wurde. Dadurch werden neue und im großen und ganzen andere Arten von ›Spannung‹ erzeugt. In diesen Gesellschaften gibt es keine Komponente des frühkindlichen Rollenhaushalts, die Affinitäten zu Erwachsenenrollen aufwiese, und als Form der Vergemeinschaftung stellt die Kernfamilie in gewisser Hinsicht die Antithese zur kollektiven Organisation des Berufssystems dar. Bis zu einem gewissen Grade kann der Vater eines Jungen als ›Rollenmodell‹ fungieren, in den höheren Berufsgruppen jedoch nur sehr beschränkt. Daher gibt es hier eine viel geringere Chance, daß die Objektbeziehungen der Kindheit relativ bruchlos in die des Erwachsenen überführt werden als im Fall der familialen Rollen.

Die beiden genannten Beispiele illustrieren zwei Grundtypen einer Entwicklungssequenz, in deren Ablauf wesentliche Bestandteile der Identität festgelegt werden. Im ersten manifestiert sich das zentrale Problem der Herkunft und der Kontinuität zwischen Zugehörigkeit zur Herkunftsfamilie und zur Fortpflanzungsfamilie – innerhalb des universalistischen Bezugsrahmens von Generations- und Geschlechtsrollen. Antworten auf die Frage, ›Wer und was bin ich?‹ schließen immer Geschlecht, Alter, Angabe der Eltern, des Gatten und Hinweis auf die eigenen Kinder ein. Es wird weiterhin kaum einen Erwachsenen in einer Gesellschaft unseres Typs geben, der bei der Beantwortung einer solchen Frage nicht auf seinen Beruf hinweisen würde. In diesem Bereich sind die möglichen Komplikationen jedoch erheblich, und daher wird das Problem, wieweit man seine Antwort spezifizieren soll, höchst bedeutungsvoll. Der Autor dieses Artikels ist beispielsweise ›Universitätsprofessor‹.

Damit ist jedoch noch nichts gesagt über: Welche Universität? Welche Fakultät (Geistes- und Naturwissenschaften, Jurisprudenz, Medizin usw.)? In welcher Disziplin? In welcher Abteilung usw.? Nichtsdestoweniger kann das Etikett ›Professor‹ kaum bei einer Bestimmung der Identität übergangen werden, weder von anderen noch auch von dem Individuum selbst.

Das häufig als Rollenpluralismus bezeichnete Phänomen ist ein einzigartig charakteristisches Merkmal moderner Gesellschaften. Das erwachsene Individuum ist der Brennpunkt eines komplexen Rollensystems. Daher kann die Beantwortung der Frage ›Wer ist er?‹ kontextabhängig sein – ein Schüler wird beispielsweise selten etwas über die Eltern seiner Lehrer wissen wollen. Wenn diese mannigfaltigen Rollenverpflichtungen, die mit zunehmendem Status des Individuums und mit wachsender Komplexität der Gesellschaft komplexer werden, von ein und demselben Individuum gehandhabt werden sollen, müssen sie systematisch miteinander verknüpft werden. Es gibt heute eine Fülle von Evidenzen dafür, daß die Verwicklung in übermäßige Rollenkonflikte einer der wichtigsten Faktoren in der Genese von psychopathologischen Syndromen ist, besonders, wenngleich nicht ausschließlich, in der Kindheit (Lidz/Fleck/Cornelison 1959). Dieses Problem vor Augen, habe ich oben ›Identität‹ als das zentrale System von Bedeutungen der individuellen Persönlichkeit in Objektmodalität definiert. Etwas weiterreichend als dieser Bezug auf die Objektmodalität ist die Konzeption der *Integrität* einer Person, ihre Fähigkeit, nicht nur kognitiv konsistent, sondern als Handelnder und als Objekt in all ihren Hauptlebensbereichen integriert zu sein, sowohl in ihren verschiedenen Rollen wie auch in den Kontexten, die nicht angemessen unter soziologischen Gesichtspunkten analysiert werden können.

IDENTITÄT UND DIE ANDEREN SUBSYSTEME DER PERSÖNLICHKEIT

Im vorangehenden kurzen Abriß einiger Höhepunkte des Sozialisationsprozesses habe ich mich auf eine Erörterung der Beziehung zwischen Persönlichkeitssystem und sozialem System konzentriert. Diese Beziehung wurde häufig in zweifacher Weise vernachlässigt. Einerseits neigt die jüngere und gegenwärtige Psychologie aufgrund ihrer biologistischen Tendenz dazu, die ›wirklichen‹ Merkmale der Persönlichkeit auf der Ebene des Organismus, soweit dieser vom Netz sozialer Beziehungen, in die das Individuum einbezogen ist bzw. war, unabhängig ist, anzusiedeln. Andererseits haben die Anhänger der ›Kultur- und Persönlichkeitstheorie‹, angesteckt von der anthropologischen Betonung des kulturellen Systems, die Prozesse kultureller Stereotypisierungen besonders hervorgehoben. Dies kommt meinem Ansatz viel weiter entgegen als der Biologismus, es werden jedoch sehr wichtige Gesichtspunkte tendenziell übergangen. Ich werde nun sehr skizzenhaft versuchen, die drei Bezugspunkte miteinander zu verknüpfen, da ich glaube, daß sie alle für das Problem der Identität, wie ich es dargestellt habe, relevant sind. Der theoretische Bezugsrahmen, den ich vorstellen werde, ist kaum mehr als eine Interpretation und sehr vorsichtige handlungstheoretische Ausweitung des Freudschen Schemas.

Ein Handlungssystem kann auf der abstraktesten Ebene in vier analytisch zu unterscheidende Hauptsubsysteme differenziert werden. Drei dieser Subsysteme sind unproblematisch und wohl bekannt: das kulturelle System, das soziale System und die individuelle Persönlichkeit. Ich habe weiterhin die These aufgestellt, daß das organische System (behavioral organism)* analytisch sorgfältig von dem Persönlichkeitssystem zu trennen ist. Nur unter dieser Voraussetzung kann Freuds Lehrsatz, daß die Struktur der Person aus dem ›Niederschlag verlorener Objekte‹ besteht, sinnvoll sein, da die Struktur des Organismus eine anatomische und keine soziale oder Verhaltensstruktur ist.

Jedes Subsystem fungiert für jedes andere als Umgebung oder Ausschnitt der Umgebung. Als offenes System tauscht jedes outputs und inputs mit jedem anderen aus. Die Persönlichkeit ist klarerweise bei einer ganzen Reihe von fundamentalen Ressourcen auf ›ihren‹ eigenen Organismus angewiesen: Bei Bewegungen, der Handhabung von physischen Objekten, der Verarbeitung von Informationen durch die Sinnesorgane; auf das zentrale Nervensystem und die Informationsausgabeeinheit – besonders die Funktion der Sprache.

Freud kommt in erster Linie das Verdienst der Entdeckung der Tatsache zu, daß an der Nahtstelle zwischen sozialer Organisation und frühkindlicher Sozialisation diese organischen Fähigkeiten durch den Mechanismus der erotischen Lust organisiert und in das soziale System einbezogen werden. Dieser Mechanismus ist sicherlich organisch verankert und scheint ein spezialisierter Ableger des universelleren Lustmechanismus zu sein, der weite Bereiche des instrumentellen Verhaltens der höheren Organismen mitbestimmt (J. Olds); erotische Lust ist jedoch viel klarer auf den sozialen Prozeß gerichtet als der allgemeinere Lustmechanismus. Es ist inkorrekt, wenn von erotischer Lust gesagt wird, sie werde zwischen Personen oder Organismen in gleichem Sinne kommunikativ ausgetauscht wie sprachlich vercodete Bedeutungen. Sie wird jedoch wechselseitig stimuliert, und dem sozialen Objekt der Stimulierung scheint funktionale Priorität zuzukommen. So geht aus Freuds Analyse des Narzißmus hervor, daß Autoerotizismus erst dann durch starke Motive abgestützt ist, wenn die Persönlichkeit sich soweit entwickelt hat, daß das Individuum sich selbst zum Objekt geworden ist. Das leitet sich seinerseits jedoch von der Erfahrung der Stimulierung durch andere ab: bei den meisten Kindern geschieht dies durch die Mutter. Daß das ›wilde Kind‹ ohne soziale Interaktionen ein normales erotisches Motivationssystem erwirbt, dürfte fast ebenso unwahrscheinlich sein wie daß es eine eigene Sprache erfindet.

Hinsichtlich des primär affektiven oder motivationalen (im Unterschied zum kognitiven) Bereichs wird man sagen dürfen, daß die Erotik das primäre integrative Band zwischen Organismus, Persönlichkeit und den ›ursprünglicheren‹ Aspekten des sozialen Systems: der Kernfamilie, deren Mitglieder durch Liebesbeziehungen miteinander verbunden sind, darstellt. Auf dieser ›Basis‹ verläuft die primäre Ausdifferenzierung von zwei der drei Freudschen Hauptsubsysteme der Persönlichkeit.

* An dieser Stelle wurde eine Fußnote gestrichen. Die Herausgeber

Das sich neu formierende ›Selbst‹ (Cooley, Mead) wird ›organisiert‹, indem die Kontrolle des eigenen Körpers nicht nur zum Zwecke der Gewinnung erotischer Lust, sondern auch zur Ausrichtung auf den Bereich der primären sozialen Beziehungen ausgebaut wird. Die Zielorientierung des Kindes richtet sich damit in erster Linie auf den sozialen Kontext, die Objektbeziehungen in Freuds Terminologie. Lust wird damit die Haupt*belohnung* für die Erfüllung von Erwartungen *ich*-orientierten Handelns. Auf diese Art werden die aktiven Anpassungsversuche des Kindes an die soziale Umwelt ›realistisch‹, d.h. durch Ich-Mechanismen kontrolliert. Dabei werden Ich und Es zunehmend ausdifferenziert. Realitätsorientierung und Streben nach Lustgewinn sind einander nicht mehr zugeordnet, so daß Lustmaximierung nicht länger das einzig sinnvolle Ziel ist. Das deckt sich weitgehend mit dem Ursprung dessen, was McClelland ›Leistungsmotivation‹ genannt hat: der Konzentration auf – von erotischen Interessen relativ abgespaltene – Zielwertrealisierung.

Von diesem Zeitpunkt an kann ›Persönlichkeit‹ nicht mehr primär als bloßes Vehikel der Maximierung der Interessen, des Wohlergehens oder der ›Triebe‹ des Organismus, besonders des Luststrebens begriffen werden. Durch das jetzt erreichte Niveau der Autonomie der Persönlichkeit wird die Kontrollhierarchie in gewisser Weise eher umgekehrt: der Organismus wird ein Instrument (soweit aufgrund seiner eigenen Funktionsweise möglich) im Dienste der Interessen der Persönlichkeit. In diesem Zusammenhang läßt sich das Es als das Subsystem des Persönlichkeitssystems interpretieren, das als spezialisierte Instanz zur Vermittlung der Beziehungen zum eigenen Organismus ausdifferenziert wird. Demgegenüber ist das Ich dasjenige Subsystem, das primär zur Steuerung der sozialen Beziehungen des Individuums und seiner Rollenverpflichtungen im sozialen System ausdifferenziert ist.

Wenn diese beiden primären Funktionen jedoch stabilisiert und miteinander koordiniert werden sollen, muß es ein Kontrollzentrum geben, das im kybernetischen Sinne sowohl dem Ich wie dem Es übergeordnet ist. Dies ist der funktionale Stellenwert, den Freud dem Über-Ich zuweist. In diesem Bereich ist seine Begriffsbildung jedoch erheblich weniger trennscharf als in den anderen beiden, und manchmal spricht er vom ›Ich-Ideal‹ als unabhängiger Instanz gegenüber dem Ich. Die Vertiefung der Freudschen Analyse in diesem Bereich ist das Hauptanliegen dieses Aufsatzes. Wenn wir gegenüber dem ›Kultur- und Persönlichkeitsansatz‹ an der Unterscheidung zwischen sozialem und kulturellem System festhalten und wenn wir die oben entwickelte Auffassung, nach der das Ich im analytisch-technischen Sinne als Verbindungsgelenk zwischen Persönlichkeit und sozialem System zu gelten hat, ernst nehmen, dann fehlt in unserem Schema bislang noch die analytische Behandlung der Verbindung zum kulturellen System. Ich behaupte, daß unter dem Gesichtspunkt der Austauschbeziehungen zwischen den wichtigsten Systemen das Über-Ich als ein Hauptsubsystem der Persönlichkeit genau an diese Stelle gehört, daß diese Entscheidung aber eine weitere analytische Unterscheidung notwendig macht. Handlungstheoretisch formuliert würde das Über-Ich damit zum *integrativen Subsystem der Persönlichkeit* – das Problem der Bedeutung der Code-Erhaltungsfunktionen (pattern maintenance) des Über-Ichs bliebe ungelöst.

Bei der Untersuchung von sozialen Systemen haben wir uns daran gewöhnt, die Bedeutung einer systematischen Unterscheidung zwischen Werten und Normen anzuerkennen. Werte werden von den Mitgliedern eines Kollektivs geteilt und sind nicht nach Funktionsdifferenzen oder Situationsunterschieden von spezialisierten Teilen oder Subsystemen ausdifferenziert. Genau das gilt jedoch für Normen. Beispielsweise sollen Mann und Frau dieselben Wertorientierungen gegenüber der Familie internalisiert haben, die Normen jedoch, die ihr Handeln anleiten, sollten als Momente ihrer unterschiedlichen Rollen voneinander differieren.

Das Über-Ich ist somit das Subsystem, das die Persönlichkeit unmittelbar mit dem *normativen* Aspekt des kulturellen Systems verknüpft. Es ist schwerpunktmäßig jedoch nicht auf die gesellschaftlichen Werte als solche ausgerichtet, sondern auf ›persönliche‹ Werte, die, in ihrer höchstentwickelten Form, als das *Gewissen* des Individuums begriffen werden können. Es wird, wie Freud nachgewiesen hat, ebenso wie die internalisierten sozialen Objekte, im Verlauf von Prozessen der sozialen Interaktion internalisiert. Es wird anscheinend in der ödipalen Phase in einem ersten Schritt aus dem Ich ausdifferenziert. Es kann somit – und das ist entscheidend – als Niederschlag dessen, was Freud die elterliche Funktiòn ›als aufgegebenes Objekt‹ genannt hat, angesehen werden (Freud 1961b).

Es ist wichtig, das Über-Ich als ein Subsystem der Persönlichkeit nicht mit dem Code-Erhaltungs- oder dem adaptiven Subsystem des sozialen Systems zu verwechseln. Schon Durkheim hat deutlich gesehen, daß in jedem ausreichend differenzierten Handlungssystem die ›moralische Ordnung‹ der Gesellschaft in erster Linie von Gewissensbindungen der Individuen abhängig wird. Das ›Wertsystem‹ der Gesellschaft ›definiert die Situation‹ für die Wirkungsweise des Gewissens des Individuums, ist jedoch nicht mit der Situation identisch. Die Tendenz zur ›Privatisierung‹ der Religion und die damit zusammenhängende Transformation ihrer kollektiven Organisationsform zur ›freiwilligen Vereinigung‹, paßt in denselben Kontext. Das kulturelle System (vermittelt durch das Gewissen) *legitimiert* die Bindungen des Individuums an Werte *nicht nur* hinsichtlich seiner sozialen Rollen und Gruppenmitgliedschaften, sondern auch in einer Reihe extrasozialer Bereiche. Das Über-Ich ist das integrative Subsystem der Persönlichkeit nicht nur deshalb, weil es die vielfachen Rollenverpflichtungen mit anderen Aspekten der persönlichen Wertorientierungen integriert. Diese Erweiterung über die Ebene von sozialen Verpflichtungen hinaus ist besonders wichtig für das Problem der Identität.

Man kann – um auf das Problem der Persönlichkeit des Individuums zurückzukommen – sagen, daß seine Wertorientierungen, die sich im Über-Ich niedergeschlagen haben, auf ihre Erfüllung im Handeln durch Mobilisierung von Es-Energien und der direktiven Fähigkeiten des Ich drängen. Als integratives Subsystem der Persönlichkeit ist das Über-Ich jedoch nicht die zentrale ›exekutive‹ Instanz der Durchsetzung, sondern eher die Instanz, die die verschiedenen Realisierungsmanöver koordiniert. Auch hier ist es wieder ganz wesentlich, sowohl die multiplen Rollenverpflichtungen des Individuums wie seine außersozialen Belange vor Augen zu haben.

Das Identitätssystem würde demnach gegenüber dem Über-Ich die Plattform darstellen, auf der diese Koordinierungs- und Durchsetzungsprozesse ihre Bedeutung für den individuellen Handelnden gewinnen. In ihm treffen sich das ›Ich‹ (I), das handelt, und das ›Mich‹ (me), das für Selbst und andere Objekt ist. Als solches ›handelt‹ das Identitätssystem nicht, sondern fungiert als Bezugssystem für die Interpretation der Bedeutung der Handlungen des Individuums für das Individuum. Gerade angesichts der Tatsache, daß das Über-Ich genetisch auf die Internalisierung der Elternfunktion in der ödipalen Phase zurückgeht, muß besonders darauf hingewiesen werden, daß die hier vorgeschlagene Konzeption impliziert, daß seine Struktur nicht auf dieses Niveau beschränkt ist. Das ist deshalb besonders wichtig, weil die Elternfunktion die soziologische Grenzstruktur zwischen Kernfamilie und der jeweiligen umfassenderen Gesellschaft darstellt. In den folgenden Hauptphasen der Sozialisation internalisiert das Kind neue Rollen und weitere Kollektivitätsstrukturen (Parsons 1961 Kap. 6), die schließlich auch seine Bürgerrolle in seiner nationalen Gesellschaft und darüber hinaus eine Position in der ›Weltgesellschaft‹ umfassen werden. Die Abfolge der Teilnahme an all diesen vielen Subsystemen der Gesellschaft stellt das Individuum vor moralische Probleme, die nicht einfach unter Rekurs auf die Standards, die die elterliche Funktion reflektieren, gelöst werden können.

Besonders wichtig ist hier, daß die Ausgrenzung des Über-Ichs aus dem Ich mit einer *Generalisierung* auf der kulturellen Ebene einhergeht. Dazu gehören die Phänomene, auf die Piaget in seiner berühmten Arbeit über ›das moralische Urteil des Kindes‹ (Piaget 1948) aufmerksam gemacht hat. Diese Urteilsstrukturen entwickeln sich weit über die ödipale Phase hinaus, und daher wird hier angenommen, daß die Strukturen des Gewissens sich unter dem Eindruck beständig neuer Erfahrungen immer wieder restrukturieren.

Es ist weiterhin wichtig, zur Kenntnis zu nehmen, daß dazu die Entwicklung der kognitiven Fähigkeiten des Individuums, die die Verbindung zum Niveau der kognitiven Generalisierung und Integration des kulturellen Systems als Ganzem herstellen, erforderlich ist. Diese relativ unabhängigen – kognitiven und evaluativen – kulturellen Standards bilden eine unerläßliche Voraussetzung für die Autonomie des Individuums gegenüber *jeder* Rolle und *jeder* Gruppenmitgliedschaft.

Ein Hauptlehrsatz der Handlungstheorie besagt, daß die Subsysteme eines Handlungssystems, die im Prinzip Austauschprozesse steuern (sowohl mit der Umgebung des Systems wie – unter integrativen Gesichtspunkten – der einzelnen Teilsysteme untereinander), mit einem Bezugspunkt verknüpft sein müssen, der bis zu einem gewissen Maße von allen Teilsystemen unabhängig ist. Diesen Bezugspunkt haben wir immer das Code-Erhaltungs-Subsystem (pattern maintenance) genannt. Bei Lebewesen kann im allgemeinen die genetische Ausstattung des Organismus als bestes Beispiel für diese Funktion dienen. Die Abschottung des genetischen Codes gegenüber der Umwelt läßt sich in der Generalisierung, daß erworbene Merkmale nicht vererbt werden können, zum Ausdruck bringen. Auf der Ebene von Handeln ersetzt jedoch, um Alfred Emerson (1956) zu zitieren, das Symbol die Gene. Ich halte es für legitim, die Code-Erhaltungs-Funktionen von Handlungssystemen auf der

Ebene der Codes anzusetzen, mittels deren partikulare und konkrete Bedeutungen (Informationen) organisiert und miteinander verknüpft werden. Bei dem Handeln steuernden kulturellen System selbst lassen sich die Codes in religiöse, evaluativ-bewertende (moralische), ästhetische (expressive) und empirisch-kognitive einteilen. Innerhalb des sozialen Systems sind im wesentlichen evaluativ-bewertende, im engeren Sinne normative (rechtliche), politische und ökonomische Standards zu unterscheiden.

Ich halte es für angemessen, den Begriff ›Identität‹ für das Code-Erhaltungs-System (pattern maintenance) der individuellen Persönlichkeit zu reservieren. Dieses muß erstens grundsätzlich als *gelernt* behandelt werden; es ist Produkt der Lebenserfahrung des Individuums, seiner Interaktionen mit seiner Umwelt. Die einzigen genetisch vorgegebenen strukturellen Bestandteile von Handlungssystemen sind die angeborenen menschlichen Fähigkeiten, mit Hilfe des zentralen Nervensystems kulturell strukturiertes Verhalten und Handeln (beispielsweise handwerkliche Fertigkeiten, erotische Sensitivität, Sprache und kulturelle Organisationsmomente usw.) zu lernen.

Die Identitätsstrukturen werden im Prozeß der sozialen Interaktion erworben; streng analytisch gesehen sind sie jedoch nicht als ausschließlich sozial zu begreifen. Sie sind – um Freuds Terminologie zu verwenden – ein ›Niederschlag‹ von Interaktionsprozessen, der sich gegenüber seinen Ursprüngen relativ verselbständigt, da die entscheidenden Objekte zu ›aufgegebenen Objekten‹ werden. Als solches kann das Identitätssystem das soziale Handeln des Individuums, sein ›organisches Verhalten‹, sein kulturelles Ausdrucksverhalten und seine kulturellen Produktionen im kybernetischen Sinne ›kontrollieren‹.

Hat sich das Identitätssystem einmal voll etabliert, so übertrifft es alle anderen Hauptkomponenten der Persönlichkeit an Stabilität. Das ist nicht immer günstig, da es dadurch häufig ein effektives ›Funktionieren‹ in der Realität behindert – ebenso wie die genetische Ausstattung einer Art maladaptiv werden kann (Erikson 1967). Vor allem ändert sich die Identität nicht aufgrund der normalen Gratifikationen oder Frustrationen, die in der Umwelt auftauchen und – wie oben gezeigt – entweder durch das Ich oder das Es vermittelt werden. Gegenüber Einflüssen von seiten des Über-Ichs ist sie zwar offener, sie ist diesem aber im kybernetischen Sinne übergeordnet.

Wenn wir die Identität des Individuums zu Recht als Code-Struktur interpretieren, so folgt daraus, daß diese eben als solche nicht in erster Linie ein Aggregat oder auch ein integriertes System von internalisierten sozialen Objekten im Sinne von Freuds Objektbeziehungen darstellt. Sie ist in erster Linie das Bezugssystem *innerhalb dessen* persönliche Bedeutungen konkret symbolisiert und ›ausgedrückt‹, ›ausagiert‹, ›realisiert‹ usw. werden können. In diesem Sinne ist sie selbst kein Aggregat von konkreten Bedeutungselementen, sondern muß als Inbegriff all der Organisationsprinzipien und Regeln für die Interpretation und Verbindung von einzelnen Bedeutungselementen konzipiert werden. Vor allem stellt sie kein Sammelsurium von ›Motiven‹ im üblichen Sinne dar: sie ist ›metamotivational‹.

Wenn der Begriff der ›Motivation‹ auf den systematischen Aufbau der Persönlichkeit unter dem speziellen Gesichtspunkt der Ich-Funktion abzielt und dieser Begriff der Brennpunkt der Persönlichkeitspsychologie ist, dann läßt sich das vorgetragene Argument wie folgt zugespitzt formulieren: ›Motivation‹ wird nur dann ›begreiflich‹ oder besser, um das deutsche Wort zu verwenden, *verstehbar*, wenn man ein derartiges Identitätsbezugssystem postuliert. Dieses ›Identitätsgerüst‹ läßt sich besser aus den gegenwärtigen Input-Output-Beziehungen der Person und ihrer Umwelt ableiten, als sich die Funktionsweise eines Organismus von der letzten Nahrungsaufnahme oder Luftversorgung her erklären läßt (etwa nach dem mythischen Muster, wonach ein Mann, der Beefsteak gegessen hat, dadurch ›stark wie ein Stier‹ wird).

Oben wurde behauptet, daß das Identitätssystem der Persönlichkeit selber nicht ›handelt‹, sondern irgendwie die ›Funktion der Kontrolle‹ von Handlungsprozessen ausübt. Die betreffende Art der Kontrolle entspricht der, auf die man anspielt, wenn man sagt, eine Person handle ›ihrem Charakter entsprechend‹. Die meisten normal integrierten Personen verfügen über relativ stabile Orientierungsmuster im Umgang mit Situationen und anderen Menschen. Viele Persönlichkeitstypologien – beispielsweise Introvertierte vs. Extrovertierte – beziehen sich offensichtlich primär auf diese Ebene. Generalisierte Charakterzüge wie Autonomie oder Abhängigkeit, emotionale Wärme bzw. Distanziertheit können ebenso zur Illustrationdienen. Wie andere differentielle Merkmale der Persönlichkeit kann Identitätskontrolle zwischen relativer Rigidität und Restriktivität oder relativer Offenheit changieren, wobei ein Punkt optimaler Flexibilität irgendwo dazwischen liegt. So wird beispielsweise der Psychopath oder Soziopath i. d. R. als Persönlichkeitstyp mit minimalen ›internen‹ Kontrollen beschrieben.

Die individuelle Identität als Kern des Persönlichkeitssystems würde in diesem begrifflichen Rahmen als komplexer Mechanismus gedacht werden müssen, der für eine angemessene Balance zwischen verallgemeinerten und individualisierten Momenten verantwortlich ist. Jedes Individuum ist – überflüssig das zu sagen – ein ›Kind‹ seiner Kultur und Gesellschaft und natürlich der besonderen Erfahrungen, die es innerhalb der beiden Systeme gemacht hat. ›Amerikaner aus der Mitte des 20. Jahrhunderts‹ ist für meine Identität *konstitutiv*. Wenn ich beispielsweise in das kommunistische China ›überlaufen‹ würde, würde ich für mich und für andere immer ›dieser übergelaufene Amerikaner‹ oder, je nach Perspektive, ›der Bekehrte‹ bleiben. Ich könnte die Identität eines chinesischen Kommunisten niemals soweit annehmen, daß die ›amerikanische‹ Grundlage nicht mehr spürbar bliebe.

Die hochgeneralisierten und allgemein akzeptierten kulturellen Bindungen und Gruppenmitgliedschaften sind somit unvermeidlich Bestandteil der Identität – um so mehr, je ›intellektueller‹ das Individuum ist. Gleichzeitig variiert die *Kombination* von Momenten, die in eine Identität eingegangen sind, von Fall zu Fall: in irgendeiner Hinsicht ist sie einzigartig. Das um so mehr, je differenzierter die sozialen und kulturellen Systeme, mit denen das Individuum in enge Berührung gekommen ist, sind. Es dürfte von daher evident sein, daß nach unserer Auffassung die Wahrscheinlichkeit außerordentlich gering ist, daß in irgendeiner Gesellschaft die individuellen

Identitäten völlig gleich sind; um so geringer, je weiter der Differenzierungsprozeß der Gesellschaft und der Kultur fortgeschritten ist.

Individualität ist jedoch immer eine Funktion der Verallgemeinerung von einigen Komponenten des relevanten Codesystems. Die stilistischen Besonderheiten eines Autors sind ohne die verallgemeinerte ›Codifikation‹ der Sprache, in der er schreibt, nicht denkbar. Bloße Sprachidiosynkrasie ist an sich kein Kriterium für Individualität des Stils, am wenigsten für ›Originalität‹ im Sinne eines geschätzten kulturellen Gutes.

Von diesem Blickwinkel her kann man zu den Problemen, die den Ausgangspunkt der Diskussion dieses Kapitels bildeten, zurückkehren. Es ist eine höchst bedeutungsvolle Tatsache, daß nicht nur die Persönlichkeit, sondern der gesamte Bereich kulturell gesteuerten Handelns durch Codes strukturiert ist. Nur in ganz wenigen Forschungsfeldern (z. B. der Linguistik) ist dingfest zu machen, daß in derartigen Systemen Beschränkungen und Freiheitsspielräume sehr spezifisch miteinander verbunden sind – allerdings auch etwas anders als im Falle der bekannteren technologischen und ökonomischen Bedingungen von Freiheit. Von der organischen Evolution her gesehen müssen kulturell kodifizierte Orientierungssysteme als die durchschlagendste Innovation gelten, die bislang im Prozeß der Steigerung der ›generalisierten Anpassungsfähigkeit‹ von lebenden Systemen aufgetaucht ist (Parsons 1964b). Das wesentlichste Merkmal der hier behandelten Systeme besteht darin, daß die Einführung eines festen strukturierten Codes und dessen Erwerb durch *Internalisierung* (nicht nur als Wissen um etwas) sehr weite, flexibel zu füllende Möglichkeitsbereiche freisetzt. – Man denke nur an die Unzahl möglicher technischer Anwendungen von neuen Erkenntnissen der Grundlagenforschung! Je ›grundlegender‹ eine wissenschaftliche Entdeckung ist, desto eher liefert sie nicht nur einen Informationszuwachs auf der Ebene von Detailwissen, sondern verändert die Struktur des gesamten kognitiven Codes.

Wenn dieser Grundansatz sich bei Analysen in dem speziellen Feld der Erforschung des kulturellen Systems als tragfähig erweist, dann auch bei der Untersuchung der institutionalisierten Code-Systeme, die die Struktur von Gesellschaften konstituieren. Das Generalisierungsniveau der Rechtsstruktur einer Gesellschaft ist beispielsweise eines der wichtigsten Kriterien für die Bestimmung ihres Entwicklungsstandes, und hohe Generalisierungen eröffnen den Mitgliedern der betreffenden Gesellschaft Freiheitsspielräume, die in weniger fortgeschrittenen Gesellschaften nicht vorhanden waren. Die moderne Freiheit der Berufswahl und Karriereplanung ist beispielsweise in Gesellschaften, die hochgeneralisierte Rechtsnormen für Eigentum, Kontrakt, finanzielle Transaktionen und Einstellungsbedingungen nicht kennen, undenkbar. Die Alternative zur Institutionalisierung solcher Codes ist nicht Freiheit von Zwang, sondern Zuschreibung von Status.

Generalisierte, symbolisch vermittelte kulturelle Medien sind als Bedingung von Freiheit nicht nur für das kulturelle System selbst und für die Institutionen von Gesellschaften von entscheidender Bedeutung, sondern auch für die Persönlichkeit des Individuums und für dessen Beziehung zur Gesellschaft und zum kulturellen

System. Wir haben sogar behauptet, daß auch erotische Lust als ein derartiges generalisiertes Codesystem bei der Regulierung von sehr wichtigen Austauschbeziehungen zwischen Persönlichkeit und Organismus fungiert. Wenn unsere Analyse in diesem Fall richtig ist, dann erst recht in anderen.

Es ist selbstverständlich ein Gemeinplatz, daß der Preis, den lebende Systeme für ihr adaptives Potential bezahlen, in ihrer Instabilität besteht. Der Tod des Individuums als unentrinnbares Schicksal der höheren Organismen gehört sicherlich ebenso wie die Gefahr von krankhaften Störungen in diesen Kontext. Sehr global würde man erwarten, daß mit der Weiterentwicklung der Organisationsniveaus, die kulturelle Codes voraussetzen, die Anfälligkeit gegenüber dieser Art von Störungen eher wächst als abnimmt. Die unerschütterliche Stabilität eines Granitberges gibt es im Bereich der ›prekäreren‹ Organisationsformen menschlichen Handelns nicht. An diesem Punkt zeigt sich andererseits der Zusammenhang von Gefahr der Instabilität und Innovationspotential, dem evolutionär so konsequenzenreichen Potential von lebenden Systemen.

Wo es um das Fällen von Entscheidungen und um inhaltliches Sich-Festlegen von Handlungseinheiten geht, manifestiert sich dieser Faktor der Instabilität als Unsicherheit und Risiko. Vor allem kreative Unternehmungen sind ihrer Natur nach riskant. Die Übernahme von Risiken kann jedoch ›vernünftig‹ sein, wenn man relativ spezifische bekannte Wagnisse eingeht und sich auf mögliche Wechselfälle vorbereitet. Gemessen an solch vernünftig begrenzter Risikoübernahme – die sich allerdings im Einzelfall sehr schwer konkretisieren läßt – läßt sich eine tendenzielle Dichotomisierung in zwei Typen von relativ ›irrationalen‹ Orientierungen nachweisen: (1) die ›Forderung‹ von Sicherheit, die sich interpretieren läßt als Versuch, Risiko durch Verzicht auf kreative Möglichkeiten zu minimieren, um die Eventualität oder manchmal Wahrscheinlichkeit des Scheiterns zu umgehen; und (2) eine utopistische Orientierung, die die einengenden Randbedingungen von kreativem Erfolg minimieren oder ignorieren möchte, indem sie behauptet, man müsse sich, da das Ziel immanent wünschenswert sei, nur auf dieses konzentrieren und diesem Engagement entsprechend handeln – gleichgültig, wie die Erfolgsaussichten einzuschätzen seien (Weber nannte dieses Orientierungssyndrom *Wertrationalität*).

Der in den ersten Passagen dieses Artikels geschilderte Fortschritt des Wissens hat eine doppelte Nebenfolge: einerseits werden sich die Menschen limitierender Faktoren – ›deterministischer Zusammenhänge‹ – bewußt, die sie vorher nicht so deutlich gesehen haben. Andererseits ist der Fortschritt des Wissens *selbst* ein Aspekt der Entwicklung des kulturellen Systems und als solcher der Schöpfung von neuen Formen und Ebenen der Kodifikation von Kultur in hier gemeintem Sinne. Das gilt in zunehmendem Maße für den Zweig der empirischen kognitiven Kultur, der die Disziplinen umfaßt, die mit Handeln in dem hier gebrauchten technischen Sinne zu tun haben. Ihre Errungenschaften erweitern nicht nur unser Wissen *über* das Handeln der menschlichen Gattung, sondern gerade die Existenz dieses kodifizierten Wissens kann dazu führen, daß sich die Existenzbedingungen der menschlichen Gattung verändern. Das betrifft natürlich sowohl die Struktur der individuellen Person wie

Gesellschaften und Kulturen. Ebenso wie es keine ›Planwirtschaft‹ – in einer Bedeutung, die nicht nur für sozialistische Staaten gilt – ohne Ökonomie als Wissenschaft geben konnte, so konnte es auch keinen Persönlichkeitstyp ›Wissenschaftler‹ vor der Entwicklung der Wissenschaft geben.

Meine Behauptung läuft darauf hinaus, daß die negativen, ›Zwang‹ verheißenden Aspekte derartiger kultureller Innovationen tendenziell eher in den Frühphasen ihres Einflusses auf ein sich entwickelndes Handlungssystem besonders auffällig sind. So gesehen können wir die universell verbreitete Beschäftigung mit dem Thema der Entfremdung, die der Ausbreitung des Marxismus folgte, zumindest weitgehend interpretieren als Reaktion auf ein Gefühl zunehmender Unfreiheit und Hilflosigkeit, das sich angesichts des neuen Wissens um oder der neuen Einsichten in die ›kodifizierte‹ Ordnung einer modernen Ökonomie einstellte. Inzwischen befinden wir uns in neuen Phasen des Gefühls der Entfremdung, deren Ursachen in den Auswirkungen der neuen Erkenntnisse über die Gesetzmäßigkeiten, die tieferliegende Schichten des sozialen Systems und der Persönlichkeit sowie deren äußerst enge wechselseitige Abhängigkeit beherrschen, liegen. Die ›Entfremdeten‹ wollen absolute ›Spontaneität‹, die die Stirn hat zu behaupten, der Mensch sei nicht in der Art, wie das neue Wissen nahelegt, Zwängen unterworfen.

Die typische Geschichte einer langen Abfolge derartiger Innovationen endet jedoch immer damit, daß sie letztlich die Bedingungen für ein neues Stadium der Entwicklung der Freiheit geschaffen haben. Die Naturwissenschaften haben völlig neuen technischen Möglichkeiten den Weg geebnet. Die neuen institutionellen Strukturen der modernen Ökonomie – etwa seit der Industriellen Revolution – haben eine bislang unbekannte Höhe des Lebensstandards ermöglicht und den ökonomischen Fortschritt enorm beschleunigt; und die wissenschaftliche Erkenntnis dieser Entwicklungen eröffnet neue Chancen, die Ökonomie unter Kontrolle zu bringen. Meines Erachtens gilt dasselbe für die neue Institutionalisierung im Bereich der Persönlichkeit und der Sozialstruktur und für die bislang nie erreichte wissenschaftliche Verarbeitung dieser Phänomene.

Ebenso ist verständlich, daß das Problem der persönlichen Identität für ›intellektuelle‹ Individuen zunehmend prekär geworden ist. Wie gezeigt, haben sich die Bezugssysteme, innerhalb deren die persönliche Identität konstituiert werden muß, in der Tat zunehmend verzweigt und sind in ihrer Institutionalisierungsphase voller Ambiguitäten. Weiterhin hat sich das Wissen um diese Komplexität noch erstaunlicher vervielfältigt, so daß sich die auftretenden Schwierigkeiten noch verstärken. Es gibt obendrein eine zunehmende Wahrscheinlichkeit dafür, daß ein beträchtliches Moment von ›Leistung‹ in den Aufbau der Identität eingeht: und zwar von seiten des Individuums und/oder seiner Sozialisationsagenturen. Dies wird möglich, wenn und sofern die vielfältigen neuen Gelegenheiten und die Kenntnis der relevanten Kontrollmöglichkeiten benutzt werden. Die Möglichkeit, unter gewissen Umständen etwas Bestimmtes zu leisten, kann jedoch die Angst und Unsicherheit darüber, ob man überhaupt in der Lage ist, etwas zu leisten, erhöhen.

Es gibt keinen Grund zur Annahme, daß die in diesem Papier vorgetragenen

Überlegungen die Faktoren in irgendeiner Weise erschöpfend behandeln, die für den so auffälligen Negativismus – ›Wir leben in einer Zeit der Entfremdung und Identitätsdiffusion‹ – der soziopsychologisch interessierten Intellektuellen verantwortlich wären. Man kann jedoch sehr wohl behaupten, daß die hier abgehandelten Faktoren relevant sind und daß sich von ihnen her einige der Orientierungsschwierigkeiten, mit denen unsere intellektuellen Kollegen zu kämpfen haben, auflösen könnten.

ANMERKUNGEN

1. Die ›Verleugnung‹ dieser Identitätskomponente (ein hellhäutiger Neger wird nicht als solcher erkannt) läuft letztlich doch immer auf ihre Anerkennung hinaus, da die Herkunft hier ein ›Geheimnis‹ wird, das sorgfältig zu hüten ist. Biologische und soziale Herkunft stellen, sofern sie bekannt sind, ein unentrinnbares Schicksal dar, das irgendwie ›bewältigt‹ werden *muß*; sie können nicht einfach durch Wunschdenken annihiliert werden.

ZWEITER TEIL

Entwicklungstheoretische Ansätze

I. KOGNITIVE ENTWICKLUNG

Jean Piagets Theorie der kognitiven Entwicklung in der Adoleszenz

ROLF E. MUUSS

Jean Piagets Beitrag zum Verständnis der menschlichen Entwicklung zeigt sich in der zunehmenden Aufmerksamkeit, die Psychologen – besonders jene mit kognitivistischer Orientierung – seiner Theorie zuteil werden lassen. In seinen früheren Arbeiten liegt der Schwerpunkt auf dem Säuglingsalter und der frühen Kindheit. So sind zum Beispiel »Das Erwachen der Intelligenz beim Kinde« (Piaget 1952) und »Der Aufbau der Wirklichkeit beim Kinde« (Piaget 1954) in erster Linie der Entwicklungsperiode von der Geburt bis zum Alter von zwei Jahren gewidmet. Erst in seinen jüngeren Arbeiten hat sich Piaget an späteren Entwicklungsstufen orientiert und mehr systematisches Interesse auf die Periode des Jugendalters gerichtet. Diese Entwicklung zeigt sich besonders in dem in Zusammenarbeit mit Bärbel Inhelder geschriebenen und 1958 veröffentlichten Buch »Die Entwicklung des logischen Denkens« (Piaget 1958) mit dem Untertitel »Von der Kindheit zum Erwachsenenalter«. Dieses Werk bildet die Hauptquelle für diesen Artikel.

Piaget arbeitete als Assistent bei Binet in Paris, als dieser gerade seinen Intelligenztest entwickelte. Obwohl Piaget für die psychometrischen und statistischen Aspekte der Testkonstruktion beschränktes Interesse zeigte, begannen ihn die Denkprozesse zu fesseln, die Kinder offenbarten, während sie versuchten, die Testprobleme zu lösen. Die Genfer Gruppe ist immer noch der Ansicht, daß standardisierte Fragen häufig zu stereotypen und uninteressanten Antworten führen. Piagets hauptsächliches Interesse an qualitativen Änderungen im kindlichen Denkprozeß ist aus seinem Werk durchgängig ersichtlich. Der Mangel an statistischer Analyse seiner Daten hat jedoch zu häufiger Kritik geführt.

Wenn Piagets Werk auch innerhalb der gegenwärtigen psychologischen Theorien eine ganz einmalige Position einnimmt, so ist er doch von einer Reihe von Denkern geprägt. Philosophisch ist er von Kants Erkenntnistheorie und von Bergsons Metaphysik beeinflußt worden. Mit Freuds Theorie scheint Piaget vertraut zu sein, da er in seinem Werk sporadisch auf Freud verweist. Es ist jedoch offensichtlich, daß Piaget Freuds Interesse am Unbewußten und den affektiven Seiten menschlichen Verhaltens nicht teilt. Er konzentriert seine Forschung auf die konfliktfreie und rationale Seite

Dieser Aufsatz erschien ursprünglich unter dem Titel Jean Piaget's Cognitive Theory of Adolescent Development, in Adolescence, New York 1967, II, S. 285–309. Die Übersetzung besorgte Hans Degenhart. Abdruck mit freundlicher Genehmigung von Random House Inc.

der menschlichen Entwicklung und betont Denkprozesse und Intelligenzstrukturen. Gleichwohl ist Piagets Begriff des »Egozentrismus«, der Sprache, Denken und Moralität des Kleinkindes charakterisiert, vereinbar mit der Freudschen Konzeption des »Es«.

In gewisser Hinsicht scheint Piaget der Gestaltpsychologie näherzustehen als jeder anderen Theorie. Seine Verwandtschaft mit der Gestaltpsychologie liegt besonders darin, daß er Organisationsmuster, strukturierte Ganzheiten und das Gesamtsystem betont. Ähnlich den Gestaltpsychologen befaßt sich Piaget mit dem Verhältnis zwischen den Teilen und dem Ganzen. In einem Abschnitt mit dem Titel »Kritik der Gestaltpsychologie« zählt er jedoch eine Reihe von Differenzen auf. Zum Beispiel scheinen die Gestaltprinzipien bei der Erklärung der »logischen Operationen im Denken«, die Piaget zu entschlüsseln versucht, nicht anwendbar zu sein. Weiterhin betont er nachdrücklich, strukturelle Änderungen seien eine Funktion der Entwicklung, während die Gestaltpsychologie behauptet, daß die »Gesetze der Organisation« und die »Wahrnehmungsstruktur« unabhängig vom Alter seien.

Piaget, der als »gelernter Zoologe, Epistemologe durch Berufung und Logiker aufgrund der Methode« charakterisiert wurde, ist wegen seines Beitrags zur Entwicklungspsychologie bestens bekannt. Er sieht sich gern als einen interdisziplinären Denker. Seine Methodologie wie auch seine theoretischen Konzeptualisierungen sind dementsprechend durchaus einzigartig und werden vom Hauptstrom psychologischen Denkens nur langsam assimiliert. Die folgende Diskussion von Piagets Entwicklungstheorie kann nur dazu dienen, die wesentlichsten Begriffe, die seiner Theorie des kognitiven Wachstums zugrunde liegen, vorzustellen.

DIE WICHTIGSTEN ENTWICKLUNGSTHEORETISCHEN BEGRIFFE IN PIAGETS THEORIE

Piagets Entwicklungstheorie weist zwei Dimensionen auf, die, obgleich sie eng aufeinander bezogen sind, getrennt analysiert werden können: die stadienbezogene Theorie und die stadienneutrale Theorie (Flavell 1963). Die stadienbezogene Theorie umfaßt die vier Stufen der senso-motorischen, präoperationalen, konkret operationalen und formal operationalen Intelligenz. Diese Stufen werden später ausführlicher diskutiert. Zusätzlich hat Piaget ein System aufeinander bezogener Entwicklungskonzepte gebildet: Schema, Struktur, Operation, Assimilation, Akkomodation, Adaptation, Äquilibrium und Äquilibrierung. Diese überschneiden seine Stufentheorie und sind gleichermaßen anwendbar bei der frühen motorischen Entwicklung wie beim Prozeß des logischen Denkens von Jugendlichen. Piaget ist wegen dieser vier verschiedenen Stadien seiner Theorie von Kritikern zur Rede gestellt worden – diese übersahen jedoch die zugrunde liegende Kontinuität der Entwicklung, die in diesen Konzepten manifest wird.

Die ersten beiden Konzepte der stadienneutralen Theorie, Schema und Struktur, scheinen fast austauschbar zu sein. Ein Schema ist generalisiert oder festgelegt und als Verhaltensmuster oder Verhaltensdisposition umfaßt es sinnvolle und wiederholbare Gewohnheiten (habits). Diese Schemata, wie das Saugschema, beziehen sich anfänglich auf angeborene Reflexe. Durch die kontinuierliche Interaktion des Kindes mit seiner Umgebung werden sie erweitert und verändert und kombinieren sich mit anderen Schemata. Schemata sind also nicht statisch, sondern sie wachsen kontinuierlich, und man kann sie sogar als mobil ansehen. Piaget verwendet das Schema-Konzept vorwiegend, wenn er von frühen motorischen Verhaltensmustern, wie etwa Wahrnehmungsschema, Laufschema, senso-motorisches Schema etc., spricht. Wenn er sich auf den Jugendlichen bezieht, benützt er Begriffe wie kognitives Schema, antizipatorisches Schema, multiplikatives Schema, operationelles Schema etc. Im letzteren Fall sind Schema und Struktur synonym, wenn man davon absieht, daß das Schema das Verhaltensäquivalent der internen Strukturen darstellt. Die Strukturen sind die organisierenden Aspekte des Denkens, und sie bestimmen die Art des kindlichen Verhaltens, besonders seine komplexeren kognitiven Reaktionen. Die Theorie konzentriert sich somit auf die qualitativen Änderungen der intellektuellen Struktur von der Geburt bis zur Reife. Jede Struktur baut sich auf ihre Vorläuferin auf. Die Integration von alten in neue Strukturen gewährleistet die Kontinuität der Entwicklung (Piaget 1963).

Wenn Schemata und Strukturen sich in dem Maße entwickelt haben, daß sie als ein aufeinander bezogenes logisches System in Anspruch genommen werden können, werden sie, nach Piaget, zu Operationen. Diese sind folglich komplexer und differenzierter als Schemata und beginnen sich einem logischen Modell anzunähern. Man kann Operationen in einem weitaus größeren Bereich verwandter Probleme anwenden, da eine Operation nicht von einem spezifischen Stimulus abhängt, sondern ein sinnhaftes Verständnis der Problemstruktur impliziert. Auswendig gelernte Formeln, die ein Schüler auf eine Reihe gleich formulierter mathematischer Probleme anwendet, entsprechen den Schemata. Im Gegensatz dazu ist operationales Denken fähig, ein Problem sogar in einem andersartigen Kontext zu identifizieren, und es kann das Verhältnis jeder der Teilaspekte zum ganzen Problem verstehen, so daß der Verlaß auf eine Formel weniger notwendig wird. In dem Maße, in dem Operationen sinnvolle Einheiten der Gesamtstruktur geworden sind, entwickeln sie Widerstand gegen das Vergessenwerden, während die in ihrer Art spezifischeren Schemata leichter vergessen werden. Eine Operation bildet ein aktives – eher als ein reproduktives oder passives – Element des Denkens. Diese Denkoperationen, denen Piaget in seiner Theorie beträchtliche Aufmerksamkeit widmet, weisen zwei Charakteristika auf.

1. Operationelles Denken ist reversibel. Logische Operationen in Mathematik oder Physik können durch Aufheben einer Operation umgekehrt werden. Das operationelle Kind versteht, daß Subtraktion den Prozeß der Addition aufheben kann. Die Addition $6+7=13$ kann durch ihre Umkehrung $13-7=6$ aufgehoben werden. Gleichfalls kann die Division den Prozeß der Multiplikation aufheben. Man kann eine Operation durch Reziprozitätsoperation und Rückkehr zum Ausgangspunkt umkehren. Die Tonkugel läßt sich zu einer Tonwurst formen, und diese kann wieder in die ursprüngliche Form einer Tonkugel zurückverwandelt werden. Wasser läßt

sich erhitzen, bis es zu Dampf wird, und dieser kann wieder zu Wasser kondensiert werden.

2. Operationelles Denken ist assoziativ. Das Denken ist nicht auf einen Weg beschränkt, sondern hat die Flexibilität und Freiheit, ein Ziel über Umwege und durch eine Vielzahl von Annäherungen zu verfolgen. 25×25 kann auf vielfältige Weise gelöst werden: $(25 \times 20) + (25 \times 5)$; oder $20^2 + (2 \times 20 \times 5) + 5^2$; oder $25 \times 100 \div 4$, etc. In seinen Denkprozessen kann das Kind zum ursprünglichen Problem zurückkehren und einen vollständig verschiedenen Ansatz beginnen.

Die Dimensionen des präoperationalen und des operationalen Denkens bilden die zwei grundlegenden dichotomischen Klassen in der stufenabhängigen Theorie. Da sich ein solches System logischer Operationen (Reversibilität und Assoziativität des Denkens) vor dem Alter von sieben nicht herausbildet, spricht Piaget von dem Kind, das vor dieser Entwicklungsstufe steht, als dem »voroperationellen Kind«, das sich auf Wahrnehmung und Intuition verläßt. Nach dem Alter von sieben tritt das Kind in die operationelle Entwicklungsstufe ein. Operationen gelten als verinnerlichte Handlungen, die ein System organisierter und aufeinander bezogener Reaktionen bilden und den Operationen in Mathematik und Logik entsprechen. Piaget spricht von logischen Operationen wie Addition, Multiplikation, Korrelation und Reziprozität – er benützt Mathematik und Logik als sein Modell für die Analyse des operationellen Denkens beim Kind.

Folgende drei wesentlichen Variablen sind für die Entwicklung im allgemeinen und für die Ausbildung der geistigen Funktionen im besonderen verantwortlich: 1. die Reifung des Nervensystems, 2. Erfahrungen aus der Interaktion mit der physischen Realität und 3. der Einfluß der sozialen Umwelt. Das Auftreten des formalen Denkens während der Adoleszenz ist besonders an die die Pubertät begleitende Reifung der zerebralen Struktur gebunden (Inhelder/Piaget 1958). Das Entwicklungsmodell des Reifens und Lernens bildet jedoch nur den allgemeinen Hintergrund für Piagets Modell der Äquilibration und des Äquilibriums, das den Schwerpunkt auf die dynamische Interaktion mit der physischen und sozialen Umgebung legt.

Kognitive Adaptation an die Umwelt stellt sich durch Assimilation und Akkomodation ein. Umwelterfahrungen werden zuallererst assimiliert – das Objekt oder das Ereignis, dem man begegnet, wird strukturiert oder restrukturiert, damit es sich der gegenwärtigen intellektuellen Organisation des Kindes fügt. Die Realität intellektuell zu assimilieren heißt, »diese Realität zu konstruieren und sie im Rahmen der eigenen existierenden kognitiven Struktur zu konstruieren« (Flavell 1963, S. 48). Akkommodation meint den Prozeß, in dem sich die existierende kognitive Struktur ändert, um sich das neue Objekt oder die neue Erfahrung einzuverleiben. Piaget scheint dieses Entwicklungsmodell der Biologie entlehnt zu haben. Der Organismus assimiliert Nahrung durch Kauen, Schlucken und Auflösen. Die Nahrung wird restrukturiert, so daß sie den biologischen Bedürfnissen des Organismus entspricht. Der Organismus akkommodiert Nahrung, indem er sie seiner Struktur einverleibt (Verdauen); als Resultat dessen ist der Organismus restrukturiert, er hat mehr Energie. Assimilation und Akkommodation sind komplementäre Prozesse, und ihre kontinuierliche

Interaktion bewirkt Adaptation und konzeptuelle Entwicklung. Genau durch diese Prozesse wächst die intellektuelle Struktur und erweitert sich. Wenn zwischen Assimilation und Akkommodation eine Balance zustande gebracht worden ist, existiert ein Zustand des Äquilibriums. Ein Äquilibrium bedeutet die Harmonie zwischen sensorischer Information und akkumuliertem Wissen oder zwischen dem Individuum und seiner Umwelt. Der Höhepunkt jeder Entwicklungsstufe ist durch einen solchen Zustand des Äquilibriums charakterisiert. Sowie neue sensorische Information das existierende unvollständige oder inkorrekte Wissen stört, wird das Äquilibrium erschüttert, und ein neuer Prozeß von Assimilation und Akkommodation läuft ab. Dies führt, nach endlosen Wiederholungen einer Verhaltenssequenz, zu einem Äquilibrium auf einer höheren Ebene und zu einer geänderten Struktur. Die Akkommodation einer neuen Erfahrung bringt Modifikationen in der Struktur und im Schema hervor. Auf diese Weise sieht die Theorie kontinuierliche Entwicklung vor. Die Assimilation und Akkommodation von Umwelterfahrungen führt langsam zu kognitivem Wachstum. Man spricht von dieser Wechselwirkung als dem Prozeß der Äquilibration der Struktur (Piaget 1963). Im Gegensatz zu Reifungstheorien wird das Kind hier eher als aktiver Teilnehmer seiner eigenen Entwicklung gesehen.

Das für das späte Jugendalter charakteristische reife Äquilibrium ist auf der Grundlage von vier Einsichten erklärt worden:

1. Die soziale Welt wird zu einer organischen Einheit mit eigenen Gesetzen und Regulationen und mit einer Ausdifferenzierung von Rollen und sozialen Funktionen.
2. Der Egozentrismus hat sich ›aufgelöst‹ durch ein Gespür für ›moralische Solidarität‹, das bewußt kultiviert wird.
3. Die Persönlichkeitsentwicklung hängt von nun an vom Austausch von Ideen im kommunikativen Handeln ab – anstelle von einfacher gegenseitiger Nachahmung.
4. Ein Sinn für Gleichheit tritt an die Stelle einer Unterwerfung unter die Autorität Erwachsener« (Maier, S. 141)

Der Begriff der Äquilibration spielt eine wesentliche Rolle in Piagets Definition der Intelligenz, die eine »Form der Äquilibration« darstellt, »zu der alle kognitiven Funktionen hinführen« (Piaget 1962, S. 120). Äquilibration ist definiert als Kompensation für eine externe Störung. Die intellektuelle Entwicklung wird zu einer kontinuierlichen Progression vom strukturellen Disäquilibrium zum strukturellen Äquilibrium. Intellektuelle Operationen funktionieren niemals als isolierte, sondern sie werden durch organisierende Prinzipien, die in Beziehung zum ganzen System stehen, reguliert. Piaget zieht folglich häufig Parallelen aus seinen Arbeiten über moralisches Urteilen, Schlußfolgen, Sprache und Denken, kognitive Struktur heran und verknüpft so verschiedene Informationsbruchstücke zu einem Gesamtsystem. »Es ist möglich, synchronisierte Strukturen der operationalen Entwicklungen zu erkennen, die sich in so verschiedenen Bereichen wie Logik, Raum, Zeit etc. manifestieren« (Inhelder 1966, S. 304).

Piaget beschäftigt sich nicht hauptsächlich mit Motivation, sondern mit den qualitativen Transformationen in der »Organisation« oder »Struktur« der Intelligenz. Er beobachtet am Kind eine Tendenz, neu erworbene Fertigkeiten oder Ideen endlos zu wiederholen. Repetition muß als ein wesentliches Merkmal des Assimilationsprozesses verstanden werden (Flavell 1963). Das Subjekt zeigt intrinsische Befriedigung bei der Repetition sowohl von senso-motorischen als auch von kognitiven Schemata. Motivation wird als ein inhärentes Moment des Entwicklungs- und Lernprozesses gesehen. Die Tendenz zur endlosen Wiederholung einer Fertigkeit nimmt ab, sobald die Fertigkeit assimiliert und akkommodiert und ein Äquilibrium erreicht worden ist. Diese Konzeption von Motivation liegt im Widerstreit mit dem behavioristischen Konstrukt der »Triebreduktion« und scheint eher im Einklang zu stehen mit Karl Bühlers Konzept der »Funktionslust« und Whites neuerem Konzept des »Bedürfnisses nach Kompetenz«.

PIAGETS ENTWICKLUNGSSTUFEN

Piagets Entwicklungstheorie hat sich ursprünglich auf das Säuglingsalter und die Kindheit konzentriert und erst neuerdings das Jugendalter systematisch eingeschlossen. Der Zusammenhang des Gesamtsystems erfordert eine kurze Diskussion der wesentlichen Charakteristika der früheren Entwicklungsstufen und sodann eine ausführlichere Erörterung der durch operationales Denken ausgezeichneten präadoleszenten und adoleszenten Phasen, die ja das Hauptthema in diesem Abschnitt sein sollen. Die folgende stadienbezogene Theorie ist im Licht der oben diskutierten Entwicklungskonzepte zu sehen.

Die *senso-motorische Stufe der Entwicklung* (0–2 Jahre), die Piaget sehr ausführlich beschrieben hat, ist in sechs Entwicklungsphasen unterteilt. Die erste Phase, die der Reflexe (0–1 Monat), besteht hauptsächlich in der Ausübung angeborener Reflexe, wie des Saugschemas. Während der zweiten Phase (1–4 Monate), die Piaget die der primären Zirkularreaktionen nennt, werden die Reflexe durch gesteuerte Bewegungen ersetzt. Das Kind kann solche Schemata wie etwa Greifen endlos praktizieren, da es durch »Funktionslust« motiviert ist. In der dritten Phase der sekundären Zirkularreaktionen (4–8 Monate) kann das Kind Objekte und Ereignisse außerhalb seiner selbst verfolgen. Es mag die langsame Bewegung eines attraktiven Spielzeugs verfolgen, oder, wenn es durch Versuch und Irrtum eine Schnur ergreift und eine Glocke zum Klingen bringt, mag es eine solche Sequenz wiederholen. Seine Fähigkeit, solch eine Serie von Ereignissen zu wiederholen, ist ein Zeugnis des Beginns der Intentionalität, und sie stellt sogar eine Keimform zielgerichteten Verhaltens dar. Die vierte Phase der Koordination der sekundären Schemata (8–12 Monate) ist durch das Entstehen von Mittel-Zweck-Relationen gekennzeichnet. Das Kind langt nach einem Plastikbehälter, um ein Tier zu bekommen, das drin ist. Das Konzept des permanenten Objekts entsteht. Ein Kind wird nach einem unter einer Decke versteckten Schlüssel suchen. Während der fünften Phase der tertiären Zirkularreaktionen (12–18 Monate) wird das Konzept des permanenten Objekts stabiler.

Das Kind wird ein Objekt durch eine Reihe von Ortsverlagerungen hindurch suchen und finden. Das Kind experimentiert nach Versuch und Irrtum, wobei es ein Objekt in mehreren verschiedenen Weisen benützt. Die letzte der 6 Phasen (18–24 Monate) ist die der Internalisierung von senso-motorischen Schemata. Das Kind beginnt sich der Voraussicht und der symbolischen Repräsentation bei der Lösung von senso-motorischen Problemen zu bedienen. Es mag sich zuerst ansehen, ob ein Loch groß genug ist, bevor es einen Gegenstand durchschiebt. Auf der motorischen Ebene gibt es eine Reversibilität von Handlungen, die etwa darin besteht, Spielzeug aus einem Behälter zu holen und es wieder zurückzugeben oder in eine Spielzeughütte hinein und aus ihr heraus zu krabbeln.

Die zweite Entwicklungsperiode (2–7 Jahre), die *präoperationale Stufe*, hat weniger theoretische Aufmerksamkeit erfahren als die senso-motorische Stufe. Sie ist eine Übergangsperiode vom vorwiegend autistischen und egozentrischen Stadium der frühen Kindheit zu den frühen Formen sozialen Verhaltens, soziozentrischer Sprache und begrifflichen Denkens, die gegen das Ende der voroperationalen Stufe klarer hervortreten. Viele der Probleme, denen sich das Kind in der senso-motorischen Periode ausgesetzt sah, kehren wieder, da das Kind der voroperationalen Stufe lernen muß, sich den Gedanken anderer anzupassen und seine eigenen Erfahrungen auf einer höheren Entwicklungsstufe zu konzeptualisieren.

Das präoperationale Denken manifestiert sich im transduktiven Denken und in der Zentrierung. Während Erwachsene entweder deduktiv oder induktiv überlegen, denkt das Kind während der präoperationalen Periode transduktiv. Dieses Denken geht von Partikularem zu Partikularem. Das Kind denkt z. B.: »Vati holt sich heißes Wasser, er wird sich wohl rasieren«, einfach deswegen, »weil Vati sich gestern rasierte, als er heißes Wasser holte«. Solches Denken kann zu richtigen Antworten führen, aber häufig führt es zu falschen. Vati will sich heute vielleicht einen Kaffee machen. Präoperationales Denken zeichnet sich auch durch Zentrierung aus: eine Tendenz, sich auf die auffälligsten Kennzeichen eines Ereignisses oder eines Objektes zu konzentrieren, wobei oft einige gleich wichtige, aber weniger auffallende Merkmale übersehen werden. Wenn z. B. Milch von einem niedrigen, aber weiten Glas in ein hohes, schmales Glas geschüttet wird, behauptet das Kind auf dieser Stufe, daß das hohe, schmale Glas mehr Flüssigkeit enthalte. Zentrierung meint also die Tatsache, daß das Kind sich an der Höhe des Glases orientiert und dabei die Kompensation durch die Weite übersieht.

Die voroperationale Entwicklung ist in zwei unterscheidbare Phasen gegliedert. Die erste, das Abziehen von Begriffen aus der Erfahrung, reicht von 2 bis 4 Jahren. Das Kind muß Begriffe auf der Grundlage direkter sensorischer Erfahrung ausbilden; es ist seiner eigenen Wahrnehmung ausgeliefert. Realität ist das, was es wahrnimmt; es gibt keine Alternative für das Kind. Wenn eine Tafel Schokolade auseinandergebrochen wird, erscheint sie ihm größer als die unversehrte Tafel. Wenn es vor einem Modell von drei verschieden geformten Bergen steht und gefragt wird, wie diese Berge in einer anderen Perspektive aussehen, wird es unfähig sein, dieses Problem zu lösen, weil es unfähig ist, sich von seiner eigenen Perspektive zu lösen. Es glaubt, daß jedermann so denkt wie es.

Während dieser Phase entwickelt sich die Sprache des Kindes mit einer außergewöhnlichen Geschwindigkeit. Während im Alter von zwei Jahren die Sprachentwicklung noch ziemlich rudimentär ist, entwickelt das Kind nun sprachliche Fertigkeiten, die es ihm dann im Alter von vier Jahren ermöglichen, seine Gedanken mitzuteilen. Die Worte, die es hört und verwendet, sind mit Objekten, Ereignissen und Relationen assoziiert. Wenn es etwa hört, »Der Turm ist zu hoch, er wird umfallen«, wird es, in der Annahme, daß die Voraussage richtig ist, solch eine Relation wie »zu hoch« aus seinen wirklichen Erfahrungen abstrahieren. Der Spracherwerb wird folglich zu einem mächtigen Instrument bei der Bildung von Begriffen.

Die zweite, fortgeschrittenere Phase (4–7 Jahre) der präoperationalen Stufe ist die des intuitiven Denkens oder der intuitiven Verwendung von Begriffen. Es besteht ein feiner Unterschied zu der vorhergehenden Phase: in dieser Phase ist das Urteil des Kindes intuitiv und subjektiv, arbeitet jedoch mit etwas komplexeren Konfigurationen als in der vorhergehenden Phase. Das Kind kann nun Versuchsobjekte effektiver manipulieren, und seine Mitteilungsfähigkeit ist durch seine Sprachentwicklung erhöht. Beide Merkmale ermöglichen eine systematischere Befragung. Gleichwohl ist das genaue Urteil durch drei Faktoren begrenzt: 1. Das Kind ist im Grunde noch von sensorischer Erfahrung abhängig. 2. Es kann immer noch nicht zwei oder mehr Dimensionen gleichzeitig bedenken, sondern richtet sich auf einen Aspekt und übersieht folglich die anderen. 3. Es kann Informationen nicht rearrangieren oder reorganisieren. Ein Beispiel: Das Kind füllt zwei gleiche Behälter mit derselben Anzahl von Perlen und ist sich der Mengengleichheit bewußt. Wenn einer dieser Behälter in ein höheres und engeres Gefäß geleert wird, behauptet das Kind: »Das sind mehr Perlen als vorher«. Es erfaßt das Prinzip der Erhaltung, nach dem eine gegebene Menge dieselbe bleibt, obwohl sich die Organisation dieser Menge geändert hat, noch nicht, weil es zu sehr von seinen Sinneseindrücken abhängig ist. Es kann auch noch nicht im Rahmen von einer Hierarchie von Klassen oder Unterklassen denken. Es mag behaupten: »Wir sind nicht in München, wir sind in Bayern«. Zu wissen, daß etwas Teil einer Klasse ist, die wiederum Teil einer umfassenderen Klasse ist, erfordert einen doppelten Bezugsrahmen, ein Konzept, das ein Kind dieser Periode noch nicht zu fassen in der Lage ist.

Im Alter von ungefähr sieben oder acht Jahren findet eine bedeutende Veränderung in der intellektuellen Entwicklung des Kindes statt, und es beginnt, *konkrete Operationen* zu vollziehen. Diese Periode (7–8 bis 11–12 Jahre) wird als *operationale Stufe des logischen Denkens* bezeichnet. Chronologisch bildet diese Periode der konkreten Operationen die voradoleszente Periode. Sie fällt auch mit Freuds »Latenzperiode« und Eriksons Stufe von »Werksinn versus Minderwertigkeitsgefühl« zusammen.

Egozentrismus in Sprache, Denken und moralischem Urteil ist charakteristisch für die frühe Entwicklungsstufe, und er nimmt mit zunehmendem Alter als Resultat der Sozialisation ab. Es gibt jedoch zu diesem allgemeinen Entwicklungstrend eine interessante Ausnahme, die sehr wichtig für das Verständnis des frühen Jugendalters ist. Piaget benützt den Begriff »vertical décalages« und postuliert, daß bestimmte Operationen in verschiedenen Entwicklungsperioden wiederkehren, eine Vorstellung, die an Gesells Theorie erinnert, daß sich bestimmte Phänomene in der Entwicklung zyklisch wiederholen. Wenn das Kind neue Höhepunkte des kognitiven Funktionierens erfährt, erfährt es auch neue Einbrüche von Egozentrismus. Die erste und entschiedenste Periode des Egozentrismus tritt gegen Ende der senso-motorischen Phase auf. Der zweite Einbruch von Egozentrismus erscheint gegen Ende der präoperationalen Periode und manifestiert sich als »mangelnde Differenzierung zwischen Egos und Alters Gesichtspunkt, zwischen dem Subjektiven und dem Objektiven« (Inhelder/Piaget 1958, S. 343). Die letzte Form des Egozentrismus tritt beim Übergang von der konkreten zur formalen Stufe auf und resultiert aus der Erweiterung der Struktur formaler Operationen. Dieser Egozentrismus auf hohem Niveau nimmt die Form eines naiven, aber überschwenglichen Idealismus an, der in unrealistischer Weise pädagogische, politische und soziale Reformen vorschlägt, die Neugestaltung der Realität versucht und wirkliche Hindernisse nicht beachtet. »Der Jugendliche versucht nicht nur sein Ego der sozialen Umwelt anzupassen, sondern er versucht gerade so emphatisch, die Umwelt an sein Ego anzupassen« (a.a.O., S. 343). Aristoteles, G. Stanley Hall, T. Parsons und Gesell haben, ohne Bezug auf das Konzept des Egozentrismus, ähnliche Ideen zum Ausdruck gebracht.

In der operationalen Phase lernt das Kind unter Verwendung von Material mit konkretem Inhalt logische Operationen zu meistern. Seine Unfähigkeit, abstrakt über ein Problem zu denken, ist sichtlich noch eine wesentliche Beschränkung. Konkrete Operationen können jedoch geistig vollzogen werden und machen offenen Versuch und Irrtum überflüssig. Das Kind beginnt zum erstenmal in Übereinstimmung mit einem logischen Modell des Schließens zu denken. Es entwickelt ein Bewußtsein vom Erhaltungsprinzip und erkennt nun, daß die Quantität der Schokolade nicht verändert wird, wenn man die Tafel bricht, und daß die Wassermenge weder zu- noch abnimmt, wenn man das Wasser in ein verschieden geformtes Gefäß füllt. Trotz Veränderungen von Farbe, Ort, Form oder Behälter bleibt die Quantität erhalten. Masse, Gewicht oder Volumen einer Tonkugel ändern sich nicht, wenn man sie zu einer Wurst rollt oder zu einem Pfannkuchen abflacht. Das Konzept der Erhaltung von Masse bildet sich zuerst, das der Erhaltung von Gewicht ist von mittlerer Schwierigkeit, während das Konzept der Erhaltung von Volumen das Schwierigste zu sein scheint und sich gegen Ende der konkret operationalen Stufe herausbildet.

Ein Verständnis des Erhaltungsprinzips führt direkt zu einem Bewußtsein der Reversibilität. Piaget definiert Reversibilität als »die permanente Möglichkeit, zum Ausgangspunkt der fraglichen Operation zurückzukehren« (a.a.O., S. 272). Das Kind kann eine Perlenkette konstruieren, in der das ursprüngliche Muster umgedreht ist. Das Bewußtsein der Reversibilität ist entscheidend für das operationelle Denken. »Eine Operation ist eine Aktion, die der inneren Ausführung fähig ist und deren ... wesentliches Merkmal ihre Reversibilität ist. Kognitive Aktivität wird operationell, wenn sie eine solche Mobilität erlangt, daß eine Aktion (oder Transformation) gedanklich durch eine inverse Aktion annulliert oder durch eine reziproke Aktion kompensiert werden kann« (a.a.O., S. 302). Die Fähigkeit, zum Ausgangspunkt einer

Operation zurückzukehren, bildet einen wichtigen Erwerb im intellektuellen Wachstum des Kindes. Das operationale Kind kann die Lösung eines Problems verschieden angehen, ohne auf irgendeinen Ansatz als dem einzig möglichen festgelegt zu sein.

Das Kind beschäftigt sich nun mit dem Verhältnis der Teile zum Ganzen; das Verstehen und Klassifizieren der Teile hilft ihm, eine bessere Konzeption des Ganzen zu gewinnen. Seine Fähigkeit, verschiedene Informationen präsent zu haben und reversibel zu denken, erlaubt ihm ein Verständnis der Hierarchie von Klassen und Unterklassen. Es kann sich intensiv mit einem System von Klassifikationen beschäftigen. In dieser Altersstufe kann man eine Adresse auf einem Brief finden, in der das Kind eine ganze Serie von Klassen aufgeführt hat: Hausnummer, Straße, Ortsteil, Ort, Bezirk, Land, Nation, Kontinent, Planet und sogar das Sonnensystem. Solch ein System von Klassifikationen wird Einschachtelung genannt; es ähnelt jenem Kinderspielzeug, bei dem kleinere Schachteln in größere eingepaßt sind. Auf Fragen wie »Wenn alle Fische tot wären, gäbe es dann noch Hechte?« oder »Wenn alle Hechte tot wären, gäbe es dann noch Fische?« weiß das Kind nun eine Antwort.

Ein anderes Schema, das zu Beginn der operationellen Stufe auftritt, ist die »Operation der Seriation«. In der Testsituation wird das Kind gebeten, eine Serie von Objekten, wie Holzpuppen oder Stäbe in eine Rangfolge nach Größe oder Gewicht zu bringen. Solch eine Operation der Seriation ähnelt der Klassifikation einer Hierarchie, da sie ein Verständnis der Struktur des Ganzen voraussetzt. »Es gibt keine Klasse ohne Klassifikation; es gibt keine Systembeziehung ohne Seriation« (Piaget 1962, S. 126). Das Kind der konkreten Stufe ist solange in der Lage, Objekte nach Größe oder Gewicht zu ordnen, als ihm diese Objekte konkret präsentiert werden; abstrakt im Kopf kann es eine solche Operation erst im Jugendalter ausführen. Weiterhin kann das Kind sich von einer Abfolge von Positionen ein Bild machen, etwa von den aufeinander folgenden Stellungen, die ein Stab im Fall zu durchlaufen hat, bevor er in der Horizontalen zur Ruhe kommt. Für das Kind der präoperationalen Stufe ist es schwierig, solch ein Kontinuum einer Abfolge von Positionen zu erfassen.

Im gleichen Alter, in dem konkrete Operationen möglich werden, wird die Sprache des Kindes, die bis zum Alter von 7 überwiegend egozentrisch war, primär soziozentrisch. Es gibt nun echte Anstrengungen, andere Leute zu verstehen und Gedanken objektiv zu kommunizieren. »Das Kind tauscht seine Gedanken wirklich mit anderen aus, entweder, indem es dem Hörer etwas erzählt, das ihn interessieren und seine Handlungen beeinflussen wird, oder durch tatsächlichen Austauch von Ideen durch Argumente oder sogar durch Zusammenarbeit in der Verfolgung eines gemeinsamen Zieles« (Piaget 1957, S. 33). Kritiker haben die Vorstellung, daß in diesem Alter ein deutlicher Entwicklungsschub auftritt, angegriffen, aber tendenziell stimmen sie überein, daß mit zunehmendem Alter der Anteil des egozentrischen Sprechens abnimmt, während das soziozentrische Sprechen zunimmt.

Die Sprache und auch die Denkprozesse des Kindes werden weniger egozentrisch. Das Kind kann sich in die Situation einer anderen Person versetzen und den Standpunkt eines anderen einnehmen. Wenn es vor drei verschieden geformten Bergen steht, kann es korrekt identifizieren, wie sie aus anderen Richtungen aussehen. Es kann Objekte in der Vorstellung drehen und mag etwa spontan fragen: »Wie sieht die andere Seite des Mondes aus?«

Piaget bestimmt die Eigenschaften der konkreten Operationen und wendet die Begriffe »Gruppe«, »Gruppierung«, »gruppenähnliche Struktur« und auch den französischen Begriff *groupement* auf die verschiedenen Weisen an, in denen die Denkprozesse des Kindes Variablen manipulieren können. Da Piaget eine direkte Beziehung zwischen der Logik und den kognitiven Prozessen beim Kind sieht, sind die Konzepte, die er einführt, in der Terminologie logischer und mathematischer Operationen formuliert. Im folgenden seien vier wichtige konkret operationale Gruppierungen aufgezeigt:

1. Kombinativität. Zwei oder mehr Klassen können zu einer größeren, umfassenderen Klasse derselben Gruppierung kombiniert werden. Alle Männer und alle Frauen = alle Erwachsene. Logische Relationen wie A ist größer als B und B ist größer als C können zu einer neuen Aussage kombiniert werden: A ist größer als C. Die Fähigkeit, Unterklassen zu Oberklassen zu kombinieren, ist wesentlich für das Verständnis einer Hierarchie von Klassifikationen.
2. Reversibilität. Jede Operation ist reversibel. Jede mathematische Operation hat ihr Gegenteil, das sie aufhebt. Oberklassen können aufgespalten werden, so daß der Effekt der Kombination von Unterklassen aufgehoben ist. Alle Erwachsenen, außer allen Frauen = alle Männer. Motorische Handlungen werden umgekehrt, indem man die Schritte zurückverfolgt. Der Grad an Reversibilität der Denkprozesse des Kindes ist ein wichtiges Indiz für seine kognitive Entwicklung.
3. Assoziativität. Das Kind, dessen Operationen assoziativ sind, kann ein Ziel auf verschiedenen Wegen erreichen; es kann gedankliche Umwege machen, doch die auf diesen verschiedenen Routen erhaltenen Resultate bleiben die gleichen. Zum Beispiel, $(3+6)+4 = 13$ und $6+(3+4) = 13$. Ein anderes Beispiel: alle weiblichen und alle männlichen Menschen = alle Menschen, oder alle Knaben und Männer plus alle Mädchen und Frauen = alle Menschen.
4. Identität oder Aufhebbarkeit. Eine Operation, die man mit ihrem Gegenteil kombiniert, wird aufgehoben. Beispiele für gedankliche Aufhebbarkeit sind: $3-3 = 0$; $5x \div 5 = x$; alle Amerikaner, außer denen, die keine Amerikaner sind = Niemand. Ich fahre eine Meile nach Westen und dann eine Meile nach Osten = ich bin da, wo ich begann.

Die letzte Stufe der kognitiven Entwicklung in Piagets Theorie ist die *Stufe des formalen Denkens oder der propositionalen Operationen.* Formales Denken beginnt im Alter von 11–12, erreicht seinen Höhepunkt im späten Jugendalter bei ungefähr 16 oder 17 Jahren und weitet sich aus bis hin zum reifen Denkprozeß des Erwachsenen. Der Jugendliche wird zunehmend fähig, abstrakt zu denken und die formalen Denkoperationen zu bewältigen. Weil Piaget eine direkte Korrespondenz zwischen der Struktur der Logik und der Struktur der kognitiven Operationen des Jugendlichen postuliert, nähern sich die operationalen Denkprozesse im Laufe der Entwicklung an das formale System der modernen Logik an. Die Bedeutung, die Piaget dem

Übergang von konkreten zu formalen Operationen zuschreibt, spiegelt sich sogar in einem Austausch der logischen Symbole; z.B. wird das Symbol A+B für konkrete Operationen ersetzt durch das logische Symbol »p o q« für dieselbe formale Operation. Die Veränderungen in den Denkprozessen stehen in direkter Beziehung zu den Reifungsvorgängen in der Kortex, die in der Pubertät stattfinden. Während das Kind auf der Stufe der konkreten Operationen in Ansehung der Objekte zu denken lernt, beginnt der Jugendliche auf der Grundlage verbaler Präpositionen zu denken. Er kann hypothetische Deduktionen vollziehen und das Konzept der Relativität erfassen. »Formales Denken erreicht seine Reife während der Adoleszenz. Ein Jugendlicher ist, anders als das Kind, ein Individuum, das über die Gegenwart hinausdenkt, über alles Theorien bildet und sich dabei besonders an Betrachtungen dessen, was nicht ist, erfreut« (Piaget 1947, S. 148). In seinen Gedanken kann der Jugendliche die reale objektive Welt hinter sich lassen und in das Reich der Ideen eintreten. Er kontrolliert die Vorgänge in seinem Bewußtsein durch logische Deduktionen von Möglichkeiten und Konsequenzen. Sogar die Richtung seiner Denkprozesse ändert sich. In der Voradoleszenz beginnt er mit dem Nachdenken über die Realität und versucht, gedanklich das Möglichkeitskonzept zu erfassen. Der Adoleszente, der die formalen Operationen beherrscht, beginnt damit, alle logischen Möglichkeiten in Rechnung zu stellen, um sie dann in systematischer Weise gegeneinander abzuwägen; Realität ist für ihn der Möglichkeit nachgeordnet. »Das entscheidendste Merkmal formalen Denkens ist diese Umkehrung der Richtung zwischen Wirklichkeit und Möglichkeit; anstatt, wie bei konkreten Schlüssen, aus den empirischen Daten eine rudimentäre Theorie abzuleiten, beginnt das formale Denken mit einer die Notwendigkeit bestimmter Relationen implizierenden theoretischen Synthese und verfährt so in entgegengesetzter Richtung ... Dieser Typ des Denkens geht von dem, was möglich ist, zu dem, was empirisch real ist« (Inhelder/Piaget 1958, S. 251).

Ein Beispiel mag dazu dienen, das auf konkreten Operationen basierende voradoleszente Denken mit dem auf verbalen Propositionen basierenden adoleszenten Denken zu kontrastieren. Der Neunjährige kann eine Reihe von Puppen nach ihrer Größe anordnen und kann sogar jede Puppe mit einem aus einer Reihe von Stäben verschiedener Größe ausgewähltem Stab entsprechender Größe ausrüsten. Er kann dies sogar tun, wenn ihm die Stäbe in umgekehrter Reihenfolge gegeben werden. Aber vor dem Auftreten der formalen Operationen kann er ein analoges, aber verbales Problem nicht lösen: »Edith ist blonder als Susan; Edith ist dunkler als Lilly; wer ist die Dunkelste von den Dreien?«

Piaget unterscheidet zwischen den oben diskutierten konkret-operationalen Gruppierungen und den formalen oder Gruppierungen zweiten Grades, die für die formale Stufe charakteristisch sind. Er nennt diese Gruppierungen auch Operationen der zweiten Ordnung oder Verfahren der Aussage-über-Aussage (proposition-about-proposition attribute). Dieses Konzept der Aussage-über-Aussage impliziert die Vorstellung, daß der Adoleszente in reflexiver Weise über sein eigenes Denken nachdenkt. Wenn man sich einer Beschreibung der formal-operationalen Schemata der Adoleszenz zuwendet, sollte man sich dessen bewußt sein, daß der Adoleszente operational denkt, ohne ein grundlegendes Verständnis der Art von formaler Logik zu haben, mit der Piaget die jugendlichen Denkprozesse analysiert. Operationen anzueignen bedeutet nicht, alles oder nichts zu erwerben. Zwischen dem Alter von 11 und 15 oder 16 kann man eine beträchtliche Modifikation, Systematisierung und Formalisierung von Denkprozessen beobachten. Die Komplexität der faßbaren Probleme nimmt während dieser Jahre wesentlich zu.

Formale Operationen gestatten dem Jugendlichen, Aussagen zu kombinieren und Variablen zu isolieren, um seine Hypothesen zu bestätigen oder zu widerlegen. Er muß nicht länger in Begriffen von Objekten oder konkreten Ereignissen denken, sondern er kann symbolische Operationen in der Vorstellung vollziehen. Die zuerst zu diskutierende Gruppierung bildet ein kombinatorisches System von operationalen Schemata, die durch Aussageoperationen exemplifiziert werden. Der Jugendliche kann auf folgende Weisen logisch kombinieren:

1. Vergleich durch Konjunktion. »Sowohl A als auch B machen etwas aus.« In einem der Experimente wird der Proband gebeten, zu bestimmen, warum bestimmte Objekte schwimmen und andere nicht. Bei der Lösung dieses Problems muß der Proband erkennen, daß »sowohl Gewicht als auch Volumen etwas ausmachen«, bevor er die Vorstellung der Dichte gewinnen kann, die sich ergibt, sobald das Verhältnis zwischen Gewicht und Volumen verstanden ist. Solange der Proband versucht, das Phänomen des Schwimmens oder Sinkens im Hinblick auf entweder »Gewicht« oder »Größe« zu erklären – wie es auf der konkret-operationalen Stufe häufig geschieht – gelingt ihm die richtige Generalisierung nicht.
2. Kombination durch Disjunktion. »Es muß entweder an diesem oder an jenem liegen.« Um ein gegebenes Problem zu lösen, müssen Variablen identifiziert und individuell getestet werden, so daß eine Hypothese bestätigt oder verworfen werden kann. In einem von Piagets Experimenten wird der Proband mit einem einfachen Pendel konfrontiert. Die manipulierbaren Variablen sind: Seillänge; Gewicht; der Punkt, an dem das Gewicht losgelassen wird, und die Stärke des Anstoßes. Das Problem besteht darin, zu entdecken, welche Faktoren die Schwingungsfrequenz bestimmen. Sobald der Proband überlegt, »es muß an diesem oder an jenem liegen« (Seillänge oder Gewicht), beginnt er sich der Lösung hypothetisch zu nähern. Indem er mit jeder dieser zwei Variablen unabhängig experimentiert, entdeckt er, daß das Gewicht irrelevant ist und daß die Seillänge die entscheidende Variable ist.
3. Kombination durch Implikation. »Wenn dies der Fall ist, dann passiert das«. Wenn eine entscheidende Variable einmal identifiziert ist, kann eine spezifischere Erklärung getestet und formuliert werden. »Wenn das Seil kurz ist, dann ist die Schwingung schnell; wenn das Seil lang ist, dann ist die Schwingung langsam«. Genau das hat einer von Piagets Probanden mit siebzehn Jahren geschlossen, obwohl er anfänglich der Meinung war, daß alle vier Variablen eine Rolle spielten (Inhelder/Piaget 1958).
4. Kombination durch Inkompatibilität. »Wenn dies passiert, dann kommt jenes nicht vor«. In dem Experiment mit dem Pendel wird die Schwingung des Pendels

durch die Erhöhung oder Verringerung des Gewichts nicht verändert – so kann eine Hypothese eliminiert werden, die unvereinbar ist mit der tatsächlichen Beobachtung. Daß das Gewicht etwas ausmache, wird bei diesem Experiment meist unterstellt. Folglich erscheint in diesem Fall die Fähigkeit zur Kombination durch Inkompatibilität erst ziemlich spät im operationalen Stadium.

Eine Reihe weiterer formaler Gruppierungen, die in der Aussagenlogik des Adoleszenten auftritt, besteht aus vier Transformationen, die man als INCR-Gruppe bezeichnet. Jeder der Buchstaben INCR steht für eine der logischen Transformationen, die man an einer Aussage-Operation vollziehen kann, wodurch sie in eine andere Operation verwandelt wird. Der Erwerb der INCR-Gruppe bildet einen wichtigen Schritt in der Entwicklung des logischen Denkens in der Adoleszenz. Ein Verständnis dieser vier Transformationen ist notwendig, um Probleme der Proportionalität und des Äquilibriums zu lösen:

1. Identität oder Identitäts-Transformation »I«. Man nennt diese Transformation auch Null-Transformation, da sie zu keiner grundlegenden Veränderung führt und die ursprüngliche Aussage ihre Identität behält. Ein alltägliches Beispiel einer typischen Aussage, das zur Illustration aller vier Transformationen dienen mag, würde lauten: »Du kannst zum Tanzen gehen oder ins Theater«. Eine Anwendung nur der Identitätstransformation »I« auf diese Äußerung würde die ursprüngliche Aussage nicht verändern. Eines von Piagets Experimenten kann eine andere Illustration liefern. Bei einer Balkenwaage können verschieden große Gewichte an verschiedenen Stellen des Querbalkens befestigt werden. Das Problem besteht darin, das Konzept des Gleichgewichts, das auf dem Verständnis von Proportionalität beruht, verstehen zu lernen. In einer I-Transformation würde der Proband gleichzeitig Gewicht und Abstand derart vergrößern, daß das Gleichgewicht erhalten bleibt. Jede Änderung würde solcher Art sein, daß die ursprüngliche Beziehung zwischen den Elementen – das Gleichgewicht der Waage – ihre Identität erhält.
2. Negation oder Inversion »N«. Bei einer N-Transformation werden alle Teile einer gegebenen Aussage in ihr Gegenteil verkehrt. »Alle affirmativen Aussagen werden Negationen und umgekehrt, alle Konjunktionen werden Disjunktionen und umgekehrt« (Flavell 1963, S. 216). Die Inverse von »alle Wirbeltiere« ist »alle Nicht-Wirbeltiere«. Inversion oder Negation hebt eine Operation auf und ist demnach eine Form von Reversibilität. Wenn wir auf die obige Aussage eine N-Transformation anwenden, dann lautet sie: »Du kannst nicht zum Tanzen und nicht ins Theater gehen«. In dem Experiment mit der Balkenwaage würde eine N-Transformation darin bestehen, »den Abstand zu verringern und gleichzeitig das Gewicht zu vergrößern oder das Gewicht zu verkleinern und gleichzeitig den Abstand zu verlängern oder beides zu verringern« (Inhelder/Piaget 1958, S. 178).
3. Reziproke oder Reziprozität »R«. Das Reziproke einer Proposition ist eine Transformation der Proposition, die die Konjunktion oder Disjunktion, welche die Teile der Aussage verbindet, unverändert läßt. »A ist doppelt so groß wie B« wird zu »B ist doppelt so groß wie A«. Reziprozität hebt nicht einen Faktor auf,

in dem Sinne, wie es Negation oder Umkehrung tun, sondern sie neutralisiert einen Faktor und ermöglicht damit die Variation des anderen. Sie gestattet systematisches Testen von Hypothesen und macht experimentelle Manipulation von Variablen möglich. Wenn wir eine R-Transformation auf unser vorhergehendes Beispiel anwenden, würde es lauten: »Entweder kannst Du nicht zum Tanzen gehen oder nicht ins Theater.« Im Experiment mit der Waage »wird I durch R kompensiert, indem man sowohl das Gewicht als auch den Abstand auf dem anderen Arm des Hebels vergrößert«.

4. Korrelative Transformation »C«. Piaget bezeichnet das Korrelativ als »Inversion des Reziproken« oder als »reziproken Wert des Inversen«; mit anderen Worten, das Verhältnis von C zu R ist dasselbe wie das von N zu I. Diese Transformation verändert die Konjunktion oder Disjunktion, welche die Teile der Aussage verbindet, ohne den Rest der Aussage zu transformieren. In unserem Beispiel würde die C-Transformation lauten: »Du kannst zum Tanzen und ins Theater gehen.« In dem Experiment mit der Waage »wird R durch C in derselben Weise aufgehoben wie I durch N« (a.a.O., S. 178).

Wenn alle möglichen Kombinationen zweier Klassen berücksichtigt werden, entstehen sechzehn binäre Operationen. Dieses Beispiel kann die kombinatorische Aussagenanalyse der Adoleszenz besonders gut veranschaulichen. Piaget wendet diese Art der Analyse auf binäre Kombinationen an, die er in den Reaktionen von Probanden auf experimentelle Situationen beobachtet. Er entdeckt auf diese Weise einen kontinuierlichen Übergang von Kombinationen: 1. Disjunktion; ihre Negation, 2. Konjunktive Negation, 3. Konjunktion; ihre Negation, 4. Inkompatibilität, 5. Implikation; ihre Negation, 6. Nichtimplikation ... etc.

Eine gelungenere Illustration desselben Prinzips wird von Hunt vorgeschlagen. Sein Beispiel ist hier besonders relevant, da er versucht, die voradoleszenten Denkprozesse von den adoleszenten abzugrenzen. Er beginnt mit der Annahme, daß Tiere in zwei grundlegende Klassen aufgeteilt werden: 1. Wirbeltiere (W) und ihre Inverse, Wirbellose (L) und 2. jene Tiere, die auf dem Land leben (terrestisch, T) und jene, die im Wasser leben (aquatisch, A). Hunt fragt nun, was passieren würde, wenn man die Probanden bäte, alle möglichen Kombinationen tierischen Lebens auf einem neu entdeckten Planeten zu beschreiben. Das konkret operationale Kind würde aller Wahrscheinlichkeit nach vier Klassen von Tieren nennen:

1. (WT) terrestische Wirbeltiere
2. (WA) aquatische Wirbeltiere
3. (LT) terrestische Wirbellose
4. (LA) aquatische Wirbellose

Der Adoleszente, der über formale Operationen verfügt und bei diesem Problem die Kombinatorik anwenden kann, könnte 16 Formen tierischen Lebens angeben. Sein Denken würde demnach den 16 möglichen Relationen entsprechen, die von der modernen Logik als unausweichliches Ergebnis der Kombination zweier solcher Propositionen angesehen werden.

»1. Überhaupt keine Tiere

2. nur (WT)
3. nur (WA)
4. nur (LT)
5. nur (LA)
6. (WT) und (WA), aber nicht (LT) und (LA)
7. (WT) und (LT), aber nicht (WA) und (LA)
8. (WT) und (LA), aber nicht (WA) oder (LT)
9. (WA) und (LT), aber nicht (WT) oder (LA)
10. (WA) und (LA), aber nicht (WT) oder (LT)
11. (LT) und (LA), aber nicht (WA) oder (WT)
12. (WT), (WA) und (LT), aber nicht (LA)
13. (WT), (WA) und (LA), aber nicht (LT)
14. (WT), (LT) und (LA), aber nicht (WA)
15. (WA), (LT) und (LA), aber nicht (WT)
16. alle vier Klassen« (5, S. 232).

PÄDAGOGISCHE IMPLIKATIONEN

Während seines Umgangs mit Kindern in verschiedenen experimentellen Situationen beobachtet Piaget, daß Kinder gegen das Lernen durch Instruktion Widerstand zeigen. Offensichtlich bestimmt die existierende kognitive Struktur des Kindes das Ausmaß an Verständnis, das es bei der Lösung des Problems aufbringen kann. Piaget fordert das Kind so geschickt bis an die Grenzen seines Verstehens heraus, daß das Kind anscheinend nicht über diese Grenzen hinausgeführt werden kann. Sogar wenn in Instruktionen richtige Erklärungen angeboten werden, zeigt sich, daß das Kind eher auf seine eigene, durch frühere Antworten indizierte Ebene des kognitiven Verstehens zurückkehrt, als daß es irgendeinen generalisierten kognitiven Schub erführe, der diese früher etablierten Grenzen überschritte.

Das Protokoll einer solchen Interaktion zwischen einem Kind und dem Experimentator mag eine derartige Situation veranschaulichen. Dem Kind wird eine offene Schachtel gezeigt, die 20 hölzerne Perlen enthält, von denen 18 braun und 2 weiß sind. Das Kind wird gefragt, ob es mehr braune oder mehr hölzerne Perlen sind. Das präoperationale Kind kann Braunsein nicht als Unterklasse von Hölzernsein unterscheiden und würde daher antworten: »Es sind mehr braune Perlen, weil hier nur zwei weiße sind.«

»Darauf sagte ich: ›Hör mal, das hab ich dich ja nicht gefragt. Ich möchte nicht wissen, ob es mehr braune oder mehr weiße Perlen sind, ich möchte wissen, ob es mehr braune oder mehr hölzerne Perlen sind.‹ Um es leichter zu machen, nehme ich eine leere Schachtel, stelle sie neben die mit den Perlen und frage: ›Wenn ich die hölzernen Perlen in diese Schachtel lege, bleiben dann in jener welche zurück?‹ Das Kind antwortet: ›Nein, keine bleiben zurück, weil sie alle hölzern sind.‹ Dann sage ich: ›Wenn ich alle braunen Perlen nehme und sie in jene Schachtel lege, bleiben dann in dieser welche zurück?‹ Das Kind antwortet: ›Natürlich, zwei oder drei weiße Perlen bleiben.‹ Offenbar hat es nun verstanden, daß alle Perlen hölzern und einige nicht braun sind. So frage ich es noch mal: ›Sind es nun mehr braune oder mehr hölzerne Perlen?‹ Nun ist offensichtlich, daß das Kind beginnt, das Problem zu verstehen; es sieht, daß es da wirklich ein Problem gibt, daß die Dinge nicht so einfach sind, wie es zuerst schien. Wir können beobachten, daß es sehr fest nachdenkt. Schließlich folgert es: ›Aber es sind immer noch mehr braune Perlen; wenn du die braunen wegnimmst, bleiben nur zwei oder drei weiße Perlen übrig!‹« (Piaget 1963, S. 290)

Entwicklung erscheint als zunehmende Komplexität, Mobilität und Systematisierung der Schemata und logischen Strukturen, die aus dem Äquilibriums-Äquilibrationsprozeß resultiert und durch Instruktion nicht wesentlich beschleunigt werden kann. Offensichtlich spielt im Assimilations-Akkommodationsprozeß die Erziehung eine wichtige Rolle, doch dieser Prozeß läuft in sehr kleinen Schritten ab; wenn die Lücken in diesem Prozeß zu groß sind, wie es anscheinend in dem oben zitierten Beispiel der Fall ist, kann das Individuum nicht akkommodieren. Der Lehrer muß geschickt ein angemessenes Spannungsniveau zwischen Assimilation und Akkommodation aufrechterhalten, um die intellektuelle Entwicklung zu fördern. In diesem bestimmten Punkt zeigt sich Piaget einer Reifungs- oder Abrufungsbereitschaftstheorie der Entwicklung sehr nahe und offenbar eine etwas pessimistische Einschätzung von Erziehung.

Es ist interessant, daß einige von Piagets engsten Mitarbeitern und Anhängern sich genau in diesem Punkt am stärksten von seiner Interpretation absetzen. Bruner, der offenbar von Piagets Theorie stark beeinflußt ist und den man als Piagets »Dolmetscher« in den USA ansehen kann, scheint eine diametral entgegengesetzte Ansicht zu vertreten. Bruners inzwischen berühmtes Postulat, »Wir gehen von der Annahme aus, daß jedem Kind in jeder Entwicklungsstufe jeder Gegenstand in einer intellektuell angemessenen Form effektiv gelehrt werden kann« (Bruner 1960, S. 33), ist eine Behauptung, die Piaget entschieden ablehnt. Andererseits zitiert Bruner anscheinend zustimmend Inhelders Äußerung, daß es der Mühe wert sei, zwei Jahre Schulzeit zu verbringen mit »einer Reihe von Übungen, in denen Manipulation, Klassifikation und Anordnung von Objekten auf solche Weisen betrieben wird, daß dadurch grundlegende Operationen der logischen Addition, Multiplikation, Inklusion, seriellen Ordnung usw. geklärt werden« (a.a.O., S. 46). Dies würde eine etwas unvermittelte Anwendung von Piagets Konzepten im schulischen Curriculum bedeuten.

Forschungen haben erwiesen, daß Probleme von dem Typ, den Piaget untersucht, gelehrt werden können und daß das Lehren solcher Konzepte das kognitive Wachstum beschleunigt. Ojeman (Ojemann/Pritchett 1963) hat gezeigt, daß angeleitete Lernerfahrungen, indem etwa Voradoleszenten die Gründe dafür gelehrt werden, warum Objekte schwimmen oder untergehen, die Denkstruktur des Kindes entscheidend beeinflussen. Aebli (1963), ein früherer Mitarbeiter von Piaget, hat die Entwicklungstheorie seines Lehrers erweitert und in Richtung auf eine Erziehungstheorie modifiziert. Aebli benützt in einem seiner Experimente die Versuchsanordnung, bei der ein Proband auf drei Berge blickt und gebeten wird, festzustellen, wie die Anlage aus verschiedenen Blickwinkeln aussehen würde. Er zeigte, daß die Form der Präsentation und die Zahl und Art eindeutiger Merkmale ebenso wichtig sind, wie die kognitive Struktur des Kindes. Er variiert die Komplexität des Problems, indem er dem Probanden 1. nur die Konturen der Berge, 2. Konturen und Oberflächenstruktur und 3. Konturen, Oberflächenstruktur und Farbe der Berge zeigt. Die Ergebnisse weisen darauf hin, daß die Fähigkeit des Kindes, die Perspektivität richtig aufzufassen, ebensosehr eine Funktion dieser didaktisch manipulierbaren Variablen wie auch der operationalen Struktur des Kindes ist.

Aebli und Bruner behaupten nicht, daß die Entwicklung der logischen Struktur des Kindes durch didaktische Maßnahmen wesentlich beschleunigt werden kann. Sie sind jedoch etwas optimistischer als Piaget und schreiben der Curriculum-Planung eine größere Bedeutung zu, da sie meinen, daß komplexe Konzepte auf die logische Struktur des Kindes zugeschnitten werden können. Die Aufgabe des Erziehers wird dann die des »Übersetzers«, der den Inhalt des Curriculum auf einem solchen Niveau und in einer solchen Weise darzustellen hat, daß er der kognitiven Struktur des Kindes korrespondiert. Das Curriculum steht zur Fähigkeit des Kindes, das Material zu assimilieren und zu akkommodieren, im systematischen Wechselverhältnis. Eine solche Übersetzung impliziert, daß jedes Lernproblem dem präoperationalen Kind in Form direkter sensorischer Erfahrung präsentiert werden muß, während der Voradoleszente mit konkreten Problemen zu arbeiten hätte und der Adoleszente fähig sein würde, mit abstrakten Ideen und verbalen Propositionen umzugehen. Genauer: die formalen Operationen des Adoleszenten sind notwendige psychologische Voraussetzungen für das effektive Lehren von Geometrie, Proportionalität, Aussagenlogik und Wahrscheinlichkeitsrechnung. Solch ein Ansatz würde den Erzieher dazu verpflichten, die operationalen Strukturen des Kindes einzuschätzen. Zu diesem Zweck wird in Genf und in den USA an der Konstruktion von Tests mit Piaget-Problemen gearbeitet.

Die Altersnormen in Piagets Büchern sind jedoch nur Näherungswerte, oder bestenfalls Generalisierungen, aber keine statistischen Mittelwerte. Seine Theorie sieht Verhaltensvarianz oder individuelle Differenzen nicht vor – eine insbesondere Erzieher abschreckende Auslassung.

Piaget beschäftigt sich auch nicht mit Variablen wie Geschlecht, sozio-ökonomische Schicht, IQ oder Lesefähigkeit. Die Kenntnis der Theorie von Piaget gibt dem Erzieher jedoch neue Einsichten in die Grenzen und Fähigkeiten von Kindern in verschiedenen Stadien der kognitiven Entwicklung. Ist es, bevor Piagets Experimente bekannt wurden, irgend jemand aufgefallen, daß Kinder denken könnten, in einem schmalen, hohen Glas sei mehr Milch als in einem breiten, niedrigen?

Schließlich ist nicht nur der Inhalt von Piagets Theorie und die Substanz seiner Ergebnisse für den Erzieher relevant – seine Methoden sind es ebenso. Seine Methode, Daten zu sammeln, wird häufig »klinische Methode« genannt, womit gemeint ist, daß das Kind aktiv nach der Lösung des Problems sucht. Der Untersucher regt das Kind an und fordert es heraus, über seine eigenen Antworten nachzudenken und diesen Diskurs als Mittel zur Klärung des eigenen Denkens einzusetzen. Piaget ist zutiefst überzeugt von der Autonomie des Kindes und seiner aktiven Mitwirkung an seiner eigenen kognitiven Entwicklung. »Es gibt zwei grundlegende und zusammenhängende Prinzipien, von denen ein psychologisch inspirierter Erzieher niemals abweichen darf:

1. Die wirklichen Wahrheiten sind einzig jene, die man frei selbst erarbeitet, und nicht jene, die man von außen empfangen hat.

2. Das moralisch Gute ist im wesentlichen autonom und kann nicht vorgeschrieben werden.«

Aufgrund seiner Methode kann er das Kind geschickt befragen und zum Lernen anregen; er bringt es an die Grenzen seiner operationalen Struktur, ohne ihm fertige Antworten zu geben.

Die Anwendung von Piagets Erkenntnissen über die kognitive Entwicklung der Kinder auf den Unterricht könnte einen revolutionären Einfluß auf die Curriculum-Planung ausüben. Der Inhalt selbst würde beeinflußt, oder weitaus wichtiger, die logischen Denkprozesse, mit denen wir Probleme angehen, könnten bei jedem erzieherischen Bemühen zum Zentrum der Aufmerksamkeit werden. Auf diese Weise würde es eine systematischere Konzentration auf die Klassifikationssysteme geben, auf Reversibilität, logische Transformationen und logisches Denken überhaupt.

II. ENTWICKLUNG DER FÄHIGKEIT ZUR ROLLENÜBERNAHME

Stufen der Rollenübernahme in der mittleren Kindheit – eine entwicklungslogische Analyse

ROBERT L. SELMAN UND DIANE F. BYRNE

Viele Theoretiker haben die Parallelität der Entwicklung von Strukturen der apersonalen und interpersonellen Erkenntnis behauptet (Mead, 1934; Piaget, 1950). Piaget etwa formuliert: »Im Grunde sind interpersonelle und intraindividuelle Operationen identisch: nur durch Abstraktion können sie aus einer Totalität gelöst werden, in der biologische und soziale Handlungsfaktoren ständig miteinander interagieren« (1967, S. 129).

Im vorliegenden Beitrag wird ein Aspekt interpersoneller Erkenntnis thematisiert: nämlich soziale Rollenübernahme. Dabei soll versucht werden, ihre Entwicklung in Form einer ontogenetischen Abfolge von Strukturen ähnlich Piagets kognitiven Operationen zu konzeptualisieren.

Soziale Rollenübernahme hat eine lange Tradition als theoretisches Konzept von fundamentaler Bedeutung für Entwicklungs- und Sozialpsychologie. In ihren theoretischen Schriften vertreten George Herbert Mead (1934) und James Mark Baldwin (1906) die Position, daß Rollenübernahme der zentrale Aspekt sozialer Erkenntnis und Bewertung ist, der menschliche und vormenschliche Lebensformen unterscheidet: das Vermögen nämlich, sich und andere als Subjekte zu begreifen, auf andere wie auf sich selbst zu reagieren und das eigene Verhalten aus der Perspektive des anderen zu beurteilen. Das Konzept der Rollenübernahme basiert auch auf Piaget's Theorie der kognitiven Entwicklung. Zwei seiner Grundkonzepte hängen unmittelbar mit Rollenübernahme zusammen: Egozentrismus, charakteristisch für präoperationales Denken, ist die Unfähigkeit, die eigene Sichtweise zu transzendieren; Dezentrierung, charakteristisch für operationales Denken, ist die Fähigkeit, eine Vielfalt von Perspektiven oder Aspekten einer Situation zu berücksichtigen. Diese Konzepte sind auf die Objektwelt anwendbar, aber sie treffen auch die Sphäre interpersoneller Beziehungen und verweisen auf eine Entwicklung der Fähigkeit, sich in die Lage von alter zu versetzen und die Welt durch seine Augen zu sehen.

Zwei neuere Ansätze zur Analyse sozialer Rollenübernahme aus der Piaget-Tradi-

Dieser Aufsatz erschien ursprünglich unter dem Titel ›A Structural-Developmental Analysis of Levels of Role Taking in Middle Childhood‹, in: Child Development, 1974, Vol. 45, S. 803–806. Die Übersetzung wurde besorgt durch Gertrud Nunner-Winkler.
Abdruck mit freundlicher Genehmigung der Autoren und der University of Chicago Press.

tion haben die vorliegende Untersuchung beeinflußt: Feffer (1959, 1971) und Feffer und Gourevitch (1960) parallelisierten soziale Rollenübernahme mit Piagets Konzept der sozialen Dezentrierung und entwickelten projektive Techniken zur Erhebung altersabhängiger Niveaus der Fähigkeit des Kindes, im sozialen Bereich zu dezentrieren. Feffer beschrieb eine Reihe formaler Niveaus dieser Fähigkeit: einfaches Umzentrieren, ohne Koordination der Perspektiven; konsistentes Elaborieren in Form sequentieller Koordination der Perspektiven; und Perspektivenwechsel mit simultaner Koordination der Perspektiven.

Ein zweiter wichtiger Versuch, das Konzept der Rollenübernahme in systematischen empirischen Erhebungen zu klären, ist Flavell's (1968) Untersuchung der Fähigkeit von Kindern, die perzeptuelle oder konzeptuelle Perspektive von alter zu erschließen. Flavell unterschied drei entscheidende Schritte in der Entwicklung der Fähigkeit zur Rollenübernahme. Im ersten realisiert ego, daß alter Erkenntnisse nicht nur über externe Objekte, sondern auch über ego selbst gewinnen kann. Im zweiten muß entdeckt werden, daß ego für alter nicht nur ein Objekt, sondern auch ein Subjekt ist. Im dritten Schritt wird erkannt, daß ego und alter die Perzeption jeweils des einen vom anderen ad infinitum rekonstruieren können (S. 53).

Die entwicklungslogische Analyse der Rollenübernahme ist also die Ableitung einer entwicklungsmäßigen Abfolge altersabhängiger und logisch miteinander verknüpfter Strukturen oder Formen des Verstehens des Standpunktes von alter. Das Augenmerk wird dabei nicht auf Inhalte und nicht auf die Exaktheit der Perzeption von alter oder von Verhaltensoptionen gerichtet, sondern auf die Form, in der Konzeptionen von Alter sich entwickeln. Während Feffer Rollenübernahme in projektiven Tests (Geschichtenerzählen) und Flavell in Kommunikationsaufgaben und in Diskussionen über soziale Probleme untersuchten, konzentrieren wir uns in der vorliegenden Studie auf Rollenübernahme, wie sie im Rahmen moralischer Dilemmata (die den von Kohlberg entwickelten ähneln, aber auf jüngere Kinder zugeschnitten sind) eingesetzt wird. Aufbauend auf a) Feffer's und Flavell's Analysen b) früheren Untersuchungen Selman's (1971) und c) entwicklungstheoretischen Prinzipien der Differenzierung (Unterscheiden von Perspektiven) und Integration (Verknüpfen von Perspektiven) haben wir eine Abfolge von 4 Stufen der Rollenübernahme entworfen. Diese theoretisch abgeleiteten Stufen wurden dann an einer Stichprobe experimentell überprüft. Zunächst seien diese 4 Stufen kurz beschrieben.

STUFE 0: EGOZENTRISCHE ROLLENÜBERNAHME

Unterscheidung der Perspektiven. Auf dieser Stufe ist das Kind unfähig, zwischen der persönlichen Interpretation einer sozialen Handlung (der eigenen oder einer fremden) und dem, was es für die wahre und zutreffende Perzeption hält, zu unterscheiden. Das Kind kann also zwischen ego und alter als Entitäten, nicht aber zwischen ihren verschiedenen Standpunkten differenzieren.

Verknüpfung der Perspektiven. Sowenig das Kind zwischen verschiedenen Standpunkten differenziert, sowenig koordiniert es sie.

STUFE 1: SUBJEKTIVE ROLLENÜBERNAHME

Unterscheidung der Perspektiven. Auf der Stufe 1 sieht das Kind sich selbst und alter als Handelnde mit potentiell unterschiedlichen, primär durch die ihnen jeweils zugänglichen Informationen bestimmten Interpretationen derselben sozialen Situation. Es realisiert, daß Menschen unterschiedlich fühlen oder denken, weil sie in je verschiedener Lage sind oder unterschiedliche Informationen haben.

Verknüpfung der Perspektiven. Das Kind ist noch unfähig, bei der Beurteilung von Handlungen anderer seinen eigenen Standpunkt beizubehalten und gleichzeitig sich in die Lage der anderen zu versetzen. Auch kann es seine eigenen Handlungen nicht vom Standpunkt der anderen her beurteilen. Es muß die Reziprozität der Perspektiven erst noch erkennen und bedenken, daß seine Perzeption von alter beeinflußt wird durch sein Verständnis von alters Perzeption von ihm selbst (Stufe 2). Es begreift die Subjektivität von Personen, aber begreift nicht, daß Personen sich gegenseitig als Subjekte und nicht nur als soziale Objekte sehen.

STUFE 2: SELBSTREFLEXIVE ROLLENÜBERNAHME

Unterscheidung der Perspektiven. Das Kind realisiert nun, daß Menschen unterschiedlich denken oder fühlen, weil jeder Mensch seine eigene individuell geordnete Menge von Werten oder Zielen hat.

Verknüpfung der Perspektiven. Eine zentrale Errungenschaft der Stufe 2 ist die Fähigkeit, das eigene Verhalten und die eigene Motivation, wie sie sich nach außen darstellen, aus der Perspektive des anderen zu sehen. Das Kind erkennt, daß auch alter sich in egos Lage versetzen kann, und so kann es die Reaktionen von alter auf egos Motive oder Ziele antizipieren. Diese Reflexionen treten jedoch nicht simultan oder wechselseitig aufeinander bezogen, sondern nur nacheinander auf. Das Kind kann nicht aus der 2-Personen-Situation heraus, um sie aus der Perspektive einer dritten Person zu betrachten.

STUFE 3: WECHSELSEITIGE ROLLENÜBERNAHME

Unterscheidung der Perspektiven. Das Kind kann nun zwischen der eigenen Perspektive und der generalisierten Perspektive, der Perspektive des durchschnittlichen Gruppenmitglieds, differenzieren. In einer dyadischen Situation unterscheidet es den jeweiligen Standpunkt der beiden Beteiligten von der Perspektive einer dritten Person. Es begreift das Konzept des ›Zuschauers‹ und kann den Standpunkt eines Unbeteiligten einnehmen.

Verknüpfung der Perspektiven. Auf der Stufe 3 entdeckt das Kind, daß ego wie alter beide Standpunkte simultan und wechselseitig aufeinander bezogen einnehmen können. Jeder kann sich in die Lage des anderen versetzen und sich selbst von diesem Standort her betrachten, bevor er seine Reaktionsweise festlegt. Darüber hinaus kann jeder die Situation aus dem Blickwinkel einer dritten Person ansehen, die wiederum die Standpunkte beider Beteiligter und die involvierten Beziehungen berücksichtigen kann.

ERHEBUNGSMETHODE

Probanden. Untersucht wurden 40 Kinder aus der Mittelschicht, je 10 im Alter von 4, 6, 8 und 10 Jahren. In jeder Altersgruppe waren 5 Mädchen und 5 Jungen.

Aufgabe. Den Probanden wurden in Kurzfilmen zwei ungelöste Dilemmata vorgeführt. Ein Beispiel-Dilemma mit einigen Standardnachfragen sei im folgenden kurz skizziert:

»Holly ist ein achtjähriges Mädchen, das gerne auf Bäume klettert. Sie kann es auch am besten in der ganzen Nachbarschaft. Eines Tages klettert sie von einem hohen Baum herab und fällt vom untersten Zweig hinunter, aber sie tut sich nicht weh. Ihr Vater sieht, wie sie herunterfällt. Er ist sehr erschrocken und bittet sie, zu versprechen, daß sie nicht mehr auf Bäume klettert. Holly verspricht das.

Im Laufe des Tages treffen Holly und ihre Freunde Sean. Sean's kleine Katze hat sich hoch oben in einem Baum verfangen und kann nicht mehr herunter. Irgend etwas muß sofort geschehen, damit das kleine Kätzchen nicht herunterfällt. Holly kann als einzige so gut klettern, daß sie das Kätzchen erreichen und herunterholen könnte, aber sie erinnert sich an das Versprechen, das sie ihrem Vater gegeben hat.«

Im Schnitt dauerte das Interview für jedes Dilemma 20–25 Minuten. Nach der Filmvorführung mußte jeder Proband, bevor er befragt wurde, die Geschichte nacherzählen, damit der Versuchsleiter sicher sein konnte, daß auftretende Probleme nicht eine bloße Folge mangelhafter Erinnerung waren. Die meisten Probanden konnten die Geschichte leicht nacherzählen. Tauchten irgendwelche Probleme auf, dann wurde das Dilemma wiederholt. Die Interviews wurden auf Tonband aufgenommen und für die Vercodung transkribiert. Die standardisierten Nachfragen konzentrierten sich auf die Erhebung der Stufen von Rollenübernahme. Zum Beispiel:

Stufe 1 – Subjektive Rollenübernahme

a) Weiß Holly, was das Kätzchen für Sean bedeutet? Woher?

b) Weiß Sean, warum Holly so lange überlegt, ob sie auf den Baum klettern soll? Wieso weiß er es, oder wieso nicht?

c) Was könnte Sean denken, warum Holly nicht hinaufklettert, wenn Holly ihm nicht von ihrem Versprechen erzählt?

Stufe 2 – Selbstreflexive Rollenübernahme

a) Was denkt Holly, wird ihr Vater von ihr denken, wenn er das erfährt?
b) Glaubt Holly, daß ihr Vater verstehen wird, warum sie auf den Baum gestiegen ist? Wieso glaubt sie das?

Stufe 3 – Wechselseitige Rollenübernahme

a) Was glaubt Holly, täten die meisten Leute in dieser Situation?
b) Wenn Holly und ihr Vater diese Situation zusammen besprächen, zu welchem gemeinsamen Entschluß kämen sie? Wieso?
c) Kennst du die Regel: Was du nicht willst, daß dir man tu, das füge auch nicht andern zu? Wie sollte man sich in dieser Situation verhalten, wenn man dieser Regel folgen will? Wieso?

Darüber hinaus wurden offene Diskussionen (nach Piagets klinischer Methode) und Rollenspiele verwendet, um das Niveau der Rollenübernahme noch genauer zu bestimmen.

Bei beiden Aufgaben ergeben die Fragen, die auf jeder Stufe verstanden wurden, eine Guttman-Skala (mit einem Reproduktionskoeffizienten nach Green von I = .88 bzw. .84). Probanden wurden der höchsten Stufe der Rollenübernahme, die sich klar erkennen ließ, zugeordnet. So wurde beispielsweise ein Proband, der eine Frage der Stufe 3 begriff oder im offenen Interview der Stufe 3 entsprechend argumentiert, auf der Stufe 3 eingestuft.

ERGEBNISSE UND DISKUSSION

Die Korrelation der höchsten in jedem der Meßverfahren erreichten Stufen betrug .93. Um nun die höchste Stufe eines Befragten festzulegen, wurden beide Situationen einem klinisch-hermeneutischen Auswertungsverfahren unterworfen, in dem entschieden werden sollte, ob das Konzept wirklich vorlag. Zwischen erfahrenen Auswertern ergab sich eine Übereinstimmung über die höchste erreichte Stufe von 96%. 4% der Einstufungen differierten um eine Stufe. Über diese unterschiedlichen Einstufungen wurden in gemeinsamer Diskussion eine Einigung herbeigeführt. Bei 20 zufällig ausgewählten Interview-Protokollen ergab sich eine Übereinstimmung von 78% zwischen einem geschulten und einem ungeschulten Auswerter, der ohne theoretische und praktische Erfahrungen mit dem Konzept der Rollenübernahme das Auswertungshandbuch benutzte.

In der statistischen Datenanalyse ergab sich eine signifikante Korrelation zwischen Stufen der Rollenübernahme und Alter (r = .80; p .001). Zwischen den Geschlechtern gab es keine signifikanten Differenzen. In Tabelle 1 findet sich der Prozentsatz Befragter auf jeder Stufe der Rollenübernahme in Abhängigkeit vom Alter.

Tabelle 1
Prozentsatz von Befragten auf verschiedenen Stufen der Rollenübernahme in Abhängigkeit vom Alter

Stufe	Alter 4	Alter 6	Alter 8	Alter 10
0	80	10	0	0
1	20	90	40	20
2	0	0	50	60
3	0	0	10	20
Total	100	100	100	100

Die Ergebnisse dieser Untersuchung bestätigen unsere These, daß soziale Rollenübernahme sich im Rahmen eines strukturellen Ansatzes konzeptualisieren läßt. Es zeigte sich, daß die aus Theorietraditionen und empirischen Erhebungen abgeleitete Abfolge von Strukturen tatsächlich in Abhängigkeit vom Alter durchlaufen wird. Die Altersnormen entsprechen ziemlich genau denen, die Feffer für sein Stufensystem fand. Auf unserer Stufe 0 (der für vierjährige typischsten) gibt es keine Differenzierung, daher auch keine Koordinierung von Perspektiven. Auf der Stufe 1 (von den meisten sechsjährigen erreicht) können die Probanden noch nicht die verschiedenen Perspektiven, zwischen denen sie differenzieren können, koordinieren. Diese Stufe entspricht Feffer's Stufe des einfachen Umzentrierens, die im Alter von 6 Jahren auftritt und auf der ein Proband einen Perspektivenwechsel zwar vornehmen, aber nicht konsistent durchhalten kann. Unsere Stufe 2 repräsentiert die typischerweise bei Achtjährigen auftauchende Struktur. Auf dieser Stufe werden die verschiedenen Standpunkte nacheinander eingenommen, was Feffer's Stufe des konsistenten Elaborierens, die auch meist mit 7 oder 8 Jahren erreicht wird, entspricht. Auf unserer Stufe 3, die sich bei acht- bis zehnjährigen findet, werden Perspektiven simultan koordiniert – wie bei Feffer's Perspektivenwechsel, der etwa ab 9 Jahren auftritt. Diese Untersuchung impliziert, daß im Rahmen moralischer Dilemmata und auch in anderen interpersonellen Kontexten Strukturen der Rollenübernahme identifiziert werden können, die in Form und Abfolge denen ähneln, die in anderen Bereichen interpersonellen Agierens gefunden wurden. Für künftige Forschungsvorhaben, in denen die von uns definierte Abfolge von Strukturen genauer geklärt werden könnten, bieten sich mehrere Strategien an. Einmal wäre im Rahmen einer Longitudinalstudie mit verschiedenen Populationen zu prüfen, inwieweit die Strukturen wirklich die Kriterien einer Entwicklungslogik erfüllen. Zum anderen wäre ihr Zusammenhang mit Entwicklungen in der Auseinandersetzung mit der Objektwelt zu untersuchen. Der Egozentrismus der Stufe 0 mag sein Gegenstück im präoperationalen Denken haben, die Dezentrierungsprozesse der Stufen 1 und 2 könnten den konkret-operationalen Fähigkeiten entsprechen und das Moment von Wechselseitigkeit und infinitem Regreßdenken der Stufe 3 könnte mit dem Auftauchen formaler Operationen in der Auseinandersetzung mit der Objektwelt einhergehen.

III. ENTWICKLUNG DES MORALISCHEN BEWUSSTSEINS

Entwicklungsprozesse des moralischen Bewußtseins des Kindes

ELLIOT TURIEL

Forscher im Bereich der Entwicklung des moralischen Bewußtseins sind auf Schwierigkeiten bei der Definition des Begriffs ›moralisch‹ und bei der Entscheidung darüber, welche Reaktionen als ›moralische‹ zu klassifizieren sind, gestoßen. Bei sehr jungen Kindern lassen sich Handlungen und Einstellungen beobachten, die den Anschein erwecken, als gehörten sie zur Sphäre des Moralischen und könnten als Indizien dafür gewertet werden, daß das Kleinkind Wertorientierungen internalisiert und ein Gewissen ausgebildet hat. Als Beispiel kann die folgende, vom Autor miterlebte Interaktionssequenz zwischen einem Onkel und seinem fast 5 Jahre alten Neffen gelten. Während der Onkel seinem Neffen John einige Episoden aus seinen bisherigen Lebenserfahrungen erzählte, entschloß er sich, dem Jungen zu sagen, er habe einmal im Gefängnis gesessen – obwohl das nicht der Wahrheit entsprach. John reagierte darauf zunächst mit Unglauben und der Forderung, ihm zu versichern, daß das nicht stimme. Der Onkel kam dieser Forderung nicht nach und bestand darauf, daß er die Wahrheit gesagt habe. John schien überzeugt zu sein, zog sich zurück, starrte seinen Onkel vom anderen Ende des Raumes an und sprach für den Rest des Tages nicht mehr mit ihm. Als der Onkel später versicherte, daß er gar nicht im Gefängnis gesessen habe, war John nicht bereit, ihm zu glauben.

Der Onkel nahm – in Übereinstimmung mit der Ansicht einiger Theoretiker, die auch davon ausgehen, daß derartige Einstellungen und Verhaltensweisen von Kindern auf das Vorhandensein moralischer Bewußtseinsstrukturen hinweisen – an, daß das Verhalten seines Neffen als Beispiel einer ziemlich starken moralischen Reaktion zu werten sei. Diese Theoretiker gehen davon aus, daß das Kind die Regeln, Normen oder Werte der Kultur internalisiert, daß es also durch passive Übernahme moralische Orientierungen und entsprechende Verhaltensweisen ausbildet. Ein theoretischer Ansatz zur Erklärung des moralischen Bewußtseins, der von diesen Annahmen ausgeht, ist der lerntheoretische, der die Entwicklung des moralischen Bewußtseins

Dieser Aufsatz erschien ursprünglich unter dem Titel ›Developmental Processes in the Child's Moral Thinking‹, in: Paul H. Mussen, Jonas Langer, Martin Covington (1969). Die Übersetzung wurde besorgt durch Claudia v. Grote und Rainer Döbert.
Abdruck mit freundlicher Genehmigung des Autors.

als einen Aspekt menschlichen Lernens, der denselben Gesetzen unterworfen ist wie jeder andere Aspekt, begreift. Eysenck (1960) hat die einfachste Analyse der moralischen Entwicklung vorgelegt. Eysenck würde Johns Verhalten als ›moralische Reaktion‹ interpretieren, die, wie alles moralische Verhalten, durch die Konditionierung von Angstreaktionen erworben wurde. Wenn das Kind etwas sozial Unerwünschtes tut, wird es bestraft. Die Verbindung der Strafe mit bestimmten Situationen und Verhaltensweisen resultiert in einer konditionierten Angstreaktion, die zur Vermeidung bestimmter Verhaltensweisen führt. Individuelle Differenzen des moralischen Verhaltens werden durch Rekurs auf konstitutionelle Unterschiede der Konditionierbarkeit erklärt.

Andere Anhänger einer Internalisierungstheorie haben komplexere Lernmechanismen als instrumentelles Konditionieren vorgeschlagen. Sears (1957) und Whiting (1960) beispielsweise haben die Idee einer umfassenderen Internalisierung von sozialen Regeln aufgegriffen; Bandura und Walters (1963) haben angenommen, daß moralisches Verhalten durch Verstärkung und Nachahmung eines Modells (modeling) erworben wird. Diese Lerntheoretiker stimmen mit Eysenck darin überein, daß Moralität als Konformität gegenüber kulturellen Normen definiert wird. Sie alle sehen konsequenterweise eine Tendenz zu zunehmender Konformität gegenüber kulturellen Standards sich in der Entwicklung des moralischen Bewußtseins durchsetzen, da sie von der Annahme ausgehen, das Kind internalisiere die gesellschaftlichen Normen unvermittelt. Diese Theoretiker würden Johns Verhalten deshalb als ›moralisches Verhalten‹ klassifizieren, weil er auf die Verletzung einer gesellschaftlichen Regel – der Regel, daß es schlecht ist, im Gefängnis zu sitzen – reagiert hat.

Die Internalisierungstheorie ging in die Planung von Versuchsanordnungen ein, und Wissenschaftler haben dann die Faktoren untersucht, die die unmittelbare Verinnerlichung von kulturellen Standards durch das Kind beeinflussen. Die Untersuchung von Entwicklungsprozessen zielt dabei auf die Untersuchung der wachsenden Stärke und Genauigkeit der Internalisierungsprozesse ab: man mißt die ›Stärke‹ von moralischen Reaktionen und den Grad ihrer Deckungsgleichheit mit den gesellschaftlichen Normen. Während man so die Stärke und Genauigkeit von Johns Verhalten untersuchen würde, würde man darauf verzichten, die begrifflichen Vorstellungen, die John von Strafe oder Gefängnis in ihrem Verhältnis zu gesellschaftlichen Zielen oder Institutionen entwickelt, zu analysieren.

Auch die Psychoanalytiker haben Moral als Konformität gegenüber kulturellen Standards definiert und den Prozeß der Entwicklung des moralischen Bewußtseins als Internalisierungsprozeß begriffen: das Über-Ich entsteht durch Verinnerlichung einer Reihe von Regeln und Werten, die in der externen Welt vorgefunden werden (Freud, 1923). Das Kind baut hier ein Ich-Ideal auf, das die Normen der Eltern enthält. Die Eltern ihrerseits werden als Träger der kulturellen Normen gesehen. Das Kind ist zu einem moralischen Subjekt geworden, wenn es das Ich-Ideal zu einem Bestandteil seiner eigenen Persönlichkeit gemacht hat. Der von der Psychoanalyse postulierte Lernmechanismus unterscheidet sich von dem der Lerntheorien. Das Über-Ich, das die Standards (Ich-Ideal) und punitiven Funktionen (Gewissen) von

Moralität verkörpert, wird durch eine starke, umfassende Identifikation des Kindes mit den Eltern, durch die die ödipale Krise gelöst wird (Freud, 1923, 1924), erworben.

Obwohl die Psychoanalyse die Verinnerlichung von Regeln weniger mechanisch als die Lerntheorie konzeptualisiert, trifft sie sich mit der Lerntheorie doch darin, daß sie diesen Prozeß als unmittelbare Internalisierung und Moralität als kulturelle Prägung des Individuums begreift. Die Gesellschaft sichert ihr eigenes Überleben, indem sie den destruktiven Impulsen der Individuen Beschränkungen auferlegt; und da Moral eine solche Beschränkung des Individuums darstellt, muß sie letztlich als ein Prozeß, der durch Sanktionen, d. i. Schuld (Freud, 1928), reguliert wird, begriffen werden. Demnach wird das soziale oder moralische Verhalten des Menschen entweder durch externe oder interne Sanktionen gesteuert, wobei ein Begriff wie Schuld auf die Verinnerlichung von externen Sanktionen abzielt.

Im Gegensatz zur vorangehenden Erörterung des Verhaltens von John könnte behauptet werden, daß die Reaktion des Kindes nicht unbedingt ›moralisch‹ war und daß sich in ihr kein verinnerlichter Wert reflektiert hat. Einem alternativen Ansatz folgend könnte man die Eigenschaften der Situation untersuchen, die den 5jährigen dazu bewegt haben, etwas auszudrücken, was vom Erscheinungsbild her als moralische Entrüstung gelten kann. Eine Episode, die man über Thoreau erzählt, stellt einen interessanten Vergleichsfall dar. Thoreau saß im Gefängnis, weil er sich geweigert hatte, städtische Steuern zu bezahlen. Eines Tages ging sein Freund Emerson in der Straße, an der Thoreau's Fenster lag, spazieren und entdeckte plötzlich zu seiner großen Überraschung Thoreau, der durch die Gitter starrte. Emerson eilte zu dem Fenster und fragte: »Henry, was machst du denn dort drinnen?« Thoreau, durch Emersons Frage aus der Fassung gebracht, entgegnete: »Waldo, was machst du denn dort draußen?«

Thoreaus' Reaktion ähnelte der von John darin, daß beide eine Art von moralischer Entrüstung zum Ausdruck brachten. John war entrüstet, weil sein Onkel im Gefängnis gewesen war, Thoreau, weil sein geachteter Freund nicht im Gefängnis war. Für einen Moment sei angenommen, die beiden Reaktionen hätten die gleiche Stärke gehabt, obwohl die Reaktionsintensität in beiden Fällen schwierig zu messen sein dürfte. Jedenfalls brachten beide offensichtlich moralische Entrüstung zum Ausdruck – allerdings durch genau entgegengesetzte Handlungen. So handelte der kleine Junge moralisch ›richtig‹, weil er über etwas empört war, was normalerweise in unserer Kultur verpönt ist. Thoreau war andererseits empört über ein Handeln, das normalerweise in seiner Kultur als durchaus akzeptabel galt. Hat Thoreau sich moralisch ›falsch‹ verhalten? Müssen wir demnach annehmen, daß der 5jährige über wirksamere und besser internalisierte Werte – soweit diese durch die Gesellschaft definiert sind – als Thoreau verfügte? Vom ersten Anschein her scheint Johns Verhalten eher den kulturellen Regeln zu entsprechen. Folglich müßten wir sagen, daß Johns moralische Entwicklung weiter vorangeschritten war als die Thoreaus – wenn die Entwicklung des moralischen Bewußtseins tatsächlich auf eine zunehmende Konformität gegenüber kulturellen Regeln hinausliefe.

Die Annahme, daß sich in Thoreaus Verhalten eine höhere Stufe des moralischen Bewußtseins manifestierte als in dem des 5jährigen, könnte sich auf unsere breite Kenntnis von seiner Philosophie stützen. Ebenso ist es bei der Untersuchung des moralischen Urteils und Handelns – will man die Entwicklung des moralischen Bewußtseins begreifen – ganz wesentlich, die Denkstruktur, die dem Gehalt moralischer Reaktionen zugrunde liegt, zu analysieren. Das Handeln des Individuums muß daraufhin untersucht werden, wie es die moralisch relevante Situation wahrnimmt, welche Bedeutung diese für es hat und wie seine Entscheidung mit dieser Bedeutung zusammenhängt, mit den kognitiven und emotionalen Prozessen also, die in das moralische Urteil eingehen. Thoreaus Reaktion kann sicher als Beispiel hochentwickelter moralischer Handlungsstrukturen gelten, weil sich in ihr eine hochdifferenzierte und integrierte Form der Strukturierung seiner sozialen Lebenswelt und ihrer moralischen Aspekte manifestiert. Johns Reaktion kann andererseits völlig außermoralisch gewesen sein. Nehmen wir an, er habe überhaupt keine systematische Unterscheidung zwischen seinem Urteil über einen Gefängnisinsassen und über jemanden mit einer ansteckenden Krankheit machen können! Wenn seine Abneigung gegen einen Gefängnisinsassen sich nicht von der gegen einen Masern-Kranken unterscheidet, könnte man sein Verhalten nicht als Indiz dafür werten, daß er moralischen Werten folgt. Es könnte sehr wohl sein, daß er noch unfähig ist, physische und moralische ›Gefahr‹ auseinanderzuhalten. Die oben beschriebenen Beobachtungen lassen sich besser verstehen, wenn man die Entwicklung des moralischen Bewußtseins als einen selbstkonstruktiven Prozeß konzipiert, auf dessen Kulminationspunkt Prinzipien um ihrer selbst willen befolgt werden, nicht jedoch, um Schmerz, Vorwürfe oder Stelbstverdammung zu vermeiden. Die im folgenden zu diskutierenden Forschungsergebnisse über Entwicklungsprozesse fußen auf der Annahme, daß die Entwicklung des moralischen Bewußtseins einen solchen selbstkonstruktiven Prozeß, innerhalb dessen sich Begriffe und Emotionen verändern, darstellt. Innerhalb dieses Ansatzes werden entwicklungsmäßige Veränderungen als Resultat der zunehmenden Interaktion des Kindes mit seiner allgemeinen sozialen und moralischen Umwelt begriffen. Der Begriff ›moralische Umwelt‹ wird hier definiert als Umwelt, die Regeln, Standards, Werte und Prinzipien aufweist.

Die Untersuchung der moralischen Entwicklung von diesem Standpunkt her macht es erforderlich, das Bestreben des Organismus, seine sozialen Erfahrungen zu organisieren und zu regulieren, genau zu studieren. Durch aktive Auseinandersetzungen mit einer sozialen Umgebung und durch Versuche, die sozialen Erfahrungen zu ordnen und zu strukturieren – nicht durch passive Verinnerlichung – baut das Kind moralische Strukturen auf, die sowohl affektive wie kognitive Komponenten enthalten. Diese Strukturen werden durch die Interaktion mit der sozialen Umwelt erzeugt. Dennoch lassen sich die Schematisierungen, die ein Kind von seiner moralischen Umwelt entwirft, weder als ungenaue, unvollständige Abbildungen der Struktur seiner Umgebung, noch als bloße Nachahmungen der elterlichen Anweisungen deuten. Es ist eher so, daß das sich entwickelnde Kind seine eigenen Strukturprinzipien seiner Umwelt auferlegt und daß sich diese als Resultat seiner sozialen Erfahrungen qualitativ verändern. Diese sich verändernden Strukturen stellen sukzessive Transformationen der Art und Weise, wie das Kind über seine soziale Umwelt, über ›richtig‹ und ›falsch‹ und über sein Selbst im Verhältnis dazu nachdenkt, dar.

Bei der Analyse der Entwicklung von moralischem Urteil oder moralischem Handeln muß zwischen dem Gehalt einer moralischen Reaktion und der dieser zugrundeliegenden Struktur unterschieden werden. Wir kontrastierten die Geschichte von John mit der Episode über Thoreau, um an einem Beispiel zu zeigen, daß sich vom Gehalt einer moralischen Handlung her die Struktur des moralischen Urteils oder des Entwicklungsprozesses nicht angemessen erhellen läßt. Dieselbe moralische Reaktion kann aus unterschiedlichen kognitiven Prozessen hervorgehen und demgemäß eine je verschiedene Bedeutung innerhalb einer Entwicklungsreihe haben. Einige Forscher (Piaget, 1932, Kohlberg 1963 a) haben das sich entwickelnde moralische Bewußtsein unter strukturellen Gesichtspunkten analysiert, wobei sie sich darauf konzentrierten, die Denkstile, die moralische Reaktionen fundieren, zu prüfen. Sowohl Piaget wie Kohlberg haben die Ansicht verfochten, daß die Organisationsprinzipien des kindlichen Denkens sich qualitativ von denen des Erwachsenen unterscheiden und daß die Analyse der Entwicklung des moralischen Bewußtseins auch auf die Identifizierung einer stufenweisen Abfolge der in der Entwicklung auftretenden Veränderungen abzielen muß.

Kohlberg (1958, 1963 a, 1968) hat sich nicht so sehr mit dem Gehalt von moralischen Reaktionen als vielmehr mit den diesen Gehalt fundierenden Denkstrukturen beschäftigt. Um die Struktur des moralischen Denkens zu durchleuchten, entwickelte Kohlberg einen Fragebogen, der Geschichten enthält, in denen hypothetische moralische Dilemmata vorkommen. Die folgende Geschichte ist ein Beispiel:

Eine Frau in Europa war dem Tode nahe, da sie an einer bestimmten Art von Krebs litt. Es gab eine Medizin, von der die Ärzte glaubten, sie könnte ihr Leben retten. Sie basierte auf einer Radiumart, die ein Apotheker in derselben Stadt vor kurzem entdeckt hatte. Die Medizin war in der Herstellung teuer, aber der Apotheker nahm 10mal soviel, wie die Herstellung ihn kostete. Er selbst mußte 500 Mark für das Radium aufwenden und verlangte 5000 Mark für die Medizin. Heinz, der Mann der kranken Frau, versuchte sich von jedem, den er kannte, das Geld zu leihen, aber er konnte nur 2500 Mark, also die Hälfte des benötigten Geldes, zusammenbringen. Er erzählte dem Apotheker, daß seine Frau im Sterben lag, und bat ihn, ihm das Medikament billiger zu verkaufen oder ihm zu erlauben, später zu bezahlen. Aber der Apotheker sagte: ›Nein, ich habe die Arznei entdeckt und will jetzt damit Geld machen.‹ Heinz war ganz verzweifelt und brach schließlich bei dem Apotheker ein, um die Arznei für seine Frau zu stehlen. Hätte der Ehemann das tun sollen?

Diese wie alle anderen Kohlberg-Geschichten konfrontiert die Probanden mit einem Konflikt zwischen zwei kulturell legitimen oder illegitimen Alternativen. Es ist kulturell verpönt zu stehlen, aber ebenso verpönt, seine Frau sterben zu lassen, wenn es verhindert werden kann. Dadurch, daß es für die Geschichten keine kulturell richtigen Lösungen gibt, können Normativitätsprobleme umgangen werden, und es wird möglich, eher die Struktur des moralischen Denkens als moralisch relevantes Wissen oder Meinen zu eruieren. Die für die Begründung von ›richtig‹ oder ›falsch‹ in diesen Situationen mobilisierten Überlegungen spiegeln die intern organisierte Art und Weise, wie ein Kind seine soziale oder moralische Umwelt strukturiert, wider. Kohlberg konnte 6 qualitativ verschiedene Denkstile, die sukzessive im Verlauf der moralischen Entwicklung durchlaufen werden, ausmachen, indem er eine große Anzahl von Kindern zwischen 10 und 17 Jahren in Querschnitt- und Longitudinaluntersuchungen interviewte. Kohlberg postulierte die folgenden 6 Stadien, die sich begrifflich drei Hauptebenen zuordnen lassen.

Ebene I (praekonventionell). Werte sind Eigenschaften von externen quasi-physikalischen Ereignissen, schlechten Handlungen, quasi-physikalisch gedachten Bedürfnissen, nicht von Personen und Standards.

Stadium 1: *Gehorsam und Orientierung an Bestrafung.* Egozentrische Unterordnung unter überlegene Macht oder Prestige oder die Neigung, ›Ärger‹ zu vermeiden. Objektive Zurechnung von Verantwortung.

Stadium 2: *Naiv-egoistische Orientierung.* Das Handeln ist richtig, wenn es als Instrument der Befriedigung eigener – gelegentlich auch der anderer – Bedürfnisse dient. Die Relativität von Werten in Abhängigkeit von den Bedürfnissen und Perspektiven anderer ist bewußt. Naiver Egalitarismus und Orientierung an Tausch und Reziprozität.

Ebene II (konventionell). Moralische Werte werden durch die Übernahme guter oder richtiger Rollen, durch die Aufrechterhaltung der konventionellen Ordnung und die Erfüllung von Erwartungen anderer realisiert.

Stadium 3: *Orientierung an Bravheit (good-boy-orientation).* Orientierung an Zustimmung und das Bemühen, anderen zu gefallen und zu helfen. Konformität gegenüber stereotypisierten Mehrheitsvorstellungen oder unreflektiert-natürliches Rollenverhalten; Beurteilung nach Intentionen.

Stadium 4: *Orientierung an Autorität und Aufrechterhaltung der sozialen Ordnung. Orientierung an ›Pflichterfüllung‹*, Respekt vor Autoritäten und Aufrechterhaltung der gegebenen Sozialordnung um ihrer selbst willen. Rücksichtnahme auf wohlverdiente Erwartungen anderer.

Ebene III (postkonventionell). Die moralische Qualität des Handelns liegt in der Anerkennung von geteilten oder verallgemeinerungsfähigen Maßstäben, Rechten oder Pflichten durch das Selbst.

Stadium 5: *Kontraktueller Legalismus.* Anerkennung eines Moments der Willkür in Regeln oder Erwartungen um einer Einigungsmöglichkeit willen. Pflicht unter Rekurs auf den Kontraktbegriff definiert, generelle Vermeidung der Verletzung des Willens oder Rechts von anderen, Orientierung an Mehrheitswillen und Wohlfahrt.

Stadium 6: *Gewissens- oder Prinzipienorientierung.* Orientierung nicht nur an aktuell festgelegten sozialen Regeln, sondern auch an Prinzipien, die verallgemeinerungsfähig und logisch konsistent sind. Orientierung am Gewissen als einer steuernden Instanz und an wechselseitigem Respekt und Vertrauen.

Kohlbergs Untersuchungen weisen darauf hin, daß der Prozeß der moralischen Entwicklung länger dauert und weniger sprunghaft verläuft als angenommen wurde (Freud, 1923; Sears, 1957). Prüft man die Strukturen, die moralischen Reaktionen zugrunde liegen, dann zeigt sich, daß Kinder noch im Alter von 8 oder 9 Jahren als prämoralisch eingestuft werden müssen, da sie ›richtig‹ und ›falsch‹ noch durch Rekurs auf Bestrafung und Konformität gegenüber mächtigen Erwachsenen definieren. Während viele von Kohlbergs jungen Probanden dem äußeren Anschein nach moralisch handelten, ließ sich mit Hilfe von Untersuchungstechniken, die auf die Ebene der Denkstrukturen vorstoßen, zeigen, daß das Denken der Kinder prämoralisch im Sinne der Stadien 1 und 2 war. Eine genaue Untersuchung von Johns moralischem Denken hätte wahrscheinlich ergeben, daß John noch keine moralischen Werte aufgebaut hatte, sondern noch am Anfang eines langen Entwicklungsprozesses stand. Thoreaus Reaktion hingegen reflektierte vermutlich die vollentwickelten Denkstrukturen der Ebene III, die in der Regel nicht vor dem 16. Lebensjahr auftauchen.

Ebenso wie die kognitiven Strukturen die Realität nicht einfach abbilden (Piaget, 1947), verkörpern auch die Stadien der Entwicklung des moralischen Bewußtseins nicht einfach den schrittweisen Erwerb von Strukturen, die dem Kind kulturell vorgegeben werden, sondern müssen als eine – vom Kind Schritt für Schritt durchlaufene – Abfolge von qualitativ verschiedenen Stilen der Schematisierung der sozialen und moralischen Welt begriffen werden. Kohlberg hält die Stadienabfolge für invariant, d.h. er geht davon aus, daß ein Stadium nur dann erreicht werden kann, wenn das jeweils vorangehende bereits erreicht worden war. Jedes Kind muß normalerweise ein Stadium durchlaufen haben, bevor es das jeweils nächste erreichen kann. Der Übergang von einem Stadium zum nächsten bedeutet jedoch nicht, daß den früheren Strukturen etwas hinzugefügt wird, sondern daß der weniger fortgeschrittene Organisationsstil durch einen neuen ersetzt wird.

Das Stadienkonzept (Piaget, 1954; Kohlberg, 1968) unterstellt, daß jedes Individuum die Stadien in der festgelegten Abfolge durchlaufen muß – wenn die Abfolge richtig beschrieben wurde. Das Kind kann also weder Stadien überspringen noch eine andere Reihenfolge wählen. Nur die Abfolge der Stadien ist invariant, nicht jedoch die Altersstufe, auf der ein Stadium erreicht wird. In welchem Alter eine Struktur erarbeitet wird, hängt weitgehend von der Umwelt des Kindes, die die Entwicklung beschleunigen oder behindern kann, ab. Das Alter des Erwerbs der Strukturen eines gegebenen Stadiums sollte von Kultur zu Kultur wie von Individuum zu Individuum verschieden sein.

Innerhalb dieses theoretischen Rahmens gilt die Entwicklung als Funktion der Interaktion des Kindes mit seiner Umwelt. Es wird angenommen, daß die jeweils gegebenen kognitiven Strukturen die Umwelterfahrungen beeinflussen und daß neue Erfahrungen zu einer Reorganisation der Strukturen führen. Die Tatsache, daß dieser theoretische Ansatz von einer wechselseitigen Beeinflussung von angeborenen und gelernten Faktoren ausgeht, ist nicht nur für ihn charakteristisch: fast alle Theorien sind in diesem Sinne ›interaktionistisch‹. So bezieht sogar Eysencks (1960) weitgehend assoziationistische Theorie konstitutionelle Faktoren wie Konditionierbarkeit und angeborene Lernfähigkeiten mit ein. Maturationistische Stadientheorien (Gesell, 1954) nehmen an, daß sich genetisch festgelegte Stadien in einer Abfolge altersspezifischer Strukturen entfalten. Die Bedeutung der Erfahrung wird jedoch anerkannt: sie gilt als ein Faktor, der die Art der Strukturentfaltung beeinflußt.

Die entscheidenden theoretischen Unterschiede mit Hinsicht auf das Problem der Wechselwirkung ergeben sich aus der Art der Bestimmung des Ursprungs der sich entwickelnden Strukturen. Der Reifungstheoretiker nimmt an, daß sie ausschließlich aus angeborenen Codes stammen. Für den Assoziationstheoretiker stammt das moralische Denken gänzlich aus der Umwelt, da kulturelle Normen direkt internalisiert werden. Für den Entwicklungstheoretiker sind die Strukturen des moralischen Bewußtseins weder im Organismus eingebaut, noch sind sie bloße Abbilder der Realität; die Entwicklung des moralischen Bewußtseins fußt auf Prozessen, in denen die äußere Realität integriert und an die Struktur des Organismus angepaßt wird. Das Denken ist ein Ergebnis der Versuche des Organismus, die Realität zu strukturieren – nicht Resultat der Entfaltung angeborener Schemata oder der Internalisierung von Strukturen der Umwelt.

Der entwicklungstheoretische Ansatz ist in dem Sinne ›interaktionistisch‹, daß die Strukturen aus der Kombination von biologischen Merkmalen und Erfahrungen hervorgehen sollen; die Auseinandersetzung des Organismus mit seiner Umwelt ist teilweise durch biologische Organisationsprinzipien, nämlich Adaptation und Gleichgewichtserhaltung (Piaget, 1947), bedingt. Das Problem ist jedoch komplexer, da die Theorie vielgestaltige Wechselwirkungen veranschlagt. In jedem Entwicklungsstadium werden Veränderungen durch die Interaktion von Erfahrung und stadienspezifischen Strukturen des Kindes hervorgerufen. Die vorhandenen Strukturen beeinflussen die Erfahrung der Umwelt, und durch die Wechselwirkung dieser Strukturen mit neuen Erfahrungen wird eine Strukturreorganisation induziert. Der Einfluß von Erfahrungen kann daraufhin analysiert werden, wie ein Kind mit einer bestimmten Struktur sich mit ihnen auseinandersetzt. Die Strukturen des Kindes wurden im Verlauf des Entwicklungsprozesses erworben und durch die Interaktion von organischer Ausstattung und vorangegangener Erfahrung geformt. Man muß von multiplen Wechselwirkungen ausgehen, da neue Erfahrungen in gewisser Hinsicht mit den früheren Erfahrungen – so wie sie sich in der gegebenen Struktur niedergeschlagen haben – verknüpft werden.

In den folgenden Passagen dieses Artikels werden Stadien der Entwicklung des moralischen Bewußtseins, die qualitativ verschiedene Arten moralischen Denkens definieren, diskutiert. Der Beschreibung einiger der charakteristischen Merkmale von Entwicklungsstadien folgt eine Reihe von Experimenten, in denen Hypothesen über die moralische Entwicklung geprüft werden sollten.

Es werden 3 Gruppen von empirischen Evidenzen diskutiert: (a) Die Ergebnisse zweier Untersuchungen, in denen geprüft wurde, ob die Abfolge der Stadien tatsächlich als invariant und hierarchisch gelten kann, indem man analysierte, wie Kinder neue moralische Begriffe handhaben. (b) Eine Untersuchung der Rolle, die frühere Stadien im Denken eines inzwischen fortgeschritteneren Individuums spielen; dabei werden sich sowohl die theoretischen wie methodologischen Kriterien, die man benötigt, um die Funktionen früherer Stadien in einer hierarchischen Folge zu bestimmen, herausschälen. (c) Der allgemeine Befund, daß die meisten Individuen Strukturen aus verschiedenen Stadien verwenden. Dabei sollen Daten vorgetragen werden, die bestimmte Annahmen über die Wechselwirkungen von Stadienmischung und Modalstadium im Prozeß der Entwicklung abstützen.

Will man die Transformationen innerhalb einer Entwicklungsreihe verstehen, dann muß man theoretische und empirische Untersuchungen von Sequentialität, Stadienmischung, und Gleichgewichtsprozessen berücksichtigen. Dieser Aufsatz schließt daher mit einer Diskussion von Untersuchungen, die den Einfluß von gleichgewichtsstörenden Faktoren auf den Übergang von einem Stadium zum nächsten behandeln.

MERKMALE VON ENTWICKLUNGSSTADIEN

Eines der konstitutiven Merkmale von Entwicklungsstadien – wie Piaget (1954) sie definiert hat – besteht darin, daß sie ›strukturierte Ganzheiten‹ darstellen. Daher legt ein moralisches Stadium eher fest, wie moralisch geurteilt wird, als daß es irgend etwas über den Grad der Übereinstimmung mit den kulturell ›richtigen‹ Reaktionen aussagen würde – die Unterschiede zwischen den Stadien sind eher qualitativ als quantitativ. Ein weiteres charakteristisches Merkmal besteht darin, daß Invarianz der Abfolge postuliert wird: jedes Stadium muß in der vorgeschriebenen Reihenfolge durchlaufen werden.

Der Stadienbegriff ist – so wie er innerhalb dieses Ansatzes benutzt wird – nicht nur ein deskriptiver Begriff. Während die Stadien die Struktur des kindlichen Denkens zu einem gegebenen Zeitpunkt auch beschreiben, besteht ihre zentrale Funktion doch in der ›Erklärung‹. Ohne Kenntnis von der Struktur des Organismus gibt es keine Erklärung von Entwicklungsprozessen. Die Zuordnung zu einem bestimmten Stadium erleichtert die Erklärung der Auseinandersetzung des Individuums mit seiner Umwelt und der Umwelteinflüsse auf das Individuum. Weiterhin wird dadurch die Entwicklung der aufeinanderfolgenden Stadien verständlich, weil jedes Stadium auf dem vorangehenden aufbaut. Der Zustand des Organismus und die Übergangsfaktoren sind bei der Erklärung von Veränderungen untrennbar miteinander verbunden.

Im Verlauf des Entwicklungsprozesses, der als Funktion der Interaktion einer gegebenen kognitiven Struktur und der Erfahrung zu denken ist, verarbeitet das Kind eine breite Vielfalt von Stimuli und setzt sich mit einer weiten Umwelt auseinander. Das Kind reagiert jedoch stärker auf bestimmte Aspekte dieser Umwelt als auf andere. Man muß daher herausfinden, auf welche Aspekte der Umwelt das Kind reagiert, und untersuchen, wie die Auseinandersetzung mit der Umwelt zu Veränderungen führt. Die Stärke des Umwelteinflusses hängt weitgehend davon ab, wieweit das Niveau der ›angebotenen‹ Begriffe mit dem Entwicklungsniveau des Individuums übereinstimmt. Einige Aspekte der Umwelt werden unter, andere auf dem gleichen, und noch andere über dem Niveau des Individuums liegen. Umweltaspekte können jedoch knapp oder weit über dem Entwicklungsniveau eines Individuums liegen. Wir behaupten hier, daß das Kind beständig einem breiten Spektrum von Umwelteinflüssen ausgesetzt ist, daß diese jedoch am besten verstanden werden können, wenn sie im Verhältnis zur Struktur des Kindes definiert werden.

In den Frühphasen wird ein breiter Bereich der Umwelt des Kindes, der als strukturell höher entwickelt zu gelten hat, nur einen minimalen Einfluß auf seine strukturelle Entwicklung ausüben. Das Kind kann nur mit den Aspekten seiner Umwelt umgehen, die seinem eigenen Entwicklungsniveau am nächsten liegen. Es muß jedoch darauf hingewiesen werden, daß diese Art der Darstellung der Umwelt teilweise artifiziell ist, weil die Umwelt das sich entwickelnde Kind global und spezifisch beeinflußt. Obwohl sich unsere Diskussion auf die spezifischen Einflüsse konzentriert, sollte die Tatsache, daß die Umwelt als ganze die Entwicklung auch weitgehend prägt, nicht vergessen werden.

Dem Übergang zum nächsten Stadium geht eine Veränderung des Umweltausschnitts, der das Kind beeinflußt, einher. Einige Umweltaspekte, die vorher zu weit entfernt waren, liegen jetzt näher an seinem Niveau – evtl. nahe genug, um assimiliert zu werden. Nicht die Umwelt als solche hat sich verändert, sondern ihr Verhältnis zur Struktur des Kindes. Begriffe, die die Möglichkeiten des Kindes im ersten Stadium weit überschritten, können, obwohl sie die gleichen geblieben sind, ›nahe‹ genug sein, um die Entwicklung des Kindes im zweiten Stadium zu beeinflussen. Andererseits können einige Aspekte der Umwelt, die im ersten Stadium noch nicht begriffen werden können und die deshalb auch keine Entwicklungsprozesse auslösen können, das Kind auch noch im zweiten Stadium überfordern. Diese können dann evtl. im dritten oder vierten Stadium aufgegriffen werden.

Nachdem die Veränderungen der Art, wie konstante Umweltereignisse auf die Entwicklung des Kindes beim Durchlaufen der Stadien einwirken, hervorgehoben wurden, sollte nun auf die Tatsache hingewiesen werden, daß sich mit der – chronologischen und strukturellen – Entwicklung des Kindes auch die Umwelt selbst verändert. Wir nehmen an, daß sich konstante und alters-spezifische Umweltfaktoren kombinieren: das jüngere Kind wird nicht mit all den Erfahrungen des älteren Kindes konfrontiert. Beispielsweise verändert sich das Niveau der Erziehungsanforderungen, die an das Kind gestellt werden, beständig; auch die Struktur der Interaktionsnetze, die Verantwortlichkeiten, die es übernehmen muß, und die Rollen, die es spielen muß, variieren mit Alter. Immer neue Einflußfaktoren, die das strukturelle Niveau des Kindes überschreiten, werden mit seiner Entwicklung wirksam, während viele andere – unterhalb seines Entwicklungsstadiums – tendenziell aus seinem Handlungsfeld verschwinden.

EXPERIMENTELLE UNTERSUCHUNGEN ÜBER DIE HIERARCHISCHE ORGANISATION DER MORALISCHEN STADIEN

Wir haben einige experimentelle Untersuchungen durchgeführt, um die hier diskutierten Entwicklungsprozesse zu validieren und genauer zu erkunden. In der ersten Studie (Turiel 1966) wurde versucht, einige entwicklungspsychologische Hypothesen über Kohlbergs moralische Stadien experimentell zu testen. Wie schon erwähnt, fordert Kohlberg (1963a, 1968) von seinen Stadien Invarianz der Abfolge: ein gegebenes Stadium kann nur erreicht werden, wenn alle vorangehenden durchlaufen wurden. Er gründet seine Theorie (a) auf Daten über altersabhängige Trends in verschiedenen Kulturen, die der postulierten Abfolge entsprechen (Kohlberg 1968) und (b) auf weniger indirekte Evidenzen für die Invarianz der Abfolge, die sich aus dem Befund ergeben, daß sich bei entsprechenden Messungen Guttmann-artige Korrelationsmuster ergeben, die man bei in einer Entwicklungssequenz angeordneten Stadien erwarten sollte (Kohlberg 1963a, S. 16/17); und (c) schließlich auf Longitudinal-Untersuchungen, die auch für die geforderte Sequenzialität sprechen (Kohlberg 1968).

Eine unserer Studien stützt die Hypothesen durch experimentelle Evidenzen. In ihr wurden die folgenden zwei entwicklungspsychologischen Hypothesen getestet:

Die Abfolge der 6 Stadien der Entwicklung des moralischen Bewußtseins ist invariant. Da die moralische Entwicklung als selbsttätiger Prozeß der Strukturierung der Umwelt durch den Organismus abläuft, unterliegt die Abfolge der Strukturen einer logischen Notwendigkeit.

Im Übergang vom einen Stadium zum nächsten werden die alten Strukturen reorganisiert und ersetzt. Der Begriff der Reorganisation impliziert, daß sich in der Entwicklung eine Struktur in eine neue verwandelt, wobei die frühere Struktur Teil der jeweils folgenden Struktur wird (Piaget 1954). Eine solche Transformation besteht jedoch nicht einfach darin, daß neue Elemente hinzukommen, sondern darin, daß die einzelnen Strukturelemente zu neuen, qualitativ verschiedenen Mustern zusammengefügt werden.

Unsere erste Hypothese impliziert, daß ein Kind, das mit moralischen Vorstellungen konfrontiert wird, die über seinem eigenen Niveau liegen, nur die Vorstellungen assimilieren kann, die knapp über seinem eigenen Entwicklungsstadium liegen; die Vorstellungen eines noch höheren Entwicklungsniveaus sollten nicht verarbeitet werden können, da das auf ein Überspringen von Stadien hinauslaufen würde. Unsere zweite Hypothese impliziert, daß Kinder dazu tendieren, Denkstrukturen, die unter ihrem eigenen Entwicklungsniveau liegen, zu verwerfen. Wenn Entwicklungsprozesse tatsächlich eine Reorganisation bewirken, dann müssen die niederen Stadien zugunsten der höheren ersetzt werden. Ein Kind, dem ein inzwischen überwundener Denkstil ›angeboten‹ wird, wird diesen daher nicht in sein eigenes Denken aufnehmen.

Diese Hypothesen wurden dadurch überprüft, daß man die Versuchspersonen mit Argumenten des nächstfolgenden, des übernächsten oder des gerade überwundenen

Stadiums konfrontierte. Das Experiment verlief in drei Schritten. Zunächst hatten sich die Probanden einem Pretest zu unterziehen, der aus 6 Dilemmata des Kohlbergschen Interviews bestand. Mit Hilfe standardisierter Auswertungsverfahren (Kohlberg 1958) wurde die Stadienzugehörigkeit der Probanden bestimmt und diejenigen, die den Stadien 2, 3 und 4 zugeordnet wurden, wurden für den Fortgang des Experiments ausgewählt. Zwei Wochen nach dem Pretest wurde dann ein Experiment durchgeführt, bei dem alle VPn bis auf eine Kontrollgruppe mit neuen moralischen Begriffen konfrontiert wurden. Einer Teilgruppe wurden Argumente, die dem unmittelbar ihrem eigenen Entwicklungsstadium vorangehenden angehörten (− 1-Bedingung), vorgetragen; der zweiten Teilgruppe wurden solche des unmittelbar folgenden (+ 1-Bedingung) und einer dritten Teilgruppe solche des übernächsten Stadiums präsentiert.

In der Experimentalsituation mußten die Probanden drei der nicht im Pretest benutzten Situationen aus dem Kohlberg-Fragebogen durch Rollenspiel simulieren. Die Versuchspersonen wurden angewiesen, die Rolle der Hauptperson zu übernehmen und zwei Freunde um Rat zu fragen. Die Rollen der Freunde wurden durch den Versuchsleiter gespielt. In jeder Stituation benutzten die Freunde Argumente des experimentell vorgesehenen Stadiums: der eine Freund sprach sich für die eine Seite der am Konflikt beteiligten Parteien, der andere Freund für die entgegengesetzte Seite aus. Beispielsweise riet ein ›Freund‹ einem Probanden der Stufe 2, dem Argumente der Stufe 3 (unter der + 1-Bedingung) vorgetragen wurden, die Arznei zu stehlen (vgl. das oben wiedergegebene Kohlberg-Dilemma), während der zweite ›Freund‹ dafür plädierte, die Arznei nicht zu stehlen, wobei beide Freunde auf Stufe 3 argumentierten. Alle im Experiment verwendeten ›Ratschläge‹ wurden unter Rekurs auf die Vercodungsanweisungen von Kohlberg (1958) entworfen.

Um die Auswirkungen der experimentellen ›Behandlung‹ festzustellen, mußten sich alle Probanden dann im 3. Schritt eine Woche nach Ablauf des Experiments einem Posttest unterziehen. Da dieser 9 moralische Dilemmata enthielt – nämlich die 6 in Pretest und die 3 im Experiment verwendeten –, ließen sich zwei Maße für die Auswirkungen der Konfrontation mit stadienspezifischen Argumenten gewinnen. Ein Maß, das sich aus den Reaktionen auf die 3 im Experiment verwendeten Dilemmata herleitete, erfaßte die *direkten* Auswirkungen des experimentellen Beeinflussungsversuchs. Die Posttest-Reaktionen auf die anderen 6 Dilemmata maßen die Fähigkeit der Probanden, Lerneffekte generalisierend auf andersartige Situationen zu übertragen (*indirekter* Einfluß).

Die eindeutigsten und wichtigsten Befunde ergaben sich aus der Messung des direkten Einflusses. Wie erwartet ergaben sich unter der ›+ 1-Bedingung‹ die stärksten Lerneffekte. Probanden, denen Argumente des jeweils nächst folgenden Stadiums vorgetragen wurden, verwendeten diese häufig; die Argumente der übernächsten Stufe blieben wirkungslos, und die des vorangehenden Stadiums waren erheblich weniger effektiv als die des jeweils nächstfolgenden. Bei den indirekten Maßen zeigten sich ähnlich Trends in der vorausgesagten Richtung wie bei den direkten, die indirekten Effekte waren jedoch schwächer als die direkten.

Die Ergebnisse dieser Untersuchung weisen darauf hin, daß die moralischen Stadien Bestandteile einer kontinuierlichen Entwicklung darstellen, innerhalb deren Veränderungen durch einer invarianten Abfolge unterworfene Restrukturierungsprozesse hervorgebracht werden. Daß die ›+2-Bedingung‹ nicht bewirken konnte, daß die Versuchspersonen ›+2-Denkstrukturen‹ benutzten, während die ›+1-Bedingung‹ dazu führte, daß die Probanden +1-Denkstrukturen verwendeten, muß als Indikator dafür gewertet werden, daß jedes Individuum einer vorgegebenen Abfolge folgt und daß Stadien nicht übersprungen werden können. Das der ›regressive‹ Einfluß der ›−1-Bedingung‹ schwächer war als der ›progressive‹ der ›+1-Bedingung‹, spricht für die Hypothese, daß neue Stadien durch Restrukturierung und Ersetzung alter Strukturen erreicht werden.

Die Verwerfung von ›−1-Denkstrukturen‹ ist in gewisser Hinsicht verblüffend. Selbst wenn ein älteres Stadium ersetzt wird und daher im kognitiven Apparat des Kindes nicht mehr enthalten ist, stellt dieses frühere Stadium für das Kind doch eine einfachere, kognitiv weniger komplexe Art des Denkens dar. Warum sollte es dann diese Denkart nicht benutzen, wenn sie ihm von einem ›erwachsenen‹ Lehrer nahegebracht wird? Bei den meisten Versuchspersonen kamen das gerade überwundene und das jeweils nächstfolgende Stadium im Verhältnis zu dem dem Individuum zugeordneten Stadium gleich häufig vor. Die Probanden wurden nach den am häufigsten verwendeten stadienspezifischen Argumentationsstrukturen klassifiziert, wobei jedoch immer auch Strukturen anderer Stadien, besonders der unmittelbar benachbarten, vorkamen. Die Kinder versuchten nichtsdestoweniger häufiger, die Begriffe des nächstfolgenden Stadiums als die des gerade überwundenen aufzugreifen, obwohl sie die letzteren leichter verstehen und wiedergeben könnten.[1]

Wenn das Erlernen moralischen Denkens in erster Linie eine Funktion sozialer Verstärkung wäre, hätten die Versuchspersonen die von ihnen bereits überwundenen Denkstrukturen wenigstens nachgeäfft, um den Beifall des erwachsenen Versuchsleiters einzuheimsen. Wenn moralisches Denken durch Orientierung an einem Modell und Nachahmung erworben würde, hätten die Probanden den leichter nachahmbaren Versuchsleiter kopiert – also denjenigen, der Argumente des überholten Stadiums vortrug. Der Begriff der Kompetenzmotivation (White 1959) ist hilfreich, wenn man verstehen will, warum Kinder ›leichteres‹ Denken verwerfen und sich mit den schwierigeren Denkstrukturen auseinandersetzen. Nach White zielen die Auseinandersetzungen des Organismus mit der Umwelt auf ein besseres Verständnis der Umwelt ab. Entwicklungsfortschritt wird durch Versuche, Umweltereignisse in angepaßter Form zu assimilieren, verursacht (Piaget 1947, Werner 1948). Innerhalb einer Entwicklungssequenz verkörpern sich somit in jedem späteren Stadium ein höheres adaptives Potential und ein weniger störungsanfälliges Gleichgewicht als im jeweils vorangehenden Stadium. Dieses Prinzip impliziert, daß die Hauptmotivation des Kindes auf Kompetenz, nicht auf Zustimmung gerichtet ist – indem das Kind einen ›höheren‹ Denkstil benutzen will, lehnt es die ›schlechtere‹ Denkweise ab.[2]

Wenn das Kind mit strukturellem Material umgeht, will es in erster Linie richtig handeln, nicht jedoch den Erwartungen der Erwachsenen nachkommen. Daher resultiert sein Versuch, ›Gleichgewicht‹ auf erhöhtem Niveau herzustellen, in einer stärkeren Übernahme von Denkstrukturen eines höheren Stadiums, die ›nahe‹ genug an seinen eigenen liegen, um verstanden zu werden (+ 1). Die Kompetenzmotivation steuert wahrscheinlich den Erwerb von Denkstilen, nicht notwendig jedoch das Erlernen einer spezifischen Reaktion. Wenn Kohlbergs Stadien eine Serie von kulturell übermittelten Denkmustern darstellen würden, hätte der Erwachsene, der die regressiven (− 1) Reaktionen angeboten hat, den stärkeren Einfluß ausüben müssen; er war jedoch ineffektiv, weil struktureller Wandel durch die Kompetenzmotivationen gesteuert wird. In anderen Untersuchungen (Bandura/McDonald 1963) wurden einige Aspekte von Piagets Stadien des moralischen Urteils so verwendet, daß spezifische Reaktionen *ohne* Veränderungen auf der begrifflichen Ebene gelernt werden konnten. Die Ergebnisse von Bandura und McDonald widersprechen denn auch erwartungsgemäß unseren eigenen.

Die Interpretation unserer Ergebnisse unter Rekurs auf die Kompetenzmotivation und auf erweiterte und adaptivere Formen der Gleichgewichtsbildung baut auf den Annahmen auf, daß das gerade überwundene Stadium vom Kind leichter verstanden wird als die noch vor ihm liegenden Phasen und daß letztere für besser gehalten werden als die bereits überwundenen Stadien. Eine andere Untersuchung (Rest, Turiel und Kohlberg 1969), die die erste Studie replizieren und einige von deren Implikationen überprüfen sollte, untermauert diese Annahmen unmittelbar. Die Untersuchung von Rest, Turiel und Kohlberg ging von den Hypothesen aus, daß (a) die Probanden Urteile, die über ihrem dominanten Niveau liegen, für besser halten als solche, die unter ihrem Niveau liegen; und (b), daß höhere Stadien zunehmend schwerer zu verstehen sein würden als niedrigere.

In dieser Studie wurden die Probanden zunächst aufgrund der Ergebnisse eines Pretest-Interviews nach moralischer Stadienzugehörigkeit klassifiziert. Es nahmen 45 Jungen und Mädchen von der 8. bis zur 11. Klasse teil, deren dominantes Stadium zwischen 1 und 4 variierte. Die Probanden wurden in stadienspezifische Gruppen eingeteilt und so gruppiert eine Woche nach der Voruntersuchung noch einmal getestet. In dieser zweiten Sitzung gab man ihnen zwei Broschüren, in denen jeweils ein moralisches Dilemma beschrieben wurde. (Benutzt wurden Dilemma 2 und 3, wobei 3 sich auf das oben beschriebene Problem des Arzneidiebstahls für die totkranke Frau bezieht.) Im ersten Teil der Broschüre stand eine etwas veränderte Form des Dilemmas. Das Ende der Geschichte 3 sah beispielsweise folgendermaßen aus: ›Heinz wußte nicht, was er in dieser schwierigen Situation machen sollte. Daher besuchte er einige seiner Freunde und bat sie um Rat. Auf der nächsten Seite stehen die Namen der 6 Freunde, die Heinz aufsuchte, und hinter jedem Namen ist der Rat, den dieser Freund gab, aufgeführt.‹

Der nächste Teil der Broschüre enthielt die ›Ratschläge‹ der 6 Freunde. Die entsprechenden Aussagen, die den in der experimentellen Situation der vorangehenden Studie verwendeten ähnelten, entsprachen jeweils einem moralischen Stadium. Die 6 Aussagen lagen im Verhältnis zum dominanten Stadium der Probanden immer auf 3 verschiedenen Niveaus. Zwei jeweils für die entgegengesetzte Entscheidung plädierende Aussagen gehörten zu dem genau unter (−1), zwei zu dem genau über (+1), und zwei zu dem zwei Schritte über (+2) dem dominanten Stadium des Probanden liegenden Entwicklungsstadium.

Die Versuchspersonen wurden gebeten, die Ratschläge genau zu lesen, und dann wurden ihnen einige schriftliche Fragen über diese Aussagen vorgelegt.

a. Sie sollten die beiden Freunde, die den besten Ratschlag gegeben hatten, auswählen und angeben, warum sie diese beiden gewählt hatten.

b. Sie sollten dasselbe für die beiden Freunde, die den schlechtesten Ratschlag gegeben hatten, tun.

c. Sie sollten angeben, welcher Ratschlag der ›cleverste‹ und welcher der im moralischen Sinne beste sei und ihre jeweilige Entscheidung begründen.

d. Sie sollten weiterhin annehmen, sie seien einer der Freunde, z.B. von Heinz, und müßten selbst einen Ratschlag geben.

Eine der beiden Testanweisungen (Situation 3) enthielt auch die Aufforderung, sich die Ratschläge noch einmal in Erinnerung zu rufen.

Von den Antworten auf diese Fragen ließ sich ablesen, ob die Probanden eher progressive oder eher regressive Aussagen bevorzugten. Die Prozentzahlen der Nennung von −1-, +1- und +2-Aussagen als beste bzw. schlechteste sind in Tabelle 5.1 zusammengefaßt.

Tabelle 5.1
Prozentsätze der Wahl von Ratschlägen verschiedener Stadienzugehörigkeit für alle Probanden (Aus: Rest, Turiel, Kohlberg 1969)

Stadienzugehörigkeit des Ratschlags	Allgemeine Präferenz (bester, cleverster und moralisch guter Ratschlag)	schlechtester Ratschlag
−1	15	51
+1	43	23
+2	42	26

Die Ergebnisse weisen eindeutig darauf hin, daß die Versuchspersonen Aussagen ›über‹ für besser hielten als solche ›unter‹ ihrem eigenen Niveau. Die −1-Aussagen wurden signifikant häufiger als schlechteste Ratschläge gewählt als die +1- oder +2-Vorgaben (p .01). Umgekehrt wurden die +1- und +2-Aussagen eindeutig für besser befunden als die −1-Aussagen (p .01); aus den Resultaten geht weiter hervor, daß die beiden ›progressiven‹ Vorgaben gleich stark bevorzugt wurden.

Bei der Begründung ihrer jeweiligen Präferenzen wiederholten die Probanden in der Regel in etwa die ihnen vorgelegte Aussage. Diese spontanen Wiederholungen und die Antworten auf die Rekapitulierungsfrage wurden nach Stadienzugehörigkeit vercodet und konnten als Maß für Verständnisgrad benutzt werden. Aus Tabelle 5.2 geht hervor, daß die Genauigkeit der Wiederholung mit zunehmender Stadienhöhe abnimmt: Die Wiederholungen von −1-Aussagen waren sehr genau, die von +1-Aussagen mäßig und die von +2 am wenigsten genau. Diese Ergebnisse (p .001) und der Befund, daß −1 Statements am häufigsten erinnert werden konnten, lassen den Schluß zu, daß überwundene Stadien leichter verstanden werden können als die noch vorausliegenden.

Tabelle 5.2
*Prozentsatz von Rekapitulationen stadienspezifischer Ratschläge**

Stadium des rekapitulierten Ratschlags	Stadium der Rekapitulation −3	−2	−1	0	+1	+2	+3
Präferenz für −1	06	03	*64*	14	11	02	00
−1 als schlechtester Ratschlag	02	06	*79*	11	02	00	00
Präferenz für +1	03	05	27	.18	*43*	03	00
+1 als schlechtester Ratschlag	04	06	34	16	*36*	04	00
Präferenz für +2	02	07	18	19	26	*28*	00
+2 als schlechtester Ratschlag	05	05	57	05	00	*30*	00
Auf Aufforderung hin erinnerter Ratschlag	05	08	38	15	25	09	00

Tabelle 5.2, in der auch die ungenauen Wiederholungen aufgeführt sind, enthält weitere Indizien dafür, daß die Probanden bei höheren Stadien größere Verständnisschwierigkeiten haben als bei niederen. Ungenaue Wiederholungen von Ratschlägen einer höheren Entwicklungsstufe (+1 und +2) wurden in der Regel so verzerrt, daß sie dem dominanten Stadium des Probanden (0) oder dem diesem vorausliegenden Stadium (−1) zuzuordnen waren – wobei vor allem der als besonders gut ausgezeichnete Ratschlag an das eigene Stadium angeglichen wurde. Von diesem Befund her läßt sich der Ablauf der Interaktion zwischen Organismus und Umwelt weiter klären. Das Kind ist auf jeder Entwicklungsstufe mit einer Vielzahl von Umweltereignissen verschiedener Stadienzugehörigkeit konfrontiert. Einige der Ereignisse überschreiten das Niveau des Individuums zu weit, um Strukturwandel auszulösen. Dem Individuum begegnen jedoch immer wieder – wie in unserer +2-Bedingung – fortgeschrittenere Denkstrukturen in seiner Umwelt. Unfähig, diese entwickelteren Konzeptionen zu begreifen, verzerrt sie das Subjekt, um sie handhabbar zu machen, und interpretiert sie im begrifflichen Rahmen seines eigenen Stadiums.

An einem Beispiel aus der Studie von Rest, Turiel und Kohlberg läßt sich zeigen, was ein Kind mit Begriffen, die sein Potential überschreiten, anfängt. In diesem Falle äußerte ein Stadium-2-Kind eine Präferenz für eine Stadium-4-Aussage. Der dem Kind vorgelegte Ratschlag lautete:

* Aus: Rest, Turiel, Kohlberg, 1969.
Die kursiven Zahlen beziehen sich auf korrekte Wiedergaben der vorgelegten Ratschläge.

»Du solltest die Arznei nicht stehlen. Auch wenn du verzweifelt bist, bleibt es doch immer falsch, zu stehlen. Der Apotheker handelt falsch, er sollte dir das Medikament billiger verkaufen, aber aus einem doppelten Unrecht wird kein Recht. Der Apotheker verfügt rechtmäßig über die Arznei, da er hart arbeiten mußte, um sie zu erfinden. Du verletzt die Rechte des Apothekers, wenn du sie einfach stiehlst.«

Die Versuchsperson gab folgende Begründung für ihre Präferenz für diese Aussage:

»Karin gab den besten Rat, weil sie dachte, daß Stehlen Hilda überhaupt nicht helfen würde. Wenn sie warten würde, würde der Apotheker ihr das Medikament billiger verkaufen.«

Während das vorgelegte Statement die für Stadium 4 charakteristischen Begriffe von absoluter Unrichtigkeit und Eigentumsrechten enthält, interpretiert diese VP die Aussage ganz im Rahmen der hedonistischen Begriffe seines eigenen Stadiums (2). Ein derartiger Assimilationsprozeß führt wahrscheinlich nicht zu Strukturwandel: die zu Stadium 4 gehörenden Konzepte werden das Denken eines Kindes auf dem 2. Stadium nicht verändern, wenn sie im Rahmen von Begriffen des 2. Stadiums ›erfahren‹ werden.

Konfrontationen mit −1-, +1- und +2-Aussagen sollte am ehesten zu einer Verstärkung von +1-Denken führen, da die Stadien einer invarianten Abfolge unterworfen sind. Um die Auswirkungen der experimentell induzierten Erfahrung zu bestimmen, wurden die Einstufungswerte der Rekapitulierung und des ›eigenen Ratschlags‹ von den Pretest-Scores abgezogen. Die sich so für jedes Maß ergebenden ›Veränderungs-Werte‹ zeigten, daß +1-Denken erheblich häufiger als −1- oder +2-Denken vorkam (p .01). Wenn Orientierung an einem Modell und Verstärkung die entscheidenden Lernmechanismen der Moralentwicklung wären, würden wir erwarten, daß die Kinder von den ihnen von Erwachsenen vorgelegten Aussagen die leichter zu begreifenden übernehmen würden. Der Befund, daß sie Denkstrukturen assimilieren, die schwieriger zu verstehen sind, aber höher bewertet werden, deckt sich mit den Konzepten der Gleichgewichtserhaltung (Piaget 1947; Kohlberg 1963a) und der Kompetenzmotivation (White 1959).

DIE FUNKTION VON FRÜHEREN STADIEN INNERHALB EINER ENTWICKLUNGSHIERARCHIE

Innerhalb entwicklungstheoretischer Ansätze ist es besonders wichtig, die Rolle, die eine phasenspezifische Struktur innerhalb des Denkens eines Individuums spielt, nachdem es die entsprechende Phase überwunden hat, zu untersuchen. Das Modell des hierarchischen Stadienaufbaues (Rest, Turiel und Kohlberg 1969; Werner 1937, 1948) baut auf der Annahme auf, daß jedes überwundene Stadium aufgehoben wird und zugänglich bleibt, obwohl die früheren Stadien den späteren untergeordnet werden; und zwar kann nur unter besonderen Bedingungen wie Frustration, Streß (Barker, Dembo und Lewin 1943) pathologischen Zuständen oder unter experimentell erzeugten Bedingungen von Primitivisierung (Werner und Kaplan 1963) auf die früheren Stadien zurückgegriffen werden. Die theoretische Bedeutung der Zugänglichkeit früherer Denkstile hat man in der ganzen Breite ihrer Implikationen jedoch noch nicht klar verstanden. Einige Ergebnisse unserer Untersuchung (Rest, Turiel und Kohlberg 1969), die darauf hinweisen, daß die überwundenen Stadien nur ungern benutzt werden, zeigen, daß die Implikationen des hierarchischen Modells einer genaueren Analyse bedürfen.

Die Fähigkeit der Versuchspersonen dieser Studie, Aussagen, die unter ihrem eigenen Niveau liegen, zu rekapitulieren, läßt sich als Indiz dafür sehen, daß die Konzepte der früheren Stadien begriffen werden. Dieselben Personen verwarfen auch die überwundenen Stadien zuzuordnenden Ratschläge (Tabelle 5.1) und nahmen diese nicht in ihr eigenes Denken auf. Eine Untersuchung der Gründe, die für die Verwerfung von Argumenten überholter Stadien angegeben wurden, läßt deutlich werden, daß die niedrigeren Phasen nicht immer leicht zugänglich sind. Die Probanden hielten die Aussagen der niedrigeren Niveaus für ›falsches Denken‹, konnten dieses jedoch sehr wohl verstehen. Ein Proband auf dem Stadium 2 begründete beispielsweise seine Ablehnung von zwei Stadium-1-Aussagen wie folgt:

»Albert sagt, man sollte petzen, um mit seinem Vater keinen Ärger zu bekommen. Robert sagt, man sollte nichts weitererzählen, weil man sonst von Joe verprügelt wird. Er bringt Alex auf falsche Gedanken, indem er ihm erzählt, daß sein Bruder ihn verprügeln wird.«

Wie andere Probanden, die an ›instrumentellen Bedürfnissen‹ und ›Austausch‹ orientiert sind (Stadium 2), hat diese Versuchsperson die Orientierung an Strafe und Gehorsam, die für Stadium 1 charakteristisch ist, verstanden, konnte sie aber nicht als angemessene Art der Definition von ›richtig‹ und ›falsch‹ akzeptieren.

Derartige Phänomene lassen sich auf allen Stufen der Entwicklungssequenz identifizieren: Individuen auf dem 3. Stadium, die sich an sozialer Billigung orientieren, können die Definitionen von ›richtig‹ und ›falsch‹, wie sie im zweiten Stadium gegeben werden, nicht gutheißen. Eine der Stadium-2-Aussagen plädierte mit Rücksicht auf einen Bruder für Verschweigen, weil man diesen eines Tages um einen Gefallen bitten müßte. Versuchspersonen auf dem dritten Stadium dachten typischerweise, daß das falsch sei, weil:

»Die Regel ›Wenn du das tust, dann werde ich das tun‹ gefällt mir nicht, weil man Entscheidungen nicht wegen der aus ihnen folgenden Vorteile treffen sollte.«

In gleicher Weise wird von der an Regeln und Autorität orientierten Denkweise des 4. Stadiums her über Aussagen des 3. Stadiums geurteilt: moralisches Verhalten sollte nicht von sozialer Billigung abhängen. Die Bewertungen der Argumente früherer Phasen machen deutlich, daß diese überwundenen Phasen keine vom Selbst akzeptierten Bestandteile des Persönlichkeitssystems darstellen. Eine Denkweise, die stringent als inadäquat und falsch verworfen werden kann, ist vermutlich eine, für die man besseren Ersatz hat.

Aus diesen Ergebnissen wird man schließen dürfen, daß die Entwicklung einer ›progressiven‹ Tendenz unterliegt und daß Regressionen unter normalen Bedingungen nicht vorkommen. Theoretische und methodologische Unklarheiten mit bezug auf das Verhältnis von Struktur und Inhalt können den Eindruck entstehen lassen, daß überwundene Denkweisen benutzt werden, wenn das gar nicht der Fall ist. Man kann sich das an interkulturellen Untersuchungen über die Entwicklungen des Traumbegriffs (Kohlberg 1966a) klarmachen. Kohlberg hat mit einem standardisierten Fragebogen den Traumbegriff von Kindern untersucht und, wie Piaget (1929), herausgefunden, daß jüngere Kinder glauben, Träume seien externe reale Ereignisse. Nach Piaget halten diese Kinder Träume für extern, weil sie im Stadium des Realismus befangen sind – einem Stadium, in dem das Kind nicht zwischen objektiven und subjektiven Phänomenen unterscheiden kann. Kohlberg konnte auch den allmählichen, in 6 Stufen verlaufenden Prozeß der Herausbildung des Konzepts des Traumes als eines internen Geschehens genauer beschreiben. Das durchschnittliche amerikanische Kind erreicht die letzte Stufe etwa im Alter von 7 Jahren. Die 6 Stufen sind:

Stufe 1 *Nicht real.* Man erkennt, daß Objekte und Handlungen im Traumgeschehen nicht wirklich im Traum existieren.

Stufe 2 *Unsichtbar.* Man erkennt, daß andere Leute den Traum nicht sehen können.

Stufe 3 *Innerer Ursprung.* Man erkennt, daß der Traum *von innen* kommt.

Stufe 4 *Interner Ablauf.* Man erkennt, daß das Traumgeschehen im Inneren abläuft.

Stufe 5 *Nicht materiell.* Man erkennt, daß Träume keine materiellen Substanzen, sondern Gedankengebilde sind.

Stufe 6 *Selbst erzeugt.* Man erkennt, daß Träume nicht durch Gott oder andere Agenten hervorgebracht werden, sondern durch die eigenen Denkprozesse verursacht sind.

Ein ähnliches Interview wurde mit Jungen im Alter von 8–20 Jahren durchgeführt, die zu einem vorhochkulturellen Eingeborenenstamm in Formosa, den Atayal, gehörten. Der Stamm der Atayal glaubt an die Realität von Träumen – glaubt also, daß Träume auf Geister zurückgehen, die die Seele dazu bewegen, während des Traums den Körper zu verlassen und reale Erfahrungen zu machen. Die jüngeren Atayal-Jungen beantworteten die Fragen des Traum-Fragebogens genauso wie jüngere amerikanische Kinder. Bis zum Alter von 11 Jahren durchliefen die Jungen der Atayal – wenngleich langsamer als amerikanische Kinder – dieselbe Stufenfolge bei der Annäherung an eine subjektive Auffassung von Träumen. Das durchschnittliche, 11 Jahre alte Kind der Atayal hält Träume für Produkte des Denkens und nicht für materielle Substanzen (Stufe 5). Nach dem Alter von 11 Jahren ließ sich jedoch eine Abweichung feststellen. Der durchschnittliche 12jährige Atayal befand sich auf Stufe 4 statt auf Stufe 6 und der durchschnittliche 20jährige war noch weiter regrediert, auf Stufe 3 nämlich.

Zu den interessanten Aspekten dieser Untersuchungen gehört, daß in der Entwicklung der Kinder der Atayal eine Tendenz zur Durchsetzung einer subjektiven Traumauffassung genau wie bei amerikanischen oder Schweizer (Piaget 1929) Kindern feststellbar ist. Da die amerikanische und Schweizer Erwachsenenkultur eine subjektive Auffassung von Träumen enthält, könnte sich der Anschein ergeben, daß das sich entwickelnde Kind die in kulturellen Systemen enthaltenen Vorstellungen einfach internalisiert. Die Kinder der Atayal leben jedoch in einer Kultur, die keine subjektive Traumauffassung vertritt, und nähern sich dennoch an eine solche Konzeption an. Kohlberg (1966a) hat zu Recht darauf hingewiesen, daß diese Ergebnisse so interpretiert werden müssen, daß der begriffliche Apparat eines Kindes nicht unmittelbares Erzeugnis der Lehre kultureller Gehalte ist. Die Traumbegriffe von Atayal-Kindern verdanken sich kognitiven Urteilen über das Wesen von Träumen.

Nichtsdestoweniger hat die im kulturellen System verankerte Traumkonzeption einen erheblichen Einfluß auf die ontogenetische Entwicklung von Begriffen. Vom 11. Lebensjahr ab begannen die Kinder der Atayal früheren Stadien entsprechend und in Übereinstimmung mit der offiziellen kulturellen Ansicht zu reagieren; die 20jährigen griffen daher wieder auf eine Traumauffassung zurück, die sie im Alter von 8 Jahren hatten. Aber sind sie regrediert? Hat man anzunehmen, daß das Denken eines 20jährigen Atayal dem eines 5 oder 6 Jahre alten amerikanischen Kindes oder dem eines jüngeren Atayal strukturell ähnelt? Wenn eine derartige Ähnlichkeit vorläge, müßte man annehmen, daß das Denken des 20jährigen Atayal weitgehend von ›Realismus‹ beherrscht ist. Das jüngere Kind hält den Traum für ein externes Phänomen, weil es nicht zwischen Subjektivität und Objektivität unterscheidet. Das Denken des älteren Atayal muß ähnlich wie das des Kindes aussehen, wenn man zwischen Inhalt und kognitiver Struktur nicht unterscheidet. Inhaltlich sind die Antworten offensichtlich identisch – beide Gruppen halten den Traum für etwas extern Verursachtes – die dazu gehörigen Denkprozesse können jedoch divergieren. Während die Reaktionen des Kindes durch ›Realismus‹ bestimmt sind, kann der Erwachsene Träume für extern halten, weil er gehört hat und glaubt, daß es Geister gibt, die über eine gewisse Macht verfügen, einschließlich der, Träume als externes Geschehen zu verursachen. In diesem Falle würden die kognitiven Strukturen und Operationen, die zur selben Schlußfolgerung führen, sehr verschieden sein.

An einem anderen Beispiel, das mit dem kindlichen Egozentrismus (Piaget 1929) zusammenhängt, läßt sich illustrieren, wie das Versäumnis, zwischen Struktur und Inhalt zu unterscheiden, den falschen Eindruck erwecken kann, daß eine Regression vorliegt. Nach Piaget ist das Denken des Kindes animistisch und impliziert den Glauben, daß Ereignisse andere (unabhängige) Ereignisse verursachen können. Das jüngere Kind glaubt daher unter dem Einfluß des Realismus, daß Bestrafungen automatisch von Objekten ausgehen (Piaget 1932) – Piaget sprach in diesem Zusammenhang von ›immanenter Gerechtigkeit‹. Piaget wies beispielsweise nach, daß jüngere Kinder annehmen, daß ein Unfall, der unmittelbar nach einem Vergehen passierte, die direkte Bestrafung für dieses Vergehen ist. In einer von Piaget (1932) Kindern vorgelegten Geschichte fiel beispielsweise ein Junge – nachdem er in einem Obstgarten Äpfel gestohlen hatte – auf seinem Nachhauseweg in einen Fluß, als die Brücke, die er überqueren mußte, zusammenbrach. Kinder im Alter von 6 oder 7 Jahren sagen, der Junge sei ins Wasser gefallen, weil er die Äpfel gestohlen hat, und das wäre nicht passiert, wenn er nicht gestohlen hätte. Demgegenüber glauben ältere Kinder i. d. R.

nicht an immanente Gerechtigkeit und sind überzeugt, daß der Sturz des Jungen nichts mit seinem Vergehen zu tun hat.

Betrachten wir nun einen Erwachsenen, der an die Existenz eines mit bestimmter Macht über Menschen ausgestatteten Gottes glaubt. Er glaube weiterhin, daß sein Gott die Fähigkeit und den Willen hat, Vergehen zu bestrafen; und daß der Gott Verbrechen sehen und eine Brücke zum Einsturz bringen kann, wenn der Schuldige sie überquert. Dieser Mann würde wie Piaget's 7jähriger sagen, der Junge sei ins Wasser gefallen, weil er Äpfel gestohlen hat. Denkt dieser Mann im Stile eines niederen Stadiums? Ist er auf ein früheres Stadium des Denkens, das ihm noch zugänglich ist, regrediert? Obwohl die Reaktion dieses Erwachsenen auf Piaget's Geschichte inhaltlich von der des jüngeren Kindes nicht zu unterscheiden ist, kann man nicht behaupten, sie sei strukturell ähnlich. Wenn das Denken des Erwachsenen nicht animistisch ist, gilt der Begriff der immanenten Gerechtigkeit nicht für sein Denken. Die Unterschiede zwischen diesen beiden Reaktionen liegen in den Mechanismen, die das Individuum bei dieser Art von Gerechtigkeit als wirksam unterstellt. Piaget sagt sehr deutlich, daß die Vorstellungen eines Individuums dann nicht unter die Kategorie ›immanente Gerechtigkeit‹ fallen, wenn vermittelnde Bindeglieder zwischen Vergehen und Bestrafung treten. Piaget fragte die Kinder (1932, S. 254, 255), wie es zu der Bestrafung komme. Diejenigen, die sagten »Das hat Gott gemacht«, galten nicht als noch im Glauben an immanente Gerechtigkeit befangen. Die Frage nach dem ›Wie‹ existiert für Kinder, die an immanente Gerechtigkeit glauben, nicht. Diese Kinder suchen keine Bindeglieder, weil sie annehmen, die Strafe folge dem Vergehen automatisch. Wer an einen Eingriff eines Gottes glaubt, regrediert nicht auf eine frühere Stufe des Denkens, sondern stellt die – seiner Meinung nach relevanten – ›Daten‹ in Rechnung und kommt über einen andersartigen Denkprozeß zu anscheinend ähnlichen Schlußfolgerungen. Um die kognitive Entwicklung zu begreifen, muß man die Operationen und nicht den Gehalt der Reaktionen untersuchen. Analysen von Regressionsphänomenen tendieren dazu, diese Unterscheidungen zu vernachlässigen und gehen von der Annahme aus, daß früheren Denkweisen ähnelnde Reaktionen tatsächlich einen Rückgriff auf diese überholten Strukturen widerspiegeln.

Unter methodologischen Gesichtspunkten ist es für das Verständnis des Aufbaus einer Entwicklungshierarchie von zentraler Bedeutung, angemessen zwischen Struktur und Inhalt zu unterscheiden. Das gleiche gilt für die Bestimmung von Kriterien, die festzustellen erlauben, ob ein Individuum tatsächlich auf eine frühere Stufe der kognitiven Entwicklung zurückgreift. Wir werden zu zeigen versuchen, daß diese beiden Problembereiche – die angemessene Unterscheidung zwischen Struktur und Inhalt und die Angabe von trennscharfen Kriterien – zusammenhängen und stark in das Problem der Zugänglichkeit von früheren Denkstrukturen hineinspielen.

Die in unseren Experimenten aufgetretene Ablehnung der niederen Stadien deutete zwar darauf hin, daß die entsprechenden Schemata nicht in das Denken des Individuums integriert sind, es bleibt aber herauszufinden, ob Kinder unter ›Druck‹ derartige Strukturen wieder akzeptieren würden.[3] Wir haben zwei Untersuchungen durchgeführt, die – hoffen wir – zur Klärung dieser Angelegenheit beitragen können.

In der ersten Studie wollten wir herausfinden, ob die Versuchspersonen dazu neigen, unter Druck in der Entwicklungsfolge voranzuschreiten, und ob sie sich sehr dagegen wehren, zurückgeworfen zu werden. In einem Pretest wurde zunächst die Stadienzugehörigkeit der Versuchspersonen bestimmt. Im zweiten Schritt wurden die Probanden dann mit zwei neuen moralischen Dilemmata konfrontiert. Sie sollten dann erst erörtern, ob das Verhalten des Handelnden in der geschilderten hypothetischen Situation richtig oder falsch war, und dann Argumente für die jeweils entgegengesetzte Auffassung mobilisieren. Danach wurden sie gebeten, ihre ursprüngliche Entscheidung noch einmal zu untermauern und neue Gründe für ihre ursprüngliche Position vorzutragen.

An Situation 3 (Diebstahl eines Medikaments für die totkranke Frau) läßt sich das Vorgehen besser illustrieren. Die Versuchsperson soll zunächst mitteilen, ob es richtig oder falsch war, daß Heinz die Arznei gestohlen hat, um seine Frau zu retten. Nehmen wir an, der Proband habe sich dafür entschieden, daß es von Heinz richtig wäre, die Arznei zu stehlen. Dann erklärt er zunächst, warum Heinz nach seiner Auffassung hätte stehlen sollen. Dann erhält er die Anweisung, die Auffassung, daß es falsch sei zu stehlen, zu unterstützen, wobei ihm gesagt wird, er solle sich vorstellen, es handle sich um eine Debatte, in der er eine Position, so gut er kann, verteidigen muß. Schließlich wird die Versuchsperson gebeten, seine Ausgangsposition (Stehlen ist richtig) noch einmal zu untermauern. Dabei wird er jedoch angewiesen, neue Argumente zu erfinden und keine zu verwenden, die in seiner ersten Aussage vorkamen. Die unter diesen ›restriktiven‹ Bedingungen gegebenen Antworten werden dann nach Stadienzugehörigkeit eingestuft.

Ein derartiges Vorgehen könnte die VPn zwingen, auf Strukturen, die sie nicht spontan benutzen würden, zu rekurrieren. Wir wissen (Turiel 1966; Rest, Turiel, Kohlberg 1969), daß Kinder dazu neigen, höherentwickelte Denkmuster aufzugreifen, wenn man sie ihnen präsentiert. In diesem Experiment werden keine neuen Denkmuster angeboten. Aufgrund der Tendenz, in der Entwicklungsabfolge voranzuschreiten, erwarteten wir, daß die VPn einige Argumente höherer Entwicklungsstufen ausprobieren würden. Die Frage war dann, ob sie sich, nachdem sie diese ›höheren‹ Argumente ›verbraucht‹ haben, auf ihr eigenes Niveau beschränken würden oder ob sie auch überwundene Stadien aufgreifen würden. Würden unter diesen restriktiven Bedingungen Strukturen niederer Stadien wieder benutzt werden, so würde das dafür sprechen, daß die früheren Entwicklungsstufen zugänglich sind. Wenn die älteren Stadien andererseits ersetzt worden wären, würden die Probanden weitgehend vermeiden, sie zu benutzen. Wenn die zuletzt genannte Hypothese triftig wäre, müßten die Probanden im wesentlichen auf ihr eigenes Stadium oder nichtmoralische Begründungen rekurrieren. Wir rechneten mit einem häufigeren Vorkommen von ›progressiven‹ als von ›regressiven‹ Argumenten, da Kinder aufgrund der Kompetenzmotivation die höheren, gleichgewichtigeren Stadien präferieren.

Eine zweite, von uns durchgeführte Untersuchung thematisiert das Problem der Zugänglichkeit überholter Denkweisen unmittelbar. Die im folgenden zu beschreibende Versuchsanordnung ist so angelegt, daß auf die Versuchsperson Druck ausgeübt wird, die Denkweise eines überholten Stadiums zu übernehmen. Wie in den anderen Studien wird zunächst das Niveau der Entwicklung des moralischen Bewußtseins der Probanden festgestellt. Dann werden der VP neue moralische Dilemmata in Verbindung mit alternativen Argumenten vorgelegt, von denen er das richtige auswählen muß. Das Dilemma wird dem Probanden wiederum vorgelesen, und er wird gebeten, ohne Begründung zwischen den Alternativen zu wählen – ob Heinz also, um es wiederum an Dilemma 3 zu illustrieren, stehlen sollte oder nicht; danach werden ihm zwei Ratschläge, die Heinz von anderen gegeben wurden, vorgelegt. Ein Ratschlag stimmt mit der Entscheidung des Probanden überein, die Begründung für sie liegt jedoch unter dem Entwicklungsstadium der VP (– 1). Der Ratschlag der zweiten Person stimmt mit der Wahl des Subjektes nicht überein, enthält jedoch Argumente des nächstfolgenden Entwicklungsstadiums (+ 1). In einer dritten Konstellation entspricht das der Entscheidung des Probanden zuwiderlaufende Argument dessen eigenem Entwicklungsniveau (0). Die Versuchspersonen werden in diesem Experiment gebeten, den wichtigsten Ratschlag auszuwählen und zu erklären, warum er ihres Erachtens der korrekteste ist. Sie werden vermutlich den ›– 1-Ratschlag‹ – obwohl sie hinsichtlich der Verhaltensanweisung mit ihm übereinstimmen – nicht so häufig auswählen wie den inhaltlich abweichenden ›0- oder + 1-Ratschlag‹. Die Ablehnung des – 1-Ratschlags würde anzeigen, daß überholte Denkweisen keine integralen Bestandteile des kognitiven Apparats eines Individuums darstellen. Man muß aus theoretischen Gründen annehmen, daß überwundene Denkweisen nicht mehr benutzt werden, weil man sie für falsch und ungültig hält. Die Denkweise eines Kindes wird normalerweise von einem Erwachsenen nicht benutzt, weil er sie für falsch und unlogisch hält. In einigen Fällen mag der ›–1-Ratschlag‹ ausgewählt werden, weil der Proband mit der Entscheidung übereinstimmt. Es ist jedoch wahrscheinlich, daß die Versuchspersonen die – 1-Aussagen in ihren Begründungen für ihre Präferenz so verändern, daß sie besser zu ihrem eigenen Stadium passen. Es ist auch denkbar, daß einige Probanden die entsprechende Argumentationsweise ablehnen, der Entscheidung jedoch zustimmen werden.

Oben wurde darauf hingewiesen, daß eine Erörterung der Funktion überholter Stadien die wechselseitig aufeinander verweisenden Probleme der Angabe angemessener Kriterien und der Unterscheidung zwischen Struktur und Inhalt einschließen muß. Individuen verstehen und wiederholen möglicherweise überwundene Denkweisen, aber man dürfte das evtl. nicht als ausreichende Grundlage für die Stadienzugehörigkeit gelten lassen. Die Bewertung eines früheren Denkstils und seine Übernahme in den eigenen kognitiven Apparat sind als weitere Kriterien zu berücksichtigen. Um wirklich festzustellen, ob eine Struktur ins eigene Denken übernommen wurde, muß klar zwischen Struktur und Inhalt unterschieden werden. In vielen Fällen hat es den Anschein, als werde eine bestimmte Struktur verwendet, weil die beobachtete Reaktion in der Regel diese Struktur repräsentiert. Ein Kind kann jedoch einen verbalen Response reproduzieren, um soziale Verstärkung zu erhalten, ohne die niedrige (oder höhere) Denkweise, die diesem Response normalerweise zugrunde liegt, zu akzeptieren.

Ein Grund für die Notwendigkeit trennschärferer Kriterien liegt darin, daß Individuen sich selbst Reaktionen auferlegen können, die eigentlich nicht zu ihrem kognitiven Apparat gehören. Wenn ein Kind sich selbst die verbalen Reaktionen eines überwundenen Denkstils oktroyiert, können wir nicht sagen, der frühere Stil sei Bestandteil seiner Stadienhierarchie. Da das Denken früher Stadien leichter zu verstehen ist als das höherer Stadien, lassen sich die früheren Denkweisen leichter aufpfropfen. Darin, daß die Strukturen der überwundenen Stadien leichter als die der noch vorausliegenden Stadien durch Inhaltslernen erworben werden können, mag ein entscheidender Unterschied zwischen ihnen liegen. Dennoch konnte Smedslund (1961a, 1961b) demonstrieren, daß es auch beim Erwerb eines höheren Denkstils den Anschein haben kann, als sei er durch bloßes Lernen verbaler Responses, also durch reines Inhaltslernen erworben worden. Smedslund fand heraus, daß Kinder, die den Begriff der Erhaltung noch nicht beherrschten, nach zwei Übungssitzungen, in denen Konservierungsreaktionen verstärkt wurden, konsistent derartige Reaktionen produzierten. Smedslund vertrat die Hypothese, daß derartiges Training nicht zu einem wirklichen Erwerb des Begriffs der Erhaltung führt, sondern nur zu Reaktionslernen. Er versuchte dann, die Erhaltungsreaktionen der trainierten Probanden und von Kindern, die den Begriff der Erhaltung normal gelernt hatten, experimentell zu löschen. Er nahm an, daß die Erhaltungsreaktionen der trainierten Probanden leicht zu löschen seien, weil sie das Konzept der Erhaltung nicht wirklich begriffen haben, wohingegen die andere Gruppe sich gegen die Manipulationen des Versuchsleiters sperren würde.

Tatsächlich ließen sich die experimentell konditionierten Erhaltungsreaktionen in allen Fällen leicht löschen. Innerhalb der anderen Gruppe aber widerstanden einige Probanden dem Druck des Versuchsleiters. Aus Smedslunds Untersuchung ging hervor, daß Reaktionen den Anschein erwecken können, als sei ein bestimmter Begriff strukturell verankert – auch wenn das gar nicht der Fall ist. Dasselbe kann bei Reaktionen, die ein früheres Stadium widerspiegeln, vorkommen. Derartige Reaktionen dürften so instabil und flüchtig sein wie die Konservierungsreaktionen von Smedslunds Versuchspersonen. Die von Smedslund induzierte Löschung weist darauf hin, daß das Konzept der Erhaltung nicht wirklich konstituiert worden war, obwohl ein Konservierungsresponse gelernt worden war. Die Kinder, bei denen ›Erhaltung‹ strukturell verankert war, widersetzten sich der ›Löschung‹, weil sie den Begriff verstanden und für logisch notwendig hielten – was immer in der experimentellen Situation von ihnen verlangt wurde. Smedslund hielt sich an die von uns vorgeschlagenen Kriterien und konnte so zeigen, daß Kinder sich gegen eine Regression sperren, wenn die niedere Struktur für falsch gehalten wird.

Einige von Smedslunds ›normalen Konservierern‹ verletzten das Erhaltungsprinzip nach den Löschungsversuchen. Diese ›regredierenden‹ Probanden hätten sorgfältig untersucht werden müssen, um die Struktur ihrer Nicht-Erhaltungsreaktionen genau zu bestimmen. Eine Replikation dieser Untersuchung würde – sofern man sich auf die Kinder konzentrierte, bei denen der normal entwickelte Erhaltungsbegriff gelöscht wurde – wertvolle Erkenntnisse über das entwicklungstheoretische Problem, das wir gerade diskutieren, erbringen. Es wäre interessant, die Nicht-Erhaltungs-Reaktionen unter der Oberfläche zu analysieren, um zu sehen, ob und wie sie normalen Nicht-Erhaltungs-Reaktionen ähneln.

Die begrifflichen Zweideutigkeiten, die mit Hinsicht auf das Problem des strukturellen Wandels vorherrschen, manifestieren sich auch in einer experimentellen Untersuchung, die Bandura und McDonald (1963) unter Verwendung von Piagets (1932) Stadienschema der moralischen Entwicklung durchgeführt haben. Bandura und McDonald gingen von der Annahme aus, daß moralische Urteile kulturell richtige Reaktionen darstellen, die durch Imitation erworben werden.

Sie griffen zunächst nur eine der 11 Dimensionen des Piagetschen Stadienschemas heraus und stellten in einem Pretest fest, ob die moralischen Urteile ihrer Versuchspersonen objektiv (Orientierung an materiellem Schaden oder Konsequenzen) oder subjektiv (Orientierung an Intentionen) waren. Dann wurden die weiter entwickelten Kinder mit subjektiven Urteilsstrukturen mit den ›objektiven‹ Reaktionen erwachsener Orientierungsmodelle konfrontiert. Den weniger weit entwickelten Versuchspersonen mit objektiven Urteilsstrukturen wurden die ›subjektiven Reaktionen‹ erwachsener Modelle präsentiert. Aus ihren Ergebnissen geht hervor, daß bei subjektiven Kindern objektive Reaktionen, und bei objektiven Kindern subjektive Reaktionen induziert werden können. In der Nachuntersuchung zeigte sich, daß die weiterentwickelten Probanden häufiger auf das überwundene Stadium zurückgriffen als die weniger weit entwickelten auf das nächstfolgende Stadium vorgriffen.

Bandura und McDonald interpretieren ihre Ergebnisse als Indikatoren dafür, daß, was Piaget für Strukturentwicklung hält, in Wirklichkeit den Gesetzen des Reaktionslernens unterworfen ist. Es kann auch tatsächlich sein, daß einige Elemente von Piagets moralischen Stadien seinen eigenen Stadienkriterien nicht genügen (Kohlberg 1963b). Nichtsdestoweniger muß man sehen, daß die Untersuchung von Bandura und McDonald die unerläßliche Unterscheidung zwischen Struktur und Inhalt überging. Indem sie in ihrem Experiment eine von zwei möglichen Antworten verstärkten, induzierten sie Veränderungen, in denen sich nicht unbedingt Tranformationen der zugrundeliegenden Begrifflichkeit manifestieren mußten. Ein Korrelationsmuster konnte sich nur deshalb ergeben, weil die Probanden die Möglichkeit hatten, die – ihrer Vermutung nach – vom Versuchsleiter erwarteten Antworten zu geben. Langer (1967) berichtet von einer Replikation der Untersuchung von Bandura und McDonald, die diese Behauptung stützt.

Aus unserer Sicht kann die Äußerung von verbalen Reaktionen über oder unter dem dominanten Niveau eines Individuums eine Funktion von Verstärkung und Modellernen sein. Reaktionen, die Ausdruck überholter Stadien sind, würden leichter aufgegriffen werden, da sie leichter begriffen werden können, als die Strukturen der höheren Stadien. Ein Ergebnis der Untersuchung von Bandura und McDonald bestand darin, daß ›regressive‹ Reaktionen leichter nachzuahmen waren als ›progressive‹. Die Ergebnisse der Untersuchungen, die die Unterscheidung zwischen Struktur und Inhalt angemessen berücksichtigt haben (Smedslund 1961b, 1961c; Rest, Turiel, Kohlberg 1969; Turiel 1966), widersprechen dem Befund von Bandura und McDonald. Während einige geringfügige strukturelle Entwicklungsfortschritte induziert werden konnten, scheiterten die Versuche, die Entwicklung der Probanden ›zurückzudrehen‹. Strukturelle Regressionen sind – wie wir hervorgehoben haben – nur schwer zu erreichen.

Man muß sehen, daß für regressive Veränderungen andere Faktoren verantwortlich sein könnten als für progressive. Im Wissen um die regressiven Auswirkungen bestimmter organischer oder Umwelt-Faktoren haben viele angenommen (wie Bandura und McDonald 1963), daß progressive und regressive Transformationen auf ähnliche Weise induziert werden können. Die Verlaufsformen regressiver Veränderungen und die relevanten Kausalfaktoren müssen jedoch in weiteren Untersuchungen genauer analysiert werden. Regression besteht, wie Langer (1969) hervorgehoben hat, im Rückgriff auf ein früheres Stadium, so wie dieses in den gegenwärtigen kognitiven Apparat des Individuums eingebettet ist – nicht im Rückgriff auf eine Struktur, wie sie früher einmal bestanden hat.

STADIENMISCHUNG ALS FORM DES ÜBERGANGS ZU EINEM NEUEN STADIUM

Das für Entwicklungsstadien postulierte Kriterium der ›strukturierten Ganzheit‹ (Piaget 1954) kann den Eindruck erwecken, das Kind benutze zu einem gegebenen Zeitpunkt ausschließlich die Strukturen eines einzigen Stadiums und die Entwicklung verlaufe in diskreten Sprüngen von einem Stadium zum nächsten. Wenn das richtig wäre, würden die Meßprobleme sich darauf reduzieren, daß das Stadium des Kindes bestimmt und nach Teilphasen aufgegliedert wird. Die Daten fügen sich jedoch nicht dieser Annahme einer eindeutigen Stadienzugehörigkeit der Individuen. Die Antworten praktisch aller Probanden lagen auf *mehreren* Entwicklungsniveaus. Dabei verteilen sich die Antworten der Probanden um das am häufigsten feststellbare dominante Stadium so, daß mit zunehmender Entfernung zu diesem dominanten Stadium die relativen Häufigkeiten von Reaktionen anderer Stadienzugehörigkeit abnehmen. Schaubild 5.1, das die Pretestwerte der 45 Probanden der Untersuchung von Rest, Turiel und Kohlberg zusammenfaßt, enthält eine typische Verteilung von stadienspezifischen Antworten. Aus dem Schaubild geht klarerweise hervor, daß Stadienmischung bei Dominanz eines bestimmten Stadiums der Normalfall ist.

Schaubild 5.1

Die beobachtbare Stadienmischung geht wahrscheinlich teilweise auf Ungenauigkeiten der Meßverfahren zurück. Sowohl Interview-Technik wie Vercodungsverfahren konnten bislang noch nicht soweit präzisiert werden, daß fehlerfreie Messungen der Stadienzugehörigkeit eines Individuums möglich wären. Eine mögliche Quelle von Ungenauigkeiten liegt im Vorkommen außermoralischer Reaktionen innerhalb des Interviews. Die Stadien beziehen sich auf Denkstrukturen, die im moralischen

Schaubild 5.1
Verteilung stadienspezifischer Antworten im Kohlberginterview über das moralische Urteil (aus Rest, Turiel und Kohlberg, 1969).

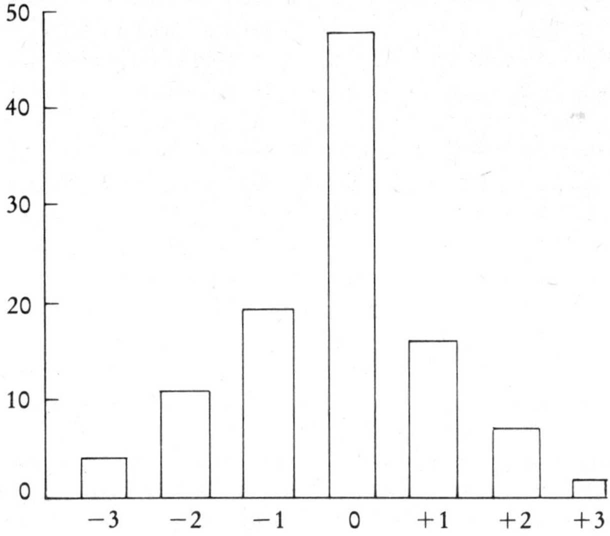

Stadienzugehörigkeit im Verhältnis zum dominanten Stadium.

Urteil, nicht in anderen Urteilsarten benutzt werden. Einige Antworten, die nicht als moralische Urteile oder Definitionen von ›richtig‹ und ›falsch‹ intendiert sind, werden als solche vercodet. Ein höher entwickeltes Kind mag beispielsweise die Wahrscheinlichkeit einer Bestrafung als Grund für seine Entscheidung zwischen konfligierenden Alternativen anführen. Die Bestrafung muß jedoch nicht als Kriterium von Falschverhalten in dieser Situation fungieren; statt dessen kann das Urteil auf die praktische Durchführbarkeit einer Handlungsstrategie abstellen. Bei einer genuinen Stadium-1-Antwort fungiert die Bestrafung als entscheidendes Kriterium und Definitionsmerkmal der Falschheit des Handelns.

Wir haben zu demonstrieren versucht, daß Antworten den Anschein erwecken können, als manifestiere sich in ihnen eine bestimmte Struktur des Denkens, wenn die entsprechende verbale Reaktion, nicht aber der Begriff gelernt wurde. In ähnlicher Weise reagieren Kinder manchmal so, als würden sie eine bestimmte Struktur beherrschen, obwohl das überhaupt nicht der Fall ist. Darin liegt eine weitere Quelle von Ungenauigkeit, da es immer noch ziemlich schwierig ist, zwischen wirklich strukturellen und gelernten verbalen Reaktionen zu unterscheiden.

Durch methodologische Verfeinerungen könnte das feststellbare Ausmaß von Stadienvermischungen vermindert werden, aber Meßfehler erklären nicht alle Abweichungen vom dominanten Stadium. Derartige Abweichungen kommen vor, weil Individuen tatsächlich im moralischen Urteil mehr als ein Stadium verwenden. Diese

Stadienmischung widerspricht nicht der Vorstellung, die Entwicklung des moralischen Bewußtseins müsse als ein Durchlaufen von Stadien, die dem Kriterium der ›strukturierten Ganzheit‹ genügen, beschrieben werden. Stadien können nicht so sehr deshalb, weil sich in ihnen eine einheitliche Funktionsweise des Individuums reflektiert, sondern deshalb, weil sie qualitativ verschiedene Denkstile repräsentieren, als strukturierte Ganzheiten gelten. Die Stadien definieren konsequenterweise ›Idealtypen‹, die eher Denkstile als konkrete Personen repräsentieren (Kohlberg 1968).

Ein Teil der Variabilität kann durch Piagets Begriff der ›Verzögerung‹ (décalage) erklärt werden (Flavell 1963). Sowohl im kognitiven wie im moralischen Bereich kann das Kind einige Phänomene auf einem höheren Niveau konzeptualisieren als andere. Verzögerungen kommen vor, weil einige Begriffe schwieriger als andere sind und weil ein Kind in einigen Bereichen mehr Erfahrungen gesammelt hat als in anderen (Piaget 1932). Nichtsdestoweniger wird mit dem Stadienbegriff ein gewisses Maß an situationsübergreifender Konsistenz postuliert. Kohlberg (1968) fand in der Tat hohe Interkorrelationen zwischen seinen neun Situationen.

Manchmal wird die Auffassung vertreten, Stadienmischung berühre einen prekären Punkt innerhalb von Entwicklungstheorien. Man nimmt an, das Postulat einer Abfolge von Entwicklungsstadien impliziere, daß das Kind nur einen Denkstil aufweisen darf. Das Scheitern des Versuchs, das Kind auf genau ein Stadium festzulegen, sollte jedoch nicht als Widerspruch zur strukturellen Theorie angesehen werden. Wir vertreten die Auffassung, daß Stadienmischung eher ein notwendiger Bestandteil von Entwicklung als Strukturabfolge ist und werden später – bei der Diskussion von Übergangsmechanismen – zu demonstrieren versuchen, warum Stadienmischung mit der Restrukturierungshypothese in Einklang steht. Nach unserer Ansicht muß eine angemessene Entwicklungstheorie sowohl den Begriff von diskreten Strukturen wie den von Strukturmischung enthalten. Anstatt als sprungweise Bewegung von Phase zu Phase sollte man Entwicklung begreifen als eine stete Aufwärtsbewegung innerhalb der Abfolge, die schließlich zu einer relativ stabilen Struktur im Erwachsenenalter führt. Kindheit und Jugendalter, für die in der Regel relativ rascher Wandel charakteristisch ist, sollten eher durch beständigen Fluß als durch Stabilität charakterisiert werden. Vielleicht basiert der kognitive Apparat des Individuums erst im Erwachsenenalter, wenn Entwicklung minimal ist, auf stabilen Strukturen.

Um die Funktion von Stadienmischungen innerhalb des Entwicklungsprozesses zu verstehen, muß zwischen kognitiven Strukturen und dem Strukturierungsprozeß unterschieden werden. *Kognitive Strukturen* beziehen sich auf Denkstile, die zu mehr oder weniger kohärenten Mustern zusammengeschlossen sind. Der *Strukturierungsprozeß* bezieht sich auf die Art des Übergangs von primitiven zu höheren Denkweisen. Piaget (1967, p. 4) gibt folgende Definition:

> »Wir müssen jedoch eine bedeutsame Unterscheidung zwischen zwei komplementären Aspekten des Prozesses der Gleichgewichtsbildung einführen: nämlich die zwischen den verschiedenen Strukturen, die einander folgende Gleichgewichtszustände definieren, und einem gewissen konstanten Funktionsprozeß, der den Übergang von einem Stadium zum jeweils nächstfolgenden garantiert.«

Es ist möglich, daß die Struktur der Stadienmischung eines sich entwickelnden Kindes unmittelbar mit dem Strukturierungsprozeß zusammenhängt. Wenn diese Prämisse triftig wäre, sollte für Übergangsperioden eine starke Stadienvariation, für stabile Perioden jedoch Stadienkonsistenz charakteristisch sein. Langsam sich entwickelnde Kinder würden somit relativ kohärente Strukturen aufweisen. Auch bei Erwachsenen, die die höheren Stadien erreicht haben, würde man Konsistenz erwarten. Nachdem sich die höchsten Stadien einmal verfestigt haben, sollten sie die größte strukturelle Stabilität aufweisen, da das adaptive und Gleichgewichtspotential eines jeden Stadiums das aller vorangegangenen übertrifft. Damit wird deutlich, daß Stadienvariation und Konsistenz in verschiedenen Entwicklungsphasen unterschiedliche Prozesse bezeichnen. Variation kann Anzeichen eines aktiven Transformationsprozesses sein; Konsistenz kann Stillstand auf weniger gleichgewichtigen Stadien oder stabiles Gleichgewicht (auf höheren Niveaus) widerspiegeln.

Auf der Basis dieses soweit skizzierten theoretischen Modells der Funktion von Stadienmischung läßt sich die allgemeine Hypothese formulieren, daß das Ausmaß von Stadienmischung ein wichtiges Maß darstellt, das – auf dem Hintergrund des modalen Stadiums – die Verlaufsform des Entwicklungsprozesses anzeigt. Präzisiert läßt sich diese Hypothese in mehrere Einzelhypothesen aufspalten, die sich dann jeweils auf die niederen bzw. höheren Stadien beziehen. Für die früheren Stadien lassen sich folgende Hypothesen aufstellen.

1. Zunächst durchläuft das Kind langsam die sehr frühen Stadien, wobei es die moralische Entwicklung nicht wirklich aktiv vorantreibt. Zu diesem Zeitpunkt sollte es wenig Stadienmischung geben, da es wenig Veränderung gibt.
2. Mit Abschluß dieser Frühphase setzt ein Prozeß weitreichender Strukturveränderungen ein. In dieser Periode sollte Stadienmischung verstärkt auftreten, da sie unerläßliche Voraussetzung von Restrukturierungsprozessen ist.
3. Bei Individuen, die im Erwachsenenalter die höheren Stadien nicht erreichen, sollte sich die Stadienmischung abschwächen: sie sollten weniger Stadienmischung als im Prozeß der Entwicklung begriffene Personen (Hypothese 2), aber mehr als solche, die sich noch in der frühesten Entwicklungsphase befinden (Hypothese 1) aufweisen.

Unsere Hypothesen über die späteren Stadien der moralischen Entwicklung lauten etwas anders.

4. Wenn die höheren Stadien erstmals erreicht werden, gibt es viel Stadienmischung; mehr als bei dem in Hypothese 2 behandelten Fall, da sich die neuen Strukturen noch nicht stabilisiert haben.
5. Darauf folgt ein fortlaufender Prozeß der Restrukturierung mit starker Stadienmischung: ungefähr so stark wie unter 2, aber schwächer als unter 4 vorausgesagt.
6. Die höheren Stadien stabilisieren sich erst relativ spät, in der Regel im Erwachsenenalter, wobei sich die Stadienmischung dann weitgehend abschwächt. Stadienmischung kommt seltener vor als in dem unter Punkt 5 genannten Fall, da nun eine stabile Struktur vorherrscht und der Gang der Entwicklung weitgehend zum Stillstand gekommen ist. Die Stadienmischung ist in dieser Preiode auch schwächer als in dem

unter Hypothese 3 genannten Fall, da den späteren Strukturen ein höheres Gleichgewichts- und adaptives Potential inhäriert als den früheren.

Um diese Hypothesen zu testen, müssen Stadienabfolge und Ausmaß von Stadienmischung an vergleichbaren Stichproben im Alter von 10 bis 40 Jahren systematisch untersucht werden. Inzwischen wurde das Vorkommen von Stadienmischung an verschiedenen, bereits interviewten Gruppen analysiert. Die entsprechenden Daten sprechen nachdrücklich dafür, daß die vorgetragenen Hypothesen triftig sind.*

Aus ihnen geht hervor, daß Stadienmischung als solche ein Moment des Entwicklungsprozesses von Individuen darstellt und daß das Ausmaß von Stadienmischung in den verschiedenen Perioden der Ontogenese Unterschiedliches anzeigt. Bei jüngeren Kindern findet man Stadienkonsistenz, weil die Entwicklungsprozesse sehr langsam ablaufen. Wenn die Periode relativ schnellen Fortschreitens durch die früheren Stadien begonnen hat, nimmt Stadienmischung – die eine notwendige Voraussetzung von Veränderungen ist – erheblich zu. Diejenigen, die die höheren Stadien nicht erreichen, fangen an, sich nach der Übergangsperiode auf den niederen Stufen zu stabilisieren. Während für die Übergangsperiode eine Zunahme von Stadienmischung charakteristisch ist, resultiert die Stabilisierung auf den früheren Stufen in einer Abschwächung von Stadienmischung.

Das früheste Auftreten der höheren Stadien ist mit dem größten Ausmaß von Stadienmischung verbunden, weil die entsprechenden Strukturen zu diesem Zeitpunkt noch sehr instabil sind. Daran schließt sich ein kontinuierlicher Restrukturierungsprozeß, der mit etwas weniger Stadienmischung verbunden ist, an. Schließlich nimmt die Stadienmischung mit der Stabilisierung der späteren Stadien auf einem erhöhten Gleichgewichtsniveau ganz erheblich ab.

Kinder in isolierteren ländlichen Gegenden oder Kulturen durchlaufen dieselbe Stadienabfolge wie Kinder in den amerikanischen Städten. In den isolierten Gemeinden verläuft die moralische Entwicklung jedoch stetiger und zugleich langsamer. Die Verlangsamung des Entwicklungsganges reflektiert sich bei den 10- bis 13jährigen aus ländlichen Gegenden in einem sehr geringen Ausmaß von Stadienmischung. In dieser Hinsicht ziehen sie erst im Alter von 16 mit den 13jährigen Stadtkindern gleich. Die ontogenetische Entwicklung von Landkindern vollzieht sich sehr stetig und dauert sehr lange.

Diese entwicklungstheoretischen Hypothesen über Stadienmischung lassen sich experimentell testen. Unser oben beschriebenes experimentelles Vorgehen, bei dem Kinder mit neuen Denkweisen konfrontiert wurden, kann auch auf dieses Problem angewandt werden. Nach unseren Hypothesen bestimmt eine Alter × Stadium-Interaktion das Ausmaß des Einflusses der experimentellen Manipulation auf das Kind. Es gibt einige Daten, die darauf hindeuten (Turiel 1965), daß 12jährige Kinder auf niederen Stadien eher dazu gebracht werden können, zum nächsten Stadium überzugehen, als 12jährige auf höheren Entwicklungsstufen. Probanden des 2. Stadi-

* An dieser Stelle wurden ca. 6 Seiten gestrichen. Die Herausgeber.

ums progredierten häufiger als solche des 3., die wiederum häufiger als die des 4. zur Übernahme neuer Strukturen bewegt werden konnten. Wir würden jedoch gegenläufige Trends bei Versuchen, ältere Versuchspersonen zu beeinflussen, erwarten; wenn ein älteres Kind mit niedriger Stadienzugehörigkeit an seine Denkweise fixiert ist, ließe es sich nicht leicht beeinflussen. Ein älteres Kind mit höherer Stadienzugehörigkeit könnte eher beeinflußt werden, weil es sich mitten im Prozeß der Entwicklung befindet.

Einige Ergebnisse der Untersuchung von Rest, Turiel und Kohlberg weisen darauf hin, daß es eine Alter × Stadium-Interaktion gibt. Kinder im 5. Schuljahr mit Stadienzugehörigkeit 1 und 2 konnten Aussagen über ihrem eigenen Entwicklungsniveau genauer rekapitulieren als gleichaltrige mit Stadienzugehörigkeit 3 und 4. Umgekehrt konnten Kinder aus dem 8. Schuljahr mit Stadienzugehörigkeit 3 und 4 die ihnen vorgelegten Aussagen etwas besser wiederholen als Gleichaltrige mit Stadienzugehörigkeit 1 und 2.

BEDINGUNGEN VON UNGLEICHGEWICHT ALS URSACHEN VON STADIENVERÄNDERUNG

Stadienmischung scheint eine zentrale Rolle im Entwicklungsprozeß zu spielen. Stadienmischung hängt funktionell mit Faktoren zusammen, die den Übergang von einer Struktur zur nächsten verursachen. Ein umfassendes Verständnis der moralischen Entwicklung muß auch auf Übergangsgesetze abzielen, die ein Licht auf die Variablen werfen können, die Entwicklungsprozesse verursachen.*

Wir haben vor einiger Zeit postuliert, daß kognitiver Konflikt die Entwicklung interaktiver Schemata vorantreibt (Turiel 1966, S. 617) und untersuchen gegenwärtig gleichgewichtsstörende Faktoren, die Entwicklungsprozesse in Gang setzen könnten (Turiel 1967).** Unsere Untersuchung von Gleichgewichtsstörungen basiert auf Langers (1967) Paradigma der Interaktion zwischen strukturierenden und energetischen Parametern. Eine Veränderung des moralischen Denkens kann dadurch induziert werden, daß man das Kind mit begrifflichen Widersprüchen konfrontiert, die zur Störung des Gleichgewichts führen. Diese Widersprüche müssen vom Kind so aufgenommen werden, daß es motiviert ist, sie aufzulösen. Wenn dem Kind gleichzeitig Begriffe einer höheren Entwicklungsstufe präsentiert werden, wird das Kind sie vielleicht übernehmen, indem es neue kognitive Operationen vollzieht. Zusammenfassend gesagt vollziehen sich Entwicklungsprozesse also, wenn wahrgenommene begriffliche Widersprüche Restrukturierungsversuche auslösen, also dazu führen, daß die strukturellen Eigenschaften eines höheren Denkstils probierend erforscht werden.

Den energetischen oder motivationalen Faktor wird man dann am besten berück-

*An dieser Stelle wurden 2 Absätze gestrichen. Die Herausgeber.
** An dieser Stelle wurden einige Zeilen gestrichen. Die Herausgeber.

sichtigen, wenn man dem Kind Argumente der jeweils nächstfolgenden Stufe vorträgt, da die Begriffe des übernächsten Stadiums gar nicht verstanden werden, so daß Widersprüche nicht sichtbar werden können; da weiterhin die Begriffe von bereits überwundenen Stadien als falsch erkannt wurden und als solche keinen Anlaß zur Restrukturierung bieten.* Am aussichtsreichsten dürfte es dabei sein, den Versuchspersonen Argumente für beide Alternativen des moralischen Dilemmas vorzutragen.** Denn konfrontiert man die Versuchspersonen mit einseitigen Argumenten des nächsten Stadiums, die ihre eigene Entscheidung unterstützten, so werden sie sich kaum dazu veranlaßt sehen, sich mit den neuen Begriffen auseinanderzusetzen. Sie werden statt dessen vermutlich eher in ihrer Entscheidung bestärkt werden und versuchen, die ›höheren‹ Denkstrukturen nachzuäffen. Legt man den Probanden einseitige Argumente für die von ihnen nicht gewählte Alternative vor, so könnten sie diese fälschlicherweise einem überholten Entwicklungsniveau zuordnen; sie könnten auch etwas in Konflikt geraten, weil eine gegenteilige Ansicht durch Argumente eines höheren Entwicklungsniveaus begründet wird. Es wäre jedoch denkbar, daß diese Probanden nicht die Art von Ungleichgewicht erfahren, die aus der Wahrnehmung von Widersprüchen resultiert. Versuchspersonen, denen man Argumente für beide Seiten vorlegt, könnten Gleichgewichtsstörungen im kognitiven Bereich wahrnehmen, wenn sie das Gefühl hätten, daß an der Situation irgend etwas nicht stimmt. Die Wahrnehmung der Disparität zwischen zwei Gruppen ähnlicher Strukturen, die für entgegengesetzte Positionen mobilisiert werden, kann einen weiteren Aspekt des Gleichgewichtsprozesses in Gang setzen: nämlich den Versuch, die strukturellen Eigenschaften der Widersprüche zu analysieren und diese dann aufzulösen. Gleichgültig, ob die experimentell induzierten Restrukturierungsversuche sofort oder erst nach einiger Zeit zum Erfolg führen, sollten sie andauernde Auswirkungen haben und auf neue Situationen angewendet werden können.***

Wir können nun die These, mit der diese Erörterungen von Übergangsmechanismen eingeleitet wurden, genauer ausführen: die These, daß Stadienmischung mit Gleichgewichtsprozessen funktionell zusammenhängt. Der Begriff des Ungleichgewichts bezieht sich auf einen inneren Zustand manifester Widersprüchlichkeit und kognitiver Desorganisation, der zu intensiveren Reorganisationsversuchen führt. Die Vorgabe externer Widersprüche zieht nicht notwendigerweise eine neue Äquilibrierung nach sich, und es ist daher von entscheidender Bedeutung festzustellen, ob das Kind die Widersprüche überhaupt wahrnimmt. Während ein Kind die strukturellen Widersprüche, die sein eigenes Entwicklungsniveau zu weit überschreiten, nicht perzipieren kann, lassen sich Gleichgewichtsstörungen durch strukturelle Widersprüche auf dem nächstfolgenden Entwicklungsstadium auslösen. Warum aber kann ein Kind Widersprüche, die nicht zu seinem eigenen Stadium gehören, wahr-

* Der letzte Satz wurde als Überleitungssatz für 7 gestrichene Absätze von den Herausgebern eingefügt.
** An dieser Stelle wurde eine längere Fußnote gestrichen. Die Herausgeber.
*** Dieser Satz steht für zwei gestrichene Absätze. Die Herausgeber.

nehmen? Die wahrscheinliche Antwort lautet: weil es Strukturen mehrerer Stadien benutzt – d.h. weil Stadienmischung normal ist. Kinder, die auf genau ein Stadium festgelegt wären, wären sehr selten kognitiven Dissonanzen ausgesetzt, da es für sie schwierig wäre, die Widersprüche in einer Umwelt überhaupt zu identifizieren. Kinder, bei denen ein Stadium zwar dominant ist, die aber auch auf andere Stadien rekurrieren, werden Widersprüche eher wahrnehmen und kognitiven Konflikten häufiger ausgesetzt sein. Mit anderen Worten, Stadienmischung erleichtert die Wahrnehmung von Widersprüchen, macht das Individuum gegen Gleichgewichtsstörungen anfälliger und erhöht konsequenterweise die Wahrscheinlichkeit von Entwicklungsfortschritten.

Durch experimentelle Eingriffe werden Gleichgewichtsstörungen extern ausgelöst, in der natürlichen Entwicklungsgeschichte des Kindes werden strukturelle Widersprüche jedoch häufig aufgrund innerer Anstöße aufgegriffen. Derartige Widersprüche werden von Kindern, die Begriffe unterschiedlicher Stadienzugehörigkeit verwenden, eher wahrgenommen. Gleichgewichtszustände können durch innere Widersprüche, die sich aus Stadieninkonsistenz ergeben, aufgebrochen werden. So zeigte sich beispielsweise, daß Kinder mit sehr wenig Stadienmischung retardierter als solche mit viel Stadienmischung waren. Wenig Stadienmischung ist mit Entwicklungsstagnation verbunden, da die jeweils nächstfolgenden Strukturen wenigstens gelegentlich benutzt werden müssen, um die strukturellen Widersprüche des höheren Stadiums wahrnehmen zu können. Kinder mit einem hohen Grad an Stadienmischung sind somit in einem beständigen Entwicklungsprozeß begriffen, der durch einen konstanten inneren Quell kognitiver Dissonanzen vorangetrieben wird.

Die Wahrscheinlichkeit von Gleichgewichtsstörungen hängt auch von der Konfliktträchtigkeit der Umwelt des Individuums ab. Eine komplexe und heterogene Umwelt mit einer Vielzahl von Widersprüchen fördert eine andauernde Neujustierung von Gleichgewichtszuständen eher als eine homogene Umwelt. Kinder, die in einer komplexeren Umwelt leben, würden ein höheres Maß an Stadienmischung aufweisen und würden eben deshalb auch die strukturellen Widersprüche eines höheren Niveaus in der Umwelt eher ausmachen können.

IMPLIKATIONEN FÜR SOZIALEN WANDEL

Unsere theoretischen Aussagen über Entwicklungsprozesse lassen sich auf Probleme des sozialen Wandels anwenden. Es hatte sich bereits gezeigt, daß Kinder in ländlichen, isolierten Gemeinden weniger Stadienmischung aufweisen und daß bei ihnen die Entwicklung des moralischen Bewußtseins langsamer verläuft als bei Kindern aus amerikanischen Städten. Die städtischen Regionen unterscheiden sich von den kleineren und isolierten ländlichen – wenngleich beide viele gemeinsame Institutionen kennen – wahrscheinlich im Ausmaß der vorherrschenden sozialen Komplexität. Eine höher entwickelte städtische Gemeinde bietet normalerweise mehr Ansatzpunkte für kognitiven Konflikt. Obwohl die Kinder in beiden Gemeindetypen die

Entwicklungsstadien in der gleichen Abfolge durchlaufen, erreichen die Kinder aus komplexeren Regionen – in denen sozialer Wandel sich schneller vollzieht – eher die höheren Stadien der Entwicklung des moralischen Bewußtseins.

Es ist jedoch nicht garantiert, daß die Mitglieder einer heterogenen Gesellschaft die höchsten Entwicklungsstadien erreichen werden. Tatsächlich kann nur eine Minorität der amerikanischen Erwachsenen den höheren Stadien zugeordnet werden, obwohl viele in der Öffentlichkeit vorgetragene moralische Aussagen zum Stadium 5 und 6 gehören (Kohlberg 1968). Ohne Zweifel sind mehrere Faktoren bei der Erklärung der Tatsache, daß die Menschen nicht das höchste in ihrer Umwelt vorfindbare Niveau moralischen Urteilens erreichen, zu berücksichtigen. Ein Faktor scheint darin zu bestehen, daß Aussagen höherer Stadienzugehörigkeit so assimiliert werden, daß die Individuen sich gegen Störungen ihres kognitiven Gleichgewichts isolieren. Diese Art der Assimilation konnte bei den Kindern beobachtet werden, die nach der Aufforderung, moralische Urteile über ihrem eigenen Niveau zu wiederholen, die ausgewählten Aussagen fälschlich ihrem eigenen Stadium zurechneten, während sie die verworfenen Aussagen dem jeweils vorangegangenen Stadium zuordneten (Rest, Turiel und Kohlberg 1969).

Diese Ergebnisse tragen dazu bei, verständlich zu machen, warum die Mehrheit in einer Gesellschaft nicht die Stufe des moralischen Bewußtseins erreicht, die in der Öffentlichkeit von sozialen Eliten verkörpert wird oder sich in Dokumenten wie der Verfassung niederschlägt. Soziale Eliten, die moralische Aussagen vertreten, die das Entwicklungsniveau ihres Publikums überschreiten, können Zustimmung zu dem jeweils vertretenen Inhalt finden. Die von ihnen benutzten Denkstrukturen können jedoch vom Publikum dem eigenen Denkstil angepaßt werden. Ähnlich können Gruppen mit bestimmten inhaltlichen Interessen sich auf die Seite der politischen Eliten schlagen und sie unterstützen, die eine entsprechende Politik vertreten. Auch in diesem Fall kann die Struktur des Denkens dieser Eliten von den Parteigängern als mit der eigenen Struktur identisch perzipiert werden. Möglicherweise dienen Aussagen höherer Strukturzugehörigkeit, die einen vom Zuhörer schon vorher gebilligten Gehalt propagieren, nur dazu, die eigenen Strukturen zu bestätigen: dann nämlich, wenn die Aussagen mit höherer Stadienzugehörigkeit dem eigenen Denkstil entsprechend umgedeutet werden.

Moralische Urteile mit höherer Stadienzugehörigkeit ließen sich nicht so leicht fehlinterpretieren, wenn sie Gleichgewichtsstörungen induzieren würden. Die Konzentration der politischen Eliten auf den Inhalt einer politischen Strategie führt – besonders wenn es um die Durchsetzung einer bestimmten Sache geht – in der Regel dazu, daß die entsprechenden moralischen Aussagen kaum strukturelle Widersprüche aufweisen. Solche Aussagen lassen sich daher leichter verdrehen: sie werden dem eigenen Stadium angepaßt, damit man den Inhalt übernehmen kann; oder dem vorangehenden, damit der Inhalt verworfen werden kann. Das strukturelle Niveau des Publikums bleibt in der Regel hinter dem der Eliten zurück, da Strukturwandel nicht durch Orientierung an Modellen – dem impliziten Funktionsmechanismus der meisten Gruppen und Kultgemeinschaften – erreicht werden kann. Irgendeine Form von strukturellem Konflikt ist eine notwendige Voraussetzung für Strukturwandel. Derartige Dissonanzen würden verhindern, daß die Individuen Inhalt passiv unter Strukturverzerrung übernehmen, und dazu anhalten, sich aktiv mit den Strukturelementen auseinanderzusetzen.

ANMERKUNGEN

1. Eine unten genauer zu diskutierende Untersuchung von Rest, Turiel und Kohlberg enthält Indizien dafür, daß Kinder moralische Diskurse, die unter ihrem eigenen Niveau liegen, leichter verstehen als solche, die über diesem liegen.

2. Die Untersuchung von Rest, Turiel und Kohlberg hat gezeigt, daß die Versuchspersonen, die von ihnen noch nicht erreichten Denkstrukturen für besser halten, als die von ihnen bereits überwundenen.

3. Wenn sich das Denken eines Probanden unter Druck verändert, muß die Art der Veränderung sorgfältig untersucht werden, um herauszufinden, ob es sich tatsächlich um eine Regression handelt oder nicht. Die zeitweise Transformation kann zur Annahme einer Denkweise führen, die einer früheren ähnelt, die jedoch strukturell verschieden ist.

IV. ICH-ENTWICKLUNG

Zur Bedeutung und Messung von Ich-Entwicklung

JANE LOEVINGER

Der Forscher im Bereich der klinischen Psychologie wird von zwei Seiten bedrängt. Auf der einen Seite befinden sich solche – häufig Biochemiker – die uns versichern, daß nichts von dem, was wir in unserem Feld tun können, jemals den Status von echter Wissenschaft erreichen kann. Auf der anderen Seite befinden sich solche – häufig Psychoanalytiker – die uns versichern, daß neue Einsichten ausschließlich denen vorbehalten sind, die aktiv mit Tiefenpsychologie befaßt sind. Die Absicht dieses Artikels besteht darin, ein Forschungsfeld gegen die Angriffe beider Seiten zu verteidigen.

Der Bereich der Ich-Entwicklung ist anerkannt als Treffpunkt von klinischen und Forschungsinteressen, von Psychologen und Psychoanalytikern; das theoretische Konstrukt bedarf jedoch dringend der Präzisierung. Die Dimension, die in diesem Aufsatz als ›Ich-Entwicklung‹ bezeichnet wird, ähnelt dem, was anderswo unter den Titeln »moralisches Bewußtsein« (Kohlberg 1964), »Charakterentwicklung« (Peck u. Havighurst 1960), »interpersonelle Integration« (Sullivan, Grant u. Grant 1957), »Beziehungsfähigkeit« (Isaacs 1956), »begriffliche Systeme« (Harvey, Hunt u. Schroder 1961), »Intrazeption« (Murray 1938) usw. abgehandelt wurde. Zeitweise wurde der Begriff Ich-Entwicklung demgegenüber in sehr weiter Bedeutung gebraucht, nämlich als Titel für die Entwicklung aller Ich-Funktionen; zu anderer Zeit wurde er in engerer Bedeutung gebraucht, besonders um die konfliktfreie Ich-Zone oder – von anderen Autoren – um das früheste Stadium der Ich-Bildung zu bezeichnen. Der programmatische Vorschlag einer Neudefinition dieses Konstrukts nötigt uns, einige der gegenwärtig häufig untersuchten Gegenstände von Psychometrie und Persönlichkeitsforschung neu zu beurteilen. In diesem Kontext erscheint ein großer Teil der gegenwärtigen Arbeit über Reaktionsverzerrungen (response bias) und Konformität nicht nur als uferlos, sondern möglicherweise auch als irreführend. Dasselbe gilt für Anwendungen der Faktorenanalyse auf Persönlichkeitsmaße. Dieser Aufsatz hat mithin das Ziel, mit der Diskussion eines fundamentalen Begriffs der Persönlichkeitstheorie eine Neueinschätzung vieler Forschungsbereiche zu provozieren.

Dieser Aufsatz erschien ursprünglich unter dem Titel ›The Meaning and Measurement of Ego Development‹, in: *American Psychologist,* 1966, 21, S. 195–206. Die Übersetzung besorgten Claudia v. Grote und Rainer Döbert.
Abdruck mit freundlicher Genehmigung der American Psychological Association.

DIE MESSUNG VON ENTWICKLUNG

Die menschliche Entwicklung kann in 4 Hauptdimensionen unterteilt werden: physische, psychosexuelle, Ich- und Intelligenz-Entwicklung. (In erster Annäherung kann die psychosexuelle Entwicklung als Entwicklung von Trieben und Triebabkömmlingen bestimmt werden). Diese Unterscheidung ist logisch vielleicht nicht ganz sauber: Kognitive Elemente finden sich in der Ich-Entwicklung wie auch in der geistigen Entwicklung; und sowohl Ich- wie psychosexuelle Entwicklung bestimmen die Motivation. Die Unterscheidung in 4 Variablenbereiche ergibt sich aus dem Versuch, dem Prinzip, das Egon Brunswik (1951) von Spinoza übernommen hat, zu folgen:

»Die Ordnung der Ideen soll dieselbe sein, wie die Ordnung der Dinge.«

Die Messung des generellen intellektuellen Niveaus ist eine der großen Errungenschaften der Psychologie. In diesem Zusammenhang sind 4 Aspekte relevant: Erstens brach Binet mit seinen Vorläufern, indem er bemerkte, daß einige Funktionen, für deren Ausübung Intelligenz erforderlich ist, dennoch keine brauchbaren Maße der intellektuellen Entwicklung abgeben. Zweitens: Obwohl Binet einige demonstrative Definitionen von Intelligenz vorgeschlagen hat, stützte er sich im wesentlichen auf die umgangssprachliche Bedeutung, auf das stillschweigende Alltagsverständnis von Intelligenz. Statt sich von einer formalen Definition von Intelligenz leiten zu lassen, führte Binet mithin nur Beispiele für die Phänomene, die unter eine mögliche Definition fallen sollten, an und verfeinerte seine Auswahl dann durch sukzessive Annäherungen. Binet benutzte, drittens, Entwicklung als Prüfstein für Dimensionalität, wobei er sich auf frühere Einbeziehungen und Ausschließungen von Funktionen der Intelligenz, die durch sein latentes Vorverständnis angeleitet waren, stützte. Durch Entwicklung einer Altersskala machte er, viertens, für Terman und andere den Weg frei, die zeigen konnten, daß Erwachsenenleistung unter Rekurs auf gegenwärtige Leistung und Alter vorhergesagt werden kann.

Die ersten drei Gesichtspunkte sind für den Begriff von Ich-Entwicklung, wie er hier vorgetragen wurde, relevant. Ich-Entwicklung ist erstens nicht dasselbe wie die Entwicklung aller Funktionen, die vom Ich ausgeübt werden; besonders die Entwicklung der Intelligenz ist kein angemessenes Maß der Ich-Entwicklung, obwohl die Anwendung von Intelligenz eine Ich-Funktion ist. Die Verwechslung von Ich-Entwicklung mit der Entwicklung aller Ich-Funktionen ist ein Irrtum, der besonders für einige Psychoanalytiker charakteristisch ist. Der Begriff ›konfliktfreie Ich-Zone‹ bezieht sich auf Funktionen, die, so wichtig sie sein mögen, das Auf und Ab der Ich-Entwicklung in der überwiegenden Mehrzahl der Fälle kaum zu erhellen vermögen.

Ich schlage zweitens vor, Ich-Entwicklung nicht formal zu definieren. Statt dessen findet sich in Tabelle 1 eine demonstrative Definition, die, wie Binets Definition von Intelligenz, teilweise auf das allgemeine Vorverständnis, teilweise auf andere Autoren zurückgeht. Diese Definition wurde wie die von Binet bereits korrigiert, und sie ist weiterhin korrigierbar durch neue Erfahrungen.

Entwicklung wird drittens im Anschluß an Binet als Prüfstein für Dimensionalität benutzt, d. h., daß der Begriff Ich-Entwicklung genau für das Gemeinsame einer bestimmten Entwicklungssequenz und einer bestimmten Charakterologie, die fast unabhängig von chronologischem Alter gilt, reserviert wird. Was der Entwicklungssequenz und der Charakterologie gemeinsam ist, ist eine Abstraktion. Auf diese Abstraktion und nur auf diese Abstraktion wird der Begriff Ich-Entwicklung mit vollem Recht angewendet.

Der Vorschlag, den Begriff Ich-Entwicklung auf eine Abstraktion und nicht auf die konkreten beobachtbaren Stadien des Wachstums von durchschnittlichen Kindern anzuwenden, mag zunächst merkwürdig erscheinen, obwohl der uns geläufige Begriff des Intelligenzalters ebenso verwandt wird. Alle Aspekte von Wachstum verlaufen jedoch simultan; daher bedarf es eines anderen Kriteriums als des der »normalen Abfolge«, um physische von kognitiver und kognitive von Ich-Entwicklung usw. zu trennen. Die meisten Theorien über Ich-Entwicklung – sowohl die in Standardwerken über Kinderpsychologie wie die von Erikson – binden die verschiedenen Stadien an altersspezifische Probleme wie: Eintritt in den Kindergarten, Adoleszenz, Brautwerbung und Ehe. Tabelle 1 verzichtet auf alle diese altersspezifischen Bezüge. Nur wenn wir über eine von altersspezifischen Zusammenhängen bereinigte Theorie verfügen, können wir Fragen wie die folgende stellen: Was ist das typische Alter für eine gegebene Ich-Transformation? Was das optimale Alter? Was das frühestmögliche und was das spätestmögliche Alter? Welche anderen Bedingungen als Alter sind unerläßliche oder günstige Bedingungen für jede Transformation? Das sind keine trivialen Fragen, denn begabte Beobachter haben das erste Auftauchen von echten Schuldgefühlen sowohl schon in der Vorschulperiode als auch erst in der späten Vorpubertät lokalisiert; Erikson und Sullivan weisen die Intimitätskrise deutlich verschiedenen Altersstufen zu, usw. Es ist unwahrscheinlich, daß derartige Beobachter sich total irren; eher ist zu vermuten, daß sie unterschiedliche Menschen oder unterschiedliche Aspekte eines Phänomens mit demselben Begriff bezeichnen und analysieren. Wenn wir überhaupt messen oder irgendeinen Beitrag zur Wissenschaft »Psychologie« leisten wollen, dann müssen wir etwas abstrakt vorgehen, und d. h.: wir müssen altersunabhängige Aspekte identifizieren.

Das Ausschalten von altersspezifischen Aspekten steht mit dem Ausschalten von altersabhängigen Skores in Beziehung. Ein gegebener Response wird als derselbe bewertet – gleichgültig, wie alt der Reagierende ist. Die Interpretation eines Rohwerts hängt immer vom Alter ab, aber Alter wird niemals in Rechnung gestellt, wenn darüber entschieden wird, ob eine Reaktion richtig oder falsch ist. Diese Regel, der man in allen Intelligenztests folgt, gilt auch für Untersuchungen über Stadien der Ich-Entwicklung.

Angesichts der Bedeutung, die in jüngster Zeit Standardnormen für die Verbesserung der Voraussagekraft bei demographisch definierten Teilstichproben zugeschrieben wurde (Meehl/Rosen 1955), kann die Warnung vor der in Auswertungsbüchern häufig praktizierten differentiellen Einstufung von Testpersonen aufgrund rein statistischer, inhaltlich unbegriffener Abhängigkeiten nicht als trivial gelten. Die

Verbesserung der Voraussagekraft durch Ausnutzung von derartigen externen Abhängigkeiten statt durch Erweiterung des theoretischen Verständnisses ist gefährlich; wo Kovariationen mit externen Variablen wandelbare Umstände reflektieren, kann diese Prozedur sogar ins Auge gehen. Damit soll das Standardnormenargument nicht gänzlich relativiert werden. Standardnormen bleiben genau das, was sie sind, nämlich Maßstäbe, an denen man ablesen kann, wie weit die theoretische Einsicht vorgedrungen ist. Wenn man die Schulleistung eines Jungen besser durch Kenntnis des Berufs des Vaters als durch einen Intelligenztest voraussagen kann, dann ist in den Test offensichtlich wenig Wissen über Intelligenz eingegangen.

Obwohl man auf den ersten Blick das Gegenteil vermuten könnte, fällt die Idee einer Altersskala total in sich zusammen, wenn man sie altersabhängig normiert. Die Skala des Intelligenzalters (IA) taugt als Meßinstrument für alle Altergruppen genau deshalb, weil sie sich auf diejenigen Indikatoren der Intelligenzentwicklung stützt, deren Auftreten davon abhängt, wieweit man in der Sequenz der kognitiven Entwicklung – unabhängig vom chronologischen Alter (CA) – fortgeschritten ist. Die Unterschiede zwischen einem 3jährigen, dessen IA 5 beträgt, und einem 10jährigen, dessen IA ebenfalls 5 beträgt, sind groß, aber sie liegen in anderen Dimensionen. Vor Binet konnte man die Differenz zwischen klugen und dummen 3jährigen nur unter Rekurs auf Kriterien, die sich auf ihr chronologisches Alter bezogen, bestimmen. Dasselbe galt für ältere Kinder. Die IA-Skala stellte genau deshalb eine wissenschaftliche Errungenschaft dar, weil sie über solche altersspezifischen Tests hinausging. Piaget scheint in seiner Mikroanalyse der Intelligenzentwicklung ebenso zu versuchen, altersspezifische Aspekte zu transzendieren; aber selbst ein so kenntnisreicher und verständnisvoller Interpret wie Flavell (1963, speziell der letzte Abschnitt) kann diesen Punkt verfehlen. Sorgfältige Lektüre wird enthüllen, was amerikanischen Lesern mit ihren normativen Vorurteilen häufig entgeht: daß Piaget nämlich keine Normen für verschiedene Altersstufen festlegt, sondern statt dessen durchschnittliche altersspezifische Differenzen als Vehikel benutzt, um eine Entwicklungssequenz zu eruieren. Repräsentativität der Stichproben ist für Piaget nicht besonders wichtig; er braucht nur vergleichbare Stichproben von verschiedenen Altersstufen. Auch Binet benutzte Alter als Vehikel bei der Suche nach einer Entwicklungssequenz, obwohl er natürlich an Normen interessiert war. Piaget geht über Binet darin hinaus, daß er die innere Logik der Abfolge, die altersunabhängig ist, rekonstruiert. Auf diesen Punkt werden wir zurückkommen.

Das entscheidende Merkmal des Ansatzes von Binet/Terman, nämlich die Voraussage der endgültigen Intelligenz des Erwachsenen von der kindlichen Intelligenz her, läßt sich noch nicht auf die Ich-Entwicklung übertragen. Es gibt bislang noch keine allgemein anerkannte Altersskala, obwohl man vielleicht eine entwickeln könnte; es gibt bislang sicherlich noch keinen Grund zur Annahme, daß der gegenwärtige Stand der Ich-Entwicklung durch Einbeziehung des chronologischen Alters so genau festgelegt werden könnte, daß sich von daher das endgültige Niveau der Ich-Entwicklung des Erwachsenen gut abschätzen ließe.

Die Situation ist bei der Voraussage der endgültigen Körpergröße günstiger; erheblich ungünstiger im Bereich der psychosexuellen Entwicklung, da dieses Kostrukt bislang nicht so definiert werden konnte, daß es meßbar wäre.*

Ich-Entwicklung muß also einerseits von der kognitiven Entwicklung und andererseits von der psycho-sexuellen Entwicklung unterschieden werden, gleichgültig, welche Korrelationen zwischen ihnen nachweisbar sind. Am schwierigsten ist es jedoch, Ich-Entwicklung und Anpassung analytisch zu trennen. In der Frühphase der Entwicklung der Persönlichkeitsmessung nahm man implizit – vielleicht sogar explizit – an, daß Anpassung dasselbe sei wie Konformität – besonders die Neigung, sich selbst in sozial akzeptablen Begriffen zu beschreiben. In einer neueren, an der Theorie sozialen Lernens orientierten Version versichert Heilbrun (1964): »Psychopathologie stellt eine Abweichung von sozial akzeptierten Standards des Verhaltens dar und ... je ausgeprägter die Psychopathologie, desto größer ist die Abweichung« (p. 385). Daher »sind die Dimensionen von psychischer Gesundheit und sozialer Konformitätsneigung (social desirability) weitgehend identisch (S. 385)«. An keiner Stelle seiner Ausführungen erwähnt oder widerlegt Heilbrun jedoch die Beobachtung, von der ausgehend Meehl und Hathaway (1946) den von ihnen sogenannten K-Faktor im Minnesota Multiphasic Personality Inventory (MMPI) zu untersuchen begannen; die Beobachtung nämlich, daß Hunderte von normalen und aus psychiatrischen Gründen hospitalisierten Personen MMPI-Profile im Grenzbereich (borderline) hatten, die mit Hinsicht auf Anzeichen von Psychopathologie nicht unterscheidbar waren. Die K-Skala wurde entwickelt, um die Trennschärfe des Tests in diesem Bereich zu verbessern. Meehl und Hathaway nahmen natürlich an, daß subjektive Berichte psychopathologischer Symptome nicht ganz ohne Wert sind; ihr Anliegen bestand darin, einige der Fehlerquellen zu eliminieren. Als wichtigste Fehlerquelle erwiesen sich – an dem einen Pol – eine verallgemeinerte Tendenz, sich selbst in sozial akzeptablen Begriffen zu beschreiben, und – an dem anderen Pol – eine verallgemeinerte Selbstkritik. Dieses Kontinuum bezeichnen sie als den K-Faktor. Sie betonten, daß die Test-Skalen, die am stärksten vom Faktor K beeinflußt werden, kaum bzw. gar nicht dazu taugten, normale von anormalen Personen zu unterscheiden, es sei denn, man benutzte sie als Korrekturvariablen. Wenig von dem, was seit 1946 auf diesem Gebiet geschah, ist so umfassend, wie die Reihe von Studien, die Meehl und Hathaway 1946 zusammenfaßten, und nichts von dem widerspricht ihrem Hauptargument.

Block (1965) hat mit wohlüberlegten Argumenten gezeigt, daß der generelle Faktor im MMPI, der im wesentlichen mit Meehl und Hathaways K-Faktor identisch ist, nicht einfach – wie einige neuere Kritiker gerne vorgeben möchten – als Ausdruck von Fügsamkeit oder sozialer Konformitätsneigung interpretiert werden kann. Seine Deutung jedoch, die auf Ich-Spannkraft abstellt, befriedigt nicht. Sollte ein Maß für Ich-Spannkraft nicht zwischen normalen und hospitalisierten psychiatrischen Patienten differenzieren? Im folgenden wird eine Erklärung für diese radikal unterschiedlichen Interpretationen des generellen Faktors im MMPI vorgeschlagen werden.

* An dieser Stelle wurden einige Zeilen gestrichen. Die Herausgeber.

Um das Argument von Meehl und Hathaway mit dem Gegenstand dieses Aufsatzes in Verbindung zu bringen, muß man nur hinzufügen, daß die Neigung, sich selbst in sozial akzeptablen Begriffen zu beschreiben, ein auffälliger Aspekt des konformistischen Stadiums der Ich-Entwicklung ist. Die Ich-Strukturen des konformistischen Stadiums schließen gute Anpassung weder aus, noch garantieren sie sie. Unsere Welt ist – vielleicht zwangsläufig – eine Welt von Konformisten, und viele Konformisten sind in ihr glücklich; sie sind nichtsdestoweniger absolut nicht immun gegenüber den schwersten geistigen Krankheiten oder gegenüber leichteren Anpassungsstörungen.

Vermutlich teilweise als Reaktion gegen die frühere Gleichsetzung von Konformität und Anpassung haben in jüngster Zeit mehrere Autoren etwas zu umreißen versucht, was sie ›positive geistige Gesundheit‹ nennen; wie man aus der Zusammenfassung von Marie Jahoda (1958) entnehmen kann, haben viele dieser Autoren im großen und ganzen unter diesem Titel das höchste Stadium der Ich-Entwicklung beschrieben. Anpassung meint demgegenüber zunächst etwas anderes. Jahoda sieht die Schwierigkeit, daß alle definierenden Merkmale von »positiver geistiger Gesundheit« eher auf Erwachsene als auf Kinder zutreffen – obwohl es zweifellos einige gut angepaßte Kinder, Kinder, denen man »absolute geistige Gesundheit« zuerkennen muß, gibt. Eine klare Unterscheidung zwischen Entwicklungsvariablen und Anpassung ist eben unerläßlich für die Vertiefung unseres Verständnisses der optimalen Bedingungen für Entwicklung. Ich stelle mithin nicht das tatsächliche Vorkommen des von diesen Autoren beschriebenen Syndros in Frage, sondern bezweifle, ob es angemessen ist, dieses als ›positive geistige Gesundheit‹ zu bezeichnen. Denn diese Bezeichnung hebt auf die Beziehungen zu Anpassung ab und vernachlässigt die Beziehungen zu Reifungsvorgängen. Der häufige, vielleicht zu sorglose synonyme Gebrauch von Anpassung und Reife in klinischen und quasi-klinischen Redeweisen behindert Klarheit und Erkenntnisfortschritt ebenso wie die Gleichsetzung von Anpassung und Konformität.

Um Ich-Entwicklung von kognitiver und psychosexueller Entwicklung und von Anpassung unterscheiden zu können, bedarf es einer klaren analytischen Unterscheidung, die die Suche nach Korrelationen oder komplexen auslösenden bzw. fördernden Faktoren nicht im mindesten präjudizieren sollte. Letztere können nämlich erst ausgemacht werden, nachdem die begrifflichen Unterscheidungen getroffen wurden. Am Verhältnis von Größe und Gewicht kann man sich das klarmachen: sie variieren sicherlich nicht unabhängig voneinander, sondern beeinflussen sich wechselseitig; dennoch sind sie begrifflich total verschieden. Während eine Schätzung der einen Größe durch die andere beeinflußt werden kann, wird eine sorgfältige Messung von derartigen Einflüssen frei sein. Dieser Art von begrifflicher Klärung bedarf es auch im Bereich der Ich-Entwicklung.

STADIEN DER ICH-ENTWICKLUNG

Nachdem skizziert wurde, worin Ich-Entwicklung nicht besteht, soll nun gezeigt werden, worin sie besteht. Zu diesem Zweck sollen die einzelnen Stadien genannt und kurz charakterisiert werden (vgl. Tab. 1). Das Konstrukt stellt ein Amalgam dar, zu dem viele Autoren beigetragen haben. Am wichtigsten waren Sullivan, Grant u. Grant (1957), Peck (in: Peck u. Havighurst 1960) und Isaacs (1956; Isaacs u. Haggard 1965); alle diese Autoren haben sich mit der abstrakten Verbindung einer Entwicklungssequenz und einer Charaktertypologie befaßt.

Tabelle 1
Einige Meilensteine der Ich-Entwicklung

Stadium	Impulskontrolle und Charakterentwicklung	Stil interpersoneller Beziehungen	Bewußte Thematiken
vorsozial symbiotisch		autistisch symbiotisch	Selbst vs. Nichtselbst
impulsabhängig	impulsabhängig, Angst vor Vergeltung	ausbeutend, abhängig	Körpergefühle, bes. sexuelle und aggressive
opportunistisch	instrumentell, Angst vor Erwischtwerden	ausbeutend, manipulativ, Nullsummenspiel	Vorteil, Kontrolle
konformistisch	Konformität gegenüber externen Regeln, Scham	reziprok, oberflächlich	materielle Dinge, äußere Erscheinung, Ansehen
gewissensorientiert	internalisierte Regeln, Schuld	intensiv, verantwortungsbewußt	differenzierte innere Gefühle, Leistung, Charakterzüge
autonom	Auseinandersetzung mit inneren Konflikten, Toleranz gegenüber individuellen Verschiedenheiten	intensiv, Anerkennung von Autonomiebedürfnissen	wie oben, Rollendifferenzierung, Entwicklung, Selbstverwirklichung
integriert	Auflösung innerer Konflikte, Verzicht auf Unerreichbares	wie oben, Hochschätzung von Individualität	wie oben, Identität

Auf der ersten Stufe der Ich-Entwicklung muß das Ich vom Nicht-Ich unterschieden werden. Dieses Stadium kann in ein vorsoziales und ein symbiotisches Teilstadium untergliedert werden. Im vorsozialen oder autistischen Stadium werden belebte und unbelebte Teile der Umwelt nicht unterschieden. Im symbiotischen Stadium hat das Kind eine starke Beziehung zu seiner Mutter (oder Muttersurrogaten) und kann die Mutter von der Umgebung unterscheiden; das Selbst ist jedoch noch nicht klar von der Mutter abgegrenzt. Vor Ende dieser Periode kann das kindliche Ich kaum als eigenständige Entität behandelt werden. Die Sprache ist ein wichtiger, vielleicht der entscheidende Faktor, der zur Überwindung dieses Stadiums führt. Somit kann dieses früheste Stadium kaum von den Forschern untersucht werden, die Ich-Entwicklung mit Hilfe verbaler Tests fassen wollen.

Wenn Psychoanalytiker von Ich-Entwicklung sprechen, beziehen sie sich bisweilen nur auf diese erste Teilphase, da das Ich zu diesem Zeitpunkt gewissermaßen »entsteht«. Dieser Sprachgebrauch widerspricht dem unsrigen: Ich-Entwicklung bezieht sich hier immer auch auf die späteren Veränderungen des Ich. Der Aufbau und die Besetzung einer stabilen Objektwelt ist eine unerläßliche Voraussetzung für alle weitere Entwicklung im Bereiche des Ich, der Intelligenz und der Psychosexualität sowie für alle späteren Anpassungsleistungen. Die für diese Phase charakteristische mangelnde Ausdifferenzierung von Strukturen, die sich später voneinander trennen, ist wohl bekannt. Reserviert man den Begriff Ich-Entwicklung für dieses Teilstadium, so beraubt man ihn seiner Bedeutung und seines forschungsstrategischen Stellenwerts.

Das zweite Stadium nennen wir das impulsive. Das Kind versichert sich der Unabhängigkeit von der Mutter durch Ausübung seines eigenen Willens. Impulskontrolle fehlt oder ist unzuverlässig. Regeln werden nicht als solche zur Kenntnis genommen; Handlungen sind »schlecht«, weil sie bestraft werden. Zwischenmenschliche Beziehungen basieren auf Ausnutzung oder Abhängigkeit, wobei die Abhängigkeit jedoch nicht als solche erkannt wird. Menschen werden als Quellen der Versorgung wahrgenommen. Sexuelle und aggressive Triebe dringen häufig und unrestringiert ins Bewußtsein vor. Unkontrolliertes Ausagieren von sexuellen und aggressiven Trieben weist zumindest bei Frauen und Mädchen auf Fehlentwicklungen in diesem Stadium hin.

Einige Verhaltenserscheinungen dieses Stadiums, wie z.B. Wutanfälle, erhalten sich unverändert durch den gesamten Lebenszyklus, sind also nicht altersspezifisch. Die Beschäftigung mit Körperfunktionen hingegen verändert typischerweise ihr Erscheinungsbild je nach Alter. Ein dreijähriger macht scherzhafte Bemerkungen über ›Aa-machen‹, während der Jugendliche, der dieses Stadium nicht überwunden hat, nicht nur zeigt, daß ihn Sexualität stark beschäftigt, sondern daß Sex für ihn ausschließlich eine Körperfunktion und keine soziale Beziehung darstellt. Indizien wie die zuletzt genannten sind mehr oder weniger altersspezifisch. Sie sind für diagnostische Zwecke unerläßlich, dürfen jedoch nicht in die Definition des theoretischen Konstrukts eingehen, damit das Probandum, nämlich die abstrakte Eigenschaft, die sowohl das (normale) impulsabhängige kleine Kind wie den (in der Entwicklung zurückgebliebenen) impulsabhängigen Jugendlichen oder Erwachsenen beschreibt, nicht außer Sicht gerät.

Das dritte Stadium ist das opportunistische. Nun wird zwar erkannt, daß es Regeln gibt, das Kind folgt ihnen jedoch nur nach Maßgabe von unmittelbaren Vorteilen. Das moralische Bewußtsein orientiert sich mithin ausschließlich an Nutzenmaximierung. Es ist schlecht, erwischt zu werden. Zwischenmenschliche Beziehungen werden von Manipulation und Ausnutzung beherrscht, es ist jedoch eine deutliche Abwendung von der früheren Abhängigkeit festzustellen. Das Kind sagt: »Ich mache es selber«, der auf diesem Stadium fixierte Jugendliche sagt: »Wer braucht denn die?«. Das Bewußtsein wird beherrscht von Themen wie Kontrolle, Vorteil, Überlegenheit, Betrug, Besser-weg-Kommen usw. Das Leben wird als Nullsummenspiel begriffen: was du gewinnst, verliere ich.

Das vierte Stadium ist das konformistische. Es ist von mehr Autoren erkannt und beschrieben worden als jedes andere Stadium. In dieser Phase werden die Regeln teilweise internalisiert. Man folgt ihnen als solchen, eben weil sie Regeln sind. Die wichtigste Reaktion auf Regelverletzungen ist Scham – im Gegensatz zum vorausgehenden opportunistischen Stadium, das häufig (wenn auch nicht von denen, die sich in diesem Stadium befinden) als ›schamlos‹ beschrieben wird. Jetzt gibt es echte zwischenmenschliche Reziprozität. Die Gegenseitigkeit ist im Grunde die der Goldenen Regel. In vielen Fällen erstreckt sich das wechselseitige Vertrauen jedoch nur auf kleine Eigengruppen. Es kann starke stereotypisierte Vorurteile gegen verschiedenartige Außengruppen geben. Zwischenmenschliche Beziehungen werden in erster Linie als äußeres Handlungsgeschehen, weniger als Ausdruck von Gefühlen und Motiven begriffen. Das Bewußtsein ist erfüllt von dem Streben nach materiellen Dingen, Ansehen und Status, von Problemen der äußeren Erscheinung und Anpassung. Innere Gefühle werden typischerweise in einer stereotypisierten, banalen und häufig moralistischen Sprache beschrieben. Der Übergang von der konformistischen zur nächsten Entwicklungsstufe ist häufig, wenn nicht immer, durch das Auftreten von Introspektion und Selbstbewußtsein markiert.

Das fünfte Stadium nennen wir ›gewissensorientiert‹. Die moralischen Regeln sind internalisiert worden. Innere moralische Imperative gewinnen den Vorrang vor externen, durch Gruppen gestützten Regeln. Die Reaktion auf Regelverletzungen ist Schuld. Zwischenmenschliche Beziehungen werden eher als Ausdruck von Gefühlen und Charakterzügen denn als äußeres Handlungsgeschehen begriffen; sie werden lebhafter, intensiver und bedeutungsvoller als auf früheren Stufen. Verpflichtungen, Ideale, Charakterzüge und ein Leistungsstreben, das sich an inneren Standards und nicht mehr nur an Anerkennung bemißt, beherrschen nun das Bewußtsein. Verhalten wird nicht mehr einfach als Abfolge einzelner Handlungen, sondern als Ausdruck von dauerhaften Neigungen gesehen. Auch weniger intellektuelle Angehörige dieses Stadium äußern häufig ein spontanes Interesse an den Ursachen ihres Verhaltens. Die Fähigkeit zur Selbstkritik ist für dieses Stadium charakteristisch – die Unfähigkeit dazu für das konformistische Stadium. Selbstkritik kann sogar den Übergang zu diesem Stadium vermitteln – ein Vorgang, dessen genauere Beschreibung allerdings den Rahmen dieses Definitionsversuchs sprengen würde. Konformisten beschreiben sich tendenziell eher mit ›positiven‹, sozial akzeptierten Begriffen, wenngleich sie spezifische Symptome auch genau berichten können. Gewissensorientierte Personen beurteilen sich selbst teilweise eher überkritisch.

Das nächste Stadium nennen wir das autonome (Unglücklicherweise hat Erikson diesen Begriff 1950 für das Streben nach Unabhängigkeit auf der früheren opportunistischen Stufe verwendet. Abhängigkeit – Unabhängigkeit ist jedoch, wie Harvey et al. [1961] gezeigt haben, ein dialektischer Aspekt von Entwicklung.) Impulskontrolle ist in diesem späten Stadium der Reife kein Problem mehr. Die typischen moralischen Probleme entstehen jetzt aus innerem Konflikt, widersprüchlichen Pflichten und Bedürfnissen, aus dem Widerstreit zwischen Bedürfnissen und Pflichten usw. Solche Konflikte gibt es schon in früheren Entwicklungsphasen, einschließlich der gewissensorientierten; sie werden aber erst jetzt direkt und bewußt angegangen. Mit der Fähigkeit, die Widersprüchlichkeit der eigenen Person bewußt auszutragen, erhöht sich die Toleranz für diejenigen, die sich anders entscheiden als man selbst – ein deutlicher Gegensatz zu der moralischen Entrüstung, die für das gewissenorientierte und konformistische Stadium so typisch ist. Zwischenmenschliche Beziehungen bleiben intensiv und basieren auf der Einsicht der unvermeidlichen wechselseitigen Abhängigkeit; sie stützen sich – und darin besteht die entscheidende Ergänzung – nun auf die Anerkennung der Autonomiebedürfnisse anderer Menschen. So fühlt sich eine gewissensorientierte Mutter verpflichtet, ihr Kind vor Fehlern zu bewahren, während eine typische autonome Mutter das Bedürfnis der Kinder, aus eigenen Fehlern zu lernen, anerkennt. Die charakteristischen bewußten Thematiken sind nun Rollendifferenzierung, Individualität und Selbstverwirklichung.

Auf dem höchsten, ›integriert‹ genannten Stadium geht die Person über das bloße Austragen von Konflikten hinaus und versucht, konfligierende Ansprüche miteinander zu versöhnen; sie verzichtet, wo notwendig, auf das Unerreichbare; bloße Toleranz verwandelt sich in Hochschätzung von individuellen Unterschieden, bloße Rollendifferenzierung wird zur Errungenschaft des Gefühls einer integrierten Identität. Derartige Personen finden sich selten in normalen Gruppen, so daß neue Erkenntnisse schwer zu bestätigen sind. Maslow (1954, 1962) hat eine Gruppe derartiger Personen ausgewählt und untersucht und dieses Stadium auf der Basis seines – wenngleich lockeren – empirischen Materials ausführlicher beschrieben.

Es wäre vermutlich falsch, irgendein Stadium zu idealisieren. Jedes Stadium hat seine Schwächen, Probleme und Paradoxien, denen sowohl die Gefahr der Fehlanpassung wie die Chance weiterer Entwicklung inhärieren. Ein Problem des autonomen Stadiums besteht darin, wie das Bedürfnis nach Autonomie mit Abhängigkeitsbedürfnissen einerseits, mit dem Ausüben von Autorität andererseits zu versöhnen ist. Ein weiteres Paradox ist das der Verantwortung. Piaget (1932) vermerkt, daß kleine Kinder (mit niedrigem Ich-Niveau) es für schlimmer halten, wenn man 15 Tassen zufällig und unbeabsichtigt kaputtmacht, als wenn man eine Tasse beim Marmeladestehlen zerbricht. Ältere Kinder (mit höherem Ich-Niveau also) rechnen Schuld eher nach Motiven als nach Konsequenzen zu; daher ist für sie das Zerbrechen einer Tasse beim Stehlen das schlimmere Vergehen. Auf den höchsten, von Piaget nicht untersuchten Stufen der Ich-Entwicklung übernimmt man die Verantwortung jedoch nicht nur für seine Motive, sondern auch für die Konsequenzen seines Handelns. Tatsächlich ist man weder für seine Motive total verantwortlich, noch kann man die Verantwortung für die Konsequenzen von Handlungen, die mit guten Absichten durchgeführt wurden, vollständig abweisen. Man muß solche ungelösten Probleme sehen, um den Schluß zu vermeiden, daß Personen mit dem höchsten Ich-Niveau immer die besten Eltern, Lehrer oder Therapeuten sind.

Für jedes Stadium kann man die spezifische Ausprägung von Impulskontrolle, Charakterentwicklung, interpersonellen Beziehungen, bewußten Thematiken und Problemen der Lebensführung – einschließlich des Selbstbildes – angeben. Die Behauptung, daß all das Aspekte der Ich-Entwicklung sind, dürfte testbar sein. Man muß nur unabhängige Maße für Impulskontrolle, Charakterentwicklung, zwischenmenschliche Beziehungen und bewußte Thematik entwickeln und dann korrelieren. Je tiefer man sich in dieses Forschungsfeld einarbeitet, desto mehr verdichtet sich der Eindruck, daß Impulskontrolle, Charakterentwicklung, zwischenmenschliche Beziehungen und bewußte Thematik in der Tat Momente einer einzigen Sache sind, die so eng miteinander verknüpft sind, daß sie kaum unabhängig voneinander definiert, geschweige denn gemessen werden können. So kommen wir zu dem paradoxen Schluß, daß die Behauptung, die genannten Dimensionen seien Aspekte der Ich-Entwicklung, zu wahr ist, um geprüft zu werden. Das aber ist der Gehalt des vorgeschlagenen theoretischen Konstrukts.

DAS STRUKTURELLE MODELL

Wir kommen nun zu den strukturellen Merkmalen des Konstrukts. Es gibt anscheinend genau zwei verbreitete Modelle, die man als Embryo- bzw. hierarchisches Modell bezeichnen kann. Das Embryo-Modell wurde von Erikson (1950, 1959) vorgestellt; das hierarchische Modell kündigt sich in den Arbeiten von H. S. Sullivan (1953) an und wird in den Arbeiten von Clyde Sullivan, Grant u. Grant (1957) und von Isaacs (1956) klarerweise vorausgesetzt. Die sauberste Darstellung der formalen Eigenschaften des hierarchischen Modells findet sich bei Piaget und Inhelder (Tanner/Inhelder 1956, 1960). Sie formulierten das Modell im Kontext ihrer Untersuchungen über kognitive Entwicklung, haben seine allgemeinen definierenden Merkmale jedoch abstrakt, d.h. unabhängig vom Gehalt der kognitiven Entwicklung, spezifiziert.

Eriksons (1950, 1959) Schema der Ich-Entwicklung ist wohlbekannt. Er schildert die aufeinanderfolgenden Krisen der normalen Entwicklung – Vertrauen vs. Mißtrauen, Autonomie vs. Scham und Zweifel, etc. – in der Hauptdiagonalen der Matrix. Die Darstellung in Zeilen und Spalten beruht auf der – allerdings nicht explizierten – Unterstellung, daß in jeder Periode die Voraussetzungen für die Probleme späterer Perioden geschaffen werden und daß die Probleme der früheren Phasen Konsequenzen haben; wie jedoch die Lösung der Entwicklungsaufgabe einer Phase die Lösung des Entwicklungsproblems der nächsten beeinflußt, ist nicht klar. Unser Schema der Ich-Entwicklung ist formal ähnlich aufgebaut wie Eriksons Modell der psychosexuellen Entwicklung. In letzterem Fall repräsentieren die Reihen Zonen (Verhaltensbereiche), die Spalten Modalitäten. Die Anordnung der Zonen entspricht der Abfolge ihres jeweiligen ontogenetischen Vorrangs; die Modalitäten sind so angeordnet, daß die für eine gegebene Zone typischste so nahe wie möglich an der Hauptdiagonalen liegt. Hinsichtlich des Einflusses von einem Stadium auf das nächstfolgende hat Erikson gesagt, daß man beim Übergang zur nächsten Zone an der Modalität der vorangehenden Periode festhalten kann oder daß man an der alten Zone festhalten und sie in der neuen Modalität ausdrücken kann. Was aber ist das Analogon dazu in der Ich-Entwicklung? Das Diagramm der psychosexuellen Entwicklung orientiert sich seinerseits an den Kenntnissen über die Entwicklung des Foetus – daher der Titel ›Embryo-Modell‹ (Erikson verwendet den Begriff ›epigenetisch‹). Bei der Entwicklung des Foetus haben die einzelnen Organe zu aufeinanderfolgenden Zeitpunkten den Vorrang, und ein Organ wird dann – und genau dann – am schwersten geschädigt, wenn eine wie immer verursachte Wachstumsstörung in die Zeit seines Entwicklungsvorgangs fällt. Es gibt keine kritische Periode für alle Organe, sondern eine je eigene kritische Periode für jedes einzelne Organ. Diese Tatsache bestimmt die Struktur von Eriksons Schema. Während jedoch das Embryo-Modell mit einigem Recht auf die psychosexuelle Entwicklung übertragen werden kann – hier werden in der Tat unterschiedliche Organe zu verschiedenen Zeitpunkten entwickelt –, ist es fraglich, ob es auch auf die Ich-Entwicklung übertragen werden darf. Das Ich ist nämlich ein einziges Organ bzw. ähnelt einem einzelnen Organ.

Während Erikson sein Schema der Ich-Entwicklung dem der psychosexuellen Entwicklung angleicht, rekonstruieren Piaget und Inhelder die Ich-Entwicklung wie die kognitive Entwicklung. Das ist um so erstaunlicher, als Piagets frühe Untersuchung (1932) über das moralische Urteil eine Fundgrube für spätere Forscher auf dem Gebiet der Ich-Entwicklung war. In verschiedenen Büchern und Artikeln haben Piaget und Inhelder dargestellt, wie die soziale, affektive und Persönlichkeitsentwicklung durch die kognitive Entwicklung beeinflußt werden. Daß es analytisch trennbare und unabhängig voneinander variierende Entwicklungsabfolgen gibt, wird nirgendwo festgestellt (Flavell 1963).

Obwohl Piaget und Inhelder die Ich-Entwicklung nicht als Beispiel für das hierarchische Modell erkannten (Tanner/Inhelder 1956, 1960), haben sie seine abstrakten Eigenschaften richtig etwa wie folgt zusammengefaßt: die Abfolge der Stadien ist invariant; kein Stadium kann übersprungen werden; jedes Stadium ist komplexer als das vorausgehende, jedes Stadium baut auf dem vorausgehenden auf und bereitet auf das folgende vor. Von Entwicklungsstadien – so ihre These – kann man sprechen, soweit diese Bedingungen erfüllt sind. Die Abfolge der Stadien ist durch eine innere Logik bestimmt. Für die Erklärung des Verhaltens einer Person – so Piaget – ist diese innere Logik der Entwicklung ebenso wichtig wie seine bisherige Biographie, seine erbliche Ausstattung oder seine gegenwärtige Umwelt.

Daß die Ich-Entwicklung einer inneren Logik unterliegt, wird für die, die in dem Feld arbeiten, eine feste Überzeugung. Weil es diese – bislang noch nicht voll ausformulierte – innere Logik gibt, begreifen erfahrene, phantasievolle Kliniker das Schema schnell. Die Logik der hierarchischen Evolution, der Notwendigkeit einer bestimmten Abfolge der Stadien, wurde für einzelne Aspekte, z.B. interpersonelle Reife, (Sullivan et al. 1957) oder, was im wesentlichen dasselbe ist, Beziehungsfähigkeit (Isaacs 1956), begriffliche Systeme (Harvey et al. 1961) und moralisches Urteil (Piaget 1932, Kohlberg 1964) deutlich genug formuliert. Meistens wurde auch erkannt, wieweit der Ausstrahlungsbereich eines jeden Stadiums reicht: beispielsweise manifestiert sich ein bestimmtes Stadium der interpersonellen Entwicklung auch in einem entsprechenden Niveau der Impulskontrolle, der Charakterbildung und Ausbildung begrifflicher Systeme. Alle Darstellungen haben bisher jedoch übersehen, daß dieser breite Bereich von Erscheinungsformen eine einzige organische Einheit darstellt und sich in organisch aufeinander aufbauenden Stufen entfaltet. Weiterhin: obwohl Isaacs (1956) und Sullivan, Grant u. Grant (1957) überzeugend dargelegt haben, daß sich die kommunikative Kompetenz hierarchisch entwickelt, sind ihre Darstellungen keineswegs identisch. Keine enthält all das, was die andere enthält, »Bewußte Thematiken« sind nicht nur Hinweise für den Stand der moralischen bzw. kommunikativen Entwicklung; alle diese Aspekte gehören zu ein und demselben Phänomen. Dieses umfassende Phänomen kann vernünftigerweise nur »Ich-Entwicklung« genannt werden; worin sein Organisationsprinzip besteht, bleibt zu klären. Aber gibt es irgendeine Garantie dafür, daß die Vernunft ihre eigene innere Natur so kohärent und durchsichtig darstellen kann wie andere Aspekte des Universums?

Im Gegensatz zum Embryo-Modell behauptet das hierarchische, daß es für jede Person ein charakteristisches Niveau gibt. Jede Evidenz, die für ein bestimmtes Niveau spricht, ist daher eine Evidenz dagegen, daß ein anderes Stadium angesetzt werden muß. Soweit eine Person ›opportunistisch‹ genannt werden kann, soweit ist sie nicht gewissensorientiert. Anders in der psychosexuellen Entwicklung. Indizien für eine starke orale Fixierung sind keine Indizien gegen eine starke anale Fixierung. Offensichtlich hat man es hier mit einer Differenz zu tun, die mit der Struktur des Modells, nicht dem Inhalt der Stadien zusammenhängt. Jedes Modell vereinfacht; die Vereinfachung des hierarchischen Modells ist notwendig, wenn man Ich-Entwicklung aussichtsreich messen will.

Diese starken Behauptungen müssen sofort durch das Eingeständnis qualifiziert werden, daß die meisten Verhaltensprotokolle Indizien für verschiedene Entwicklungsniveaus enthalten. Piaget behandelt diese Abweichungen im kognitiven Bereich unter dem Titel ›horizontal décalage‹ (Flavell 1963). Heinz Werner (1957) hat beobachtet, daß Verhalten sowohl unilinear wie multilinear ist, d. h. sowohl dem hierarchischen wie dem Embryo-Modell entspricht. Von daher bietet sich eine andere Strategie der Beschreibung der Heterogeneität von kurzen Verhaltenssequenzen einer einzelnen Person hinsichtlich des Ich-Niveaus an. Nichtsdestoweniger ist der erste Schritt der Verwissenschaftlichung des Konstrukts die Messung. Eine wahrscheinlichkeitstheoretische Modifikation des hierarchischen Modells berücksichtigt die genannten Störungen und paßt sie den Erfordernissen des Messens an.

Isaacs (1956) plädiert für eine andere Lösung des Meßproblems. Er beschreibt jedes Individuum auf der Basis des höchsten Niveaus, das sich in dem entsprechenden Protokoll belegen läßt. Wenn man dieser Regel folgt, kann man Wahrscheinlichkeiten nicht berücksichtigen. Nur die Stellen oder Hinweise können vercodet werden, die mit Sicherheit auf ein bestimmtes Niveau hinweisen. Diese Meßstrategie wird dem hierarchischen Modell voll gerecht, es übertreibt jedoch die Eindeutigkeit der Beziehungen zwischen einzelnen Handlungen und verallgemeinerten Handlungsdispositionen (Hammond 1955).

Andere Versuche, Ich-Entwicklung zu messen, zielten darauf ab, den Grad des Vorhandenseins eines jeden Stadiums abzuschätzen. Diese Strategie widerspricht dem hierarchischen Modell. Seine Unzulänglichkeit läßt sich auch anders darlegen. Dazu der folgende Abschnitt.

Die Diskussion des Wahrscheinlichkeitscharakters der Indizien für ein Ich-Niveau gibt uns Gelegenheit, auf einige der technischen Probleme der Konstruktion von Tab. 1 einzugehen. Sie soll nur die definierenden Aspekte eines jeden Stadiums, die immer nachweisbar sind, enthalten. Aber keine Verhaltensstichprobe läßt zuverlässig erkennen, welche dieser Charakeristika bei einem Individuum vorhanden und dominant sind. Es gibt andere, häufig leichter zugängliche Anzeichen, die mit angemessener oder hoher Wahrscheinlichkeit für die verschiedenen Niveaus sprechen (altersspezifische Indizien sind eingeschlossen) und die für die Individualdiagnose brauchbar sind. Die Unterscheidung zwischen Wahrscheinlichkeitsmanifestationen von definierenden Aspekten und Manifestationen von Wahrscheinlichkeitsaspekten liegt sicherlich jenseits klinischer Intuition. Sie ist in der Tat eine Herausforderung für psychometrisch versierte Psychologen.

MEILENSTEINE UND POLARE ASPEKTE

Ich-Entwicklung äußert sich in zwei sehr verschiedenen Erscheinungsformen, nämlich in Abfolgen von Meilensteinen und in polaren Aspekten. Diese Unterscheidung ist für die Konstruktion von Meßinstrumenten zentral (Loevinger 1965). Die Abfolgen von Meilensteinen sind als Kurzcharakterisierungen in die Konstruktionen der Tab. 1 eingegangen. Es handelt sich dabei um beobachtbare Verhaltensweisen, die an Bedeutung gewinnen, dann verlieren, wenn man die Skala der Ich-Reifung von unten nach oben durchläuft. Konformität gegenüber akzeptierten sozialen Standards wird bis zu einem gewissen Punkt immer kennzeichnender für Verhalten, wird jedoch jenseits dieses Punktes mit zunehmender Reife immer weniger verpflichtend – ohne sich notwendigerweise ins Gegenteil zu verkehren. Die Tendenz zur Stereotypisierung ist andererseits ein polarer Aspekt. Sie fällt beständig mit zunehmendem Ich-Niveau. Die Neigung zur Stereotypisierung ist ein abstrakterer und nur indirekt, durch Deduktionen zu validierender Charakterzug, der schwieriger abzuschätzen ist als die Konformität gegenüber spezifischen Standards.

Abfolgen von Meilensteinen sind besonders fruchtbar bei der Einstufung von Verhalten, von Fallgeschichten oder von Testprotokollen mit Hinsicht auf Ich-Niveau. Klinische Untersuchungen werden auch in Zukunft aus trivialerweise einleuchtenden Gründen auf Beurteilungsskalen angewiesen sein – trotz ihrer ebenso evidenten Mängel. Abschätzungen der Gewichtigkeit eines Merkmals, auf die man zurückgreifen muß, wenn man eine polare Variable einstuft, lassen sich nicht ohne Schwierigkeiten durchführen, sind wenig zuverlässig, erfordern eine Verankerung in irgendeiner Bezugsgruppe und werden bestenfalls in kleinen Gruppen speziell ausgebildeter Beurteiler zu effektiven Forschungsinstrumenten. Im Gegensatz dazu ist von Beurteilungsskalen mit qualitativ verschiedenen Beschreibungen der verschiedenen Punkte der Skala seit langem bekannt, daß sie sehr gut funktionieren. Abfolgen von Meilensteinen ergeben genau eine solche Skala.

Die differentielle Psychologie ist lange einem Diktum von E. L. Thorndike (1914) gefolgt. Es besagt: »Alles, was existiert, existiert in einem bestimmten Ausmaß; und es kann als solches gemessen werden (S. 141)«. Ursprünglich stand dieser Satz in einem etwas anderen Kontext als hier, da Thorndike keine intervenierenden Variablen (Charakterzüge) zuließ (vgl. Hullfish 1926). Statt dessen maß er nur die – beobachtbaren – Ergebnisse von Verhalten. Trotz der ultrabehavioristischen Leugnung von Charakterzügen, die hinter Thorndikes Aussage steckt, hat man aus ihr herausgelesen, daß jede Variable zu Recht als polare Variable behandelt werden kann. So kann bei Variablen wie Konformität oder Opportunismus jede Person danach eingestuft werden, wieweit sie das entsprechende Merkmal aufweist. Das aber ist nicht mein Standpunkt. Opportunismus und Konformität werden zu Unrecht als polare Variablen behandelt; sie sind eher Meilensteine. Es dürfte nämlich kaum sinnvoll sein, an dem nicht-opportunistischen Extrempunkt diejenigen, deren Impulskontrolle so gering ist, daß sie überhaupt nicht zweckrational handeln können, mit denjenigen, die Opportunismus für moralisch falsch halten, zusammenzufassen – wenngleich beide Gruppen in der polar begriffenen Dimension »Opportunismus« gleich niedrig rangieren würden. Es dürfte eben so unzweckmäßig sein, Personen, die zur Konformität noch unfähig sind, und solche, die nicht konform gehen wollen, sowie solche, die das konformistische Stadium überwunden haben, die sich also angepaßt verhalten könnten, aber Konformismus nicht zur Sicherung von Impulskontrolle benötigen, als hinsichtlich Konformität gleich einzustufen. Man könnte sich einige Fälle ausdenken, bei denen Opportunismus oder Konformität als polare Variablen erscheinen; in wissenschaftlichen Untersuchungen sollten sie jedoch als Meilensteine behandelt werden.

An den durch Verwechslung von Meilensteinen und polaren Dimensionen entstehenden Meßproblemen scheiden sich Persönlichkeitsmessung und die Messung von Fähigkeiten. Die meisten Erscheinungsformen von Fähigkeiten sind polare Aspekte, d. h., der Prozentsatz der richtigen Antworten ist meistens eine Funktion zunehmenden Alters. Gelegentlich ergeben sich Probleme: dann nämlich, wenn richtige Antworten durch falsches Schließen, das mit zunehmendem Alter verschwindet, zustande kommen können. In solchen Fällen ist der Prozentsatz der richtigen Antworten keine monotone Funktion von Alter. Die Testtechnologen bemühen sich unermüdlich, derartige Items aus Fähigkeitstests zu eliminieren, so daß in ihnen schließlich nur ein Itemtyp, nämlich polare Items, die monotone Funktionen von Alter sind, enthalten sind.

Wie man am Beispiel von Fähigkeiten sehen kann, entwickeln sich – psychologisch gesehen – polare Dimensionen nicht dialektisch. Merkmale, die sich dialektisch, sozusagen durch die Entfaltung von Gegensatzpaaren, entwickeln, manifestieren sich in Meilensteinen.*

* Hier wurden einige Zeilen gestrichen. Die Herausgeber.

Es gibt keinen obersten Gerichtshof, der darüber befinden könnte, welche Variablen zu Recht als polare und welche einfach als Meilensteine bei der Entwicklung einer umfassenderen Dimension behandelt werden müssen. Ich plädiere hier für Ich-Entwicklung als ein für die Psychologie eminent bedeutsames Konstrukt, das sehr unterschiedliche Phänomene zusammenfaßt und zu erklären hilft. Von Ich-Entwicklung als einem zentralen erklärenden Begriff her gesehen sind Opportunismus, Konformität und viele der Variablen, mit denen sich gegenwärtig eine Unzahl von Psychologen beschäftigen, Meilensteine, die zu Unrecht als polare, d. h. quantitative Dimensionen behandelt werden.

Zu den eher banalen Meilensteinen gehören die als Reaktionsverzerrung (response bias) bekannten verschiedenen Aspekte von Stereotypie wie Zustimmungstendenz (acquiescence), die Gewohnheit, extreme Reaktionen zu wählen, und die Neigung, sich selbst mit sozial akzeptablen Begriffen zu beschreiben. Wahrscheinlich glauben nur sehr wenige, daß damit die entscheidenden erklärenden Variablen einer theoretischen Psychologie genannt wurden. Diejenigen, die ihr ganzes Leben der Untersuchung solcher Dimensionen widmen, denken häufig kaum darüber nach, ob es sich dabei tatsächlich um wichtige quantitative Variablen handelt, die die Vielzahl der von ihnen ausgehenden Studien überhaupt wert sind. Um sie herum haben sich ganze Forschungsfelder etabliert, weil sie leicht quantifizierbar sind – wobei die Frage überhaupt nicht mehr auftaucht, ob ihnen tatsächlich eine wichtige quantitative Variable oder ein solches Persönlichkeitsmerkmal entspricht. Es wäre jedoch sicherlich höchst überraschend, wenn sich die Artefakte naiv zusammengestückelter Persönlichkeitstests als die wichtigsten Dimensionen erweisen sollten, mittels deren die Mannigfaltigkeit menschlichen Verhaltens begriffen werden könnte. Wenn die verschiedenen Typen der Reaktionsverzerrung eher – schlecht gemessene – Erscheinungsformen von einzelnen Entwicklungsstadien, d. h. Meilensteine der Ich-Entwicklung sind, dann wird der Psychologie dadurch, daß man auf ihnen als quantitativen Variablen beharrt, nichts wesentliches hinzugefügt werden.

Da dies ein höchst kontroverses Thema ist, soll das Argument ausgebaut werden. Die Neigung, sich selbst mit sozial akzeptablen Begriffen zu beschreiben, ist eine leicht zugängliche, einstufbare Eigenschaft. In ihr spiegeln sich psychologisch interpretierbare Merkmale wider, die sich auch außerhalb der Testsituation auswirken. Aber diese, auch außerhalb der Testsituation relevanten Merkmale reflektieren sich in dieser Dimension nicht eindeutig, z. T. deshalb, weil ihr Kulminationspunkt in der Mitte einer Entwicklungssequenz liegt, d. h. weil sie ein »Meilenstein« ist. Dadurch wird die Nichtkonformität eines geringen Ich-Niveaus mit der Selbstkritik eines späten Stadiums der Ich-Entwicklung vermengt. Tests, die Psychopathologie messen sollen, verwechseln die Impulsivität und Ich-Schwäche einer mangelnden Ich-Entwicklung mit der für ein hohes Ich-Niveau typischen Fähigkeit, dem inneren Leben in seiner ganzen Reichhaltigkeit ins Auge zu schauen. Selbst Blocks Untersuchung (1965), in der soziale Konformitätsneigung (social desirability) und Zustimmungstendenz als methodologische Artefakte sorgfältig ausgeschaltet wurden, läßt Fragen offen. Aus seinen MMPI-Auswertungsanweisungen für Ich-Spannkraft geht hervor, daß sowohl der Gehalt der Items wie die Beschreibung von Probanden mit hoher bzw. niedriger Punktzahl durch Konventionalität, Konformität und Intoleranz gegenüber der Komplexität von Motiven beeinflußt sind. Anpassung und Ich-Niveau sind damit hier in einem Ausmaße vermischt, daß die Auswertungsanweisungen kaum noch von Nutzen sind.

Wie können wir die zentralen Variablen von ihren sekundären Erscheinungsformen unterscheiden? Wie legen wir eine Rangordnung fest, die der theoretischen Bedeutung entspricht? Viele Psychologen glauben, es gäbe Techniken, durch die diese Entscheidungen erleichtert würden. Vor allem die Faktorenanalyse wird von vielen als Instrument zur Identifizierung der Hauptvariablen angepriesen. Demgegenüber muß jedoch mit Nachdruck darauf hingewiesen werden, daß die Faktorenanalyse gegenüber genau der Unterscheidung, um die es hier geht, nämlich die zwischen polaren Dimensionen und Abfolgen von Meilensteinen, blind ist. Wenn wir die verschiedenen Aspekte der einzelnen Stadien der Ich-Entwicklung – die Meilensteine – wie quantitative Variablen verwenden, wird auch die beste Rechenmaschine die Daten nicht so verarbeiten können, daß dabei das Konzept des Ich-Stadiums, wie es hier vorgestellt wurde, herausspränge. Eine ganze Reihe von Leuten ist auf irgendeine Version dieses Konstrukts gestoßen – keiner mit Hilfe von Rechenmaschinen (oder besser: das Konzept wurde von Leuten ohne Computer entdeckt, nicht von solchen, die ständig in ihren Maschinen stochern). Arbeitet man in derartigen Untersuchungen mit einer Reihe von quantitativen Maßen für die Meilensteine der Ich-Entwicklung, dann muß man damit rechnen, daß sich eine Flut schwacher und kurvilinearer Beziehungen ergibt – und genau das ist in der Regel zu beobachten.

Hinsichtlich des Ich-Niveaus scheint die Sitution so zu sein, daß die Phänomene, die direkt, d.h. ohne Zwischenschaltung langer Schlußketten, beobachtbar sind, genau die Meilensteine sind, während die polaren Aspekte, die zu Recht als quantitative Phänomene behandelt werden, nur indirekt aus den Mustern beobachtbaren Verhaltens abgeleitet werden können. Der Ultrabehaviorist ist somit dazu verdammt, im Bereich der Persönlichkeitsforschung mit Trivialitäten zu handeln, da er das Feld mit der doppelten Vorliebe für direkt beobachtbares Verhalten und für quantitative Variablen angeht. Darin liegt jedoch ein Widerspruch; unmittelbar beobachtbar sind eher die Meilensteine, nicht die quantitativen Aspekte. Darin besteht das Dilemma des Behavioristen und eine mögliche Erklärung für ein Gutteil der Frustration und Verwirrung im Bereich der Persönlichkeitsmessung.

METHODOLOGISCHE ZUSAMMENFASSUNG

Abschließend seien die methodologisch relevanten Punkte der Diskussion noch einmal kurz zusammengefaßt:

1. Ich-Entwicklung ist begrifflich zu unterscheiden von kognitiver und psychosexueller Entwicklung und von Anpassung – gleichgültig, wie diese Variablen miteinander interagieren.

2. Die Größe des Erwachsenen kann unter Rekurs auf die variablen Größe in der Kindheit und Alter vorausgesagt werden, und es läßt sich ein unabhängiges Maß (Skelettalter) für den Prozentsatz der Erwachsenengröße gewinnen. Sowohl IQ und andere Indikatoren für die Intelligenzentwicklung benutzten faktisch die Leistung in der Kindheit und Lebensalter, um das endgültige Niveau des Erwachsenen vorauszusagen. Ich-Entwicklung kann auf einer Ordinalskala gemessen werden, aber es ist nicht gelungen, irgendeine Technik der Voraussage des endgültigen Niveaus des Erwachsenen zu entwickeln. Die üblichen Konzepte der psychosexuellen Entwicklung ergeben keine Ordinalskala.

3. ›Ich-Entwicklung‹ ist eine Abstraktion, die Kombination einer Entwicklungsabfolge und einer Charakterologie. Die definierenden Merkmale eines jeden Stadiums dürfen daher auf keinen Fall altersspezifisch sein. Obwohl die Voraussagekraft im allgemeinen dadurch verbessert werden kann, daß man Teilpopulationen, die mit Bezug auf demographische Variablen wie z. B. Alter homogen sind, benutzt, ist diese Strategie bei der Definition von Konstrukten unzulässig. Ebenso sind in Auswertungshandbüchern solche Vercodungsregeln nicht zugelassen, die auf rein statistischen, inhaltlich nicht durchschauten, Abhängigkeiten basieren.

4. Die Abfolge der Entwicklungsstadien unterliegt (in Piaget's Sprache) einer inneren Logik; die Sequenz ist invariant. Jedes Stadium baut auf dem vorangehenden auf, integriert und transformiert es. Diese innere Logik wird nicht durch unsere Definition oder unser Denken erzeugt; für diese Konzeption ist der Anspruch auf eine – andere Verwendungsarten in der Kinderpsychologie oder Psychoanalyse ausschließende – Beschlagnahmung des Begriffs Ich-Entwicklung konstitutiv. Niemandem ist es bislang jedoch gelungen, diese innere Logik voll zu entfalten.

5. Die Messung von Ich-Entwicklung muß auf einem hierarchischen Modell aufbauen. Jeder Person, jedem Protokoll oder Verhaltensausschnitt wird genau eine Einstufung zugeordnet, unbeschadet der feststellbaren Mannigfaltigkeit. Das konkurrierende Embryomodell läßt demgegenüber so viele Einstufungen zu, wie es Entwicklungsstadien gibt; Indikatoren für die Fixierung auf einem Stadium sprechen nicht gegen Fixierungen auf anderen. Das Embryomodell mag für die psychosexuelle Entwicklung ganz brauchbar sein, nicht jedoch für die Ich-Entwicklung.

6. Die Erscheinungsformen von Ich-Entwicklung lassen sich in Abfolgen von Meilensteinen und polaren Aspekten einteilen. Die Meilensteine lassen sich ohne großes Schlußfolgern direkt beobachten, während die polaren Aspekte selbst nicht beobachtbar sind, sondern aus Mustern beobachtbaren Verhaltens abgeleitet werden müssen. Ansätze in der Persönlichkeitsforschung, die gleichzeitig behavioristisch und quantifizierend vorgehen, können daher die Variable Ich-Niveau weder entdekken noch rekonstruieren. Speziell die Faktoranalyse erwies sich in diesem Zusammenhang als ungeeignet.

7. Sowohl Meilensteine wie polare Aspekte lassen sich in Meßoperationen überführen, aber man muß wissen, womit man es jeweils zu tun hat. Polare Variablen sind ihrer Natur nach quantitativ oder zumindest geordnete Kontinua. Eine Abfolge von Meilensteinen, wie die in Tab. 1 zusammengefaßte, stellt ein Ordnungssystem

dar, das unmittelbar als Einstufungsskala für Personen, Protokolle etc. verwendet werden kann. Die Zweideutigkeiten, die sich ergeben, wenn man ein Stadium aus einer Abfolge von Meilensteinen wie eine polare Variable handhabt, können an der langen Kontroverse über die Interpretation des ersten Faktors des MMPI abgelesen werden. Die Zweideutigkeit ist in die Variable eingebaut; sie läßt sich auch durch noch so viel experimentellen Scharfsinn nicht eliminieren.

8. Alter wurde in dieser Diskussion zweimal als objektiver Anker verwendet. Die konstitutiven Merkmale ›positiver geistiger Gesundheit‹ interagieren alle mit Alter. Das ist einer der entscheidenden Gründe dafür, daß sie dem Bereich der Ich-Entwicklung und nicht dem Problem der Anpassung zugeschlagen wurden, da Anspassung zunächst keine systematische Funktion des Alters ist. Alter fungierte dann auch bei der Unterscheidung von polaren Dimensionen und Meilensteinen als objektiver Anker: polare Dimensionen sind monotone Funktionen von Alter, während Meilensteine in der Regel nicht-monotone Funktionen von Alter sind.

SCHLUSSBEMERKUNG*

Abschließend muß gefragt werden, ob ein gewissenhafter Wissenschaftler es wirklich für beliebig halten kann, ob er seine wissenschaftliche Karriere der Untersuchung von Variablen wie Ich-Entwicklung oder von solchen wie Reaktionsverzerrung widmen soll. Willkürliche Artefakte sind gelegentlich unter methodologischen Gesichtspunkten interessant, wenn sie jedoch für eine Vielzahl von Forschern über lange Zeitperioden zum Hauptanliegen werden, muß man als Wissenschaftler die Frage nach den leitenden Wertorientierungen stellen. Ich-Entwicklung wurde nicht als ein interessantes Persönlichkeitsmerkmal unter vielen anderen, sondern als übergreifende Dimension vorgestellt. In ihrer Fähigkeit, die Vielfältigkeit menschlichen Verhaltens zu erklären, hat sie nur hinter ›Intelligenz‹ zurückzustehen. Wir schulden es unserer Disziplin, der Realität gegenüber aufrichtig zu sein, und zwar nicht nur in den Details, sondern auch in der Wahl der Forschungsthematiken, die dann unser Leben als Wissenschaftler bestimmen. Als Brunswik sagte, die Ordnung der Ideen solle dieselbe sein, wie die Ordnung der Realität, meinte er nicht so Utilitaristisches oder Banales wie ›Die Bedeutung eines Gegenstandsbereichs in der Wissenschaft soll der lebensweltlichen Bedeutung eben dieses Bereichs entsprechen‹. Er meinte sicherlich eher, daß sich in der Struktur der Wissenschaft die Strukturen der Lebenswelt widerspiegeln sollten. Daher muß Ich-Entwicklung ein zentrales Konstrukt psychologischer Theorie und psychologischer Forschung werden.

* Hier wurden zwei Absätze gestrichen. Die Herausgeber.

DRITTER TEIL

Aspekte der Identitätsbildung in der Adoleszenz

I. KOGNITIVER ASPEKT

Egozentrismus in der Adoleszenz

DAVID ELKIND

Das Egozentrismuskonzept bezieht sich im Rahmen der Piagetschen Theorie der kognitiven Entwicklung im allgemeinen auf einen Mangel an Differenzierung irgendeines Aspekts der Subjekt- Objektinteraktionen (Piaget 1962). In den einzelnen Stadien der geistigen Entwicklung hat dieser Mangel an Differenzierung eine je verschiedene Form und manifestiert sich in je besonderen Verhaltensmustern. Der Übergang von einer Form von Egozentrismus zu einer anderen vollzieht sich dialektisch: die geistigen Strukturen, die das Kind aus einer primitiveren Form befreien, halten es dann in der nächsthöheren Form von Egozentrismus gefangen. Aus entwicklungstheoretischer Sicht läßt sich der Egozentrismus also als negatives Nebenprodukt jeder sich entfaltenden kognitiven Struktur begreifen: er entspricht genau den durch diese Struktur neu erzeugten kognitiven Problemen.

Obwohl sich Piaget in den letzten Jahren stärker der Analyse der positiven als der negativen Produkte geistiger Strukturen gewidmet hat, bleibt der Egozentrismus doch von Interesse, und zwar aufgrund seiner Beziehung zu den affektiven Aspekten des kindlichen Denkens und Verhaltens. Ja, es ist denkbar, daß die Analyse des Egozentrismus die Brücke zwischen der Erforschung von kognitiven Strukturen auf der einen und von motivationalen Aspekten der Persönlichkeitsentwicklung auf der anderen Seite schlagen könnte. (Cowan 1966; Gourevitch/Feffer 1962). Ziel des vorliegenden Beitrags ist es, detaillierter als Inhelder und Piaget (1958) das, was mir am Egozentrismus in der Adoleszenzphase zentral scheint, zu beschreiben und zu skizzieren, wie er sich im Verhalten und in der Erfahrung niederschlägt. Es empfiehlt sich jedoch, die Diskussion mit einem kurzen Überblick über voradoleszente Egozentrismusformen einzuleiten.

EGOZENTRISMUSFORMEN IM KLEINKINDALTER UND IN DER KINDHEIT

Es erleichtert die Darstellung kindlicher Egozentrismusformen, wenn jede der Piagetschen Stufen so behandelt wird, als ginge es in ihr primär um die Lösung einer

Dieser Aufsatz erschien ursprünglich unter dem Titel ›Egocentrism in Adolescence‹, in: Child Development, 1967, 38, 4, S. 1025–1034. Die Übersetzung wurde durch Gertrud Nunner-Winkler besorgt. Abdruck mit freundlicher Genehmigung des Autors und der University of Chicago Press.

zentralen kognitiven Aufgabe. Dann kann man den Egozentrismus einer bestimmten Stufe im Zusammenhang mit diesem speziellen kognitiven Problem beschreiben. Dabei darf man allerdings nicht übersehen, daß das für ein bestimmtes Stadium charakteristische kognitive Problem zwar den größten Teil der geistigen Energie des Kindes in Anspruch nimmt, aber nicht das einzige ist, was das Kind zu lösen sucht. In der geistigen Entwicklung gibt es große Schlachten und kleinere Gefechte. Wenn ich im folgenden die kleineren vernachlässige, so geschieht dies nicht, weil ich sie für unwichtig halte, sondern nur, um die Darstellung zu vereinfachen.

DER EGOZENTRISMUS IN DER SENSOMOTORISCHEN PHASE (0–2 Jahre)

Als zentrale kognitive Entwicklungsaufgabe der Kleinkindzeit kann der Erwerb des Objektkonzeptes gelten. In den ersten Lebensmonaten geht das Kleinkind mit Objekten so um, als seien sie nur existent, wenn sie unmittelbar wahrgenommen werden (Charlesworth 1966, Piaget 1954). Der Egozentrismus dieser Phase drückt sich also in der Unfähigkeit aus, zwischen einem Objekt und den Sinneseindrücken, die es hervorruft, zu unterscheiden. Erst gegen Ende des 1. Lebensjahres beginnt das Kind ein Objekt auch dann noch zu suchen, wenn es versteckt wurde; so zeigt es, daß es nunmehr zwischen dem Objekt und der ›Erfahrung dieses Objektes‹ unterscheiden kann. Der Egozentrismus mit Bezug auf Objekte bricht zusammen, wenn das Kind in seiner Vorstellung ein Bild des abwesenden Objektes aufbauen kann.[1]

Im Aufbau eines inneren Bildes abwesender Objekte manifestiert sich zum erstenmal die Symbolfunktion, die sich im Laufe des 2. Lebensjahres allmählich entfaltet und von deren Aktivitäten das nächste Stadium der geistigen Entwicklung beherrscht wird.

PRÄOPERATIONALER EGOZENTRISMUS (2–6 Jahre)

Die zentrale kognitive Entwicklungsleistung im Vorschulalter ist die *Eroberung des Symbols.* Gerade in der Vorschulzeit tritt die Symbolfunktion voll auf den Plan; das zeigt sich an der rapiden Entwicklung des Spracherwerbs und -gebrauchs, am Auftreten von symbolischem Spiel sowie an ersten Berichten von Träumen. Dieses neue Vorstellungsvermögen jedoch, das das Kleinkind von seinem Egozentrismus in bezug auf Objekte befreite, verleitet nunmehr das Vorschulkind zu einer neuen Form von Egozentrismus: jetzt mit Bezug auf Symbole. Zu Beginn dieser Phase kann das Kind nicht zwischen Wörtern und den durch sie bezeichneten Objekten (Piaget 1952), zwischen selbsterdachtem Spiel, Traumsymbol und Realität (Kohlberg 1966, Piaget 1951) unterscheiden. In diesem Stadium glauben Kinder, daß der Name den Dingen inhäriere und daß ein Objekt nicht mehr als einen Namen haben könne (Elkind 1961a, 1962, 1963).

Am kindlichen Sprachverhalten zeigt sich der Egozentrismus dieser Phase besonders deutlich. Erklärt etwa ein Kind einem anderen einen technischen Apparat, so benutzt es ungenaue Begriffe und läßt wichtige Informationen weg (Piaget 1952b). Diese Beobachtung wird zwar meist durch die Unfähigkeit des Kindes, sich in die Perspektive des anderen zu versetzen, erklärt; man kann sie aber auch durch die Annahme erklären, das Kind unterstelle den Worten weit mehr an Informationsgehalt, als sie tatsächlich besitzen. Das hängt mit seiner Überzeugung zusammen, sogar das unbestimmte Wort ›Ding‹ vermittle irgendwie die Eigenschaften des Objektes, für das es steht. Kurz: der Egozentrismus dieser Phase besteht in der Unfähigkeit, zwischen Symbolen und den durch sie bezeichneten Objekten klar zu unterscheiden.

Gegen Ende der präoperationalen Phase lernt das Kind – dank des Erwerbs konkreter Operationen (internalisierte Handlungen, die in etwa den elementaren Operationen der Arithmetik vergleichbar sind) – allmählich zwischen Symbolen und bezeichneten Objekten zu differenzieren. Aufgrund des konkret-operationalen Denkens entwickelt das Kind die Fähigkeit, gleichzeitig zwei Elemente, Eigenschaften oder Relationen zu berücksichtigen. So kann ein Kind in der konkret-operationalen Phase sowohl Höhe wie Durchmesser eines Glases mit einer bunten Flüssigkeit simultan in Rechnung stellen und erkennen, daß, wird die Flüssigkeit in ein anders geformtes Gefäß umgeschüttet, Veränderungen in Höhe und Durchmesser einander so kompensieren können, daß die Gesamtmenge an Flüssigkeit erhalten bleibt (Elkind 1969b, Piaget 1952a). Diese Fähigkeit, zwei Dimensionen gleichzeitig zu berücksichtigen, ermöglicht dem Kind auch, Symbol wie bezeichnetes Objekt simultan im Auge zu haben – also zwischen ihnen zu unterscheiden. Konkrete Operationen tragen also dazu bei, den Egozentrismus der präoperationalen Phase zu überwinden.

KONKRET-OPERATIONALER EGOZENTRISMUS (7–11 JAHRE)

Mit dem Auftauchen konkreter Operationen wird die Beherrschung von Klassen, Relationen und Mengen zur zentralen kognitiven Entwicklungsaufgabe des Schulkindes. Das Vorschulkind hat zwar schon grobe Vorstellungen von Klassen, Relationen und Mengen entwickelt; diese sind aber unpräzise und können noch nicht miteinander verknüpft werden. Das konkret-operationale Kind dagegen kann Klassen ineinanderschachteln, Relationen aneinanderreihen und Mengen konservieren. Darüber hinaus kann es elementare logische Ableitungen durchführen und Hypothesen und Erklärungen für konkrete Sachverhalte formulieren. Dasselbe System konkreter Operationen jedoch, das dem Schulkind neue Höhenflüge des Denkens ermöglicht, hält es gleichzeitig tief in einer neuen Form des Egozentrismus gefangen.

Operationen sind im wesentlichen geistige Werkzeuge, deren Produkte: Seriation, hierarchische Klassifikationsschemata, Konservierungsleistungen etc. nicht direkt aus der Erfahrung gewonnen sind. In diesem Entwicklungsstadium jedoch behandelt das Kind diese geistigen Produkte, als wären sie Wahrnehmungsphänomene. Genau diese Unfähigkeit, klar zwischen theoretischen Konstruktionen und Wahrgenommenem zu unterscheiden, macht den spezifischen Egozentrismus des Schulkindes aus. An einem Beispiel sei die für die konkret-operationale Phase typische Egozentrismusform verdeutlicht.

Peel (1960) berichtet von einer Untersuchung, in der Kindern und Jugendlichen ein Text über Stonehenge vorgelesen wurde, über den sie anschließend befragt wurden. Unter anderem wurde gefragt, ob es sich bei Stonehenge um einen Ort religiöser Andacht oder um ein Fort handelte. Die Kinder im Alter von 7–10 Jahren beantworteten diese Frage mit so dezidierten Behauptungen, als stellten sie einfach Tatsachen fest. Konfrontierte man sie dann mit Textstellen, die ihren Aussagen widersprachen, so interpretierten sie die Gegenevidenz um, bis sie mit ihrer ursprünglichen Position in Einklang zu bringen war. Jugendliche dagegen reagierten mit hypothetischen Urteilen, die sie auf Textstellen stützten. Ähnliche Unterschiede zwischen Kindern und Jugendlichen fanden auch Elkind (1966) und Weir (1964).

Diese Studien zeigen, daß das Kind, wenn es Hypothesen entwickelt oder Strategien formuliert, diese für einen Ausdruck objektiver Tatsachen und nicht für ein Produkt eigener geistiger Aktivität hält. Wird seine Meinung in Frage gestellt, so gibt es seinen Standpunkt keineswegs auf, sondern interpretiert im Gegenteil die Fakten so lange um, bis sie mit seinen Annahmen übereinstimmen. Diese Beobachtung wirft jedoch eine schwierige Frage auf. Wenn das Kind sowohl die Produkte seines Denkens wie auch das wahrnehmungsmäßig Gegebene als von außen kommend auffaßt, warum verläßt es sich dann doch stärker auf seine Denkkonstruktionen? Dies dürfte wahrscheinlich daran liegen, daß die geistigen Konstruktionen des Kindes das Ergebnis von Denkprozessen sind und daher als logisch notwendig erfahren werden. Dieses ›Gefühl‹ von Notwendigkeit fehlt, wenn das Kind die Produkte von Wahrnehmungsprozessen verarbeitet. Daher ist es nicht weiter erstaunlich, wenn das Kind den notwendigen und dauerhaften Aspekten der Wahrnehmung (Produkten seiner eigenen Denkprozesse, wie Konservierung) vor den vergänglichen und zufälligen (Produkte von Umweltreizen) den Vorzug gibt. Erst in der Adoleszenz differenzieren junge Menschen zwischen eigenen Denkkonstruktionen und den Wahrnehmungen. Für das Kind gibt es keine erkenntnistheoretischen Probleme.

Gegen Ende der Kindheit befreit das Auftreten des formal-operationalen Denkens (das der Aussagenlogik entspricht) das Kind allmählich von seinem Egozentrismus in Bezug auf Denkkonstruktionen. Wie Inhelder und Piaget (1958) gezeigt haben, befähigt das formal-operationale Denken den Jugendlichen, alle möglichen Kombinationen und Permutationen von Elementen einer gegebenen Menge zu berücksichtigen. Gibt man ihm beispielsweise 4 verschiedenfarbige Plastikblättchen, so kann er alle möglichen Farbkombinationen zusammenstellen, indem er jeweils eines, zwei, drei, alle vier oder gar keines auswählt. Kinder dagegen können nicht systematisch alle Kombinationen darstellen. Die Fähigkeit, sich alle möglichen Kombinationen in einem System vorzustellen, ermöglicht es dem Jugendlichen, kontrafaktische Hypothesen aufzustellen und so zu argumentieren, »als ob« sie wahr wären. Der Jugendliche beispielsweise kann Aussagen wie »Nehmen wir mal an, Kohle wäre weiß« akzeptieren, während das Kind antworten würde: »Aber Kohle ist schwarz!« Diese

Fähigkeit zur Formulierung kontrafaktischer Hypothesen ist zentral für die Überwindung des Egozentrismus der konkret-operationalen Phase. Durch das Aufstellen solcher kontrafaktischen Hypothesen entdeckt der junge Mensch die Willkürlichkeit seiner eigenen Denkkonstruktionen und lernt, zwischen ihnen und der wahrgenommenen Realität zu differenzieren.

DER EGOZENTRISMUS DER ADOLESZENZPHASE

Ein strikt kognitivistischer Ansatz [im Gegensatz zu einem psychoanalytischen, wie ihn Blos (1962) und A. Freud (1946), oder einem ich-psychologischen, wie ihn Erikson (1959) repräsentierte] wird als die zentrale Aufgabe der Frühadoleszenz den Erwerb komplexer Denkprozesse ansetzen. Die formalen Operationen erlauben dem Jugendlichen nicht nur, alle kombinatorischen Möglichkeiten in einem System auszuschöpfen und kontrafaktische Hypothesen aufzustellen (Inhelder und Piaget 1958), sondern auch das eigene Denken zu denken, seine eigenen Denkprodukte zum Gegenstand der Reflexion zu machen. Erst etwa ab 11/12 Jahren verwenden Kinder spontan Konzepte wie Für-wahr-Halten, Einsicht und Glauben bei der Definition religiöser Konfessionen. Wiederum jedoch verstrickt gerade diese neue Denkfähigkeit, die den jungen Menschen zwar von dem Egozentrismus der Kindheit befreit, ihn in eine neue, für die Adoleszenz typische Form des Egozentrismus.

Dank der formalen Operationen kann der Jugendliche nicht nur sein eigenes, sondern auch das Denken anderer Menschen zum Gegenstand seines Denkens machen; und genau in dieser Fähigkeit, das Denken anderer Menschen in Rechnung zu stellen, liegt die Crux des Egozentrismus der Adoleszenzphase. Dieser Egozentrismus tritt auf, weil der Jugendliche nun, da er erkennt, daß andere denken, versäumt, zwischen den Gegenständen, auf die sich das Denken anderer richtet, und denen, die im Mittelpunkt seines eigenen Interesses stehen, zu differenzieren. Nun ist es wohl bekannt, daß sich der Jugendliche aufgrund der eigenen physiologischen Veränderungen in erster Linie für sich selbst interessiert. Er unterstellt also, da er nicht zwischen dem, was andere denken, und dem, was ihn beschäftigt, differenziert, *daß andere Leute ebenso auf sein Verhalten und sein Aussehen fixiert sind wie er selbst.*

Eine Folge dieses Egozentrismus ist, daß der Jugendliche in aktuellen oder erwarteten Interaktionen die Reaktionen anderer auf sich selbst antizipiert. Bei diesen Antizipationen unterstellt er jedoch, daß andere ihn ebenso positiv oder negativ sehen, wie er sich selbst. In gewisser Weise entwirft der Jugendliche also ständig ein *imaginäres Publikum* und reagiert dann darauf. Es ist ein Publikum, weil der Jugendliche glaubt, im Mittelpunkt des Interesses zu stehen; und es ist imaginär, weil bei wirklichen Interaktionen genau das nicht der Fall ist (es sei denn, er legt es gezielt darauf an). Das Konzept eines imaginären Publikums kann – so scheint es – eine Reihe typisch jugendlicher Verhaltensweisen und Erfahrungen wenigstens teilweise erklären.

So spielt das imaginäre Publikum wahrscheinlich eine Rolle bei der übertriebenen

Selbstreflektiertheit, die so typisch für die Frühadoleszenz ist. Ist der Jugendliche sich selbst gegenüber kritisch eingestellt, so unterstellt er, daß das Publikum – dem er zwangsläufig auch selbst angehört – ebenso kritisch ist. Und da das Publikum von ihm selbst konstruiert und also Mitwisser seiner eigenen Selbsterkenntnis ist, weiß es genau, wo schwache Stellen in seinem Aussehen oder Verhalten zu suchen sind. Das Verlangen des Jugendlichen nach Respekt vor seiner Privatsphäre und sein Zögern, sich jemandem zu eröffnen, mögen bis zu einem gewissen Grad eine Reaktion auf das Gefühl sein, unter der ständigen kritischen Beobachtung und Kontrolle anderer zu stehen. Das Konzept eines imaginären Publikums taugt auch zur Erklärung der Beobachtung, daß die für den Jugendlichen typische Gefühlsreaktion nicht Schuld, sondern Scham ist, d.h. die Reaktion auf ein Publikum.

Zwar ist der Jugendliche recht oft selbstkritisch; andererseits ist er aber auch häufig in sich selbst verliebt. In solchen Zeiten übernimmt das Publikum diese emotionale Grundstimmung. Ein Gutteil der Flegelhaftigkeit, Lautstärke und Vorliebe für auffällige Kleidung bei Jugendlichen dürfte Folge der Unfähigkeit sein, zwischen dem, was der Jugendliche selbst, und dem, was andere schön finden, zu differenzieren. Genau aus diesem Grunde kann der junge Mensch es oft gar nicht verstehen, warum Erwachsene die Art, wie er sich gibt und kleidet, nicht billigen. Der gleiche Egozentrismus zeigt sich oft im Verhalten gegenüber dem anderen Geschlecht. Der Junge, der zwei Stunden vor dem Spiegel steht und sein Haar kämmt, stellt sich wahrscheinlich vor, wie hinreißend er dadurch auf die Mädchen wirken wird. Ebenso wird sich das Mädchen beim Schminken höchstwahrscheinlich die bewundernden Blicke ausmalen, die es auf sich ziehen wird. Wenn sich diese jungen Menschen dann tatsächlich treffen, ist jeder mehr damit beschäftigt, gesehen zu werden, als zu sehen. Zusammenkünfte von Jugendlichen sind insofern einzig in ihrer Art, als jeder zugleich Schauspieler von der eigenen und Publikum von der Perspektive der anderen her gesehen ist.

Eine besonders häufige Form des Entwurfs eines wohlmeinenden Publikums ist die Vorstellung des Jugendlichen, wie andere auf sein eigenes Ableben reagieren würden. Eine gewisse bittersüße Lust begleitet die Vorstellung, wie die anderen zu spät den eigenen Wert erkennen. Wie das oft bei solch weitverbreiteten Phantasien der Fall ist, ist auch das Ausmalen des eigenen Ablebens in der Literatur schon dargestellt worden. Man denke etwa an folgende Passage aus Tom Sawyer, die beschreibt, wie Tom sich heimlich nach Hause zurückschleicht, nachdem er mit Joe und Huck durchgebrannt war, und entdeckt, daß man annimmt, er und seine Freunde seien ertrunken.

»Die Erinnerung daran war endgültig zu viel für die alte Dame, sie brach völlig zusammen. Tom mußte selber aufschnupfen, er hatte ja nun fast mehr Mitleid mit sich selbst als sonst irgend jemand. Er konnte Mary weinen hören, die manchmal ein gutes Wort über ihn in die Unterhaltung einstreute. Er bekam schließlich eine höhere Meinung von sich als je zuvor. Doch der Schmerz seiner Tante ergriff ihn so stark, daß er ordentlich Lust bekam, aus dem Versteck hervorzustürzen und ihren Kummer mit einem Schlag in eine überwältigende Freude zu verwandeln. Der unvorstellbare

Glanz eines solchen Ereignisses hätte ja nur zu gut zu seinem ganzen Wesen gepaßt. Aber er widerstand der Versuchung und blieb ruhig liegen.*«

Das imaginäre Publikum wird durch eine andere komplementäre Denkkonstruktion ergänzt. Während der Jugendliche es auf der einen Seite versäumt, klar zwischen dem Interessenschwerpunkt seines eigenen Denkens und dem der anderen zu unterscheiden, überdifferenziert er gleichzeitig seine eigenen Gefühle. Er sieht sich selbst und insbesondere seine Gefühle als etwas ganz Besonderes und Einzigartiges – vielleicht, weil er glaubt, für so viele Leute, sein imaginäres Publikum, bedeutsam zu sein. Nur er erleidet Schmerz von so unbeschreiblicher Intensität, nur er hat Erlebnisse solch höchster Verzückung. Wie vielen Eltern ist der für Adoleszente so typische Satz schon entgegengeschleudert worden: »Aber ihr versteht eben nicht, was das für ein Gefühl ist . . .« Die Gefühlsqualen, die Goethes junger Werther oder Salingers Holden Caulfield erlitten, sind Beispiele für die Einzigartigkeit, die der Jugendliche der eigenen Gefühlswelt unterstellt. Auf einer anderen Ebene wird dieser Glaube an die persönliche Einzigartigkeit zu der Überzeugung der eigenen Unsterblichkeit. Sterben müssen nur die anderen! Diesen Vorstellungskomplex: den Glauben an die Einzigartigkeit der eigenen Gefühle und an die persönliche Unsterblichkeit, könnte man eine ›persönliche Mär‹ nennen: eine Geschichte, die der Jugendliche sich selbst erzählt und die nicht wahr ist.

Besonders eindeutige Belege für die persönliche Mär finden sich in den Tagebüchern von Jugendlichen. Solche Tagebücher werden häufig für die Nachwelt geschrieben – in der festen Überzeugung, daß die Erfahrungen, Schwärmereien und Enttäuschungen des Jugendlichen von allgemeiner Bedeutung und Wichtigkeit sind. Ein anderes Indiz für die persönliche Mär kann man in der Neigung sehen, sich einem persönlichen Gott anzuvertrauen. Das Verlangen nach einer anerkannten Privatsphäre und die Überzeugung von der individuellen Einzigartigkeit begünstigen den Aufbau einer Ich–Du-Beziehung mit Gott als persönlichem Vertrauten, bei dem man nicht mehr Geschenke, sondern Rat und Unterstützung sucht (Long, Elkind u. Spilka 1967).

Die Konzepte des imaginären Publikums und der persönlichen Mär helfen – jedenfalls nach der Erfahrung des Autors – beim Verständnis und der Behandlung gestörter Jugendlicher. Das eingebildete Publikum beispielsweise scheint oft bei delinquentem Verhalten in der Mittelschicht eine Rolle zu spielen. Um ein Beispiel zu geben: ein junger Mann stahl 1000 Dollar aus einer Golftasche, versteckte das Geld, um sich dann umgehend selbst anzuzeigen. Es zeigte sich, daß sein Akt hauptsächlich durch die antizipierte Reaktion ›des Publikums‹ auf die Gewagtheit seiner Handlung motiviert war. Ebenso werden viele junge Mädchen schwanger, z. T. wohl weil sie aufgrund ihrer ›persönlichen Mär‹ überzeugt sind, daß das nur anderen, aber niemals ihnen selbst passieren könne und sie daher keine Vorsorge treffen müßten. Solche Beispiele ließen sich vervielfachen, aber sie dürften genügen, um zu zeigen, daß der

* Dieses Zitat wurde der Übersetzung von W. Gramowski, Die Abenteuer des Tom Sawyer, Wiesbaden, Emil Vollmer Verlag, S. 119 entnommen. (Anmerkung des Übersetzers).

Egozentrismus der Adoleszenzphase, der sich in Phänomenen wie dem imaginären Publikum und der persönlichen Mär manifestiert, einen Teil des phasenspezifischen Verhaltens zu erklären vermag. Darüber hinaus können diese Konzepte auch bei der Behandlung jugendlicher Delinquenter von Nutzen sein. Oft hilft es diesen jungen Menschen, wenn sie zwischen realem und imaginärem Publikum zu unterscheiden lernen – was oft nichts anderes bedeutet, als zwischen realen und imaginären Elternfiguren zu unterscheiden.

DIE ÜBERWINDUNG DES EGOZENTRISMUS DER ADOLESZENZ

Nach dem Auftauchen des formal-operationalen Denkens werden keine neuen Denkstrukturen mehr entwickelt, und die in der Adoleszenz erworbenen kognitiven Strukturen müssen für den Rest des Lebens ihren Dienst tun. Dennoch verschwindet der Egozentrismus der Frühadoleszenz im allgemeinen im Alter von 15/16 Jahren, wenn die formalen Operationen fest verankert sind. Es scheint, daß das imaginäre Publikum, das in erster Linie ein antizipiertes Publikum ist, nach und nach modifiziert wird, und zwar anhand der Reaktionen eines realen Publikums. Man könnte das imaginäre Publikum gewissermaßen als Hypothese – oder besser als Reihe von Hypothesen – begreifen, die der Jugendliche an der Realität überprüft. Als Folge dieses ständigen Prüfungsprozesses lernt er allmählich zwischen seinen eigenen Problemen und den Interessenschwerpunkten anderer zu unterscheiden.

Die persönliche Mär wird wahrscheinlich (wiewohl vermutlich nie gänzlich) durch den allmählichen Aufbau von ›Intimität‹ (Erikson 1959) überwunden. Schätzt der Jugendliche sich selbst realistischer ein, nachdem er sein imaginäres Publikum an das reale angeglichen hat, dann kann er echte interpersonelle statt bloß selbstbezogene Beziehungen aufbauen. Wenn solche reziproken Beziehungen einmal aufgebaut sind und persönliche Erfahrungen miteinander geteilt werden können, dann entdeckt der junge Mensch, daß andere ähnlich fühlen wie er selbst und ähnliche Erfahrungen des Leidens und der Verzückung gesammelt haben.

Der Egozentrismus der Adoleszenz wird also in doppelter Weise überwunden: auf der kognitiven Ebene wird er durch die allmähliche Differenzierung zwischen eigenen Interessenschwerpunkten und dem Denken anderer überwunden, auf der affektiven Ebene durch eine allmähliche Integration der Gefühle anderer mit den eigenen Emotionen.

ZUSAMMENFASSUNG UND SCHLUSSFOLGERUNG

In diesem Beitrag habe ich versucht, die im Zuge der geistigen Entwicklung auftretenden verschiedenen Formen des Egozentrismus sowie die Mechanismen seiner Überwindung zu beschreiben. Im Kleinkindalter äußert sich der Egozentrismus in der Vorstellung, daß Objekte mit ihrer Wahrnehmung identisch seien, und diese

Form des Egozentrismus wird durch die Entfaltung der Symbolfunktion überwunden. Während der Vorschuljahre tritt der Egozentrismus in Form der Annahme auf, Symbole enthielten die gleichen Informationen wie die Objekte, die sie vertreten. Mit dem Auftauchen konkreter Operationen kann das Kind zwischen Symbol und bezeichnetem Objekt unterscheiden und so diese Form von Egozentrismus überwinden. Der Egozentrismus der Voradoleszenz ist durch die Unterstellung charakterisiert, daß die eigenen Denkvorstellungen einer höheren Form von Wahrnehmungsrealität entsprechen. Mit dem Einsetzen formaloperationalen Denkens und der Fähigkeit, kontrafaktische Hypothesen aufzustellen, löst sich diese Art von Egozentrismus auf, denn der Jugendliche kann nun die Willkürlichkeit seiner Denkvorstellungen erkennen. In der Frühadoleszenz schließlich tritt der Egozentrismus auf als die Vorstellung, die Gedanken anderer konzentrieren sich ganz auf das eigene Selbst. Diese Variante des Egozentrismus wird durch die Erfahrung des Auseinanderklaffens der vom Jugendlichen antizipierten Reaktionen und der tatsächlich auftretenden überwunden.

Obwohl der Egozentrismus ein negatives Nebenprodukt geistigen Wachstums darstellt, so hat er doch seine Bedeutung, da er die für die einzelnen Stadien der kognitiven Entwicklung typischen affektiven Reaktionen beleuchtet. In diesem Beitrag habe ich in erster Linie die affektiven Reaktionen, die den Egozentrismus der Adoleszenzphase begleiten, behandelt. Ein großer Teil des Materials, insbesondere die Diskussion des imaginären Publikums und der persönlichen Mär ist spekulativ – es basiert mindestens ebenso stark auf meiner klinischen Erfahrung mit jungen Menschen wie auf den Ergebnissen empirischer Untersuchungen. Diese Konstrukte sollen nicht das letzte Wort zum Egozentrismus der Adoleszenz sein, sondern nur illustrieren, wie die für eine bestimmte Entwicklungsstufe typischen kognitiven Strukturen im Zusammenhang mit den phasenspezifischen affektiven Erfahrungen und Verhaltensweisen gesehen werden können. An dieser Stelle habe ich nur die Parallelität von kognitiver Struktur und Affekt in der Adoleszenz diskutiert; es ist plausibel, daß sich ähnliche Parallelisierungen auch für frühere Entwicklungsstufen konstruieren lassen. Eine Analyse des Egozentrismus scheint so ein günstiger Ausgangspunkt für alle Versuche zu sein, kognitive Strukturen mit motivationalen Persönlichkeitsaspekten zu verknüpfen.

ANMERKUNG

1. Es ist charakteristisch für die Dialektik der geistigen Entwicklung, daß die Fähigkeit, intern eine Vorstellung des abwesenden Objekts aufzubauen, das Kind auch dazu befähigt, das Objekt als extern existent zu erkennen.

II. MOTIVATIONALER ASPEKT

Der zweite Individuierungs-Prozeß der Adoleszenz

PETER BLOS

Die biologischen Wachstums- und Differenzierungsprozesse in der Pubertät bewirken Veränderungen in der Struktur und der Funktionsweise des Organismus. Diese Veränderungen treten in einer typischen Abfolge auf, die Reifung genannt wird. Dasselbe gilt für die psychischen Veränderungen in der Adoleszenz. Auch sie folgen einem Entwicklungsmuster, das aber von anderer Art ist, da diese Veränderungen Inhalt, Anregung, Ziel und Richtung aus dem komplexen Zusammenspiel innerer und äußerer Einflüsse gewinnen. Was wir schließlich beobachten, sind neue stabilisierende Prozesse und Veränderungen in den psychischen Strukturen, die beide das Ergebnis adoleszenter Anpassung sind.

Die Schnittpunkte, an denen die pubertäre Reifung und die Anpassungsprozesse der Adoleszenz integriert werden, sind die kritischen Stationen der adoleszenten Entwicklung. Ich habe diese Stationen klinisch und theoretisch als Phasen der Adoleszenz beschrieben (Blos, 1962). Sie sind die Meilensteine einer progressiven Entwicklung; jeder wird durch einen phasenspezifischen Konflikt, durch ein Reifungsproblem und durch eine entsprechende Lösung, die die Vorbedingung für das Erreichen höherer Differenzierungsebenen ist, gekennzeichnet. Über diese typischen Aspekte adoleszenter Phasen hinaus können wir in der psychischen Umstrukturierung eine Komponente erkennen, die sich wie ein roter Faden durch die ganze Adoleszenz zieht. Diese konstante Komponente manifestiert sich mit gleicher Beharrlichkeit in der Präadoleszenz wie in der späteren Adoleszenz. Sie wird hier als der zweite Individuierungsprozeß der Adoleszenz begriffen. In meinen früheren Untersuchungen der Adoleszenz habe ich immer wieder die Heterogeneität der Phasen in bezug auf die Positionen und Bewegungen der Triebe und des Ich betont. Meine Aufmerksamkeit wendet sich nun einem eher durchgängigen Prozeß zu, der sich mit gleicher Richtung und gleichem Ziel ohne Unterbrechung durch die ganze Adoleszenz zieht.

Ich möchte die Adoleszenz als Ganze als zweiten Individuierungsprozeß betrachten; der erste findet seinen Abschluß gegen Ende des dritten Lebensjahres mit der Erreichung der Objektkonstanz. In beiden Perioden erhöht sich die Verletzlichkeit der Persönlichkeitsorganisation. Beiden Perioden ist die Dringlichkeit zur Verände-

Dieser Aufsatz erschien ursprünglich unter dem Titel ›The Second Individuation Process of Adolescence‹ in *The Psychoanalytic Study of the Child,* Vol. 22, S. 162–186. Die Übersetzung besorgte Eva Krafft-Bassermann. Abdruck mit freundlicher Genehmigung des Autors.

rung der psychischen Struktur in Übereinstimmung mit den vorwärts drängenden Reifungsprozessen gemeinsam. Schließlich folgt auf beide Perioden – sollten sie fehllaufen – eine spezifische abweichende Entwicklung (Psychopathologie), welche die jeweiligen Defizienzen der Individuierung verkörpert. Was in der Kindheit »das Herausschlüpfen aus der symbiotischen Membrane (symbiotic membrane) ist, um als Kleinkind ein ›unabhängiges‹ Individuum zu werden« (Mahler, 1963), zeigt sich in der Adoleszenz als Abstreifen familiärer Abhängigkeiten, als Lösung von infantilen Objektbindungen, um ein Mitglied der Gesamtgesellschaft oder einfach der Erwachsenenwelt zu werden. Metapsychologisch würden wir sagen, daß erst nach Beendigung der Adoleszenz Selbst- und Objektrepräsentanzen wirklich Stabilität und feste Grenzen erreichen, das heißt, sie werden resistent gegen Besetzungsverschiebungen. Das ödipale Über-Ich – im Gegensatz zum archaischen Über-Ich – verliert im Verlauf dieses Prozesses an Rigidität und Macht, während die narzißtische Instanz des Ich-Ideals universellere Bedeutung und mehr Einfluß gewinnt. Die Aufrechterhaltung des narzißtischen Gleichgewichts wird somit weiter internalisiert. Diese strukturellen Veränderungen bewirken Beständigkeit des Selbstwertgefühls und der Stimmungen, die zusehends von äußeren Quellen unabhängig oder, bestenfalls, von solchen äußeren Quellen abhängig werden, die man sich selbst wählt.

Die Lösung von internalisierten Objekten – geliebten und gehaßten – macht in der Adoleszenz den Weg frei, um äußere und außerfamiliäre Liebes- und Haßobjekte zu finden. Das Gegenteil galt für die Trennungs-Individuierungs-Phase in der frühen Kindheit, als das Kind psychische Unabhängigkeit von einem konkreten Objekt, der Mutter, gewann. Diese wurde durch einen Internalisierungsprozeß erreicht, der die wachsende Unabhängigkeit des Kindes von der Gegenwart der Mutter, ihren Diensten und ihrer emotionalen Unterstützung als den hauptsächlichen und einzigen Regulatoren des psychophysiologischen Gleichgewichts schrittweise förderte. Der Fortschritt von der symbiotischen Vereinigung mit der Mutter zur Trennung von der Mutter wird markiert durch die Bildung innerer Regulatoren, die durch Reifungsschritte – vor allem motorischer, perzeptueller, verbaler und kognitiver Art – unterstützt und gefördert werden. Dieser Prozeß verläuft in einer Pendelbewegung, die wir wiederum im zweiten Individuierungsprozeß der Adoleszenz beobachten. Regressive und progressive Bewegungen wechseln sich in kürzeren und längeren Intervallen ab und geben dem zufälligen Beobachter des Kindes leicht einen einseitigen Eindruck von dessen Reifestand. Nur die Beobachtung über einen längeren Zeitraum ermöglicht uns, das Verhalten eines durchschnittlichen Kleinkindes und eines durchschnittlichen Adoleszenten als normal oder als abweichend zu bewerten.

Die Individuierung des Adoleszenten spiegelt die strukturellen Veränderungen wider, welche die emotionale Lösung von internalisierten infantilen Objekten begleiten. Die Komplexität dieses Prozesses stand eine Zeitlang im Mittelpunkt der Aufmerksamkeit der Analytiker. Es ist in der Tat heute ein Axiom, daß ohne erfolgreiche Lösung von infantilen internalisierten Objekten die Bindung an neue Liebesobjekte in der Welt außerhalb der Familie ausgeschlossen oder verhindert wird oder auf eine einfache Wiederholung und Substitution beschränkt bleibt. Das Ich ist in diesen Prozeß verwoben, weil bis zur Adoleszenz das elterliche Ich dem Kind selektiv zur Verfügung steht und in der Tat seine legitime Ich-Erweiterung darstellt. Dieser Zustand ist ein integraler Aspekt der infantilen Abhängigkeit in ihrer Funktion der Angstkontrolle und der Regulierung des Selbstwertgefühls. Mit der Lösung von infantilen libidinösen Abhängigkeiten in der Adoleszenz werden auch die gewohnten Ich-Abhängigkeiten der Latenzzeit zurückgewiesen. Deshalb ist die Ich-Schwäche der Adoleszenz nicht nur auf die zunehmende Stärke der Triebe zurückzuführen, sondern weitgehend auch auf die Befreiung von der elterlichen Unterstützung. Bis zur Adoleszenz bildet diese Unterstützung eine wesentliche Komponente des infantilen Ichs. Die relative Ich-Schwäche, die auf die Intensivierung der Triebe zurückzuführen ist, und die absolute Ich-Schwäche, die auf die Reduktion der elterlichen Ich-Unterstützung zurückgeht, sind in unseren klinischen Beobachtungen untrennbar verwoben. Die Erkenntnis dieser grundverschiedenen Elemente der Ich-Schwäche in der Adoleszenz ist von theoretischem Interesse, aber auch bei unserer analytischen Arbeit hilfreich.*

Die Lösung vom infantilen Objekt geht immer mit einer Reifung des Ich einher. Das Umgekehrte ist ebenfalls richtig, nämlich, daß in der Adoleszenz Unvollkommenheit und Beeinträchtigung der Ich-Funktionen für Trieb-Fixierungen und infantile Objekt-Abhängigkeiten symptomatisch sind. Die akkumulativen Ich-Veränderungen, die die Weiterentwicklung der Triebe in jeder Phase der Adoleszenz begleiten, verdichten sich zu einer strukturellen Innovation, die hier die zweite Individuierung genannt wird.

Zweifellos erscheinen während der Adoleszenz außergewöhnliche und neue Ich-Fähigkeiten und Funktionen des Ich, wie z. B. die spektakulären Fortschritte im kognitiven Bereich (Inhelder und Piaget, 1958). Aber Beobachtungen veranlaßten uns, nach der ihnen eigenen primären Autonomie und darüber hinaus nach ihrer Abhängigkeit von der Reifung der Triebe zu fragen. Die Erfahrung lehrt uns, daß, immer wenn die Trieb-Entwicklung entscheidend hinter der adoleszenten Ich-Differenzierung zurückbleibt, die neu erworbenen Ich-Funktionen unweigerlich defensiv angewendet werden und ihren autonomen Charakter verlieren. Umgekehrt beeinflußt ein Fortschritt in der Trieb-Reifung die Ich-Differenzierung und Ich-Funktion günstig. Die wechselseitige Stimulierung zwischen Trieb und Ich ist am stärksten und effektivsten, wenn beide in angemessener Entfernung voneinander wirksam werden und sich weiterentwickeln. Beide, Trieb- und Ich-Entwicklung, üben einen ständigen Einfluß aufeinander aus. Die Lösung von infantilen Objekt-Bindungen macht nicht nur reiferen oder dem Alter gemäßeren Beziehungen Platz, sondern gleichzeitig leistet das Ich seinerseits auch zunehmend Widerstand gegen die Wiedereinführung überholter und teilweise aufgegebener Ich-Stadien und Triebbefriedigungen der Kindheit.

Analytiker, denen Adoleszente vertraut sind, waren immer von der zentralen

* An dieser Stelle wurde ein Absatz gestrichen. Die Herausgeber.

Bedeutung beeindruckt, die Beziehungen im Leben eines Jugendlichen haben. Intensität und Umfang objektbezogener Triebmanifestationen oder objektbezogener Triebhemmungen sollten jedoch die grundlegenden Veränderungen in der Ich-Struktur, die sich in dieser Periode vollziehen, nicht verdunkeln. All diese strukturellen Veränderungen überleben die Adoleszenz als dauernde Persönlichkeitseigenschaft.

Ich möchte auf den besonderen Charakter der psychischen Umstrukturierung in der Adoleszenz hinweisen, wenn Verschiebungen in der Objektlibido Ich-Veränderungen hervorbringen, die ihrerseits den Prozeß des Objekt-Verlustes und der Objekt-Findung (›wegstoßen‹ und ›festhalten‹) nicht nur dringlicher machen, sondern ihm auch ein größeres Anpassungspotential vermitteln. Diese Wechselbeziehung schwächt sich normalerweise gegen Ende der Adoleszenz ab, mit dem Ergebnis, daß das Ich seine spezifische und endgültige Organisation erreicht hat. Innerhalb dieser Organisation bleibt ein weites Feld für Entwicklungen im Leben des Erwachsenen offen. Das Ich-Ideal beeinflußt diese Entwicklungen entscheidend.

Wir sind nun darauf erpicht, den Verlauf der Individuierung während der Adoleszenz zu verfolgen. Bei der Untersuchung dieses Prozesses haben wir viel von den Adoleszenten gelernt, die der Veränderung der psychischen Struktur ausweichen und die Lösung von inneren Objekten durch eine Polarisierung gegenüber ihnen in Form von eigenwillig-bizarrem Verhalten und Rollenwechsel ersetzen. Ich-Störungen, sichtbar in Ausagieren, Lernstörungen, Mangel an Entschlußkraft, Aufschieben, Launenhaftigkeit und Negativismus, sind oft symptomatische Zeichen für ein Mißlingen der Lösung von infantilen Objekten und stellen folglich ein Mißlingen der Individuierung selbst dar. Als Kliniker erkennen wir in der pauschalen Ablehnung der eigenen Familie und Vergangenheit beim Jugendlichen den leidenschaftlichen Versuch, den schmerzhaften Lösungsprozeß zu umgehen. Ein solches Ausweichen ist meistens vorübergehend, und die Verzögerungen gleichen sich von selbst aus. Sie können jedoch extreme Formen annehmen.

Wir kennen den Adoleszenten, der ausreißt, in gestohlenen Autos herumfährt, die Schule verläßt, herumgammelt und zu Promiskuität und Drogenabhängigkeit neigt. Diese Adoleszenten haben sich meistens emphatisch und endgültig von ihren Familien getrennt, in der Überzeugung, daß keine nützliche Kommunikation zwischen den Generationen möglich ist. Bei der Einschätzung solcher Fälle zieht man oft die Schlußfolgerung, daß der Adoleszent ›das Falsche aus richtigen Überlegungen tut‹. Man kann nicht umhin, in der Notmaßnahme des gewaltsamen Bruches mit der Kindheit und den Familiengewohnheiten die Flucht vor den überwältigenden, regressiven Verlockungen kindlicher Abhängigkeit, Großartigkeit, Sicherheit und Befriedigungsmöglichkeiten zu erkennen. Das Bemühen, sich von infantilen Abhängigkeiten zu lösen, entspricht der Aufgabe des Adoleszenten: die angewandten Mittel jedoch verurteilen den Reifungsimpuls zwangsläufig zum Scheitern.

Für viele Adoleszenten bedeutet dieser gewaltsame Bruch einen Aufschub, eine Wartestellung, bis die progressive Entwicklung wieder in Gang kommt. Für viele jedoch wird er zu einer Lebensweise, die früher oder später zu dem führt, was ursprünglich vermieden werden sollte: zur Regression. Indem dieser Typ von Jugendlichen eine physische, geographische, moralische und vorstellungsmäßige Distanz zu der Familie oder dem Ort seiner Kindheit erzwingt, macht er eine innere Trennung entbehrlich. In der tatsächlichen Trennung und Unabhängigkeit erlebt er ein berauschendes Gefühl des Triumphs über seine Vergangenheit und wird von diesem Zustand seiner scheinbaren Befreiung abhängig. Die Gegenbesetzungsenergie, die zur Aufrechterhaltung dieses Lebens-Zustands aufgewendet wird, erklärt die oft erstaunliche Ineffektivität, die emotionale Oberflächlichkeit, das Zaudern und die abwartende Unentschiedenheit, welche die verschiedenen Formen der Vermeidung der Individuierung charakterisieren. Tatsächlich sind die physische Trennung von den Eltern und die polarisierende Abwendung von der Vergangenheit durch eine Änderung der sozialen Rolle, des Stils der Kleidung und der Aufmachung, spezieller Interessen und moralischer Entscheidungen oft die einzigen Mittel, durch die der Adoleszent seine psychische Integrität in manchen kritischen Stadien des Individuierungs-Prozesses aufrechterhalten kann. Der Reifegrad, der schließlich erreicht wird, hängt davon ab, wieweit der Individuierungs-Prozeß fortgeschritten ist, oder wo er in eine Sackgasse geraten und unvollendet geblieben ist. Es folgt aus dem oben Gesagten, daß die zweite Individuierung ein relativer Begriff ist: einerseits hängt sie von der Triebreifung ab, und andererseits gewährleistet sie Dauerhaftigkeit der Ich-Struktur. Die zweite Individuierung schließt deshalb solche Ich-Änderungen ein, welche die Begleiterscheinungen und Folgen der Lösung des Adoleszenten von infantilen Objekten sind.

Individuierung impliziert, daß der heranwachsende Mensch zunehmend Verantwortung übernimmt für das, was er tut und ist, anstatt diese Verantwortung auf die Schultern derjenigen abzuladen, unter deren Einfluß und Bevormundung er groß geworden ist. Heutzutage ist es eine weit verbreitete Haltung des raffinierten Adoleszenten, seine Eltern für Nachteile und Enttäuschungen in seiner Jugend verantwortlich zu machen oder auf ›transzendentaler‹ Ebene, in den unkontrollierbaren Mächten verschiedenster Art die entscheidenden und absoluten Kräfte zu sehen, die das Leben beherrschen. Es erscheint dem Adoleszenten, der eine solche Einstellung angenommen hat, sinnlos, sich gegen die Kräfte aufzulehnen; er erklärt vielmehr resigniert die Einsicht in die Zwecklosigkeit einer solchen Anstrengung als das eigentliche Kennzeichen der Reife. Es ist die Camussche Haltung des Protagonisten in *›Der Fremde‹*. Die Unfähigkeit, sich von inneren Objekten auf andere Weise zu lösen als durch Trennung, Zurückweisung und Erniedrigung, wird subjektiv als ein Gefühl der Entfremdung erfahren. Wir erkennen darin die endemische Stimmung eines beträchtlichen Teils heutiger Adoleszenten, besonders bei den vielversprechenden und begabten Söhnen und Töchtern, die in ehrgeizigen, jedoch nachsichtigen, oft progressiven und liberalen Familien, meist aus der Mittelschicht, aufgewachsen sind. Wenn wir die Morphologie der Individuierung des Adoleszenten aus historischer Perspektive untersuchen, stellen wir fest, daß jede Epoche vorherrschende Rollen und Stile entwickelt, durch die diese Aufgabe der Adoleszenz gelöst und sozial geregelt wird. Diese Epiphänomene des Individuierungs-Prozesses stehen auf die eine oder andere Weise immer im Gegensatz zur bestehenden Ordnung*. Es macht einen entscheidenden Unterschied, ob diese neue Lebensweise zum verlagerten Schlachtfeld für die Befreiung von den Abhängigkeiten der Kindheit wird und so zur Individuierung führt oder ob die neuen Formen ständiger Ersatz für Kindheitsstadien werden und so eine progressive Entwicklung verhindern. Die pathognomische Wertigkeit einer physischen Trennung wie ›Weglaufen‹, ›Die Schule verlassen‹ oder das Hineinstürzen in alle Arten von quasi-erwachsenen, vor allem sexuellen Lebensformen kann nur bestimmt werden, wenn man sie im Kontext der individuellen Lebensgeschichte, des ganzen Milieus und der traditionellen Sanktionen für die Verhaltensformen, die pubertären Bedürfnissen Ausdruck verleihen, betrachtet. Pubertäre Triebsteigerung reaktiviert primäre Objektbeziehungen im Kontext bestimmter bevorzugter, prägenitaler Triebmodalitäten. Aber während der Adoleszenz verschiebt sich Libido und Aggression nicht einfach in einer Kehrwendung von den primären Liebesobjekten zu nicht-inzestuösen. Bei alldem wird das Ich wesentlich in diese Umverteilung von Besetzungsenergie mit hineingerissen und erwirbt in diesem Prozeß die Struktur, welche die postadoleszente Persönlichkeit charakterisiert. Die Individuierung des Adoleszenten reflektiert also einen Prozeß und einen Erfolg; beide sind integrale Bestandteile des gesamten Reifungsprozesses.

Ich will jetzt die Beschreibung der bekannten Anpassungen in der Adoleszenz verlassen und mich der Diskussion ihrer theoretischen Implikationen zuwenden. Der Prozeß der Loslösung von infantilen Objekten, der so wesentlich für eine progressive Entwicklung ist, erneuert den Kontakt des Ichs mit infantilen Trieben und infantilen Ich-Zuständen. Das postlatente Ich ist sozusagen für diese regressiven Begegnungen gerüstet und fähig, für infantile Vorlieben andere, stabilere und altersgemäßere Lösungen zu finden. Die Wiedererstarkung infantiler Ich- und Triebpositionen ist eine wesentliche Komponente im Lösungsprozeß des Adoleszenten. Relativ stabile Ich-Funktionen, zum Beispiel Kontrolle des Gedächtnisses oder der Motorik, und auch relativ stabile psychische Instanzen wie das Über-Ich werden beachtlichen Schwankungen und Veränderungen in der Ausübung ihrer Funktionen unterliegen. Der geübte Beobachter kann in dem vorübergehenden Zusammenbruch und in der endgültigen Wiederherstellung dieser Funktionen und Instanzen ihre ontogenetische Geschichte erkennen. Man ist versucht, mechanistisch, von einer adoleszenten Neuordnung der psychischen Komponenten innerhalb der Grenzen eines festen psychischen Apparates zu sprechen. Das Über-Ich, einst als unflexible, postödipale Instanz angesehen, wird während der Adoleszenz weitgehend reorganisiert (A. Freud, 1952). Die analytische Beobachtung der Über-Ich-Veränderungen war sehr instruktiv für die Untersuchung der Variabilität der psychischen Struktur. Wir wollen uns jetzt näher mit der Veränderlichkeit dieser postödipalen Instanz befassen. Die regressive Personifizierung des Über-Ich wird in der Analyse von Adoleszenten sehr deutlich. Dies erlaubt uns, ihren Ursprung in Objekt-Beziehungen zu erkennen. Das Aufrollen des Prozesses, der zu der Über-Ich-Bildung führte, ist wie das Rückspulen

* Hier wurde eine Fußnote gestrichen. Die Herausgeber.

eines Filmes. Auszüge aus der Analyse zweier Adoleszenten sollen dies illustrieren. Beide waren nicht in der Lage, irgendwelchen routinemäßigen Anforderungen des täglichen Lebens gerecht zu werden; beide versagten bei jeglicher Art von Arbeit und jeglicher Art von Liebe.

1. Einen älteren Adoleszenten, einen Jungen, verwirrte die Tatsache, daß er ebenso nachlässig war bei dem, was er gerne tat, wie bei dem, was er ungern tat. Das letztere konnte er gut verstehen, aber das erstere war ihm unbegreiflich. Er wurde eines vorbewußten Gedankens gewahr, der seine Tätigkeit oder deren Wahl begleitete. Er fragte sich »Würde meine Mutter das, was ich tue, gutheißen«; »würde es ihr Freude machen, daß ich es tue?« Der Gedanke, daß es so sei, verdarb ihm automatisch die Tätigkeit, auch wenn sie ihm Spaß machte. In dieser Sackgasse wurde er vollkommen inaktiv. Er erzählte immer wieder von diesem Dilemma: »Wenn ich weiß, daß meine Mutter möchte, daß ich das tue, was ich tun möchte – wenn wir nämlich beide dasselbe wollen –, stört mich das, und ich höre auf, das zu tun, was ich gerade tue.«

2. Eine ältere Jugendliche, die ihre ganze Kindheit hindurch so gehandelt hatte, daß sie Lob und Bewunderung der ihr Nahestehenden gewann, lebte in ihrer Spätadoleszenz in einer Art, die in völligem Gegensatz zu den Maßstäben und dem Stil ihrer Familie stand. Sie hatte aufgehört so zu sein, wie andere sie ihrer Ansicht nach haben wollten. Zu ihrem Kummer gab ihr ihre selbst gewählte Unabhängigkeit kein Gefühl der Selbstbestimmung, weil jedesmal der Gedanke an die Zustimmung oder Ablehnung ihrer Eltern dazwischenkam. Sie fühlte, daß ihre Entscheidungen nicht ihre eigenen waren, weil sie von der Absicht bestimmt waren, das Gegenteil von dem zu tun, was ihren Eltern gefallen würde. Das Ergebnis war eine totale Unfähigkeit, zu handeln und eine Entscheidung zu treffen. Sie schwankte den Umständen entsprechend hin und her wie ein Schilfrohr im Wind. Sie konnte nur die elterliche Führung an ihre Freunde beiderlei Geschlechts delegieren und lebte so stellvertretend von deren Erwartungen und Belohnungen, obwohl sie von der ständigen Angst gequält wurde, ihrem Einfluß zu unterliegen oder, tieferliegend, sich aufzulösen und ihr Selbstgefühl zu verlieren.

In beiden Fällen endete die Verstrickung des Über-Ich in infantilen Objektbeziehungen in einem Entwicklungsstillstand. Die sich normalerweise in der Latenzzeit vollziehende Reduktion infantiler Objektabhängigkeit durch Identifikation und Organisation des Über-Ich war in den beiden oben erwähnten Fällen nicht erfolgreich zum Abschluß gekommen. Statt dessen hatten primitive Identifikationen, die dem archaischen Über-Ich und Vorläufer-Stadien des Über-Ich zugrunde liegen, diese beiden Adoleszenten stark geprägt. Phantasien von Einzigartigkeit und grandiose Selbsterwartungen, die früher durch die Identifikation mit der omnipotenten Mutter verwirklicht worden waren, machten jede zielgerichtete Handlung schmerzlich und bedeutend und enttäuschend. Die jugendliche Aufgabe der Reorganisation des Über-Ich warf diese beiden Adoleszenten auf die archaische Stufe primitiver Identifikationen zurück (A. Reich, 1954). Aufgrund seines Ursprungs in ödipalen und präödipalen Objektbeziehungen wird das Über-Ich zum Gegenstand einer grundlegenden Revision in der Adoleszenz. Es ist nicht erstaunlich, daß Störungen des Über-Ich die adoleszente Abweichung par excellence darstellen. Wenn sich die sekundäre Autonomie der Ich-Funktionen in der Kindheit nur schwach entwickelt hat, erlangt Objektlibido weiterhin Befriedigung bei ihrer Ausübung. Dieses Erbe wird die Über-Ich-Funktionen mit dem Fortschreiten der pubertären Reifung in eine verheerende Unordnung bringen. Wenn jugendliches Verhalten massiv und dauernd durch die Abwehr infantiler Objektbefriedigung diktiert wird, so wird die jugendliche Reorganisation des Über-Ich verhindert oder, mit anderen Worten, bleibt die Individuierung des Adoleszenten unvollständig.

Analytische Arbeit mit Adoleszenten zeigt fast monoton, wie Ich- und Über-Ich-Funktionen erneut in infantile Objektbeziehungen verstrickt werden. Die Untersuchung dieses Themas hat mich überzeugt, daß Gefahr für die Ich-Integrität nicht nur von der Stärke der pubertären Triebe herrührt, sondern gleichermaßen von der Stärke des regressiven Sogs. Indem ich die Annahme einer fundamentalen Feindschaft zwischen dem Ich und dem Es verwarf, kam ich zu der Überzeugung, daß die psychische Umstrukturierung durch Regression die größte psychische Leistung in der Adoleszenz darstellt. Genau wie Hamlet sich nach dem Trost des Schlafes sehnt, aber die Träume fürchtet, die der Schlaf bringen könnte, so sehnt sich der Adoleszent nach dem Genuß der Triebbefriedigung, fürchtet jedoch, wieder in infantile Objektbeziehungen verwickelt zu werden. Paradoxerweise kann nur durch Regression-Trieb- und Ich-Regression- die Entwicklungsaufgabe der Adoleszenz gelöst werden. Dies wird möglich durch die Ich-Differenzierung und die Ich-Reifung, die das normale Erbe der Latenzperiode ist. Der realitätsgebundene und selbst-beobachtende Teil des Ich bleibt normalerweise zumindest partiell während der regressiven Bewegungen in der Adoleszenz intakt. So werden die Gefahren der Regression reduziert und reguliert, und die katastrophale Gefahr des regressiven Selbst-Verlusts, der Rückkehr in das undifferenzierte Stadium oder der Selbstauflösung wird abgewendet. Die Reste eines infantilen Traumas, eines Konflikts oder einer Fixierung können jedoch nur durch Regression in der Adoleszenz modifiziert werden, indem die vielfältigen Ressourcen des Ich zum Tragen kommen, die in diesem Alter von den entwicklungsbedingten Wachstums- und Reifungsimpulsen unterstützt werden.

Geleerd (1961) vermutete, daß »in der Adoleszenz eine teilweise Regression auf die Phase der undifferenzierten Objektbeziehung stattfindet«. In einer späteren Arbeit, die auf dieser früheren Untersuchung basiert, hat Geleerd (1964) diesen Standpunkt erweitert und behauptet, daß das »wachsende Individuum viele regressive Stadien durchläuft, an denen alle drei Strukturen teilhaben«. Diese zuletzt erwähnte Formulierung wurde durch klinische Arbeiten bestätigt und ist heute ein wesentlicher Bestandteil der psychoanalytischen Theorie der Adoleszenz. Hartmann (1939) hatte die Grundlage zu diesen entwicklungstheoretischen Überlegungen mit seiner Konzeption der ›regressiven Anpassung‹ gelegt. Diese Anpassungsmodalität spielt das ganze Leben hindurch in allen möglichen Situationen eine Rolle.

Was ich hier betonen möchte, ist die Tatsache, daß die Adoleszenz die einzige Periode im menschlichen Leben ist, in der Ich-Regression und Trieb-Regression eine obligatorische Komponente der normalen Entwicklung bilden. Die Regression in der

Adoleszenz ist somit im Dienste der Entwicklung wirksam. Ferner ist das Thema meiner Untersuchung der gegenseitige Einfluß von oder die Wechselbeziehung zwischen Ich- und Triebregression, insofern sie Veränderungen in der psychischen Struktur hervorrufen. Der Prozeß und die Errungenschaft dieser strukturellen Veränderungen werden hier als adoleszente Individuierung aufgefaßt, womit die wichtige Rolle des Abzugs von Besetzungsenergie von infantilen Objekt-Repräsentanzen während der psychischen Umstrukturierung der Adoleszenz hervorgehoben werden soll. Die phasenspezifische Regression bringt vorübergehende Anpassungs-Risiken mit sich und erzeugt beträchtliche psychische Unbeständigkeit im Jugendalter (Blos, 1963). Dieser Zustand erklärt das verblüffende Verhalten und die einmalige emotionale Verwirrung dieses Alters weitgehend.

Um die Funktion der adoleszenten Regression weiter zu klären, könnte es nützlich sein, sie mit den regressiven Bewegungen in der frühen Kindheit zu vergleichen. Auf Streß-Situationen, welche die Anpassungsfähigkeit eines Kindes überfordern, reagiert dieses normalerweise mit Trieb- und Ich-Regression. Regressionen dieser Art sind jedoch keine Entwicklungsschritte, die für die Ich- und Triebreifung Vorbedingung sind. Im Gegensatz dazu bildet die Regression in der Adoleszenz, die ihrem Wesen nach nicht defensiv ist, einen wesentlichen Bestandteil der Entwicklung in der Pubertät. Trotzdem ruft diese Regression öfter Angst hervor als nicht. Erst wenn die Angst unkontrollierbar wird, kommt es zu Abwehrmaßnahmen. Regression in der Adoleszenz ist an und für sich kein Abwehrvorgang, sondern sie stellt einen wesentlichen psychischen Prozeß dar, der trotz der Angst, die er erzeugt, seinen Lauf nehmen muß. Nur dann kann die Aufgabe erfüllt werden, die implizit in der adoleszenten Entwicklung liegt. Es kann nicht genug betont werden, daß das, was anfänglich eine defensive oder restitutive Funktion erfüllt, normalerweise zu einer adaptiven Funktion wird, die entscheidend zur Einzigartigkeit einer bestimmten Persönlichkeit beiträgt.

Im Prozeß der psychischen Umstrukturierung beobachten wir nicht nur Trieb-Regression, sondern auch Ich-Regression als eine allgemeine Begleiterscheinung des Individuierungs-Prozesses in der Adoleszenz. Ich-Regression bedeutet zugleich die Wieder-Erfahrung aufgegebener oder partiell aufgegebener Ich-Stadien, die entweder Zitadellen von Geborgenheit und Sicherheit waren, oder die einst spezielle Möglichkeiten der Streßbewältigung darstellten. Ich-Regression ist im adoleszenten Prozeß immer sichtbar, aber nur insoweit sie rein defensiv wirksam ist, arbeitet sie gegen das Fortschreiten der Individuierung. Wir müssen, rückblickend, erkennen, daß in den Launen so manches Adoleszenten der strategische Rückzug der sicherste Weg zum Sieg war. *Reguler pour mieux sauter.* Nur wenn Trieb- und Ich-Regression die Unbeweglichkeit einer adoleszenten Fixierung erreichen, kommt die progressive Entwicklung wirklich zu einem Stillstand.

Ich-Regression kann man zum Beispiel im Wiedererleben traumatischer Ereignisse finden, die in keiner Kindheit fehlen. Indem das Ich sich Konfrontationen mit Miniaturausgaben oder stellvertretenden Verkörperungen des ursprünglichen Traumas in realen Lebenssituationen ausdenkt, erwirbt es allmählich die Herrschaft über prototypische Gefahrensituationen. Adoleszentes Schauspielern und Experimentieren ebenso wie ein breiter Bereich krimineller Pathologien gehören zu diesen oft schlecht angepaßten Ich-Aktivitäten. Normalerweise entsteht eine erweiterte Ich-Autonomie aus dem Kampf gegen und mit den Überbleibseln eines Kindheits-Traumas. Unter diesem Gesichtspunkt kann man die Adoleszenz als eine zweite Gelegenheit sehen, mit überwältigenden Gefahrensituationen im Verhältnis zum Es, zum Über-Ich und zur Realität, welche die Säuglingszeit und die Kindheit überlebt haben, fertig zu werden.

Regressive Ich-Zustände können in der Adoleszenz im Rückgriff auf »Aktions-Sprache« – im Unterschied zur verbalen, das heißt symbolischen Kommunikation – erkannt werden; ebenso in einer Rückkehr zur »Körper-Sprache«, zu Somatisierung von Affekten, Konflikten und Trieben. Letzteres ist verantwortlich für die vielen typischen körperlichen Beschwerden und Störungen in der Adoleszenz, die in anorexia nervosa und in psychogener Fettsucht idealtypisch ihren Ausdruck finden. Dies ist bei Mädchen ausgeprägter als bei Jungen; es ist Teil jener Ausbreitung der Libido, die beim Mädchen die Erotisierung des Körpers, vor allem seiner Oberfläche, bewirkt. Auf Körperteile der Organsysteme abgelenkte Objekt-Libido erleichtert die Bildung von »hypochondrischen Empfindungen und Gefühlen von Körperveränderungen, die klinisch als Anfangsstadien psychotischer Erkrankungen wohl bekannt sind« (A. Freud, 1958).

In der ›Aktions-Sprache‹ adoleszenten Verhaltens erkennt man unweigerlich das Verhältnis von ›aktiv‹ und ›passiv‹. Diese Antithese ist die früheste im individuellen Leben. Es ist nicht erstaunlich, daß der Adoleszent mit dem Einsetzen der Pubertät, mit dem verwirrenden Crescendo triebhafter Spannung in alte und vertraute Modi der Spannungs-Reduktion zurückfällt. Trieb-Regression auf der Suche nach diesen Modi führt letztlich zu ursprünglicher Passivität. Diese steht in einem verhängnisvollen Gegensatz zu dem reifenden Körper, zu seinen sich entwickelnden physischen Fertigkeiten, wie zu den sich gerade entfaltenden geistigen Fähigkeiten. Progressive Entwicklung läuft auf ein zunehmendes Maß von Selbstvertrauen, auf eine immer größere Beherrschung der Umwelt, ja auf ihre Umgestaltung hinaus und rückt somit die Verwirklichung von Wünschen und Ansprüchen in Reichweite.

Regressive Ich-Zustände kann man auch in der wohlbekannten adoleszenten Idolisierung und Verehrung berühmter Männer und Frauen erkennen. In unserer heutigen Zeit werden sie vorwiegend dem Show-Geschäft entnommen. Diese Personen sind die kollektiven Größen. Wir werden an die idealisierten Eltern der frühen Kindheit erinnert. Ihre glorifizierten Bilder waren ein unerläßlicher Regulator für das narzißtische Gleichgewicht des Kindes. Es sollte uns nicht überraschen, wenn die mit den kollektiven Idolen gepflasterten Schlafzimmerwände kahl werden, sobald die Objekt-Libido durch echte Beziehungen in Anspruch genommen wird. Dann wird die Bilderansammlung von vergänglichen Göttern und Göttinnen über Nacht entbehrlich.

Infantile Ich-Zustände sind außerdem an der emotionalen Verfassung erkennbar, welche der »Verschmelzung« (merger) verwandt ist. Solche Zustände werden häufig erlebt, zum Beispiel gegenüber abstrakten Begriffen wie Wahrheit, Natur und Schönheit oder in der Hingabe an Ideen oder Ideale politischer, philosophischer, ästhetischer oder religiöser Natur. Solche Ich-Zustände einer Quasi-Auflösung im Bereich symbolischer Vorstellungen werden als zeitweilige Ruhepause gesucht und dienen der Absicherung gegen totale Verschmelzung mit den infantilen, internalisierten Objekten. Religiöse Bekehrungen oder Verschmelzungszustände, die durch Drogen verursacht werden, gehören in diesen Bereich der Ich-Regression.

Ich-Regression bis zu dem Stadium der Verschmelzung des Selbst mit dem inneren Objekt ist ein pathognomes Phänomen, weil die Ich-Komponente, die wir das kritische beobachtende Ich nennen, normalerweise beständig, auch wenn evtl. stark vermindert, ihre Funktion ausübt und so verhindert, daß die Ich-Regression zu einem infantilen Verschmelzungszustand entartet. Begrenzte Ich-Regression, für die Adoleszenz ebenso typisch wie obligatorisch, kann nur in einem verhältnismäßig intakten Ich auftreten. Zweifellos stellt die adoleszente Ich-Regression das Ich auf eine harte Probe. Es wurde schon früher darauf hingewiesen, daß bis zur Adoleszenz das elterliche Ich dem Kind zur Verfügung steht und seinem Ich als ein funktionales Komplement Struktur und Organisation gibt. Die Adoleszenz sprengt diese Allianz, und die Ich-Regression offenbart die Intaktheit oder den Defekt der frühen Ich-Organisation, die entscheidende positive oder negative Eigenschaften beim Durchlaufen der ersten Trennungs-Individuierungsphase im zweiten und dritten Lebensjahr erhielt. Adoleszente Ich-Regression bei defekter Ich-Struktur hält das regredierte Ich in seinem früheren, abnormalen Zustand gefangen. Der Unterschied zwischen einer pathognomen und einer normalen Ich-Regression liegt gerade in der Alternative, ob sich die Ich-Regression dem undifferenzierten Stadium nur annähert oder es vollständig erreicht. Dieser Unterschied ist dem zwischen einem Traum und einer Halluzination vergleichbar. Die Regression auf eine ernstlich geschädigte Ich-Struktur der frühen Kindheit verwandelt eine Entwicklungssackgasse, die für die Adoleszenz so typisch ist, in eine vorübergehende oder bleibende psychotische Krankheit. Der Grad der frühen Ich-Fehlentwicklung wird oft erst in der Adoleszenz sichtbar, dann, wenn die Regression nicht mehr der progressiven Entwicklung dient, die Individuierung verhindert und der Trieb- und Ich-Reifung einen Riegel vorschiebt.

Bei der Verfolgung der Entwicklung schizophrener Kinder, die ich in der frühen und mittleren Kindheit erfolgreich behandelt habe, erkannte ich, daß sie in der späten Adoleszenz einen mehr oder weniger ernsten Rückfall in ihre frühere Pathologie erlitten. Dies geschah meistens zu dem Zeitpunkt, an dem sie ihr Elternhaus verließen, nachdem sie in den dazwischenliegenden Jahren beachtliche Fortschritte in ihrer psychischen Entwicklung gemacht hatten. Die Entwicklungsfunktion der adoleszenten Ich-Regression wurde wirkungslos, als frühe Ich-Zustände, aus denen der zweite Individuierungs-Prozeß seine Kraft ziehen muß, in diesen Kindern wieder aktiviert wurden. Der Krankheitsherd flammte noch einmal auf. Das Mißlingen der emotionalen Lösung von der Familie während der Adoleszenz machte deutlich, in welchem Ausmaß diese Kinder in den vorausgegangenen Jahren von geborgter Ich-Stärke gelebt hatten. Die Therapie hatte sie in die Lage versetzt, in ihrer Umgebung emotionale Unterstützung zu finden. Diese Fähigkeit kam ihnen während der zweiten akuten Krankheit sehr zustatten; tatsächlich rettete diese Fähigkeit sie und machte eine Genesung möglich. Wenn in der Adoleszenz die psychische Nabelschnur durchtrennt werden muß, fallen Kinder mit einer frühen Ich-Schädigung auf eine geschädigte psychische Struktur zurück, die der Aufgabe des Individuierungs-Prozesses überhaupt nicht gewachsen ist. Diese Fälle beleuchten die Strukturprobleme einer bestimmten adoleszenten Psychopathologie, legen aber gleichzeitig eine Dauerbehandlung der Kindheitspsychose und der kindlichen Schizophrenie nahe, die bis in die Jahre der Adoleszenz, gewöhnlich der späten Adoleszenz, hineinreichen oder in ihnen wiederaufgenommen werden muß.

Ein Merkmal der Adoleszenz, das unserer Aufmerksamkeit nicht entgehen kann, ist das leidenschaftliche Bemühen, die Realität unter Kontrolle zu halten, d.h. aktiv zu sein, in Bewegung zu sein, immer etwas zu unternehmen. Dies zeigt sich auch in dem Bedürfnis nach Gruppenerfahrungen oder individuellen Beziehungen von lebhafter und heftiger Emotionalität und Leidenschaft. Der häufige und oft abrupte Wechsel in diesen Beziehungen zu beiden Geschlechtern unterstreicht ihren unechten Charakter. Gesucht wird nicht die persönliche Bindung, sondern die Heftigkeit des Affekts und die dadurch hervorgerufene emotionale Erregung. In diesen Bereich gehört auch das dringende Bedürfnis, etwas »um des Kitzels willen« zu tun, um damit affektiver Einsamkeit, Eintönigkeit und Langeweile zu entgehen. Das Bild wäre unvollständig, ohne Erwähnung des Adoleszenten, der Einsamkeit und »splendid isolation« sucht, in der er im Geist affektive Zustände von ungewöhnlicher Intensität heraufbeschwört. Diese Neigungen bezeichnet man am besten als Affekt- und Objekt-Hunger. Allen diesen Adoleszenten ist das Bedürfnis nach heftigen, intensiven affektiven Zuständen gemeinsam, seien sie durch Überschwenglichkeit und Hochstimmung oder Schmerz und Qual gekennzeichnet. Wir können diese affektive Lage als ein restitutives Phänomen betrachten, das unmittelbar auf den inneren Objekt-Verlust und die gleichzeitige Ich-Verarmung folgt.[1] Die subjektive Erfahrung des Adoleszenten, die sich in der bangen Frage »Wer bin ich?« ausdrückt, enthält eine Vielfalt von Beunruhigungen und reflektiert, was als Ich-Verlust und Ich-Verarmung begriffen wird. Ich-Verlust bleibt also die ganze Adoleszenz hindurch eine ständige Bedrohung für die psychische Integrität und ruft Verhaltensformen hervor, die scheinbar abwegig sind, aber als Bemühungen aufgefaßt werden müssen, den Adoleszenz-Prozeß durch eine ungestüme – wenn auch schlecht angepaßte – Hinwendung zur Realität in Gang zu halten. Wenn das klinische Bild manches Delinquenten aus dieser Perspektive gesehen wird, offenbart es oft mehr gesunde Komponenten, als ihm gewöhnlich zugebilligt werden.

Ich will noch einmal adoleszenten Objekt-Hunger und Ich-Verarmung betrachten. Diese beiden vorübergehenden Entwicklungsphänomene finden in der Gruppe, der Bande, dem Klüngel, ganz allgemein bei den Altersgenossen kompensatorische Entlastung. Diese soziale Gruppierung ist, oft buchstäblich, Ersatz für die Familie des Adoleszenten. In der Gesellschaft der Altersgenossen findet man Stimulierung, Zugehörigkeitsgefühl, Loyalität, Zuneigung, Empathie und Resonanz. Ich erinnere mich hier an das gesunde Kleinkind aus Mahlers Studie (1963), das während der Trennungs-Individuierungs-Krise eine erstaunliche Fähigkeit zeigt, »Kontakt-Hilfe und Anteilnahme der Mutter zu mobilisieren«. Diese Kontakt-Hilfe wird in der Adoleszenz der Gruppe der Altersgenossen abgewonnen. Das Kleinkind braucht die Hilfe der Mutter, um zur Autonomie zu gelangen, wogegen der Adoleszent sich an die Gruppe der Gleichaltrigen, welcher Art sie auch sein mag, wendet, um die Kontakt-Hilfen zu bekommen, ohne die Individuierung nicht möglich ist. Die Gruppe erlaubt Identifikationen als Rollenproben ohne endgültige Festlegung und ebenso auch interaktionelle Experimente, die eher als Lösungsversuche von Kindheitsabhängigkeiten zu deuten sind, denn als Vorspiele für eine neue und dauernde, persönliche und intime Beziehung. Ferner teilt die Gruppe Schuldgefühle des einzelnen, welche die Emanzipation von Abhängigkeiten, Verboten und Loyalitäten der Kindheit begleiten, und erleichtert sie dadurch. Zusammenfassend können wir sagen, daß im großen und ganzen die Altersgenossen den Weg zur Zugehörigkeit zur neuen Generation ebnen, in welcher der Adoleszent seine soziale, persönliche und sexuelle Identität etablieren muß. Immer wenn Beziehungen zu Gleichaltrigen einfach die Kindheitsabhängigkeiten ersetzen, hat die Gruppe ihre Funktion verfehlt. In solchen Fällen kommt es zu einem Kurzschluß im Adoleszenz-Prozeß, der zur Folge hat, daß ungelöste emotionale Abhängigkeiten zu bleibenden Persönlichkeitsattributen werden. Unter diesen Umständen gestaltet sich das Leben in der neuen Generation seltsam, wie ein Schattenspiel der persönlichen Vergangenheit: Gerade das, was besonders vermieden werden sollte, wiederholt sich mit schicksalhafter Genauigkeit.

Ein Mädchen in der späten Adoleszenz, das sich in einer massiv antikonformistischen Einstellung, die als Schutz gegen einen ungewöhnlich starken regressiven Sog diente, festgefahren hatte, drückte das, was ich sagen wollte, so gut aus, daß ich sie zu Wort kommen lassen will. Beim Nachdenken über ein Beispiel ihrer Nonkonformität sagte sie: »Wenn man das Gegenteil von dem, was von einem erwartet wird, tut, stößt man rechts und links mit Vorschriften und Regeln zusammen. Heute, als ich die Schule ignorierte – ich ging einfach nicht hin –, fühlte ich mich richtig wohl. Dies gab mir das Gefühl, eine Person zu sein, nicht nur ein Automat. Wenn man sich immer wieder auflehnt und oft genug gegen die Welt, die einen umgibt, anrennt, dann zeichnet sich im Geist ein Umriß von sich selbst ab. Das braucht man. Wenn man weiß, wer man ist, braucht man vielleicht nicht anders zu sein als diejenigen, die wissen oder zu wissen glauben, wer man sein sollte.«

Ich will mich jetzt den weiteren Folgen der Tatsache zuwenden, daß Regression in der Adoleszenz die Vorbedingung für progressive Entwicklung ist. Aus klinischen Beobachtungen habe ich geschlossen, daß der Adoleszent in emotionalen Kontakt mit den Gefühlen seiner Säuglingszeit und frühen Kindheit kommen muß, damit diese ihre ursprünglichen Besetzungen verlieren; nur dann kann die Vergangenheit zu bewußten oder unbewußten Erinnerungen verblassen und nur dann wird das Vordringen der Libido der Jugend diese einzigartige emotionale Intensität und Entschlußkraft geben.

Die unergründlichste und einzigartigste Eigenschaft der Adoleszenz liegt in ihrer ich zwischen regressiven und progressiven Bewußtseinszuständen mit igkeit hin und her zu bewegen, die in keiner anderen Periode des menschns ihresgleichen hat. Dies könnte der Grund für die beachtlichen schöpferischen Leistungen gerade in diesem Lebensalter sein. Das adoleszente Experimentieren mit dem Selbst und der Realität, mit Gefühlszuständen und Gedanken wird, wenn alles gutgeht, der Individuierung Konstanz und Präzision in Inhalt und Form geben, die in der Aktualisierung in der Umwelt zum Ausdruck kommen. Die Wahl eines Berufs, zum Beispiel, stellt eine solche entscheidende Form der Aktualisierung dar.

Im Verlauf der Lösung von primären Liebes- und Haß-Objekten manifestiert sich eine Eigenschaft früher Objekt-Beziehungen in Form von Ambivalenz. Das klinische Bild der Adoleszenz zeigt die Entmischung instinktiver Triebe. Akte roher Aggression sind typisch für die Adoleszenz im allgemeinen und für die männliche Adoleszenz im besonderen. Die Analyse dieser aggressiven Manifestationen führt letztlich zu Elementen infantiler Wut und infantilem Sadismus, im Grunde also zu infantiler Ambivalenz. Wenn infantile Objekt-Beziehungen in der Adoleszenz wiederbelebt werden, müssen sie in ihrer ursprünglichen Form, das heißt in ambivalentem Zustand, erscheinen. Tatsächlich besteht die Aufgabe der Adoleszenz letztlich darin, die postambivalenten Objekt-Beziehungen zu stärken. Die emotionale Unbeständigkeit der Beziehungen und, darüber hinaus, die Überflutung autonomer Ich-Funktionen durch Ambivalenz ruft im Adoleszenten meistens einen Zustand gefährlicher Labilität und unbegreiflicher Widersprüche in Affekt, Trieb, Denken und Verhalten hervor. Die emotionalen Schwankungen zwischen den Extremen Liebe und Haß, Aktivität und Passivität, Faszination und Interesselosigkeit stellen ein so wohlbekanntes Charakteristikum der Adoleszenz dar, daß sich eine ausführliche Darstellung erübrigt. Es lohnt sich jedoch, diese Erscheinung in bezug auf unser Thema, nämlich die Individuierung, zu untersuchen. Ein Zustand der Ambivalenz konfrontiert das Ich mit einer Lage, die – dank der relativ reifen Verfassung des Ichs – als unerträglich empfunden wird, die jedoch, zumindest zeitweilig, die synthetische Fähigkeit des Ichs, mit dieser Situation konstruktiv fertig zu werden, übersteigt. Vieles, was als Abwehr-Vorgang erscheint (wie Negativismus, Oppositionsgeist, Gleichgültigkeit usw.), ist nur Zeichen eines ambivalenten Zustandes, in dem sich die ganze Persönlichkeit befindet.*

Die erste Aufheiterung, die aus der Unabhängigkeit vom internalisierten Elternteil oder, genauer, von den elterlichen Objekt-Repräsentanzen herrührt, wird durch einen depressiven Affekt ergänzt, der den Verlust des inneren Objekts begleitet und auf ihn folgt. Man hat den Affekt, der diesen Objekt-Verlust begleitet, mit dem Trauerzustand und der Trauerarbeit verglichen. Normalerweise bleibt eine Kontinuität in der Beziehung zum wirklich vorhandenen Elternteil erhalten, nachdem der infantile Charakter dieser Beziehung aufgegeben wurde. Die Arbeit der adoleszenten Individuierung bezieht sich auf diese beiden Aspekte, den infantilen und den gegen-

* An dieser Stelle wurden 4 Absätze gestrichen. Die Herausgeber.

wärtigen. Diese beiden elterlichen Objekt-Repräsentanzen leiten sich von derselben Person, aber von verschiedenen Entwicklungsstadien her ab. Dies trägt dazu bei, die Beziehung des Jugendlichen zu dem Elternteil zu verwirren, der teilweise oder ganz als Objekt der infantilen Periode erlebt wird. Diese Verwirrung wird verschlimmert, wenn dieser Elternteil an den sich verschiebenden Positionen des Adoleszenten teilnimmt und sich als unfähig erweist, seinen festen Platz als Erwachsener gegenüber dem heranreifenden Kind zu behaupten. Die Lösung von infantilen Objekten in der Adoleszenz erfordert zuerst den Abbau ihrer Besetzung, bevor die Libido wieder auf der Suche nach phasen-spezifischer Objekt-Befriedigung nach außen gerichtet werden kann. In der Adoleszenz beobachten wir, daß Objekt-Libido – sicherlich in verschiedenem Ausmaß – von äußeren und inneren Objekten abgezogen und in narzißtische Libido umgewandelt wird, indem sie auf das Selbst abgelenkt wird. Aus dieser Verschiebung vom Objekt zum Selbst ergibt sich die sprichwörtliche Ichbezogenheit und Insichgekehrtheit des Adoleszenten, der sich einbildet, von den Liebes- und Haßobjekten seiner Kindheit unabhängig zu sein. Die Überflutung des Selbst mit narzißtischer Libido bewirkt Selbstverherrlichung und Überschätzung der Kräfte von Körper und Geist. Dieser Umstand beeinflußt die Realitätsprüfung ungünstig. Um eine bekannte Folge dieses Zustands anzuführen, erinnere ich an die häufigen Autounfälle von Adoleszenten, die sich trotz ihrer fachmännischen Geschicklichkeit und ihrer technischen Kenntnisse ereignen. Sollte der Individuierungs-Prozeß in diesem Stadium zum Stillstand kommen, stoßen wir auf alle möglichen Formen narzißtischer Pathologie, von denen der Rückzug aus der Objektwelt, die psychotische Störung, die ernsteste Sackgasse darstellt.

Die inneren Veränderungen, welche die Individuierung begleiten, können von seiten des Ichs als eine psychische Umstrukturierung beschrieben werden, in deren Verlauf der Abbau der Besetzung der elterlichen Objekt-Repräsentanzen im Ich eine allgemeine Instabilität, ein Gefühl der Unzulänglichkeit und der Entfremdung verursacht. Bei dem Bemühen, die Integrität der Ich-Organisation zu schützen, wird eine wohlbekannte Vielzahl von defensiven, restitutiven, angepaßten und schlecht angepaßten Manövern in Gang gesetzt, bevor ein neues psychisches Gleichgewicht hergestellt ist. Daß es erreicht ist, erkennen wir an einem persönlichen und autonomen Lebensstil.

Zu der Zeit, in der der Individuierungs-Prozeß der Adoleszenz seinen Höhepunkt erreicht, ist ein abweichendes, d.h. irrationales, unberechenbares, turbulentes Verhalten besonders auffallend. Derartig extreme Verhaltensstrategien werden vom Adoleszenten benutzt, um die psychische Struktur vor regressiver Auflösung zu schützen.*

Widerstand gegen Regression kann viele Formen annehmen. Eine davon zeigt sich in der ungestümen Hinwendung des Adoleszenten zur Außenwelt, zu Aktionen und zu körperlicher Bewegung. Paradoxerweise werden Unabhängigkeit und Selbstbestimmung im Handeln und Denken immer dann besonders heftig und rücksichtslos,

*An dieser Stelle wurden einige Zeilen gestrichen. Die Herausgeber.

wenn der regressive Sog übermäßig stark ist. Ich habe beobachtet, daß Kinder, die während der Kindheit besonders anhänglich und sehr abhängig waren, in der Adoleszenz ihre Zuflucht zur entgegengesetzten Haltung nehmen, nämlich zu einer gleichgültigen Distanz zu den Eltern um jeden Preis. Dabei erringen sie einen scheinbaren aber illusorischen Sieg. In solchen Fällen werden Handeln und Denken einfach von der Tatsache bestimmt, daß sie im Gegensatz zu den Erwartungen, Wünschen und Meinungen der Eltern, deren Stellvertreter und Repräsentanten in der Gesellschaft (Lehrer, Polizist und ganz allgemein Erwachsene) stehen oder, abstrakter, im Gegensatz zu Gesetz, Tradition, Konvention und Ordnung – und zwar überall, in jeder Form und ohne Berücksichtigung ihres sozialen Zweckes und ihrer sozialen Bedeutung. Hier wiederum unterscheiden sich vorübergehende Störungen der Interaktion zwischen dem Adoleszenten und seiner Umgebung qualitativ von denen, die von Dauer sind, die Beziehungen des Ichs zur Umwelt endgültig formen und den Prozeß der Adoleszenz zu einem vorzeitigen Stillstand bringen.

Gestützt auf unsere Erfahrung mit dem neurotischen Kind und Erwachsenen, haben wir uns daran gewöhnt, uns auf Abwehrmechanismen als die größten Hindernisse auf dem Weg normaler Entwicklung zu konzentrieren. Ferner gewöhnten wir uns daran, die Regression für einen psychischen Prozeß zu halten, der progressiver Entwicklung, Triebreifung und Ich-Differenzierung entgegensteht. Die Adoleszenz kann uns sehr gut lehren, daß diese Begriffsbestimmungen begrenzt und einschränkend sind. Natürlich können wir kaum sagen, was an einem regressiven Zustand während der Adoleszenz einfach eine statische Wiederbelebung der Vergangenheit ist und was Ankündigung und Vorspiel einer psychischen Umstrukturierung darstellt. Es dürfte vernünftig sein anzunehmen, daß der Adoleszent, der sich mit Bildern angebeteter Personen umgibt, nicht nur ein Kindheitsmuster wiederholt, das einmal seine narzißtischen Bedürfnisse befriedigte, sondern daß er gleichzeitig an einer Kollektiverfahrung teilnimmt, die ihn zu einem miterlebenden Glied der Gruppe seiner Altersgenossen macht. Die gleichen Idole zu haben bedeutet, Teil der gleichen Familie zu sein; ein entscheidender Unterschied kann uns jedoch nicht entgehen, nämlich, daß die neue soziale Matrix den Adoleszenz-Prozeß in dieser Lebensphase durch Gelegenheiten zur Teilnahme an einem symbolischen, stilisierten, exklusiven Stammesritual fördert. Unter diesen Auspizien sucht die Regression nicht einfach die Vergangenheit wiederherzustellen, sondern das Neue, die Zukunft auf dem Umweg über vertraute Bahnen zu erreichen. Hierbei kommt mir ein Satz von John Dewey in den Sinn. »Die Gegenwart«, sagt er, »ist nicht einfach etwas, was nach der Vergangenheit kommt . . . Sie ist, was das Leben ist, wenn es die Vergangenheit zurückläßt.«

Die Gedanken dieses Aufsatzes konvergieren in dem übergreifenden Ziel, die Veränderungen der Ich-Organisation, die von der Trieb-Reifung erzeugt werden, zu beleuchten. Aus klinischen Untersuchungen des Adoleszenz-Prozesses wurde überzeugend klar, daß sowohl die Aufgabe der Lösung von primären Objekten, als auch die Überwindung infantiler Ich-Stadien eine Rückkehr zu frühen Entwicklungsphasen nötig machen. Nur durch die Neubelebung der infantilen emotionalen Bindungen und der sie begleitenden Ich-Zustände (Phantasien, Bewältigungsstrategien [›coping-patterns‹], Abwehrorganisation) kann die Lösung von inneren Objekten erreicht werden. Diese Leistung hängt also von Trieb- und Ich-Regression ab, die beide in ihrem Verlauf eine Vielzahl von, pragmatisch gesprochen, schlecht angepaßten Verhaltensweisen hervorbringen. Paradox formuliert könnte man sagen, daß progressive Entwicklung verhindert wird, wenn Regression nicht den richtigen Verlauf zur richtigen Zeit in der Abfolge des Adoleszenzprozesses nimmt.*

ANMERKUNG

1. Auf den ersten Blick erscheint es als Widerspruch, von Ich-Verarmung zu sprechen, wenn Objekt-Libido auf das Selbst abgelenkt wird. Ein gesundes Ich kann jedoch das Abgeschnittensein von Objektbeziehungen nicht gut und nicht lange ertragen. Die Überflutung des Selbst mit narzistischer Libido wird nur beim psychotischen Adoleszenten ich-synton; für ihn ist die reale Welt langweilig und farblos. Der »normale« Adoleszent erfährt ein Gefühl beängstigender Unwirklichkeit, wenn er sich von der Objektwelt in narzistische Isolierung zurückzieht. Deshalb kann Masturbation niemals eine dauernde Form der Befriedigung bieten, da sie letztlich die Selbstachtung herabsetzt.

* Die letzten beiden Absätze wurden gestrichen. Die Herausgeber.

Die Trieb- und Gefühlskonflikte des Adoleszenten und die Umgestaltung und das Wachsen seiner seelischen Strukturen

EDITH JACOBSON

Wie wir wissen, wird die im Verlauf der Latenz gebildete Abwehr in den inneren Auseinandersetzungen während der Adoleszenz so heftig erschüttert, daß sie unter dem Ansturm der Triebimpulse teilweise zusammenbrechen kann. Wie schafft es der Adoleszente, sein Abwehrsystem wiederaufzubauen, es zu reorganisieren und wieder zu festigen?

Hier mag es hilfreich sein, die Situation in der Adoleszenz mit der Kindheitsphase zu vergleichen, in der die ödipalen Konflikte ablaufen. Das ödipale Kind muß seine sexuellen und feindseligen Impulse zugunsten zärtlicher Bindungen an die Eltern unterdrücken. In der Adoleszenz führt der sexuelle Reifungsprozeß zu einem zeitweiligen Wiederaufleben präödipaler und ödipaler Triebregungen und damit zu einer Wiederbelebung des infantilen Konflikts. Jetzt aber müssen die inzestuösen sexuellen und feindseligen Wünsche endgültig aufgegeben werden. Darüber hinaus muß nun auch die zärtliche Bindung an die Eltern soweit gelockert werden, daß die künftige Freiheit der Objektwahl gesichert ist und eine gesunde Hinwendung zur eigenen Generation und eine normale Anpassung an die Realität der Erwachsenenwelt ermöglicht werden. Dies ist die Ursache der Trauerreaktionen des Adoleszenten, die keine Parallele in der Kindheit haben. Was diese emotionale Aufgabe für ihn noch schwieriger macht ist der Umstand, daß sie außerdem eine definitive und endgültige Aufgabe seiner realen und emotionalen Abhängigkeit von den Eltern beinhaltet. Freud (1905) betrachtete diese Ablösung von der elterlichen Autorität als eine der bedeutsamsten, aber auch als eine der schmerzhaftesten seelischen Leistungen.

Der Adoleszente steht ja kurz davor, seine »Mündigkeit« zu erreichen, womit ihm unwiderruflich bedeutet wird, daß die Gesellschaft ihn nun für fähig erachtet, sein eigener Herr zu sein. Wenn auch seine reale Abhängigkeit bis in seine zwanziger Jahre hinein oder noch länger besteht, so bedeutet dieser Schritt doch, daß die letzte Phase der Lösung der ödipalen Konflikte auch eine endgültige Befreiung aus der symbiotischen Verklammerung mit der Familie bringen muß. Für die endgültige Herstellung der Autonomie und Unabhängigkeit von Ich und Überich, wie sie für diese äußerst bedeutsame Periode der Identitätsbildung charakteristisch ist, ist eine solche Befreiung unumgänglich. Der Kampf des Heranwachsenden kann außerdem

Aus: Edith Jacobson, *Das Selbst und die Welt der Objekte*, Literatur der Psychoanalyse, hrsg. v. Alexander Mitscherlich, Frankfurt am Main 1973, Kap. 11. Abdruck mit freundlicher Genehmigung des Suhrkamp Verlages.

durch Diskrepanzen in dem gleichzeitigen rapiden Wachstum des Ichs kompliziert werden, das nicht immer im Einklang mit dem Fortschreiten der Triebentwicklung steht. Auf dieses Problem werde ich später zurückkommen.

Die Überich-Bildung hilft dem Kind bei der Lösung seiner ödipalen und Ambivalenzkonflikte und ermöglicht es ihm, sogar schon in jenem frühen Stadium eine gewisse Unabhängigkeit von äußeren sozialen und kulturellen Einflüssen zu gewinnen. Beim Adoleszenten entsteht aus den Anstrengungen, sich von seinen infantilen Liebesobjekten loszusagen, kein neues psychisches System. In seinen Kämpfen um Reife und schließliche Befreiung aus den Familienbanden kommen ihm jedoch beträchtliche Modifizierungen und neue Strukturbildungen zu Hilfe, die sich innerhalb des Ichs und des Überichs entwickeln.

Wir wissen natürlich, daß das Überich während der Adoleszenz eine Neuorientierung und Festigung erfährt, doch was beinhaltet dieser Konsolidierungsprozeß im einzelnen? Die Notwendigkeit einer Neueinstellung des Abwehrsystems wurde bereits erwähnt. Eine solche Reorganisation der Abwehr setzt aber sicherlich eine weitreichende Umbildung des Überichsystems voraus und hängt umgekehrt von dieser ab. Da das Überich auf Grund von partiellen Identifizierungen mit idealisierten Elternimagines, mit elterlichen Normen, Forderungen und Verboten aufgebaut wurde, führte diese Frage unmittelbar zurück zum Problem der Identifizierung.

Ich habe darauf hingewiesen, daß Identifizierungen, soweit sie Abwehrfunktionen übernehmen, das Kind dazu befähigen, Triebversagungen, emotionale Deprivation und sogar Objektverlust zu ertragen und zu akzeptieren und daß sie zumindest teilweise in Reaktion auf solche Erfahrungen entstehen. Daraus könnte man ohne weiteres schließen, der Adoleszente, der nun seine ödipalen Liebesobjekte endgültig aufgeben muß, bringe dies hauptsächlich mit Hilfe noch stärkerer Identifizierung mit ihnen im Überich zustande. Doch was tatsächlich geschieht, ist weit komplizierter, und zwar aus guten Gründen.

Hier müssen wir uns in Erinnerung rufen, daß die Identifizierungen aus der langdauernden psychobiologischen Abhängigkeit des Kindes von den Eltern erwachsen und daß die infantile Ich-Entwicklung auf diesen Identifizierungen beruht. »Je schwächer das Ich des Kindes«, sagt Helene Deutsch (1944), »um so mehr nimmt es seine Zuflucht zu Identifizierungen mit Erwachsenen in seiner Anpassung an die Erwachsenenwelt« (S. 7). Doch bis hin zur Adoleszenz lernt auch das Kind mit normaler Ich-Stärke weniger durch den direkten und unmittelbaren Kontakt als vielmehr durch das Medium seiner engen Beziehungen und seiner Identifizierungen mit den Eltern und Elternfiguren, sich an die Gesellschaft – und die Realität im allgemeinen – anzupassen. Je nach Reifegrad des Ichs und in dem Maße, wie dessen sekundäre Autonomie und Unabhängigkeit hergestellt werden, müssen diese Identifizierungen jedoch einen wesentlichen Teil ihrer Funktion verlieren. So müssen zwischen dem Bedürfnis des Heranwachsenden, den Verlust der infantilen Liebesobjekte durch verstärkte Identifizierung mit ihnen zu bewältigen und dem Umstand, daß eben diese Identifizierungen mehr und mehr an Bedeutung verlieren, Widersprüche auftreten.

Hinsichtlich des Überichs muß man sich klarmachen, daß seine Ziele und Funktionen im Vergleich zu der Situation während der ödipalen Phase beträchtliche Veränderungen durchmachen müssen, zumindest was die Sexualität angeht. Während der infantilen Periode der Überich-Bildung löst das Kind seine ödipalen Konflikte mit Hilfe von Abwehrmechanismen, die es instand setzen, seine verbotenen Triebimpulse zu unterdrücken und zu hemmen bis hin zu einem mehr oder weniger vollständigen Verzicht auf sexuelle Aktivität überhaupt. In der Adoleszenz muß das Überich das Inzesttabu erneut durchsetzen, aber gleichzeitig muß es die Verdrängungsschranken öffnen und die Last der Gegenbesetzung aufheben – und zwar so weit, daß es den Adoleszenten auf dem Weg zu sexueller Unabhängigkeit von den Erwachsenen und zu reifen personalen und Liebesbeziehungen führen kann. Diese widersprüchlichen Ziele spiegeln sich in den Schicksalen und der Reorganisierung seiner Objektbeziehungen und Identifizierungen und von daher auch in den Veränderungen, denen Überich, Ich und Es im Verlauf der Adoleszenz unterliegen. Bevor ich mich deren Untersuchung zuwende, muß ich zunächst bezüglich meiner vorstehenden Äußerungen gewisse Vorbehalte unterstreichen.

Wenn wir beobachten, daß die Identifizierungen des Adoleszenten mit seinen Eltern an Bedeutung verlieren, oder wenn wir von seinem Kummer über den Verlust der inzestuösen Liebesobjekte sprechen, müssen wir sofort hinzufügen, daß das endgültige Zerreißen der ödipalen Bindungen, die Herstellung neuer Objektbeziehungen und die Vorgänge von neuer Strukturbildung und Reorganisierung während der Adoleszenz nur dann erfolgreich verlaufen, wenn sie die libidinösen Besetzungen nicht völlig aufzehren und die Identifizierungen der Vergangenheit nicht gänzlich auslöschen. Sie reduzieren sie lediglich und verschieben sie auf neue Objekte, verleihen ihnen neue Qualitäten und unterwerfen sie neuen Bindungen und zum Teil neuen Identifizierungen (A. Katan, 1937). Vom strukturellen Gesichtspunkt her stellt sich dieses Problem folgendermaßen dar: das Überich kann nicht umgebildet, reorganisiert und gefestigt werden, und neue personale und sexuelle Beziehungen, neue Ich-Strukturen und Ich-Funktionen können nicht aufgebaut und integriert werden, wenn diese neuen Formationen nicht organisch aus denen der Vergangenheit hervorwachsen können. In der Tat kann bei Erwachsenen das Fortbestehen unambivalenter Beziehungen und gewisser fundamentaler Beziehungen mit den Eltern fast als Beweis dafür gelten, daß es diesen Individuen in der Adoleszenz gelungen ist, ihre infantilen Wünsche aufzugeben und ihre symbiotischen Bindungen an die Familie zu durchbrechen.

In der oben erwähnten Arbeit, in der Anna Freud (1958) beschreibt, welche Mittel der Adoleszente bei seinen Bemühungen, die familiären Fesseln zu zerreißen, anwendet, weist sie auch auf die ernsten Folgen eines »inneren Verlusts« der infantilen Liebesobjekte in diesem Stadium hin.

Im Kapitel 12 werde ich kurz auf die schwere Pathologie eingehen, die sich entwickelt, wenn der Adoleszente die Besetzung von den infantilen Objekten für immer abzieht, weil er seinen exzessiv heftigen Ambivalenzkonflikt mit ihnen anders nicht lösen kann. Hier möchte ich nun betonen, daß in diesem Fall tiefgehende, persistierende oder sogar irreversible Regressionsvorgänge in allen Systemen auftreten können. Diese Vorgänge widerstehen den verzweifelten Anstrengungen des Adoleszenten, die infantilen Objekte durch neue Personen zu ersetzen und Beziehungen und Identifizierungen reaktiver Art mit ihnen aufzubauen. In der Folge kann die Entwicklung des Adoleszenten zum Stillstand kommen. Überich- und Ich-Funktionen können desintegrieren, und eine ernste und verwirrende Symptomatologie kann sich entwickeln. Sofern das klinische Bild an eine Psychose denken läßt, kann es differentialdiagnostisch Schwierigkeiten bereiten: bei jungen Menschen, die konstitutionell und ontogenetisch zu einer Psychose prädisponiert sind, sind die psychobiologische Instabilität dieses Lebensabschnitts und die Neigung des Adoleszenten zu wiederkehrenden tiefen Regressionen in der Tat geeignet, echt psychotische Prozesse in Gang zu setzen.

Auf jeden Fall lassen sich bei solchen schwergestörten Adoleszenten tiefe subjektive und objektive Identitätsprobleme finden, die weit über die Grenzen dessen hinausgehen, was man in der Adoleszenz gewöhnlich beobachten kann. Wichtig ist jedoch, daß Adoleszente selbst im Rahmen normaler Entwicklung Durchgangsphasen eines narzißtischen Rückzugs bis hin zu einem echten »inneren« Objektverlust und Identitätsverlust durchlaufen. Entscheidend ist weniger die kurze Dauer als die Reversibilität solcher Zustände. Normalerweise folgt darauf eine Rückkehr zur Welt der Objekte und eine erneute Progression. Fassen wir nun die spezifischen Schicksale der Ich- und der Überich-Identifizierungen des Adoleszenten ins Auge, so sehen wir vor allem, daß der wahrscheinlich einschneidendste und schwierigste Schritt in der allmählichen Herstellung dauerhafter neuer Identifizierungen mit den Eltern hinsichtlich ihrer sexuellen Aktivität besteht, die schließlich auch ihm das Recht zugestehen, sich in sexuellen und anderen Erwachsenenaktivitäten zu engagieren.

Es überrascht nicht, daß diese Identifizierungen, die in der Vergangenheit inakzeptabel waren, völlig ichgerecht werden können und nur bis zu dem Grad Dominanz erlangen, in dem Überich und Ich wiederaufgebaut und konsolidiert werden und einen neuen Grad von Stärke, Autonomie und Reife erreichen. Tatsächlich werden diese Identifizierungen, die den Weg zur sexuellen Freiheit des Erwachsenen eröffnen, nur allmählich zu einem integralen Bestandteil der sich ständig erweiternden Identifizierungen des Adoleszenten mit den Erwachsenen in allen Ich-Bereichen, die sich unter dem Einfluß neuer oder modifizierter Überich-Identifizierungen entwikkelt. Das führt zu den Veränderungen, welche die moralischen Codes des Überichs im Verlauf der Adoleszenz durchlaufen müssen.

Diese Veränderungen lassen sich – stark vereinfacht – folgendermaßen kurz charakterisieren. Während die Stimme des Überichs in der Kindheit sagte: »Wenn du dich mit den moralischen Normen, Forderungen und Verboten der Eltern identifizierst, wirst du später als Erwachsener sexuelle Befriedigung erlangen«, muß sie jetzt zum Ausdruck bringen: »Als Erwachsener darfst du sexuelle Freiheit und Freiheit im Denken und Handeln in dem Maße genießen, wie du auf deine infantilen Triebwünsche verzichtest, die Bindungen der Kindheit lockerst und die ethischen Normen und Verpflichtungen eines Erwachsenen akzeptierst.«

Der Adoleszente ist also mit der komplizierten und verwirrenden Aufgabe konfrontiert, die idealisierten, sexuell restriktiven Elternimagines abzumildern, sie mit realistischen Vorstellungen sexuell aktiver und zunehmend permissiver Eltern zu versöhnen, und gleichzeitig neue moralische und ethische Normen auf der Basis einer festen Wiederherstellung des Inzesttabus aufzubauen. Voraussetzung dafür sind selbstverständlich wichtige Veränderungen in Inhalt und Qualität von Ich-Ideal und Überich-Veränderungen, die nicht bloß aus Identifizierungsvorgängen resultieren, sondern die, wie ich im weiteren zeigen möchte, schließlich durch neue Strukturbildungen im reifenden und zunehmend autonomen Ich stark unterstützt werden.

In der vorangegangenen Darstellung der Überich-Bildung habe ich bereits betont, daß Widersprüche in den Einstellungen und Normen der Eltern oder zwischen der erzieherischen Atmosphäre zu Hause und in der Schule die Herstellung fester Überich- und Ich-Identifzierungen stören und früh zu Identitätsproblemen führen können, die in der Adoleszenz gefährliche Ausmaße annehmen können. Diese Gefahren hängen mit den Veränderungen zusammen, die das Überich in dieser Periode zu durchlaufen hat. Da die zu diesen Umgestaltungen führenden Prozesse auch eine Versöhnung und Integration der gegensätzlichsten Ziele und Zwecke und sehr widersprüchlicher Identifizierungen beinhalten, müssen sie auch beim normalen Adoleszenten, dessen psychische Strukturen auf festem Boden stehen, Ich und Überich zeitweise schwächen. Das Scheitern bei der Lösung dieser Widersprüche wird dann bei vielen unserer Patienten deutlich. Ihre absurden Vorstellungen vom Erwachsenwerden reichen von der Phantasie, Großwerden bedeute die Erlangung völliger Triebfreiheit, bis zu dem Gedanken, es sei gleichbedeutend mit völligem Triebverzicht. So ist es kein Wunder, daß diese Umgestaltungsprozesse für kürzere oder längere Zeit ausgeprägte Schwankungen in den Überich-Funktionen des Adoleszenten bewirken und daß sie nicht nur seine Beziehungen zu den Eltern, sondern seine Objektbeziehungen überhaupt stören. Im Kampf um eine teilweise Aufhebung seiner Verdrängungen leide der Heranwachsende an schweren sexuellen narzißtischen und Ambivalenzkonflikten, die sich in seiner Haltung gegenüber Personen beiderlei Geschlechts zu manifestieren pflegen. Während dieses Kampfes, auf den ich in Kapitel 10 eingegangen bin, steht sein Ich unter erhöhtem Es- und Überich-Druck und pflegt sich dem Überich abwechselnd zu fügen oder aktiv gegen es zu rebellieren und wenn der Umsturz gelingt, mit dem Es gemeinsame Sache zu machen. Mehr oder weniger stürmische Perioden sexuellen und aggressiven Ausagierens und narzißtischer Aufblähung alternieren mit Perioden von Reue, asketischen Idealen, strikt abstinentem moralischem Verhalten und oft von Schuld, Scham und Minderwertigkeitsgefühlen.

Dieses Ausagieren vermittelt tatsächlich den Eindruck, die psychobiologische Sexualentwicklung, die mit raschen und sichtbaren Körperveränderungen und gleichzeitigem seelischem Wachstum des Ichs einhergeht, erzeuge enorme Beträge überschüssiger psychischer Energie. Diese Energie nährt und befreit nicht nur die sexuellen und feindseligen Impulse, sondern auch die grenzenlosen narzißtischen Strebungen, die einst durch die Konstituierung von Überich-Identifizierungen absorbiert worden waren. Tatsächlich durchläuft der Adoleszente, wenn er sich von den infantilen Liebesobjekten zurückzieht, ein verlängertes Stadium übermäßigen Engagements für narzißtische Zielsetzungen und Beschäftigungen, *zeitweise auf Kosten* wirklich objekt-gerichteter Ziele. Anna Freud (1936) und Helene Deutsch (1944) haben diese Intensivierung des Narzißmus in der Adoleszenz hervorgehoben. Wie wir sehen werden, gewinnt sie jedoch einen wichtigen Stellenwert für das Ich und die Objektbeziehungen.

Was den Schwankungen und dem Ausagieren des Adoleszenten besondere Farbe verleiht, ist die durch die Notwendigkeit, die verstärkten Anforderungen der Triebkräfte zu kontrollieren und einzudämmen, bewirkte drastische Neueinstellung der Abwehrmechanismen. Es wäre interessant, genauer zu untersuchen, welchen Veränderungen die Abwehrorganisation hierbei unterliegt. Doch dieses Problem berührt mein Thema nur peripher und würde allzu weit abführen.

Es möge genügen, die regressiven Züge der Abwehrvorgänge zu erwähnen, die durch den vorübergehenden teilweisen Zusammenbruch des Überichs und der Verdrängungsschranken bewirkt werden. Bei dem Versuch, seine überwältigenden Triebwünsche abzuwehren, greift der Adoleszente wieder auf primitive Abwehrmechanismen wie etwa die Verleugnung und auf infantile Introjektions- und Projektionsmechanismen zurück. Oder er versucht Sexualtriebe mit Aggressionen abzuwehren oder von genitalen auf prägenitale, von männlich-aggressiven auf passiv-feminine Zielsetzungen auszuweichen, von heterosexuellen auf narzißtisch-homosexuelle Bindungen und Betätigungen und umgekehrt; von Objekten seines Alters auf ältere Personen oder sogar auf inzestuöse Objekte und umgekehrt. Aus diesem Grund kann der Adoleszente Verhaltensformen entwickeln, die an Psychopathie oder sogar Psychose denken lassen könnten.

In seinem Kampf um eine Versöhnung der einander opponierenden Zielrichtungen von Überich und Es kann der Adoleszente bei Menschen außerhalb der Familie (oder auch in sozialen, politischen oder religiösen Gruppen) Unterstützung finden, die sich in dieser Phase zu erneuten Personifizierungen und Rückprojektionen des Überichs und des Es besser eignen als die Eltern. Reine und fromme oder verführerische und skrupellose Männer oder Frauen werden abwechselnd bewundert und nachgeahmt oder verachtet und gehaßt, weil sie eigene sexuelle Versuchungen und Begierden des Adoleszenten repräsentieren oder auch die Tugendhaftigkeit, Bescheidenheit und Keuschheit, nach der er strebt. Doch damit nicht genug. Wenn wir uns die Menschentypen ansehen, die von Adoleszenten glorifiziert und verehrt werden und denen sie nacheifern oder die sie vielleicht auch nur kürzere oder längere Zeit hindurch imitieren, dann wird uns auch klar, daß die Anstrengungen, das Ich-Ideal und das Überich neu zu formen, zu einem intensiven Wiederaufleben von infantilen Überich-Vorläufern und von Werten führt, die eher prägenitales und phallisch-narzißtisches, selbstsüchtiges Lust- und Machtstreben ausdrücken als moralische Ziele. An seinen Helden und Heldinnen fesseln den Adoleszenten ja körperliche Stärke oder Attraktivität, sexuelle Erfolge oder sozialer Glanz, Reichtum, skrupellose Karriere und Berühmtheit auf sportlichem, künstlerischem oder wissenschaftlichem Gebiet, in der Geschäfts-, Finanz- oder politischen Welt oder sogar in der Welt des Verbrechens. Der Adoleszente glorifiziert in der Tat nicht selten Prostituierte oder Gangster und bleibt bisweilen leider auch in ihren Kreisen hängen[1].

Seine Bewunderung für solche Personen und Gruppen oder für die Werte, die sie repräsentieren, kommt darüber hinaus gewöhnlich in vorübergehendem aber intensivem homosexuellem oder heterosexuellem »Verknalltsein« zum Ausdruck, das häufig eine recht sadomasochistische Färbung hat.

Diese Phänomene zeigen, daß die Beziehung zwischen Ich und Überich zeitweise wieder triebhaften Charakter annehmen und personifiziert werden kann und daß das Ich-Ideal zum Teil durch pseudoidealisierte, verlockende, wunschbestimmte Selbst- und Objektimagines ersetzt werden kann, die in den Tagträumen des Adoleszenten eine bestimmende Rolle spielen und die Ausdruck seiner expansiven, hochgradig narzißtischen sexuellen und aggressiven Strebungen sind. Die egozentrischen Haltungen und Verhaltensweisen des Adoleszenten und sein übertriebenes Engagement für Werte, Interessen und Vergnügungen, die eher narzißtisch-triebhaften Zielen (Selbstinteressen) als wirklich objektgerichteten oder Überich-geprägten Zielen dienen, erscheinen oft oberflächlich, unverantwortlich und gefährlich, betrachtet man sie mit den Augen des Erwachsenen, der nicht weiß, wie wichtig sie für den Adoleszenten beim Wiederaufbau seines Ichs und seines Überichs sind. Natürlich trifft es zu, daß das Fasziniertsein des Adoleszenten von Pseudoidealen und sein Ausagieren sehr traurige Folgen haben können und häufig auch haben. Doch solange sie in normalen Grenzen bleiben, ist das vorübergehende Aufblühen solcher »weltlichen« Interessen und Begierden ein Indikator der fortschreitenden Reifungsvorgänge im Triebbereich und auf körperlichem, seelischem und intellektuellem Gebiet. Es hat sogar eine äußerst stimulierende Wirkung auf die Ich-Entwicklung. Das Ergebnis ist schließlich eine allmähliche Modifizierung des Überichs, wobei Überich-Funktionen zum Teil an das Ich delegiert werden. Dies äußert sich im Kampf des Adoleszenten mit seinem Selbstwertproblem, das sich durch seine übertriebene Auffassung vom Wert dieser neuen Zielsetzungen verstärkt und sich von der moralischen Sphäre auf alle Gebiete körperlicher, sexueller, intellektueller und sozialer Fähigkeiten ausdehnt – ein Kampf, in dem er bestehen oder unterliegen kann.

Um diese Probleme zu verstehen, muß man sich klarmachen, daß das rasche Wachsen und Sichverändern des Adoleszenten fortwährende Neuanpassungen im Bereich der Selbstrepräsentanzen notwendig machen. Das erschwert die Beurteilung seiner momentanen psychischen und körperlichen Realität und auch seiner physischen und seelischen Entwicklungsmöglichkeiten enorm.

So ist es nicht überraschend, daß in dieser Zeit intensive Scham- und Minderwertigkeitskonflikte in Erscheinung treten, und zwar in Verbindung mit quälenden Schuldkonflikten, in denen sich die sadistische Qualität offenbart, die das Überich zeitweise annimmt. Die Scham- und Minderwertigkeitskonflikte des Adoleszenten zeigen, daß die Schwankungen seines Selbstwertgefühls nicht nur aus moralischen Konflikten entspringen, sondern auch aus primitiveren narzißtischen Konflikten: Diskrepanzen zwischen dem Bild der erwachsenen, kraftvollen, attraktiven, brillanten oder geistreichen Person, die er sein möchte und manchmal zu sein glaubt, und dem unleugbaren Aspekt des physisch und psychisch unreifen, instabilen, halbfertigen Geschöpfs zwischen zwei Welten, das er in Wirklichkeit ist. Eben diese Mischung von moralischen Konflikten mit Scham- und Minderwertigkeitskonflikten ist für das Auf und Ab seiner Identitätsgefühle verantwortlich. Da diese von zeitweiligen Regressionen und der daraus resultierenden Desorganisation der psychischen Strukturen ausgelösten primitiveren narzißtischen Konflikte nicht nur zu einem Verlust der moralischen Selbstachtung, sondern zu einem totalen Verlust des Selbstwertgefühls führen, können sie die Überich- und Kastrationsängste zu regressiven Ängsten vor dem Verlust des gesamten Selbst ausweiten. Häufig überschatten die Scham- und Minderwertigkeitskonflikte des Adoleszenten seine Schuldkonflikte oder werden zu deren Verschleierung benutzt, doch ist der umgekehrte Fall ebenfalls zu beobachten. In anderen Fällen, wie in dem in Kapitel 9 erwähnten, können Schuldkonflikte und Scham- und Minderwertigkeitskonflikte miteinander abwechseln und sich gegenseitig beeinflussen. Alle diese Konflikte pflegen in dem Maße abzuklingen, wie das wachsende Ich des Adoleszenten sie in den Griff bekommt.

Für Jungen und Mädchen in der späten Adoleszenz ist es charakteristisch, daß sie einerseits mit hochbewerteten »weltlichen« Zielen und »oberflächlichen« Vergnügungen, mit Fragen der äußeren Erscheinung, der Umgangsformen und des formalen Verhaltens beschäftigt sind und andererseits – gleichzeitig oder abwechselnd – mit sehr ernsten ethischen und intellektuellen Problemen. Sie können plötzlich ein brennendes Interesse an allen diesen Dingen entwickeln und eine unverblümte Position beziehen, die sie nach einiger Zeit fallenlassen und durch eine andere ersetzen. Anna Freud (1936) hat diese Phänomene sehr schön beschrieben. Die Anstrengungen, die die Heranwachsenden machen, eigene Meinungen, Gedanken und Ideale zu formulieren, führen nach und nach zur Entwicklung dessen, was man »Weltanschauung« nennt. Dieser Ausdruck bezieht sich nicht zufällig rein auf die Art und Weise, wie wir »die Welt sehen«, was zweifellos eine Sache des Ichs ist. Unsere Weltanschauung umfaßt einen viel breiteren Bereich als unsere moralischen Prinzipien. Sie umfaßt (und bestimmt) unsere Werte, Ideale und ethische Normen, erstreckt sich aber auch auf unsere Auffassungen von Natur und Kultur, von sexuellen, sozialen, rassischen, nationalen, religiösen, politischen und allgemeinen intellektuellen Problemen.

Die Entwicklung einer Weltanschauung in der Adoleszenz zeigt in der Tat an, daß das Ich und seine vorbewußten und bewußten Denkvorgänge allmählich einen beträchtlichen Einfluß auf das Überich wie auf das Es auszuüben beginnen.

Das bringt uns noch einmal auf die Überich-Identifizierungen zurück. Die Entwicklung einer Weltanschauung beruht auf der Herstellung von Identifizierungen mit realistisch gesehenen Elternfiguren, die innerhalb gewisser Grenzen nicht nur Triebfreiheit und emotionale Freiheit, sondern auch Freiheit des Denkens und des Handelns gewähren. Doch gerade diese Freiheit des Denkens hat für die weitere Umbildung des psychischen Systems einen merkwürdigen, zwiefachen Effekt. Ich habe von der Neigung des Adoleszenten gesprochen, Personen zu verehren, zu idealisieren und sich mit ihnen zu identifizieren, die zu solchen Zwecken geeigneter sind als die Eltern. Wenn aber seine Denkprozesse reifen und freier werden, sucht er immer mehr die Gesellschaft von Personen und schließt sich sozialen, sportlichen, politischen, kulturellen oder religiösen Gruppen an, die sein eigenes Denken anregen und die seine Ansichten teilen oder ihm neue Ansichten, Gedanken und Ideale vermitteln, welche die geistigen Tendenzen der »kommenden Generation« widerspiegeln. Wie diese Tendenzen auch immer aussehen mögen – selbst wenn sie extrem und den von Eltern und Schule vertretenen Auffassungen entgegengesetzt sind, entwickeln sich auf dieser erweiterten Grundlage neue und unter Umständen wertvolle persönliche und Gruppenidentifizierungen. Sie unterstützen letztlich die Reintegration des Überichs und jener Abwehrmechanismen des Ichs, welche die im Verlauf der Adoleszenz erworbenen Freiheiten beschneiden und eingrenzen. Andererseits müssen aber die Befreiung und Reifung des Denkens eine noch weitergehende Reduzierung der Rolle der Identifizierungen mit sich bringen, insofern als sie die schließliche Herstellung der Ich- und Überich-Autonomie des Adoleszenten begünstigen und widerspiegeln. Letztere führt schließlich zu einem zunehmenden Grad von Freiheit nicht nur von äußeren (elterlichen und anderen persönlichen, sozialen und kulturellen) Einflüssen, sondern genauso auch von überholten inneren Pressionen sowohl von seiten der Triebe wie von seiten des Überichs.

Allerdings werden wir auf Jahre hinaus auch unverkennbare Hinweise für das genaue Gegenteil finden: daß das Es und das Überich ihrerseits unmittelbaren Zugang zueinander und zum Ich finden und in den Denkprozessen festen Fuß fassen. In der Tat können Überich und Es in einem solchen Ausmaß in das Ich infiltrieren, das die »Weltanschauung« nichts anderes als eine Rationalisierung des einen oder des anderen oder auch beider darstellt. Hier möchte ich noch einmal auf Anna Freuds Auffassungen (1936) und auch auf Heinz Hartmanns Freud-Geburtstagsvorlesung (1960) verweisen, die für die hier diskutierten Probleme sehr wichtig sind. So kann die Lebensphilosophie des Heranwachsenden lange Zeit in fast grotesker Weise zwischen gegensätzlichen Tendenzen schwanken, je nachdem, ob gerade der Einfluß entweder des Überichs oder der des Es auf sein Denken dominiert. Heute mag er seine liberalen Eltern und Lehrer mit puritanischen, konservativen oder reaktionären Meinungen über moralische, soziale oder politische Fragen überraschen, um sie einige Monate danach plötzlich mit revolutionären oder hedonistischen Überzeugungen zu schockieren, die sein Bedürfnis nach Rationalisierung, Rechtfertigung und Glorifizierung seiner ununterdrückbaren triebhaften und selbstbezogenen Wünsche und Verhaltensweisen unter Beweis stellen.

Bei der Erörterung der asketischen Haltung des Adoleszenten wies Anna Freud (1936) darauf hin, daß seine Entfremdung von der Familie sich auf die Haltung des Ichs gegenüber dem Überich zu erstrecken scheint, das behandelt wird, als wäre es das verbotene inzestuöse Liebesobjekt. Das ist sicherlich richtig. Doch wir können unser Verständnis noch erweitern, wenn wir zusätzlich berücksichtigen, daß diese Abwehrhaltung des Ichs gegenüber dem Überich dem verzweifelten Kampf des Adoleszenten um Freiheit und unabhängige Individualität zuzurechnen sind, Ausdruck sind also der rebellischen Weigerung des Ichs, sich irgendeinem Einfluß zu unterwerfen, sei es von innen oder von außen.

In seinen asketischen Perioden sowie in den Phasen, in denen er sich zu hedonistischen Philosophien bekennt, nimmt der Adoleszente in der Tat wieder eine Personifizierung der einzelnen Anteile des Selbst vor und behandelt sie, als wären sie mächtige infantile Liebesobjekte, deren restriktivem oder verführerischem Einfluß sich das Ich entziehen muß. Offensichtlich greift das Ich in solchen Perioden eher auf frühe infantile Abwehrmechanismen wie Isolierung, Verleugnung und massive Projektionen, als auf die Verdrängung zurück, um den überwältigenden Druck des Überichs und des Es abzuwehren (Jacobson 1957). So kann es vorkommen, daß die Ansichten des Adoleszenten, wie immer sie zur Zeit auch aussehen mögen, auf eine merkwürdige Weise von seinen Trieb- und Schuldkonflikten losgelöst werden. Dasselbe gilt auch für sein Verhalten, das die unwiderstehliche Kraft des Es oder die sadistische Macht des Ichs verrät, deren Einfluß auf das Ich nicht ertragen werden kann.

Während der Adoleszente im Verlauf dieser Übergangsphase natürlich dazu neigt, sich äußerer Repräsentanten zu bedienen, deren Philosophie er zeitweise zu akzeptieren, zu entlehnen oder zu bestreiten pflegt, kann er genauso auch darauf insistieren, seine Meinungen seien frei von solchen äußeren Einflüssen und spiegelten nur sein eigenes unabhängiges Denken. In Wirklichkeit mag er lange Zeit unfähig sein, sich mehr als einen bloßen Anschein von Unabhängigkeit anzueignen, den er mit Hilfe solcher Verleugnungs- und Isolierungsmechanismen aufrechterhält.

Für die erwachsene Umgebung werden diese Haltungen besonders ärgerlich, wenn der Adoleszente seine Probleme zum Gegenstand offener Diskussion mit seinen Kameraden oder heftigen Streits mit Eltern, Lehrern und anderen Autoritätspersonen macht. Charakteristisch ist dabei, daß er in solchen Auseinandersetzungen seine neuen Überzeugungen immer mit dem größten Nachdruck und oft mit einer überheblichen, selbstgerechten, ja arroganten Haltung gegenüber dem erwachsenen Kontrahenten zu vertreten pflegt. Gerade dieses Verhalten verrät die dahintersteckende Unsicherheit, Beeinflußbarkeit und Unbeständigkeit.

Es überrascht uns nicht, daß wir bei so vielen Adoleszenten gleichzeitig mit diesen hektischen Anfängen einer »Weltanschauung« ein Aufblühen von Sublimierungen und von kreativen Impulsen und Aktivitäten beobachten, die nach Erreichen der Reife wieder zu verblassen pflegen.

Anna Freud (1936) hat darauf hingewiesen, daß das Wachsen der Intelligenz durch Triebgefahr stimuliert wird, beim Adoleszenten wie beim kleinen Kind. Ich habe aber den Eindruck, daß während dieser besonderen Phase, der Adoleszenz, wenn Ich, Überich und Es so frei miteinander kommunizieren, eine einzigartige dynamische, ökonomische und strukturelle Situation entsteht, die in vieler Hinsicht an die Verhältnisse erinnert, die man bei kreativen Erwachsenen findet.

Natürlich ist die psychische Organisation während der gesamten Adoleszenz in einem Zustand der Veränderlichkeit wie niemals zuvor oder später. In diesem Stadium enormer Überschwemmung mit narzißtischen und Triebwünschen, wo zwar dauerhafte Abwehrmechanismen und Gegenbesetzungen noch nicht wiederhergestellt sind, die heroischen Bemühungen des Ichs um Führung aber erste Erfolge erzielen, können wir die Entwicklung eines reibungslosen Wechselspiels zwischen primärprozeßhaften und sekundärprozeßhaften Funktionsweisen beobachten. Dieses Wechselspiel scheint kreativer intellektueller oder künstlerischer Aktivität besonders förderlich zu sein.

Die Entwicklung einer festen und wirksamen »Weltanschauung«, hervorgerufen zunächst durch den Triebschub dieser Periode und durch das Bedürfnis des Adoleszenten nach Orientierung und Anleitung in der bedrohlichen Welt der Erwachsenen, ist natürlich ein Prozeß, der nach der Adoleszenz weitergeht – tatsächlich das ganze Leben hindurch. Ich brauche wohl kaum zu betonen, in welchem Maß das Überich und das Es noch die Philosophie des Erwachsenen beeinflussen und selbst seine wissenschaftlichen Auffassungen einfärben.

Doch in der späten Adoleszenz tritt langsam aber unverkennbar eine Machtverschiebung zugunsten des Ichs ein, dessen Kraftzuwachs sich in seinem wachsenden Einfluß auf Es und Überich manifestiert und eine partielle Umkehrung der Situation bewirkt. Das Ich spielt nun gewissermaßen die Rolle eines aktiven Vermittlers. Es verwendet die »weltlichen« Strebungen des Adoleszenten und seine Identifizierungen mit realistischen Imagines der Eltern und anderer »Großer« als Hilfe zur Abmilderung und Neuanpassung des Überichs und seiner moralischen Codes, wendet sich dann aber umgekehrt an letzteres um Hilfe, um dem Es Einschränkungen aufzuerlegen und um reife Ich-Ziele und erwachsene Leistungsnormen zu entwickeln. Der Beitrag des Ichs zur Neustrukturierung von Ich-Ideal und Überich und zur gleichzeitigen Bändigung der exzessiven triebhaften und narzißtischen Erwartungen des Adoleszenten überbrückt nach und nach die Kluft und die Widersprüche zwischen seinen moralischen und seinen weltlichen Tendenzen. In zunehmend enger Zusammenarbeit bauen Überich und Ich allmählich neue Werthierarchien auf, die ihm realistische Ziele und feste moralische und andere Direktiven für die Zukunft liefern.

Dieser Fortschritt kommt in der Substanz und Solidität des Urteils, der Ansichten und der Positionen des Jugendlichen in verschiedenen weltlichen und intellektuellen Angelegenheiten zum Ausdruck wie auch in der Reife, Stabilität und wachsenden Wirksamkeit seiner Ideale, seiner moralischen Prinzipien und ethischen Überzeugungen.

Angesichts der Rolle des Ichs bei der Entwicklung erwachsener Wertskalen mögen wir uns fragen, ob es nicht richtiger wäre, im Ich-Ideal eher eine Formation des Ichs als einen Teil des Überich-Systems zu sehen. Dies wurde von Bing, McLaughlin und Marburg (1959, S. 26) in der Tat vorgeschlagen. Auch Erikson (1956) trennt, vermutlich aus ähnlichen Gründen, das Überich vom Ich-Ideal ab, das er als eine reifere Bildung betrachtet, während er die strukturelle und funktionelle Veränderung und Entwicklung des Systems Überich als Ganzes im Verlauf der Adoleszenz nicht genügend berücksichtigt.

Bei meiner Darstellung der Schamkonflikte habe ich bereits betont, daß der Gedanke der Abtrennung des Ich-Ideals vom moralisch verbietenden, Gehorsam erzwingenden und kritischen Überich tatsächlich wenig plausibel ist, da sie unleugbar eine funktionale Einheit darstellen und als solche entstehen und sich entwickeln. Dennoch haben die Überlegungen von Bing, McLaughlin und Marburg (1959) einigen Wert. Obwohl das Ich-Ideal aus den Identifizierungen des Kindes mit idealisierten Elternimagines hervorgeht, kann man es sicherlich von den zunehmend individualisierten bewußten Wertvorstellungen und Idealen, die während und nach der Adoleszenz unter dem wachsenden Einfluß des autonomen Ichs aufgebaut werden, nicht abtrennen.

Diese Schwierigkeit in der Theorie kann man, wie ich glaube, lösen, wenn man versteht, daß das Ich-Ideal in dieser Phase zwischen beiden Systemen allmählich eine Brücke schlägt und schließlich von beiden beansprucht werden kann. Voraussetzung dafür ist die durch die Zunahme von Ich-Identifizierungen mit realistischen Imagines der Erwachsenen und durch die gleichzeitig rückläufige Rolle von Identifizierungen überhaupt zugunsten autonomer Denkprozesse bewirkte Interaktion zwischen Überich und Ich.

Die Endstadien in der Entwicklung des Ich-Ideals demonstrieren wirklich sehr schön die hierarchische Reorganisation und schließliche Integration verschiedener – früherer und späterer – Wertvorstellungen, die aus beiden Systemen hervorgehen, zu einer neuen kohärenten strukturellen und funktionalen Einheit. Gleichzeitig muß man sich vor Augen halten, daß dieser Wiederaufbau des Ich-Ideals nur in Verbindung und enger Wechselbeziehung mit der Umgestaltung des gesamten Überich-Systems und seiner richtungweisenden, Gehorsam erzwingenden und kritischen Funktionen und mit einer entsprechenden Zunahme der Fähigkeit des Ichs zu kritischem und selbstkritischem moralischem und intellektuellem Urteil vonstatten gehen kann.

Das Ich-Ideal entwickelt sich schließlich zu einer kohärenten Brückenstruktur, die beide Systeme allmählich verbindet und beiden angehört, und das erlaubt offensichtlich dem Ich, Überich-Funktionen zu unterstützen, zu ersetzen und zu ergänzen. In der Folgezeit werden die Funktionsweisen des Überichs unter dem Einfluß seines Gehilfen, des Ichs, bereichert und mit neuen individuellen Zügen und einer Variabilität und Flexibilität ausgestattet, die dem infantilen Überich fehlen. Insofern das Überich alle menschliche Anpassung und alles soziale Verhalten reguliert und das selbstkritische Ich unsere praktische Anpassung an die Gesellschaft und unsere Realitätsbewältigung unterstützt, erleichtert die wachsende Harmonie zwischen den moralischen und ethischen Normen des Überichs und den realitätsgerichteten Zielen des Ichs schließlich die wünschenswerte flüssige und enge Zusammenarbeit zwischen dem Überich und korrespondierenden Ich-Funktionen, von der ich in Kapitel 9 sprach.

Gleichzeitig mit dieser Entwicklung erfahren die Überich-Ängste und die durch Scham- und Minderwertigkeitskonflikte hervorgerufenen Ängste eine Abmilderung, verlieren etwas von ihren archaisch-sadistischen Inhalten und Qualitäten und werden zumindest teilweise durch eine realistischere Antizipation von Gefahr ersetzt, wie Schur (1953, 1958) es in verschiedenen Arbeiten beschrieben hat. Im Falle einer normalen Entwicklung resultiert daraus eine größere Fähigkeit des Ichs, mit intersystemischen und intrasystemischen Konflikten umzugehen.

Wir sehen also, daß diese Modifizierungen der Überich- und Ich-Strukturen und

-Funktionen schließlich zu einer beträchtlichen Stärkung beider Systeme führen. Dies befähigt das Ich zu einer Neueinstellung und Konsolidierung seiner Abwehrorganisation, trotz und gerade wegen der Tatsache, daß diese Modifizierungen die Erlangung von Triebfreiheit, von Freiheit der Objektwahl, Freiheit des Denkens, Fühlens und Handelns und größerer Freiheit von äußeren Einflüssen und von infantilen Es- und Überich-Zwängen zur Folge haben. Tatsächlich können alle diese Freiheiten nur in dem Maße gewonnen werden, wie Ich und Überich ausreichende Autonomie und Stärke erwerben, um sie den notwendigen Begrenzungen zu unterwerfen und ein stabiles und dauerhaftes Kontrollsystem zu errichten und aufrechtzuerhalten, das mit der erwachsenen Realität in Einklang steht.

Die besondere Färbung der Gefühls- und Stimmungsphänomene des Adoleszenten rührt aus den Vorgängen, die ich beschrieben habe. Die regellosen emotionalen Schwankungen des Adoleszenten spiegeln deutlich seine Umschwünge von zeitweiliger Desorganisation, Triebdeneutralisierung und Regression, die eine teilweise Auflösung alter psychischer Strukturen bewirken, zu dramatischer seelischer Progression, die zu einem Überwiegen der libidinösen Kräfte, zu Reneutralisierung von Triebenergien und zu einer Neustrukturierung und Reorganisation der psychischen Systeme führen. Bei seinen seelischen Ausflügen in regressive und progressive Richtung ist der Adoleszente immer wieder gezwungen, auf verschiedenen, wechselnden infantilen Ebenen anzuhalten und wieder primitive narzißtische Objektbeziehungsformen und Identifizierungen herzustellen, die sogar Phantasien von Verschmelzung mit den Objekten wiederbeleben können (Geleerd 1961).

Schenken wir diesen Vorgängen genügend Beachtung, so verstehen wir, daß Depressions- und Gehobenheitszustände bei Adoleszenten viele Bedeutungen und sehr verschiedene Ursachen haben können und von daher eine enorme Vielfalt von Konflikten und Mechanismen beinhalten können. Das Unglücklichsein eines Adoleszenten kann seinen Kummer über Objekte und Ziele der Kindheit ausdrücken, die er aufgeben muß; seine Traurigkeit kann von schmerzlichen Sehnsüchten gefärbt sein, weil er weder zu ihnen zurückkehren noch auch schon ein neues Niveau von Leistung, von persönlichem Engagement und von Lustgewinn erreichen kann. Er kann deprimiert sein, weil er die Liebe eines Mädchens, um das er wirbt, nicht gewinnen kann oder weil er Mißerfolg in seiner Arbeit oder in anderen Vorhaben hat und sich physisch und als Person unzulänglich, intellektuell und seelisch minderwertig und unreif fühlt. Doch zu anderen Zeiten kann seine Depression auf Schuldkonflikten beruhen, sei es aus sexuellen Quellen oder wegen seiner unverhältnismäßig schweren Feindseligkeit. Seine depressiven Stimmungen können zu einer gegebenen Zeit von regressiven Zügen frei sein und zu anderen Zeiten einen Rückzug auf homosexuelle oder sadomasochistische Positionen beinhalten oder sogar Ausdruck einer feindseligen und tief narzißtischen Abkehr von der Welt sein. Außerdem braucht der Adoleszente um seines seelischen Wachstums willen Perioden stiller Zurückgezogenheit und Introspektion, in denen er sich weder deprimiert noch einsam fühlt, sondern sich dem Alleinsein überlassen und sich um sich selbst kümmern möchte. Dieselbe Vielfalt von Ursachen kann man bei den Glücks- und Gehobenheitszuständen des Adoleszenten beobachten. Sie können einfach aus liebevollen oder enthusiastischen Hinwendungen zu neuen Interessen, zum anderen Geschlecht oder zu anderen neuen Bezugspersonen entspringen. Doch sie können auch die Auswirkung von Erfolg, von narzißtisch-aggressiver Eroberung und Siegen im Bereich der Arbeit, der Liebe und der Sexualität sein, Taten, die ihm zeigen, daß er endgültig eine neue Ebene der Entwicklung erreicht hat.

Vom ökonomischen Gesichtspunkt her müssen wir die Neigung des Adoleszenten zu sporadischen Aggressionsausbrüchen und zu libidinösen Aufwallungen berücksichtigen. Heute glaubt er, vor sexueller Entbehrung dem Tode nahe zu sein, morgen kann er sich in Haß und Selbsthaß verzehren und dann wiederum kann er aus jedem Winkel seiner Seele andere und sich selbst mit Liebe überschütten. Er kann von lärmender Fröhlichkeit sein, wenn er überschüssige Libido in lustiger Gesellschaft oder in Flirts und sexuellen Spielen mit jungen Leuten loswerden kann. Manchmal können Parties zu wilden Aktivitäten wie Auto- oder Motorbootrennen führen, die ein Ventil für seine überschüssige Aggression bieten. Gewöhnlich aber erschöpft er sich im Sportbetrieb, in Spielen und dergleichen. In einem Stadium, in dem große Beträge überschüssiger Feindseligkeit mobilisiert werden, kann die grenzenlose Aggression gegenüber der Welt und sich selbst den Adoleszenten mit innerem Objekt- und Selbstverlust bedrohen, während der Einfluß libidinöser Aufwallungen dazu führen kann, daß er sich selbst und die Welt als enorm reich erlebt.

Aufgrund dieser emotionalen Intensität können manche Teenager von einer Stimmung so absorbiert sein, daß sich ihr Denken für Wochen und länger hartnäckig und ausschließlich um ein Problem, um eine Aktivität oder Hauptbeschäftigung dreht.

»Letzten Sommer«, sagte mir die Mutter eines attraktiven, lebhaften, intelligenten Mädchens von siebzehn Jahren, »existierte für June nichts außer Poesie. Im Winter waren Tanzen, Flirten und Jungen ihre einzigen Interessen. Diesen Sommer hat sie damit verbracht, auf den Felsen zu sitzen und traumverloren auf den Ozean zu starren . . .« Bezeichnenderweise handelt es sich um ein Mädchen, das mit sechzehn die High school abgeschlossen hatte und eine ausgezeichnete, ernsthafte College-Studentin war.

In Zeiten, in denen sich der Adoleszente von libidinösen Wünschen überwältigt fühlt, zugleich aber vor homosexuellen und heterosexuellen Bindungen zurückscheut, kann er es vorziehen, statt eines Individuums die ganze Menschheit mit allen ihren Problemen liebend zu umarmen. In ekstatischen religiösen Erlebnissen von mystischer Einheit mit Gott zu schwelgen oder einsame Orgien mit der Natur, der Poesie, der Musik oder der bildenden Kunst zu feiern.

Solche Zustände in der Adoleszenz erinnern sicherlich an ähnliche Erlebnisweisen, wie sie bei Schizophrenen zu beobachten sind. Beim Schizophrenen wie beim Adoleszenten beinhaltet solches Erleben Verschmelzungsphantasien mit den Objekten, die von reichen Selbstgefühlen begleitet sein können. Beim Psychotiker haben diese Gefühle jedoch die Qualität von etwas Unechtem und gipfeln häufig in mystischen Offenbarungserlebnissen und Größenideen. Die ekstatischen Zustände des Adoleszenten sind sicherlich Ausdruck der Intensität seines Narzißmus. Aber zugleich ermöglichen sie seinem Selbst, sich liebend auf die Welt der Objekte auszudehnen und lassen beiden Seiten, dem Selbst wie den Objekten, jene Libidoströme zuteil werden, die zwar freigesetzt sind, aber noch nicht an neue individuelle Objekte gebunden werden können. Außerdem können diese Zustände im Gegensatz zu ähnlichen Erlebnissen bei Psychotikern jeweils rasch abklingen, gefolgt von einer ernüchterten Rückkehr zur Realität und zu den Aktivitäten des Alltagslebens. Offensichtlich sind ekstatische Zustände bei nichtpsychotischen Erwachsenen von der gleichen Art und entstehen aus ähnlichen Gründen.

Kein Zweifel: die lange Periode übermäßiger narzißtischer Expansion, des Interesses für hochgradig narzißtische Werte birgt ein gefährliches Potential und erklärt die Neigung des Adoleszenten zu solchen gehobenen und depressiven Stimmungszuständen. Selbst bei nicht schwergestörten Adoleszenten kann die Tiefe ihrer narzißtischen Regressionen vorübergehende depressive Zustände mit paranoiden und hypochondrischen Zügen bewirken, mit Gefühlen äußerster Verlassenheit und Isolation und mit Identitätsproblemen, die an psychotische Formen der Depression denken lassen.

Zu unserer Überraschung sehen wir jedoch manchmal, daß kleine Ereignisse und Erlebnisse, die von außen her unwichtig erscheinen, plötzlich und unerwartet nicht nur die depressive Stimmung, sondern alle diese alarmierenden Symptome hinwegfegen. Sie können wiederkommen, aber schließlich auch spurlos verschwinden.

In dem Maße, wie die Suche des Adoleszenten nach neuen Liebesobjekten und nach einem neuen, erwachsenen Selbst Erfolg hat, werden die Schwankungen zwischen Perioden von narzißtischer Expansion, von sexuellen und aggressiven Aufwallungen und entgegengesetzten Phasen von Unterdrückung und Einengung des Narzißmus und der Triebe in der Tat abklingen. In der Folge wird der Adoleszente fähig sein, sich als autonome, erwachsene und sexuell reife Person zu behaupten und eine entsprechende feste und dauerhafte Selbstrepräsentanz zu schaffen und zu akzeptieren. Soweit seine sexuellen, narzißtischen und Ambivalenzkonflikte, die Schwankungen seines Selbstwertgefühls und seine Identitätskonflikte nachlassen, erreicht er neue und mehr objektgerichtete Ziele und Positionen. Besonders nachdem er begonnen hat, sich heterosexuelle genitale Aktivitäten zu gestatten, fühlt er sich imstande, sich auf dauerhaftere und tiefere Liebesbeziehungen einzulassen und die Probleme seines zukünftigen Berufs in realistischer Weise anzupacken. Wenn der Adoleszente gegen Ende der Adoleszenz diese Ebene erreicht hat, kann man sagen, daß er sich selbst gefunden hat.

Mit der vollen Reifung und dem Erreichen der Triebbewältigung bekommen die Repräsentanzen des Selbst und der Welt der Objekte im allgemeinen eine endgültige charakteristische Konfiguration. Wenn wir diese Bildungen miteinander vergleichen und konfrontieren, finden wir, daß sie bei einem »normalen« Menschen das haben, was man »komplementäre« Eigenschaften nennen könnte, die einen hervorstechenden Aspekt seiner Persönlichkeit charakterisieren. Wenn wir zum Beispiel jemanden als »Optimisten« bezeichnen (Katan 1934), meinen wir damit, daß er sich selbst als Glückspilz betrachtet, daß er stets erwartet, erfolgreich zu sein und ohne weiteres

Gratifikationen zu erlangen, und daß er die Welt als gut und angenehm und für ihn selber zuträglich betrachtet. In Übereinstimmung mit diesen Vorstellungen wird er ein Mensch sein, der geneigt ist, hoffnungsvoll, froh und guter Dinge zu sein. In Kontrast dazu erlebt der »Pessimist« die Welt als eine ständige Quelle von Übel, Enttäuschung und Scheitern und sich selbst demgemäß als armen Teufel, ewig zurückgesetzt und verletzt; folglich wird sein Stimmungsniveau meist herabgesetzt sein. Diese Beispiele zeigen, daß bei einem reifen Individuum diese komplementären Eigenschaften seiner Objekt- und Selbstrepräsentanzen sowohl seine eigene Identität wie sein »Weltbild« widerspiegeln und definieren, daß heißt seine fundamentale Einstellung zu sich selbst und zur Welt. Der Umstand, daß im Laufe des Lebens diese Position weiteren radikalen Veränderungen unterliegen kann, zeigt, daß unsere Vorstellungen von der Welt der Objekte und von unserem eigenen Selbst, nachdem sie gereift und gefestigt sind, durch unsere Lebenserfahrungen und die biologischen Stadien, die wir durchlaufen, tief beeinflußt und verändert werden können.

ANMERKUNG

1. Da in Kriegen sadistische und ebenso narzißtische Strebungen mobilisiert und zugelassen oder sogar glorifiziert werden, solange sie dem nationalen Ideal dienlich sind, ist es nicht überraschend, daß in ihrem Gefolge regelmäßig ein Anwachsen der Jugendkriminalität auftritt.

Identitätsformationen und moralisches Bewußtsein: Zur Beziehung zwischen zwei entwicklungstheoretischen Konstrukten

MARVIN H. PODD

Die Identitätskrise der Adoleszenz wurde von Erikson (1963) als eines der acht Stadien der Ich-Entwicklung, die das Individuum in seiner psycho-sexuellen Entwicklung durchlaufen muß, erörtert. Nach Erikson (1956, 1968) lösen das Bedürfnis des Jugendlichen nach einer konsistenten und autonomen Selbstdefinition sowie gesellschaftliche Erwartungen, daß er sich selbst festlege, im Adoleszenten eine Identitätskrise aus, in deren Verlauf Berufswahl und ideologische Festlegungen im Zentrum stehen. Diese Krise kann durch eine Synthese der früheren Identifikationen gelöst werden. Als Resultat dieser Synthese konstituiert sich eine Ich-Identität, die einzigartig ist und doch an die früheren Selbstbilder des Adoleszenten anknüpft. Die Alternative zur Ausbildung einer Ich-Identität ist ein Zustand der Identitätsverwirrung (Erikson 1968) oder Identitätsdiffusion (Marcia 1966), bei dem das Individuum überhaupt keine Bindungen an einen Beruf oder eine weltanschauliche Position aufbaut.

Marcia (1966) orientierte sich an psycho-sozialen Kriterien, als er Eriksons Konzeption um den Begriff der Identitätsformationen (identity statuses), die vier verschiedene Arten der Bewältigung der Identitätskrise darstellen, erweiterte. Sein Interview thematisiert Berufswahl, religiösen Glauben, politische Ideologie. ›Krise‹ und ›Bindung‹ werden in jedem dieser Bereiche eingestuft und gehen in die Definition einer jeden Identitätsformation ein. Wenn ein Individuum aktiv alternative Zielsetzungen und Wertorientierungen abwägt, wird ihm eine Krise, die die stürmischen emotionalen Begleiterscheinungen einer ›Identitätskrise‹ aufweisen kann oder auch nicht, zugeordnet. Bindung bezeichnet das Ausmaß der Identifizierung des Individuums mit seinen Wahlentscheidungen. Auf operationaler Ebene ergeben sich die folgenden Identitätsformationen: a) Identitätskonstitution (identity achievement) – das Individuum hat eine Krise durchlaufen und sich gebunden; b) Moratorium – das Individuum befindet sich mitten in einer Krise und hat nur vage Bindungen; c) vorzeitige Identitätsschließung (foreclosure) – das Individuum hat keine Krise durchgemacht, ist aber an Werte und Zielorientierungen der Eltern oder signifikanter Bezugspersonen gebunden; d) Identitätsdiffusion – das Individuum hat, unabhängig

Dieser Aufsatz erschien ursprünglich unter dem Titel ›Ego Identity Status and Morality: The Relationship between Two Developmental Constructs‹, in: *Developmental Psychology*, 1972, Vol 16, Nr. 3, S. 497–507. Die Übersetzung besorgten Claudia v. Grote und Rainer Döbert. Abdruck mit freundlicher Genehmigung des Autors und der American Psychological Association.

von seiner Krisenerfahrung, keine Bindungen. Untersuchungen über die Identitätsformationen haben nicht nur die theoretische Unterscheidung zwischen Identitätskonstitution und Identitätsdiffusion bestätigt, sondern auch gezeigt, daß Männer wie Frauen, die in die Kategorie »vorzeitige Identitätsschließung« fielen, auf einer Skala für Autoritarismus höhere Werte erzielten, als Probanden mit anderen Identitätsformationen (Marcia 1966, 1967; Marcia und Friedman 1970). Weiterhin zeigte sich, daß Männer, die der Kategorie des Moratoriums zugeordnet wurden, am ängstlichsten waren (Marcia 1967; Podd, Marcia und Rubin 1970), während bei Frauen diejenigen, bei denen die Identitätsdiffusion diagnostiziert wurde, die Ängstlichsten waren (Marcia und Friedman 1970).

In der hier berichteten Untersuchung wurde Marcias Theorie der Identitätsformationen benutzt, um die Beziehungen zwischen Ich-Identität und moralischem Bewußtsein auf der Urteils- und Verhaltensebene zu prüfen. Da das moralische Bewußtsein theoretisch und logisch eine bedeutende, aber bislang nicht untersuchte Komponente des Konstrukts der Ich-Identität ist (Erikson 1963), könnte der Nachweis einer solchen Beziehung die Konstruktvalidität von Marcia's Identitätsformationen weiter verstärken und sich in trennschärferen Zuordnungen bei der Klassifikation von Individuen nach Identitätsformationen auswirken.

Um moralisches Bewußtsein einzustufen, wurde ein longitudinal und interkulturell validiertes Instrument benutzt, das das moralische Urteil in drei unterschiedliche Entwicklungsniveaus zergliedert (Kohlberg 1958, 1963 a, 1963 b, 1968). Das Entwicklungsniveau eines Individuums wird anhand der Lösungen, die es für verbal vorgegebene moralische Dilemmata findet, festgelegt. Individuen auf dem ersten, präkonventionellen Niveau betonen die Vermeidung von Bestrafung und die Suche nach Gratifikationen als Hauptbestimmungsgründe moralischer Entscheidungen. Ihr Verhalten orientiert sich an externen Kriterien und andere Menschen werden ausschließlich nach Maßgabe ihres Nutzens bewertet. Die Unreife, die mit präkonventionellen Einstellungen gegeben ist, sollte man am ehesten bei den Leuten erwarten, deren Ich-Entwicklung ganz rudimentär ist (Identitätsdiffusion). Individuen auf dem zweiten, konventionellen Niveau heben Pflichterfüllung gegenüber der eigenen Familie und im Beruf hervor, wenn sie moralische Entscheidungen treffen. Familienmitglieder werden höher bewertet als andere Menschen und autoritäre Einstellungen herrschen vor. Kohlberg (1964) hat die These vertreten, daß das Eintreten für konventionelle Werte noch in der Spätadoleszenz ein Zeichen für die Unreife der Entwicklung der Ich-Ressource des moralischen Urteils darstellt. Das Gewicht, das Leute mit konventionellen Urteilsstrukturen auf die Familie und Autoritäten als Quellen moralischer Werte legen, entspricht dem Gewicht, das denselben Faktoren von Individuen mit vorzeitiger Identitätsschließung als einzigen Stützen der Identität zuerkannt wird. Die Verwechslung von Identifizierung und Identität bei denen, die der Gruppe mit vorzeitigem Abschluß zugerechnet wurden, und ihre Weigerung, Vorstellungen, die den begrenzten Bereich von Familie und Autoritätsfiguren überschreiten, ernsthaft zu prüfen und sich an ihnen zu orientieren, spiegeln eine beschränkte Ich-Entwicklung wider und tragen zu ihr bei. Aufgrund der Ähnlichkeit der jeweiligen Antezedentien würde man erwarten, daß sich eine konventionelle Moralität am häufigsten bei Probanden mit vorzeitigem Abschluß findet. Individuen schließlich, die das höchste, postkonventionelle Niveau der Entwicklung des moralischen Bewußtseins erreicht haben, sind der Überzeugung, daß das Individuum berechtigt ist, seine eigenen ethischen Standards unabhängig von denen, die dieselben Normen vertreten oder auch nicht vertreten, festzulegen. Jedes Individuum wird gleich hoch bewertet. Gemäß dem postkonventionellen Standpunkt sollten Gesetze der Gesellschaft dienen und verändert werden, wenn sie es nicht mehr tun. Die Unabhängigkeit des Urteils und die ›Wechselseitigkeit‹ zwischen Individuum und Umwelt (z. B. anderen Individuen oder Institutionen), die sich im postkonventionellen Urteil niederschlagen, weisen auf Reife der Ich-Entwicklung hin. Erikson postulierte, daß eine ungehinderte Ich-Reifung zu einer Identitätsformation, die er Ich-Identität nannte, führen sollte. Es ist empirisch belegt, daß Individuen, denen Ich-Identität zuerkannt wurde, über entwickeltere Ich-Ressourcen verfügen, als Individuen mit anderen Identitätsformationen. Beispielsweise waren Probanden mit Ich-Identität, unabhängig vom IQ, bei einem Test der kognitiven Komplexität überlegen (Marcia 1966), hatten höhere Notendurchschnitte (Cross 1970) und entschieden sich für schwierigere Hauptfächer auf dem College (Marcia und Friedman 1970). Sowohl der Erwerb von Ich-Identität wie die Entwicklung postkonventioneller Strukturen des moralischen Urteils erfordern eine Veränderung der ideologischen Perspektive des Individuums, wenn es von der Rolle des Kindes zu der des Erwachsenen, von der des Nehmenden zu der des Gebenden überwechselt. Wenngleich es stimmt, daß das Individuum auch nach Erfahrung einer Krise Glaubensvorstellungen, die denen seiner Eltern ähneln, wiederaufnehmen kann, ist die Wahrscheinlichkeit doch viel größer, daß seine Vorstellungen nach der Krisenerfahrung den Stempel seiner eigenen einzigartigen Erfahrung tragen. Die Annahme, die darin steckt, besagt, daß Prozeßvariablen (z. B. Entscheidungen fällen, Ich-Synthese) sowohl inhaltliche wie strukturelle Auswirkungen haben. Was den Inhalt angeht, so nimmt man an, daß moralische Prinzipien flexibler und weniger autoritätsorientiert sind (Krise *bedeutet* an sich ein Infragestellen von autoritätserzeugter Identität); was die strukturellen Konsequenzen angeht, so wird angenommen, daß das Ich stärker und eher fähig ist, zwischen Es, Über-Ich und der Umwelt zu vermitteln. Aufgrund dieser theoretischen Verbindungslinien sollte man erwarten, daß postkonventionelles Denken am häufigsten bei Individuen mit Ich-Identität vorkommt.

Da die beiden bislang diskutierten Maße auf der rein verbalen Ebene ansetzen, hielten wir es für wichtig, ihre Beziehung zu einem auf der Verhaltensebene ansetzenden Maß zu prüfen, das für moralisches Urteil und Ich-Identität von Bedeutung ist. Zu den wichtigen Aspekten, die diesen beiden Konstrukten zugrundeliegen, gehören die Relevanz von interpersonellen Situationen und die Rolle von Autoritätsfiguren. So wurde eine Aufgabe vom Typ des Milgram-Experiments ausgewählt, da sie auf der Verhaltensebene ein moralisches Dilemma zu diesen Aspekten enthielt. Bei dieser Aufgabe gab der Versuchsleiter dem Probanden eine Begründung für das ›Verabreichen von elektrischen Schocks‹ an eine andere Versuchsperson (die in Wahrheit ein Vertrauter des Versuchsleiters war). Der Hälfte der Probanden wurde ein größerer Geldbetrag als Anreiz angeboten, als sie für die Teilnahme an diesem Teil des Experiments erwartet hatten. Die Alternativen, die durch das moralische Handlungsdilemma gestellt wurden, hatten zu tun mit Gehorsam vs. Ungehorsam gegenüber einer Autoritätsfigur, Gehorsam vs. Ungehorsam gegenüber denen, denen man Schmerz zufügt, und mit der Bedeutung von finanziellen vs. interpersonellen Gratifikationen.

Der finanzielle Anreiz wurde speziell deshalb manipuliert, um Erikson's These zu testen, daß Individuen mit Identitätsdiffusion über wenig ›Mutualität‹ und interpersonelle Interessen verfügen (Erikson 1963). Besonders wurde erwartet, daß der finanzielle Anreiz die allgemeine Apathie, die für Identitätsdiffusion charakteristisch ist (Keniston 1965; Podd, Marcia und Rubin 1970), wenigstens teilweise niederhalten würde und dadurch die so eingestuften Versuchspersonen motivieren würde, dem Experiment aufmerksam zu folgen. Wenn Individuen mit Identitätsdiffusion der experimentellen Aufgabe folgen würden, könnten ihre Leistungen untersucht werden, um festzustellen, ob für sie selbstorientierte persönliche Motive (z. B. Geld) im Vergleich zu Individuen mit anderen Identitätsformationen wichtiger sind, als interpersonelle Belange (z. B. das Leiden des Vertrauten des Versuchsleiters). Weiterhin gingen wir davon aus, daß ein unerwartet hoher finanzieller Anreiz die Apathieneigung stärker verringern könnte als ein erwarteter Geldbetrag. Daher würden Individuen mit Identitätsdiffusion, wenn sie tatsächlich kaum an interpersonellen Belangen orientiert sein sollten, diesen Charakterzug eher bei dem unerwartet hohen als bei dem regulären erwarteten Anreiz offenbaren. Hinsichtlich der Rolle von Autorität haben Probanden mit vorzeitiger Identitätsschließung in Interviews und schriftlichen Tests gezeigt, daß Autoritätsfiguren für sie wichtig sind (Marcia 1964, 1966, 1967; Marcia und Friedman 1970). Dies wurde jedoch weder in einem interpersonellen Kontext noch auf der Handlungsebene gezeigt. Da Gehorsam gegenüber den Eltern und anderen Autoritätsfiguren für Individuen mit vorzeitiger Identitätsschließung von zentraler Bedeutung ist, erwarteten wir, daß ein Proband aus dieser Gruppe dem Vertrauten auf Anweisung einer Autorität stärkere elektrische Schocks verabreichen würde als auf Anweisung eines Studenten. Die folgenden Hypothesen wurden formuliert:

1. Probanden mit Identitätsdiffusion weisen eine signifikant stärkere Tendenz auf, präkonventionelle Strukturen des moralischen Urteils zu benutzen.
2. Probanden mit Ich-Identität weisen eine signifikant stärkere Tendenz auf, postkonventionelle Strukturen des moralischen Urteils zu benutzen.
3. Probanden mit vorzeitiger Identitätsschließung weisen eine signifikant stärkere Tendenz auf, konventionelle Strukturen des moralischen Urteils zu benutzen.

Obwohl keine expliziten Hypothesen für Probanden im Moratorium formuliert wurden, wurden drei sich überschneidende Möglichkeiten in betracht bezogen. Die bei ihnen vorfindbaren Urteilsstrukturen könnten heterogen sein, da sich in ihnen die Verwirrung der Krisenperiode reflektiert; sie könnten dabei sein, die – in Kohlbergs Terminologie – moralischen Probleme höherer Entwicklungsniveaus zu durchdenken und daher im großen und ganzen reife Urteilsstrukturen aufweisen; oder für sie wäre der Übergang von mäßig reifen (konventionellen) zu hochentwikkelten (postkonventionellen) Strukturen charakteristisch, wobei sich darin die wachsende Reife, die mit dem Übergang von Krisenerfahrung zur Krisenlösung verbunden ist, widerspiegeln würde.

4. Probanden mit vorzeitiger Identitätsschließung verabreichen auf Anweisung eines Versuchsleiters mit Autorität erheblich stärkere Elektroschocks als auf Anweisung eines studentischen Versuchsleiters.

5. (a) Probanden mit Identitätsdiffusion verabreichen signifikant stärkere Elektroschocks als Probanden mit anderen Identitätsformationen. (b) Sie verabreichen auch signifikant stärkere Elektroschocks, wenn man ihnen einen größeren finanziellen Anreiz als erwartet bietet.

6. Präkonventionelle verabreichen signifikant stärkere Elektroschocks als Postkonventionelle.

METHODE UND ERGEBNISSE

Zunächst wurden die Identitätsformationen von 134 jüngeren und älteren, nicht graduierten männlichen Studenten aus der weißen Mittelschicht bestimmt. 129 von ihnen stellten sich auch für die Interviews zum moralischen Bewußtsein zur Verfügung. Von diesen nahmen wiederum 112 an dem zur Bestimmung des moralischen Handelns durchgeführten Milgram-Experiment* teil; sie wurden nach Beendigung des Experiments gefragt, wie sie sich während des Experiments bzw. nach dem Experiment gefühlt haben, was sie im Verlauf des Experiments gedacht haben, warum sie mitgespielt haben, warum sie während des Experiments unterbrachen oder nicht unterbrachen und ob sie bereit seien, noch einmal an einem solchen Experiment teilzunehmen.**

* Bei diesem Experiment wird den VPn eine »plausible« Begründung (Fortschritt der Wissenschaft) dafür gegeben, daß sie an andere VPn Elektroschocks unterschiedlicher (bis tödlicher) Stärke verabreichen. Die geschockte Person ist ein Vertrauter des Versuchsleiters, die, für die aktive VP sichtbar, die durch die »Pseudoschocks« verursachten Schmerzen simuliert. Mit diesem Experiment sollten Autoritätshörigkeit und Konformitätsneigung erfaßt werden. Die Hrsg.

** Dieser Absatz steht für 5 von den Herausgebern gestrichene Absätze.

ERGEBNISSE ZUM MORALISCHEN URTEIL

a) Mittelwert und modales Niveau

Die erste Hypothese, der entsprechend Probanden mit Identitätsdiffusion tendenziell weniger hoch entwickelte Strukturen des moralischen Denkens benutzen würden als Probanden mit anderen Identitätsformationen, wurde überprüft, indem die mittleren und modalen Einstufungen eines jeden Probanden analysiert wurden. Obwohl aus einer Varianzanalyse für Einwegklassifikation hervorging, daß die Identitätsformationen sich signifikant mit Hinsicht auf das Durchschnittsniveau des moralischen Urteils unterschieden, hatten Probanden mit Identitätsdiffusion keine signifikant niedrigeren Mittelwerte als solche mit anderen Identitätsformationen, wenn man einen multiplen Vergleich nach Newman-Keuls durchführte. Tab. 1 enthält die Verteilung des Niveaus des moralischen Urteils für die modalen Einstufungen. Wegen der großen Zahl von kleinen erwarteten Häufigkeiten konnte ein gültiger globaler χ^2-Test nicht durchgeführt werden. Aus einzelnen χ-Tests ging hervor, daß signifikant mehr Probanden mit Identitätsdiffusion, als rein zufallsbedingt zu erwarten wäre, auf dem präkonventionellen Niveau des moralischen Urteilens argumentierten ($\chi^2 = 5.82$, df = 1, $p < .02$). In dieser Gruppe gab es auch eine größere Zahl von Probanden, die im Übergang vom konventionellen zum postkonventionellen

Tabelle 1
Häufigkeitsverteilung der Niveaus des moralischen Bewußtseins nach Identitätsformationen

Niveau des moralischen Bewußtseins	Identitätsformationen					
	Modalwert	Ich-Identität	Moratorium	vorzeitige Identitätsschließung	Identitätsdiffusion	*n*
Präkonventionell	(1 od. 1.5)[1]	2 (6.22)	0 (2.13)	7 (3.79)	9 (4.86)	17
Konventionell	(2)	18 (17.21)	5 (5.87)	14 (10.49)	10 (13.43)	47
im Übergang begriffen	(2.5)	0 (5.86)	4 (2.00)	2 (3.57)	10 (4.57)	16
Postkonventionell	(3)	21 (11.71)	5 (4.00)	3 (7.14)	3 (9.14)	32
Insgesamt		41	14	26	32	112[2]

Anm.: Die erwarteten Häufigkeiten stehen in Klammern.

[1] Wegen der kleinen Zahlen auf der präkonventionellen Stufe wurden die Probanden dieser Ebene zugeordnet, wenn sie präkonventionelle Strukturen wenigstens manchmal konsistent aufwiesen.

[2] 17 Probanden wurden in diese Analyse nicht mit einbezogen, da ihre Interview-Einstufungen zu heterogen waren, um die Festlegung eines Modalwerts zu erlauben, oder weil sie nicht unter eine Identitätsformation subsumiert werden konnten.

Stadium begriffen waren, als rein zufallsbedingt zu erwarten wäre ($\chi^2 = 8.60$, df = 1, $p < .005$), was darauf hinweist, daß es zwei Typen von Identitätsdiffusion gibt. Schließlich enthielt die Gruppe der Probanden mit Identitätsdiffusion eine geringere Zahl von Postkonventionellen, als rein zufallsbedingt zu erwarten wäre ($\chi^2 = 8.08$, df = 1, $p < .005$).

Wie in Hypothese 2 vorhergesagt, lagen die Mittelwerte der Einstufungen des moralischen Urteils bei Probanden mit Ich-Identität signifikant höher als bei denen mit Identitätsdiffusion oder vorzeitiger Identitätsschließung ($p < .01$ bei multiplen Vergleichstest nach Newman-Keuls). Als multiple t-Tests gemacht wurden, um diese Hypothese genauer zu überprüfen, zeigte sich zudem, daß die Mittelwerte der Einstufungen von Probanden mit Ich-Identität signifikant höher waren als die aller anderen Probanden zusammengenommen ($t = 2.25$, df = 107, $p < .05$). Hinsichtlich der Modalwerte des moralischen Urteils ging aus χ^2-Tests hervor, daß mehr Individuen mit Ich-Identität der postkonventionellen Stufe des moralischen Urteils zuzuordnen waren als rein zufallsbedingt zu erwarten wäre ($\chi^2 = 16.27$, df = 1, $p < .0005$). Weiterhin waren Präkonventionelle und im Übergang befindliche Probanden unter den Individuen mit Ich-Identität seltener als zufallsbedingt ($\chi^2 = 4.14$, df = 1, $p < .05$ für die Präkonventionellen; $\chi^2 = 9.01$, df = 1, $p < .005$ für die im Übergang Befindlichen).

Die dritte Hypothese wurde nicht bestätigt. Obwohl vorzeitige Identitätsschließung die einzige Identitätsformation war, bei der konventionelle Urteilsstrukturen häufiger als nicht-konventionelle vorkamen, zeigte sich im globalen χ^2-Test, daß die Identitätsformationen sich mit Hinsicht auf konventionelle moralische Urteilsstrukturen nicht unterschieden ($\chi^2 = 3.82$, df = 3, nicht signifikant). Es gab jedoch eine signifikant kleinere Zahl von Postkonventionellen unter den Probanden mit vorzeitiger Identitätsschließung als man rein zufallsbedingt erwarten könnte ($\chi^2 = 4.32$, df = 1, $p < .05$).

Die Mittelwerte der Einstufungen des moralischen Urteils von Individuen im Moratorium waren höher als die von Probanden mit vorzeitiger Identitätsschließung oder Identitätsdiffusion ($p < .01$ bei einem multiplen Vergleichstest nach Newman-Keuls). Individuen mit Identitätsformationen, die von Marcia (1967) als Ausdruck einer weit fortgeschrittenen Ich-Entwicklung identifiziert wurden (Ich-Identität und Moratorium), hatten signifikant höhere Mittelwerte der Einstufungen des moralischen Urteils als solche mit Identitätsformationen, die Ausdruck eines geringeren Ausmaßes von Ich-Identität sind ($t = 4.29$, df = 107, $p < .01$). Das Ausmaß von Ich-Entwicklung wird durch die chronologische Entfernung zur Ich-Identität bestimmt. Probanden im Moratorium haben bereits eine Krisenerfahrung und brauchen sich nur noch festzulegen, während solche mit vorzeitigem Abschluß und Identitätsdiffusion eine Krise erst noch erfahren und sich noch engagieren müssen.

Variabilität

Es gab drei Typen von Reaktionsvariabilität in den Interviews zum moralischen Bewußtsein: (a) Rekurs auf präkonventionelles und postkonventionelles Denken im selben moralischen Dilemma, (b) Rekurs auf präkonventionelles Denken in einigen Dilemmata, auf konventionelles in anderen und postkonventionelles in noch anderen Dilemmata, oder (c) Rekurs auf ein Entwicklungsniveau bei der einen Hälfte der Dilemmata, und auf ein anderes Entwicklungsniveau bei der anderen Hälfte. Im χ^2-Test zeigte sich, daß die Identitätsformationen hinsichtlich der Variabilität des moralischen Urteils differierten (Tab. 2). In einzelnen χ^2-Tests zeigte sich, daß Probanden im Moratorium signifikant häufiger Variabilität aufwiesen ($\chi^2 = 4.63$, df = 1, p <.05), während in der Gruppe der Probanden mit Ich-Identität Variabilität signifikant seltener war ($\chi^2 = 7.00$, df = 1, p <.01).

MORALISCHES HANDELN

a) Verhalten im Experiment

Um den Einfluß der studentischen Versuchsleiter auf die Stärke der von den Versuchspersonen verabreichten Elektroschocks zu bestimmen, wurde eine Rangvarianzanalyse mit Korrekturen für gebundene Ränge (gleiche Rangplätze) nach Kruskal-Wallis gerechnet (Siegel 1956). Welcher Art die Unterschiede des Verhaltens der studentischen Versuchsleiter gegenüber den Versuchspersonen auch waren, sie reichten nicht aus, um signifikante Unterschiede bei den relevanten Variablen zu erzeugen (H = 7.48, df = 5, ns.). Eine ähnliche Analyse der Einflüsse der Vertrauten auf die Versuchspersonen ergab ebenso keine signifikanten Differenzen (H = 8.86, df = 8, ns.).

Tabelle 2
Variabilität des moralischen Denkens nach Identitätsformationen

Item	Identitätsformationen				
	Ich-Identität	Moratorium	vorzeitige Identitätsschließung	Identitätsdiffusion	*n*
Variabel	7 (13.44)	9 (5.24)	10 (8.52)	13 (11.80)	39
Nicht variabel	34 (27.56)	7 (10.76)	16 (17.48)	23 (24.20)	80
Insgesamt	41	16	26	36	119[1]

Anm.: Erwartete Häufigkeiten stehen in Klammern. $x^2 = 11.76$, $p < .01$.

[1] 10 Probanden wurden nicht einbezogen, da 8 keiner Identitätsformation und 2 keinem Niveau des moralischen Bewußtseins zugeordnet werden konnten.

Im Widerspruch zur Hypothese 4 waren Probanden mit vorzeitiger Identitätsschließung gegenüber Versuchsleitern mit wenig Autorität signifikant gehorsamer als gegenüber solchen mit viel Autorität ($t = 4.12$, $df = 18$, $p < .01$). Kein Teil der 5. Hypothese konnte bestätigt werden, d. h.: Individuen mit Identitätsdiffusion verabreichten weder stärkere Elektroschocks als Probanden mit anderen Identitätsformationen, noch reagierten sie auf die unterschiedlichen Belohnungsbedingungen. Die 6. Hypothese, aufgrund deren Präkonventionelle stärkere Elektroschocks verabreichen sollten als Postkonventionelle, ließ sich nicht bestätigen.

b) Interviews nach dem Experiment

Die Identitätsformationen konnten im nachexperimentellen Interview nicht danach unterschieden werden, ob die jeweiligen Probanden, befragt, wie sie sich nach dem Experiment fühlten, affektiv oder affektiv neutral reagierten ($\chi^2 < 1$). Die Gedanken, von denen die Probanden sagten, sie seien ihnen während des Experiments durch den Kopf gegangen, wurden in drei Klassen eingeteilt: Selbstzentrierte (z. B. ›Ich war froh, daß mir die Elektroschocks nicht gegeben wurden‹; ›Sie wollten sehen, ob ich ihm weh tue‹), auf den anderen zentrierte (z. B. ›Es tut ihm weh‹; ›Er leidet zu große Schmerzen, um weiter zu machen‹), und verschiedene. Aufgrund zu kleiner erwarteter Häufigkeiten konnte ein gültiger globaler χ^2-Test nicht angewandt werden. Ein χ^2-Test für auf den anderen zentrierte Gedanken bei Probanden mit Ich-Identität erreichte nicht das Signifikanz-Niveau ($\chi^2 = 4.64$, $df = 3$, ns.). Die erwarteten Häufigkeiten für selbstzentrierte Gedanken waren zu klein. Daher wurde der exakte Fischer-Test (Fischer exact probability-test) für jede Identitätsformation im Verhältnis zu allen anderen zusammengenommen berechnet. Identitätsdiffusion war die einzige Identitätsformation, zu der signifikant mehr Probanden mit selbstzentrierten Gedanken gehörten als zufallsbedingt ($p = .035$). Dieselbe Beschränkung machte es erforderlich, exakte Fischer-Tests bei jedem der drei Typen von Gründen, die die Probanden für ihre Teilnahme am Experiment angaben (der Versuchsleiter, die andere Versuchsperson, oder die Versuchssituation), zu benutzen. Es zeigt sich, daß die Tatsache, daß der Vertraute als freiwillig teilnehmend gesehen wurde, für Probanden mit Ich-Identität eine wichtige Determinante ihrer ursprünglichen Bereitschaft, an dem Experiment teilzunehmen, darstellte ($p = .057$). Demgegenüber war bei Versuchspersonen mit Identitätsdiffusion auffällig, daß sie *nicht* erwähnten, daß der Vertraute auf freiwilliger Basis am Experiment teilnahm ($p = .073$). Es ergaben sich keine signifikanten Differenzen zwischen den Identitätsformationen, wenn χ^2-Tests für die am Versuchsleiter orientierten und an der Situation orientierten Gründe für die Teilnahme am Experiment durchgeführt wurden. Die Frage nach der Verantwortlichkeit (locus of control, z. B. selbst oder Vertrauter) für die Beendigung oder den Abbruch des Experiments unterschied nicht zwischen den Identitätsformationen. Mit Hilfe eines χ^2-Tests ließ sich zeigen, daß Probanden mit unterschiedlichen Identitätsformationen sich hinsichtlich ihrer Bereitschaft, ihr Experimentalverhalten noch einmal genauso zu wiederholen, unterschieden. Schaut man Tab. 3 genau an, so zeigt sich, daß proportional weniger Individuen im Moratorium und proportional mehr Individuen mit Identitätsdiffusion angaben, daß sie ihr Testverhalten genauso wiederholen würden. 59% der Probanden, die ihr Experimentalverhalten wiederholen würden, hatten die stärksten Elektroschocks verabreicht. Wenn man diesen Befund nach Identitätsformation aufschlüsselte, so zeigte sich im exakten Fischer-Test, daß nur Leute mit vorzeitiger Identitätsschließung bereit waren, noch einmal maximale Schockintensität zu wählen ($p = .063$).

Hinsichtlich der Niveaus des moralischen Urteils zeigte sich in einem signifikanten χ^2-Test, daß Präkonventionelle eher am Opfer orientierte Gründe für den Abbruch des Experiments angaben, während Postkonventionelle eher selbstbestimmte Gründe nannten ($\chi^2 = 5.99$, $df = 2$, $p < .05$). Keine der anderen Fragen diskriminierte zwischen den nach Entwicklungsstufen des moralischen Bewußtseins gruppierten Probanden.

Tabelle 3
Bereitschaft, das Verhalten im Experiment zu wiederholen, aufgeschlüsselt nach Identitätsformationen

Item	Identitätsformation				
	Ich-Identität	Moratorium	vorzeitige Identitätsschließung	Identitätsdiffusion	*n*
Würde Verhalten im Experiment wiederholen	13 (13.94)	3 (8.36)	12 (9.76)	18 (13.94)	46
Würde es nicht wiederholen	17 (16.06)	15 (9.64)	9 (11.24)	12 (16.06)	53
Insgesamt	30	18	21	30	99[1]

Anm.: Erwartete Häufigkeiten stehen in Klammern. $x^2 = 9.71$, $p < .025$.
[1] 13 Probanden wurden in die Analyse nicht miteinbezogen, da sie das Experiment anzweifelten oder keiner Identitätsformation zugeordnet werden konnten.

DISKUSSION DER ERGEBNISSE

Die Ergebnisse der Untersuchung bestätigen im allgemeinen die Auffassung, daß moralisches Bewußtsein mit Identitätsformation interagiert und dazu benutzt werden kann, Marcias Interview zu ergänzen, um die Zahl der relevanten Variablenbereiche, auf die bei der Klassifikation von Identitätsformationen rekurriert wird, zu erhöhen. Die folgenden Konfigurationen moralischen Räsonierens, die aus der hier vorgetragenen Untersuchung hervorgingen, könnten in zukünftigen Untersuchungen dazu beitragen, die Identitätsformationen zu definieren. Probanden mit postkonventionellen Strukturen des moralischen Urteils und wenig Variabilität in ihren Antworten auf die moralischen Dilemmata würden als Individuen mit Ich-Identität im Bereich des moralischen Bewußtseins eingestuft werden. Ähnlich würden Variabilität des moralischen Urteils und eine relativ hohe durchschnittliche Einstufung des moralischen Urteils das Moratorium definieren. Präkonventionelles und im Übergang befindliches moralisches Denken würde die Untertypen von Identitätsdiffusion definieren. Bei vorzeitiger Identitätsschließung haben wir es mit einem komplexeren Problem zu tun. Obwohl vorzeitige Identitätsschließung statistisch hinsichtlich konventioneller Moral nicht von den anderen Identitätsformationen unterschieden werden konnte, waren doch mehr Probanden aus dieser Gruppe konventionell als nicht konventionell. Das weist auf den Konflikt hin, mit dem ein Individuum, das eine Identität aufbaut, in einer konventionellen Gesellschaft konfrontiert ist. Besonders moralische Werte stellen einen Bereich dar, in dem das Bedürfnis des Individuums, sich ein unabhängiges Urteil zu bilden, quer zu den Sanktionen der Gesellschaft liegt. Das steht in scharfem Widerspruch zu der Ermutigung und sogar den Forderungen, die die Gesellschaft in anderen Bereichen, die ein Individuum im Aufbau seiner Ich-Identität erkundet, stellt.

Wir haben das Gefühl, daß man selbst bei Berücksichtigung dieses Konflikts überzeugende Argumente dafür mobilisieren kann, daß konventionelle Moral einen Prozeß vom Typ der vorzeitigen Identitätsschließung repräsentiert und daher als Äquivalent einer solchen Identitätsformation im Bereich des moralischen Bewußtseins gelten sollte. Das Argument leitet sich aus dem von Kohlberg (1958) und Turiel (1966) erbrachten Nachweis ab, daß Individuen, die man mit moralischen Strukturen des für sie nächstfolgenden Stadiums konfrontiert, nach sorgfältiger Prüfung der entwickelteren Denkstrukturen diese übernehmen. Da die meisten der Probanden während ihrer College-Jahre mit postkonventionellen Strukturen in Berührung gekommen waren, und dennoch an konventionelle Werte gebunden blieben, kann man – in Übereinstimmung mit den empirischen Evidenzen – nur annehmen, daß sie die Implikationen der postkonventionellen Auffassung nicht ernsthaft erwogen haben. Die Weigerung, Alternativen zu prüfen, während man an eine gegebene Position gebunden bleibt, ist das Kennzeichen der vorzeitigen Identitätsschließung.

Der Befund, daß mit der Konstitution einer Ich-Identität die Entwicklung reifer moralischer Werte einhergeht, bestätigt Eriksons Ansicht, daß das moralische Bewußtsein ein Bestandteil von Ich-Identität ist. Ähnlich wird Erikson durch das Ergebnis bestätigt, daß Individuen mit Identitätsdiffusion häufiger präkonventionell urteilten, als solche mit anderen Identitätsformationen. Es gab jedoch einen zweiten Typus moralischen Denkens, der für Individuen mit Identitätsdiffusion charakteristisch war und der als Anzeichen eines relativ weit entwickelten moralischen Denkens zu gelten hatte. Das gleichzeitige Vorhandensein dieser beiden antithetischen Typen des moralischen Urteils innerhalb der Kategorie der Identitätsdiffusion legt die Vermutung nahe, daß Identitätsdiffusion, so wie sie gegenwärtig definiert ist, nicht eindimensional sein mag. Somit entspricht nur einer von mindestens zwei Typen von Identitätsdiffusion der Gruppe mit unreifem Ich. Eine Untersuchung von Bob (1968) wies ebenso darauf hin, daß es eine Abart von Identitätsdiffusion geben könnte, die in vielfacher Hinsicht dem Typ der Ich-Identität ähnelt. Diese Individuen hatten ziemlich elaborierte Begründungen für ihren Mangel an Engagement, d.h. sie hatten sich an eine ausgearbeitete Philosophie des Nichtengagements gebunden. Jordan (1969) überprüft gegenwärtig diese Hypothese der Existenz von Subtypen. Auch Kohlberg identifizierte vor kurzem einige ›postkonventionell klingende‹ Auffassungen, die mit den Reaktionen des anscheinend reifen Subtypus von Identitätsdiffusion zu tun haben könnten.

Im Gegensatz zu den anderen Identitätsformationen zeigte sich bei anteilsmäßig weniger Probanden mit Ich-Identität eine extreme Variabilität im Niveau des moralischen Denkens – was auf eine stabile Ideologie, der sie sich verpflichtet fühlen, schließen läßt. Dies stützt Eriksons Ansicht, daß sich im Aufbau einer Ich-Identität eine Synthese der verschiedenen Identifikationen und Ideen reflektiert, so daß das Individuum aus der Identitätskrise mit einer konsistenten Ich-Identität hervorgeht. Es bleibt zukünftigen Longitudinaluntersuchungen vorbehalten zu demonstrieren, daß diese Stabilität der Weltanschauung das Resultat des sorgfältig abwägenden Überlegungsprozesses ist, der für die Krisenperiode im Prozeß der Identitätsbildung kennzeichnend ist.

Probanden im Moratorium wiesen häufiger extreme Formen von Variabilität des Niveaus des moralischen Denkens auf als es bei den anderen Gruppen der Fall war. Das deckt sich mit Eriksons These, daß im Verlauf der Identitätskrise der Adoleszenz Identifikationen und Ideen aus der Kindheit bei dem Bemühen, sie in einer Ich-Identität zu synthetisieren, wieder an die Oberfläche treten werden. Daß Individuen im Moratorium für die moralischen Probleme, die Kohlberg als entwickelter beschrieben hat, aufgeschlossen waren, wird dadurch belegt, daß sie im Durchschnitt hinsichtlich des moralischen Bewußtseins signifikant höher lagen als Probanden mit vorzeitiger Identitätsschließung oder Identitätsdiffusion. Ein erhöhtes Bewußtsein von und mehr Respekt für die Rechte von anderen könnte somit ein Korrelat der Krisenerfahrung sein. Das spiegelt ein hohes Ausmaß von Wechselseitigkeit (mutuality) wider, und es ist mit Marcias Behauptung konsistent, daß Individuen im Moratorium relativ weitgehend über Ich-Identität verfügen.

Das verwirrende Ergebnis, daß Individuen mit vorzeitiger Identitätsschließung signifikant schwächere – und nicht, wie vorhergesagt, stärkere Elektroschocks bei einem Versuchsleiter mit viel Autorität verabreichten, könnte – angesichts der nicht signifikanten Varianzanalyse – entweder ein ›zufallsbedingtes‹ Ergebnis gewesen sein; oder eine Art von ›umgekehrtem Vorurteil‹ (Rosenthal 1966, S. 214), wobei eine Gruppe bei extrem hoher Motivation genau das Gegenteil von dem tut, was man erwartete. Es ist bemerkenswert, daß die Gruppe mit vorzeitiger Identitätsschließung als einzige signifikant von der Veränderung der Autoritätsverhältnisse affiziert wurde.

Interessant ist auch die Tatsache, daß die erwarteten Korrelationen bei den verbalen Maßen gefunden wurden (Identität, moralisches Bewußtsein und nach-experimentellen Interviews), aber nicht beim Verhalten im Experiment. Ein möglicher

Grund für die fehlenden Beziehungen zwischen Verhalten und verbalen Maßen kann darin liegen, daß Individuen, die von derselben komplexen Basis (Identitätsformation oder Niveau des moralischen Bewußtseins) ausgehen, zu entgegengesetzten Schlußfolgerungen kommen, die dennoch als im Einklang mit ihren grundlegenden Philosophien gelten können. Ebenso können unterschiedliche Wahrnehmungen und Motive Individuen, die von sehr unterschiedlichen komplexen Grundannahmen ausgehen, zu ähnlichem Verhalten veranlassen. Etwas von dieser Art scheint in dieser Untersuchung wirksam gewesen zu sein. Trotz des generellen Fehlschlagens des Versuchs, Unterschiede der Stärke der Elektroschocks in Abhängigkeit von Identitätsformationen und Stufen des moralischen Bewußtseins zu finden, gaben Probanden mit Identitätsdiffusion an, daß ihr Verhalten von egoistischen Motiven angeleitet wurde, während Probanden mit Ich-Identität von Anteilnahme für die andere Versuchsperson als dem Haupteinflußfaktor auf ihr Verhalten berichteten.

Ein ähnliches Muster zeigt sich bei der Bereitschaft, noch einmal maximale Schockstärke zu verabreichen: obwohl Probanden mit unterschiedlichen Identitätsformationen und Niveaus der moralischen Entwicklung sich in der Häufigkeit, mit der sie maximale Schockstärken verabreichten, nicht unterschieden, berichteten nur in der Gruppe mit vorzeitiger Identitätsschließung *alle* diejenigen, die maximale Schockstärke verabreicht hatten, daß sie es wieder tun würden ($p = .063$). Dieses Ergebnis steht, nimmt man es mit der Seltenheit des postkonventionellen Denkens in dieser Gruppe zusammen, in Einklang mit Marcias Ansicht, daß bei dieser Identitätsformation relativ wenig Wechselseitigkeit (Mutuality) und Ich-Identität zu finden ist; es steht jedoch etwas in Widerspruch zu Eriksons Theorie, die nicht klar zwischen vorzeitiger Identitätsschließung und Ich-Identität unterscheidet.

Auch bei der moralischen Entwicklung waren Wahrnehmung und Motive dafür verantwortlich, daß sich Individuen mit unterschiedlichen Philosophien identisch verhielten. Präkonventionelle gaben an, daß sie das Experiment abbrachen, weil sie sich von dem Vertrauten unter Druck gesetzt fühlten (z. B. ›der wurde auf mich wütend‹). Diese Begründung kontrastiert mit den selbstbestimmten Gründen, die Postkonventionelle veranlaßten, etwa am gleichen Punkt abzubrechen (z. B. ›ich glaube nicht, daß er stärkere Schocks ertragen sollte‹). Das stützt auch Kohlbergs Beschreibung dieser Niveaus als extern vs. intern orientiert. Es bleibt eine Aufgabe zukünftiger Untersuchungen, Identitätsformationen und moralisches Urteil, wie hier angedeutet, weiter zu integrieren und die prognostischen Implikationen dieser Integration zu überprüfen.

III. MORALISCHER ASPEKT

Eine Neuinterpretation der Zusammenhänge zwischen der Moralentwicklung in der Kindheit und im Erwachsenenalter

LAWRENCE KOHLBERG

I. EINLEITUNG

Die Existenz von Entwicklungsstufen im Erwachsenenalter ist vermutlich das wichtigste Problem einer Psychologie des Lebenslaufs. Dieser Aufsatz überprüft die spärlichen Beweisstücke für die Existenz von kognitiven und moralischen Stufen im Erwachsenenalter und überdenkt die Art der Erfahrungen im Erwachsenenalter, die zu einem Stufenwechsel führen könnten. In diesem Aufsatz werde ich einige Annahmen zurücknehmen, die Kramer und ich vor 4 Jahren zu diesem Thema aufgestellt haben (Kohlberg, Kramer 1969). Inzwischen hat sich mein Denken, ebenso wie das der Versuchspersonen meiner Longitudinalstudien, weiterentwickelt.

II. STUFENKONZEPTE IM ERWACHSENENALTER

Vor einer Prüfung der Beweisstücke sollte man darauf hinweisen, daß, abgesehen von meiner eigenen Arbeit, die Existenz von Stufen im Erwachsenenalter bisher nicht Gegenstand einer sorgfältigen, direkten und systematischen Untersuchung war, jedenfalls, wenn man einen strengen und genauen Begriff des Stufenkonzepts zugrunde legt. Der Begriff kommt aus der strukturellen Tradition Piagets und anderer Psychologen, die sich mit der kognitiven Entwicklung des Kindes befaßten. Der Stufenbegriff, der in den meisten Diskussionen über Veränderungen im Erwachsenenalter benutzt wurde, ist nicht strukturell, sondern beinhaltet soziokulturelle oder über soziale Rollen definierte *Entwicklungsaufgaben.* In dieser Konzeption entwirft eine Kultur (zum Teil in Reaktion auf Reifungsereignisse) eine ungefähre Abfolge von Rollen oder Aufgaben von der Geburt bis zum Tode, und die Anpassungen an diese Aufgabensequenz führen zu den alterstypischen Veränderungen der Persönlichkeit. Solche *Stufen* werden primär durch neue soziokulturelle Umgebungen oder Rollen

Dieser Aufsatz erschien ursprünglich unter dem Titel ›Continuities in Childhood and Adult Moral Development Revisited‹, in: Baltes, P. B./Schaie, K. W. (Hrsg.), *Life-Span Developmental Psychology,* New York/London 1973, S. 179–204. Die Übersetzung wurde besorgt durch Marlies Krohn. Abdruck mit freundlicher Genehmigung des Autors und von Academic Press, Inc.

definiert, die auf schon durch Reifungsprozesse entwickelte Fähigkeiten und erworbene Reaktionsmuster auftreffen. Die Untersuchung von Erwachsenenstufen führt auf all die von Schaie (1973b) dargestellten komplexen Probleme der Stichprobenerstellung und des Designs. Die Beziehung zwischen Stufe und Alter muß unabhängig von Generationszugehörigkeit und für eine repräsentative Stichprobe der Kultur oder Subkultur definiert werden, für die die Stufen postuliert wurden.

Diesen über die soziale Umwelt definierten Entwicklungsstadien sind häufig biologische Reifestadien gegenübergestellt worden. Im psychologischen Bereich wären die Stadien der klassischen psychoanalytischen Theorie ein Beispiel – nämlich die psychosexuellen Stadien, die durch die biologische Aktivierung neuer Organe definiert sind. Dies könnte das »embryologische Stufenmodell« genannt werden. Orale, anale und phallische psychosexuelle Stadien entsprechen der neurologischen Reizbarkeit oder der libidinösen Besetzung neuer Organe. Ein solches direkt biologisches Stadienmodell wird für das Erwachsenenalter kaum spezifische Entwicklungsstufen ansetzen. Die biologischen Entwicklungsbegriffe beziehen sich nach dem Abschluß des frühen Erwachsenenalters stärker auf die Stabilisierung oder den Abbau biologischer Funktionen als auf eine biologische Neuaktivierung einer Struktur oder auf qualitative biologische Veränderungen in einer Struktur.

Das kognitive Entwicklungsmodell bzw. das strukturelle Stufenmodell erfordert sowohl andersartige theoretische Postulate als auch eine andersartige Forschungsstrategie als soziokulturelle und reifungstheoretische Stufenkonzepte. Das kognitiv-strukturelle Modell beginnt mit einer Unterscheidung zwischen Qualität und Quantität von altersabhängigen Veränderungen. Die meisten altersabhängigen Veränderungen sind bezüglich der Reaktionsmuster eher Veränderungen in quantitativer als in qualitativer (strukturell-organisatorischer) Hinsicht. Eine auf Quantität–Qualität bezogene Unterscheidung ist die zwischen Kompetenz und Performanz. Strukturelle Theorien behandeln quantitative Veränderungen meist als Veränderungen der Performanz und nur selten als Veränderungen der strukturellen Kompetenz. Ein Beispiel ist die Abnahme der Geschwindigkeit und der Leistungsfähigkeit des Kurzzeitgedächtnisses und der Informationsverarbeitung mit dem Alter, aber solch eine Veränderung impliziert keinen Rückschritt in der logischen Struktur der Denkprozesse des alternden Individuums. Die strukturelle Theorie behandelt generell keine Veränderung als Veränderung in der strukturellen Kompetenz, wenn sie nicht in qualitativen neuen Reaktionsmustern sichtbar wird. Qualitativ Neues schließt die Unterscheidung zwischen Form und Inhalt ein. Eine wirklich neue Art der Erfahrung, eine wirklich neue Weise des Handelns unterscheiden sich in ihrer Form oder Organisation, aber nicht einfach in dem Element oder der Information, aus der sie bestehen.

Zusammengefaßt: die für ein Stadienmodell relevanten Formen altersabhängiger Veränderungen beschränken sich auf solche, die aus der Unterscheidung zwischen Qualität und Quantität, Kompetenz und Performanz und Form und Inhalt folgen. Neben dieser Zentrierung auf Qualität, Kompetenz und Form hat ein Konzept kognitiver Entwicklungsstufen die folgenden weiteren generellen Charakteristika (Piaget 1960a):

1. Das Stadienkonzept impliziert für verschiedene Entwicklungsabschnitte klar oder qualitativ differente Strukturen (Denkmuster), die dennoch der gleichen Basisfunktion (z.B. Intelligenz) dienen.

2. Diese differenten Strukturen bilden eine invariante Reihe, Ordnung oder Abfolge in der individuellen Entwicklung. Kulturelle Faktoren können die Entwicklung beschleunigen, verlangsamen oder stoppen, aber nicht ihre Sequenz ändern.

3. Alle diese differenten und aufeinanderfolgenden Formen des Denkens bilden ein strukturiertes Ganzes. Eine stufenspezifische Lösung einer Aufgabe ist nicht einfach eine Antwort, die durch besondere Kenntnis und Vertrautheit mit dieser oder ähnlichen Aufgaben determiniert ist, sondern sie stellt eine zugrundeliegende Denkorganisation dar. Man setzt voraus, daß die verschiedenen Aspekte der Stufenstruktur in der Entwicklung als konsistente Antwortmuster auftreten.

4. Stufen sind hierarchische Integrationen. Sie bilden eine Ordnung von zunehmend differenzierteren und integrierteren *Strukturen*, die die gleiche Funktion erfüllen. Demnach verdrängen (oder, besser gesagt, reintegrieren) höhere Stufen die Strukturen, die auf niedrigeren Stufen gefunden werden.

Das Individuum verfügt über ein hierarchisch geordnetes Präferenzsystem, d.h. über eine Disposition, Problemlösungen auf dem höchsten ihm zugänglichen Niveau zu bevorzugen.

Diese Stufenmerkmale, die von der strukturellen Theorie her definiert wurden, sind einer Überprüfung zugänglich. Man kann fragen, ob im Erwachsenenalter qualitative Veränderungen eine invariante Reihe formen, die von beliebigen sozialkulturellen Umgebungen unabhängig sind und die jeweils eine generalisierte strukturierte Ganzheit bilden und auf früheren qualitativen Entwicklungsveränderungen aufbauen. Die Forschungsstrategien, die zur Beantwortung dieser Fragen benutzt wurden, unterscheiden sich von denen der üblichen Altersforschung. Die Fragen verlangen kaum, daß man sich mit der Festsetzung von Altersnormen für verschiedene Populationen befaßt oder daß man die Altersvariable von der Generationszugehörigkeit, der Zeit oder den Testartefakten isoliert. Sie fordern vielmehr eine sorgfältige Analyse einer kleinen Anzahl von Fällen in einer Longitudinaluntersuchung. Die Anzahl der benötigten Fälle ist nicht groß. Die drei Kinder Piagets definierten eine invariante Sequenz der sensomotorischen Intelligenzstufe, für die schon gezeigt werden konnte, daß sie für die Entwicklung einer großen Zahl von Kindern aus verschiedenen Umwelten gilt. Stufen werden durch Longitudinalanalysen der eigenen Kinder nicht definitiv bewiesen – aber schon die Analyse einer recht kleinen Anzahl von Fällen, mit denen die Tragfähigkeit des Konzepts einer universellen Sequenz in Longitudinalstudien an verschiedenen Menschentypen in verschiedenen Umwelten überprüft worden sind, reicht aus. Falls nicht ein offensichtlicher Meßfehler vorliegt, widerlegt ein einziger Fall einer Längsschnittuntersuchung, in dem sich die Sequenzen umkehren, die Stufentheorie.

Demgemäß stimmen so ideologische Gegner wie die Skinnerianer und die Strukturalisten darin überein, daß durch sorgfältige Analyse einer kleinen Anzahl von Fällen die Universalien der Verhaltensveränderungen demonstriert werden können. Ein

Lerngesetz, dem eine einzige Ratte nicht gehorcht, ist kein Gesetz; eine Stufensequenz, an die ein einziges Kind sich nicht hält, ist keine Sequenz. Die Verifikation der Folgerungen, die sich in diesem Kapitel ergeben haben, beruht dabei auf der Zustimmung des Lesers zu der Klassifikation der Fälle, die in verschiedenen Schriften von mir und Kollegen als Reflektionen sequentieller, qualitativer Veränderungen dargestellt wurden, und nicht auf der statistischen Signifikanz von Durchschnittswerten.

Zusätzlich zur Kennzeichnung der formalen Charakteristika der Stufen und der Art der Daten, die zu ihrer Verifikation relevant sind, muß man kurz auf die Theorie der Rolle der Erfahrung in der Entwicklung verweisen, die hinter den strukturellen Stufen steht. Stufen spiegeln weder direkt Reifungsprozesse noch Lernprozesse als Folge von Konfrontationen mit spezifischen Umweltstimuli, Verstärkungen usw. Stufen repräsentieren eher ausgewogene Interaktionsmuster zwischen Organismen und der Umwelt. Wenn die Reaktionen des Kindes eine andere – und nicht nur weniger komplexe – Organisation aufweisen als die von Erwachsenen und wenn diese Struktur bei allen Kindern ähnlich ist, ist es sehr schwer, die geistige Struktur des Kindes als direktes Lernen externer Strukturen zu sehen. Stufen können weder durch direktes Lernen von Strukturen der Außenwelt erklärt werden, noch können sie als Resultat angeborener Muster betrachtet werden. Wenn Kinder ihre eigene Logik haben, kann die Logik oder geistige Struktur der Erwachsenen nicht aus angeborenen neurologischen Mustern hergeleitet werden, weil solche Muster ebenso in der Kindheit wirksam sein sollten. Es ist kaum plausibel, die ganze Abfolge von Logiken als ein evolutionäres und funktionales Programm mit angeborener Verdrahtung zu sehen, besonders angesichts der Tatsache, daß die höchste Reife logischer Strukturen nur von einigen Erwachsenen erreicht wird.

Was über die Interaktionstheorie der Stufenentwicklung gesagt wurde, legt die Möglichkeit der Existenz von Erwachsenenstufen nahe und betont die Bedeutung einer Untersuchung von Entwicklungsstufen Erwachsener. Einige Theorien, wie die Gesells, behandeln Stufen als direkte Produkte von Reifungsprozessen. Andere, soziokulturelle Theorien der Entwicklungsaufgaben, behandeln sie als weitgehend unvermittelte Produkte sozialen Lernens oder sozialer Erfahrung. Es ist sehr unwahrscheinlich, daß es Reifestufen im Erwachsenenalter gibt. Es ist ebenso äußerst unwahrscheinlich, daß direktes soziales Lernen oder die Erfahrung strukturelle Stufen im Erwachsenenalter hervorbringen könnten. Die Existenz von strukturellen Stufen bei Erwachsenen könnte am besten durch eine Interaktions- oder Gleichgewichtstheorie des Einflusses von Erfahrungen auf die Entwicklung erklärt werden – wie es später versucht werden soll.

Die Bedeutung von Erwachsenenstufen beruht in dieser Hinsicht auf der Tatsache, daß man in der Kindheit Interaktions- oder Strukturstufen nicht vollständig von Reifestufen trennen kann. Obgleich Piaget z. B. behauptet, daß kognitive Stufen »interaktionale« Stufen und nicht Reifestufen verkörpern, so sind sie doch eng an die Reifung des Nervensystems gebunden. Kombiniert man das Wissen über das chronologische Alter eines Kindes mit dem Wissen über seinen endgültigen IQ und dessen durch Erbanlagen determinierten Anteil, so kann man seine kognitive Entwicklungsstufe ganz gut voraussagen (Kohlberg/Mayer, 1973). Vermutlich bilden chronologisches Alter und die Erbfaktoren des IQ einen Reife-Index, der mit Piagets Stufen korreliert. Bevor der Reifungsprozeß – vermutlich in der Adoleszenz – nicht vollständig zum Abschluß gekommen ist, ist es also unmöglich, den jeweiligen Einfluß von Reifung und Erfahrung bei der Erzeugung von Stufen und Stufenwechsel zu isolieren.

So ist also nur durch eine Analyse der Entwicklung im Erwachsenenalter zu entscheiden, ob es strukturelle Stufen gibt, die aus der Erfahrung entstehen. Außerdem erlaubt in erster Linie die Analyse der Erwachsenenentwicklung die Rolle der persönlichen Erfahrung von der Rolle der generalisierten symbolischen Erfahrung in der Entwicklung zu unterscheiden – und es ist diese Unterscheidung, die »emotionale« und »kognitive« Theorien der Persönlichkeitsentwicklung klar voneinander trennt.

III. KOGNITIVE STUFENENTWICKLUNG IM ERWACHSENENALTER

Bei einer Diskussion der kognitiven Stufen des Erwachsenen muß man zwischen der Existenz eigener Erwachsenenstufen und bloßer kontinuierlicher Weiterentwicklung innerhalb eines Erwachsenenstadiums unterscheiden. Piaget selbst postulierte keine kognitiven Stufen für das Erwachsenenalter, wohl aber eine kontinuierliche kognitive Entwicklung während des frühen Erwachsenenalters (Piaget 1972). Nach Piaget wird die höchste Stufe der formalen Operationen in der Zeit der frühen Adoleszenz, im Alter zwischen 12 und 15 Jahren, erreicht. Während Piaget den Beginn der höchsten Stufe unter typischen oder günstigen Bedingungen in der Adoleszenz ansetzt, findet nach ihm die kontinuierliche Entwicklung des formal-operationalen Denkens im frühen Erwachsenenalter statt.

Es gibt folgende Arten kontinuierlicher Entwicklung:

1. Adoleszenten, die wegen biologischer und kultureller Bedingungen eine langsame kognitive Entwicklung hatten und die mit 15 Jahren noch auf der konkret-operationalen Stufe sind, können im frühen Erwachsenenalter formal-operationales Denken entwickeln.

2. Im frühen Erwachsenenalter gibt es noch »horizontale Verzögerung« (décalage), so daß formal-operationales Denken auf weitere Bereiche oder Aktivitäten angewandt wird.

3. Mit dieser Ausdehnung kann eine *Stabilisierung* des formalen Denkens einhergehen, z. B. zunehmende Unterordnung oder Verwerfung von niedrigeren Formen des Denkens zugunsten des formal-operationalen Denkens im Erwachsenenalter.

Die verfügbaren empirischen Belege sprechen genau für diese Annahmen. Kuhn, Langer, Kohlberg und Haan (1974) untersuchten an 265 kalifornischen Personen im Alter zwischen 10 und 50 Jahren Alterstrends in der Entwicklung des formal-operationalen Denkens anhand zweier Aufgaben, dem Pendel- und dem Korrelationsproblem. Die Ergebnisse sind im Bild 1 dargestellt.

Bild 1:

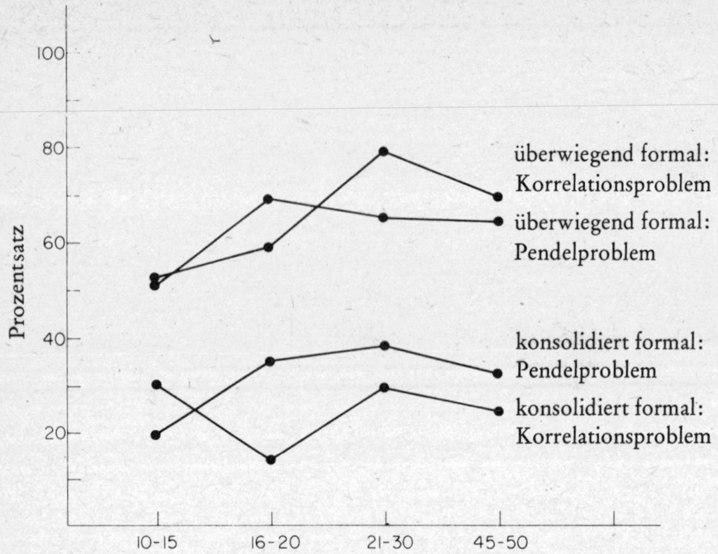

Prozentsatz Befragter mit überwiegend formalen Operationen (III, II und darüber) und konsolidierten formalen Operationen (III A/B oder III B) in Abhängigkeit vom Alter.

Wie Bild 1 zeigt, war das Korrelationsproblem auf dem formal-operationalen Niveau schwerer zu lösen als das Pendelproblem; es repräsentiert eine Form *horizontaler décalage* des formalen Denkens. Bei dieser Aufgabe gab es eine kontinuierliche Entwicklung des formal-operationalen Denkens nach dem Alter von 16 bis 20 Jahren, – nicht jedoch bei der Pendelaufgabe. Zusätzlich zur horizontalen décalage des formalen Denkens gab es in dieser Periode bei der Pendelaufgabe auch Entwicklung in Form der *Stabilisierung*. Dies wird in Bild 2 gezeigt. Die Mischung von konkret- und formal-operationalem Denken, die sich noch bei 10–15% der Adoleszenten findet, verschwindet in der Gruppe der 20- bis 30jährigen.

Es sind drei Typen kognitiver Entwicklung im Erwachsenenalter diskutiert worden: 1. Anhaltende Entwicklung unter den ›Langsamen‹; 2. Aufarbeitung von horizontaler décalage; und 3. Stabilisierung.

Die entscheidende Frage ist jedoch, ob irgendeine neue kognitive Stufe im Erwachsenenalter gefunden werden kann. Die drei diskutierten Formen kontinuierlicher Entwicklung könnten alle ohne die Existenz irgendeiner neuen kognitiven Stufe im Erwachsenenalter vorhanden sein. Wenn diese Formen der Entwicklung ohne eine neue Erwachsenenstufe existieren, würde folgen, daß die Entstehung von Stufen sowohl Erfahrung als auch neurologische Reifung verlangt, d.h., daß neurologische Reifung im frühen Erwachsenenalter eine strukturelle Bedingung ist, die für eine neue kognitive Stufe notwendig ist. Das tatsächliche Auftreten der kognitiven Stufen

Bild 2:

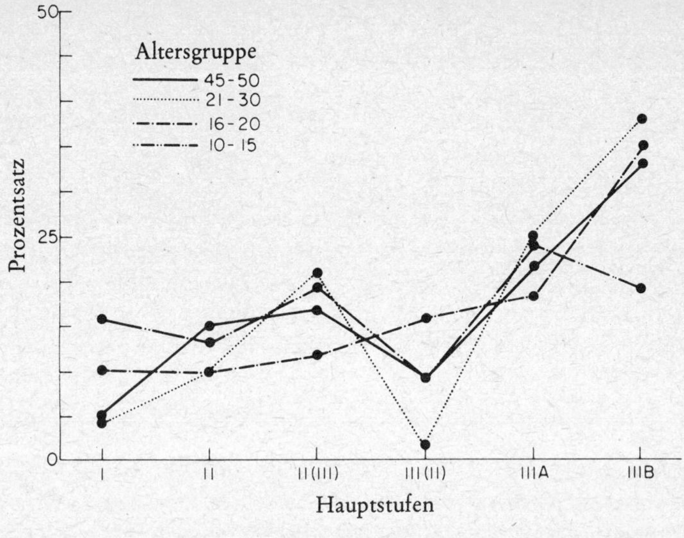

Pendelproblem: Prozentsatz jeder Altersgruppe in den Hauptstufen.

kann weit hinter dem Reifungswachstum zurückbleiben oder gar. aufgrund von Umwelteinflüssen völlig ausbleiben. Auch in diesem Fall ist das Reifungswachstum eine notwendige, jedoch keine hinreichende Bedingung für die Existenz der Stufe. Diese Folgerungen sind mit Piagets Ansichten vereinbar. Piaget schloß die Möglichkeit einer Stufe, die auf die formal-operationale folgen würde, nicht aus; er beruft sich auf den Beweis Goedels, nach dem die Unmöglichkeit einer anderen Form von Logik mit der formal-operationalen Logik nicht bewiesen werden kann. Er scheint jedoch mehr der Auffassung zuzuneigen, daß es keine spätere kognitive Stufe gibt.

Wenn es nun eine neue Erwachsenenstufe gibt, wird sie wahrscheinlich nicht bei rein logisch-kognitiven Aufgaben erscheinen. Für diese Annahme können zwei Gründe angeführt werden: Erstens, wie dargelegt wurde, korreliert in Piagets Theorie kognitive Entwicklung sowohl mit den Erbfaktoren als auch mit den Faktoren der altersabhängigen Reifung, die in die allgemeine Intelligenz eingehen. Zweitens sind logische Stufen per definitionem relativ erfahrungsfrei. Somit scheint die Erfahrung für das reine formal-logische Denken eher ein Hindernis darzustellen, wie die Tatsache beweist, daß die größten Werke in der Mathematik und in der rein physikalischen Theorie in der späten Adoleszenz begonnen wurden.

IV. DIE EXISTENZ VON MORALSTUFEN IM ERWACHSENENALTER – VORÜBERLEGUNGEN

Es entsteht jedoch die Frage, ob es nicht Erwachsenenstufen gibt, die nicht *logische* Stufen sind, aber dennoch eine kognitiv-strukturelle Komponente haben. Diese Möglichkeit ist durch die Annahme moralischer Stufen entstanden; daß Moralstufen im Erwachsenenalter existieren können, wird durch die Tatsache nahegelegt, daß eine Veränderung in der Moralität offenbar ein Brennpunkt im Erwachsenenleben ist in einer Weise, wie es die kognitiven Veränderungen nicht sind. Man braucht Eriksons Studien über Martin Luther und Mahatma Gandhi nicht, um zu wissen, daß die Krisen und Wendepunkte der Identität des Erwachsenen oft moralische sind. Die klassischen Autobiographien von Paulus bis Tolstoi beschreiben die Dramen der Reife als Transformationen moralischer Ideologien von Menschen.

Obgleich sich im Erwachsenenleben dramatische moralische Umstellungen ereignen, ist doch die Frage offen, ob solch eine Umstellung ein struktureller Stadienwechsel ist. Es ist bekannt, daß es in der Kindheit und in der Adoleszenz strukturelle moralische Stadien gibt. Diese moralischen Stadien sind in der rechten Spalte der Tabelle 1 definiert. Es konnte gezeigt werden, daß diese Stadien den Definitionsbedingungen struktureller Stufen in folgender Weise genügen:

1. Sie sind eher qualitativ verschiedene Denkweisen als zunehmendes Wissen um oder Internalisierung von moralischen Überzeugungen und Standards Erwachsener.

2. Sie bilden eine invariante Ordnung oder Abfolge in der Entwicklung. Die Daten einer 15jährigen Langzeitstudie von 50 amerikanischen Männern im Alter von 10–15 Jahren bis 25–30 Jahren zeigen, daß die Entwicklung immer vorwärts gerichtet ist und immer stufenweise verläuft (diese Daten werden später in diesem Kapitel diskutiert). Begrenztere, 6jährige Langzeitdaten von türkischen Jungen zeigen ebenso invariante Sequenzen wie Daten aus Alters-Querschnittsuntersuchungen in vielen Kulturen (Kohlberg/Turiel 1973).

3. Die Stufen bilden eine strukturierte Ganzheit. Es gibt einen allgemeinen Faktor der moralischen Stufe, der durch alle verbalen oder Verhaltensdilemmata geht, mit denen ein Individuum konfrontiert wird (Kohlberg/Turiel 1973).

4. Die Stufen sind hierarchische Integrationen. Die Individuen begreifen alle Stufen unter ihrer eigenen und nicht mehr als eine über ihrer eigenen Stufe. Sie bevorzugen die höchste Stufe, die sie verstehen (Rest 1973; Kohlberg/Turiel 1973).

Bevor wir zu der Entwicklung der Moral des Erwachsenen Fragen stellen, ist es nötig, die Beziehung zwischen den Moralstufen und den Piagetschen logisch-kognitiven Stufen zu klären. Zunächst: wenn moralische Stufen kognitiv-strukturell sind, müssen sie mit Piagets logischen Stufen in Zusammenhang stehen. Die gefundenen Beziehungen sind in Tabelle I dargestellt, die zeigt, daß es für jede moralische Stufe eine parallele logische Stufe oder Unterstufe gibt. Diese Zusammenhänge sind empirisch bestätigt worden (Kuhn et al. 1972, Colby 1973; Fritz 1973). Diese Zusammenhänge werfen ein Problem bezüglich der Moralstufen des Erwachsenen auf. Wenn

Tabelle 1
Beziehungen zwischen Piagets logischen Stufen und Kohlbergs Moralstufen

Logische Stufen	Moral-Stufen	
Symbolisches, intuitives Denken	Stufe 0:	Gut ist, was ich will und mag
konkrete Operationen, Unterstufe 1 kategoriale Klassifikation	Stufe 1:	Strafe – Gehorsam – Orientierung
konkrete Operationen, Unterstufe 2 reversibles konkretes Denken	Stufe 2:	instrumenteller Hedonismus und konkrete Reziprozität
formale Operationen, Unterstufe 1 Relationen, die auf der Inversen des Reziproken basieren	Stufe 3:	Orientierung an interpersonellen Beziehungen der Gegenseitigkeit
formale Operationen, Unterstufe 2	Stufe 4:	Aufrechterhaltung der sozialen Ordnung, unveränderbare Regeln und Autorität
formale Operationen, Unterstufe 3	Stufe 5A:	sozialer Vertrag, Aufstellen von Gesetzen nach dem Gesichtspunkt der Nützlichkeit
	Stufe 5B:	höhere Gesetzes- und Gewissensorientierung
	Stufe 6:	Orientierung an universellen ethischen Prinzipien

Moralstufen parallel zu den logischen Stufen sind, sind sie dann nicht einfach eine horizontale Verzögerung der Anwendung (décalage) der logischen Stufen auf Inhalte von Moralbereichen? In diesem Fall könnte es keine Moralstufen des Erwachsenen geben, sondern nur eine erweiterte horizontale Verzögerung der logischen Stufen, die oben schon diskutiert wurde. Dies ist jedoch nicht der Fall (Kohlberg 1973). Die gefundenen empirischen Beziehungen sind so, daß eine gegebene logische Stufe *eine notwendige, nicht aber eine hinreichende* Bedingung für die parallele moralische Stufe ist. Z.B. sind alle prinzipiengeleiteten Personen (Stufe 5 und 6) auf der formal-operationalen Stufe, aber viele Probanden auf der formal-operationalen Stufe sind nicht prinzipiengeleitet. Diese formal-operationalen, aber nicht prinzipiengeleiteten Personen können Elemente formaler Begründungen entwickeln, wenn sie auf moralische Dilemmata antworten, dennoch zeigen sie keinen Gebrauch moralischer Prinzipien in den Dilemmata.

Unsere Theorie hält daran fest, daß moralische und logische Stufen strukturell parallel, aber voneinander verschieden sind. Moralische Stufen umfassen die soziale Rollenübernahme und die Äquilibrierung der Rollenübernahme in Form reversibler Gerechtigkeitsstrukturen, Strukturen der Reziprozität und Gleichheit (Kohlberg 1971 a). Prinzipien der Gerechtigkeit setzen reziproke Operationen voraus, die denen in der Logik ähneln, aber der Gebrauch von Prinzipien der Gerechtigkeit ist nicht bloß die Anwendung logischer Reziprozität auf moralische Situationen.

Bild 3:

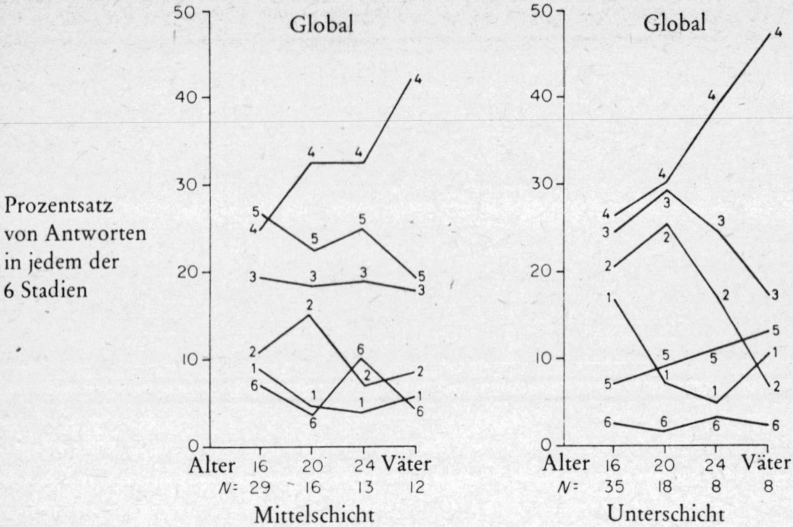

Profile moralischen Urteilens (Prozentsatz der Verwendung der Argumentationsstrukturen jeder der 6 Stufen; Einstufung erfolgte nach dem globalen Auswertungsverfahren) für 4 Altersgruppen von Männern aus der Mittel- und der Unterschicht. (Aus: Richard Kramer, ›Changes in Moral Judgment Response Pattern During Late Adolescence and Young Adulthood,‹ Ph. D. Dissertation, University of Chicago, 1968; wiederabgedruckt in Kohlberg & Kramer, 1969.)

Im Hinblick auf die Moralstufen des Erwachsenen zeigen Biographien und Alltagserfahrungen dramatische oder qualitative Umstellungen in der moralischen Ideologie des Erwachsenen; unsere Theorie moralischer Stufen wäre vereinbar mit der Vorstellung, daß solche Veränderungen einen Moralstufenwechsel repräsentieren.

V. DIE EXISTENZ VON MORALSTUFEN BEIM ERWACHSENEN – DIE FOLGERUNGEN VON KOHLBERG UND KRAMER

Obgleich die Existenz von Erwachsenenstufen ziemlich plausibel scheint, wurde vor 4 Jahren gefolgert, daß die Fakten der moralischen Entwicklung im Erwachsenenalter ähnlich jenen sind, die gerade für die logische Entwicklung im Erwachsenenalter zusammengefaßt wurden (Kohlberg/Kramer 1969). In dieser Veröffentlichung wurde berichtet, daß keine neue strukturelle Moralstufe im Erwachsenenalter gefunden werden konnte. Die Veränderungen wurden in der gleichen Weise beschrieben, wie dies eben für die kognitive Entwicklung geschah. Es zeigte sich, daß einige Personen auf niedrigeren Stufen des moralischen Urteils (Stufe 1–3) sich zwischen 16 und 24 Jahren zur Stufe 4 weiterentwickelten. Dieses Ergebnis ist analog der Tendenz in der kognitiven Entwicklung: Personen, die noch nicht auf der formal-operationalen Stufe sind, erreichen diese im allgemeinen in der Zeit zwischen 16 und 25–30 Jahren. Diese Trends aus der Kohlberg- und Kramer-Studie (1969) sind in Abb. 3 dargestellt.

Andere Ergebnisse deuteten bei Personen der höheren Stufen auf eine Stabilisierung mit zunehmendem Alter hin. Personen auf höheren Stufen (Stufe 4, 5, 6) meiden zunehmend die Denkstrukturen der niederen Stufen und bleiben konsistenter auf den hohen Stufen. Diese Stabilisierung des moralischen Denkens zeigt sich nicht nur in den Trends der Stufenbenutzung durch die Gruppe als Ganze, sondern auch in den Trends der Variabilität der Stufennutzung bei den einzelnen der Individuen.

Bild 4:

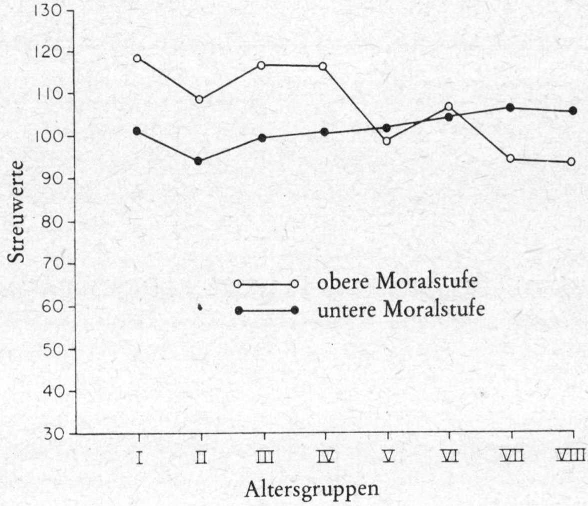

Durchschnittliche Streuwerte für Versuchspersonen aus der Kramer-Studie in den oberen und unteren Moralstufen der folgenden 8 Altersgruppen: 14.0–15.11 (I); 18.0–18.11 (II); 17.0–17.11 (III); 16.0–18.11 (IV); 19.0–20.11 (V); 21.0–22.11 (VI); 23.0–23.11 (VII); und 24.0–26.11 (VIII), (aus Kohlberg & Kramer, 1969).

Abb. 4 zeigt die Trends abnehmender Variabilität mit dem Alter, wie sie von Kohlberg und Kramer (1969) gefunden wurden. Obgleich die bedeutenden moralischen Umstellungen nach der Highschool als Stabilisierung auf höheren Stufen angesehen wurden und nicht als Herausbildung einer neuen Stufe, wurde berichtet, daß diese Stabilisierung oft ein dramatischer Entwicklungsprozeß war. Vor der Stabilisierung auf einer höheren oder prinzipiengeleiteten Stufe wurden Regressionen in Form einer zunehmenden Verwendung von Denkstrukturen der prae-konventionellen Stufe 2 gefunden. Unter normalen Bedingungen sind Individuen in der Lage, alle Stufen unter ihrer eigenen zu benutzen, aber sie bevorzugen die höchste Stufe, die sie verstehen und zu gebrauchen fähig sind (Rest 1973). Jedoch um das College-Alter herum scheinen die Individuen oft nicht die höchste für sie mögliche Moralstufe zu benutzen; statt dessen verwenden sie prae-konventionelles Denken, das sie vorher längst überwunden hatten.

Die Ergebnisse über Regression und Rückkehr zum sozialen Vertragsdenken wurden mit Hilfe von Eriksons Konzepten des Moratoriums, der Identitätskrise und einer erneuten Bindung an Wertorientierungen interpretiert. Die Annahme war, daß ein Individuum, nachdem es die Fähigkeit zum moralischen, prinzipiengeleiteten Denken ausgebildet hatte, sich noch selbst dazu verpflichten mußte, sich auch daran zu orientieren. Diese Verpflichtung war oft Teil der Auflösung einer Identitätskrise oder eines Moratoriums, in dem das Individuum Regressionen im moralischen Denken erkennen ließ. Die Interpretation der Regression und der Rückkehr in Begriffen der Eriksonschen Ich-Entwicklung soll nun neben die Interpretation desselben Phänomens als strukturelle Stabilisierung gestellt werden. So würde eine strukturelle Stufentheorie nach Piaget/Kohlberg die Phänomene nur als Stabilisierung interpretieren, nicht aber als einen strukturellen Stufenwechsel im Erwachsenenalter. Was von der strukturellen Theorie nur als Stabilisierung gesehen werden konnte, könnte aus einer anderen theoretischen Perspektive, der Eriksonschen, als Entwicklung des Erwachsenen interpretiert werden. Folglich lag es nahe, solche Stufen – wenn es Stufen und Entwicklung im Erwachsenenalter gibt – eher analog zu Eriksons *funktionalen* Stufen als zu strukturellen Stufen oder qualitativ neuen Denk- und Urteilsstrukturen zu konzeptualisieren.

Aus verschiedenen Gründen erfordern die eben zusammengefaßten Folgerungen von Kramer und Kohlberg eine Korrektur. Die Korrekturen entspringen aus:

1. einer gründlichen Diskussion der Frage, inwieweit eine Moralstufentheorie Regressionen tolerieren kann, wie sie Turiel vorgelegt hat (1973a);
2. einer sorgfältigen Revision des Einstufungssystems, um stärker die Struktur als den Inhalt des moralischen Denkens zu erfassen;
3. einer erneuten Befragung der Versuchspersonen der Longitudinalstudie zu diesem Thema.

Diese Revisionen sind durchgeführt worden. Sie führen zu einer neuen Schlußfolgerung, nämlich zu der, daß es in der Tat Stufen im Erwachsenenalter gibt. Ein Denken, das vollkommen prinzipiengeleitet ist (Stufe 5 und besonders Stufe 6), ist eine Entwicklung des Erwachsenen, wie sie typischerweise erst gegen Ende Zwanzig oder später erreicht wird. Strukturelle Entwicklung und Stabilisierung sind nicht zwei verschiedene Dinge. Die Tatsache, daß das scheinbar der Stufe 5 zuzurechnende Denken von Oberschülern für Regression anfällig oder noch nicht stabilisiert war, ist in der Tat ein Beweis dafür, daß dieses Denken noch nicht wirklich prinzipiengeleitet war.

Jeder dieser 3 Punkte, die zu einer Revision führten, sei im folgenden kurz diskutiert.

1. Der theoretische Status der Regression, nämlich die scheinbare Rückkehr von Studienanfängern zu der Argumentation der Stufe 2, ist als strukturelle Regression, d.h. als Rückkehr auf eine niedrigere strukturelle Stufe, gleichzeitig aber als *funktionaler Fortschritt* interpretiert worden. Es war ein funktionaler Fortschritt, der aus dem Infragestellen früherer Verpflichtungen und Standards herrührte, das nötig ist, bevor diese Standards als zur ›eigenen Identität‹ gehörig stabilisiert werden können. Diese Frage ihrerseits reflektiert ein neues Bewußtsein der Relativität von Werten und Wahlmöglichkeiten, was einen Entwicklungsfortschritt darstellt, obwohl die Reaktion darauf wie eine Regression auf die instrumentell-egoistische Stufe 2 aussieht.

So lautete denn die Interpretation, daß jemand im Zuge seiner Weiterentwicklung regredieren könne. Im Prozeß der Überwindung einer Stufe und der Weiterentwicklung zur nächst höheren Stufe kann jemand auf eine frühere Position zurückfallen. Diese Ansicht wird natürlich von Gesell, Werner und anderen Entwicklungstheoretikern vertreten. Turiel vertritt die These, daß die scheinbare Regression bei der Stufenentwicklung ein Ungleichgewicht des Übergangs darstellt, das sich von der Disorganisation oder Entdifferenzierung, die eine Regression ausmachen, deutlich unterscheidet. Nach Turiel sind relativistische Regressionen auf Stufe 2 als eine ungleichgewichtige Übergangsstufe zu betrachten, auf der das Aufbrechen der konventionellen Moral leicht mit einer Wiederkehr der prae-konventionellen Moral verwechselt wird.

2. Dieser Punkt führt direkt zu dem nächsten: dem Unterschied zwischen Inhalt und Struktur im moralischen Denken und der Entwicklung eines neuen Einstufungsverfahrens, das diesen Unterschied angemessener repräsentiert. Es ist die derzeitige Meinung des Autors, daß das alte Einstufungssystem die *Struktur* und den *Inhalt* des moralischen Denkens vermischte.

Diese Vermischung führte dazu, daß einige Personen zu hoch und andere zu niedrig in ihrem Denken eingestuft wurden. Betrachten wir zuerst die regredierenden Befragten. Nach dem alten Einstufungssystem sind sie am Ende der Schulzeit auf Stufe 5, einige auf Stufe 4, als Studienanfänger fallen sie zurück auf eine Denkform, die aus einer Mischung zwischen Stufe 2 und Stufe 4 besteht. Nach dem College kehren sie zurück auf Stufe 5. Es ist früher behauptet worden (Kohlberg/Kramer 1969), daß ihre Verwendung der Stufe 2 im College eine Reaktion auf ein neues Bewußtsein war, ein Bewußtsein der Relativität, und daß dies insoweit einen funktionalen Fortschritt in der Entwicklung darstellte. Dennoch wurde ihr Denken als zur strukturellen Stufe 2 gehörig eingeschätzt. Es stellte also funktional einen Fortschritt, aber strukturell eine Regression dar.

Eine sorgfältigere Analyse der Antworten dieser College-Studenten zeigte, daß es nicht korrekt war, sie der strukturellen Stufe 2 zuzurechnen, sondern daß sie statt dessen der Stufe 4 1/2 zugeordnet werden sollten. Das scheinbare Stufe-2-Denken der Befragten der Longitudinal-Studie war nicht wirklich eine Rückkehr zu einem früheren Denkmuster der Stufe 2, das sie in jüngerem Alter benützt hatten, sondern war ein Denkmuster, das während des Übergangs vom konventionellen zum prinzipiengeleiteten Argumentieren benutzt wurde. Das Denken der Übergangs-Relativisten in unserer Stichprobe könnte am besten als Stufe 4½ charakterisiert werden, d.h. als eine Denkweise, in der Moral überhaupt mit der Denkweise der Stufe 4 gleichgesetzt und dann die Gültigkeit einer solchen Moral in Frage gestellt wird.

Innerhalb des alten Einstufungssystems erschienen Personen der Stufe 4½ nicht als ein eigener Typus, sondern als Mischung der Stufe 2 und 4. Es gibt jedoch in der Tat Merkmale des Denkens auf Stufe 4½, die es klar sowohl von der Stufe 2 als auch von der Stufe 4 unterscheiden. Die Interviews dieser auf Stufe 2 eingestuften regredierenden Befragten weisen zwei hervorstechende Eigenschaften auf: zum einen einen ethischen Skeptizismus oder extremen ethischen Relativismus – die Behauptung, daß das ›moralisch Richtige‹ oder die ›moralische Pflicht‹ von den Wünschen oder Bedürfnissen des Handelnden abhängen und keine darüber hinausgehende Gültigkeit haben; zum anderen, damit zusammenhängend, einen ethischen Egoismus oder ethischen Individualismus – die Behauptung, daß eine moralische Begründung, eine Regel oder ein Prinzip dann ›gut‹ sind, wenn sie dem Selbstinteresse des Handelnden oder seinem Standpunkt entsprechen, wobei der individuelle Standpunkt des Handelnden ›natürlich‹, ›außerhalb der Gesellschaft‹, ›amoralisch‹ oder unabhängig von der Anerkennung der Regeln und Erwartungen anderer ist. Personen, die diese letztere Behauptung vertraten, wurden als Stufe 2 klassifiziert, weil sie eine Option, die auf den eigenen egoistischen Interessen des Individuums basiert, für genauso legitim erachteten wie jede andere, da alle Wahlen relativ sind. Dieser Gebrauch einer mehr oder weniger egoistischen Wahlfreiheit stellt jedoch eher eine Ähnlichkeit im Inhalt der Reaktionen der Studenten der Stufe 2 und der Stufe 4½ als eine Ähnlichkeit in der Struktur ihres moralischen Denkens dar.

Die Vorstellungen über Relativität und Egoismus, die Personen auf der Stufe 4½ haben, sind ganz anders als die ›naiver‹ oder wirklich noch auf Stufe 2 argumentierender Personen. Insbesondere antworteten Befragte der Stufe 4½ auf einem viel ›abstrakteren‹ oder ›philosophischeren‹ Niveau als Befragte der prae-konventionellen Stufe 2 oder der konventionellen Stufe 4. Um diese Unterschiede in den Griff zu bekommen, wurden *Abstraktionsniveaus, Diskursniveaus oder Niveaus der Reflexibilität* im moralischen Urteil eingeführt. Diese Niveaus seien kurz genannt:

Niveau 1: Rechtfertigung eines moralischen Urteils gegenüber einem isolierten, egoistischen Aktor.

Niveau 2: Beurteilung einer generellen Praktik (Institution) oder Rechtfertigung einer Praktik vom Standpunkt anderer Institutionen oder vom Standpunkt eines generalisierten Mitglieds der Gesellschaft aus.

Niveau 3: Definition einer Moraltheorie und Rechtfertigung grundlegender Moralbegriffe oder Prinzipien von einem Standpunkt aus, der den Standpunkt eines Mitglieds einer konstituierten Gesellschaft transzendiert.

Die erneute Analyse des moralischen Urteils in der späten Adoleszenz und im frühen Erwachsenenalter führte uns zu einer anderen Auffassung über das Vorliegen von Moralstufenwechsel im Erwachsenenalter. Wenn man eine klare Unterscheidung zwischen dem Denken auf Stufe 4½ und der eigentlichen Stufe 5 trifft, zeigt keiner der Befragten aus dem Longitudinalsample unter 23 Jahren echtes Stufe-5-Denken.

Um nochmals zusammenzufassen: Aus den Daten der Longitudinaluntersuchung kann man schließen, daß die Stufe 5 ein Stadium ist, das erst im Erwachsenenalter erreicht wird und nicht in der Adoleszenz. Für Stufe 6 gilt ähnliches. Die Einstufung von Argumentationsstrukturen von Oberschülern auf Stufe 6 war eine Fehlklassifikation. Keiner der Befragten war während der Schulzeit überwiegend auf der Stufe 6, noch hat sie irgendeiner im Alter von 30 Jahren erreicht (obgleich wir nicht voraussagen wollen, daß keine der untersuchten Personen die Stufe 6 erreichen wird). Im wesentlichen war das Material, das der Stufe 6 zugeordnet wurde, eine Art differenzierten Denkens der Stufe 4, das sich auf das ›Gewissen‹ und ›moralische Gesetz‹ beruft, statt auf den ›Willen der Mehrheit‹ und das ›Wohlergehen der größten Zahl‹.

VI. DIE FÜR DIE ENTWICKLUNG DES MORALISCHEN BEWUSSTSEINS MASSGEBLICHEN ERFAHRUNGEN DES ERWACHSENEN

Wenn sich neue Moralstufen tatsächlich als Resultat der Erfahrung des Erwachsenen herauskristallisieren, dann wäre es gut zu verstehen, wie dies geschieht. Im besonderen muß Piagets kognitiv-strukturelles Modell entwicklungsstimulierender Erfahrung mit einem Modell der persönlichen Erfahrung des Erwachsenen integriert werden. Die Entwicklung der Stufen des moralischen Bewußtseins erfolgt größtenteils in Kindheit und Adoleszenz; sie erfordert nicht die umfassende persönliche Erfahrung moralischer Wahlmöglichkeiten und Verantwortung des Erwachsenenlebens. An anderer Stelle ist ein Bericht über die Rolle der Erfahrung, die zur moralischen Entwicklung führt, vorgelegt worden, der nicht die persönliche Erfahrung der moralischen Optionen und Verantwortlichkeit betont (Turiel 1973a). Piaget folgend betont er statt dessen die Rolle des kognitiven Konflikts zwischen und innerhalb widersprechender Urteilsstrukturen als entwicklungsauslösend (Turiel 1973a). Nach dieser Theorie wird mit der Beherrschung der logischen Denkstrukturen der nächsten Stufe für die Mehrheit der Voradoleszenten und Adoleszenten der Schritt zur nächsten Stufe im moralischen Urteil eingeleitet (Blatt 1973; Hickey 1973).

Diese Ergebnisse stützen die Ansicht, daß für die moralische Stufenentwicklung in Kindheit und Adoleszenz primär kognitive und symbolische Erfahrung und weniger persönliche Erfahrung notwendig ist. Wenn hier die Begriffe ›kognitiv‹ – ›persönlich‹ einander entgegengesetzt werden, dann ist damit nicht beabsichtigt, Kognition dem emotionalen, sozialen oder dem Verhaltensbereich gegenüberzustellen. Die moralischen Strukturen des Urteils, die als Stufen untersucht werden, können heftig emotional sein, sie sind eindeutig sozial und determinieren Entscheidungen und Handlungen. Moralstufen aber als kognitiv zu bezeichnen, impliziert, daß sie wesentlich Formen des Denkens sind; sie sind *generalisiert* und *symbolisch*. Ebenso haben die Erfahrungen, die die Weiterentwicklung stimulieren, eine starke allgemeine und symbolische Komponente; es sind Erfahrungen, die Denken involvieren.

Es wurde schon festgestellt, daß Erfahrungen, die Denken involvieren und zu moralischer Entwicklung führen, nicht einfach logische Erfahrungen sind. Moralische

Entwicklung ist nicht bloß horizontale Ausdehnung (décalage) logischen Denkens auf soziale Situationen. Damit ein formal-operationaler Adoleszent das moralische, prinzipiengeleitete Begründen lernt, muß er sich sozialen und moralischen Erfahrungen unterziehen, die nicht als Erfahrungen, die ihm helfen, logische Prinzipien auf soziale Situationen zu übertragen, konzeptualisiert werden können. Vielmehr sind es Erfahrungen, die ihn dazu führen, seine Urteilsweisen über das moralisch Rechte und Faire zu transformieren. Häufig haben die Erfahrungen, die eine solche Veränderung fördern, eine starke emotionale Komponente. Wenn Emotionen in die Erfahrungen eingehen, die zur Veränderung führen, so sind sie es, die eine Überarbeitung der Denkstrukturen auslösen und begleiten.

Das erfolgreichste Vorgehen in einer Diskussionsgruppe für moralische Fragen ist nicht unpersönlich in dem Sinne, wie didaktisch kognitives Unterrichten unpersönlich ist; selbst die besten Diskussionen sind oft persönlich und emotional. Echter persönlicher Austausch und echte persönliche Anforderungen scheinen erzieherische Vorbedingungen für den Denkprozeß oder die Reflexion zu sein, ebenso für die Überzeugung, daß die eigene Denkweise von Bedeutung ist. Aber offensichtlich ist die Rolle der Emotionen in entwicklungsstimulierenden Programmen moralischer Gruppendiskussionen nur die eines Auslösers des allgemeinen Denkprozesses. Dies unterscheidet sie von der Rolle der Emotionen in einer konkreten moralischen Entscheidung, mit deren Konsequenzen, die noch lange emotional erfahrbar bleiben, man leben muß. Darüber hinaus ist die Erkenntnis der und die ›Entscheidung‹ für die nächst höhere Stufe verallgemeinert und ›kognitiv‹; es ist keine persönliche Entscheidung im moralischen Sinne des Wortes.

Eine neue Stufe ist eine neue allgemeine Lösung moralischer Probleme, und ihre größere Angemessenheit wird über kognitive Gründe eingesehen. Wenn die Lösung der höheren Stufe ›gesehen‹ wird, wird sie der Lösung niedriger Stufen vorgezogen, was auch immer die einzelnen Erfahrungen mit jeder Stufenlösung gewesen sein mögen. Dies ist so, weil zum Begreifen der höheren Stufe das Begreifen gehört, warum diese besser ist als die niedrigere Stufenlösung. Eines der auffallendsten Ergebnisse der Studie von Rest (1973) war, daß Adoleszente Begründungen auf der nächst höheren Stufe Begründungen ihrer eigenen Stufe vorzogen; sie hatten keine ›persönliche Bindung‹ zu den Begründungen ihrer eigenen Stufe.

Die Experimente Turiels (1973 b) und die Moral-Diskussionsgruppen von Kohlberg/Kramer sind extreme Beispiele für die Möglichkeit, daß stellvertretende symbolische Erfahrung die Moralstufenentwicklung fördert. Die allgemeinere Formulierung dieser Erfahrung wurde *Rollenübernahme* genannt und die entwicklungsstimulierenden Situationen als *günstige Gelegenheiten* der *Rollenübernahme.* Jede Stufe ist sowohl Ursache als auch Ergebnis eines erweiterten und adäquateren Prozesses der Übernahme der Perspektiven von anderen Individuen oder sozialen Gruppen bei Konflikten. Solch eine sich erweiternde Rollenübernahme kann ohne extensive persönliche Erfahrungen von Verantwortung und Entscheidung fortschreiten. Eine Konzeptualisierung der Erfahrung, die zum Stufenwechsel führt, als stellvertretend, kognitiv, symbolisch und allgemein, paßt recht gut zu den naturalistischen Erkenntnissen über moralische Entwicklung in der Kindheit und in der Adoleszenz.

Weil strukturelle Moralstufen allgemeine Denkformen repräsentieren, kann sowohl die Befähigung zu höheren Stufen als auch die Präferenz für höhere Stufen relativ schnell in einer kognitiv und sozial förderlichen Umwelt entwickelt werden. Um in der Kindheit und in der Adoleszenz von einer Stufe zu nächsten zu gelangen, ist nicht sehr viel an Erfahrung persönlicher moralischer Entscheidung und Wahl nötig. Das vorläufige Ergebnis, daß prinzipiengeleitetes Denken nicht vor dem Erwachsenenalter auftritt, legt jedoch nahe, daß vielleicht eine andere Art der Erfahrung für die Aneignung des prinzipiengeleiteten moralischen Urteilens benötigt wird, als für die Erreichung früherer Stufen erforderlich ist. Unsere kognitive Entwicklungstheorie betont, daß das Kind jede neue Stufe selbst neu konstruiert; die Weise, nach der das Individuum für sich selbst die Stufe des prinzipiengeleiteten moralischen Begründens erarbeitet, ist jedoch anders als die Art, nach der es frühere Stufen für sich selbst konstruierte. Bis zur Stufe 4 repräsentiert jede neue Stufe einen erweiterten und adäquateren Prozeß der Rollenübernahme, der Perzeption des sozialen Systems. Prinzipiengeleitetes Denken ist jedoch nicht eine angemessenere Wahrnehmung dessen, was das soziale System *ist*; es ist vielmehr ein Aufstellen von Prinzipien, denen die Gesellschaft und das Selbst *verpflichtet sein sollten.* Im moralischen Urteil prinzipiengeleitet zu sein ist nicht bloß kognitives ›Sehen‹ von Prinzipien. Es bedeutet: 1. ihre ideale Angemessenheit zu erkennen, trotz der Tatsache, daß sie keine soziale Realität darstellen, die man bloß zu befolgen hätte; 2. eine Basis für eine Bindung an diese Ideale zu sehen und 3. gleichzeitig eine Bindung an die reale Gesellschaft zu spüren, in der man in Übereinstimmung mit diesen Idealen handelt. Dies scheint mehr als die stellvertretende Erfahrung der Rollenübernahme zu erfordern, die für die Entwicklung bis zur Stufe 4 ausreicht, die eine ziemlich angemessene Kognition des sozialen Systems repräsentiert.

Obgleich das Beweismaterial begrenzt ist, scheint es zwei verschiedene Arten von ›persönlicher‹ (d.h. im Gegensatz zur stellvertretend-symbolischen) Erfahrung zu geben, die für die Entwicklung des prinzipiengeleiteten Denkens wichtig sind. Beide haben gemeinsame Merkmale und beide stellen sich, zumindest typischerweise, ausschließlich nach der Highschool ein. Die erste Erfahrung ergibt sich, wenn man das Elternhaus verläßt und in eine College-Gemeinschaft mit ihren widerstreitenden Werten im Kontext des Moratoriums, der Identitätsfrage und dem Bedürfnis nach Bindung eintritt. Wie früher angedeutet, führen diese Erfahrungen zu der relativistischen Krise der Stufe 4½. In der früheren Interpretation (Kohlberg/Kramer 1969) wurde angenommen, daß die Identitätskrise der Studienanfänger, das Infragestellen moralischer Werte, einen Rückschritt vom prinzipiengeleiteten Denken der Stufe 5 darstellt und daß die um Mitte 20 eingegangene Bindung an moralische Werte aufgrund eines sozialen Kontrakts eine Stabilisierung des moralischen Denkens bedeutet. Aufgrund der revidierten Definition der Stufen kann man nun sagen, daß die Zweifel der Studienanfänger und die Bindung des jungen Erwachsenen an den sozialen Kontrakt eher ein Aspekt der Entwicklung zur Stufe 5 sind als ein Prozeß des

Infragestellens von und der Bindung an Moral überhaupt, der von der phasenweise voranschreitenden moralischen Entwicklung selbst trennbar wäre.

Die Bedeutung der Moratoriumserfahrung im College wird durch folgende Ergebnisse dokumentiert:

1. Von den Befragten aus dem Longitudinalsample, die nicht das College besuchten, sondern direkt zur Armee gingen und/oder einen Beruf ergriffen, entwickelte kein einziger prinzipiengeleitetes Denken.
2. Wie schon festgestellt, fand sich bei keinem Schüler prinzipiengeleitetes Denken.
3. Bei Moraldiskussionen in Schulklassen konnte Blatt Oberschüler erfolgreich derart fördern, daß sie sich von der Stufe 3 auf die Stufe 4 entwickelten (und Stufe-2-Schüler auf Stufe 3). Es gelang ihm jedoch nicht, jemanden der Stufe 4 auf Stufe 5 zu bringen (Blatt 1973).
4. Im Gegensatz dazu führte ein Moraldiskussionsprogramm 40% der Teilnehmer, die College-Studenten im 1. und 2. Studienjahr waren und sich auf Stufe 4 befanden, zu einer Stufe-5-Orientierung (Boyd 1973).

Diese Ergebnisse deuten eine Wechselwirkung an zwischen kognitiven Erfahrungskomponenten der Moralentwicklung und den Erfahrungen in einer besonderen Lebensphase. Eine Studie legt sogar nahe, daß kognitive Erfahrung auf der High-School zunächst latent bleibt und sich erst nach der College-Erfahrung von Unabhängigkeit und Moratorium auswirkt. Beck, Sullivan und Porter (1972) fanden in einem Nachtest, daß Moraldiskussionen in einer Oberschulklasse, verglichen mit einer Kontrollgruppe, keine moralische Veränderung nach oben erbrachte. In einer Nachuntersuchung im College zeigte die Klasse jedoch, verglichen mit der Kontrollgruppe, beträchtlich mehr Denken auf der Stufe 5.

Durch die Betonung einer Wechselwirkung zwischen kognitiver Stimulierung und Moratoriumserfahrung, die eine Komponente der College-Erfahrung ist, soll herausgestellt werden, daß ein Infragestellen der Identität und ihre Stabilisierung durch Bindungen an Wertorientierungen bei weitem für den Erwerb von prinzipiengeleitetem moralischem Denken nicht ausreichen. Wie im nächsten Abschnitt diskutiert wird, führt eine Studie von Podd (1969) zu der Vermutung, daß College-Studenten den Prozeß des Infragestellens der Identität und ihrer Stabilisierung durchlaufen können, ohne dadurch zum prinzipiengeleiteten moralischen Denken zu kommen. Wird jedoch das Infragestellen der Identität mit expliziter kognitiv-moralischer Stimulierung kombiniert, wie in den Moraldiskussionen, die Boyd (1973) im College durchführte, so ist eine Entwicklung zum prinzipiengeleiteten Denken wahrscheinlicher.

Nicht nur die Komponente moralischer Stimulierung fehlt oft in der College-Phase der Identitätssuche und -stabilisierung – häufig fehlt in dieser studentischen Moratiorumsperiode auch die Komponente persönlicher Erfahrungen. Diese Moratoriumsperiode bringt eine neue Verantwortlichkeit, die ausschließlich auf das Selbst beschränkt ist; es ist primär die Erfahrung der neu gewonnenen Freiheit, eigene Entscheidungen für sich selbst treffen zu können. Bis zum College lebt der Adoleszent gewöhnlich in einer Welt, die er nicht gemacht hat und in der die Entscheidungen, die er zu treffen hat, begrenzt sind. Soweit es in der College-Periode Entwicklung zum prinzipiengeleiteten Denken gibt, bezieht sie sich auf antizipierte Verpflichtungen. Nun frei, sucht der Student die moralischen Konzepte oder den Kontrakt, den er als zukünftige Verpflichtung akzeptieren könnte. Erst später macht der Student typischerweise die Erfahrung *beständiger Verantwortlichkeit für das Wohlergehen anderer* und die Erfahrung irreversibler moralischer Entscheidung, die für die persönliche Moralerfahrung des Erwachsenen charakteristisch ist und die bei Erikson eine zentrale Bedeutung für die Entwicklung des ethischen Bewußtseins im Stadium der Generativität hat.

Es ist offensichtlich, daß Erfahrungen von Verantwortlichkeit allein noch nicht zur Entwicklung prinzipiengeleiteter Moral führen. Die meisten Erwachsenen haben solche Erfahrungen, viele werden jedoch niemals prinzipiengeleitet. Für einige junge Erwachsene jedoch sind die Erfahrungen moralischer Verantwortlichkeit die Quelle moralischer Reflexion, die zu Prinzipien führt, ebenso wie bei einigen jungen Erwachsenen die Erfahrungen von Freiheit oder Moratorium die Quelle der Reflexion ist, die zu Prinzipien überleitet. Dies kommt besonders dann vor, wenn die auf einer konventionellen Basis akzeptierte Verantwortlichkeit zu einem Konflikt mit dem universell Humanen führt. So denke man beispielsweise an junge Israelis im Krieg, die von ihrem Gruppenkodex voll überzeugt sind und sich ihm stark verpflichtet fühlen – ganz im Gegensatz zu jungen Amerikanern in ihrer lautstarken Moratoriumsphase. Wenn aber diese Israelis im 6-Tage-Krieg in eine wirkliche Krise moralischer Entscheidung hineingerieten, schienen viele von ihnen sich auf eine Reflexion einzulassen, die zu Prinzipien führt.

Um zusammenzufassen: Die persönliche Erfahrung der Entscheidung, die Suche und Bindung involviert, scheint – irgendwie verknüpft mit einer Stimulierung kognitiv-moralischer Reflexion – für die Entwicklung vom konventionellen zum prinzipiengeleiteten (Stufe 5) Denken erforderlich zu sein. Wahrscheinlich ist dies der Grund, weswegen prinzipiengeleitetes Denken in der Adoleszenz nicht erreicht wird. Die Bedingungen für die Entwicklung des vollkommen prinzipiengeleiteten Denkens der Stufe 6 sind wahrscheinlich noch eher von dieser Art – aber es gibt keine realen Daten über die Entwicklung zu dieser höchsten moralischen Stufe.

VII. BEZIEHUNGEN ZWISCHEN KOGNITIV-STRUKTURELLEN MORALSTUFEN UND ERIKSONS ICH-STUFEN

Als Ergebnis des Aufsatzes von Kohlberg und Kramer (1969) wurde seinerzeit betont, daß die strukturelle Moralstufentheorie und Eriksons funktionelle Ich-Stufentheorie nebeneinanderzustellen sind. Was aus der Perspektive der strukturellen Theorie bloße Stabilisierung ist, ist vom Standpunkt der funktionalen Ich-Theorie Stufenentwicklung. Die Folgerungen von Kohlberg und Kramer hinsichtlich der ›Fakten‹ der postadoleszenten Moralentwicklung stimmen im wesentlichen mit Eriksons (1964) Wahrnehmung dieser ›Fakten‹ überein. Diese Folgerungen unterstützen Eriksons Auffassung, daß der Adoleszent zu einem Bewußtsein universeller ethischer Prinzipien fähig ist, obgleich nur der Erwachsene konsistent *ethisch sein* kann.

Erikson glaubt zwar, daß kognitives Bewußtsein ethischer Prinzipien in der Adoleszenz entsteht, daß aber diese Prinzipienbewußtheit der Adoleszenten nicht selbst *ethisch*, sondern *ideologisch* ist. Vom Standpunkt der Ich-Entwicklung aus sind kognitive und moralisch-kognitive Strukturen Fähigkeiten, deren Anwendung offen ist; das Ich muß eine Reihe von Entscheidungen treffen oder Verpflichtungen eingehen, in denen es die Verwendung dieser Strukturen lernt. Von diesem Standpunkt aus kann das Bewußtsein moralischer Prinzipien kognitiv im Adoleszenten entstehen, aber eine *Verpflichtung* zu ihrer Anwendung erfordert Überprüfungen und Wahlhandlungen; sie erfordert ihre Verkörperung in einer Ideologie, an der jemand seine Treue und die Treue anderer testen kann und die Teil der Festlegung einer Identität ist.

Diese Selbstfestlegung nach der Identitätskrise basiert ihrerseits auf einem sozialen Kontrakt, der – aus der Perspektive universeller Prinzipien – eine ›konservative‹ Bindung an ›meine Gesellschaft‹ und ›mein Beziehungssystem‹ darstellt, sie basiert auf einem Kontrakt, der – in der Terminologie von Kohlberg und Kramer – eher auf der Stufe 5 als auf der Stufe 6 ist.

Nach Erikson hängt das ethische Gefühl oder Vermögen des Erwachsenen nicht allein von einer Stabilisierung seiner Identität ab, sondern vom Aufbau von Beziehungen der Fürsorglichkeit für andere oder von Generativität. Wenn diese Generativität sich mit einer umfassenderen Identifizierung mit der menschlichen Gattung verbindet, kann daraus, nach Erikson, eine gelebte Ethik resultieren, die universalistisch ist oder – in Kohlbergs und Kramers Terminologie – Stufe 6 darstellt. Typischerweise entwickelt sich eine solche wahre ethische Stufe nicht vor dem Erwachsenenalter oder sogar erst, wie im Falle Gandhis, im reiferen Erwachsenenalter.

Die Darstellung von Kohlberg und Kramer stimmt darin mit Erikson überein, daß sich zwar das kognitive Bewußtsein von Prinzipien in der Adoleszenz entwickelt, jedoch die Verpflichtung zu ihrer ethischen Anwendung sich erst im Erwachsenenalter herausbildet. Die Regressionen der Befragten und ihre Rückkehr zum prinzipiell-konventionellen Denken als Erwachsene wurden als Indiz dafür gewertet, daß das Wissen um ethische Prinzipien bei Adoleszenten nicht eigentlich eine ethische Orientierung an diesen Prinzipien ist. Die Strukturtheorie stimmt mit Erikson hinsichtlich der ›Fakten‹ der ethischen Entwicklung überein; sie sieht in diesen Fakten jedoch Entwicklung als Stabilisierung und nicht als strukturellen Stufenwechsel. Für Erikson ist, im Gegensatz zu der ethischen Stufe des Erwachsenen, die herausragende Charakteristik der ideologischen Stufe des Adoleszenten deren Ungleichgewichtigkeit.

Kohlberg und Kramer beschrieben in ihrem Aufsatz den Adoleszenten als inkonsistente Mischung aus verbalen idealistischen Moralprinzipien (mit gelegentlichen begleitenden Opferhandlungen) und egozentrisch hedonistischen Reaktionen. Die regredierenden oder sich im Übergang befindenden Befragten galten als extremes

Beispiel solcher Widersprüchlichkeit; es handelte sich um Individuen, die den Versuch unternommen hatten, nach den verbalen Moralprinzipien aus ihren Highschool-Tagen zu handeln und die sich der Widersprüche zwischen diesen Idealen, der gesellschaftlichen Realität und ihren eigenen Impulsen bewußt wurden, ohne diese Widersprüche aufzulösen. Die regredierenden Befragten galten als Personen, die einen Schritt vorwärts, über ihre Highschool-Position hinaus, in Richtung auf eine Stabilisierung gemacht hatten, weil sie sich mit den Widersprüchen auseinanderzusetzen suchten, anstatt vordergründig konventionelle oder prinzipiengeleitete moralische Begründungen zu verbalisieren und dennoch egozentrisch zu handeln. Die etwas älteren Befragten hatten diesen Konflikt teilweise gelöst und sich daher stabilisiert auf der Basis einer größeren Konsistenz und Gleichgewichtigkeit zwischen moralischen Idealen und der Realität und zwischen moralischem Denken und Handeln.

Um zusammenzufassen: Damals wurde Eriksons Moralentwicklung des Erwachsenen als zunehmende Stabilisierung interpretiert, als ein Äquilibrierungsprozeß zwischen den moralischen Idealen des Adoleszenten und der Perzeption der Realität.

In den hier vorgelegten revidierten Folgerungen wird jedoch das, was bezogen auf die Eriksonsche Ich-Entwicklung als Stabilisierung interpretiert wurde, als Wechsel der Moralstufen gesehen. Es gibt nicht zwei Arten der Moralentwicklung, sondern nur eine, und eine Theorie der Moralentwicklung des Erwachsenen kann nicht eine Theorie der Stabilisierung oder der Ich-Entwicklung sein, die im Widerspruch zu einer Theorie des moralisch-strukturellen Wandels steht. Daher ist in dem vorhergehenden Abschnitt angedeutet worden, daß eine angemessene Darstellung der Erfahrungen, die zum prinzipiengeleiteten Denken führen, die Piagetsche kognitiv-strukturelle Darstellung von Erfahrungen mit der ›persönlichen Erfahrung der Entscheidung‹ – deren Darstellung in Eriksons Theorie im Mittelpunkt steht – zu einem einzigen Ganzen zu integrieren hat. Obgleich dies derzeit undurchführbar ist, werden die Beziehungen zwischen den strukturellen Moralstufen und den funktionalen Ich-Stufen zunehmend klarer. Eriksons Formulierungen legen nahe, daß es für alle erwachsenen Individuen eine Entwicklung von der ideologischen zur ethischen Orientierung geben sollte, so wie es eine Ich-Entwicklung von der Identitätskrise zur klaren Identitätsdefinition gibt. Auch unsere Darstellung über Stabilisierung läßt vermuten, daß das Erwachsenenalter bei allen Individuen zu zunehmender Stabilisierung führen sollte. Im Gegensatz dazu impliziert eine ›eingleisige‹ Sicht von Entwicklung, daß die Erfahrungen der Jugendzeit und des Erwachsenenlebens nur bei relativ wenigen Erwachsenen zu einer stabilen oder ethischen Anwendung moralischer Urteile führen, nämlich nur bei denjenigen, die in dieser Periode die prinzipiengeleitete Stufe erwerben. Es wäre zu erwarten, daß einige, aber nicht alle Jugendliche durch eine erkennbare Phase der Identitätskrise und ihrer Lösung gehen und eher noch weniger Jugendliche sich von der konventionellen zur prinzipiengeleiteten Moralität entwickeln. Von all denen, die zur prinzipiengeleiteten Moral kommen, würde man erwarten, daß sie diesen Prozeß der Identitätsentwicklung durchlaufen.

Der Übergang von der konventionellen zur prinzipiengeleiteten Moral stellt sich als eine persönliche Wahl des Selbst dar in einer Art, wie sie auf früheren Moralstufen nicht wirklich möglich war. Entsprechend darf angenommen werden, daß eine Eriksonsche Identitätskrise und ihre Lösung ein notwendiger Bestandteil dieser Entwicklung ist. Man kann jedoch ebenso sagen, daß die Entwicklung von der konventionellen zur prinzipiengeleiteten Moral kognitiv-moralische Stimulierung und solche Bedingungen erfordert, die in Eriksons Stufenbeschreibung nicht enthalten sind. Eriksons Stufenfortschritt ist zwar eine notwendige, aber bei weitem keine hinreichende Bedingung für den Erwerb prinzipiengeleiteter Moral. Zusammengefaßt ergibt sich hieraus eine lockere Entsprechung zwischen den folgenden Stufen:

Ich-Stufen	*Moralstufen*
Akzeptieren einer zugeschriebenen Identität	Konventionelle Moral
Identitätskrise oder Moratorium	Traditioneller Relativismus oder Relativismus der Regressionsphase
Festigung der Identität	prinzipiengeleitete Moral

Jedoch muß man berücksichtigen, daß Ich-Fortschritt ohne moralischen Fortschritt auftreten könnte, nämlich bei Adoleszenten, die prinzipiengeleitet in die Krise treten und danach zu Prinzipien zurückkehren, bzw. konventionell geleitet in die Krise treten und zur Konvention zurückkehren. Hinzuzufügen ist, daß sowohl der Ich-Fortschritt als auch der moralische Fortschritt bei Personen, die permanent konventionell bleiben und ihre Identität nicht in Frage stellen, ausbleiben kann (Kohlberg/Gilligan 1971).

Es soll nun eine breitere Grundlage der Integration zwischen der strukturellen Theorie von Kohlberg/Kramer und Eriksons Theorie der Ich-Stufen im Erwachsenenalter vorgeschlagen werden; aber bevor dies geschieht, mag es vorteilhaft sein, kurz die Differenzen zwischen den beiden Ansätzen zu betrachten, wie sie in Tab. 2 zusammengefaßt sind.

Der erste zentrale Unterschied zwischen den Modellen besteht in der Tatsache, daß das strukturelle Modell mit relativ rigiden Unterscheidungen beginnt, die das funktionale Modell übergeht. Es sind dies die Unterscheidungen zwischen Struktur und Inhalt, zwischen Kompetenz und Performanz (Verhaltensgebrauch) und zwischen Qualität und Quantität in der Entwicklung. Mit der Rigidität dieser Unterscheidungen hängt es zusammen, daß das strukturelle Modell darauf besteht, daß:

1. jede neue Stufe eine bestimmte definierbare Struktur hat, eine Struktur, die durch ein logisches System definiert ist;
2. jede höhere Stufe logisch, kognitiv oder philosophisch angemessener als die vorhergehende Stufe ist und diese logisch einschließt. Weil die strukturelle Theorie von vorneherein in ihrer Beschreibung die Struktur vom Inhalt abstrahiert, kann sie universelle, invariante Stufenabfolgen empirisch finden. Der Preis dafür ist jedoch die Abstraktion von der Lebensgeschichte. Strukturelle Stufen geben uns keine Auskunft

darüber, was im Kopf des Individuums vor sich geht. Das Individuum weiß mehr oder weniger, daß es in der Phase der Identitätskrise ist; es weiß nicht, daß es von der Moralstufe 4 auf Stufe 5 übergeht. Im Gegensatz dazu sind Eriksons Stufen nicht als universale Sequenzen empirisch verifiziert worden, sondern sie sind benutzt worden, um Biographien oder Lebensgeschichten zu schreiben.

Tabelle 2
Eriksons funktionale und Piaget-Kohlbergs strukturelle Stufen

Piaget	Erikson
Das Wesen der Stufen	
Stufen sind verschiedene Strukturen für eine einzelne Funktion, z. B. moralisches Urteilen, logisches Begründen. Entsprechend ersetzen spätere Stufen frühere Stufen. Erfahrungen, die zur Entwicklung führen, sind kognitive Erfahrungen bes. Erfahrungen kognitiver Diskrepanz und Übereinstimmung.	Stufen sind die Auswahl oder der Gebrauch neuer Funktionen durch ein Ich – frühere Funktionen oder Wahlen bleiben im Hintergrund der neuen Stufe. Erfahrungen, die zur Entwicklung führen, sind persönliche Erfahrungen, bes. Erfahrungen und Entscheidungen im persönlichen Konflikt.
Focus der Stufen	
Die entwicklungsmäßige Veränderung ist primär eine Veränderung der Wahrnehmung in der physikalischen, sozialen und moralischen Welt. Das Ergebnis der Entwicklung ist Veränderung der Wahrnehmung. Die Stabilität der neuen Stufe ist nicht das Ergebnis von Entscheidungen.	Die entwicklungsmäßige Veränderung umfaßt primär eine selbstgewählte und selbst wahrgenommene Identifikation mit Zielen. Das Ergebnis einer Entwicklung ist relativ beständig und resultiert in einer Entscheidung oder einer Bindung
Spätere Stufen sind kognitiv adäquater als frühere Stufen: (1) die Denkstrukturen früherer Stufen sind in ihm aufgehoben, (2) die gleichen Probleme werden besser gelöst und (3) sie sind universeller anzuwenden oder zu rechtfertigen aufgrund der Universalität und des Umfangs der von ihnen geordneten Erfahrungen.	Spätere Stufen sind nicht in bezug auf kognitiven Umfang angemessener, sondern in bezug auf Tugend oder Ich-Stärke, d. h. in ihrer Fähigkeit, persönliche Erfahrungen auf stabile, positive und sinnvolle Weise zu ordnen. Jedoch sind der Erwerb einer Stufe und ihre adäquate Benutzung nicht identisch.

Durch ihre Abstraktion von der Lebensgeschichte erkauft die strukturelle Theorie ihre empirische Verifizierbarkeit als historisch und kulturell universal. Sie gewinnt mit dieser Abstraktion einen zusätzlichen Vorteil; eine klare logische oder moralisch-philosophische Rechtfertigung, z. B. der Art und Weise, in der jede spätere Stufe besser oder angemessener ist als die vorhergehende (Kohlberg 1971 a). Im Gegensatz dazu gibt Eriksons Theorie eine eher psychologische als eine logische oder moralisch-philosophische Begründung der These, daß jede Stufe neue ›Stärke‹ oder ›Weisheit‹ für das Individuum bringt. Daher ist der Ansatz von Erikson in seinen moralischen und anderen Aspekten eher kulturspezifisch (obgleich nicht relativistisch) als der strukturelle Ansatz.

Der zweite grundlegende Unterschied zwischen den Stufenmodellen ist also, daß sich – mit der Entfernung vom reinen Strukturalismus bei den Stufendefinitionen – eher psychologische als logische Begründungen dafür finden lassen, daß und inwiefern spätere Stufen angemessener sind als die vorhergehenden.

Diese Unterscheidung zwischen logischer und psychologischer Angemessenheit hängt wiederum mit dem dritten grundlegenden Unterschied zusammen, nämlich der Zentrierung der Ich-Stufen auf das Ich oder das Selbst als das, was sich mit der Entwicklung verändert und fähiger wird. Beide, die strukturelle und die funktionale Stufentheorie, gehen davon aus, daß es einen Parallelismus zwischen der Entwicklung des Selbst und den Orientierungen in der Welt gibt; aber kognitive und moralische Stufen betonen den Welt-Pol, funktionale Stufen den Selbst-Pol.

Piagets kognitive Stufen und Kohlbergs Moralstufen repräsentieren eine Abfolge zunehmend angemessenerer Kognitionen einer relativ konstanten physikalischen und sozialen Welt. Vom Standpunkt der strukturellen Theorie aus ist die objektive moralische Welt, in der das Kind lebt, während seiner gesamten Entwicklung im Grunde in etwa die gleiche. Die grundlegenden Veränderungen in der moralischen Welt des Kindes erwachsen aus den entwicklungsbedingten Veränderungen seiner Perzeption der Welt. Im Gegensatz dazu ist der Focus von Eriksons Modell das sich verändernde Selbst. Während die sozio-moralische Welt mehr oder weniger konstant ist, verändern sich das Selbst des Kindes, seine Kompetenz und seine Position in dieser Welt ständig. Erikson versucht diese Veränderungen durch eine invariante Sequenz von Herausforderungen und entsprechendem Wachstum des Selbst zu charakterisieren; entweder als Gefühl der Kompetenz des Selbst, verstanden als Rangordnung zunehmend erhöhter Fähigkeiten im Sinne zunehmender Ich-Stärke und Ich-Integration, oder als Stabilisierung eines Selbstwertgefühls.

Das Selbst als Focus der Ich-Stufen impliziert wiederum einen anderen grundlegenden Unterschied zwischen Piagets und Eriksons Stufen: nämlich die zentrale Rolle, die Optionen bei Erikson spielen. Stufen der Wahrnehmung der Welt können nicht direkt als Wahlhandlungen definiert werden. Im Gegensatz dazu sind Stufen in der Wahrnehmung des Selbst und seiner Entwicklung Stufen der Optionen eines Selbst. Moralische Entscheidungen und moralische Entwicklung können entweder als Option (oder Veränderung) des moralischen Selbst oder als Veränderung in den perzipierten moralischen Prinzipien gesehen werden. Die erste Auffassung kennzeichnet die zentrale Perspektive von Eriksons Stufen, die letztere die Moralstufen von Kohlberg.

Zusammengefaßt koinzidieren sowohl die Zentrierung auf das Selbst wie auch die Zentrierung auf Optionen mit der Konzeption von Stufen eines Ich, als Entscheidungs- oder Vollzugsorgan, das kognitive und andere Strukturen benutzt. Kohlbergs Moralstufen thematisieren dagegen primär die Form und den Inhalt ›objektiver‹ moralischer Prinzipien und weniger den Prozeß ihrer Wahl, ihres Gebrauchs oder ihrer Anwendung durch das Selbst. Eine integrierte Theorie sozialer und moralischer Stufen würde versuchen, beide Perspektiven zu berücksichtigen.

VIII. VORSTELLUNGEN ÜBER EINE 7. STUFE

Eriksons Idealmensch durchläuft seine 7. Stufe der Generativität und wird ein ethischer Mensch – ein Ideal, das der 6. Stufe Kohlbergs entspricht. Für Eriksons Idealmenschen verbleibt dann eine Aufgabe, die z. T. ethisch, tiefer gesehen religiös ist (im weitesten Sinne des Begriffs religiös) – eine Aufgabe, die eine 8. Stufe definiert, deren Ergebnisse Integrität vs. Verzweiflung sind. Das Problem der Integrität ist nicht das der moralischen Integrität sondern das Problem der Integration und der Integrität des Sinns des individuellen Lebens sowie seine negative Seite, Verzweiflung, die um das Bewußtsein des Todes kreist. Dieses Problem ist auch psychologischer Art. Das Konzept der Integrität des Selbst ist psychologisch, aber das Konzept der Integrität des Sinns des eigenen Lebens ist philosophisch oder religiös. Wie Santayana (1954) sagt: »Diese kämpfende und wechselnde Kraft der Religion scheint eine letzte Harmonie innerhalb der Seele und eine letzte Harmonie zwischen der Seele und allem, von dem die Seele abhängt, zu erzeugen. So daß die Religion in ihrem Anliegen ein bewußteres und direkteres Verfolgen eines vernünftigen Lebens ist als Gesellschaft, Wissenschaft und Kunst. Denn diese nähern sich dem idealen Leben versuchsweise und bruchstückhaft; sie haben das Ziel kaum im Auge oder sie kümmern sich nicht um die letzte Rechtfertigung ihrer instinktiven Ziele. Auch die Religion hat eine instinktive und blinde Seite, aber schon bald erspürt sie ihren Weg zum Herzen der Dinge und wendet sich zum Letzten hin.« (S. 181.)

Eine Diskussion der 7. Stufe unserer eigenen Stufenabfolge – eine rein hypothetische und auf keinen Daten basierende Diskussion – ist primär der Versuch, Eriksons Konzept expliziter philosophisch zu machen. Sie bezieht sich auf Fowlers (1972) Ansätze einer Definition religiöser Stufen, die zu den Moralstufen dieses Autors wie zu Eriksons Ich-Stufen parallel sind. Eine erste grundlegende Konzeption ist die, daß es ebenso eine postkonventionelle religiöse Orientierung gibt, wie es eine postkonventionelle ethische Orientierung gibt. Eine zweite grundlegende Konzeption einer 7. Stufe ist, daß eine adäquate postkonventionelle religiöse Orientierung sowohl abhängig ist von wie auch herausgefordert wird durch die Orientierung der Stufe 6 an universellen menschlichen und ethischen Prinzipien.

Nach dem Erwerb eines klaren Bewußtseins von universellen ethischen Prinzipien, die gegen die üblichen skeptischen Zweifel abgesichert sind, bleibt als stärkste skeptische Ungewißheit: die Ungewißheit ›warum moralisch sein?‹, ›warum gerecht sein in einem Universum, das zum großen Teil ungerecht ist?‹ Dies ist natürlich eines der Probleme, das auf der Stufe des Übergangs-Relativismus und des Skeptizismus für unbeantwortbar gehalten wird. Die Antwort der Stufe 5, der Stufe des sozialen Kontrakts, ist im Grunde eine Kompromißantwort: das eigene Glück wird auf soziale

Weise oder mit Rücksichtnahme auf die Rechte und das Wohlergehen der anderen verfolgt. Die ethischen Prinzipien der Stufe 6 bieten zwar eine vollständigere Lösung für das Problem der Relativität von Werten als die der Stufe 5, ihre Lösung des Problems ›warum moralisch sein?‹ ist jedoch eher noch unbefriedigender. Der Widerspruch zwischen ethischen Prinzipien und egoistischen oder hedonistischen Interessen ist schärfer als der zwischen sozialem Kontrakt und Hedonismus.

Die Antwort auf die Frage ›Warum moralisch sein?‹ impliziert auf diesem Niveau die Frage ›warum lebt man?‹ (und die parallele Frage ›wie dem Tode gegenübertreten?‹), so daß höchste moralische Reife eine ausgereifte Lösung der Frage nach dem Sinn des Lebens erfordert. Andererseits ist dies kaum eine moralische Frage per se, sondern eine ontologische oder religiöse. Diese Frage ist nicht nur keine moralische Frage, sondern auch keine Frage, die durch rein logische oder rationale Mittel lösbar wäre, wie es moralische Fragen sind. Nichtsdestoweniger soll eine rein metaphorische Konzeption einer 7. Stufe herangezogen werden, um einige sinnvolle Lösungen dieser Frage aufzuzeigen, die mit rationaler Wissenschaft und rationaler Ethik vereinbar sind (Kohlberg 1971 b). Typisch für alle Lösungen der Stufe 7 ist, daß sie kontemplative Erfahrungen nicht-egoistischer und nicht-dualistischer Art involvieren. Die Logik solcher Erfahrung wird manchmal in theistischer Sprache formuliert, dies muß aber nicht sein. Ihr Kernpunkt ist das Gefühl, Teil des Lebensganzen zu sein, sowie die Übernahme einer kosmischen – im Gegensatz zu einer universell humanistischen (Stufe 6) – Perspektive.

Das Konzept einer solchen Stufe 7 ist natürlich in religiösen Schriften und in der klassischen metaphysischen Tradition von Plato bis Spinoza wohlbekannt. In den meisten Darstellungen beginnt die Entwicklung mit Verzweiflung. Diese Verzweiflung birgt den Anfang einer kosmischen Perspektive. Diese Verzweiflung fühlen wir, wenn wir aus einer mehr unbegrenzten Perspektive unser Leben als begrenzt zu sehen beginnen. Die Sinnlosigkeit unseres Lebens im Angesicht des Todes ist die Sinnlosigkeit der Endlichkeit aus der Perspektive des Unendlichen. Die Auflösung der Verzweiflung, die wir Stufe 7 nennen, ist die Fortsetzung des Prozesses der Übernahme einer eher kosmischen Perspektive, dessen Anfang die Verzweiflung ist. In gewisser Weise stellt sie ein Umschlagen von der Figur zum Grund dar. In der Verzweiflung sind wir das Selbst, das aus der Distanz des Kosmos oder des Unendlichen metaphorisch gesehen wird. Im Stufe 7 genannten Geisteszustand identifizieren wir uns selbst mit der Perspektive des Kosmos oder der Unendlichkeit und bewerten das Leben aus ihrer Sicht.

Spinoza, der an prinzipiengeleitete Ethik und an eine Wissenschaft mit Naturgesetzen glaubte, konnte sich in eine solche seelische Verfassung noch hineinversetzen, die er als die ›Vereinigung des Geistes mit der gesamen Natur‹ bezeichnete. Auch die meisten ›nicht-religiösen‹ Menschen erfahren für kurze Augenblicke – auf einem Berggipfel oder beim Anblick des Ozeans – eine solche Gemütsverfassung. Während dieser Zeit wird das, was gewöhnlich Hintergrund ist, zum Vordergrund, und das eigene Selbst ist nicht länger die Figur auf diesem Grund. Es wird die Einheit des Ganzen und das Selbst als Teil dieses Ganzen erfahren. Diese Erfahrung der Einheit, oft als bloßer Ansturm mystischer Gefühle abgetan, ist auch mit einer Überzeugungsstruktur verbunden. Die Umkehrung von Figur und Grund, die in dem kontemplativen Augenblick gefühlt wird, hat ihre Analogie in der Entwicklung des Glaubens. Diese Entwicklung hat wiederum einige Parallelen zu dem Werdegang des moralischen Denkens. Die Adoleszenzkrise des Relativismus, Stufe 4½, kann nur auftreten, weil es eine vage Ahnung von einem universellen ethischen Standard gibt, von dem her gesehen der kulturelle Code relativ und willkürlich ist. Gründlich und konsequent die Krise des Relativismus durchleben heißt dezentrieren: vom eigenen Selbst absehen, Figur und Grund umkehren und als Figur den erahnten Standpunkt einer Prinzipienorientierung sehen, der den Hintergrund der Relativitätserfahrung ausmacht. Ebenso läßt sich die These vertreten, daß die spätere Krise der Verzweiflung, wenn sie gründlich und beherzt durchlebt wird, zu einem Figur-Grund-Umschlagen führt, das im Gefühl der Verzweiflung die positive Gültigkeit der kosmischen Perspektive offenbart.

Weil die logische Struktur der Stufe 7 vage und ihre philosophische Angemessenheit schwer zu rechtfertigen ist, muß unser Konzept von ihr mehr auf den psychologischen Zeugnissen biographischer Erfahrungen fußen als auf struktureller Analyse. In diesen Zeugnissen wird deutlich, daß Männer von Sokrates bis Martin Luther King, die am eindeutigsten als Menschen gelten können, die für ihre ethischen Prinzipien gelebt haben und gestorben sind, neben einer Bindung an rationale Prinzipien der Gerechtigkeit noch so etwas wie eine feste Stufe-7-Orientierung besaßen.

Wenn wir uns von der Weltgeschichte wieder unserer Longitudinalstudie zuwenden, stellen wir fest, daß die Interessen und Ideen, die Voraussetzung sind für eine in etwa der Stufe 7 entsprechende Orientierung, bei unseren Befragten zwischen 20 und 30 Jahren nicht vorhanden zu sein schienen, selbst bei jenen nicht, die auf der höchsten im Sample vertretenen Stufe, der Stufe 5, standen.

Von den Befragten aus dem Longitudinalsample hat keiner eine postkonventionelle religiöse Orientierung entwickelt; selbst jene Befragten nicht, die die postkonventionelle Moralität der Stufe 5 erreicht hatten. Dies scheint zumindest ein negativer Beweis für eine 7. Stufe zu sein, denn es wird ein Bereich angedeutet, in dem noch im späteren Erwachsenenalter eine moralisch relevante Entwicklung auftreten kann. Obgleich dieser Bereich sich einem strukturellen Ansatz mit seiner philosophischen Konzeption von Angemessenheit wohl nur schwer erschließt, ist seine Analyse doch primär von philosophischem Interesse und erfordert einen philosophischen Zugang. Eines der wichtigsten Ziele einer Psychologie des Lebenslaufs könnte es sein, dazu beizutragen, daß die von Menschen akkumulierte Weisheit von Generation zu Generation weitervermittelt wird. Unsere Experimenteluntersuchungen demonstrierten, daß höhere strukturelle Stufen auf niedrigeren Stufen nicht verstanden werden und daß eine Psychologie der Stufenentwicklung zu einem solchen Verständnis beiträgt.

So ist etwa die vorläufige Isolierung eines auf Stufe 6 gerichteten Entwicklungstrends im moralischen Denken wohl das Interessanteste an einer Untersuchung der Stadien moralischer Entwicklung. Die Anzahl der Erwachsenen, die Stufe 6 erreichen, macht die Untersuchung dieser fortgeschrittenen Moralstufe bedeutungslos für die Beschreibung und Erklärung des Lebens der meisten. Sie trägt jedoch viel dazu bei, eine adäquatere und komplexere Form des moralischen Denkens einsichtig und entwicklungsfähig zu machen. Unser experimenteller College-Kurs legt nahe, daß die Isolierung und Ausformulierung dieser Stufe Studenten auf der Stufe 5 hilft, das akademische Studium der Moralphilosophen in eine Umformulierung ihrer eigenen Gedanken auf einem angemesseneren Niveau umzusetzen. Die Diskussion einer diffuseren, aber doch philosophisch artikulierten Stufe in der Entwicklung des Verständnisses des Lebenssinnes – die der 7. Stufe Eriksons locker entspricht – mag zeigen, daß die Analyse von Biographien eines Tages zum Verstehen und zur Weitervermittlung adäquaterer Vorstellungen vom Sinn des Lebens beitragen kann.

Daraus folgt, daß die Fragen, die bei der Analyse von Biographien gestellt werden müssen, nicht einfach jene sind, die von den Disziplinen der Psychologie oder Soziologie aufgeworfen werden. Letztlich werden Lebensgeschichten untersucht, wenn Menschen lernen wollen, wie sie besser leben können. Von diesem Standpunkt aus führt die Fragestellung einer Psychologie des Lebenslaufs zu einem philosophischen Engagement.

ANMERKUNG

1. Eine erweiterte Fassung der Vorstellungen, die in diesem Kapitel dargestellt werden, wird als Teil eines demnächst erscheinenden Buches veröffentlicht: Kohlberg, L./Turiel, E. (Hrsg.), Recent Research in Moral Development.

Konflikt und Übergangsprozesse der Entwicklung der Moral Jugendlicher

ELLIOT TURIEL

In dieser Arbeit möchte ich Untersuchungen über den Verlauf von entwicklungsbedingten Veränderungen sozialer Konzeptualisierungen bei Adoleszenten beschreiben. Die Untersuchungen basieren auf der Theorie, daß solche Veränderungen stufenweise erfolgen. Eine Reihe von Arbeiten über die Entwicklung physikalischer (Piaget 1952), logischer (Inhelder u. Piaget 1958, 1964) und sozialer (Flavell 1968; Kohlberg 1969; Piaget 1932, 1948) Begriffe hat besonderen Wert auf die Beschreibung der Stufen gelegt. In den genannten Theorien wird angenommen, daß die Entwicklung des Individuums in Stufen erfolgt, die als Strukturen oder Systeme kognitiver Organisation verstanden werden, die sich qualitativ voneinander unterscheiden. Ein Aspekt der Entwicklung, der wenig Aufmerksamkeit erfahren hat, ist die Veränderung von einer Stufe zur anderen. Drei Formen der Veränderung sind innerhalb des Schemas der qualitativ voneinander unterscheidbaren Stadien vorgeschlagen worden: a) Veränderungen, die durch Ereignisse hervorgerufen werden, die eine plötzliche Transformation zur nächsten Stufe zur Folge haben; b) Veränderungen als Addition neuer Elemente zur bestehenden Organisation, wodurch eine neue Organisation entsteht; c) Veränderungen infolge Transformation einer Struktur durch Deformation und Neuformation.

Da wenig Daten erhoben werden konnten, blieb die Diskussion der Stadienveränderung im allgemeinen eklektisch. Alle drei Formen der Reorganisation wurden unsystematisch angewendet. Ich möchte hier jedoch zeigen, daß ein struktureller, entwicklungstheoretischer Ansatz theoretisch mit einem transformatorischen besser vereinbart werden kann als mit einer Erklärung der Veränderung durch Addition. Die vorhandenen Daten stützen die Hypothese, daß die Änderung der sozialen Konzeptualisierungen bei Adoleszenten aus der allmählichen Deformation der vorhandenen bis hin zur Formierung der neuen Struktur entsteht.

Spezifischer habe ich mich mit Forschungen zur Änderung des moralischen Urteils befaßt. Die Einschätzung der Entwicklungsstadien erfolgte nach Kohlberg.*

Ein Durchlaufen dieser Stufen wird eher als Transformation in der Organisation des Denkens denn als eine zunehmende Kenntnis der kulturellen Werte definiert. Meine früheren Arbeiten (Turiel 1969, 1973) führten mich zu der Annahme, daß die

Dieser Aufsatz erschien ursprünglich unter dem Titel: ›Conflict and Transition in Adolescent-Moral Development‹, in: *Child Development*, 1974, 45, S. 14–29. Die Übersetzung besorgte Inge Pethran. Abdruck mit freundlicher Genehmigung des Autors.

* Die nun folgende Definition der Stufen moralischen Urteils wurde weggelassen, da sie sich mit der in E. Turiel, Entwicklungsprozesse des moralischen Bewußtseins des Kindes, abgedruckten weitgehend deckt. Die Herausgeber.

Veränderung von Stufe zu Stufe auf der Interaktion zwischen Kind und Umwelt beruht. Ich schlug vor anzunehmen, daß der Prozeß der Interaktion auf einen Prozeß selbstregulativer ›progressiver Äquilibrierung‹ zurückzuführen sei. Die Entwicklung tendiert kontinuierlich zu einem zunehmenden Gleichgewicht; jede Stufe ist ein besser ausbalanciertes Stadium als das frühere.

Es gibt zwei miteinander in Beziehung stehende Aspekte des Gleichgewichtsprinzips. Der eine bezieht sich auf das Gleichgewicht innerhalb von Strukturen, die ein Ganzes bilden: die Stufen werden als organisierte Prozesse des Denkens und der Verarbeitung von Ereignissen definiert. Der andere bezieht sich auf das Gleichgewicht innerhalb der Interaktion zwischen Individuum und Umwelt. Stufen einer Entwicklungssequenz sind in zweierlei Hinsicht aufeinander aufbauende Gleichgewichtszustände. Zum einen hat jede Stufe ein größeres Gleichgewicht als die vorhergehende (z. B. größere innere Konsistenz), zum anderen repräsentiert jede Stufe eine besser ausbalancierte Weise der Interaktion mit der Umwelt. D. h., jede Stufe ermöglicht eine adäquatere Weise des Verständnisses moralischer Probleme und der Lösungsmöglichkeiten für vorhandene Konflikte. Umgekehrt sind vermehrte Konflikte oder eine Ungleichgewichtssituation Bedingungen der Entwicklung. D. h., sobald existierende Strukturen den auftretenden Schwierigkeiten nicht mehr gewachsen sind, kann der daraus entstehende Zustand erhöhten Ungleichgewichts (der sich in Konflikten und Konfusion manifestiert) zu kompensatorischer Aktivität führen. In diesem Fall kann der feedback neuer Informationen zum Übergang auf eine neue Stufe führen.*

II. EINE ANALYSE ENTWICKLUNGSBEDINGTER VERÄNDERUNGEN

In diesem Abschnitt möchte ich die Ergebnisse von Untersuchungen über die Veränderung der moralischen Urteile und Bewertungen während der Spätphase der Adoleszenz diskutieren. Die Spätphase der Adoleszenz wird allgemein als eine Lebensphase angesehen, die durch bedeutsame Veränderungen und viele Konflikte ausgezeichnet ist. Die Spätphase der Adoleszenz wurde als eine Übergangsphase in der Entwicklung des Ich (Erikson 1950; Parry 1970), als eine Periode von Identitätskrisen (Erikson 1968) und der Persönlichkeitsintegration (Sanford 1962) angesehen. Trotz ihrer unterschiedlichen Perspektiven haben diese Theoretiker Konflikte hinsichtlich der moralischen Werte als wichtig für die Entwicklung des Adoleszenten gehalten. Auch jene, die sich direkt mit dem Studium des moralischen Bewußtseins beschäftigten (Boyd 1972; Haan 1971; Kohlberg und Kramer 1969) kamen zu dem Ergebnis, daß Veränderungen und Konflikte für die Spätphase der Adoleszenz cha-

* Der folgende etwa 3 Seiten umfassende Abschnitt wurde gestrichen. In ihm begründet und belegt Turiel im wesentlichen, warum er die Vorstellung, Stufenwechsel sei Folge einer Transformation alter Strukturen, für angemessener hält als das Modell einer bloßen Addition neuer Elemente zu unverändert bleibenden alten Strukturen. Die Herausgeber.

rakteristisch sind. Obwohl bekannt ist, daß die frühen College-Jahre mit einer erheblichen Transformation im moralischen Bewußtsein verbunden sind, gibt es keine Untersuchungen über die Veränderungsprozesse als solche, durch die die Transformation bewirkt wird. Wie bereits gesagt, wurden vor allem die Stadien definiert und überprüft, nicht aber die Mechanismen der Veränderung von Stufe zu Stufe.

Meine Arbeiten über die stufenweisen Transformationen haben zu einer Analyse des Übergangsprozesses von Stufe 4 zu Stufe 5 in diesem Alter geführt. Als Teil einer größeren Studie über die Entwicklung sozialer Konzeptualisierungen wurden Gruppen von Schülern und College-Studenten interviewt. Bei der Untersuchung waren drei Untersuchungsmethoden relevant. Zum einen wurden die moralischen Dilemmata von Kohlberg (1958) verwendet. Ein Beispiel eines solchen moralischen Dilemmas ist der Fall eines Mannes, der sich entscheiden muß zwischen dem Einbruch in eine Apotheke, um ein lebensrettendes Medikament, das er nicht bezahlen kann, zu erlangen, und dem Tod seiner Frau. Außerdem habe ich einen Fragebogen entworfen, um die Entwicklung der Konzeptualisierung von Normen, Sitten und Konventionen studieren zu können. Eine der Hypothesen war, daß mit dem Übergang von Stufe 4 zu Stufe 5 zwischen moralischen Fragen und sozialen Normen und Konventionen differenziert wird. Da die Fragen des Kohlberg-Interviews kein ›gesellschaftlich-konventionelles‹ Denken provozieren, haben wir ein Interview entworfen, das eine Anzahl Geschichten um Konflikte, die aus Problemen der Anrede, der Geschlechtsrolle, des Status, der Mode usw. entstehen, enthält. Schließlich wurden in beide Interviews Fragen eingebaut, mit denen wir die Art der Konflikte, die für den Transformationsprozeß bedeutsam sind, testen konnten. Auf der Grundlage der schon geschilderten Gleichgewichtshypothese rechnete ich damit, daß der Übergang von Stufe 4 zu Stufe 5 eine Phase des Konflikts und Ungleichgewichts involviert, so daß die Antworten nicht eindeutig einer bestimmten Stufe zugeordnet werden konnten. Wie in der anderen zitierten Untersuchung, traf eine Reihe älterer Oberschüler und Studienanfänger vieldeutige Urteile. Wie erwartet waren die Urteile inkonsistent, konfliktreich und voller Widersprüche. Die hauptsächlichste Inkonsistenz bestand zwischen a) einem Relativismus, der offensichtlich die Gültigkeit moralischer Urteile und Konzepte leugnet, und b) einem Moralismus, der durchaus moralische Urteile abgibt und entsprechende Konzepte verwendet. Das augenfälligste Merkmal ihrer Urteile war die vehemente Leugnung von Moral überhaupt. Typischerweise wurde behauptet, daß (a) alle Werte relativ und beliebig seien, (b) man überhaupt nicht darüber urteilen solle, was andere tun sollten, (c) jeder seine eigenen Entscheidungen treffen müsse und (d) Begriffe wie ›Pflicht‹, ›gut‹, ›soll‹, ›moralisch‹ keine Bedeutung hätten. Die zweite Auffälligkeit war die Inkonsistenz, mit der der Relativismus angewandt wurde. Neben der Ansicht, daß moralische Werte willkürlich seien, gab es bei bestimmten Problemen ein starkes Engagement für moralische Positionen.

Die Gleichzeitigkeit von Leugnung und Verwendung moralischer Behauptungen charakterisieren den Transformationsprozeß als solchen. Wie die Analyse zeigen wird, bedeutet das offensichtliche Verwerfen der Moral keine Ablehnung von Moral überhaupt; es handelt sich vielmehr um eine teilweise Ablehnung moralischer Konzeptualisierungen der Stufe 4, von denen sich das Denken der Probanden soeben befreite. Ich will versuchen zu zeigen, daß sie sich (a) in einer Selbstprüfungsphase befanden, in der sie sich bewußt damit auseinandersetzten, was auf Stufe 4 moralisch und logisch adäquat ist. Das beruht (b) auf dem Entstehen von noch unzulänglich verstandenen Moralbegriffen der Stufe 5. Die Hypothese besagt, daß die Stufenveränderung darin besteht, daß zu gleicher Zeit vorhandene Denkweisen überdacht und adäquatere gebildet werden. Was den Transformationsprozeß charakterisiert und von einem stabilen Zustand unterscheidet, ist diese Kombination von einer entstehenden, noch unvollständigen Denkweise mit der Überarbeitung der bisherigen. Die speziellen Charakteristika des Übergangs von Stufe 4 zu 5 sind unten angegeben und können so zum Vergleich mit den Charakteristika der Stufen 4 und 5 herangezogen werden.

1. Gesellschaft und Individuum werden als moralische Agenten unterschieden und die Existenz unterschiedlicher Werte wird erkannt. Das führt a) zum Infragestellen der Stufe-4-Definitionen von Moral als einem Code fester und unveränderlicher Regeln, die b) von der Gesellschaft aufgestellt und diktiert werden.
2. In Frage gestellt werden externe Standards wie Gesetze, Autorität, Gott usw. als Kriterien der Gültigkeit und Objektivität moralischer Werte. Sie werden als inadäquat für die Verifikation der Wahrheit oder Universalität von Moral angesehen.
3. Nachdem sie die Begriffe der Stufe 4 in Frage gestellt haben, sehen die Probanden Gesellschaften als gesetzmäßige, selbstregulative Systeme an. Stufe-4-Moral wird insoweit als inadäquat angesehen, als das Recht anderer Gesellschaften auf andere Ansichten nicht berücksichtigt ist, so daß eine Gesellschaft der anderen ihre Ansichten aufoktroyieren kann.
4. Die Definition von Moral als von der Gesellschaft aufgestellte Regeln und Werte wird als eine despotische Beschränkung der persönlichen Freiheit und als Bevormundung des Individuums empfunden. Im Hinblick auf das Nichtvorhandensein objektiv gültiger Moralstandards werden Restriktionen, die den Individuen aufgrund abweichender Ansichten von der Gesellschaft auferlegt werden, als ungerechtfertigt angesehen. Es gibt erste Ansätze einer Definition von Persönlichkeitsrechten und individueller Freiheit, die darauf hinauslaufen, daß das Individuum das Recht habe, autonome moralische Entscheidungen zu treffen.
5. Die Formulierung des Prinzips der Gleichwertigkeit von Individuen entspringt der Ablehnung der Moralkonzepte der Stufe 4. Andere als gut oder böse zu klassifizieren, wird als Einstufung in ungleichwertige Kategorien empfunden.
6. Das Bestreben, die Gültigkeit moralischer Begriffe adäquat zu verifizieren, führt zu dem Versuch, zwischen moralischen Prinzipien und Konventionen zu differenzieren.

Jeder dieser Begriffe wird im folgenden näher erläutert. 1. Ich beginne die Analyse mit den Antworten eines 19jährigen Studenten (A), dessen Urteile relativistisch und instrumentalistisch erscheinen. Seine Antworten auf die Frage, ob der Ehemann die Medizin stehlen solle, um seine Frau zu retten, lauten:

»Ja, seiner eigenen Meinung nach war er wahrscheinlich dazu berechtigt, weil mit dem Stehlen der Medizin ein Risiko verbunden war. Er hatte aber auch etwas zu gewinnen, und offensichtlich dachte er, daß der Gewinn größer sein würde als das Risiko. *Was ist hier zu gewinnen?* Das Leben seiner Frau, das ihm, denke ich, etwas bedeutet, weil er sie liebt . . . Ich meine, alles, was man tut, tut man um des eigenen Vorteils willen, sogar, wenn man etwas für einen anderen, Nahestehenden tut: Auch dann ist es ein persönlicher Gewinn, weil man Lust daraus zieht. Es geht nur um den persönlichen Vorteil, wenn er die Medizin stiehlt. – *Meinen Sie, daß der Ehemann verpflichtet wäre, die Medizin zu stehlen, wenn er sie auf andere Weise nicht beschaffen kann?* –

Ich weiß nicht, das Wort Pflicht mag ich nicht, damit zwingt man ihm die Moralvorstellungen der Gesellschaft auf; wer aber ist berechtigt, einem zu sagen, Du mußt dies oder mußt das tun? Wenn er meint, daß es seine Pflicht ist, gut, *ich* vermag nicht zu sagen, daß es seine Pflicht ist. –

Sie scheinen etwas dagegen zu haben, jemandem Ihre Moralvorstellungen aufzudrängen.

Ja, einfach, weil ich ein Individualist bin; ich glaube an den Einzelnen. Niemand kann mir sagen, was richtig und was falsch ist. Andere, wie meine Eltern, können mich lenken und mir sagen, was nach dem Gesetz richtig oder falsch ist, aber ich muß mich selbst entscheiden. Genau wie hier der Ehemann selbst entscheiden muß, was richtig, was falsch ist.«

Für A, wie für eine Reihe anderer, beruht die Entscheidung über den Diebstahl der Medizin auf einer Abwägung des Handelnden zwischen Gewinn und Verlust. Er gab an, daß es keine Frage der Pflicht sei, und verwarf den Pflichtbegriff überhaupt. Es ist bemerkenswert, daß die Antworten von A denen eines Probanden bei Kohlberg und Kramer (1969, S. 110) ähneln. Die relativistischen und egoistischen Antworten bei dem Kohlberg-und-Kramer-Probanden führten diese zu dem Schluß, daß es sich um eine Regression auf Stufe 2 handle. Wenn man aber solche Antworten als Regression auf Stufe 2 einstuft, geht die nicht-relativistische Qualität der Antworten verloren. Es fällt auf, daß A dafür plädiert, daß jedes Individuum seine eigenen Entscheidungen trifft, aber gleichzeitig impliziert er das moralische Urteil, daß es falsch ist, wenn die Gesellschaft den Individuen moralische Vorschriften aufoktroyiert. Zu bemerken ist auch, daß A der Meinung ist, daß einer den anderen nicht beurteilen solle (»*Ich* vermag nicht zu sagen, daß es seine Pflicht ist«), daß man selbständig entscheiden muß, was moralisch richtig oder falsch ist (»Der Ehemann muß selbst entscheiden, was hier richtig, was falsch ist«).

Natürlich mußten wir noch weiter in das Denken der Probanden über das Verhältnis zwischen Individuum und Gesellschaft eindringen. Wäre ihre Denkweise tatsächlich nur auf Stufe 2, müßten wir erwarten, daß sie die Beziehung des Individuums zur Gesellschaft in instrumentellen Begriffen beschreiben. Das war jedoch nicht der Fall. Vielmehr reflektiert der von den Probanden zum Ausdruck gebrachte Relativismus die Differenzierung zwischen individuellen und gesellschaftlichen Moralsystemen. Während auf Stufe 4 zwischen den moralischen Wertorientierungen und den gesellschaftlich dominanten Wertorientierungen nicht differenziert wird, unterscheiden diese Probanden zwischen persönlichen und gesellschaftlichen Werten und sehen beide als gültige Systeme an.

Auf die Frage, wie er den Begriff »Pflicht« interpretieren würde, antwortete z.B. A: »Die (die Gesellschaft) zwingen ihm eine moralische Entscheidung auf, während es ihm überlassen bleiben sollte, was er tun will – ohne Rücksicht darauf, was die Gesellschaft will. Es ist keine Pflicht, es handelt sich einfach um eine persönliche Entscheidung. Was er selbst denkt, was richtig oder falsch ist.«

Aus dieser Antwort können wir sehen, daß Wertbegriffe der Gesellschaft und des Individuums unterschieden und beide als gültig angesehen werden. Die Unterscheidung beinhaltet einen Begriff vom Individuum als einem autonomen moralischen System. Individuen werden unterschiedliche Wahrnehmungs- und Denkweisen zugeschrieben, die zu unterschiedlichen Interpretationen der Realität führen. Da die Menschen ein Recht auf ihre eigene Interpretation der Realität haben und das moralische Bewußtsein auf solchen Interpretationen basiert, gibt es legitimerweise unterschiedliche Moralvorstellungen.

»Ich glaube einfach nicht, daß man sich ganz in die Lage eines anderen hineindenken und ihm sagen kann, was richtig ist. Ich kann die Welt nicht mit jemandes anderen Augen betrachten. Die Welt sieht vielleicht mit den Augen des anderen völlig anders aus und rechtfertigt eine ganz andere Moral. Ich kann über jemand anderen nicht sagen, daß er im Unrecht ist. Vielleicht sind sie gegenüber der Gesellschaft im Unrecht. Wenn sie anderen Individuen absichtlich Unrecht tun, muß ich sie wohl verurteilen und gar bestrafen ... Wenn ihre Ansicht der Realität von der generell akzeptierten Ansicht der Gesellschaft erheblich abweicht, dann kommen sie hinsichtlich der Moral auch zu ganz anderen Überlegungen. Und ich kann doch einen Menschen nicht einfach verurteilen, bloß weil er andere Moralbegriffe hat. Vielleicht sind diese nicht sehr brauchbar oder führen nicht sehr weit. Vielleicht sind sie auch für andere Menschen schädlich, aber ich kann jemanden nicht deshalb verurteilen, weil er andere Ansichten von der Realität hat.«

Zunächst müssen wir darauf hinweisen, daß diese Antworten beweisen, daß die Ähnlichkeiten zwischen den Vorstellungen der Stufe 2 und dem Eintreten dieses Probanden für individuelle moralische Entscheidungen nur Ähnlichkeiten des Inhalts sind, nicht aber der Struktur. Auf A's Inkonsistenz (die für Probanden im Übergangsstadium charakteristisch ist) – indem er zunächst sagt, er würde denjenigen bestrafen, der anderen schadet, dann aber bemerkt, er könne niemanden verurteilen, dessen Ansichten andere verletzten – werde ich später zurückkommen. Solche Inkonsistenzen reflektieren sowohl ein unzulängliches Verständnis von Konzeptualisierungen der Stufe 5 wie auch eine Ablehnung der Konzepte der Stufe 4. Begriffe wie ›Pflicht‹ oder ›soll‹ werden von diesen Probanden abgelehnt, weil sie als Moralbegriffe der Gesellschaft gelten, die dem Individuum äußerlich sind, und auch weil sie Unterdrückung bedeuten würden (Unterdrückung des Individuums durch die Gesellschaft). Die Ablehnung dieser Begriffe korrespondiert direkt der Ablehnung der für Stufe 4 typischen Konzeptualisierung von Moral. Pflicht z.B. wird definiert als eine Einengung des Individuums durch die Gesellschaft. Gleichzeitig aber wird aus der Sicht von Stufe 4 Moral selbst als eine soziale Einengung und Konformität angesehen. Deshalb impliziert die Ablehnung von Pflicht Ablehnung von Moral überhaupt, da Moral von den Probanden mit Pflicht gleichgesetzt wird. Trotzdem verwerfen sie nicht notwendigerweise irgendeinen anderen Begriff des Guten, den sie nicht als ›moralisch‹ bezeichnen.

Im ganzen passen die Antworten aus A's Interview in keine Stufe genau. Vielmehr reflektiert A's Denken den noch unvollständigen Versuch, die Unzulänglichkeiten des moralischen Bewußtseins von Stufe 4 zu verstehen.

2. Wenn wir den Versuch, Moral als autonome Entscheidung (und nicht als gesellschaftlichen Zwang) zu definieren, als Ausdruck der Ablehnung von Konzeptualisierungen der Stufe 4 ansehen, erwarten wir von einem im Übergang befindlichen Subjekt, daß es die Möglichkeiten der Geltungsprüfung moralischer Werte neu überdenkt. D. h., wir halten es für wahrscheinlich, daß die Kriterien der Stufe 4 erneut überprüft werden. Die Subjekte im Übergangsprozeß haben die Kriterien der Stufe 4 insofern überwunden, als sie nicht mehr daran glauben, daß äußerliche Standards wie Gott, Autorität, Gesetz, Gesellschaft, Regelsysteme usw. bestimmen, was moralisch gültig oder wahr ist. B (18 Jahre alt) z. B. stellt solche Überlegungen an in einer Diskussion darüber, ob es richtig gewesen wäre, einem entlaufenen Sklaven bei der Flucht zu helfen.

»Man hat zwei Möglichkeiten: ihn zurückzubringen oder nicht. Man kann nicht wissen, wie die Sache von Gottes Standpunkt – wenn es ihn gibt – oder von der Wahrheit – wenn es etwas derartiges gibt – her gesehen aussehen würde. Bei meiner Entscheidung kann ich mich nur auf mein eigenes Urteil verlassen, und das besagt, daß es nicht richtig ist, einen Sklaven zurückzubringen, daß es richtig wäre, den Sklaven freizulassen, weil ich der Meinung bin, daß Menschen niemandes Eigentum sein sollten. Es gibt Leute, die meinen, daß man den Sklaven zurückbringen muß, weil derjenige, dem der Sklave gehörte, ein Recht darauf hat. Das sind sicher vertretbare Überlegungen . . . – Ich würde sie nicht unterschreiben – aber vom Standpunkt der Wahrheit, ich meine mit Wahrheit jetzt etwas Absolutes, so etwas über allem, kann man nicht wissen, was richtig ist.«

Da Stufe-4-Kriterien der Geltung moralischer Urteile nicht mehr vorhanden sind, wird geschlossen, daß moralische Werte überhaupt nicht *objektiv* verifiziert werden können. Dies ist einer der Pfeiler des relativistischen Denkens während der Übergangsphase. A wurde gefragt, ob sein Urteil, daß das Leben erhalten werden sollte, grundsätzlich richtig sei: »Für mich ist es etwas grundsätzlich Richtiges, vielleicht nicht für Sie. Aber für mich ist es so . . . Das kann man nicht überprüfen. Es handelt sich um beinahe geistige Werte, überprüfen kann man aber in dieser Welt nur ein physikalisches Experiment, zum Impulssatz z. B. oder so was ähnliches.«

Typischerweise betonen die Probanden, daß es objektive Kenntnisse auf physikalischen oder mathematischen Gebieten gäbe, aber nicht in der Moral. Das Bewußtsein von der Vielfalt von Wertorientierungen bei verschiedenen Individuen diente zur Begründung der Nicht-Verifizierbarkeit moralischer Urteile. Hierzu sagte B:

»Sagen wir, es besteht eine Situation X. Ich versuche, sie ganz distanziert zu betrachten. Wenn ich das versuche, komme ich zu einer ganz relativistischen Betrachtungsweise ... wie ich mich auch bemühe, ich betrachte alles unter einem bestimmten Blickwinkel. Jemand anders hat einen anderen Blickpunkt, wieder jemand anders noch einen anderen ... es gibt mehrere Perspektiven, und wenn diese nicht übereinstimmen, verstehe ich nicht, wie man eine davon über die anderen stellen kann ... Ich habe mit meinem Zimmergenossen darüber gesprochen, und ich nahm als Beispiel den typischen Bigotten aus dem Süden: in dieser Rassendiskriminierungssituation würde er sicher sagen, alle Schwarzen müßten getötet werden oder so was ähnliches. Schön, das ist seine Meinung, und ich habe eine andere. Ich werde seine Meinung nie akzeptieren und er meine nicht. Wenn ich jetzt behaupten würde, daß er von der Gesellschaft oder seiner Umgebung beeinflußt ist, oder daß er dumm ist, oder weniger intelligent als ich oder so was ähnliches, womit man ihn schlechtmacht, dann fühle ich mich nicht wohl dabei, denn ich werde ja auch von meiner Umgebung beeinflußt. Wieso sollte ich annehmen, daß meine Umgebung mich besser gemacht hat als seine Umgebung ihn ... Ich denke, solche unterschiedlichen Meinungen gibt's überall in der Welt.«

Obwohl sie Moral also als relativ ansehen, haben die Probanden selbst moralische Überzeugungen. Sie charakterisieren jedoch ihre eigenen Überzeugungen, die sie als nur subjektives Regelsystem ansehen, negativ, z.B. als Neigungen oder Vorurteile; C (21 Jahre alt) macht diesen Standpunkt klar, als er erklärte, warum er niemanden töten würde: »Das würde meinen Moralcode verletzen. Ich habe da ein Vorurteil.« C bezeichnete seine eigenen Ansichten unentwegt als ›Vorurteile‹ und begründete das damit, daß moralische Werte nicht verifiziert werden können.

Alles in allem wurden die Kriterien der Stufe 4 für die ›Wahrheit‹ moralischer Urteile von den Probanden in Frage gestellt, aber Prinzipien zur Regulierung der Vielfalt individueller Überzeugungen haben sie noch nicht gefunden. Es wird daraus gefolgert, daß die komparative Gültigkeit moralischer Urteile nicht bestimmt werden kann. Das bedeutet aber nicht, daß moralische Überzeugungen überhaupt nicht anerkannt werden. Vielmehr sind sich die Probanden der Subjektivität ihrer persönlichen Wertorientierungen bewußt und lehnen nur die vermeintliche Objektivität kollektiver Werte ab. Da sie eine Verifizierung der Wertbegriffe nicht für möglich halten, wenden sie sich gegen alles, was von anderen verlangt, einer bestimmten moralischen Überzeugung zu folgen.

3. Da der Adoleszent in der Übergangsphase dem Individuum ein selbständiges moralisches Bewußtsein zuschreibt, scheint er die Perspektive der Gesellschaft auszuklammern. Gesellschaft wird nicht mehr als ein geschlossener Kodex von Gesetzen und Werten definiert; moralische Werte werden als Etikettierungen und Bewertungen verstanden. Trotzdem wird der Versuch gemacht, Gesellschaften als gesetzmäßige Systemzusammenhänge zu interpretieren. Nicht ein Moralcode wird als Basis der Gesetzmäßigkeit der Gesellschaft angesehen, sondern evolutionäre und soziologische Prinzipien von Überleben und Effizienz.

Diese Prinzipien determinieren – nach Meinung der Probanden – sowohl das tatsächliche Funktionieren der Gesellschaft wie die Art, in der die Gesellschaft funktionieren sollte. Mord wird nicht verurteilt, weil er moralische Prinzipien, sondern weil er biologische Gesetze verletzt. A erklärte, warum er Mord nicht für richtig hält: »Jede Art neigt dazu, ein geeignetes Verhalten zu entwickeln, um sich auf dem Wege der natürlichen Auslese erhalten zu können. Eine Spezies, die beliebiges Morden zuließe, würde bald dezimiert – einfach, weil jeder denkt, der andere hat etwas Besseres, vielleicht eine gut aussehende Frau oder ein Auto. Wie kann irgendeine Gattung Mord an ihren Angehörigen zulassen, wenn man nicht will, daß sie vernichtet wird? Das wäre nicht natürlich. Eine Art will sich vor allem entwickeln und mehr Angehörige haben.«

Seiner Meinung nach wird nicht getötet und sollte also auch nicht getötet werden, weil dadurch Naturgesetze verletzt werden. Er glaubt aber nicht, daß das eine Frage der Moral sein sollte: »Ob das natürlich ist oder nicht, wenn der Mensch das Moral nennt, weiß ich nicht.« In funktionalistischer Weise wird unterstellt, daß das Funktionieren der Gesellschaft auf dem beruht, was für Überleben, Evolution und effizientes Operieren erforderlich ist. Es könnte sogar sein, daß die Moral mit grundlegenden Funktionen in Konflikt gerät: »Wenn man um die nackte Existenz kämpfen muß, ist Moral überflüssig. Es kommt nur auf das Überleben an. Sobald der Status quo einigermaßen stabil und das Überleben mehr oder weniger gesichert ist und man nicht mehr ganz so häufig konkurrieren muß, kommt die Moral ins Spiel. Es ist eine Frage der Priorität. Das wichtigste ist, um jeden Preis zu überleben. Ich glaube wirklich, daß die meisten Menschen ziemlich unmoralisch werden, wenn es ums nackte Überleben geht.«

Bei der Entwicklung einer Theorie der Gesellschaft haben die Probanden durchaus Ideen, wie die Gesellschaften funktionieren sollten: Als erstes muß die Gesellschaft das tun, was für das Überleben nötig ist. Dabei wird das, was die Gesellschaft tun sollte, mit dem, was sie faktisch tut, gleichgesetzt. Ein bestimmtes Gruppenverhalten wird damit begründet, daß dieses Verhalten nicht existierte, wäre es nicht für das Überleben nötig. E (18 Jahre) gab an: »Jene Gesellschaft hat sich vielleicht entwickelt, obwohl Töten nicht bestraft wurde . . . Ich kann mir nicht vorstellen, was es nutzen sollte, diese Leute vom Morden abzubringen, denn sie würden es doch nicht tun, wenn es ihnen nicht nützen würde . . . Ich meine, was immer sie tun, dient doch nur einem Zweck.«

Folglich wird geschlossen, daß eine Gesellschaft das Recht auf Selbstbestimmung hat. Die »innere« Logik des Systems schließe es nach außen ab. Wenn eine in sich abgeschlossene Gruppe von Menschen sich auf eine bestimmte Handlungsweise einigt, ist sie zu dieser Handlung berechtigt. Das Prinzip der Selbstbestimmung, das die Probanden zum Ausdruck bringen, impliziert, daß die Autonomie anderer Gesellschaften respektiert werden muß. Sie denken, daß eine Gesellschaft nur durch sich selbst evaluiert und reguliert werden kann, daß Einmischung von außen schädlich ist.

4. Bis jetzt habe ich die vorliegenden Beispiele interpretiert, um zu zeigen, daß der zum Ausdruck gebrachte Relativismus nicht der Beweis für die völlige Leugnung

moralischer Urteile oder ein »Ausklammern« der Gesellschaftsperspektive ist. Ich konnte zeigen, daß die Befragten von der Annahme ausgehen, daß a) moralische Werte nicht verifizierbar sind, daß b) der Glaube an moralische Urteile das Kriterium für die subjektive Gültigkeit ist. Beide Ansichten reflektieren eine Überwindung von Stufe 4 und ein Entstehen von Stufe-5-Vorstellungen hinsichtlich des Rechts von Individuen auf eigene moralische Wertorientierungen.

Die Analysen haben auch gezeigt, daß diese Veränderungen ein beginnendes oder intuitives Bewußtsein vom individuellen Recht auf Freiheit und Gleichheit beinhalten. Diese Auffassungen resultieren aus einer erneuten Überprüfung der Angemessenheit eines Moralsystems, das so eng mit einer bestimmten Gesellschaftsordnung oder Gruppe verbunden ist. Solche Überprüfung ist der erste Versuch zur Bildung moralischer Begriffe mit größerer Universalität. Tatsächlich können wir innerhalb des noch aufrechterhaltenen Relativismus das Entstehen des Begriffs individueller Rechte beobachten. Einer der Gründe, warum moralische Bewertungen verworfen werden, ist die willkürliche Begrenzung der persönlichen Freiheit.

Der Wert der persönlichen Freiheit kommt anfänglich indirekt zum Ausdruck. Wie andere gab A an, daß niemand die moralischen Orientierungen eines anderen bewerten könne. Er fügte hinzu, daß durch moralische Bewertungen die Freiheit in unzulässiger Weise eingeschränkt werden könne: »Ich glaube, daß niemand vermeiden kann, über andere Menschen zu urteilen. Ich meine, sowie man jemanden trifft, fängt man an, ihn nach den eigenen Maßstäben zu beurteilen. Ich glaube, es ist unmöglich, jemanden nicht zu beurteilen, völlig objektiv zu sein im Urteil über andere – es geht nicht. Aber die eigene Meinung sollte die Freiheit des anderen nicht beeinträchtigen.«

Besonders wichtig ist unter den persönlichen Freiheiten das Recht des Individuums, aufgrund eigener moralischer Maßstäbe zu handeln. Paradoxerweise wird die Moral als Einschränkung der Freiheit des moralischen Denkens angesehen. Ein immer wiederkehrendes Motiv der relativistischen Adoleszenten war, daß jeder ein Recht auf seine Überzeugungen habe und es ihm erlaubt sein sollte, seinen eigenen Überzeugungen gemäß zu handeln. Z.B. A: »Bei jedem beliebigen Werturteil würden die meisten Menschen einer bestimmten Richtung zuneigen. Deshalb hält die Gesellschaft dann das für das moralisch Richtige. Das ist für die Gesellschaft dann moralisch gut. Aber, als Individuum muß man doch nach seinem eigenen Gewissen leben. Bis zu einem gewissen Grade muß man sich mit der Gesellschaft durch einen Kompromiß arrangieren. Man lebt ja in der Gesellschaft. Aber ich glaube, daß es für jeden viel wichtiger ist, in Übereinstimmung mit seinem eigenen Gewissen zu leben.«

B erklärt expliziter, warum jeder nur seinem eigenen Gewissen folgen soll. Es wird argumentiert, daß der Einzelne seinem eigenen Gewissen folgen solle, damit angesichts der Nichtverifizierbarkeit der Gültigkeit von Normen die Vielfalt der Standpunkte gewahrt bliebe. Als wir B baten, seine Ansichten mit den entgegengesetzten eines anderen zu vergleichen, sagte er: »Ich habe diese Maßstäbe, und seine stehen dem entgegen. Ich muß nach meinen handeln, er nach den seinen, irgendwie haben

wir dabei eine Gesellschaft, die auf irgendwelchen Regeln beruht, auf einer Art Kompromiß. So setze ich mich für das ein, woran ich glaube, aber ich werde nie behaupten, daß ich absolut im Recht bin.«
5. Während der Transformationsphase beruhen Erwägungen über Freiheit und Gedankenfreiheit auf dem Begriff der Gleichwertigkeit der Individuen. Im Hinblick auf die Vielfalt der Wertorientierungen wird argumentiert, daß man nicht ohne angemessene Begründung die Ansicht des einen für besser halten kann als die des anderen. Diese Art der Argumentation impliziert oder setzt voraus, daß einer den anderen respektiert. Als Ablehnung der Moralvorstellungen der Stufe 4 erscheint dieses Insistieren auf Gleichwertigkeit deshalb, weil Ungleichheiten als Folge moralischer Bewertung gesehen werden. D. h. also, Moral ist eine Quelle der ungleichen Behandlung der Menschen, weil sie die Menschen in gute und böse einteilt.
6. Ich habe zeigen können, daß die Veränderungen, die durch die Transformation von Stufe 4 zu Stufe 5 entstehen, a) ein Bewußtsein von Gleichheit und individuellen Rechten, b) die Erklärung kollektiver Funktionsfähigkeit und c) ein Bemühen um objektive Kriterien für moralische Urteile umfassen. Die Veränderungen können zu einer neuen Rangordnung der Werte führen, wobei zwischen einerseits objektiv gültigen und universalisierbaren Wertorientierungen und andererseits nicht objektiv verifizierbaren Wertorientierungen unterschieden wird. Tatsächlich werden auf Stufe 5 moralische Prinzipien als universelle Kategorien und Normen oder Konventionen, die nur für bestimmte Personen oder Gesellschaften gelten, unterschieden. Auf Stufe 4 werden moralische Prinzipien und Konventionen noch nicht klar unterschieden. Stufe 5 beinhaltet ein stärkeres Bewußtsein der Willkürlichkeit der gesellschaftlichen Konventionen, das zu größerem Relativismus führt. Gleichzeitig aber ist auf Stufe 5 ein größeres Maß an Anerkennung universeller Prinzipien anzutreffen, was in anderer Hinsicht zu einem geringeren Relativismus führt.

Folglich ist es wahrscheinlich, daß ein weiterer Grund für den Relativismus während der Transformationsphase in der Erarbeitung von Kategorien zur Unterscheidung von Universellem und Konventionellem oder Üblichem liegt. Ich will zunächst kurz diskutieren, wie diese Kategorien auf Stufe 4 und 5 behandelt werden, und dann die Veränderungen untersuchen, die in der Übergangsphase entstehen. Wie schon erwähnt, wurden die Probanden einem weiteren Interview unterzogen, das darauf angelegt war, die Entwicklung der Konzeptualisierung sozialer Normen und Konventionen zu studieren. Urteile über »gesellschaftlich-konventionelle« Situationen warfen ein weiteres Licht auf den Prozeß der Transformation.

a) Gebräuche und Konventionen beurteilen Personen auf Stufe 4 nach den Vorteilen oder Nachteilen, die eine Handlung einer Institution, der Gesellschaft oder einer Gruppe bringt. Respekt vor der Gesellschaft und dem Mehrheitswillen wird als für alle verbindlich angesehen. Es wird als unerläßlicher Ausdruck des Respekts gegenüber anderen und der Gesellschaft im allgemeinen angesehen, den Gesetzen und Erwartungen der Gesellschaft zu folgen.

Ein Beispiel ist ein 15jähriger Junge (F), dessen Antworten auf Fragen nach moralischen Urteilen vorwiegend auf Stufe 4 lagen. Eine der Geschichten handelte von einem Jungen, Peter, der seine Eltern beim Vornamen nennt. In der Schule verstieß er gegen die üblichen Regeln und Wünsche der Lehrer, indem er sie beim Vornamen nannte. F sagte: »Ich finde, daß es nicht richtig ist, daß Peter das tut, denn wenn jemand in einer bestimmten Weise angeredet werden möchte, dann sollte man das respektieren. Jeder hat das Recht, so angeredet zu werden, wie er es wünscht.«

Meinst Du, das es wichtig ist, wie man angeredet wird?

»In manchen Fällen erweist man jemand einen besonderen Respekt, wenn man ihn mit dem Titel anredet, aber normalerweise ist das nicht nötig.«

Wenn nun jemand der Meinung wäre, daß es nichts mit mehr oder weniger Respekt zu tun hat, und vorziehen würde, die anderen mit Vornamen anzureden, meinst Du, daß das falsch wäre?

»Ich meine, das kommt auf die Situation an. In einer Schule z. B. gibt es welche, denen es nichts ausmacht, mit Vornamen angeredet zu werden, aber andere Lehrer möchten in bestimmter Weise respektiert werden, und es wäre falsch, sie mit Vornamen anzureden. Es wird der Wunsch des Lehrers verletzt, mit Herr ... oder Frau ... angeredet zu werden; man verletzt ihr Bedürfnis von Respekt.«

Nach der Meinung dieses Jungen bedeutet die Nichterfüllung der Erwartungen eines anderen einen Mangel an Respekt vor dem, der die Erwartungen hegt. Allgemein gesagt, das Befolgen sozialer Anforderungen gilt als wünschenswert für das Individuum und die Gesellschaft.

Solche Fragen der Konvention wurden von den Befragten, deren moralisches Bewußtsein überwiegend Stufe 5 entsprach, anders beantwortet. Wie schon gesagt, wird auf Stufe 5 zwischen willkürlich und relativistisch sowie objektiv und universal unterschieden. In diesen Fällen werden bestimmte Anforderungen und Erwartungen der Gesellschaft nicht mehr als obligatorisch angesehen. Solche Probleme gelten als Fragen persönlicher Entscheidung und nicht moralischer Natur.

Zum Beispiel antwortete G (23 Jahre) auf die Frage, ob Peter seine Lehrer mit dem Vornamen anreden dürfte, anders als F: »Ich glaube nicht, daß das eine Rolle spielt. Das hängt von so vielem ab, wie wichtig ihm die Schule z. B. war, ob er auf Empfehlungen anderer angewiesen ist, ob er jemandem Honig um den Bart schmieren muß. Es hängt davon ab, inwieweit er auf die Lehrer angewiesen ist. Ob sie ihn, wenn er sie beim Vornamen anredet, dann nicht mehr unterrichten. Wenn es darum geht .. Mir scheint es wirklich kein großer Unterschied.« G war der Meinung, es sei Peters Sache, wie er es macht und daß seine Entscheidung instrumentell und im Grunde außermoralisch sein sollte.

Der Leser wird sich erinnern, daß A ähnlich instrumentell auf die Frage antwortete, ob Heinz die Medizin stehlen dürfte, um seine Frau zu retten. G wendete diese Art Urteil auf das Problem der Anrede an (das er für willkürlich und darum in den Bereich der persönlichen Entscheidung gehörig ansieht), nicht aber auf Existenz- und Eigentumsfragen. G's Urteile zu Existenz- und Eigentumsproblemen wurden in Stadium 5 eingestuft.

b) In der Übergangsphase ist der Prozeß der Differenzierung zwischen Konvention und universalen moralischen Werten im Gange, aber noch nicht abgeschlossen.

Moralische Prinzipien werden daher inkonsistent angewendet – Prinzipien und Konventionen werden manchmal verwechselt. Ein Beispiel solcher Konfusion gibt B:

»Hier geraten wir wieder in meinen Relativismus. Was mich anbelangt, finde ich die Anrede mit Vornamen in Ordnung . . . Aber ich kann verstehen, daß ein Lehrer von seinen Schülern mit Herr . . . angeredet werden möchte, und ein Schüler sollte auch was dazu tun, daß das Verhältnis zwischen ihnen so ist, daß sich beide wohl fühlen. Wenn es ihm wirklich schwerfällt, den Lehrer mit Herr . . . anzureden, dieser aber nicht akzeptiert, mit Steve angeredet zu werden, dann haben wir ein Dilemma, und ich weiß keine Lösung, es sei denn, der Schüler wechselt in eine andere Klasse. Er müßte auf die Erwartung des anderen Rücksicht nehmen, wenn die Frage ihm nicht allzu wichtig ist – wenn es ihm aber sehr viel ausmacht, dann weiß ich nicht.«

Für B stellt die Anrede von Lehrern mit dem vollen Namen einen Wert dar, der für alle gilt, die ihn teilen. Andere, z. B. er selbst, mögen vielleicht diesen Wert nicht teilen. Wenn aber die Anrede der Lehrer mit Vornamen für Peter ein Wert ist, dann ist das Dilemma unlösbar. Jeder hat andere Werte, alle sind gleichermaßen gültig.

Ein nicht verifizierbarer Moralkodex führt dazu, daß sowohl moralische wie konventionelle Werte als willkürlich gelten. Genau das bringt C zum Ausdruck:

»Wenn es eine absolute Autorität gibt, ich meine, wenn es einen Gott gibt – die Juden haben zum Beispiel einen Gott, der nicht nur gebietet, Du sollst nicht töten und nicht ehebrechen und nicht stehlen, sondern auch, daß Deine Kleidung mit Fransen versehen sein soll. Das muß man tun. Fransen tragen, um die Gegenwart Gottes kundzutun. Die Religion behauptet, daß Gott anerkennt, daß einige der 10 Gebote wichtiger sind als andere. Aber, wenn es einen Gott gibt, der einem sagt, was richtig ist, dann kann er jede beliebige Lebensweise vorschreiben. Wenn alles von Gott abhängt, dann ist es vielleicht genauso wichtig, Kleidung mit Fransen zu tragen wie nicht zu töten. Wenn die Gesellschaft die Existenz eines göttlichen Wesens behauptet oder sich nach dem Apriori oder nach etwas Übernatürlichem oder einer Art von übermenschlichen Regeln richtet und ich das nicht einsehen kann, ist es mir egal, ob töten oder nackt herumlaufen verboten ist.«

In Wirklichkeit wird die Position nicht streng durchgehalten; vielmehr ist die Unterscheidung zwischen Konvention und Moral eine Quelle von Konflikten und der Konfusion. Die Art der Konflikte, die sich im Übergang von Stufe 4 zu Stufe 5 manifestieren, ist das Thema des nächsten Abschnitts.

III. UNGLEICHGEWICHT UND ENTWICKLUNG

Ich habe oben die Hypothese vertreten, daß das Transformationsstadium durch Ungleichgewicht, das sich in Konflikten, Widersprüchen und Inkonsistenzen manifestiert, charakterisiert ist. Der geschilderte Transformationsprozeß ist mit der Gleichgewichtshypothese insoweit vereinbar, als zwei Denkweisen ineinandergreifen. Zum Beweis meiner Hypothese habe ich drei Arten von Konflikten, die aus dem

Zusammenwirken der Wertvorstellungen von Stufe 4 und 5 entstehen, beobachtet. Der erste entsteht aus der Differenzierung zwischen Moral und Konvention; der zweite hat mit den Konzepten Relativität und moralisches Urteil zu tun. Die dritte Quelle von Konflikten sind die Ansichten über das Individuum und die Gesellschaft.

1. Bei der Differenzierung zwischen Konvention und Moral werden die Adoleszenten in der Übergangsphase von der Erkenntnis des Unterschieds dieser beiden Bereiche beunruhigt. Zum Beispiel gab B an, daß ihm der Wert des Lebens wichtiger sei als beispielsweise der Wert einer richtigen Anrede. Aber er fügte ergänzend hinzu, daß seine Hochschätzung des Lebens auf Willkür beruhe. Auf die Bitte um nähere Erklärung diskutierte er »Leben« mit der gleichen Begrifflichkeit, mit der er das Anredeproblem behandelt hatte. »Ich meine, o.k. nehmen wir mal an, da wären wirklich untergeordnete Leute, Sklaven oder so was. Und der Sklave redet nun seinen Herrn mit Vornamen an. Der Herr wird wahrscheinlich – gemäß seiner Wertordnung, also mit Rücksicht auf die Gesellschaft – denken, es ist besser, den Mann zu töten als von den anderen nicht respektiert zu werden, weil er mit dem Vornamen angeredet wird. Also wahrscheinlich schlägt er den Mann erst, und wenn der dann noch nicht folgt, tötet er ihn. Nicht wahr, dem Mann ist das Leben eines Menschen offenbar nichts wert. Na ja, vielleicht kann man hier gar nicht von menschlichem Leben reden, weil er die Sklaven womöglich nicht als Menschen ansieht. Der Mann richtet sich also nach einem anderen Wertsystem als ich mit meinen Bedürfnissen. Mir ist es egal, wie andere mich anreden. Von mir aus können sie mich anreden, wie sie wollen.«

Auf Nachfragen machte er aber doch qualitative Unterschiede zwischen der Anrede und dem Wert des Lebens: »Also, wenn Peter seinen Willen so durchsetzt und den anderen zwingt, wird ihn das in eine Reihe weiterer Schwierigkeiten bringen. Es würde wohl leichter sein, wenn er jetzt nachgibt, statt mit den Prinzipien des anderen zusammenzustoßen; aus praktischen Gründen wäre es doch wohl besser, nicht unbedingt aus moralischen, bei den eigenen Vorstellungen ein paar Abstriche zu machen, wo sie mit anderen kollidieren.«

B's Bereitwilligkeit, den Begriff »moralisch« zu verwenden, stand in Widerspruch zu seiner früheren Weigerung, diesen Terminus zu benutzen. Im weiteren Verlauf des Interviews wurde B wieder skeptisch hinsichtlich des Begriffs »moralisch«. Es kam ihm auch zum Bewußtsein, daß seine Vorstellungen von Konvention und Moral ziemlich durcheinandergingen:

»Wie steht es mit Betrug? Ist das dasselbe wie Lehrer-beim-Vornamen-Anreden oder etwas anderes?«

»Das ist eine moralische Entscheidung. Ich weiß nicht, wo der Unterschied ist. Ich könnte nicht einmal definieren, was Moral ist. Mir scheint, das ist eher ein moralisches denn ein praktisches Problem. Fragen Sie mich nicht, warum, denn ich weiß es nicht. Und das mit dem Fluchen auf den Lehrer ist keine Sache der Moral.«

»Wie . . .«

»Ich wünschte, ich wüßte, was ich mit dem Unterschied zwischen moralisch und praktisch meine.«

Während des ganzen Interviews schwankte er zwischen konventionellen und moralischen Problemen hin und her.

2. Ich habe schon darauf hingewiesen, daß zwischen den relativistischen Behauptungen dieser Probanden und einigen ihrer moralischen Urteile eine Diskrepanz besteht. Die angeführten Beispiele zeigen, daß sie einerseits behaupteten, moralische Urteile sollten nicht gefällt werden, andererseits aber doch moralische Urteile abgaben. Diese Diskrepanz ergibt sich ebenfalls daraus, daß die Konzeption von Moral der Stufe (4) nicht mehr akzeptabel, eine neue (Stufe 5) aber noch nicht voll ausgebildet ist. Das wird durch die Antworten von D illustriert, der in der beschriebenen Weise relativistisch argumentierte. Wir baten D, moralische Probleme mit mathematischen zu vergleichen. Er bezeichnete sie als verschieden:

»Weil jeder darauf (auf moralische Fragen) anders reagiert. Es besteht aber universelle Übereinstimmung, daß $1 + 1 = 2$ ist. In verschiedenen Kulturen gibt es aber verschiedene Gewohnheiten ... Eine der Erklärungen für den Vietnam-Krieg war, daß diese gelbe Rasse überhaupt keinen Respekt vor dem Leben habe ... Dabei ist das ganz falsch. Wir haben nur einen anderen Begriff von Leben. (Sie schätzen das Leben) womöglich mehr als wir, auf eine geistigere Art und Weise, nicht physisch. Amerikaner wie die Menschen der westlichen Zivilisation überhaupt hängen sehr an physischen, materiellen Dingen, Autos und so. Wir sind anders, und andere können unsere Werte nicht übernehmen.«

»Wie steht es mit dem Krieg in Vietnam, ist er gerecht oder ungerecht«, fragten wir ihn dann. »Also, nach meiner Meinung wollten die Völker nicht gegeneinander kämpfen; wir haben da aber eingegriffen und gesagt, ›Ihr müßt gegen die Kommunisten im Norden kämpfen, weil Demokratien den Kommunismus immer bekämpfen müssen‹. Also, die haben uns das nicht abgenommen, nur die Regierung. Wir hatten ihnen sozusagen unsere Ideale aufoktroyiert. Was die Gerechtigkeit anbelangt, glaube ich, daß wir uns lächerlich gemacht haben. Wir verstehen sie nicht, und sie uns nicht, wir sind im Unrecht.«

Der Proband nahm für den Relativismus Partei und sagte gleichzeitig, daß der amerikanische Vietnam-Krieg ungerecht war. Beide Einstellungen wurden mit denselben Argumenten begründet. Seine Überzeugung, daß es keine richtigen oder falschen Antworten auf moralische Fragen gibt, gründet sich auf der Anerkennung unterschiedlicher Wertsysteme. Diese Überlegung führte ihn zu der Ansicht, daß niemand einem anderen seine eigenen Ansichten aufoktroyieren solle. Entsprechend glaubt er, daß die Beteiligung der USA am Vietnam-Krieg ungerecht sei, »weil wir unsere Ideale anderen aufgezwungen haben«.

Die Inkonsistenz kommt von den Vorstellungen, daß a) Menschen verschiedene Wertvorstellungen haben, b) alle Individuen und Gesellschaften Anspruch auf ihre eigenen Wertvorstellungen haben und c) daß daher Wertvorstellungen anderen nicht aufgezwungen werden sollten. Diese Ideen führen zu der Überzeugung, daß es keine universell gültigen moralischen Prinzipien gibt und auch nicht geben sollte. Moralische Urteile, die der Stufe 4 entsprechen, werden als Zwang und Einschränkung der persönlichen Freiheit empfunden. Es kommt nicht zum Bewußtsein, daß der

Anspruch auf persönliche Freiheit und die Idee, daß Wertvorstellungen nicht zwangsweise durchgesetzt werden sollten, ihrerseits universelle Werte sind.

Ebenso führt die Idee der Gleichwertigkeit aller, die nicht als universeller Wert erkannt wird, zu Relativismus. Die Ablehnung der Ungleichheit, die aus der Charakterbewertung der Stufe 4 folgt, führt zu der Vorstellung, daß die Werte jedes Einzelnen gleichermaßen gültig seien. Jeder Versuch der Konzeption eines universell gültigen Normensystems wird verdächtigt, die Bevorzugung der Überzeugungen einer Gruppe vor denen einer anderen zu implizieren und dadurch das Prinzip der Gleichheit zu verletzen.

3. Eine weitere Konfliktquelle besteht in der Unterscheidung zwischen Gesellschaft und Individuum als zwei verschiedenen moralischen Institutionen. Unsere Probanden waren dafür, daß jeder Einzelne berechtigt sein solle, selbständig zu entscheiden und die Gesellschaft keine Verfügungsberechtigung über ihn besitzen dürfe. Gleichzeitig wußten die Befragten aber Prinzipien anzugeben, auf denen das Funktionieren der Gesellschaft beruht. Beide Konzeptionen werden jedoch nicht integriert, wodurch die Spannung zwischen dem Recht des Individuums und dem Recht der Gesellschaft entsteht. A brachte diesen Konflikt zum Ausdruck, indem er sagte:

»Ich bin hin und her gerissen zwischen dem Versuch, ein Individuum zu sein und in der Gesellschaft zu leben; immer ist man mit beiden in Konflikt.«

A's Antworten spiegeln diesen Kampf in der Tat wider. Wie erwähnt, war er derjenige, der sagte: »Er müßte die Freiheit haben, nach eigenem Ermessen zu entscheiden, unabhängig davon, was die Gesellschaft erwartet« und »Ich glaube, daß es für jeden am wichtigsten ist, seinem eigenen Gewissen zu folgen.«

In direktem Gegensatz dazu sagte A:

»Vielleicht ist es für einen selbst effizient, aber biologische Systeme funktionieren nicht im Interesse des Einzelnen, sondern der Gruppen. Also sie richten sich nach dem Vorteil für die Gruppe, nicht nach dem des Individuums. Für einen selbst mag es vielleicht vorteilhaft sein, jemanden zu ermorden, aber nicht für die Gruppe ... Wenn man der einzige auf der Welt wäre, gut, dann wäre es egal. Dann könnte man Mord gut finden. Da man aber in einer Gemeinschaft lebt, muß man das tun, was der Gemeinschaft nützt.«

Ein anderer Widerspruch in A's Äußerungen besteht, wie wir sahen, in dem Konflikt zwischen den Wertvorstellungen des Einzelnen und denen der Gesellschaft. Man wird sich erinnern, daß er erst sagte: »Die Welt sieht vielleicht mit den Augen des anderen völlig anders aus und rechtfertigt eine ganz andere Moral. Ich kann über jemand nicht sagen, daß er im Unrecht ist. Vielleicht ist er gegenüber der Gesellschaft im Unrecht. Wenn er anderen Individuen Unrecht tut, muß ich ihn wohl verurteilen und gar bestrafen.« Danach sagte er: »Und ich kann doch einen Menschen nicht einfach verurteilen, bloß weil er andere Moralbegriffe hat ... Es kann auch jemand sein, der anderen Menschen schadet, aber ich kann ihn nicht verurteilen, weil er andere Ansichten von der Realität hat.« Es ist offensichtlich, daß A den potentiellen Konflikt zwischen dem Anspruch des Einzelnen auf seine eigene Welt und dem Prinzip, auf dem das Zusammenleben in der Gesellschaft beruht, noch nicht gelöst hat. So schwankt er hin und her.

IV. SCHLUSSFOLGERUNG

Zur Erklärung der Stadientransformation müssen a) die Denkprozesse während der Transformation und b) die Umwelteinflüsse, die die Veränderung auslösen, analysiert werden. Über die Umweltbedingungen weiß man wenig – die erforderlichen Untersuchungen sind noch nicht durchgeführt worden. Es muß darauf hingewiesen werden, daß der Übergang von Stufe 4 zu Stufe 5 im allgemeinen erst am Ende der Adoleszenzphase und zu Beginn des Erwachsenenalters erfolgt. Erst zu diesem Zeitpunkt schaffen größere Unabhängigkeit und Kenntnis der Vielfalt individueller und kultureller Wertvorstellungen die Voraussetzung, die moralischen Orientierungen der Stufe 4 in Frage zu stellen. Die Kenntnis der als legitim geltenden Unterschiede in den Wertorientierungen der Mitglieder einer Gesellschaft wird größer. Die Jugendlichen erkennen, daß die eigenen Wertvorstellungen und moralischen Urteile einem beträchtlichen Wandel unterworfen sind. Sie werden sich in zunehmendem Maße des Unterschieds zwischen verschiedenen Gesellschaften bewußt. Oft bezieht sich die beobachtete Diversität auf genau die Regeln, die aus der Perspektive der Stufe 4 als unabänderlich und für die Sozialstruktur notwendig angesehen werden.

Im allgemeinen sind die Transformationsperioden der Entwicklung an dem gleichzeitigen Auftreten benachbarter Stufen zu erkennen. Z.B. galten in der kognitiven Entwicklung die Kinder als im Übergang von präoperationalem zu konkret-operationalem Denken begriffen, die bei einigen Aufgaben konservierten und bei anderen nicht (Inhelder u. Sinclair 1969). In früheren Arbeiten habe ich Stufenmischung als Kriterium für den Übergang zwischen den Stufen des moralischen Bewußtseins behandelt (Turiel 1969). Stufenmischung ist jedoch ein unzureichendes Kriterium für die Feststellung von Transformationsprozessen. Der Transformationsprozeß weist klar definierbare eigene Eigenschaften auf, die sich von denen eines bestimmten Stadiums unterscheiden. Die Feststellung einer Transformation durch die Beobachtung von Merkmalen benachbarter Stadien ist also noch keine hinreichende Explikation der Eigenart eines Übergangsstadiums. In diesem Aufsatz habe ich die Strukturmerkmale eines spezifischen Übergangs beschrieben. Das Belegmaterial, das ich für die Strukturmerkmale anführen konnte, zeigt, daß die Entwicklung ein allmählicher Prozeß ist. Die vorhandenen Daten stützen die Behauptung, daß der Prozeß des Stufenwechsels die Deformation einer Struktur und ihre Transformation in eine neue impliziert. Die Hypothese, die wir aufgrund der Untersuchungsergebnisse aufstellen können, ist die, daß die Bewegung von einer Stufe zur anderen ein Prozeß der Ablehnung und Neuformulierung ist: sobald die Widersprüche und Unzulänglichkeiten einer Stufe zum Bewußtsein kommen, wird die Logik der vorhandenen Stufe nicht mehr akzeptiert, und es entwickelt sich ein neues Stadium.

VIERTER TEIL

Moral-Entwicklung und politisches Bewußtsein bei Jugendlichen

Die politischen Vorstellungen des Jugendlichen in der Frühadoleszenz

JOSEPH ADELSON

Die Jahre der frühen Adoleszenz, von zwölf bis sechzehn, sind die entscheidenden Jahre für das Entstehen politischen Denkens. Gewöhnlich kann der junge Mensch zu Beginn der Adoleszenz kein komplexes politisches Gespräch führen – d.h., er bleibt bei vielen Fragen stumm, und wenn nicht stumm, dann undifferenziert, anfängerhaft, Phantasien unterworfen und unfähig, ganz in den Bereich politischer Ideen einzudringen. Am Ende dieser Periode zeigt sich eine dramatische Veränderung; das Verständnis des jungen Menschen für die politische Welt ist jetzt erkennbar das eines Erwachsenen. Er bewegt sich gedanklich ganz gewandt auf dem Terrain der politischen Begriffe, er hat sich abstraktes und differenziertes Denken und sogar ein gewisses Feingefühl für politische Strukturen angeeignet; er steht an der Schwelle zur Ideologie und ringt um die Formulierung einer moralisch kohärenten Anschauung davon, wie die Gesellschaft ist und wie sie geordnet werden könnte und geordnet werden sollte.

In diesem Aufsatz wird untersucht, wie sich dieser Übergang vollzieht. Er wird sich hauptsächlich, wenn auch nicht ausschließlich, auf meine und meiner Kollegen Arbeit während der letzten Jahre stützen. Wir haben mit etwa 450 Adoleszenten Interviews durchgeführt, einer gemischten Gruppe im Alter zwischen 10 und 18, beiderlei Geschlechts, von normaler bis extrem hoher Intelligenz, aus allen sozialen Schichten und in drei Nationen, nämlich den Vereinigten Staaten, Westdeutschland und Großbritannien. Ungefähr 50 Jugendliche bilden eine Längsschnitt-Stichprobe; sie wurden zuerst mit 13 Jahren und dann wieder mit 15, oder zuerst mit 15 und dann mit 18 interviewt.

Unser Ziel war, zu entdecken, wie Jugendliche verschiedenen Alters und aus unterschiedlichen Verhältnissen die Welt des politischen Handelns rekonstruieren und eine politische Philosophie aufbauen. Unsere ersten informellen Interviews legten nahe, daß es besser wäre, Gespräche über die gegenwärtigen politischen Realitäten zu vermeiden. Das würde ganz offensichtlich einen Vergleich zwischen Kindern verschiedener Kulturkreise schwierig machen; aber darüber hinaus merkten wir, daß dadurch die Gefahr gegeben wäre, die kindliche Auffassung von der Politik mißzuverstehen. Der jüngere Adoleszent kann durch seinen Mangel an »Wissen« eingeschüchtert werden, während der ältere mit seinem Wissen prahlen kann. In je-

Dieser Aufsatz erschien ursprünglich unter dem Titel ›The Political Imagination of the Young Adolescent‹, in: *Deadalus*, Journal of the American Academy of Arts and Sciences, 12–16: Early Adolescence, Fall 1971, Cambridge, Mass., S. 1013–1051. Die Übersetzung wurde besorgt durch Eva Krafft-Bassermann. Abdruck mit freundlicher Genehmigung von Daedalus.

dem Fall werden Kind und Interviewer so einseitig durch die Feststellung von Tatsachen und Meinungen absorbiert, daß der Stil des kindlichen Denkens im Dunkeln bleiben würde. Wir haben uns jedenfalls auf einen Fragebogen geeinigt, der folgenden Ausgangspunkt hatte: stell dir vor, 1000 Menschen wagten sich auf eine Insel im Pazifik, um eine neue Gesellschaft zu gründen; wenn sie einmal dort sind, müssen sie eine politische Ordnung schaffen, ein Rechtssystem entwerfen und ganz allgemein den ungezählten Problemen des Regierens ins Auge schauen.

Nachdem dieser Rahmen für das Interview festgelegt war, wurde der Leitfaden weitergeführt mit Fragen zu einer großen Zahl hypothetischer Probleme. Unsere Jugendlichen wurden beispielsweise aufgefordert, zwischen verschiedenen Regierungsformen zu wählen und deren Vorzüge und Nachteile zu erörtern. Es wurden didaktische Fragen gestellt: Was ist Ziel und Zweck einer Regierung, von Gesetzen und von politischen Parteien? Gesetzesinitiativen wurden vorgeschlagen, und die Jugendlichen sollten ihre Meinung dazu äußern; z.B. wurde gefragt, ob die Regierung von Bürgern über 45 jährliche ärztliche Vorsorgeuntersuchungen verlangen sollte. Probleme der öffentlichen Politik wurden untersucht: Sollte man von Angehörigen einer Sekte Impfungen verlangen, obwohl ihre Religion dies verbietet, oder was wäre zu tun, wenn ein Gesetz gewöhnlich übertreten wird und schwer durchzusetzen ist? Wir versuchten im allgemeinen, die traditionellen Fragen der politischen Philosophie aufzugreifen: Umfang und Grenzen der politischen Autorität, die wechselseitigen Verpflichtungen von Bürger und Staat, das Verhältnis zwischen Majoritäten und Minoritäten, das Wesen von Verbrechen und Gerechtigkeit, den Widerstreit zwischen persönlicher Freiheit und dem Allgemeinwohl, die Realisierungschancen von Utopien usw.

Ich will hier einen kurzen Überblick über die Resultate geben. Überraschenderweise scheinen weder Geschlecht noch Intelligenz, noch soziale Herkunft bei der Entwicklung politischer Begriffe eine besondere Rolle zu spielen. Es gibt einfach keine geschlechtsbedingten Unterschiede. Wenn es auch einige erwartete Unterschiede gibt, die mit der Intelligenz und der sozialen Herkunft zusammenhängen (die Intelligenten können etwas früher abstrakt denken; Kinder aus der oberen Mittelschicht sind etwas weniger autoritär), so sind diese Unterschiede im ganzen gesehen doch minimal. Was wirklich zählt und schwer ins Gewicht fällt, ist das Alter. Es vollzieht sich eine tiefgreifende Veränderung im Stil des politischen Denkens, eine Veränderung, die anscheinend mit dem Einsetzen der Adoleszenz (12–13 Jahre) beginnt und die im wesentlichen abgeschlossen ist, wenn der Jugendliche 15 oder 16 Jahre alt ist. Die Veränderung zeigt sich auf dreierlei Weise: erstens in einem Wandel des kognitiven Stils; zweitens in einer starken Abnahme autoritärer Betrachtungsweisen des politischen Systems; und schließlich in der Aneignung der Fähigkeit, Ideologien zu entwerfen. Nationale Unterschiede im politischen Denken sind zwar vorhanden, aber sie sind bei weitem nicht so stark wie die durch Altersunterschiede bedingten. Die politischen Vorstellungen eines zwölfjährigen deutschen Jungen ähneln denen eines zwölfjährigen Amerikaners stärker als denen seines fünfzehnjährigen Bruders.

DER STIL DES DENKENS

Die wichtigste Veränderung beim Übergang von der frühen zur mittleren Adoleszenz besteht im Erwerb des abstrakten Denkens. Auf der Schwelle zur Adoleszenz haftet das Kind am Greifbaren, es fühlt sich am wohlsten und kann am besten umgehen mit dem konkreten Ereignis und der wirklichen Person. Wenn es größer wird, befreit es sich vom Konkreten und seinen Beschränkungen und beginnt, nach dem Abstrakten zu langen. Man betrachte z. B. die Antworten, die Zwölf- bis Dreizehnjährige auf die Frage »Was ist der Zweck von Gesetzen?« gaben:

> Sie machen sie, wie in der Schule, damit den Leuten nichts passiert.
> Wenn wir keine Gesetze hätten, könnten die Leute sich ja gegenseitig umbringen.
> Damit die Leute nicht stehlen oder töten.

Man vergleiche diese Antworten nun mit denen von Jugendlichen, die nur zwei oder drei Jahre älter sind:

> Um Sicherheit zu gewährleisten und der Regierung Geltung zu verschaffen.
> Um einzuschränken, was die Leute tun dürfen.
> Sie sind im Grunde Richtlinien für die Leute. Ich meine sowas wie: »Dies ist falsch und dies ist richtig«, und damit sie das verstehen können.

Ein wesentlicher Unterschied zwischen diesen beiden Antwortgruppen – es gibt noch andere, wie wir später sehen werden – ist, daß die jüngeren Adoleszenten auf konkrete Beispiele beschränkt bleiben (stehlen, töten usw). In einigen Fällen scheint ein allgemeineres Prinzip hinter der konkreten Antwort zu stecken, aber gewöhnlich kann dieses Prinzip nicht ausgedrückt werden. Andererseits kann sich der ältere Adoleszent zwischen dem Konkreten und dem Abstrakten hin und her bewegen. Nachdem er ein Prinzip zum Ausdruck gebracht hat, illustriert er es an einem konkreten Fall, oder er hat bestimmte Beispiele angeführt und sucht und findet die abstrakte Kategorie, die sie verbindet.

Aus den Schwierigkeiten des jungen Adoleszenten, mit dem Abstrakten fertig zu werden, ergeben sich etliche wichtige Folgerungen: Die gesellschaftlichen Vorgänge und Institutionen werden *personalisiert.* Wenn wir ihn über Gesetze befragen, spricht er vom Polizisten, vom Richter und vom Verbrecher. Wenn wir über Erziehung sprechen, nennt er den Lehrer, den Direktor, den Schüler. Wenn wir Regierung zur Sprache bringen, redet er vom Bürgermeister, vom Präsidenten oder vom Kongreßmitglied und meistens von keinem von diesen, sondern von einer ziemlich vagen, wenn auch allgegenwärtigen Personengruppe, die er als »sie« oder »die« kennt. (»Sie machen sie, wie in der Schule, damit den Leuten nichts passiert.«) Ein Dreizehnjähriger, nach dem Zweck der Regierung gefragt, äußerte sich z. B. wie folgt: »Sie ist mehr oder weniger ein großer Führer, und sie trifft Entscheidungen für uns und so was Ähnliches.« Das Festhalten des Kindes am Persönlichen und Greifbaren erschwert ihm, eine *soziozentrische* Perspektive einzunehmen. Da es sich nicht ohne weiteres einen Begriff von »Gesellschaft« oder anderen abstrakten Kollektiven machen kann, zieht es beim Nachdenken über eine politische Handlung deren Funktion für die Gesellschaft als Ganzes nicht in Betracht. Es denkt vielmehr an ihren Einfluß auf bestimmte Personen. Als wir z. B. Adoleszenten nach dem Zweck eines Gesetzes, das Impfzwang für Kinder einführt, fragten, sagten die jüngeren Befragten, daß es nötig sei, um Kinder vor Krankheit zu bewahren, während die älteren antworteten, daß es dem Schutz der ganzen Gesellschaft diene.

Um es anders auszudrücken: an der Schwelle der Adoleszenz gibt es beim Jugendlichen wenig Anzeichen für ein Staatsbürgerbewußtsein. Da er sich die soziale Wirklichkeit nicht abstrakt vorstellen kann, tritt er mit minimal entwickelten Vorstellungen von den sozialen Institutionen, ihrer Struktur und ihren Funktionen und dem unsichtbaren Netzwerk von Normen und Prinzipien, durch das diese Institutionen miteinander verbunden sind, in die Adoleszenz ein. Zudem erlaubt ihm die Unfähigkeit, abstrakt zu denken, nicht oder nur sehr grob und unvermittelt, die essentiellen Konzepte des politischen Denkens zu verstehen – wie die Vorstellungen von Autorität, Recht, Freiheit, Gleichheit, Interessen, Vertretung usw.

Wenn einmal Abstraktionen beherrscht werden, werden den Adoleszenten vollkommen neue Bereiche des Denkens und des Diskurses zugänglich. Ich will dies illustrieren an den sich im Verlauf der Adoleszenz verändernden Antworten auf eine Frage zum Problem der Rechte von Minderheiten. Dem Jugendlichen wurde gesagt, daß 20% der Inselbewohner Bauern seien und daß diese befürchten würden, es könnten Gesetze verabschiedet werden, die ihre Interessen verletzten. Was könnte man da tun?

Zu Beginn der Adoleszenz konnten unsere Versuchspersonen sehr wenig mit dieser Frage anfangen. Meistens konnten sie überhaupt keine Antwort geben; manchmal behaupteten sie ganz vergnügt, daß es gar kein Problem gäbe – die Leute würden den Bauern nichts tun. Manchmal äußerten sie Beunruhigung, gepaart mit der sehnlichen Hoffnung, daß man für die armen Bauern etwas tun würde. Und manchmal nahmen sie ihre Zuflucht zu *Machtpolitik*: die Bauern sollten kämpfen oder in einen anderen Teil der Insel ziehen oder sich weigern, Nahrungsmittel anzubauen oder zu verkaufen, um zu ihrem Recht zu kommen. In der nächsten Phase, noch in der frühen Adoleszenz, tritt die Vorstellung von Verhandlung oder Kommunikation auf: die Bauern sollten mit der übrigen Bevölkerung sprechen und ihre Probleme verständlich machen. Aber noch gibt es kaum ein Verständnis für institutionalisierte oder kollektive Mittel, um dies durchzuführen: eine amorphe Menge von Bauern wird sich irgendwie mit einer ebenso amorphen Menge von Bürgern verständigen. Um die Mitte der Adoleszenz bekommen die Jugendlichen Verständnis für das Wesen kollektiver Institutionen und Interessenvertretungen. Jetzt schlagen sie vor, daß die Bauern selbst eine Vereinigung oder sonst eine Organisation bilden sollten, daß sie Repräsentanten benennen sollten, die Eingaben machen oder mit der Legislative verhandeln sollten. Der letzte Schritt erfolgt in der Mitte und in den letzten Jahren der Adoleszenz, wenn unsere Jugendlichen versuchen, die Interessen der Bauern im Kontext der ganzen Gemeinschaft zu sehen. Sie bemerken jetzt, daß die Bauern mit 20% der Wählerstimmen einen entsprechenden Prozentsatz von Vertretern in der Legislative erwarten können und folglich automatisch in der Regierung vertreten sind und ihrem Willen auf normalem demokratischen Wege Ausdruck geben können. Die Optimistischeren nehmen an, daß dies durch Überzeugungskraft geschieht, die Zynischeren schlagen Wahlabsprachen, Verschleppungstaktik und politischen Kuhhandel vor.

ZEITPERSPEKTIVE

Eine andere wichtige Veränderung im Denken bringt eine Erweiterung der Zeitperspektive mit sich. In den ersten Jahren der Adoleszenz ist der kindliche Geist in der Gegenwart befangen. Beim Nachdenken über politische und soziale Fragen hat das Kind kaum Sinn für Geschichte und kein präzises und differenziertes Gefühl für die Zukunft. Das Kind erkennt nicht, daß die Vergangenheit durch Präzedenz und Tradition auf der Gegenwart lastet; es kann auch die vielfältigen und verschiedenartigen Möglichkeiten innerhalb der Gegenwart nicht wahrnehmen. Ein junger Adoleszent wird selten auf die Ursprünge der Gegenwart in der Vergangenheit zurückschauen; und wenn er an die Zukunft denkt oder durch unsere Fragen gezwungen wird, an sie zu denken, kann er sich nur die unmittelbaren und direkten Folgen eines gegenwärtigen Ereignisses vorstellen.

In den mittleren Jahren der Adoleszenz erkennen wir allmählich eine deutliche – wenn auch bescheidene – Erweiterung des Zeithorizonts. Es zeigt sich allmählich ein Bewußtsein von der Vergangenheit. Beim Versuch, die Ursachen menschlichen Handelns zu entziffern – wie z.B. bei Überlegungen zu den Ursachen des Verbrechens – kann der Jugendliche über die persönliche Vergangenheit des Bösewichts spekulieren: hat er so etwas schon früher getan? Ist er schon durch sein früheres Verhalten als straffällig bekannt? Wie war seine Erziehung? Wenn er sein Urteil über Gesetze und Institutionen, die für unsere hypothetische Insel vorgeschlagen wurden, abgibt, dann schaut er jetzt manchmal in die Vergangenheit. Woher kommen die Inselbewohner? Wie war ihre Vorgeschichte? Gibt es erfolgreiche Vorläufer dieses Gesetzes?

Dennoch ist bei den meisten unserer Jugendlichen, selbst bei den Älteren, der Sinn für Geschichte unterentwickelt. Viel sichtbarer ist beim Kind, das die ersten Jahre der Adoleszenz durchlebt, eine intensivere Vorstellung von der Zukunft. Viele unserer Fragen forderten die Jugendlichen auf, ihre Meinungen zu sozialen und politischen Vorschlägen kundzutun. Beim Eintritt in die Adoleszenz hat der Jugendliche anscheinend wenig Sinn für Konsequenzen; die Antworten sind kurz und bündig – das ist eine gute Idee oder das ist eine schlechte Idee. Allmählich fängt er an, über die kurzfristigen Auswirkungen etwa eines beantragten Gesetzes hinauszublicken und sich über dessen langfristige Folgen Gedanken zu machen. Wenn diese Fähigkeit sich konsolidiert hat, bemerken wir, daß er nicht nur die Folgen einer einzelnen Entscheidung überschauen, sondern auch zwischen verschiedenen Zukunftsmöglichkeiten abwägen und wählen kann – d.h., er kann fernliegende Folgen gegenwärtiger Entscheidungen ausfindig machen: wenn A gewählt wird, dann können X und Y folgen, wenn aber B gewählt wird, werden sich X' und später Y' ergeben. Wenn also dem Jugendlichen die Möglichkeit A angeboten wird, kann es sein, daß er spontan eine Alternative B hinzufügt und zwischen beiden wählt, je nach den entsprechenden Vorzügen der Ergebnisse Y oder Y'. Es handelt sich hier natürlich um den Sprung von konkreten zu formalen Operationen, die Piaget und seine Kollegen als die entscheidenden kognitiven Errungenschaften beim Übergang von der Kindheit zur Adoleszenz bezeichnet haben.

MOTIVATION

Der Jugendliche verfügt beim Eintritt in die Adoleszenz über ein erstaunlich schmales Repertoire von motivationalen und psychologischen Kategorien. Er ist wie ein naiver Behaviorist; er sucht nicht nach den inneren Beweggründen des Handelns. Er hat wenig Empfinden für innere Zusammenhänge. Menschen handeln, wie sie handeln, weil sie sind, wie sie sind. Ein Mensch handelt selbstsüchtig, weil er selbstsüchtig ist; das Verbrechen wird begangen, weil der Mensch ein Verbrecher ist. Das Vokabular an Motiven ist armselig und gleichzeitig redundant. Charakter wird undifferenziert gesehen und ist Schicksal.

All dies verändert sich nur sehr langsam. Am Ende der frühen Adoleszenz zeigen nur wenige Jugendliche viel Scharfsinn bei der Rekonstruktion von Motiven. Sicherlich sehen wir diese rapiden und dramatischen Veränderungen nicht, wenn nur rein kognitive Aufgaben gestellt sind. Aber zweifellos gibt es Veränderungen – in der allmählichen Verdichtung des Gefüges psychologischer Konstruktionen, im Verschwinden der schwarz-weiß und gut-böse Urteile über Personen, in einem allgemein geschärfteren Sinn für die menschliche Komplexität.

Betrachten wir folgendes: nach einer Reihe von Fragen über Verbrechen und Strafe brachten wir das Problem der Rückfälligkeit zur Sprache. Von den Menschen, die ins Gefängnis kommen, landen anscheinend die meisten wieder dort. Warum? Sicher eine schwierige Frage, und scharfsinnige Antworten sind in keiner Altersstufe häufig. Dennoch gibt es zwischen Adoleszenten im frühen und mittleren Stadium klare Unterschiede in der Art, psychologisch zu schließen. Die Zwölf- bis Dreizehnjährigen sagen etwa: »Also, die wissen eben gar nichts, man muß ihnen eine Lehre erteilen«, oder: »Also, es steckt in seinem Kopf, daß er es tun muß, und immer wieder tun muß«, oder: »Also, ihr Gewissen sagt ihnen vielleicht, daß sie dies tun sollten, oder so.« Mit fünfzehn zeigt sich ein stärkeres Verständnis von Motiven. Ein Jugendlicher sagt nun: »Wenn man ins Gefängnis muß, erzeugt das Groll gegen andere«; ein anderer meint, daß sie »verbittert werden oder sich verspottet fühlen«; ein dritter spekuliert, daß sie darüber brüten und sich so »selbst als Verbrecher festlegen.«

Das zunehmende Begreifen der menschlichen Komplexität wirkt sich auf das Verständnis des Kindes für den politischen Bereich aus. Bei den Themen Verbrechen und Strafe z. B. erkennt es, daß Menschen Motiven folgen und daß manche Motive sie zu Verbrechen verleiten und andere sie zu Wohlverhalten führen können. Daher wird der Jugendliche empfänglich für Erziehung, Rehabilitierung und manchmal sogar für Psychotherapie als Methoden der Persönlichkeitsveränderung. Wenn er auch auf diesem Gebiet ganz optimistisch über die Möglichkeit, Menschen zu ändern, denkt, so denkt er auf anderen nicht so, denn sein geschärftes Verständnis des menschlichen Willens macht ihn vorsichtiger und skeptischer gegenüber Gesetzen und der Politik als Methoden, die Menschheit zu ändern. Er sieht die Menschen nicht mehr, wie ein Kind es tut, als bedingungslos dem Willen des Gesetzes unterworfen. Er rechnet jetzt mit dem menschlichen Widerstand, mit der menschlichen Neigung, sich einer Autorität zu widersetzen. Während der sehr junge Adoleszent, der noch der Tabula-rasa-Konzeption des Menschen anhängt, diesen als formbar, als sich leicht, ja sogar freiwillig der Autorität fügend sieht, betrachtet der ältere Adoleszent Gesetze nur als eine Möglichkeit von vielen und kommt zu der Erkenntnis, daß indirekte Methoden und Anreize auch als Vehikel des sozialen Wandels dienen können.

MODI DES DENKENS

Man zögert, einfach zu behaupten, der junge Adoleszent sei unfähig, politische Probleme zu beurteilen, und man zögert doch ebenso zu behaupten, er habe diese Fähigkeit. Zu Beginn der Adoleszenz ist das Gespräch oft so steif, bar jeglicher Ausschmückung, ohne Modifikation und Nuancen, so daß der Zuhörer nicht mit Gewißheit die Urteilsformen ausmachen kann, die dem Gespräch zugrunde liegen können und es beherrschen. Wenn unsere jüngeren Befragten ein Problem durchdenken sollten, schienen sie, wenn sie überhaupt antworteten – und meistens konnten sie das gar nicht –, über die Antwort zu stolpern. Selbst wenn die Antwort plausibel war – und meistens war sie es nicht –, konnte man kaum die zugrundeliegenden Denkprozesse erahnen. Meistens blieben also die logischen Vorgänge, welche die Antwort bestimmten, völlig im dunkeln, oder die Lösungen wurden offenbar durch intuitive Logik, durch ein unausgesprochenes, nicht feststellbares System von Überzeugungen gefunden.

Zudem muß man in dieser Altersstufe mit einem gelegentlichen Abfallen in pure Verworrenheit rechnen. Was soll man zu der folgenden Feststellung sagen? Der dreizehnjährige Junge wurde gefragt, warum ein bestimmtes Gesetz, das auf der Insel das Zigarettenrauchen verbot, sich als schwer durchführbar erwies. »Weil Leute, die daran gewöhnt sind, jetzt . . . also wenn sie sagen, daß man nicht mit dem Auto herumfahren darf, also das wäre schrecklich. Dann würden die Leute einfach weiter herumfahren, aber man könnte es sehen. Aber vielleicht könnte man keine Zeitungen haben, dann würde aber allen Leuten im Zeitungsgeschäft die Puste ausgehen.« Was war hier geschehen? Offensichtlich versucht er anfangs zu sagen, daß diejenigen, die ans Rauchen gewöhnt sind, nicht aufhören können, aber aus irgendeinem Grund führt er den Gedanken nicht zu Ende. Dann kommt er auf Autos zu sprechen und aller Wahrscheinlichkeit nach will er sagen, daß man heimlich rauchen kann, aber nicht heimlich Autofahren. Aber die nächste Aussage über Zeitungen ist einfach unverständlich – Zeitungen wurden in dem ganzen Interview nicht erwähnt. Spielt er darauf an, daß Zeitungen Zigarettenwerbung machen? Oder auf das Verbot von Zeitungen? Wer kann das sagen? Solche Aussagen, die durch lose Assoziationen gekennzeichnet sind, spiegeln vermutlich die Wirkungen von Angst auf den unausgebildeten kognitiven Apparat des jungen Adoleszenten wider. Dies ist eine gelegentlich, aber nicht immer auftretende Erscheinung in dieser Altersgruppe; die meisten jungen Adoleszenten, die eine Frage nicht beantworten können, bleiben stumm oder antworten einsilbig oder ausweichend. Bei Adoleszenten über fünfzehn ist dies jedoch ganz ungewöhnlich.

Die bedeutsame Transformation des Denkens in den ersten Jahren der Adoleszenz schließt die Aneignung des hypothetisch-deduktiven Schließens ein. Wir haben auf ein Beispiel dieser Fähigkeit bereits bei der Diskussion der Erweiterung des Zeithorizonts hingewiesen: nämlich auf die Fähigkeit, die späteren Folgen einer Entscheidung zu antizipieren. Eine dazu in enger Beziehung stehende Variante ist das Auftreten von Kosten-Nutzen-Überlegungen, bei denen der Jugendliche, wenn er das Pro und Contra einer politischen Entscheidung abwägt, die entsprechend Vorteile genau prüfen und vergleichen kann. Wie hoch sind die Kosten, und wie groß ist der Gewinn? Der Kosten/Gewinn-Kalkül wird die Entscheidung bestimmen. Hier z.B. zwei aufgeweckte Fünfzehnjährige, die eine Frage zum Enteignungsrecht des Staates beantworten. Es wurde ihnen gesagt, daß die Regierung Land braucht, um eine Straße zu bauen. Der Besitzer will nicht verkaufen. Wer ist im Recht, und was muß man unternehmen?

»Vielleicht war er ein Bauer und besaß nur wenig Land, und selbst wenn sie ihm einen anständigen Preis zahlten, könnte es ja sein, daß alles Land auf der Insel, das sich zum Anbau eignete, schon verkauft war und daß er nicht mehr neu anfangen könnte, wenn sie sein Land kauften. Aber vielleicht war er in gewisser Weise egoistisch, denn wenn sie anderes Land kaufen mußten und die Richtung der Straße ändern mußten, dann könnte es natürlich sein, daß sie die Steuern auf den Sachen erhöhen würden, weil es mehr kosten würde, die Straße in eine andere als die geplante Richtung zu legen.«

»Wenn es ein strategischer Punkt ist, wie etwa der einzige Weg durch ein Gebirge, ohne einen Tunnel bauen zu müssen, dann weiß ich nicht genau, was ich tun würde. Wenn es ein schönes, ebenes Stück Land ist und man, wenn man es nicht bekommen kann, eine Kurve in die Straße bauen müßte, dann könnte die Regierung doch, meine ich, eine Kurve in die Straße machen.«

Bevor das hypothetisch-deduktive Urteilen einsetzt, werden derartige Probleme, wenn überhaupt, mit vereinfachender Endgültigkeit behandelt – Zustimmungen oder Ablehnungen. Später sehen wir, wie in den angeführten Zitaten Konditionalsätze – Redewendungen wie »wenn« und »es hängt davon ab« – die Erörterung über Entscheidungen zu beherrschen beginnen. Der Jugendliche vermeidet Entweder/Oder-Positionen und denkt in Zusammenhängen; der unumstößliche Absolutismus der Kindheit und der Frühadoleszenz macht einem moralischen und begrifflichen Relativismus Platz. Zudem fängt der Jugendliche nun an, sich den Entweder/Oder-

Alternativen unserer Fragen zu widersetzen. Er bricht aus (breaks set) – d.h., er zweifelt die Voraussetzungen an, die stillschweigend oder sonstwie in der Frage enthalten sind. Wir fragen, sollte die Regierung A oder B machen? Jetzt sagt er vielleicht »Keines von beiden« und schlägt eine Änderung, einen Kompromiß oder eine ganz neue Lösung vor, welche die eigentliche Frage umgeht oder über sie hinausgeht.

Ich will diesen Abschnitt mit einer genauen Analyse – einer *explication du texte* sozusagen – abschließen, mit der Analyse einer einzigen Antwort, die von einem vierzehnjährigen Jungen gegeben wurde, einem Kind, das im kognitiven Bereich das Kindliche abgelegt hatte. Die Antwort ist keineswegs repräsentativ – weit davon entfernt –, sie illustriert und beleuchtet jedoch die konzeptuellen Leistungen, die das politische Denken der frühen Adoleszenz von dem der späteren trennen. Die gestellte Frage lautete: »Was würde geschehen, wenn es keine Gesetze gäbe?« Ich will jeden Satz der Antwort gesondert behandeln.

(1) *Zunächst würden die Leute tun, was sie wollen.* Das ist die übliche konventionelle Antwort auf diese Frage – eine Vision von Hemmungslosigkeit oder vielleicht noch Schlimmerem. Aber man beachte das »zunächst«, das vermuten läßt, daß er bereits über das Nächstliegende hinauszublicken beginnt.

(2) *Aber nach einiger Zeit würde jemand oder eine Partei an die Macht kommen und Gesetze erlassen, die wahrscheinlich strenger sind als die vorherigen.* Er schaut tatsächlich über die nächstliegenden Folgen hinaus auf entferntere und indirektere. Was diese Aussage ungewöhnlich macht – in der Tat einzigartig nach unserer Erfahrung mit dieser Altersstufe –, ist, daß sie ein Verständnis für soziale Dynamik zeigt, nämlich mit der Annahme, daß auf eine Periode der Anarchie eine Periode strengerer sozialer Kontrolle folgt. Er scheint eine Art von Newtonschem sozialem Gesetz aufzustellen, nämlich, daß eine Aktion eine gleichgroße und gegensätzlich gerichtete Reaktion hervorrufen kann, daß Reformation Gegenreformation hervorbringt.

(3) *Aber sehr viel würde von der Art der Gesellschaft abhängen.* Der Conditionalis wird ins Spiel gebracht. Man beachte auch die enge Verbindung, die er zwischen Gesetz und Gesellschaft sieht. Anders als jüngere Adoleszenten sieht er Gesetze nicht als etwas Gegebenes an, ohne Beziehung zur sozialen Matrix, sondern als integralen Ausdruck des sozialen Systems.

(4) *Manche Gesellschaften haben eine strenge soziale Etikette, wie es, glaube ich, im alten China war, wo die Leute Angst hatten, ihre Stellung in der Gesellschaft zu verlieren, denn wenn sie etwas falsch machten, schauten alle auf sie herab.* Aus mehreren Gründen eine außergewöhnliche Aussage. Sie durchbricht den Rahmen der Frage; d.h., sie zweifelt die stillschweigende Voraussetzung an, daß Gesetze zur sozialen Kontrolle notwendig sind. Dies geschieht über den Versuch einer vergleichenden Soziologie – *autre temps, autre mœurs.* Die Erwähnung einer fernen und fremden Kultur (man beachte den Rekurs auf Geschichte) wird benutzt, um den Relativismus von Gesellschaftsformen zu beleuchten. Die Aussage vereint die Vorstellung von informellem sozialem Zwang mit der Vorstellung einer staatlichen und sieht sie als äquivalente Kontrollmaßnahmen an. Sie bezeugt das Vorhandensein eines Begriffs von sozialer Hierarchie und darüber hinaus die Einsicht, daß Kasten- oder Klassenbeziehungen Verhalten erzwingen können.

DER RÜCKGANG AUTORITÄRER EINSTELLUNGEN

Nur wenn man länger mit jungen Adoleszenten gesprochen hat, kann man richtig einschätzen, wie blutdürstig sie sein können. Nachfolgend einige Zitate aus Interviews mit drei dreizehnjährigen Jungen über Verbrechen, Bestrafung und Rehabilitation.

Über den besten Grund, Leute ins Gefängnis zu bringen: »Also, diese Leute, die schon so fünf Jahre im Gefängnis sind und immer noch verstockt sind, dann würde ich sie dreimal so lange oder doppelt so lange einsperren. Ich glaube, das würde ihnen dann eine Lehre sein.«

Darüber, wie man Leuten beibringen kann, in Zukunft keine Verbrechen mehr zu begehen: »Das Gefängnis ist gewöhnlich schon das beste, aber es gibt noch andere Möglichkeiten ... im 19. Jahrhundert war es üblich, die Leute für Untaten zu foltern. Ich glaube die Einzelhaft ist jetzt das beste, um die Leute zur Einsicht zu bringen.«

Über Methoden, Verbrechen auszurotten oder zu reduzieren: »Ich glaube, ich würde ... also wenn man jemand ermordet, dann würde man sie mit dem Tod bestrafen oder so. Aber ich glaube, das würde nichts helfen, weil sie doch nichts daraus lernen würden. Ich glaube, ich würde sie ganz arg erschrecken oder so was.«

Ich will gestehen, daß ich einige ungewöhnlich farbige Beispiele ausgewählt habe; unsere Jugendlichen waren typischerweise nicht ganz so Grand Guignol, Herzdame sozusagen. Aber die Ansicht, die in diesen Auszügen zum Ausdruck kommt, ist absolut typisch für jüngere Adoleszenten, wenn sie von »law and order« sprechen. Obwohl sie ungefähr das Gefühl haben, daß die Strafe dem Verbrechen angemessen sein sollte, führt sie ihre Ansicht einer solchen Arithmetik dazu, selbst für harmlose Missetaten drakonische Maßnahmen vorzuschlagen. Wenn das Verbrechen ausgerottet werden soll, ist alles recht, und deshalb sind sie bereit, ausgefeilte und wirklich Orwellsche Kontrollmaßnahmen zu befürworten. Auf die Frage, was zu tun sei, wenn ein Gesetz, das Zigarettenrauchen verbietet, allgemein übertreten wird, schlugen einige unserer jüngeren Versuchspersonen *unter anderem* Methoden vor wie Polizeispitzel zu werben, Spione in den Schränken der Wohnungen der Leute zu verstecken und, jawohl, ein sorgfältig geplantes Netz von Monitoren eines nur für diese Zwecke bestimmten Fernsehens an öffentlichen wie privaten Stellen einzurichten. Um die öffentliche Ordnung zu gewährleisten, neigen junge Adoleszenten dazu, einfach den Einsatz zu erhöhen: mehr Polizei, höhere Geldstrafen, längere Gefängnisstrafen und, wenn notwendig, Exekutionen. Für einen umfangreichen und vielfältigen Fragenbereich zu Verbrechen und Strafe schlagen sie immer nur eine einzige Lösung vor: Bestrafen, und wenn das nicht ausreicht, härter bestrafen! In diesem Alter kann das Kind im allgemeinen nicht begreifen, daß Unrechttun ein Symptom für etwas Tieferliegendes sein und mit indirekten Mitteln verhindert werden kann. Die Idee der Besserung und Rehabilitierung durch humane Methoden wird zu Beginn der Adoleszenz nur von einer kleinen Minderheit erwähnt.

Die Ansichten des jungen Adoleszenten zu Verbrechen und Bestrafung spiegeln eine allgemeinere, tatsächlich überall vorhandene Neigung zum Autoritären wider. Wir haben in der Tat kein Thema untersucht, in dem diese Neigung keine Rolle spielt: worüber das Kind auch nachdenkt – Regierung, Recht, Politik, Sozialpolitik – überall stoßen wir auf sie. Wir finden sie auch zu Beginn der Adoleszenz bei beiden Geschlechtern, in allen sozialen Schichten und bei den drei Nationen, die wir untersuchten. Kurz, Autoritarismus ist ein überall vorhandener Zug im politischen Denken der frühen Adoleszenz.

Erinnern wir uns noch einmal an die Reihe von Interviewzitaten über den Zweck der Gesetzgebung, welche die Diskussion über kognitive Strukturen einleitete. In den Beispielen von den Dreizehnjährigen stellen wir eine ausschließliche Betonung von Zwang fest. Der Zweck des Gesetzes ist es, die Menschen davon abzuhalten, Unrecht zu tun. Mit fünfzehn liegt der Nachdruck zwar noch auf Restriktion, aber er hat deutlich abgenommen. Der Jugendliche weist jetzt viel häufiger auf die positiven Funktionen von Recht hin: er kann jetzt sagen, es schaffe Richtlinien oder es garantiere Sicherheit. Ein essentiell ähnliches Muster zeigt sich, wenn wir Jugendliche auffordern, den Sinn und Zweck von Regierung zu beschreiben. In den frühen Altersstufen antworten sie meistens im Sinne von Zwang: sie sagen: Regierung »verhindert Chaos« oder sie sorgt für »bessere Ordnung in der Stadt« oder sie hält »das Land davon ab, zu tun, was ihm beliebt«. In der Mitte der Adoleszenz gibt es eine deutliche Verschiebung zum Positiven. Man sieht Regierung nun als Garanten der Freiheit oder als Förderer der Gleichheit oder als Organisatoren leistungsfähiger öffentlicher Dienste.

Was ist der Grund dieses autoritären Geistes bei der Jugend? Sie ist, um damit anzufangen, mit der menschlichen Bosheit beschäftigt. In ihren Augen neigt der Mensch von Natur aus zum Triebhaften und zur Anarchie. Die Jugendlichen sind Anhänger von Thomas Hobbes – es gibt Krieg aller gegen alle. Sie scheinen nicht viel Vertrauen in die Kraft des Menschen zur Selbstbeherrschung zu haben oder in seine Fähigkeit, den Forderungen des Gewissens gerecht zu werden – oder vielleicht erkennen sie diese nicht adäquat.

Ein weiterer Grund, der zusammenhängt mit dem ersten, liegt in dem unbefangenen Glauben an die Güte und Gerechtigkeit von Autoritäten. Der junge Adoleszent kann sich nicht spontan vorstellen, daß Autorität launenhaft, willkürlich und im Irrtum sein könnte. Dem Gesetz gegenüber nimmt er fast den gleichen Standpunkt ein. Seine erste Neigung – und seine zweite und dritte – ist, jedes Gesetz zu unterstützen, auch wenn er sich über dessen Sinn und Zweck nicht klar ist. Die dem zugrundeliegende Einstellung ist anscheinend: wenn ein Gesetz erlassen wird oder sogar nur vorgelegt, muß es gute Gründe dafür geben. Und wenn der Staat an seine Bürger eine Forderung stellt, ist es ihre Pflicht, zu gehorchen, da einzig wohlmeinende (wenn auch vielleicht unergründliche) Motive das Handeln des Staates anleiten. In der frühen Adoleszenz ist die Einstellung des Kindes zu Regierung und Gesetz vertrauensvoll, unkritisch und fügsam. Es überträgt die Gewohnheit, zu vertrauen und zu gehorchen, die es sich in der Schule und zu Hause angeeignet hat, auf diesen Bereich.

(Interessanterweise hat Parteipolitik nicht teil an dieser unkritischen Hinnahme. Sehr oft neigten unsere Jugendlichen zur Unsicherheit gegenüber Parteien und dem Parteiensystem, aber mit einem vagen Gefühl des Mißtrauens und der Beunruhigung. »Politik« in diesem Sinne wird oft mit Kontroversen assoziiert – die verbreitetsten Vorstellungen sind Streit und Schärfe. Es ist so, als ob Regierung und Gesetz am »Sakralen« teilhaben, während Parteipolitik profan, weltlich ist – und damit potentiell korrupt.)

Ein anderer Grund für die autoritäre Einstellung liegt in der Unfähigkeit des Kindes, die Vorstellung von Rechten zu begreifen. Sie ist für den jungen Adoleszenten ein zu abstrakter, zu verschwommener Begriff, als daß er ihn völlig verstehen könnte. Erst in der Mitte oder oft erst in den letzten Jahren der Adoleszenz setzen sich die Begriffe der persönlichen (oder Minoritäten-)Rechte wirklich durch. Ein Beispiel von vielen: wir fragten, ob die Regierung von Männern über 45 eine jährliche ärztliche Pflichtuntersuchung verlangen solle. Die meisten der jüngeren Versuchspersonen halten dies für eine glänzende Idee; erst in der späten Adoleszenz verstehen die Jugendlichen (und dann nur eine Minderheit), daß hier ein Prinzip auf dem Spiel stehen könnte, daß das Recht des Bürgers auf die private Sphäre und auf Selbstbestimmung wichtiger sein könnte als der greifbare Nutzen der ärztlichen Untersuchung. Der junge Adoleszent reagiert positiv auf den *augenfälligen* Nutzen. Wenn das, was der Staat vorlegt oder fordert, ersichtlich und konkret nützlich ist, kann er nicht davon absehen und an entferntere, abstrakte Verletzungen von Prinzipien denken. Sollte die Regierung verlangen, daß alle Häuser alle fünf Jahre gestrichen werden sollten? Nur ältere Adoleszenten weisen darauf hin, daß dieses Gesetz eine übertriebene Einmischung des Staates darstellen könnte. Sollte die Regierung auf der Impfung von Mitgliedern religiöser Gruppen bestehen, die eine Impfung ablehnen? Nur ältere Adoleszenten sind von dem Gedanken staatlicher Einmischung in religiöse Grundsätze beunruhigt.

Schließlich kann man erkennen, daß die autoritäre Einstellung des Kindes auf eine gewisse konservative Geisteshaltung zurückgeht, die es dazu bringt, Werte und Institutionen als fest und unveränderlich zu betrachten. Es stellt sich nicht ohne weiteres die beabsichtigten oder unbeabsichtigten Veränderungsprozesse vor, die für soziale und politische Erscheinungen typisch sind. Was ist, ist immer so gewesen; was ist, wird immer so sein. Den klarsten Ausdruck dieser Disposition kann man vielleicht in dem moralischen Absolutismus sehen, den wir schon früher erwähnt haben. Moralische Urteile sind in diesem Alter durch eine gesegnete Einfalt gekennzeichnet. Gut und Böse verändern sich nicht im Laufe der Zeit oder in verschiedenen Situationen, und wir sehen noch kaum etwas von dem moralischen Relativismus, der später klare Überzeugungen brechen wird.

So viel mag einleuchten, aber weniger offensichtlich ist vielleicht, daß eine ähnliche Geisteshaltung die kindliche Vorstellung von sozialen und politischen Institutionen beherrscht. Eines unserer interessantesten Ergebnisse ist, daß der junge Adoleszent nicht spontan den Begriff der Verbesserung in Erwägung zieht. Wenn man ihn darauf hinweist, daß ein Gesetz sich nicht so auswirkt wie erwartet, wird er wahrscheinlich vorschlagen, es noch rigoroser durchzusetzen. Er kann auch, allerdings viel seltener, vorschlagen, daß es aufgehoben wird. Aber er wird fast nie daran denken, daß es abgeändert werden könnte, um es wirkungsvoller zu machen. Es läuft darauf hinaus, daß das Kind zu Beginn der Adoleszenz sich menschliche Handlungen nicht als vorläufig, provisorisch und empirisch-probierend vorstellen kann. Es hat wenig Sinn und Gefühl dafür, daß soziale und politische Entscheidungen auf Versuch und Irrtum beruhen. Es erkennt nicht, daß der Bereich des Regierens Objekt des Erfindens und damit des Experiments, des Pfuschens und Ausprobierens ist. Es ist, als ob das Gesetz (und andere menschliche Artefakte) wie der Dekalog vom Gipfel des Berges herabsteigt. Wenn es einmal erlassen, einmal verkündet ist, hat der Bürger die Pflicht, sich zu fügen und zu gehorchen.

Mit vierzehn, fünfzehn und später wird die Grundstimmung des Jugendlichen kritisch und pragmatisch. Wenn er einem Gesetzesentwurf oder einem Entwurf zur Veränderung der Gesellschaftspolitik gegenübersteht, prüft er genau, um festzustellen, ob mehr dahintersteckt. Wessen Interesse wird damit gedient, wessen Interessen werden geschädigt? Er stellt diese Fragen nicht aus Mißtrauen, sondern weil er, was der jüngere Adoleszent nicht tut, genau die Hindernisse zwischen Plan und der Durchführung abwägt. Er fühlt, daß Recht und Gesellschaftspolitik das Erbe der Vergangenheit, festgesetzte Privilegien, menschlichen Eigensinn und die Macht der Gewohnheit in Betracht ziehen müssen. Er versteht jetzt, daß Gesetze und politische Maßnahmen konkurrierende Interessen und Werte in Einklang bringen müssen, daß Zwecke und Mittel ausbalanciert werden müssen, daß das kurzfristig Gute an verborgenen oder langfristigen oder indirekten Folgen gemessen werden muß.

Fassen wir zusammen: die autoritäre Einstellung des jungen Adoleszenten finden wir überall. Er hat nur ein geringes Verständnis für demokratische Praktiken (er zieht zum Beispiel die Herrschaft eines Mannes einer repräsentativen oder direkten Demokratie vor); er zeigt wenig Sensibilität für persönliche Rechte oder Minderheiten; er ist indifferent gegenüber Ansprüchen auf persönliche Freiheit; er ist Missetätern gegenüber hart und auf Bestrafung bedacht; seine Moral ist nach außen projiziert und absolutistisch. Rückgang und Ende der autoritären Gesinnung ist, neben der raschen Entwicklung der Abstraktionsfähigkeit (zu der es in bezug steht), das dramatischste Geschehen in der Entwicklung des politischen Denkens des Adoleszenten. Lynnette Beall hat einen Autoritarismus-Index entwickelt, der auf unseren Interviewdaten basiert. An der Schwelle der Adoleszenz rangieren bemerkenswerterweise 85% unserer Versuchspersonen im oberen Bereich des Index; im letzten Jahr der High-School sind es nur 17%.

IDEOLOGIE UND UTOPIE

Im allgemeinen nimmt man an, daß die Adoleszenz eine Zeit ist, die durch politischen Idealismus, vordringliche Beschäftigung mit utopischen Rekonstruktionen der Gesellschaft und die Neigung zur Formulierung von Ideologien gekennzeichnet ist.

Es heißt, daß der Jugendliche, wenn er einmal die Politik als Vehikel der freien Betätigung des Geistes entdeckt hat, sich überschwenglich auf deren Möglichkeiten, auf die Ausarbeitung von Ideen, die Spekulation, die Phantasie, den Aufbau glänzender neuer Doktrinen und Welten stürzt. Ein utopischer Impuls, durch Idealismus und neu gewonnene kognitive Fähigkeiten genährt, ergreift die Einbildungskraft des Adoleszenten. Der Jugendliche überläßt sich sowohl im einsamen Denken wie im erregten Austausch mit gleichgesinnten Freunden der Kritik an gegenwärtigen Institutionen und der Suche nach einer gerechteren Welt.

In Wirklichkeit findet sich – was immer man davon halten mag – bei der Mehrzahl der Adoleszenten wenig dergleichen. Warum wir das dennoch unterstellen, ist ein Rätsel: vielleicht erinnern wir uns (und vielleicht falscherweise) an unser eigenes außergewöhnliches Leben in der Adoleszenz; oder vielleicht werden wir von diesen seltenen und spektakulären Füllen von Frühreife bei dem Bruchteil von ausgesprochen politisch engagierten Adoleszenten besonders angezogen und verallgemeinern dies für die ganze Jugend. Mag dies sein, wie es will, unsere vorliegenden Evidenzen sprechen für das Gegenteil. Utopische Ideale sind in der Adoleszens nicht nur ungewöhnlich, sondern die Gefühlslage der meisten Jungen ist in Wahrheit ausgesprochen antiutopisch. Idealismus ist zwar vorhanden, aber keineswegs bezeichnend und schon gar nicht universell verbreitet; und er ist als charakteristische politische Einstellung viel seltener als Skeptizismus, Nüchternheit und Vorsicht. Ideologie, mit der ich beginnen will, ist eine sehr komplizierte Angelegenheit.

Die Wurzel der Komplexität liegt darin, daß wir von einer schwachen oder einer starken Definition von Ideologie ausgehen können. Gemäß der letzteren wäre Ideologie ein hoch strukturiertes, hierarchisch geordnetes, in sich geschlossenes System allgemeiner Prinzipien, aus denen sich spezifische Einstellungen ergeben. In diesem strengen Sinne gebraucht, ist die ideologische Kapazität in der Adoleszenz äußerst selten, es gibt sie fast nur bei den Intelligentesten, den geistig und politisch stark Engagierten. Bei der schwachen Definition unterstellen wir nur das Vorhandensein von Einstellungen, die *lose* miteinander zusammenhängen und *mehr oder weniger* mit Bezug auf ein umfassenderes, wenn auch vielleicht implizites System von politischen Prinzipien organisiert sind. Dann können wir sagen, daß Ideologie am Anfang der Adoleszenz schwach oder gar nicht vorhanden ist und daß die Kriterien für die Aneignung von Ideologie erst in der mittleren Periode erkennbar werden. In diesem letzteren Sinn will ich den Begriff gebrauchen.

Es sollte klar sein, daß das Kind sich keine persönliche Ideologie aneignen kann, auch nicht im bescheidensten Sinn, bevor es die kognitiven Fähigkeiten des Stadiums formaler Operationen erworben hat und sie bis zu einem gewissen Grad beherrscht. Es muß mit Abstraktionen umgehen können; es muß seine Beobachtungen über den speziellen Fall hinaus synthetisieren und verallgemeinern können; es muß in der Lage sein, über die Gegenwart hinauszugehen und sich die Zukunft vorzustellen. So viel haben wir schon gezeigt, und nun müssen wir eine weitere entscheidende Eigenschaft hinzufügen: die Beherrschung von Prinzipien.

Am Anfang der Adoleszenz ist das Verständnis des Jugendlichen für Prinzipien schwach entwickelt, ziellos und schwankend. Meistens ist er sich der Prinzipien nicht bewußt, die eine politische Entscheidung bestimmen könnten, aber selbst wenn er sie wahrnimmt, ist sein Verständnis zu unsicher, zu unstet, um es auf den speziellen Fall anwenden zu können. Wir haben dafür Beispiele in der Vorliebe des jungen Adoleszenten für spezielle Schlagworte und Slogans, die im allgemeinen als Ersatz dienen oder als Annäherung an die allgemeinen Prinzipien, die er für relevant hält, aber die er nicht wirklich erfaßt. Auf eine Frage über Wahlen wird das Kind strahlend und vertrauensvoll sagen: »Die Majorität regiert«, und einen Augenblick später erfahren wir, daß es unter Majorität Einstimmigkeit versteht. Oder es kann feierlich auf die »Redefreiheit« anspielen und kurz darauf die völlige Abschaffung von Dissens fordern. Bei diesen und ähnlichen Anlässen merkt das Kind, daß eine bestimmte Art politischer Entscheidungen von übergeordneten Prinzipien bestimmt oder ihnen untergeordnet ist, aber sein Verstand kann das Prinzip nicht ganz erfassen oder kann der Verbindung zwischen dem speziellen Fall und der steuernden Verallgemeinerung keinen Ausdruck verleihen. Das kognitive Versagen veranlaßt es, herumzusuchen, bis es eine anscheinend relevante Phrase findet, die in Beziehung zu dem vage empfundenen Prinzip steht und es ersetzt.

Der gleichmäßige Fortschritt im Begreifen von Prinzipien ist eines der eindrucksvollsten Phänomene des politischen Denkens in der Adoleszenz. Wenn dieses Stadium einmal erreicht ist, setzt es der Sentimentalität ein Ende, die so oft des jungen Adoleszenten Auseinandersetzung mit politischen Fragen beherrscht; es erlaubt dem Kind, der Anziehungskraft des Augenfälligen und Attraktiven zu widerstehen, vor allem, wenn es um individuelle oder allgemeine *Rechte* geht. Unsere jüngsten Versuchspersonen sind so oft unberechenbar, wenn es um persönliche Rechte geht, nicht nur, weil sie Autorität idealisieren, sondern auch, weil sie so wenig Verständnis für die Prinzipien haben, die die Macht der Regierung begrenzen sollten. Mit einem ansprechenden Vorschlag konfrontiert, verkündet der jüngere Adoleszent strahlend, daß es »wie eine glänzende Idee klingt« – nebenbei bemerkt, eine immer wiederkehrende Phrase – und kann nicht über unmittelbare Vorteile hinausschauen, um die Verletzungen von Prinzipien zu erkennen. Dieselbe Tendenz kann man mit umgekehrtem Vorzeichen finden, wo das Kind den einzelnen gegenüber dem Staat vorziehen wird, wenn des ersteren Sache konkret und attraktiv ist und die des letzteren auf einem Prinzip beruht. Bei unserer Frage über Enteignungsrecht zum Beispiel begünstigten jüngere Versuchspersonen den Landbesitzer, weil seine Sache attraktiv und konkret war, und dachten kaum an die entsprechenden Rechte der Allgemeinheit.

WISSEN

Das Wachsen des ideologischen Denkens in der Adoleszenz wird auch dadurch gefördert, daß sich das Kind sehr schnell politische Kenntnisse aneignet. Unter Kenntnissen verstehe ich mehr als die langweiligen »Tatsachen« – zum Beispiel über die Zusammensetzung einer Kreisverwaltung –, die das Kind lernt, oder besser, denen es in einem üblichen Kurs über Staatsbürgerkunde, an dem fast alle amerikanischen Neuntkläßler teilnehmen müssen, ausgesetzt ist. Auch verstehe ich unter ›Kenntnis‹ nicht nur Informationen über gegenwärtige politische Realitäten. Außer diesen Facetten von Wissen absorbiert der Adoleszent auch, oft unbewußt, ein Gefühl für die vielen unausgesprochenen Annahmen über das politische System, welche die allgemeine Grundlage des Verständnisses bilden – Dinge wie: was der Staat »angemessenerweise« von seinen Bürgern verlangen kann (und umgekehrt), oder was das »richtige« Verhältnis des Staates zu untergeordneten gesellschaftlichen Institutionen wie Schulen und Kirchen ist. Viel von der Naivität, die des jungen Adoleszenten Politikverständnis charakterisiert, entspringt nicht aus einer Unkenntnis der »Tatsachen«, sondern aus einem unvollkommenen Erfassen der allgemeinen Spielregeln des Systems, dessen, was gewöhnlich getan und was nicht getan wird, und wie und warum etwas getan oder nicht getan wird.

Wenn ich auch die Bedeutung des vermehrten Wissens für die Entwicklung der Ideologie beim Adoleszenten nicht unterschätzen möchte, muß ich doch sagen, daß ich im Lauf der Jahre immer weniger von seiner zentralen Stellung überzeugt bin und daß ich nun glaube, daß viel der heutigen Arbeit im Bereich der politischen Sozialisation dadurch, daß sie sich zu stark auf die offensichtliche Aneignung von Wissen stützte, über das Entwicklungstempo des politischen Verständnisses in der Adoleszenz irregeführt wurde. Genau wie das kleine Kind viele Zahlen der Reihe nach zählen kann, ohne das Prinzip der Anordnung zu erfassen, so kann der junge Adoleszent viele Bruchstücke politischer Information im Kopf haben, ohne die Begriffe wirklich zu verstehen, die der Information Ordnung und Sinn geben würden.

Wie eine Elster pickt der kindliche Verstand einzelne Daten auf. Wenn man das Kind dazu ermutigt, wird es einem diese vor die Füße werfen – Republikaner, Demokraten und das dreigeteilte föderalistische System und Nixon und Agnew und Kennedy und, wenn es verschwenderisch ist, noch den amtierenden Arbeitsminister und die Hauptstadt von Nord-Dakota. Aber ohne die zusammenfassende Funktion der Konzepte und Prinzipien bleiben die Daten fragmentarisch, zufällig und ungeordnet.

BESETZUNG

Bis jetzt habe ich die kognitive Komponente der politischen Vorstellungskraft des Adoleszenten – gelinde gesagt – hervorgehoben. Diese Seite ist auch am sichtbarsten, am leichtesten zu erkennen und zu beurteilen, und niemand, der mit dem jugendlichen Denken vertraut ist, kann sich dem zwingenden Eindruck der raschen Entwicklung des reinen Verstehens beim Kind entziehen. Aber zweifellos gibt es einen anderen Aspekt des Wachsens von Ideologie – das zunehmende *Engagement* des Jugendlichen für politische Angelegenheiten. Dem typischen jungen Adoleszenten liegt die Politik persönlich fern. Obwohl er Fragen darüber höflich, ja ernsthaft beantwortet, fühlt man deutlich, daß dies für ihn unbekanntes Gelände ist. Er möchte es einem recht machen, er möchte die Antworten »richtig« geben, aber im übrigen steht er der politischen Welt im wesentlichen indifferent gegenüber. In der mittleren Periode der Adoleszenz macht diese Indifferenz – vielleicht ist Neutralität eine bessere Bezeichnung dafür – zumindest in einigen Fällen einem intensiver empfundenen Gefühl des Verbunden-Seins mit dem Politischen Platz. Die Distanz zwischen dem erkennenden, wertenden Selbst und dem politischen Bereich ist kleiner geworden. Was ist der Grund für diesen Wandel?

Zweifellos gibt es nicht nur einen einzigen. Die vielfältigen Geschehnisse im Leben des Adoleszenten akkumulieren sich und führen ihn durch ihre Wechselwirkungen zu einer gefühlsmäßigen Besetzung des Politischen. Seine wachsende geistige Beweglichkeit stimuliert das Interesse, und das Politische, nun kognitiv zugänglich, wird vertraut und darüber hinaus fesselnd. Umgekehrt kann Interesse ein Antrieb für geistiges Wachstum sein; das Engagement für das Politische regt den kindlichen Geist an und fordert ihn; dadurch werden bis dahin verborgene Fähigkeiten formalen Denkens auf politischem Gebiet aktiviert. Dazu kommt noch eine naheliegende, aber sehr wichtige Tatsache – das verstärkte Autonomiegefühl des Jugendlichen, seine Vorwegnahme des Erwachsenseins, sein Erproben reifer Formen der Selbstdefinition, zu denen die Bereitschaft zur Übernahme der Staatsbürgerrolle gehört und damit das Bedürfnis, über die große Welt etwas zu meinen, zu urteilen und zu diskutieren.

Dies sind die normativen Zwänge und Chancen, die alle Adoleszenten zu einem größeren Engagement für politische Ideen führen; alle Kinder erfahren sie und reagieren auf sie. Es gibt jedoch tiefgehende individuelle Unterschiede in der gefühlsmäßigen Besetzung des Politischen. Einige Jugendliche scheinen schon mit fünfzehn tief ins politische Gespräch und Denken verwickelt; die meisten aber nicht. Bis zu einem gewissen Grad spiegelt dieser Unterschied das Gefälle der allgemeinen geistigen Fähigkeiten und Interessen wider, aber es gibt viele Ausnahmen. Einige unserer klügsten Versuchspersonen scheinen in dieser Altersstufe affektiv weitgehend uninteressiert. Eines meiner differenziertesten Interviews führte ich mit einem vierzehnjährigen Jungen durch, der politische Begriffe und Informationen außerordentlich gut beherrschte. Er erzählte mir z. B., daß er Trotzkys *Geschichte der russischen Revolution* gelesen hatte, und konnte äußerst intelligent darüber sprechen. Er las jedoch keine Zeitung, sah nie Fernsehnachrichten und sprach auch mit seinen Freunden und mit seiner Familie nie über Politik. Er sagte, er finde Politik »langweilig«. Andererseits zeigte ein Fünfzehnjähriger, der zu langatmigen, dogmatischen politischen Meinungsäußerungen neigte, von denen viele exzentrisch waren (unter anderem hatte er ernstlich überlegt, Weltdiktator zu werden), nur bescheidene Ansätze von politischer Erkenntnis. Solche Anomalien sind in der mittleren Periode häufig. Jugendliche zeigen nicht nur erstaunliche Wissenslücken und Unterschiede im Niveau des Verständnisses verschiedener Themen, man kann auch eine erstaunliche Diskrepanz zwischen gefühlsmäßigem Engagement und Erkenntnisvermögen feststellen.

Und doch können wir einige Verallgemeinerungen über die Jugendlichen wagen, die sich intensiv mit Politik beschäftigen und eine Ideologie aufzubauen streben. Der augenfälligste gemeinsame Nenner ist ihre Herkunft aus Familien, die politisch aktiv sind und für die Politik eine moralische Leidenschaft ist. Der Jugendliche übernimmt nicht nur die Richtung des politischen Denkens von seinen Eltern, sondern auch die Intensität ihres moralischen Impulses. Das ist bei Jugendlichen ein ungewöhnliches Phänomen, aber es ist, wenn es auftritt, bemerkenswert, und wir finden es sowohl links wie auch rechts. Bei den Rechten liegt die religiöse Komponente der Politik oft nahe an der Oberfläche; Politik ist nur wenig entfernt von Frömmigkeit. Eine unserer Jugendlichen, Tochter eines Führers der John Birch Society, machte tatsächlich kaum einen Unterschied zwischen politischen Zielen und den fundamentalistischen Werten, an die sie glaubte; beide waren an Sicherung der Ordnung und Kampf gegen die Verderbtheit orientiert. Bei den Linken scheint politisches Engagement eher Ersatz für religiöse Impulse zu sein als deren Ausweitung. Wir finden hier eine Politik, die vom Schuldgedanken beherrscht ist und in der Themen der Wiedergutmachung und Sühne die politischen Vorstellungen bestimmen. In gewissem Sinn werden jedoch sowohl die rechte wie die linke Politik vom Schuldgedanken beherrscht. Im ersten Fall wird der moralische Impuls weitgehend externalisiert und andere müssen zum Gutsein gezwungen werden; im letzteren herrscht, zumindest anfänglich, ein internalisiertes Schuldgefühl, ein schmerzliches Bewußtsein der eigenen unverdienten Privilegien vor, obwohl in vielen Fällen (wie die letzten Jahre uns gelehrt haben) die moralische Leidenschaft dann letztlich auf äußere Feinde gerichtet wird. In diesen Fällen stellen wir ein eindeutiges Fehlen von spielerischen Momenten, Ironie und Distanz fest, zumindest wenn über Politik diskutiert wird. Politik ist in den Bann des Über-Ichs geraten. Was für Verluste und Gewinne auch immer aus dieser Sachlage folgen mögen, fraglos gehören zu diesen Folgen eine erhöhte Beachtung des Politischen, eine beachtliche Frühreife von Einstellungen, eine frühe Verfestigung des Glaubens und ein starkes Gefühl der Familienzusammengehörigkeit.

Wir sind jetzt bei dem wichtigen, aber schwierigen Thema des Zusammenhangs der Ideologie mit der Psychodynamik angekommen. Dies ist vor allem schwierig, weil wir keinen systematischen Versuch unternommen haben, die Persönlichkeit zu erforschen, und weil in dieser Altersstufe sowohl Ideologie wie Persönlichkeit zu fließend, zu veränderlich scheinen, um mehr als einen sehr vorläufigen Eindruck zu vermitteln. Aber eine Vermutung will ich riskieren: daß eine gewisse Konsistenz des Leitmotivs, die zum Teil psychodynamisch abgestützt ist, das politische Denken bestimmter Adoleszenten in der mittleren Periode beherrscht. Es gibt zum Beispiel die Politik der Abhängigkeit (die ungewöhnlich häufig in unserer deutschen Stichprobe auftritt), bei der die vorgestellte und beschriebene politische Welt um die Idee der Regierung als einer hilfreichen Elternfigur und des Bürgers als eines abhängig-empfangenden Kindes organisiert ist. Es gibt eine Politik des Neides, des Ressentiments, die von der Überzeugung beherrscht wird, daß die Großen und Mächtigen ungerechterweise die Schätze der Welt für sich behalten. Und dann gibt es eine Politik der Macht, bei der wir eine vorrangige Beschäftigung mit Herrschaft und Kontrolle erkennen können. Diese Themen – Schuld, Abhängigkeit, Neid, Macht und zweifellos noch andere – scheinen aus einer Wechselwirkung zwischen den entscheidenden Werten im Milieu des Kindes und bestimmten Persönlichkeitsdispositionen hervorzugehen. Wenn sie stark genug sind, prägen sie die politische Wahrnehmung und liefern einen Rahmen für die Organisation einer Ideologie.

Wenn wir uns unter Ideologie nicht nur das Vorhandensein von Einstellungen und Prinzipien vorstellen, sondern auch den erfolgreichen Versuch, sie zu *verbinden*, ihnen innere Kohärenz zu geben, dann ist Ideologie in diesem Sinn in der Adoleszenz ungewöhnlich, sogar bei Achtzehnjährigen. Die meisten Ideologien unserer Versuchspersonen schienen sehr provisorisch zu sein. Sie beantworteten jede Frage, wie sie kam, und schienen sich kaum Mühe zu geben, ein Modell zu konstruieren, das die Prinzipien miteinander in Beziehung bringen würde. In der großen Mehrheit der Fälle nimmt das Kind nur die stillschweigenden Selbstverständlichkeiten seines Milieus auf. Die wenigen Jugendlichen, die sich politisch engagieren, sind solche, die versuchen, diese stillschweigenden Gegebenheiten genau zu umreißen, zu erklären und zu rechtfertigen; oder diejenigen, die sich dagegen auflehnen. In diesem Sinne stimulieren sich politisches Auffassungsvermögen und politisches Interesse meistens gegenseitig; ohne eine starke Besetzung der politischen Sphäre bemüht man sich, zumindest in der Adoleszenz, kaum um den Aufbau einer konsistenten politischen Ethik.

IDEALISMUS, UTOPISMUS UND ANDERE POLITISCHE AFFEKTE

Das Wiederaufleben von politischem Aktivismus innerhalb der Colleges hat der früheren Vision von einer Jugend, die intensiv politisiert und von messianischen oder zumindest idealistischen Gefühlen motiviert ist, neuen Auftrieb gegeben. Von Anfang an war es ein Hauptziel dieser Untersuchung, diese Unterstellungen zu prüfen. In meiner früheren Arbeit mit Adoleszenten hatte ich nur wenige Anzeichen für ein tieferes politisches Interesse oder für politischen Idealismus gefunden. Auch hatten keine anderen Daten, die ich heranzog, dies nahegelegt; im Gegenteil. Aber die politischen Überzeugungen von Adoleszenten waren damals kaum untersucht worden; ebensowenig das Problem des politischen Idealismus. Deshalb zielten mehrere Fragen des Interviewleitfadens direkt (und viele andere indirekt) auf Ideale und Idealismus ab. Im einzelnen: Wäre es möglich, in einer idealen Gesellschaft das Verbrechen auszumerzen? Wäre es möglich, Streitigkeiten und Mißhelligkeiten unter den Menschen zu vermindern oder ganz abzuschaffen? Wie sollte die ideale Gesellschaft beschaffen sein, die Du aufbauen würdest? Ich will sogleich die Unzulänglichkeit der Fragen zugeben; sie erlauben keine optimale Bewertung des jugendlichen Idealismus. Besonders glaube ich heute, daß wir auch Items mit leichter erreichbaren sozialen Zielen (Beseitigung der Armut oder Beendigung des Rassenkampfes) hätten aufnehmen sollen – was wir jetzt auch in unserer neuen Untersuchung, die noch im Gange ist, tun. Aber wir interessierten uns mehr dafür, ob das Kind sich soziale Möglichkeiten jenseits der im konventionellen Liberalismus üblichen vorstellen konnte.

Wir hatten erwartet, bei der Jugend mehr Idealismus zu entdecken, als wir tatsächlich fanden, aber wir waren nicht übermäßig erstaunt darüber, daß es ihn im allgemeinen nicht gab. Worauf wir gänzlich unvorbereitet waren, war das Vorherrschen von antiutopischen Ansichten und die verbissene Zähigkeit, mit der an ihnen festgehalten wurde. Sonst schläfrige Probanden konnten sich aufraffen, uns über die Grenzen der menschlichen Natur und sozialer Veränderungen zu dozieren. Man gewöhnte sich bei den ›Utopismus‹-Fragen an Kopfschütteln, mildes Lächeln und höfliches, aber bestimmtes Abtun solch naiver Vorstellungen. Antiutopische Gefühle findet man in ungefähr gleicher Stärke bei allen Altersstufen und bei allen drei Nationen.

Ich glaube, wir bekommen einen Einblick in die Ursachen des Antiutopismus, wenn wir einige charakteristische Interview-Antworten untersuchen:

»Weil man in die Geschichte zurückgehen und sehen kann, daß die menschliche Natur immer die gleiche ist – die Leute wollen etwas, und wenn sie keinen anderen Weg sehen, es zu bekommen, dann stehlen sie oder töten. Weil jeder im Grunde egoistisch ist. Darum glaube ich nicht – ganz gleich, was für eine Regierung oder was für ein System ersonnen würde – es wird immer Verbrechen geben. Weil man zurückgehen kann, soweit wie man will, und die Leute sind im Grunde immer gleich gewesen.«

»Die Leute sind immer darauf aus, etwas für ihre Zwecke zu gewinnen, und wenn sie großen Reichtum ganz leicht, ohne Arbeit gewinnen können und die Versuchung dazu da ist, dann liegt es in der menschlichen Natur, und sie ergreifen die Gelegenheit, und das Verbrechen wird begangen.«

»Man kann die menschliche Natur nicht ändern . . . die Leute sind im Grund egoistisch . . . die Leute werden immer uneinig sein« – diesen Refrain hört man ständig, wenn im Interview die Möglichkeiten einer wesentlichen Änderung des menschlichen Verhaltens berührt werden. Unsere Jugendlichen glauben, wie viele der ›Gründungsväter‹ an den ›resoluten Egoismus der menschlichen Natur‹. Sie würden wahrscheinlich mit Madison einer Meinung sein über »den Hang der Menschheit, in gegenseitige Feindschaften zu verfallen«. Sie könnten sogar mit Hamilton glauben, »daß die Menschen ehrgeizig, rachsüchtig und habgierig sind«. Sie sagen, daß der Mensch ein eigennütziges Geschöpf sei, daß der Eigennutz Selbstlosigkeit überwältige – wennschon nicht immer, so doch manchmal, und wennschon nicht bei allen Menschen, so doch bestimmt bei einigen. Deshalb sollte die politische Ordnung, mag sie sich auch darum bemühen, die Menschen vollkommen zu machen, nicht erwarten, daß dies gelingt. Im Gegenteil, die Gesellschaft muß die menschliche Neigung zu Eigennutz und Zwietracht berücksichtigen und gegen sie organisiert werden.

Vermutlich können wir verschiedene Positionen gegenüber dem Antiidealismus der Jugend einnehmen. Einer meiner Kollegen, ein Anhänger von Herbert Marcuse und der Gegenkultur, sieht in diesem Befund ein Indiz dafür, daß und wie die Konkurrenzorientierung des Kapitalismus die natürliche Offenheit und Großzügigkeit der Jugend erstickt. Ein anderer Kollege freut sich, davon zu hören; er glaubt, daß Utopismus in hohem Maße romantisch ist und daß politische Romantik früher oder später antidemokratisch wird. Ein anderer meint, daß diese Stimmung bei der Jugend r den Triumph der Lockeschen über die Rousseausche Tradition im westlichen politischen Denken anzeigt. Wie auch immer wir den Antiidealismus unserer Jugend interpretieren, wir sollten uns doch ganz klar darüber sein, was er nicht ist. Er ist nicht der gedankenlose Autoritarismus der ganz jungen, denn ältere Versuchspersonen sind fast noch skeptischer gegenüber der menschlichen Redlichkeit als die jüngeren. Zudem äußern gerade die besonders reflektierten und feinfühligen Jugendlichen einige der durchschlagendsten Argumente gegen das, was sie für naiven Idealismus halten. Auch handelt es sich nicht um einen gemeinen Zynismus oder dergleichen; der Antiidealismus tritt bei Jugendlichen auf, die sonst ziemlich optimistisch über die Zukunftsaussichten des Menschen und der Gesellschaft denken.

Die antiidealistische Einstellung spiegelt, so vermute ich, unter anderem ein Bemühen um Realismus wider, das ebenso wichtig und viel häufiger ist als das Streben nach Idealismus. Das Kind bewegt sich in dieser Periode auf das zu, was es für ein ›erwachsenes‹ Verständnis der Welt hält; und das scheint manchmal zu bedeuten, daß es das aufgibt, was es für ›kindisch‹ hält – Naivität oder Einfalt oder Sentimentalität. Der Zug zur ›Reifung‹ – das heißt zu Gelassenheit, Klugheit, nüchternem Urteil und dergleichen – wird ebenso stark empfunden wie die mehr idealistischen Impulse. Das Verlangen nach Realismus und die dadurch entstehende Spannung zwischen ›idealistischen‹ und ›realistischen‹ Elementen innerhalb der Persönlichkeit wurde vielfach in Untersuchungen der Adoleszenz außer acht gelassen, so gefesselt waren die Forscher vom Mythos des jugendlichen Idealismus.

Angesichts dieser Tatsache sollte es nicht überraschen, daß sich nur bei wenigen Adoleszenten Anzeichen für ein ernsthaftes Nachdenken über radikale Veränderungen der Gesellschaft zeigen. Daß es unter den jüngsten Adoleszenten kaum Interesse für die Bildung von Utopien gibt, ist keineswegs unerwartet. Wie wir gesehen haben, ist ihr Sinn für den Begriff von Gesellschaft so rudimentär, daß es wenig plausibel wäre, wenn sie sich in Gesellschaftskritik verlieren würden, oder erst recht, wenn sie Schemata zur Verbesserung der sozialen Verhältnisse, seien sie nun bescheiden oder übertrieben, vorschlagen würden. Aber in der mittleren Periode, wenn die politische Urteilsfähigkeit sich gebildet, aber noch nicht völlig konsolidiert hat, können wir erwarten, kritische und reformistische Anschauungen entstehen zu sehen; und wir sehen dies auch tatsächlich. Diese Anschauungen bewegen sich in einem ziemlich engen Rahmen. Die meisten Antworten auf die Frage nach dem Entwurf einer idealen Gesellschaft reichen von einfältiger Selbstzufriedenheit bis zu scharfen und knappen Wünschen nach Veränderung, allerdings nur innerhalb des Systems.

Ein großer Teil der Jugendlichen sagt: »Mir gefällt es gerade so, wie es ist« oder etwas Ähnliches in diesem Sinne, und läßt sich auch durch weitere Fragen nicht bedrängen. Besonders einige der jungen Amerikaner glauben, ihr Land sei ideal oder doch sehr nahe daran. Viele Antworten sind ziemlich diffus, wie: »Also, vermutlich eine, in der die Leute tun können, was sie wollten . . . nicht was sie wollen. Was ich sagen will, ist, daß sie nicht auf die Straße gehen und Aufruhr oder so was machen, sondern daß sie Sachen machen, an denen sie Freude haben und die Spaß machen, und daß sie nicht in Schwierigkeiten kommen oder so.« Andere äußern nur bescheidene Ziele: »Eine Gesellschaft, die Gesetze haben sollte und die vom Volk geführt würde, und ein Land, in dem jeder unter 10 in die Schule gehen sollte und jeder über 18 ins College, und alle sollten etwas aus sich machen.« Einige schlagen eine Utopie vor, die durch Ausschluß entsteht: »Mal sehen, ich würde versuchen, es besser zu machen. Alle Leute, die Scherereien machen, sollten fortgeschickt werden. Dann könnten sie draußen so viel Unheil stiften, wie sie wollten. Dann könnten sie niemanden mehr belästigen.«

Bei präziseren Antworten scheinen drei Themen vorzuherrschen. Es gibt ein *»law and order«*- und/oder ein Harmoniemotiv, bei dem die Betonung auf dem Fehlen von Verbrechen, Aufruhr, Drogen und Ähnlichem liegt sowie auf der daraus erwachsenden ruhigen, friedlichen und freundlichen Gemeinschaft. Es gibt das *Überfluß*motiv, das die Beseitigung des Mangels hervorhebt. Ein Kind schlägt vor, daß alles umsonst sein soll, ein anderes denkt sich eine Kreditkartenutopie aus, in der Karten im Überfluß vorhanden sind. Es gibt ein *Gleichheits*motiv, das auf den Ausgleich von Unterschieden abzielt, sowohl wirtschaftlichen wie rassischen. Diese Themen – Ausgeglichenheit, Wohltätigkeit, Gleichheit – sind die Elemente der meisten millenarischen Visionen; aber es sollte betont werden, daß sie, was ihren Umfang und ihre affektive Intensität betrifft, reduzierte millenarische Träume sind. Im großen und ganzen ist die Einstellung unserer Jugendlichen konservativ. Beschwerden über das System (wenn es sie überhaupt gibt) scheinen nicht sehr tief zu sitzen; die apokalyptische und chiliastische Geisteshaltung, die den Adoleszenten so oft zugeschrieben wird, ist kaum zu finden.

Wir sollten nichts von dem im geringsten überraschend finden. Unsere Probanden kamen in allen drei Nationen weitgehend aus den mehr oder weniger zufriedenen Schichten ihrer Gesellschaft, aus dem großen Segment der Bevölkerung, das sich von der stabilen Arbeiterklasse bis zum nicht-intellektuellen gehobenen Mittelstand erstreckt. In bezug auf Politik werden sie letzten Endes entweder passive Zuschauer oder intelligente Verbraucher werden; Anzeichen dafür sind bereits sichtbar. Sie werden weder von Ressentiments noch von moralischer Leidenschaft verzehrt, und in dieser Hinsicht sind sie ziemlich sicher ihren Familien sehr ähnlich. Es ist auch nicht überraschend, daß der Impuls zum utopischen Denken, in den wenigen Fällen, die wir fanden, bei Adoleszenten, die in den Stadtzentren leben, auftritt (weitgehend bei Schwarzen, aber auch bei einigen Weißen, die sich verachtet und ausgestoßen fühlen), und bei jungen Vorstadtintellektuellen, die moralisch beunruhigt sind und sich dazu berufen fühlen, zu erneuern und zu führen. Auch sie ähneln zweifellos ihren Familien. Kurz, die Neigung zur Utopie ist eine Sache der Herkunft und der sozialen Stellung, nicht grundsätzlich ein Phänomen der Jugend.*

* Die restlichen 11 Seiten, in denen nationale Unterschiede (zwischen den deutschen, englischen und amerikanischen Jugendlichen) berichtet werden, wurden gestrichen. Die Herausgeber.

Entwicklung der Moral, jugendlicher Aktivismus und moderne Gesellschaft

KENNETH KENISTON

In der wenig erforschten Lebensphase, in der sich viele Collegestudenten und Graduierte befinden, spielt die Entwicklung der Moral eine zentrale Rolle. Fast alle Romane, Forschungsarbeiten, Biographien oder Autobiographien, die sich mit dem Universitätsstudenten oder dem Drop-out, mit den Studentenbewegungen in der Vergangenheit oder mit den Hippies und Radikalen von heute befassen, berühren die Frage der Moral, indem sie die Konflikte zwischen der persönlichen Moral (oder Unmoral) des Jugendlichen und den unmoralischen (oder moralischen) Praktiken seiner Umgebung hervorheben. Zu jeder Zeit bewegen sich die meisten populären Diskussionen über die Jugend in einem Spektrum, das von einer ausschließlichen Betrachtung des Idealismus der Jugend bis zu einer exklusiven Betonung der Promiskuität, Leichtfertigkeit und Unmoral der Jugend reicht. In unserer eigenen Zeit richtet sich der Hauptprotest der aufsässigen Studenten gegen die konventionelle Moral und gegen die, welche sie verkörpern. Studentische Aktivisten werden von manchen als amoralisch, nihilistisch, zynisch und ausbeuterisch bezeichnet; andere halten sie für idealistisch, konstruktiv und leidenschaftlich moralisch. Was für Fakten gibt es, die für diesen Disput entscheidend sein könnten?

In dem folgenden Bericht werde ich mich vor allem mit den moralischen Problemen einzelner in einem bestimmten Lebensabschnitt befassen, der ungefähr mit dem College- und Graduierten-Alter zusammenfällt. Ich will diesen Lebensabschnitt »Jugend« nennen. Wenn ich von »Jugend« anstatt von später Adoleszenz spreche, möchte ich darauf hinweisen, daß die Erfahrung derer, die wir ungeschickterweise »Spätadoleszenten« und »gerade Erwachsene« nennen, sich in vieler Hinsicht von der Erfahrung jüngerer Adoleszenten unterscheidet, aber daß sie gleichzeitig vollkommen verschieden ist von der der Erwachsenen. In anderen Schriften (1968/1969) habe ich argumentiert, daß es kennzeichnend für die postindustriellen Gesellschaften ist, daß sie allmählich einen früher unerkannten Entwicklungszustand anerkennen, der zwischen dem Ende der eigentlichen Adoleszenz und dem Beginn des Erwachsenenalters liegt. Nicht jeder geht durch dieses Stadium; gewöhnlich haben die meisten jungen Männer und Frauen kaum eine wirkliche Adoleszenz gehabt; und die wenigen, die eine Adoleszenz als einen Entwicklungszustand erlebt haben, sind meistens unmittelbar darauf erwachsen geworden. Aber heutzutage eröffnet sich für eine schnell wachsende Minorität von jungen Amerikanern – meist College-Studenten,

Dieser Aufsatz erschien ursprünglich unter dem Titel ›Moral Development, Youthful Activism and Modern Society‹, in: *Youth and Society*, 1969, I, No. 1, S. 110–127. Die Übersetzung wurde besorgt durch Eva Krafft-Bassermann. Abdruck mit freundlicher Genehmigung des Autors.

graduierten Studenten, Mitgliedern der neuen Linken, Hippies oder manchmal Rekruten – ein früher unbekanntes Entwicklungsstadium. Dieses Stadium wird soziologisch gekennzeichnet durch die Distanzierung der Postadoleszenten von der Gesellschaft der Erwachsenen, entwicklungstheoretisch durch die Fortdauer der Möglichkeiten psychologischen Wachstums, und psychologisch durch das Befassen mit der Beziehung des eigenen Selbst zu der Gesellschaft. Und dieses Lebensstadium nenne ich das Stadium der Jugend.

Wenn ich Jugend und Moral betrachte, werde ich mich mit der Beziehung zwischen moralischer Entwicklung und den diskutierten politischen, sozialen, protestorientierten und gegen das Establishment gerichteten Aktivitäten einer lautstarken Minorität der heutigen Jugend befassen. Die Entwicklung der Moral ist nicht nur ein wesentlicher Sektor der Entwicklung an sich, sondern auch ein Schlachtfeld, auf dem Konflikte, deren Ursachen anderswo liegen, ausgetragen werden. Die Entwicklung der Moral von der der Identität, der des Ichs, der der Psychosexualität, der der Intimität, von den neuen Beziehungen zu Eltern und Gleichaltrigen und von der geistigen Entwicklung zu trennen, ist tatsächlich willkürlich. Nichtsdestoweniger wurde die moralische Entwicklung in der Jugend sorgfältiger erforscht als irgendeine andere Dimension. In den Arbeiten Erik Eriksons (1964, 1965, 1968), Lawrence Kohlbergs (1968a, 1968b, 1968c, 1969a, 1969b), William Perrys (1968a, 1968b) und Brewster Smith und seiner Kollegen (Block, et al. 1969; Haan, et al. 1968; Smith 1968a, 1968b) haben wir eine Fülle von Zeugnissen über die Beziehung zwischen der Entwicklung der Moral und dem oft zerstörerischen, idealistischen, moralistischen und antikonventionellen Verhalten der modernen Jugend.

ENTWICKLUNG DER MORAL, VERHALTEN UND PROTEST

In den letzten Jahren wurde es immer klarer, daß die klassische psychoanalytische Darstellung des Über-Ich, obwohl sie eine wesentliche Grundlage für jede Untersuchung einer Entwicklung der Moral liefert, nur einen ersten Schritt zu einem Verständnis der Komplexität der Moralentwicklung im späteren Leben darstellt. Sofern die klassische psychoanalytische Darstellung nur die Bildung des Über-Ichs durch Introjektion des gleichgeschlechtlichen Elternteils bei der Lösung des Ödipuskomplexes hervorhebt (Fenichel 1945; Freud 1933), übersieht sie viele wichtige strukturelle, ökonomische und synthetische Veränderungen im Über-Ich und im moralisch bestimmten Verhalten in der Kindheit, in der Adoleszenz, in der Jugend und im Erwachsenenalter.

Seit kurzem zeigen Psychoanalytiker und andere größeres Interesse an diesen Veränderungen. Es wird z.B. jetzt allgemein anerkannt, daß während einer normalen Adoleszenz eine »Auflehnung gegen das Über-Ich« vorkommen kann, durch die der Jugendliche nicht nur seine Eltern abweist, sondern den Teil seines eigenen Über-Ichs, der auf unreflektierter Internalisierung ihrer Normen beruht (Blos 1962; Douvan und Adelson 1966; Lidz 1968). Andere, die sich mit der Adoleszenz beäftigen, haben die wachsende Integration des Über-Ichs und des Ichs betont, die in diesem Stadium stattfinden kann, und die stärkere Ausarbeitung selbst akzeptierter moralischer Prinzipien, die einen Teil des Ich-Ideals bilden (Blos 1962).

Die Psychoanalyse hat sich weitgehend mit den genetischen, strukturellen und dynamischen Aspekten der Entwicklung des Über-Ichs befaßt. Jean Piagets Beitrag zur Entwicklung der Moral (1948) betont im Gegensatz dazu Wandlungen in der Logik oder der Struktur moralischen Urteilens während der Kindheit. Und erst kürzlich hat Lawrence Kohlberg in einer Reihe von glänzenden Untersuchungen Piagets Arbeit modifiziert und erweitert, indem er eine verständliche Darstellung entwicklungsmäßiger Veränderungen in der Struktur des moralischen Urteilens entwickelte (1968a, 1968b, 1968c, 1969b). Kohlberg stellt fest, daß sich moralisches Urteilen in drei allgemeinen Stadien entwickelt. Das erste ist das *präkonventionelle* Stadium, in dem eine relativ egozentrische Konzeption von Recht und Unrecht als das, was man tun kann, ohne erwischt zu werden, oder das, was zur größten persönlichen Befriedigung führt, gilt. Dem präkonventionellen Stadium folgt, meist in der späteren Kindheit, das Stadium der *konventionellen* Moral, in dem Gut und Böse mit den Begriffen eines ›braven Jungen‹ und eines ›braven Mädchens‹, mit den Normen der Gemeinschaft und/oder mit dem Konzept von ›law and order‹ identifiziert werden. Es mag sein, daß der einzelne im konventionellen Stadium nicht nach seinen Vorstellungen von Gut und Böse *handelt*; aber er stellt die Tatsache nicht in Frage, daß Moral unveränderlich ist und daß sie durch externe Instanzen gesetzt wird, z. B. durch elterliche Anordnungen, Normen der Gemeinschaft oder göttliche Gesetze. Moral wird als objektiv erfahren, als etwas, das ›da draußen‹ existiert; die essentielle moralische Frage ist nicht: Was ist recht? sondern: Tut man das, von dem man weiß, daß es recht ist, und unterläßt das, was unrecht ist?

Kohlberg identifiziert noch ein drittes und letztes Hauptstadium der moralischen Entwicklung, das *postkonventionelle*. Es involviert abstrakteres moralisches Urteilen als die vorhergehenden Stadien, und es kann den einzelnen in Konflikt mit den konventionellen Normen bringen. Die erste der zwei Unterphasen innerhalb des postkonventionellen Stadiums begreift im wesentlichen die Begriffe Recht und Unrecht als Ergebnis eines *Gesellschaftsvertrages* – als Ergebnis eines Übereinkommens, das die Mitglieder der Gesellschaft im Interesse des Gemeinwohls eingegangen sind und das daher korrigierbar, modifizierbar oder widerrufbar ist.

Das konventionelle moralische Denken betrachtet moralische Imperative als absolut oder als durch die Natur des Universums gegeben. Das Urteilen aufgrund eines Gesellschaftsvertrages sieht in Regeln ›nur‹ zweckdienliche und deshalb verbesserungsfähige Übereinkünfte.

Kohlberg identifiziert die höchste postkonventionelle Phase als die, in welcher der einzelne sich *persönlichen Prinzipien* verpflichtet fühlt, die nicht nur über die konventionelle Moral, sondern sogar über den Gesellschaftsvertrag hinausgehen. In diesem Stadium sieht man jetzt bestimmte allgemeine Prinzipien als persönlich bindend an, obwohl nicht unbedingt als »objektiv« wahr. Solche Prinzipien werden gerne auf einem sehr hohen Abstraktionsniveau formuliert: z. B. die Goldene Regel, die Heiligkeit des Lebens, der kategorische Imperativ, die Förderung der Entwicklung der Menschheit. Der einzelne kann sich in diesem Stadium, vor allem in Zeiten einer sozialen Krise, mit herrschenden Vorstellungen von ›law and order‹ in Konflikt befinden oder sogar mit der Konzeption eines verbesserungsfähigen Gesellschaftsvertrags. Er kann, z. B., sogar demokratisch entstandene Gesetze als unannehmbar betrachten, weil sie zu Konsequenzen führen oder Verhalten billigen, die seine persönlichen Prinzipien verletzen.

Bei der Entwicklung moralischen Urteilens (wie bei allen anderen Dimensionen der Entwicklung) kann kein bestimmtes Alter für das Erreichen spezifischer Stadien angegeben werden. Aber Kohlbergs Untersuchung legt nahe, daß die postkonventionellen Stufen meistens in der späteren Adoleszenz und in den Jugendjahren erreicht werden (vgl. Anmerkung 1). Die Personen, auf denen diese Untersuchung basiert, sind amerikanische Männer aus dem städtischen Mittelstand: die 16jährigen sind wahrscheinlich noch schulpflichtig; die 20jährigen vermutlich im College; und von den 24jährigen sind viele in »graduate schools«. Aus Kohlbergs Untersuchung wird klar, daß die höchsten (postkonventionellen) Phasen von den meisten Männern und Frauen der amerikanischen Gesellschaft, die über das konventionelle Stadium nicht hinauskommen, *nie erreicht werden.* Sogar mit 24 Jahren haben nur 10% der männlichen städtischen Bevölkerung des Mittelstandes die Phase der persönlichen Prinzipien erreicht, während weitere 26% in der Phase des Gesellschaftsvertrags sind. Schließlich zeigt Abb. 1, daß sich zwischen 16 und 20 die Zahl der Jugendlichen im präkonventionellen Stadium erhöht. Kohlberg begründet dieses Anwachsen mit dem Phänomen der »moralischen Regression« als einer Routineentwicklung bei vielen College-Studenten. Die moralische Regression hat das, was Kohlberg treffend das »Raskolnikoff Syndrom« nennt, zur Folge. Der Jugendliche regrediert beim eintreten in das postkonventionelle Stadium zeitweise in das frühere präkonventionelle (egozentrische) Stadium, und zwar in dem offensichtlichen Bemühen, sich von irrationalen, ich-dystonen Schuldgefühlen zu befreien. Interessanterweise findet Kohlberg, daß diese jungen Raskolnikoffs schließlich ungefähr zu dem Punkt ihres Entwicklungsweges zurückkehren, an dem sie ihn verlassen haben.

Die Struktur moralischen Urteilens ist natürlich nicht alles in der moralischen Entwicklung; es ist vorstellbar, daß der einzelne auf eine Weise urteilt, jedoch auf eine andere handelt. Aber Kohlberg zeigt weiter, daß die Weise, in der ein Mensch moralisch urteilt, in engem Zusammenhang mit seinem tatsächlichen Verhalten unter moralischem Streß steht. Das Milgram-Experiment (Milgram 1965) wird als ein Experiment negativer Verstärkung dargestellt. Die Versuchsperson wird aufgefordert, eine andere Versuchsperson (in Wirklichkeit einen Vertrauten des Versuchsleiters) starken Elektroschocks auszusetzen. Der Vertraute protestiert heftig gegen den Schock und macht die Versuchsperson schließlich darauf aufmerksam, daß das Experiment für sein Herz gefährlich sei. Die Mehrheit der Studenten und die nichtakademische Population folgten trotz der Proteste des Opfers der Aufforderung des Versuchsleiters, die Schocks fortzusetzen. Aber Kohlberg (1968 a) fand, daß 75% seiner Versuchspersonen im Stadium der persönlichen Prinzipien – dem höchsten Stadium –

eigerten, die Schocks fortzusetzen im Vergleich zu nur 13% der Personen in entionellen oder präkonventionellen Stadien. In einem anderen Experiment, bei betrügerisches Verhalten bei Sechstkläßlern untersucht wurde, betrogen nur 25% der Sechstkläßler im konventionellen Stadium nicht, während 80% im postkonventionellen Stadium nicht betrogen. In einer Studie über College-Studenten (Kohlberg 1968a) waren die entsprechenden Zahlen 58% und 89%. Es gibt also deutliche Hinweise, daß das Niveau moralischen Urteilens dem tatsächlichen moralischen Verhalten entspricht.

Die Beziehung zwischen dem Niveau der moralischen Entwicklung und der Teilnahme an studentischen Protestaktionen prüfte eine Untersuchung von Brewster Smith und seinen Kollegen an der Universität Berkeley in Kalifornien (Haan, et al. 1968*; Smith 1968a). Die Versuchspersonen sind männliche und weibliche College-Studenten von Berkeley und vom San Francisco State-College. Sie sind in zwei Gruppen eingeteilt: (1) Protestler, die an Sit-ins, an Friedensmärschen, an Streiks teilgenommen haben und an verschiedenen Formen von Störaktionen oder direkten Agitationen über Themen wie studentische Redefreiheit, den Vietnamkrieg oder angeblichen Rassismus in der Universität und in der Gesellschaft; (2) alle nicht protestierenden Studenten, einschließlich politisch Desinteressierter, männliche und weibliche Mitglieder unpolitischer Studentenverbindungen und Studenten, die im Sozialdienst tätig sind, aber nicht an Protesten teilnehmen.

Die Untersuchungsergebnisse von Smith und seinen Mitarbeitern sind komplex, aber sie weisen einen auffallenden Unterschied im Niveau der moralischen Entwicklung der Protestler und der Nichtprotestler in dieser Studenten-Population auf. Eine klare Majorität (50%) aller Protestler steht auf dem postkonventionellen Niveau der Moralentwicklung, während nur 12% der Nichtprotestler dieses Niveau erreicht haben. Die überwältigende Mehrheit der Nichtprotestler (85%) befindet sich im konventionellen Stadium – d. h., sie definieren Moral als Festhalten an »law and order« und an Begriffen wie ein »braver Junge« oder ein »braves Mädchen«. Nur 36% der Protestler sind im konventionellen Stadium. Interessanterweise ist der Prozentsatz von Protestlern im präkonventionellen Stadium unverhältnismäßig groß – 10% Protestler gegenüber 3% Nichtprotestlern. Kohlberg nimmt in seinen Schriften an, daß diese Personen sich möglicherweise im Stadium einer zeitweiligen moralischen Regression befinden (Raskolnikoffs), das vielleicht in einigen Varianten der Hippie-Subkultur in verdichteter Form zum Ausdruck kommt.

* Anmerkung der Hrg.: Dieser Aufsatz ist ebenfalls in diesem Band abgedruckt, vgl. S. 307ff.

In den Arbeiten von Kohlberg und Smith finden wir also in einer großen College-Stichprobe einen klaren Beweis für die enge Beziehung zwischen dem Niveau des moralischen Urteilens und der Teilnahme an Protesthandlungen gegen die etablierte Gesellschaft, ihre Praktiken und Institutionen.

SOZIALE KATALYSATOREN DER MORALISCHEN ENTWICKLUNG

Ich habe bisher den Teil der Arbeit von Kohlberg und Smith dargestellt, der sich mit den Stadien der moralischen Entwicklung befaßt, mit der Beziehung zwischen Urteilen und Verhalten und der moralischen Entwicklung jugendlicher Protestler. Viele dieser Ergebnisse kann man als empirische Bestätigung von Erik Eriksons Erörterung der moralischen Entwicklung in der Jugend ansehen (1964, 1965): denn auch Erikson betont deutlich den Übergang von dem, was er Moral nennt (Kohlbergs konventionelle Moral), zum ›ethischen Verhalten‹ (Kohlbergs postkonventionelles Stadium). Erikson sieht moralische Fragen in Beziehung zu der Entwicklung einer ›Ideologie‹ in der Jugend und deshalb eng verknüpft mit der Entwicklung der Identität. Sein Begriff der ›fore-closure‹ (vorzeitige Identitätsschließung) in der Identitätsentwicklung liefert eine teilweise Erklärung für Kohlbergs Feststellung, daß die meisten Menschen die höchsten postkonventionellen Stufen nicht erreichen. Und seine Vorstellung von der ›Wahl einer negativen Identität‹ in Zeiten von Entwicklungskonflikten entspricht Kohlbergs Beschreibung des ›Raskolnikoff-Syndroms‹ als einer moralischen Regression.

Aber weder Kohlberg noch Erikson stellen die Frage, was die moralische Entwicklung in der Jugend stimuliert oder was sie verzögert. Kohlbergs Untersuchung zeigt, daß Alter, höhere Sozialschicht und Mitgliedschaft in hochentwickelten Gesellschaften lose mit dem verbunden ist, was Erikson ›ethisches Verhalten‹ nennt, d.h. mit postkonventioneller Moral. Aber Kohlbergs Daten zeigen deutlich, daß moralische Entwicklung keineswegs durch angeborene physiologische Kräfte oder durch die Zwänge der Sozialisation gewährleistet ist. Physiologische Reife kann die Entwicklung postkonventioneller Moral *möglich* machen, aber sie verbürgt sie keineswegs. Und Sozialisationszwänge wirken in vielen Fällen *gegen* die Entwicklung einer auf Prinzipien basierenden Moral, die den einzelnen in Konflikt mit seiner sozialisierenden Umgebung bringen könnte – z. B. mit College-Administratoren, mit politischen Parteien und ihren Kandidaten oder mit der gegenwärtigen Organisation des Wehrdienstes in Amerika. Wenn weder Reife noch Sozialisation moralische Entwicklung verbürgen, wie können wir sie dann überhaupt erklären?

Brewster Smith und seine Kollegen haben uns einen ersten Hinweis gegeben auf einige individual-psychologische Vorbedingungen für ein hohes Niveau moralischen Urteilens in der späten Adoleszenz und Jugend (Haan et al. 1968). Sie zeigen, daß die Studenten, die das postkonventionelle Stadium erreichten, die frühkindliche häusliche Umwelt anders beschreiben und ein anderes Selbstbild haben als Personen auf konventionellen oder präkonventionellen Stufen. Ihre Daten – zu komplex, um

…sammengefaßt zu werden – zeigen, daß das Familienmilieu in den präadoles… Jahren eine wichtige Rolle in der Disposition für die spätere moralische Ent…ung spielt.

Ich will mich jedoch hier nicht mit dem Einfluß dieser frühen Erfahrungen beschäftigen, sondern will die Auswirkungen allgemeiner sozialer, historischer und politischer Faktoren auf die Wandlungen der Moral in der Postadoleszenz betrachten. Das heißt, ich will keine Überlegungen anstellen, warum einige Personen schon prädisponiert für das postkonventionelle oder »ethische« Stadium der moralischen Entwicklung in die Adoleszenz oder Jugend eintreten; ich will vielmehr auf spekulative Weise erörtern, warum postkonventionelle (ethische) moralische Argumentationsstrukturen für einen wachsenden Prozentsatz der heutigen Collegegeneration in Amerika und anderen fortschrittlichen Ländern charakteristisch werden könnten.

Distanzierung von der Gesellschaft der Erwachsenen:

Eine verlängerte Periode der Distanzierung von den Institutionen der Erwachsenengesellschaft scheint die Entwicklung der Moral zu erleichtern. Umgekehrt verzögern oder verhindern gewöhnlich der unmittelbare Eintritt in die Arbeitswelt und eine frühe Heirat mit der Verantwortung für den Unterhalt einer Familie die moralische Entwicklung. Kohlbergs Daten, die in hochentwickelten Gesellschaften höhere Stufen moralischer Entwicklung zeigen als in primitiven, bestätigen diese Hypothese. Denn wenn ein Jugendlicher während oder unmittelbar nach der Pubertät oder der Adoleszenz eine Stelle annimmt, heiratet und Kinder hat, scheint seine Chance, gegen konventionelle Moral zu opponieren oder sie in Frage zu stellen, geringer zu werden. Die Risiken des unkonventionellen Verhaltens werden größer; der Preis für die Abwendung von der konventionellen Moral und vor allem für die moralische Regression, die sowohl Kohlberg als auch Erikson als eine übliche, wenn auch gewöhnlich vorübergehende Phase in der Entwicklung der Moral ansehen, wird für die meisten zu hoch.

Konfrontation mit alternativen moralischen Standpunkten:

Die bahnbrechenden Untersuchungen William Perrys (1968a, 1968b) über ethische und geistige Entwicklung während der Collegejahre legen nahe, daß einer der wichtigsten Katalysatoren für die geistige und moralische Entwicklung die Konfrontation mit den relativistischen Standpunkten der Professoren und der Kommilitonen ist. Solche Konfrontationen stimulieren den Studenten, seine einfachen dualistischen Vorstellungen von Recht und Unrecht, Gut und Böse, Wahrheit und Lüge über Bord zu werfen. Er neigt zunächst dazu, sich einem relativistischen Begriff von Moral und Wahrheit zuzuwenden; später trifft er für sich selbst klare Wertentscheidungen, aber *innerhalb* eines relativistischen Gesamtbezugsrahmen. Aus einer anderen Perspektive unterstreicht Robert Redfield (1953) in seiner Erörterung des Übergangs von ländlichen zu städtischen Gesellschaften die Wichtigkeit des kulturellen Kontaktes für die Ausbildung höher entwickelter und synthetischer Ideologien (Mumford 1962). Der Landbewohner, der in der Stadt mit Menschen konfligierender moralischer Standpunkte konfrontiert wird, mag dazu gezwungen sein, seine eigenen zu überprüfen und ein postkonventionelles moralisches System zu suchen, das über den traditionellen moralischen Orientierungssystemen steht und sie miteinander zu versöhnen erlaubt (Keniston 1965). Anders ausgedrückt, ein Mensch wird natürlich leichter über ein konventionelles moralisches System hinauswachsen, wenn er persönlich mit anderen moralischen Werten konfrontiert wird, und vor allem, wenn diese konkret in der Bevölkerung, den Institutionen und der Kultur, in der er lebt, vertreten sind.

Die Entdeckung der Korruption:

Ein dritter Katalysator für die moralische Entwicklung wie für die moralische Regression ist die Entdeckung der Korruption, der Heuchelei und der Falschheit in der Welt, vor allem bei denen, von denen man ursprünglich die Begriffe der konventionellen Moral gelernt hat. Z. B. Enttäuschung über die Eltern – speziell die Entdekkung moralischer Verworfenheit (oder in Eriksons Ausdrucksweise [1965] der Mangel an Aufrichtigkeit) im Leben der Eltern – kann eine kritische Rolle dabei spielen, den Jugendlichen dazu zu bringen, die Moral, die er von ihnen gelernt hat, zurückzuweisen. Offenbar reagieren nicht alle Jungen und Mädchen identisch auf solche Entdeckungen. Einige akzeptieren sie ohne Regression: sie drängen den einzelnen auf höhere Stufen moralischer Entwicklung. Diese Weiterentwicklung scheint besonders wahrscheinlich, wenn die Entdeckung der Korruption in der Welt von einem wachsenden Bewußtsein potentieller eigener Korrumpierbarkeit begleitet wird. Andere Jugendliche jedoch werden, zumindest zeitweilig, mit Regressionen auf den moralischen Zynismus reagieren, indem sie durch ihr Verhalten das verspotten und geistig ablehnen, was sie als ›heuchlerische‹ konventionelle Werte ansehen.

HISTORISCHE ZWÄNGE ZU MORALISCHER ENTWICKLUNG

Wir haben drei soziale Faktoren betrachtet, welche die moralische Entwicklung in der Jugend stimulieren können; die kontinuierliche Distanzierung von den Institutionen der Erwachsenen, die Konfrontation mit anderen moralischen Standpunkten und die Entdeckung von Korruption in der Welt. Es gibt genug Gründe anzunehmen, daß alle drei Voraussetzungen heute in ungewöhnlichem Ausmaß erfüllt sind. Durch die Ausweitung höherer Bildung, die interkulturelle Implosion und den universellen Reduktionismus unserer Zeit haben wir wichtige neue Katalysatoren geschaffen, zum Guten und zum Schlechten, für höhere Stufen ethischen Verhaltens wie für ausgeprägtere Formen moralischer Regression.

Die Ausweitung höherer Bildung:

Unsere eigene Zeit war Zeuge eines historisch beispiellosen Ansturms von Studenten auf Colleges und Universitäten. Um nur ein statistisches Ergebnis zu zitieren: in der Zeit der russischen Studentenbewegung Ende des 19. Jahrhunderts gab es nie mehr als 8000 Universitätsstudenten im ganzen kaiserlichen Rußland (Yarmolinsky 1962). Heute gibt es in Amerika fast 7000000 (fast tausendmal mehr), während es in Westdeutschland, Frankreich und England, roh geschätzt, 1250000 gibt. In jeder höher entwickelten Nation der Welt wächst der Anteil von jungen Leuten, die Colleges und Universitäten besuchen, logarithmisch; darüber hinaus erfolgte dieser Zuwachs weitgehend in den letzten beiden Dekaden. Der wachsende Überfluß der hochindustrialisierten Nationen erlaubt es ihnen, Millionen von jungen Leuten von der Arbeit freizustellen; der wachsende Bedarf an hochqualifizierter Ausbildung in den technologischen Gesellschaften zwingt diese, jenen Millionen eine Universitätsausbildung anzubieten.

Höhere Bildung hat natürlich nicht unbedingt moralische Weiterentwicklung zur Folge. Aber eine Folge der Verlängerung und Ausdehnung der höheren Bildung ist, daß eine sehr starke Gruppe von jungen Männern und Frauen für eine zunehmend längere Zeit von den Institutionen der Erwachsenengesellschaft, vor allem von Beruf und Heirat, ferngehalten wird. Befreit von den Verpflichtungen der Arbeit, Heirat und Elternschaft befinden sich zumindest einige in einer Universitätsatmosphäre, die bewußt ihre früheren Ansichten und konventionellen Meinungen herausfordert und untergräbt. So führt die Ausdehnung der Jugendzeit über eine verlängerte Ausbildung auf breiter Basis wahrscheinlich dazu, die Entwicklung postkonventionellen moralischen Denkens zu stimulieren.

Kultureller Kontakt und interkulturelle Implosion:

Der Jugendliche, der ein geisteswissenschaftliches College oder eine Universität besucht, wird sehr wahrscheinlich im täglichen Umgang Kommilitonen und Professoren begegnen, die eine Moral predigen und danach handeln, die sich von der unterscheidet, in der er erzogen worden ist. Viele Universitäten konfrontieren die Studenten vorsätzlich mit kontrastierenden Kulturen, die fremden moralischen Begriffen anhängen, und provozieren die Studenten absichtlich dazu, die ungeprüften Meinungen ihrer eigenen Kindheit und Adoleszenz in Frage zu stellen. So bringen sie die Jugendlichen von einer gedankenlosen Hinnahme konventioneller moralischer »Wahrheiten« ab, was Perry »dualistisches« Denken nennt (Perry 1968a), und bringen sie zu einer individuelleren moralischen Einstellung, die zugleich persönlicher und abstrakter ist.

Aber wir sollten uns auch vergegenwärtigen, daß wir außerhalb wie innerhalb der Universität in einer Zeit außergewöhnlicher kultureller Kontakte und Konflikte leben. Die elektronische Revolution im Zusammenhang mit der Revolution im Verkehrswesen ermöglichen uns, fremden Werten in unserem Wohnzimmer zu begegnen oder uns, nach einem Flug von wenigen Stunden, leibhaftig in fremde Kulturen zu versetzen.

Die Tage, in denen man in provinzieller Abgeschiedenheit leben konnte, nur von Gleichgesinnten umgeben, sind im Verschwinden begriffen. Mit den Konflikten der Ideologien, der Weltanschauungen, der Wertsysteme, der philosophischen Überzeugungen, der ästhetischen Orientierungen und des politischen Stils wird jeder nachdenkliche Mann und jede Frau konfrontiert, wo immer sie auch leben. Wenn solche Konfrontationen moralische Entwicklung fördern, dann leben wir in einer Zeit, in der Technologie und Weltgeschichte moralisches Wachstum erleichtern. Wir sind heutzutage alle ein wenig wie Redfields Bauern, die in die Stadt ziehen, und leben in einer Welt, in der sich widersprechende Kulturen und moralische Standpunkte ständig an uns reiben. Der Homogenisierungs- und Urbanisierungsprozeß ist weltweit geworden. Wir leben in einer Zeit der interkulturellen Implosion. Ich behaupte hier, daß diese interkulturelle Implosion dazu beiträgt, die moralische Entwicklung zu stimulieren.

Zynismus und Reduktionismus:

Universitäten machen es sich oft zur Aufgabe, den Studenten der Kluft zwischen Lehre und Praxis in der Gesellschaft, in bewunderten Persönlichkeiten und sogar in ihm, dem Studenten selbst, zu konfrontieren. Trotz ihrer konformistischen Zwänge haben die Universitäten in Amerika und anderswo auch eine andere Seite: sie waren oft Brennpunkt der Kritik an der umgebenden Gesellschaft – das institutionalisierte Bewußtsein, welches die eigene Gesellschaft an ihr Versäumnis, ihren Idealen gemäß zu leben, kollektiv erinnern kann. Der Besuch einer Universität kann einen Studenten systematisch der tatsächlichen Korruption aussetzen, die in der Welt, in den Repräsentanten des Status quo und sogar in ihm selbst existiert.

Aber dieses Der-Korruption-Ausgesetztsein ist heutzutage keineswegs auf die Universität selbst beschränkt: unsere Zeit ist im allgemeinen eine Zeit des Skeptizismus in bezug auf traditionelle moralische Pietät und Platitüden. Heuchelei und Korruption werden ständig sowohl auf kultureller wie auf individueller Ebene bloßgestellt. Die Entlarvung traditioneller Vorbilder und Werte ist heutzutage ein sehr beliebter Zeitvertreib; Falschheit, Unehrlichkeit, Kompromiß und Betrug sind weitverbreitete Themen. Viele unserer so mächtigen intellektuellen Systeme sind in ihrer Fähigkeit, Ideologien, Werte und Überzeugungen anderer zu unterlaufen, herabzusetzen und wegzudiskutieren, hoch entwickelt. Die Wissenssoziologie, die Psychoanalyse, der Marxismus, die philosophische Analyse, der kulturelle Relativismus und eine Vielzahl von anderen Vorstellungssystemen können alle für diesen Zweck leicht ge- oder mißbraucht werden. So kann der Jugendliche, selbst wenn er die Korruption bei seinen eigenen Eltern oder in der unmittelbaren Umgebung nicht entdeckt, kaum die Konfrontation mit der Korruption, die in der übrigen Welt herrscht, vermeiden. In einer Zeit der Entlarvung pflegt konventionelle Moral zu leiden: die Menschen werden auf höhere Stufen moralischer Entwicklung oder zu moralischer Regression gedrängt. Wie die Daten von Smith nahelegen, kommen die studentischen Protestler unverhältnismäßig häufig gerade aus den folgenden beiden Gruppen: in erster Linie Individuen auf einer hohen Stufe der moralischen Entwicklung, dann aber auch solche in der Phase moralischer Regression. Meine Behauptung ist also, daß neue pädagogische, technologische und historische Faktoren heutzutage die Entwicklung postkonventioneller Moral bei einer immer größer werdenden Anzahl von jungen Männern und Frauen erleichtert. Zudem charakterisiert postkonventionelle Moral verständlicherweise diejenigen, welche in Proteste gegen die konventionelle moralische Ordnung und ihre Institutionen verwickelt sind. Wir können deshalb weltweiten studentischen Protest zum *Teil* als Ergebnis der Tatsache betrachten, daß Gesellschaften wie die unsrige mehr Menschen als je zuvor dazu anspornen, ein höheres Niveau moralischer Entwicklung zu erreichen. Ein gewisser Aspekt der Studentenbewegung muß als Ergebnis psychologischen Fortschritts angesehen werden und nicht als ein Ergebnis von Psychopathologie oder psychologischer Retardierung.

ETHISCHES VERHALTEN UND FANATISCHER EIFER

Aber wie sollen wir die Entwicklung einer Moral beurteilen, die auf einer Bindung an ethische Prinzipien beruht, die selbst dann aufrecht erhalten werden, wenn sie zu konventionellen moralischen Begriffen im Widerspruch stehen? Sollen wir dies wirklich als Fortschritt ansehen? Wenn wir die Bedeutung der höchsten Stufe moralischer Entwicklung kritisch beurteilen, stehen wir unmittelbar vor einem Paradox. Einerseits identifiziert Kohlberg ein solches ethisches Urteilen mit bewundernswerten Männern wie Sokrates, Gandhi und Martin Luther King – Männer, für die Hingabe an die höchsten persönlichen Prinzipien über allen anderen Überlegungen stand und die infolgedessen moralische Führer ihrer Zeit waren. Aber auf der anderen Seite, besonders in den beiden vergangenen Dekaden des kalten Krieges, haben wir gelernt, abstrakte persönliche Prinzipien mit beträchtlichem Mißtrauen zu betrachten – als Teil einer Ideologie, nicht im Sinne Eriksons, sondern in stark herabsetzendem Sinn (Bell 1959). Solche Prinzipien, wurde behauptet, sind eng – vielleicht unumgänglich – mit der Entwicklung moralischer Selbstgerechtigkeit, fanatischem Eifer, Dogmatismus, Fanatismus und Gefühllosigkeit verbunden. In der Verfolgung seiner eigenen Überzeugungen wird ein Mensch andere, die diese nicht teilen, rücksichtslos behandeln, wird menschliche Gefühle mißachten oder sogar Menschenleben zerstören. In einer Zeit, in der »das Ende der Ideologie« auf allen Seiten angekündigt wurde, in der pragmatische und auf Konsens basierende Politik gepriesen wurde, lernten wir, abstrakte persönliche Prinzipien mit dogmatischem und destruktivem moralischem Zelotismus zu identifizieren. Wie sollen wir diese beiden Perspektiven verbinden? Erkennen wir in Brewster Smith' Feststellungen die Bestätigung der Ansicht, daß studentische Aktivisten gefährliche moralische Eiferer sind? Oder stimmen wir mit Kohlbergs Implikation überein, daß solche Jugendliche eher moralische Helden als Despoten sind?

Die Antwort glaube ich in meiner früheren Beobachtung zu finden, nämlich, daß die Trennung des moralischen Sektors menschlicher Entwicklung von anderen Sektoren analytisch und willkürlich ist. Anna Freud (1965) hat uns gelehrt, in Begriffen einer idealen »Harmonie« innerhalb dessen zu denken, was sie »Entwicklungslinien« nennt (Sektoren der Entwicklung). Aber sie hat auch gezeigt, daß eine solche Harmonie in der Realität nie zu finden ist und daß man in jeder einzelnen Person immer Retardierungen oder Akzelerationen der Entwicklung innerhalb verschiedener Sektoren findet. Anna Freuds Überlegungen legen nahe, anzunehmen, daß die Frage, ob die höchsten Stadien moralischen Urteilens zu destruktivem Zelotismus oder zu wirklichem ethischem Verhalten führen, davon abhängt, inwieweit die moralische Entwicklung *der Entwicklung in anderen Sektoren entspricht.* Die kritischen Entwicklungssektoren sind – wie ich annehmen möchte – diejenigen, welche Mitleid, Liebe oder empathische Identifikation mit anderen involvieren.

Viele moralische Eiferer, Fanatiker und Dogmatiker lassen sich natürlich in Kohlbergs Terminologie als Konventionalisten beschreiben, während andere vielleicht ständig auf das Raskolnikoff-Syndrom regredieren. Aber es gibt mindestens einige, die wir aus persönlicher Erfahrung oder aus der Geschichte kennen, die wirklich postkonventionell im moralischen Urteilen scheinen, deren echtem Festhalten an höheren moralischen Werten jedoch kein Mitleid, keine Sympathie, keine Liebesfähigkeit und kein Einfühlungsvermögen entspricht. Bei solchen Personen ist die Gefahr nur allzu real, daß sie menschliche Eier zerbrechen, um ein moralisches Omelett zu machen, daß sie Menschen verletzen, um ihre eigenen moralischen Prinzipien hochzuhalten (Laqueur 1962). Die Identifikation auch der höchsten Stufen moralischen Urteilens mit menschlicher Tugend und erst recht mit geistiger Gesundheit, Reife usw. wäre also ein schwerer Fehler. Was wir moralische »Frühreife« in der Jugend nennen könnten – hohe moralische Entwicklung ohne entsprechende Entwicklung in anderen Lebensbereichen –, kann wirklich gefährlich sein. Die Gefahr liegt nicht in dem hohen Niveau moralischer Entwicklung an sich, sondern in der Retardierung anderer Entwicklungssektoren. Jede moralische Entwicklungsstufe, sei sie postkonventionell, konventionell oder präkonventionell, ist ohne entsprechend entwickelte Fähigkeit des Mitleidens, der Empathie und der Liebe zum Mitmenschen gefährlich.

Es gibt keinen adäquaten Begriff, der die übrigen Entwicklungsleistungen charakterisiert, die notwendig sind, um die höchsten Stufen des moralischen Urteilens zu humanisieren. Aber die Geschichte der Revolutionen, die gerade wegen ihrer leidenschaftlichen Suche nach moralischer Reinheit versagt haben, legt nahe, daß die Verbindung von abstrakten Prinzipien mit humorlosem und *lieblosem Asketentum* wahrscheinlich ganz besonders gefährlich ist (Footman 1944; Lampert 1965). Natürlich gibt es verschiedene Arten von Asketentum, einige davon reif und gütig. Aber es gibt andere Formen von Asketentum, die auf der Hemmung der Liebesfähigkeit, auf einer ungenügend entwickelten Fähigkeit, zwischenmenschliche Beziehungen aufzubauen, und auf dem Fehlen von Einfühlungsvermögen beruhen. Oft sind diese Eigenschaften mit asketischer Selbstverleugnung verbunden, die mehr auf unbewußter Angst und Hemmung als auf selbstbejahten persönlichen Werten beruht. Lewis

Feuers kürzliche Kritik der Studentenbewegungen (1969) identifiziert die studentischen Protestaktionen zum großen Teil mit den Ausschreitungen jener Studentenbewegungen, in denen hohe Grundsätze mit Asketentum verbunden waren (Laqueur 1962). Aber wenn wir die heutige amerikanische Studentenbewegung betrachten, finden wir weniger Grund zu Besorgnis: so hohe Prinzipien auch viele der heutigen protestierenden Studenten haben mögen, sie sind kaum eine Gruppe von Asketen.

Wir kommen schließlich zu der paradoxen Schlußfolgerung, daß Moral notwendig, aber nicht hinreichend ist. Selbst die höchsten Stufen garantieren allein kein wirklich tugendhaftes Verhalten. Kohlbergs Untersuchung zeigt natürlich, daß die meisten Menschen, die auf einem gehobenen Niveau urteilen, dazu neigen, sich moralisch zu verhalten. Aber, was für viele gilt, gilt nicht für alle; und in der Geschichte wurden viele Verbrechen im Namen der höchsten und aufrichtig geglaubten Prinzipien begangen. So können uns schließlich die Ergebnisse der Entwicklungspsychologie im Zusammenhang mit dem politischen Aktivismus der Jugend nur Binsenwahrheiten lehren: Mitleid ohne Moral ist sentimental und überschwenglich, während Moral ohne Mitleid kalt und unmenschlich ist.

ANMERKUNG

1. Bei den männlichen US.-Mittelschichtbefragten ergab sich folgende Verteilung auf die 3 Moralstufen präkonventionell, konventionell, postkonventionell:
im Alter von 10 Jahren: 66%, 31%, 3%;
im Alter von 13 Jahren: 32%, 55%, 13%;
im Alter von 16 Jahren: 19%, 46%, 35%;
im Alter von 20 Jahren: 23%, 50%, 27%;
im Alter von 24 Jahren: 12%, 52%, 36%.
Quelle: Aus L. Kohlberg, ›Continuities and Discontinuities in Adult Moral Development‹ (die Zahlen sind auf- und abgerundet).

Moralische Argumentationsstrukturen junger Erwachsener: Politisch-soziales Verhalten, Familiendaten und Persönlichkeitskorrelate

NORMA HAAN, M. BREWSTER SMITH, JEANNE BLOCK
INSTITUTE OF HUMAN DEVELOPMENT, UNIVERSITY OF CALIFORNIA

Die aktivistische Jugend beansprucht für ihren gesellschaftspolitischen Protest moralische Notwendigkeit; dieser Anspruch berührt eine zentrale Fragestellung gegenwärtiger Forschungsvorhaben, nämlich den Zusammenhang von moralischem Urteil und Verhalten. Würde ein solcher Zusammenhang zwischen moralischen Urteilsstrukturen und Protestverhalten nachgewiesen und ließen sich Aktivisten tatsächlich in der Dimension der moralischen Urteilsfähigkeit sinnvoll charakterisieren, dann gewänne ein weiterer Forschungsgegenstand unmittelbares Interesse: die Frage nämlich nach Art und Kontext der für diese moralischen Überzeugungen und damit verknüpften Verhaltensweisen typischen Sozialisationserfahrungen.

Das moralische Urteil kleiner Kinder ist gründlicher erforscht worden als die spätere Moralentwicklung – aber gerade deren Verständnis wäre wichtig, da sie für die Gesellschaft von zentraler Bedeutung ist. Verschiedene theoretische Positionen gehen von je anderen Annahmen über die Art von Erfahrungen aus, die das Vermögen, prinzipienorientiert zu urteilen und handeln, fördern. Von Kohlbergs entwicklungstheoretischer Position her besteht die Aufgabe sozialisierender Agenten und Institutionen in erster Linie darin, Chancen zur Rollenübernahme anzubieten, da man annimmt, daß das Kind Moral eigenständig erarbeitet. Auf der anderen Seite führen verschiedene lerntheoretische Ansätze, z. B. Aronfreed (1968), Bandura und McDonald (1963), den Erwerb von Moral im allgemeinen auf selektive Verstärkungserfahrungen sowie Imitationsverhalten der Kinder zurück; die Aufgabe der Sozialisationsagenten wird dadurch eher die einer ›Gegensteuerung‹.

Konformität mit den inhaltlichen Wertorientierungen irgendwelcher gängiger Idealvorstellungen, z. B. der protestantischen Ethik oder gar ›Aktivismus‹, gilt oft als Zeichen hoher Moral. Der Inhalt solcher Wertorientierungen ist natürlich historisch und kulturell sehr variabel und die Vorstellung der heutigen Generation vom ›guten Menschen‹ sieht wahrscheinlich entschieden anders aus als die früherer Generationen. Moralphilosophie lenkt jedoch die Aufmerksamkeit auf den ›Kalkül‹ (Baier 1958) moralischen Argumentierens, seine Prozeßeigenschaften wie Objektivität, Generalität, Inklusivität, Universalisierbarkeit und Unpersönlichkeit. Es ist plausi-

Dieser Aufsatz erschien ursprünglich unter dem Titel: ›Moral Reasoning of Young Adults: Political-Social Behavior, Family Background, and Personality Correlates, in: Journ. of Personality and Social Psychology 1968, Vol. 10, No. 3, S. 183–201. Die Übersetzung wurde besorgt durch Gertrud Nunner-Winkler.

bel, daß die Form der Argumentation eine größere Voraussagekraft und weitere Anwendungsmöglichkeiten besitzt als zeit- und gruppenspezifische Inhalte; man weiß, daß die bloße Kenntnis sozial anerkannter Ideale nur ein schwacher Prädiktor für moralisches Verhalten ist. Die vorliegende Studie thematisiert primär Prozeßeigenschaften, wie sie durch Kohlbergs Skala des moralischen Urteils gemessen werden; sie verknüpft aber auch Kohlbergs Typologie moralischer Argumentationsstrukturen mit Aspekten von Wertinhalten, die aus idealen Selbstbildbeschreibungen abgelesen werden.

Diese Studie identifiziert Typen moralischen Urteilens aufgrund der Argumentation, die College-Studenten und freiwillige Mitglieder des Peace-Corps in Reaktion auf Kohlbergs moralische Dilemmata vorbrachten, und analysiert, inwiefern diese sich auf den Dimensionen sozialpolitisches Verhalten, Familiendaten, Perzeption von Vater und Mutter, Beschreibung des realen und idealen Selbstbildes unterscheiden. Andere Aspekte der umfassenderen Untersuchung, von der diese einen Ausschnitt darstellt, finden sich bei Block, Haan und Smith (1968) und Smith, Haan und Block (1969).

METHODISCHES VORGEHEN

Die Probanden

Das ursprüngliche Sample von 957 Probanden, denen Kohlbergs Skala des moralischen Urteils vorgelegt wurde, umfaßte die Studenten der Universität von Kalifornien und des San Francisco State College sowie noch in der Ausbildung befindliche freiwillige Mitglieder des Peace-Corps. Männliche und weibliche Probanden waren etwa gleich häufig vertreten; Studienanfänger und Doktoranden wurden ausgeschlossen, und die Peace-Corps-Mitglieder waren etwas älter. Mit den meisten studentischen Probanden wurde der Kontakt durch Briefe aufgenommen, die den Mitgliedern verschiedener Organisationen sowie zufällig aus den Adressenlisten der beiden Universitäten ausgewählten Studenten zugesandt wurden. Die Erhebungsunterlagen wurden dann all denen zugestellt, die sich zur Mitarbeit bereit erklärten, und von ihnen mit der Post zurückgesandt. Folgende Gruppen wurden erfaßt: in Berkeley Mitglieder des Free-Speech-Movements (FSM), die verhaftet worden waren, Young Democrats, Young Republicans, California Conservatives for Political Action; im San Francisco State College Gruppen aus der von der Studentenschaft getragenen lokalen Sozialarbeit (Community Involvement Programs), dem Nachhilfezentrum (Tutorial Group) und der ›Gegenuniversität‹ (Experimental College). Von den Peace-Corps-Freiwilligen wurden einige einem Gruppentest, andere einem Individualtest unterworfen. Die Stichprobe ist nicht repräsentativ, da die Probanden freiwillig teilnahmen und die Teilnahmebereitschaft in den verschiedenen Kontaktgruppen variierte (vgl. Smith et al. 1969, für eine Diskussion der Antwortquoten). Die vorliegende Analyse bezieht sich nur auf die 54% des untersuchten Samples, die aufgrund ihrer Reaktionen auf die Skala des moralischen Urteils einem der 5 ›reinen‹ Moraltypen zugeordnet werden konnten. (Die später noch zu diskutierende Tab. 2 zeigt, welcher der verschiedenen kontaktierten Gruppen die hier analysierten Probanden angehören.)

Kohlbergs Skala des moralischen Urteils

Kohlberg hat in einem altersabhängigen Entwicklungsschema, das sowohl in Longitudinal- (Kohlberg 1964, Kramer 1968) wie auch in Querschnittuntersuchungen (Kohlberg 1968, Turiel 1969) verschiedener Altersgruppen belegt werden konnte, drei allgemeine Niveaus des moralischen Urteils mit je zwei Untergruppen pro Niveau identifiziert. Tab. 1 enthält die Beschreibung der allgemeinen Niveaus und spezifischen Stadien sowie die Abkürzungen für die verschiedenen Typen.

Tabelle 1
Klassifikation moralischen Urteils nach Entwicklungsniveaus und Entwicklungsstadien

Niveau	Grundlage des moralischen Urteils	Entwicklungsstadien
I	Präkonventionell Moralischer Wert liegt in externen, quasi-physischen Ereignissen, bösen Handlungen oder quasi-physischen Bedürfnissen und nicht in Personen oder Standards	Stufe 1: Orientierung an Gehorsam und Strafe. Egozentrische Unterwerfung unter höhere Macht oder Prestige oder Orientierung an Konfliktvermeidung. Objektive Verantwortlichkeit. Stufe 2: Instrumenteller Relativismus (IR): Naivegoistische Orientierung. Richtig ist das Handeln, das die eigenen Bedürfnisse und gelegentlich auch die anderer befriedigt. Bewußtsein eines Werterelativismus in Abhängigkeit von Perspektiven und Bedürfnissen der Aktoren. Naiver Egalitarismus und Orientierung an Austausch und Reziprozität.
II	Konventionell Moralischer Wert liegt im Spielen guter oder richtiger Rollen, in der Aufrechterhaltung der konventionellen Ordnung und der Erfüllung der Erwartungen anderer.	Stufe 3: Persönliche Übereinstimmung (Personal Concordance) (PC): Orientierung eines ›guten Jungen‹; Orientierung an Belobigung, Bemühen anderen zu Gefallen zu sein und zu helfen. Konformität mit stereotypisierten Vorstellungen des ›normalen‹ oder natürlichen Rollenverhaltens; Urteil nach Intentionen. Stufe 4: Law und Order-Orientierung (LO): Orientierung an Autoritäten und der Aufrechterhaltung der sozialen Ordnung. Orientierung an Pflichterfüllung und Respektbezeigung vor Autoritäten und Aufrechterhaltung einer gegebenen Sozialordnung um ihrer selbst willen. Anerkennung der rechtmäßigen Erwartungen anderer.

III	Postkonventionell – prinzipienorientiert Moralischer Wert liegt in der Übereinstimmung eigener mit allgemein geteilten oder teilbaren Standards, Rechten oder Pflichten.	Stufe 5: Sozialer Kontrakt (SC): Legalistische Vertragsorientierung. Anerkennung eines Moments von Willkür oder Setzung bei Regeln oder Erwartungen im Interesse erhöhter Kompromißfähigkeit. Pflicht wird im Rahmen vertraglicher Vereinbarungen begriffen; im allgemeinen wird die Verletzung des Willens oder der Rechte anderer, von Mehrheitsbeschlüssen und der allgemeinen Wohlfahrt vermieden. Stufe 6: Individuelle Prinzipien (IP), Gewissens- oder Prinzipienorientierung. Orientierung nicht nur an tatsächlich geltenden sozialen Regeln, sondern an selbstgewählten Prinzipien, die die Bedingung logischer Universalität und Konsistenz erfüllen. Orientierung am Gewissen als Handlungsdirektive und an gegenseitigem Respekt und Vertrauen.*

* Übernommen von Kohlberg (1967).

Tabelle 2
Verteilung von Moraltypen

Kontaktgruppen	prä-kovent. IR		konventionell PC		LO		prinzipiengeleitet SC		IP		% der Original-Stichprobe	
	M	F	M	F	M	F	M	F	M	F	M	F
UC-Zufallsstichprobe	4	2	16	25	33	22	11	2	2	1	64%	56%
FSM-Verhaftete	6	1	4	3	3	5	11	8	6	6	46	45
Andere UC-Mitglieder	0	0	2	4	14	14	5	4	0	0	45	61
SF-Zufallsstichprobe	1	1	13	45	28	30	6	10	3	3	50	61
SF-Aktivisten	2	0	7	8	3	6	4	6	3	1	53	58
Peace-Corps	3	3	15	20	28	22	17	5	3	0	65	72
Summe	16	7	57	105	109	99	54	35	17	11	51	56

NB: Die Moraltypen werden wie folgt abgekürzt: Instrumental Relativists (IR), Personal Concordance (PC), Law Order (LO), Social Contract (SC), and Individual Principles (IP). Total $N = 510$.

Tabelle 3
Sozialdaten der verschiedenen Moraltypen

Antwort-kategorie	Männer						Frauen					
	IR	PC	LO	SC	IP	X^2	IR	PC	LO	SC	IP	X^2
Unterbrechung des Studiengangs												
ja	56%	*27%*	*27%*	29%	44%	7.23	40%	26%	*20%*	35%	64%	11.66*
Wohnarrangement												
eigener Haushalt	75%	34%	*30%*	42%	56%	16.12**	40%	36%	*27%*	62%	100%	31.55***
Politische Einstellung												
						F-Wert						*F*-Wert
Radikal – Konservativ (8-Punkte-Skala)	6.54	5.02	*4.33*	6.31	6.81	29.00***	5.00	4.95	*4.44*	6.31	6.70	11.30***
Pro FSM (5-Punkte-Skala)	4.29	3.24	*2.79*	3.92	4.25	8.94***	4.00	3.26	*3.01*	3.62	4.00	2.59*
Religiöse Überzeugung												
	0%	53%	59%	17%	18%		60%	54%	67%	21%	*18%*	
	12%	*0%*	6%	12%	*0%*		*0%*	4%	3%	12%	*0%*	
	82%	43%	*27%*	46%	70%		40%	32%	*23%*	52%	36%	
	6%	*4%*	8%	25%	12%		*0%*	10%	7%	15%	46%	
Kirchbesuch (1 = nie; 4 = wöchentlich)												
	1.62	2.48	2.59	1.94	1.65	7.07***	2.20	2.49	2.81	1.88	*1.54*	7.55***

NB: Kursivgedruckte x^2 sind am niedrigsten.
* $p < .05$.
** $p < .01$.
*** $p < .001$.

Tabelle 4
Familiendaten

Antwort-kategorie	Männer						Frauen					
	IR	PC	LO	SC	IP	*F*-Werte	IR	PC	LO	SC	IP	*F*-Werte
Mutter und Vater												
Ausbildung der Mutter (Skala mit 5 Punkten)	2.38	1.73	*1.62*	2.06	1.94	3.46*	3.00	*1.74*	1.98	2.09	1.91	2.73*
Mutter radikal/konservativ (Skala mit 8 Punkten)	4.56	3.94	*3.75*	4.51	4.87	3.58**	5.00	3.73	*3.65*	4.33	4.36	2.79*
Vater radikal/konservativ	4.19	4.02	*3.69*	4.46	4.50	2.67*	3.60	3.69	*3.40*	4.34	4.00	2.41*
Familieninterne Unterschiede auf der Dimension radikal-konservativ												
Vater der Probanden	2.69	1.07	*.62*	1.86	2.27	10.19***	1.40	1.20	*.97*	1.97	2.56	3.51**
Mutter der Probanden	2.38	1.23	*.55*	1.89	1.86	8.83***	*.00*	1.12	.87	1.97	2.30	4.93**
Religionszugehörigkeit der Eltern												
protestantisch/katholisch	44%	73%	81%	58%	56%		80%	78%	80%	*59%*	73%	
Jüdisch	38%	9%	*8%*	25%	25%		*0%*	7%	5%	24%	9%	
keine	12%	11%	*5%*	8%	19%		20%	10%	9%	*6%*	9%	
alle anderen	6%	7%	6%	9%	*0%*		*0%*	5%	6%	11%	9%	

Anm.: Kursivgedruckte x^2 sind am niedrigsten.
* $p < .05$.
** $p < .01$.
*** $p < .001$.

Tabelle 5
Übereinstimmung mit Eltern: Generationskonflikt-Themen

Thema	Männer						Frauen					
	IR	PC	LO	SC	IP	*F*-Werte	IR	PC	LO	SC	IP	*F*-Werte
Übereinstimmung mit Vater												
Religion	*2.33*	3.20	3.21	2.55	2.80	3.53**						
Freunde	*2.67*	3.62	3.81	3.35	3.64	4.45**						
Politik	*2.56*	3.29	3.41	3.04	2.73	2.75*	3.40	3.13	3.62	2.72	*2.20*	5.56***
Demonstrationen	2.31	2.86	2.89	*2.15*	2.62	3.14*						
Berufswahl der Probanden	*2.81*	3.90	3.73	3.34	4.00	3.13*	3.40	3.76	4.08	3.59	*2.60*	3.82**
Übereinstimmung mit Mutter												
Freunde	3.27	3.46	3.93	*3.26*	3.81	4.16**						
Politik							4.00	3.06	3.60	2.85	*2.54*	5.00***
Berufswahl der Probanden	3.38	3.88	4.01	*3.36*	4.27	3.63**						
Religion							*2.40*	3.27	3.56	2.82	2.91	3.12*

Anm.: Kursivgedruckte x^2 sind am niedrigsten.
* $p < .05$.
** $p < .01$.
*** $p < .001$.

Tabelle 6
Beeinflussung durch andere Personen: im Hinblick auf politisch-soziale, ethisch-moralische Einstellungen und die Frage ›Was bin ich geworden?‹

Beeinflussung durch:	IR	PC	LO	SC	IP	*F*-Werte
Politisch-soziale Einstellung						
Männer						
Vater	5.31	6.68	6.40	5.40	*5.19*	2.69*

Was bin ich geworden?						
Vater	6.33	6.83	7.19	5.90	*5.69*	3.07*
enge Freunde	6.67	6.11	*5.65*	6.50	6.94	2.97*
ältere Verwandte	2.50	3.16	*2.40*	2.55	4.21	2.59*
Politisch-soziale Einstellung						
Frauen						
Mutter	8.00	6.17	6.54	*4.84*	4.46	5.04***
Vater	5.00	6.24	6.38	4.74	*3.36*	5.92***
enge Freunde	*6.00*	6.39	6.04	7.38	7.91	4.05**
organisierte Gruppen	3.80	*3.33*	4.13	5.16	6.30	4.78**
ältere Verwandte	2.80	2.24	2.53	*1.33*	1.40	3.71**
männliche Freunde	6.20	5.20	*4.41*	6.19	6.00	3.20*
Wer bin ich geworden?						
Mutter	7.20	7.53	8.10	*6.76*	7.18	3.66**
enge Freunde	*5.20*	6.24	5.83	*6.67*	7.82	3.86**
männliche Freunde	6.60	5.43	*4.50*	5.88	4.90	2.46*
Geistliche	*1.00*	2.21	2.66	1.69	1.64	2.70*
Ethik – Moral						
Mutter	6.80	7.46	7.78	*6.39*	6.64	2.79*
Vater	4.80	6.54	6.39	5.37	*4.64*	3.06*
enge Freunde	6.80	6.54	*5.63*	7.16	7.36	6.15***
männliche Freunde	7.20	5.82	*4.64*	6.61	6.50	4.81**
Geistliche	2.00	3.48	4.33	2.46	*1.50*	4.99**
ältere Verwandte	2.00	2.33	2.84	1.61	*1.00*	2.92*

Anm.: Schräggedruckte x^2 sind am niedrigsten. Die Werte entstammen einem 10stufigen Rangordnungsverfahren, wobei 10 stärksten Einfluß bedeutet.
* $p < .05$.
** $p < .01$.
*** $p < .001$.

Von den zehn Kohlberg-Dilemmata wurden fünf für diese Untersuchung ausgewählt (eine sechste Geschichte, die das sit-in der Free-Speech-Movement-Anhänger von 1964 thematisierte, wurde den Berkeley-Studenten vorgelegt, wird aber hier nicht behandelt)[1]. Die Geschichten werfen klassische moralische Dilemmata auf; es folgen Fragen nach der Auflösung des Problems durch den Probanden und, noch wichtiger, nach begründenden Argumenten. Eine Geschichte handelt von einem Mann, der ein Medikament für seine Frau stiehlt, da sie an Krebs stirbt; der Mann kann das Medikament nicht bezahlen, und es gibt keinen anderen Weg, es zu beschaffen. Die folgenden Fragen beziehen sich auf die Richtigkeit oder Falschheit seiner Entscheidung, auf die Rechte des Apothekers, die Pflichten eines Ehemanns, die Verpflichtungen gegenüber fremden Menschen und die angemessene Strafe für den Mann. Beispielantworten für die verschiedenen Stufen und Dilemmata finden sich bei Kohlberg (1964, S. 401).

Auswertung: Drei Vercoder wurden von Kohlberg in einem 4tägigen Kurs ausgebildet. Die Auswertung erfolgte satzweise und basierte auf dem detailliert von Kohlberg ausgearbeiteten Auswertungshandbuch. Der Vercoder wertete zunächst die Antworten von etwa 200 Befragten auf jeweils eine Geschichte aus, bevor er sich der nächsten Geschichte zuwandte. Für jede Geschichte wurde ein globaler Hauptskore und, falls nötig, ein Nebenskore errechnet. Alle Geschichten wurden von zwei unabhängigen Vercodern ausgewertet, die weder Stichprobenzugehörigkeit noch Geschlecht der Befragten kannten.

Zuweisung zu Moraltypen: Die Probanden wurden mechanisch, und zwar nach folgender Regel, ihrem endgültigen, ›reinen‹ Typus zugeordnet: Der zugeschriebene Typenskore muß doppelt so groß sein wie die Summe aller anderen Skores, und zwar bei allen fünf Geschichten und bei beiden Vercodern; Hauptwerte wurden mit zwei bzw., falls kein Nebenwert vorlag, mit drei gewichtet, Nebenskores mit eins. Dies ist ein eindeutiges Kriterium, da jeder Typenskore 20mal eine Chance hat, vorzukommen. Daher sind die Typen ziemlich homogen. So haben beispielsweise Probanden der Stufe 2 folgende Durchschnittswerte über alle 6 Stufen: .8, 18.5, 3.9, 2.9, 6.1, 1.5. Tab. 2 zeigt die Zugehörigkeit von Probanden, die dieses Kriterium erfüllten, zu den kontaktierten Gruppen. Es gab nur einen Probanden der Stufe 1, und dieser ist in diesem Bericht nicht berücksichtigt.

Verläßlichkeit: Die Verläßlichkeit der Vercodung wurde auf zwei Weisen berechnet. Ein erster Schätzwert für die Verläßlichkeit basierte auf dem Prozentsatz übereinstimmender modaler Zuordnungen der beiden Vercoder. (Man beachte, daß sich dieses Verfahren auf der Basis eines einzelnen Vercoders von der oben beschriebenen konsensuellen Zuweisung zu einem endgültigen Typus unterscheidet.) Die Übereinstimmung der Modalzuordnungen der beiden Vercoder betrug 85%, wobei als Übereinstimmung eine identische Zuweisung von Haupt- und Nebenskores, nur der Hauptskores oder eine umgekehrte Zuweisung von Haupt- und Nebenskores galt.

In einer zweiten Berechnungsweise wurde der gewichtete Skore jeder Geschichte bei beiden Vercodern aufaddiert. Die summierten Skores beider Vercoder wurden korreliert, und es ergab sich ein Koeffizient von .82 für alle 957 Befragten.

Normalerweise werden Kohlbergs Dilemmata in einem Interview vorgelegt, und die schriftliche Befragungsform führte wahrscheinlich dazu, daß einige der Probanden ihre Antworten auf diese lästigen Dilemmata abkürzten. Dies mag die Verläßlichkeit verringert und den Anteil an Mischtypen aufgebläht haben. Das seltene Auftreten von instrumentellem Relativismus und individueller Prinzipienorientierung in dieser großen Stichprobe ist ein interessanter Hinweis auf die unterproportionale Vertretung von Extremtypen in einer Grundgesamtheit begabter junger Leute und bestätigt Kohlbergs Beobachtung, daß die modale Moralstufe die konventionelle ist. Trotz der geringen Zahl gingen diese beiden Extremtypen in alle Analysen mit ein, da sie die äußeren Grenzen der Moralentwicklung abstecken. Insbesondere die Ergebnisse dieser Gruppen bedürfen einer Überprüfung an anderen Probandengruppen.

Tabelle 7
Derzeitiges politisch-soziales Verhalten

Kategorie	Männer						Frauen					
	IR	PC	LO	SC	IP	*F*-Werte	IR	PC	LO	SC	IP	*F*-Werte
Teilnahme an Organisationen												
Anzahl	1.91	1.80	*1.79*	2.78	2.38	4.74**	3.00	*1.50*	2.14	2.38	2.67	4.18**
x-Teilnehmer (5-Pkte.-Skala)	1.50	*.71*	.94	1.25	1.41	2.37*	*.80*	.84	1.11	1.71	1.64	3.38**
Aktivitäten insgesamt												
politisch (3-Pkte.-Skala)	.88	*.38*	.58	1.08	1.06	4.67**	.40	*.22*	.47	1.00	1.18	9.02***
Sozialfürsorge (6-Pkte.-Skala)	.38	.29	*.25*	.36	.35	.38	*.20*	.73	.65	.82	.54	.66
Protest (5-Pkte.-Skala)	1.81	.46	*.30*	1.62	2.47	21.50***	*.20*	.36	.39	1.62	2.00	15.82***
Insgesamt (14-Pkte.-Skala)	5.94	1.89	*1.64*	4.86	6.24	16.16***	*1.40*	1.63	2.21	5.09	7.27	14.78***
Art der Aktivitäten												
Arbeit im Wahlkreis	19%	*12%*	21%	31%	25%		20%	*9%*	16%	21%	45%	
Freiwillige Krankenhausarbeit	*0*	5	3	2	*0*		*0*	16	12	15	*0*	
Gelder sammeln	31	*7*	19	25	19		*0*	13	11	26	27	
Streikposten stellen	56	12	*9*	44	75		*0*	8	13	44	55	
Teach-In	62	*16*	17	52	75		20	*11*	13	35	36	
Sit-In	25	*5*	*5*	27	31		14	7	*4*	26	27	
Bürgerrechtsbewegung	6	2	3	2	*0*		*0*	*0*	1	*0*	*0*	
Petitionen einreichen	25	*14*	18	35	38		*0*	*4*	10	35	18	
Arbeit mit Behinderten	*0*	3	4	8	6		*0*	14	13	3	*0*	

Teilnahme an Tagungen	62	46	*41*	60	69	40	*33*	48	56	63
Schriften verteilen	44	*11*	20	42	50	20	*10*	21	44	55
Demonstrieren	56	14	*8*	48	75	20	11	*10*	47	55
Friedensmarsch	56	12	*5*	40	62	*0*	11	10	44	64
Sozialfürsorge	12	*3*	6	8	6	20	11	*10*	15	18
Nachhilfe	25	*9*	11	15	25	*0*	24	16	32	27
Schulaushilfe	*0*	7	2	4	*0*	*0*	3	7	18	9
Andere	6	2	6	6	6	20	7	5	*3*	9

Anm.: Schräggedruckte x^2 sind am niedrigsten. – ›Aktivitäten insgesamt‹ sind die Anzahl angekreuzter Aktivitäten.

* $p < .05$.

** $p < .01$.

*** $p < .001$.

Andere Erhebungsinstrumente: Die Probanden füllten einen 5seitigen biographischen Fragebogen aus, in dem Antworten angekreuzt, Einstufungen vorgenommen und Rangreihen gebildet werden mußten. Die Fragen betrafen das Vorankommen im College, sozialpolitische Aktivitäten und Engagements, demographische Informationen, die Eltern, Übereinstimmung mit den Eltern bei den üblichen Streitfragen zwischen den Generationen, die Stärke der Einflußchancen, die bestimmte andere auf die eigene Person, die eigenen politisch-sozialen Einstellungen, die eigene Ethik und Moral haben bzw. hatten (vgl. Fußnote 2).

Eine überarbeitete Version der ursprünglich von J. Block aufgestellten Q-sort-Liste mit 63 Adjektiven wurde den Befragten zur Beschreibung sowohl des faktischen wie des idealen Selbstbildes vorgelegt. Dabei sollten die Adjektive Eigenschaften, die von den verschiedensten Positionen her als positiv gelten können, repräsentieren (vgl. Fußnote 2).

Anhand eines zweiten Q-sorts (Blocks 91-items umfassende Liste von Erziehungstechniken) gaben die Probanden eine Beschreibung der Erziehungstechniken ihrer Mutter bzw. ihres Vaters. Bei allen Q-sorts mußten die Items einer der sieben Stufen einer vorgelegten Rechtecksverteilung zugeordnet werden, so daß Gruppenvergleiche die kumulierten Binnendifferenzen innerhalb der Kontrastgruppen hinsichtlich der Bedeutsamkeit der Variablen widerspiegeln.

Ergebnisse: Die Ergebnisse dieser Studie lassen sich am besten in Form von knappen Zusammenfassungen für jede Moralstufe darstellen. In den Tab. 3–11 findet sich Belegmaterial. Ein Teil der deskriptiven Informationen über die verschiedenen Typen wird in Prozentsätzen dargestellt; andere Ergebnisse wurden nur aufgeführt, wenn sie ein Signifikanzniveau von mindestens .05 beim X^2- oder F-Test erreichten. Die Autoren sind sich der Tatsache bewußt, daß Signifikanzberechnungen im strikten Sinne bei diesen Daten nicht durchführbar sind. Einige Ergebnisse mit einem Signifikanzniveau von .10 werden angegeben, wenn sie von besonderem Interesse sind; in diesem Fall ist das Signifikanzniveau extra vermerkt. Die Zusammenfassungen beginnen mit den prinzipienorientierten SC(Social Contract)- und IP(Individual Principles)-Gruppen, die zunächst gemeinsam behandelt werden. Dann werden die Unterschiede zwischen diesen beiden Gruppen diskutiert. Nach der Darstellung der Ergebnisse für alle Typen folgen einige zusammenfassende Analysen, speziell zum moralischen Urteil und Verhalten und dem familialen Milieu.

Prinzipienorientierte Gruppen

Biographische Informationen: Die prinzipienorientierten Gruppen haben häufiger ihren Studiengang unterbrochen, leben eher unabhängig in eigenen Wohnungen, sind politisch radikaler, unterstützen definitiv das Free-Speach-Movement, geben häufiger an, agnostisch, atheistisch oder areligiös zu sein, wuchsen häufig in jüdischen oder areligiösen Elternhäusern auf, haben tendenziell politisch liberale Eltern, wobei die Mutter über eine vergleichsweise bessere Ausbildung verfügt (beim Ausbildungs- und Berufsniveau der Väter ergaben sich keine signifikanten Differenzen zwischen den Gruppen). Wiewohl die Eltern dieser jungen Leute Liberale sind, geben ihre Söhne und erst recht ihre Töchter an, daß sie entschieden stärker abweichende und linksorientierte Einstellungen haben als ihre Eltern. Bei politischen und sozialen Fragen haben sie leichte Differenzen mit ihren Eltern. Die Söhne berichten, daß ihre Väter sie weniger beeinflußt hätten, persönlich wie politisch, als enge Freunde. Die prinzipienorientierten Frauen berichten von einer starken Beeinflussung durch enge Freunde in allen Bereichen, von einer politischen Beeinflussung durch organisierte Gruppen und von einem insgesamt geringeren elterlichen Einfluß.

Politisch soziale Aktivitäten finden sich am häufigsten bei den prinzipienorientierten Gruppen. Nicht nur haben sie sich mehr Organisationen und Bewegungen angeschlossen, sie haben sich in ihnen auch stark engagiert und eingesetzt. Relativ viele haben an einer Reihe verschiedener Protestveranstaltungen teilgenommen. Sozialfürsorgerische Tätigkeit diskriminiert nicht zwischen den Gruppen, aber Tab. 7 zeigt, daß prinzipienorientierte Jugendliche sich nicht ausschließlich der Bekämpfung des Establishments widmen.

Tabelle 8
Durchschnittswerte bei den Selbstbeschreibungen (7-Punkte-Skala)

Adjektive	Männer					Adjektive	Frauen				
	IR	PC	LO	SC	IP		IR	PC	LO	SC	IP
.001 Niveau											
konventionell/ schablonenhaft	1.79	3.06	3.44	2.30	*1.60*	ehrgeizig	3.60	4.20	4.30	*2.84*	3.10

.01 Niveau											
ehrgeizig	*3.29*	5.09	4.84	4.12	4.20	schuldbewußt	3.20	3.13	*2.45*	3.53	4.10
neugierig	5.64	5.28	*4.84*	5.64	5.93	vorausschauend	3.60	3.85	4.59	3.38	*3.00*
rebellisch	4.50	2.98	*2.71*	3.58	3.93	rebellisch	4.20	2.78	*2.28*	3.28	4.10
individualistisch	6.21	*4.39*	5.00	5.34	5.60						
.05 Niveau											
idealistisch	4.93	*4.20*	4.21	5.16	5.27	fair	4.40	5.05	5.07	5.25	*3.70*
kreativ	5.79	4.81	*4.24*	4.76	5.07	distanziert	5.00	2.35	*2.21*	2.25	2.30
praktisch	2.86	3.52	3.90	3.16	*2.60*	impulsiv	*3.40*	4.02	3.52	4.25	5.20
vorausschauend	3.64	3.80	4.30	*3.36*	3.93	zweifelnd	3.60	3.80	*3.16*	4.50	4.30
ordentlich	*2.36*	3.89	4.14	3.52	2.80	rastlos	3.20	3.14	*3.07*	4.16	4.50
zurückhaltend	4.00	2.83	3.86	3.24	*2.40*	unbeugsam	6.60	4.09	4.22	3.38	*3.30*
einfühlsam	4.93	*4.20*	4.96	4.72	5.40	altruistisch	*2.60*	3.25	3.66	4.25	3.90
ansprechbar	*3.64*	4.43	3.85	3.92	4.93						

Anm.: Schräggedruckte x^2 sind am niedrigsten.

Tabelle 9
Durchschnittswerte bei Idealbildern (7-Punkte-Skala)

Adjektive	Männer					Adjektive	Frauen				
	IR	PC	LO	SC	IP		IR	PC	LO	SC	IP
.001 Niveau											
ehrgeizig	*2.93*	5.11	5.07	3.38	3.50	vorausschauend	4.40	4.35	4.96	4.36	*3.10*
kompetitiv	2.93	3.85	4.33	2.96	*2.75*	rebellisch	2.20	2.16	*2.11*	2.94	4.20
zweifelnd	3.14	1.80	*1.63*	2.10	2.19						
praktisch	2.93	4.04	4.43	3.73	*2.44*						
vorausschauend	*3.43*	4.67	5.07	4.31	4.00						
ordentlich	2.79	3.98	4.25	3.35	*2.62*						
rebellisch	3.00	2.54	*2.31*	3.12	3.75						
.01 Niveau											
spielerisch	5.07	3.54	3.63	*3.52*	3.81	ehrgeizig	4.40	4.48	4.27	*3.39*	3.40
idealistisch	4.57	*3.85*	3.94	4.56	5.31	kompetitiv	*2.20*	3.08	3.34	2.39	2.30
kreativ	6.36	5.94	*5.72*	6.40	6.38	frei	*3.00*	4.69	4.61	5.58	5.70
frei	5.46	4.76	*4.24*	5.42	4.81	sensitiv	6.20	*4.45*	4.54	5.58	6.20
sensitiv	5.07	4.56	*4.37*	4.87	6.12						
ansprechbar	5.36	5.20	*4.50*	5.04	5.31						

.05 Niveau

konventionell	2.07	2.26	2.30	1.98	*1.38*	idealistisch	5.20	3.81	4.27	*3.77*	5.10
liebevoll	6.07	5.57	*5.16*	5.25	6.12	praktisch	4.80	3.71	3.89	3.23	*2.60*
künstlerisch	5.29	4.32	*4.25*	4.88	5.06	ordentlich	3.40	4.38	4.55	4.00	*3.30*
anerk. bedürftig	*1.50*	1.76	2.01	1.69	1.44	gesellig	4.60	4.99	4.55	4.03	*3.90*
selbstbeherrscht	4.64	4.78	5.11	5.12	*4.06*	logisch	*4.20*	4.94	5.40	4.90	4.50
distanziert	2.79	1.74	1.84	1.83	*1.81*	ansprechbar	5.60	5.62	6.11	5.45	*5.20*
impulsiv	3.29	2.82	*2.31*	2.94	2.81	selbstlos	*2.20*	2.98	3.36	2.64	2.70
gesellig	4.07	4.82	4.61	4.15	*3.44*	unbeugsam	3.60	1.91	2.11	2.23	*1.70*
aufmerksam	6.21	6.06	*5.95*	6.36	6.69	individualistisch	5.60	5.46	*4.99*	4.97	6.10
verantwortlich	*5.23*	5.76	6.00	5.33	5.31						
selbstsicher	5.57	5.78	6.11	*5.38*	5.62						
unbeugsam	2.36	1.91	1.74	1.54	*1.50*						
einfühlsam	5.57	5.15	*4.94*	5.62	6.00						
kompromißlos	2.71	1.85	2.03	*1.62*	2.19						
altruistisch	*3.50*	4.04	3.98	4.27	5.44						

Anm.: Schräggedruckte x^2 sind am niedrigsten.

Adjektiv-Q-sort. Idealistisch ist das einzige gemeinsame Selbstbeschreibungsmerkmal der männlichen SC- und IP-Personen (*gemeinsam* heißen wir solche Merkmale, bei denen SC- und IP-Gruppen entweder den höchsten oder den niedrigsten Wert erreichen). In ihrer klaren Konzeptualisierung des idealen guten Menschen betonen die Prinzipienorientierten sowohl ihre engagierte Bereitschaft, sich in die Lage anderer hineinzuversetzen – und zwar durch den hohen Wert, den sie Eigenschaften wie *aufmerksam, einfühlsam* und *altruistisch* beimessen, und durch ihre Ablehnung von *unbeugsam* – wie auch ihre Präferenz für Expressivität – impliziert durch die Wahl von *kreativ.* Ihre Kritik an der heutigen Gesellschaft zeigt sich an ihrer Idealisierung von *rebellisch* und ihrer Zurückweisung von *konventionell.* Die prinzipienorientierten Frauen beschreiben sich selbstkritisch als *schuldbewußt, zweifelnd, ruhelos, impulsiv* und mit dem eindeutig moralischen Wort *altruistisch.* Sie sehen sich nicht als *vorausschauend, ehrgeizig* oder *unbeugsam.* Beide Gruppen haben das Gefühl, weniger feminin zu sein als irgendeine der anderen ($p < .10$). Die gemeinsame Idealvorstellung der Frau enthält *rebellisch* und *frei,* aber nicht *ehrgeizig, praktisch, verantwortlich* oder *gesellig.*

Perzeption der elterlichen Erziehungstechniken. Die prinzipienorientierten männlichen Probanden berichten, daß ihre Mütter sie verspotteten und sich über sie lustig machten, und sie schildern eine sehr stark konfliktgeladene Beziehung. Sie glaubten am ehesten, daß ihre Väter bereit waren, ihre Söhne Risiken eingehen und neue Sachen ausprobieren zu lassen. Die Mütter der prinzipienorientierten Frauen erscheinen als am stärksten enttäuscht über ihre Töchter, sie ließen sie am ehesten spüren, daß sie selbst Opfer gebracht hatten, und waren am wenigsten bereit, ihre Töchter zu trösten, wenn diese Probleme hatten. Sie verwendeten am seltensten Entzug

Tabelle 10
Durchschnittswerte der Männer bei der Beschreibung von Vater und Mutter (7-Punkte-Skala)

Q item	Mutter					Q item	Vater				
	IR	PC	LO	SC	IP		IR	PC	LO	SC	IP
.01 Niveau											
erwartete viel von mir	5.79	4.51	*4.48*	5.58	5.00	wollte Zeit für sich haben	5.29	4.80	*4.29*	4.61	6.06
.05 Niveau											
ermutigte mich, mein Bestes zu geben	5.79	6.20	6.42	6.23	*5.65*	oft ärgerlich mir gegenüber	5.00	*3.22*	3.45	4.04	4.50
räumte mir bei Wohlverhalten Sonderprivilegien ein	*3.21*	4.36	3.53	3.71	3.47	drückte Zuneigung durch Umarmung und Küsse aus	2.86	2.20	*2.08*	3.02	2.12
glaubte, zuviel Zuneigung schwäche	2.29	2.89	3.18	*2.23*	2.59	glaubte, daß ich stets die Wahrheit sagte	*3.21*	4.76	4.63	4.39	3.56
machte sich manchmal über mich lustig	1.93	2.06	*1.89*	*2.77*	2.47	ließ mich Risiken eingehen und neue Dinge erproben	*5.00*	5.48	5.03	5.68	6.25
ziemlich viele Konflikte zwischen uns	3.21	*2.54*	2.59	3.52	3.59	zu sehr auf die Kinder bezogen	1.57	2.20	2.37	2.39	*1.38*
wollte Zeit für sich selbst	4.71	*3.56*	3.59	4.31	4.41	glaubte, zuviel Zuneigung schade dem Kinde	*2.93*	4.00	3.74	3.11	4.19
wußte stets wo ich war und was ich tat	*3.14*	4.47	4.94	4.81	4.47	ziemlich viel Konflikte zwischen uns	4.79	*3.02*	3.38	4.04	4.12
						wollte, daß ich guten Eindruck mache	6.57	*5.26*	5.71	5.80	5.75

Anm.: Schräggedruckte x^2 sind am niedrigsten.

Tabelle 11
Durchschnittswerte der Frauen bei der Beschreibung von Vater und Mutter

Q item	Mutter IR	Mutter PC	Mutter LO	Mutter SC	Mutter IP	Q item	Vater IR	Vater PC	Vater LO	Vater SC	Vater IP
.01 Niveau											
war enttäuscht über mich	*1.80*	2.13	1.98	2.85	3.90						
.05 Niveau											
tröstete mich, wenn ich mich fürchtete	6.80	5.39	5.84	5.21	*4.50*	war enttäuscht über mich	3.60	2.48	*2.19*	2.81	3.70
strafte durch Entzug von Privilegien	4.60	4.32	4.44	3.50	*3.10*	übertrug mir Pflichten im Haushalt	3.60	3.88	4.64	4.00	*3.30*
räumte mir bei Wohlverhalten Sonderprivilegien ein	3.40	3.68	3.88	*3.00*	3.20	hat klare, feste Regeln für mich aufgestellt	*3.00*	3.76	4.58	3.72	3.70
ließ mich wissen, wieviele Opfer sie gebracht hatte	*1.40*	3.69	2.99	3.74	4.10	strafte durch Entzug von Privilegien	4.20	4.09	4.45	*3.22*	4.10
fand es interessant, mit Kindern zusammen zu sein	6.00	*4.24*	4.71	4.44	5.20	hielt Wettkampfspiele für gut	5.80	4.71	4.79	*4.03*	4.60
						wollte nicht, daß ich anders als die anderen sei	*3.20*	4.42	3.81	3.62	3.50

von Privilegien als Strafmaßnahme bzw. Einräumung von Sonderprivilegien als Belohnung für gutes Verhalten. Die Väter entzogen ihren Töchtern bei Fehlverhalten keine Privilegien und billigten – nach der Schilderung ihrer Töchter – kompetitive Spiele am wenigsten.

Unterschiede zwischen SC und IP. Unterschiede zwischen SC- und IP-Gruppen wurden mit Hilfe von Scheffé-Tests berechnet – es ergaben sich aber keine signifikanten Differenzen (mit Ausnahme der Selbstbeschreibung der männlichen SC-Probanden als *praktisch*). Der Scheffé-Test ist ein sehr vorsichtiger Test für Gruppendifferenzen; es gibt jedoch eine Reihe nichtsignifikanter Differenzen, die ein kohärentes Bild abgeben. IP's haben häufiger als SC's ihren Studiengang unterbrochen, leben eher in einem eigenen Haushalt, sind radikaler und stärker pro FSM eingestellt. Die Männer sind häufiger Agnostiker. Die IP-Frauen sind stärker areligiös, ihre Mütter sind radikaler, und dennoch unterscheiden sie sich stärker in ihren politischen Einstellungen von ihren Eltern. Mehr der SC-Frauen stammen aus jüdischen Familien. Die IP's stimmen im allgemeinen weniger mit ihren Eltern überein (allerdings weisen die IP-Männer die höchste Übereinstimmung mit ihren Eltern hinsichtlich der Berufswahl auf) und berichten von einer geringeren Beeinflussung durch die Eltern und einer größeren durch Freunde. Die IP's waren in politisch-sozialer Hinsicht aktiver.

Andere Dimensionen, bei denen eine Gruppe eine Extremposition, die andere eine mittlere Position einnahm, zeigen, daß die männlichen IP's sich selbst als besonders offen für Erfahrungen (*neugierig, einfühlsam, ansprechbar* und nicht *reserviert*) und weniger traditionsgebunden (nicht *konventionell* und *praktisch*) sehen. Die SC's beschreiben sich selbst als die *Vorausschauendsten.* Die Idealvorstellungen der IP's dokumentieren ein Gefühl interpersonellen Involviertseins: *idealistisch, sensibel* und *liebevoll*; dagegen werten sie *kompetitiv, selbstkontrolliert, ordentlich, praktisch, distanziert* und *gesellig* ab. Die SC's stufen nur *selbstkontrolliert* besonders hoch ein, während sie *selbstbewußt, kompromißlos* und *spielerisch* ablehnen.

Zwischen den Frauen differenziert nur eine einzige Selbstdimension: die SC's sind bei *fair* am höchsten, während die IP's sich hier am niedrigsten einstufen. Die IP's vereinen – ähnlich wie ihre männlichen Genossen – in einzigartiger Weise ihre Abweichung von der Gesellschaft mit einer Idealisierung interpersoneller Sensibilität: sie betonen *rebellisch* und *individualistisch*, aber auch *sensibel* und *einfühlsam* und legen das geringste Gewicht auf *vorausschauend, ordentlich* und *standhaft.* Die pragmatischeren SC's bewerten *idealistisch* am niedrigsten.

Die Eltern der SC-Männer scheinen Zuneigung für sehr wichtig zu halten. Die Mütter der SC-Männer scheinen am wenigsten anzunehmen, daß Zuneigung ein Kind schwächlich mache. Ihre Väter zeigen Zuneigung offen durch Küsse und Umarmungen und scheinen zu stark auf ihre Kinder bezogen. Die Familien der IP dagegen scheinen auf Individuierung Wert zu legen, üben weniger Druck aufeinander aus und gehen relativ realistisch miteinander um: Die Mütter neigen am wenigsten dazu, ihre Söhne anzuspornen, stets ihr Bestes zu leisten. Die Väter erscheinen als hochindividuierte Männer mit klaren Erwartungen an ihre Söhne. Sie wollten am liebsten Zeit für sich selbst, glaubten, daß zuviel Zuneigung den Kindern schade, und lebten am wenigsten kindbezogen (man beachte, daß die IP-Väter ihre Söhne am ehesten Risiken eingehen und neue Dinge erproben ließen).

Die Mütter der SC- und IP-Frauen sind ununterscheidbar; die Unterschiede zwischen den Vätern dagegen liegen ähnlich wie bei den Männern. Sie übertrugen ihren IP-Töchtern keine Verantwortung, und diese haben das Gefühl, ihren Vater enttäuscht zu haben.

Zusammenfassung für die prinzipienorientierten Gruppen

Die prinzipienorientierten Gruppen scheinen ein autonomes Selbstgefühl entwickelt zu haben. Die Leitmotive ihrer Beschreibungen eines guten Menschen sind interpersonelle Offenheit und Expressivität. Ihre abweichenden politischen Standpunkte scheinen relativ ich-synton und konfliktfrei; bei *rebellisch*, das in beiden Q-sort-Verfahren ungefähr den absoluten Durchschnittswert erreichte, weisen sie die geringste Diskrepanz zwischen faktischer und idealer Selbstbeschreibung auf. Offensichtlich gestanden ihnen ihre Eltern zu, zur rechten Zeit und am rechten Ort durch eigene Lebenserfahrungen geprägt zu werden; ja, vielleicht förderten die Eltern dies sogar. Das Ergebnis scheint zu sein, daß diese jungen Leute, die in sehr unterschiedlichen und zum Teil sehr unstrukturierten sozialen Kontexten interagiert haben, in politisch-sozialen Fragen nicht sehr mit ihren Eltern übereinstimmen; sie sehen sich auch nicht als stark durch sie geprägt. Eher fühlen sie sich self-made.

Prinzipienorientierte Jugendliche schätzen ihre Eltern nicht als permissiv ein, sondern eher als aktiv involviert und sogar konfliktproduzierend. Sie insistieren auf ihren eigenen Rechten, während sie gleichzeitig die Bedürfnisse ihrer Kinder respektieren. Die Mütter der IP-Frauen betonten ihre Opfer, was offensichtlich eine offiziell mißbilligte Verhaltensweise für eine ›gute Mutter‹ darstellt. Die Väter der Männer waren so frei, Zeit für sich selbst zu beanspruchen. Familiale Beziehungen waren im wesentlichen nicht durch die formale Macht der Eltern, zu geben und wegzunehmen, definiert. SC-Familien werden als konkreter, liebevoller, ansprechbarer und konfliktuöser charakterisiert, während IP-Familien als weniger expressiv, aber klarer und realistischer hinsichtlich der Individuierung und Verantwortlichkeitsabgrenzung ihrer Mitglieder erfahren wurden.

Die kritischen Selbstbeschreibungen der Frauen, insbesondere der IP's lassen vermuten, daß die Entwicklung einer autonomen Moral – vielleicht auch der Funktionsfähigkeit eines autonomen Ichs – für Mädchen eine schwierigere Aufgabe darstellt als für Jungen und eine, die in dieser Altersgruppe noch nicht problemlos gelöst ist. Ihr Bericht von Schuldgefühlen und mangelnder Fairneß hat einen spezifischen Anstrich von Selbsteinsicht und Selbstkritik, der mit Kohlbergs Charakterisierung von IP's konsistent ist.

Um noch einmal zusammenzufassen: Prinzipienorientierte junge Leute haben ein Gefühl hoher Autonomie bezüglich ihrer Lebensstile und ideologischen Positionen. Sie sehen sich selbst und ihre Familien klar und realistisch und setzen sich für ihre neuen Wertorientierungen und neuen politischen Einstellungen ein. Interpersonelle Verpflichtungen bedeuten ihnen etwas, während sie die traditionellen Wertorientierungen, die implizit in der protestantischen Ethik enthalten sind, ablehnen.

Konventionelle Gruppen

Biographische Daten. Die PC(Personal Concordance)- und LO(Law-Order)-Gruppen beiderlei Geschlechts haben viele gemeinsame Merkmale, die zeigen, daß ihre Lebensführung den üblichen Erwartungen entspricht: sie haben ihren Studiengang am seltensten unterbrochen, leben überwiegend in Studentenheimen und in von Erwachsenen gebilligten Verhältnissen, sind politisch konservativer (ihre Durchschnittswerte liegen im gemäßigten bis konservativen Bereich), haben nur geringfügige politische Differenzen mit ihren sehr konservativen Eltern und unterstützen die FSM am wenigsten (ihre absoluten Durchschnittswerte sind allerdings noch im Bereich der Zustimmung). Sie wurden häufig katholisch oder protestantisch erzogen, und sie behalten öfter den religiösen Glauben ihrer Kindheit bei und gehen noch zur Kirche. Ihre Mütter haben von allen Gruppen das geringste Ausbildungsniveau.

Es wird von einem harmonischen Familienleben und starkem elterlichen Einfluß berichtet: in bezug auf die meisten angeschnittenen Themen stimmen die Männer am stärksten mit ihren Vätern überein und in bezug auf Freunde mit ihren Müttern. Sie schreiben ihren Vätern auch einen starken sowohl politischen wie persönlichen Einfluß zu und ihren Freunden nur einen sehr geringen. Väter und Töchter sind sich über Politik wie auch die Berufswahl der Befragten einig. Mütter und Töchter sind sich über Politik und Religion einig. Diese Frauen schreiben ihren Müttern einen starken politischen, persönlichen und moralischen, ihren Vätern politischen und moralischen Einfluß zu. Priester und ältere Verwandte haben sie auch beeinflußt, nicht dagegen enge Freunde.

Die konventionellen Gruppen sind nur wenigen politisch-sozialen Organisationen beigetreten und waren relativ inaktiv. Außer einer Teilnahme an Sitzungen haben sich die wenigsten noch für irgendwelche politisch-sozialen Aktivitäten engagiert.

Adjektiv Q-sort Verfahren. Die Selbstbeschreibungen der männlichen Gruppen reflektieren traditionelle Tugenden. Sie sehen sich als verhältnismäßig *konventionell, ehrgeizig, gesellig, praktisch* und *ordentlich* und nicht als *neugierig, individualistisch* oder *rebellisch.* Die Frauen beschreiben sich selbst als *ehrgeizig* und *vorausschauend* und nicht als *schuldbewußt, rastlos* oder *rebellisch.*

In der beiden Geschlechtern gemeinsamen Konzeptualisierung eines guten Menschen werden stärker Wertorientierungen wie effiziente Selbstkontrolle und gesellschaftliche Gewandheit betont und weniger die von den prinzipienorientierten Gruppen so hoch bewertete persönliche Expressivität und interpersonelle Sensibilität. Die Männer bewerten *ehrgeizig, kompetitiv, praktisch, vorausschauend, ordentlich, konventionell* positiv und im Umgang mit anderen schätzen sie sich als *verantwortlich, selbstbewußt, gesellig* und *angewiesen auf Zustimmung* ein. Negativ beurteilen sie *zweifelnd, rebellisch* und *idealistisch;* das Gleiche gilt für persönliche

Expressivität, operationalisiert durch *kreativ, frei, künstlerisch,* und interpersonelle Sensibilität, operationalisiert durch *sensibel, aufmerksam* und *einfühlsam.* Obwohl die Vorstellungen der Frauen von der idealen Person weniger einheitlich sind, ist doch das Grundmuster in etwa gleich dem der Männer. Sie beurteilen *ordentlich, logisch, verantwortlich* und paradoxerweise sowohl *kompetitiv* wie *selbstlos* positiv. *Rebellisch* und *sensibel* rangieren niedrig.

Perzeption der elterlichen Erziehungstechniken. Vater-Sohn-Beziehungen werden als am wenigsten konfliktreich und haßerfüllt dargestellt, und die Väter scheinen stets geglaubt zu haben, daß ihre Söhne die Wahrheit sagten und daß sie keinen großen Wert darauf legten, einen guten Eindruck zu machen. Auch Mutter-Sohn-Beziehungen werden als weniger konfliktreich beschrieben; die Mütter stellten die niedrigsten Erwartungen an ihre Söhne, beanspruchten am wenigsten Zeit für sich selbst, aber hatten am stärksten das Gefühl, daß zu viel Zuneigung ein Kind verweichliche.

Die Beschreibungen der Frauen von ihren Eltern sind weniger einheitlich. Dennoch zeigen sich Gemeinsamkeiten beim Gebrauch elterlicher Macht: ihre Mütter gestanden ihnen bei Wohlverhalten besondere Privilegien zu; die Väter setzten feste und klar definierte Regeln, ihre Töchter enttäuschten sie nicht, und sie wünschten sich ihre Töchter nicht anders.

Unterschiede zwischen PC und LO. Eine Betrachtung der Durchschnittswerte in den Tab. 3–11 läßt einen systematischen Unterschied zwischen den PC- und LO-Gruppen erkennen: die LO's sind noch entschieden traditionalistischer als die PC's. Die LO's und ihre Eltern sind konservativer. Es zeigt sich sowohl eine größere Übereinstimmung wie auch eine stärkere Beeinflussung durch die Eltern. Ihre Eltern sind weniger bewußt ambivalent. Die Selbst- und Idealbildbeschreibungen der LO's betonen stärker das aggressive Sich-Selbst-Genug-Sein und die interpersonelle Veräußerlichung der protestantischen Ethik.

Zur Feststellung signifikanter Differenzen zwischen den Gruppen wurden Scheffé-Tests berechnet: die PC-Männer sind politisch weniger konservativ als die LO's, beschreiben sich selbst als weniger reserviert, schätzen Ansprechbarkeit höher ein, und ihre Mütter räumen ihnen eher besondere Privilegien für Wohlverhalten ein. Andere Differenzen, bei denen die LO's eine Extrem- und die PC's eine Mittelposition einnehmen, zeigen, daß die LO's sich selbst als am vorausschauendsten sehen und am wenigsten Wert auf die Eigenschaften liebevoll, ansprechbar und impulsiv legen. Ihre Mütter verspotteten sie am seltensten, wußten am häufigsten, wo sie waren und was sie taten, und spornten sie stets an, ihr Bestes zu geben. Von ihren Vätern berichten sie, daß diese Zuneigung nicht offen ausdrückten, am wenigsten Zeit für sich selbst in Anspruch nahmen und das Erwachsenwerden ihrer Söhne nur mit Widerstreben zur Kenntnis nahmen, während die PC-Väter das geringste Widerstreben zeigten ($p \leqslant .10$).

Scheffé-Tests zeigen, daß die PC-Frauen signifikant stärker als die LO's nahen Freunden Einfluß auf ihre moralisch-ethischen Vorstellungen zuschreiben, sich selbst als am wenigsten vorausschauend einschätzen und Voraussicht auch weniger positiv beurteilen. Im Vergleich zu allen anderen schätzen sich die LO's als am wenigsten distanziert und zweifelnd ein, legen den geringsten Wert auf Individualismus. LO-Väter übertrugen ihren Töchtern Verantwortlichkeiten in der Familie und entzogen ihnen bei Fehlverhalten Privilegien. Die PC-Frauen beurteilen Geselligkeit und Ehrgeiz am positivsten.

Zusammenfassung der konventionellen Gruppen. Der Kontext der moralischen Überlegungen dieser jungen Leute ist klar: sie leben in harmonisch ungebrochenen Beziehungen zu den traditionellen Institutionen (Schule, Kirche und Politik) und zu persönlichen Autoritäten (Vater, Mutter und Priester). Auf diese Weise sind sie wahrscheinlich gut gegen konfligierende Wertorientierungen abgeschirmt, und somit ist der Einfluß moderner politischer Strömungen und Problematiken auf sie abgemildert. So können sich – in Übereinstimmung mit aus der Theorie abgeleiteten Erwartungen – die moralischen Entscheidungen der LO's an den Normen herrschender Autoritäten und Institutionen orientieren, während die PC's die unmittelbaren Wünsche und guten Absichten der Autoritäten bei ihrem Streben, ungetrübte Rollenbeziehungen aufrechtzuerhalten, Geselligkeit zu pflegen und Schuldgefühle zu vermeiden, berücksichtigen können.

Um zusammenzufassen: diese jungen Leute geben an, daß ihre Eltern sich ihnen gegenüber genauso verhalten, wie es die Lerntheorie im Interesse der Moralentwicklung empfehlen würde: klare Regeln, Strafen und Belohnungen. Es gibt viele Belege dafür, daß ihre Eltern ihnen Vorbild waren und daß sie die traditionellen Werte der amerikanischen Gesellschaft akzeptiert haben. Es ist offenbar, daß die von den Konventionellen geschilderten Erziehungstechniken und Strukturen der Eltern-Kind-Beziehung einen hohen Grad an familialer Harmonie, persönlichem Vertrauen und – auch im Rahmen ihrer eigenen konventionellen Ideologie – politischer Inaktivität produzieren.

Präkonventionelle instrumentelle Relativisten

Biographische Daten. Die instrumentellen Relativisten (IR's) beiderlei Geschlechts haben häufiger ihren Studiengang unterbrochen. Die Männer leben häufiger im eigenen Haushalt, betrachten sich im allgemeinen als politisch liberal oder radikal, sind jetzt am ehesten non-theistisch, gehen nicht zur Kirche und stammen überproportional häufig aus jüdischen Familien. Männer wie Frauen unterstützen am stärksten das FSM, obwohl die Frauen nur gemäßigte Liberale sind. Die Mütter von beiden haben das höchste Ausbildungsniveau und sind politisch liberal; ihre Väter sind konservativ. Abweichungen von den politischen Einstellungen der Eltern sind am stärksten bei den Männern, während die Frauen mit den politischen Überzeugungen ihrer Mütter voll harmonieren. Die Männer stimmen am wenigsten mit ihren Vätern überein, was Generationsprobleme anlangt, aber sie anerkennen einen mäßigen persönlichen und politischen Einfluß des Vaters; sie stimmen mit ihren Müttern nicht überein, was die persönlichen Interessen und Probleme der Wahl von Freunden und der Berufsentscheidung anlangt. Die Frauen stimmen stärker als andere Gruppen mit ihren Müttern hinsichtlich politischer Fragen überein und schreiben ihnen stärkeren politischen Einfluß zu. Aber in bezug auf Religion gibt es Differenzen. Mehr als andere Gruppen schreiben sie männlichen Freunden einen großen politischen, persönlichen und moralischen Einfluß zu. Die IR-Männer gehörten nur wenigen Organisationen an, aber sie engagierten sich am intensivsten: sie beteiligten sich an Protestaktionen und waren politisch aktiv. Im Gegensatz dazu traten die Frauen sehr vielen Organisationen bei, waren aber am wenigsten aktiv.

Adjektiv Q-sort-Verfahren. Rebellisch erhält in der Selbstbeschreibung der Männer und Frauen den höchsten Wert, aber ihre Rebellion ist nicht ich-synton, wie sich an der Diskrepanz zwischen Selbst- und Idealbild zeigt, die bei dieser Gruppe am größten ist. Die Selbstbeschreibung der Männer spiegelt im allgemeinen eine geringe Bereitschaft, sich mit anderen einzulassen, und eine starke Betonung persönlicher Freiheit wider. Die Männer sehen sich selbst als *reserviert* und *wenig ansprechbar*, aber auch als *kreativ* und *individualistisch;* sie idealisieren die Charakterzüge *distanziert*, *unbeugsam* und *kompromißlos*, aber sie wären auch gerne *ansprechbar*, *spielerisch*, *frei* und *künstlerisch.* Sie lehnen die meisten traditionellen Tugenden ab und legen einen geringeren Wert als irgendeine andere Gruppe auf *Altruismus.* Auch die Frauen lehnen interpersonelle Verpflichtungen ab, aber sie scheinen stärker daran interessiert, ihre eigenen Ziele durchzusetzen als persönlich expressiv zu sein. Sie beschreiben sich selbst als *unbeugsam* und *distanziert* und berichten, daß sie weder *altruistisch* noch *impulsiv* sind. Sie stufen *selbstlos*, *frei* und *einfühlsam* niedrig ein und idealisieren eine widersprüchliche Kombination von *praktisch* und *unbeugsam*, gekoppelt mit *idealistisch* und *sensibel.* Sie beschreiben sich am stärksten als *feminin* (p.10). Das deckt sich mit ihrem heterosexuellen Engagement, das sich an dem Einfluß zeigt, den sie ihren männlichen Freunden einräumen.

Bei den Beziehungen der IR-Männer zu ihren Vätern gab es mehr Konflikte und Ärger als bei irgendeiner anderen Gruppe. Des weiteren hatten die IR am stärksten das Gefühl, daß ihre Väter von ihnen erwarteten, einen guten Eindruck zu machen, daß sie ihre Verläßlichkeit anzweifelten, ihnen abrieten, neue Sachen zu erproben, falls ein Fehlschlag drohen konnte, und sich am wenigsten darum bekümmerten, ob ein zuviel an Zuneigung schaden könnte. Angesichts dieser Beschreibung ist die Feststellung interessant, daß 5 dieser 16 Väter Kaufleute waren. Ihre gut ausgebildeten Mütter scheinen eine distanzierte, nachgiebige Laissez-faire-Einstellung zu haben; sie verspotteten ihre Söhne am wenigsten, räumten ihnen am seltensten Extraprivilegien bei Wohlverhalten ein, wußten am wenigsten Bescheid, wo sie sich aufhielten, und wollten am liebsten Zeit für sich selbst. Auch sie bekümmerte die Überlegung wenig, daß ein zuviel an Zuneigung ihre Söhne verweichlichen könne. Sie hegten die höchsten Aspirationen für ihre Söhne, allerdings vermutlich mit einer gewissen Ambivalenz, die sich darin ausdrückte, daß sie sie nicht besonders anspornten.

Die IR-Frauen beschreiben ihre Mütter ungebrochen positiv: sie trösteten ihre Töchter, wenn diese sich fürchteten, fanden es interessant, mit ihnen zusammen zu sein; erinnerten sie nicht an eigene Opfer und entzogen ihnen nicht zur Strafe Privilegien. Die Väter wurden als distanziert und permissiv gesehen: sie setzten keine festen

Regeln oder familiale Pflichten durch, glaubten nicht, daß Schimpfen oder Kritisieren etwas nützt; es bekümmerte sie am wenigsten, wenn ihre Töchter anders waren, hielten aber Konkurrenzspiele für gut. 5 dieser 7 Väter waren Ingenieure.

Zusammenfassung für die IR's: Männliche IR's sind politisch radikal, aktiv und protestbereit; die Frauen sind politisch gemäßigt und inaktiv, obwohl sie vielen Organisationen beitreten und das FSM stark unterstützen. Trotz äußerer Verhaltensunterschiede gibt es in der Beschreibung innerpsychischer Prozesse Gemeinsamkeiten. Beide schätzen sich selbst als rebellisch ein, wären es aber gerne weniger. Beide enthüllen in ihrer Selbst- und Idealbildbeschreibung (durch die Verwendung von Begriffen wie distanziert, reserviert, unbeugsam kompromißlos und am bedeutsamsten: altruistisch und selbstlos), daß sie keinerlei Notwendigkeit oder interpersonelle Verpflichtung sehen, sich in die Rolle des anderen zu versetzen; vielmehr ist ihnen persönliche Erfüllung wichtig – bei den Frauen läuft das über einen ungebrochenen Pragmatismus, bei den Männern über persönliche Sensibilität und Expressivität. Diese Ergebnisse sind mit Kohlbergs Konzeptualisierung der Stufe 2 konsistent, auf der Selbsterhöhung betont und wechselseitige Verpflichtungen und Befriedigungen abgelehnt werden.

Die IR-Familien scheinen die Entwicklung eines Gefühls von Verantwortlichkeit und Autonomie bei ihren Kindern nicht zu fördern. Die IR-Männer sind anscheinend abwechselnd unter Druck gesetzt, vernachlässigt und verwöhnt worden. Die Beziehungen der Frauen zu ihren Müttern scheinen etwas unreif und lassen vermuten, daß diese Frauen von ihren Müttern noch ziemlich abhängig sind. Wenn man alles zusammen sieht, so scheint es Evidenzen dafür zu geben, daß die IR's als Kinder sehr nachgiebig behandelt wurden – aus Gründen der Bequemlichkeit der Mutter im Falle der Männer und um die Abhängigkeit des Kindes zu vergrößern im Falle der Frauen. Nun ist das Problem, daß Nachgiebigkeit stets ein Moment von Ambivalenz enthält, da die Konkurrenz der Rechte von Eltern und Kindern unvermeidlich ist; und genau das liegt den Gegenvorwürfen, die die IR-Männer vorbrachten, zugrunde. Da Nachgiebigkeit oft durch die Bequemlichkeit und das Eigeninteresse der Eltern motiviert ist, gibt es wenig Voraussagbarkeit, und eine klare Festlegung von Rechten und Verantwortlichkeiten unterbleibt – ein Kontext, der moralische Entwicklung eher unwahrscheinlich macht.

Da diese gut ausgebildeten und privilegierten jungen Leute vermutlich gute Bedingungen für eine kognitive, wo nicht für eine moralische Entwicklung hatten, mag ihre Vormoralität eher auf affektive Brüche mit sozialen Einheiten und Institutionen zurückzuführen sein als auf Retardierung aufgrund mangelnder Anregungen. Es ist denkbar, daß das gegenwärtige Niveau moralischer Argumentationen der IR nur eine zeitweise Regression im Gefolge persönlicher Krisen darstellt – auch Kramer (1968) fand in seiner Longitudinalstudie bei einer kleinen Gruppe ähnliche Phänomene.

EIN VERGLEICH DER IR- UND IP-GRUPPEN

Der Leser wird die Ähnlichkeiten zwischen den IR- und IP-Gruppen der Männer bemerkt haben. Beide Gruppen berichten häufiger als irgendeine andere von Unterbrechungen in ihrem Studiengang, von eigenständigen Wohnarrangements, politischem Liberalismus bis Radikalismus, von pro FSM-Einstellungen, politischem Engagement und von einem Mangel an religiösem Engagement. Ihre Selbst- wie auch ihre Idealbildbeschreibung sind Ausdruck des Lebensgefühls der modernen ›befreiten‹ Jugend. Andere Überlegungen zeigen jedoch, daß eine Unterscheidung der beiden Typen sinnvoll ist und ihr scheinbar ähnliches Protestverhalten und politisiertes Handeln unterschiedlichen Quellen entspringt.

Einmal lassen die Gemeinsamkeiten in den Beschreibungen der innerpsychischen Prozesse von IR-Frauen und -Männern diese Gruppierung sinnvoll erscheinen. Zum zweiten unterscheidet sich das Verhalten der IR- und IP-Frauen stark: die ersteren sind inaktiv, politisch gemäßigt und treten den Organisationen bloß bei, während die IP's aktiv, protestorientiert und radikal sind. Zum dritten läßt die Tatsache, daß sowohl IP-Männer wie -Frauen in dieser Stichprobe Dissidenten sind, vermuten, daß ein Zusammenhang zwischen diesem Verhalten und der Stufe moralischen Urteilens besteht. Dennoch muß die Frage der Ähnlichkeit der männlichen IP- und IR-Gruppen genauer geprüft werden. Es gibt entscheidende Differenzen. Die folgende Zusammenfasung der Unterschiede zwischen IR- und IP-Männern enthält nur solche, bei der diese beiden Gruppen Extrempositionen auf einer Dimension, die durch alle 5 Gruppen definiert wird, einnehmen. Die Einstufung der beruflichen Zentrierung ist bei den IP's am höchsten, und ihre Väter unterstützen ihre Berufswahl. IR's und IP's gehören etwa gleich häufig radikalen Organisationen an, aber in liberalen Organisationen sind die IP's am häufigsten vertreten – die IR's gehören keiner an. In der IP-Gruppe gibt es doppelt so viel sozialwissenschaftliche Hauptfachstudenten (56%) wie in der IR-Gruppe (25%), in der IR-Gruppe dagegen doppelt so viele Geisteswissenschaftler (25%) als in der IP-Gruppe (12%).

Bei der Selbstbeschreibung haben die IR's den höchsten Wert bei *unbeugsam* und *reserviert;* die IP's bei *ansprechbar* und *aufmerksam.* Die IR's idealisieren *distanziert, unbeugsam* und *reserviert;* die IP's *selbstlos.* Die Korrelation zwischen Selbst- und Idealbild ist bei den IP's am höchsten (.59), bei den IR's am niedrigsten (.43). Die IP's halten sich für *kompromißloser*, als sie gerne wären, die IR's dagegen sind in dieser Hinsicht mit sich zufrieden (p 0.5). Die IR-Väter neigten am wenigsten dazu, ihre Söhne Risiken eingehen und neue Dinge erproben zu lassen, ihnen Wohlverhalten zuzutrauen, wenn sie selbst nicht in der Nähe waren, und gingen am seltensten davon aus, daß ein zuviel an Zuneigung Kindern schade. Nach dem gewählten Kriterium gibt es zwischen den Müttern der beiden Gruppen keine Unterschiede.

Insgesamt verweist dieser Komplex von Ergebnissen auf einen klaren Unterschied zwischen den männlichen IR's und IP's und läßt vermuten, daß die Unterschiede vor allem in der Dimension der Ich-Effizienz liegen. IR- und IP-Frauen verhalten sich nicht nur verschieden, sie unterscheiden sich auch in ihrem innerpsychischen Aufbau voneinander. IR-Männer und -Frauen verhalten sich verschieden, aber sie haben einige zentrale, mit der theoretischen Konzeptualisierung dieses Typus kompatible Selbst- und Idealbildmerkmale. Die zwei Gruppen haben ein anderes Verhältnis zur

Gesellschaft und zu Autoritäten. Die IP's sind unabhängig und kritisch, aber auch sozial engagiert, freigiebig und ansprechbar. Die IR's sind zornig, auch kritisch, aber zerrissen, sozial unengagiert und potentiell narzißtisch. Die moralische Heterogeneität der Protestler braucht nicht zu überraschen. Ein Protest, der für Veränderung und Verbesserung der sozialen Ordnung plädiert, wird Unterstützung sowohl bei Personen finden, die die Gerechtigkeit des Status quo bezweifeln und sich für eine Verbesserung engagieren, wie auch bei Personen, die eine Position schlicht deshalb durchsetzen wollen, weil sie sich diese einmal zu eigen gemacht haben.

KONFLIKTE UND MEINUNGSVERSCHIEDENHEITEN MIT DEN ELTERN

Konflikte und Meinungsverschiedenheiten stellen wohl den zentralen Aspekt der Beziehungen der einzelnen Gruppen zu ihren Eltern dar. Da moralische Entscheidungen immanent konfliktuös sind, dürfte die Art und Weise, wie Familien und Institutionen Konflikte perzipieren, strukturieren und lösen, die Entwicklung der kindlichen Moral entscheidend beeinflussen. Bild 1 zeigt die Position der moralischen Gruppen auf verschiedenen Indices von Vater- und Mutter-Konflikt, die durch die Umrechnung von drei Konfliktmaßen in Standardwerte und deren Zusammenfassung gebildet wurden. Folgende Dimensionen gingen ein: a) Diskrepanz des politischen Engagements zwischen Befragten und beiden Elternteilen; b) durchschnittliche Meinungsverschiedenheit zwischen Befragten und Eltern bei Fragen zum Generatio-

Bild 1

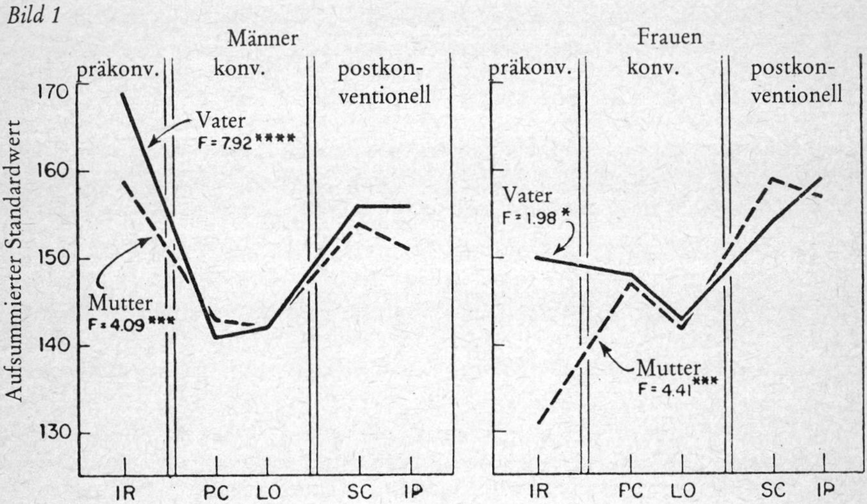

Anm.: $^{*}p \leq .10$; $^{**}p \leq .05$; $^{***}p \leq .01$; $^{****}p \leq .001$. Durchschnittswert der drei standardisierten und aufsummierten Dimensionen ist 150.

Index für Konflikte und Meinungsverschiedenheiten der Moralgruppen mit ihren Eltern.

nenkonflikt; c) Einstufung des Q-sort-Items, das Konflikte mit den Eltern thematisiert. Bei den Männern ergibt sich ein kurvilinearer Zusammenhang zwischen Konflikt und moralischem Urteil: heftiger Konflikt innerhalb der Familie geht mit präkonventioneller Moral einher, minimaler Konflikt mit konventioneller Moral und leichtere Konflikte mit prinzipienorientierter Moral. Bei den Frauen korreliert Konflikt mit der Mutter mit höherer Moral, Konflikt mit dem Vater ist zwar weniger wichtig, korreliert aber auch positiv. Entscheidender ist die Beziehung zum gleichgeschlechtlichen Elternteil. Unterschiedlich intensive Konflikte mit den beiden Elternteilen finden sich am deutlichsten bei den IR-Familien.
Die Ergebnisse bei den Männern bestätigen im allgemeinen Kohlbergs These, daß die moralische Entwicklung durch kognitive Reorganisation gefördert wird, die dann statt hat, wenn die moralischen Konflikte in faktischen sozialen Interaktionen offen analysiert und ausgetragen werden. Langer hat einen ähnlichen Motor für die kognitive Entwicklung unterstellt; kognitives Ungleichgewicht. Die Intensität wie auch die Qualität (eher affektiv als kognitiv) der Konflikte mag die moralische Entwicklung der IR-Männer verzögert oder unterbrochen haben. Dieses Ergebnis deckt sich mit der weitverbreiteten Beobachtung, daß intensive oder chronische affektive Zustände Streß bedeuten und Ich-Prozesse stören. Zweifellos wird es da eine Obergrenze geben, die aber in diesem Sample nicht erreicht wurde. Das soziale Milieu und die Erwartungen an Frauen fördern Abhängigkeiten, die eine Form von Unverantwortlichkeit darstellen. Folglich mag die Entwicklung autonomer prinzipiengeleiteter Moral für Mädchen eine schwierigere Aufgabe darstellen, da sie mit der kulturell definierten weiblichen Rolle konfligiert. Die selbstkritische Haltung der prinzipienorientierten Frauen und ihr Eingeständnis, ihre Eltern enttäuscht zu haben, mag ein Niederschlag ihrer moralischen Wachstumsschmerzen sein.

DIE SITUATION DES FSM

Das FSM sit-in gibt uns die Möglichkeit, das öffentliche Verhalten von Studenten der University of California in Reaktion auf einen gut publizierten Vorfall zu betrachten (bei Lipset u. Willins 1965 findet sich eine gute Darstellung der zeitlichen Abläufe und der Streitfragen). Da sich die Entfaltung dieses Konflikts über Monate hinzog und öffentliche Debatten täglich vor Tausenden von Studenten stattfanden, kann man davon ausgehen, daß die endgültige Entscheidung bei den meisten Individuen eine informierte Entscheidung war. In Tab. 12 finden sich die Prozentsätze derer aus der Gesamtstichprobe der Universität von Kalifornien, die wegen des sit-ins verhaftet wurden. Diese Ergebnisse, die auf faktischem Verhalten basieren, decken sich mit den Berichten, die Befragte über ihre Aktivitäten abgeben, und bestätigen den allgemeinen Zusammenhang zwischen moralischem Urteil und Verhalten. Daß sehr unterschiedliche moralische Überlegungen das gleiche Verhalten motivieren können (in diesem Fall zivilen Ungehorsam), zeigt sich an der Tatsache, daß auch einige konventionelle Personen verhaftet wurden. Die meisten dieser Studenten begründeten ihre Entscheidung zur Teilnahme am sit-in mit Argumenten, die sich auf die Unterstellung stützten, daß die Verwaltung der Universität von Kalifornien in ihrer Rolle als Autorität versagt hatte: sie war – im Verständnis der Stufe 3 – keine gute Autorität und sie hatte – im Verständnis der Stufe 4 – faktisch angemessene Rechtsinterpretationen verletzt. Prinzipienorientierte Verhaftete thematisierten eher das Grundproblem der bürgerlichen Freiheiten und Rechte und der Beziehung von studentischen Bürgern zu ihrer Universitätsgemeinschaft. Die Argumente der IR bezogen sich häufiger auf ihre individuellen Rechte in einem Machtkonflikt. Häufig führten sie auch die unbezweifelbare Tatsache an, daß das sit-in dazu geführt hatte, sozialpolitische Reformen in die Universität zu tragen.

DISKUSSION

Die beschränkte Aussagefähigkeit dieser Studie wurde eingangs schon festgehalten: in den extremen IR- und IP-Gruppen sind nur verhältnismäßig wenige Frauen; die ursprüngliche Stichprobe war nicht repräsentativ; moralisches Urteil wird adäquater durch ein Interview erhoben. Die Verwendung von Selbstbeschreibungen der Probanden und ihrer Perzeption der Eltern impliziert, daß die Ergebnisse als Beschreibungen heutiger Interpretationen der Befragten – die defensive oder feindselige Verzerrungen bzw. Wunschdenken enthalten mögen – der vergangenen und gegenwärtigen Beziehungen gelten müssen.

Die Perzeption der Eltern wird sich zweifellos im Zuge der Entwicklung verändern, und die Beschreibung der Probanden fällt in eine Entwicklungsphase, in der gewöhnlich die Trennung von der Familie stattfindet. In dem Maße, in dem die vorliegenden Ergebnisse von der Struktur der gegenwärtigen Beziehungen und von den Niveaus moralischen Urteilens abhängen, müssen sie in einem besonderen Lichte gesehen werden. Junge Menschen, die schon prinzipienorientiert sind, sehen sich selbst als von ihren Eltern abgelöst; solche, die noch konventionell sind oder konventionell bleiben, sehen sich als ungebrochen an ihre Eltern gebunden; präkonventionelle Männer sehen ihre familialen Beziehungen als chaotisch, konfliktgeladen und verwöhnend, und präkonventionelle Frauen sehen sie als mutterzentriert. Man weiß nicht sehr viel darüber, ob die Erfahrungen des Erwachsenenlebens moralische Entwicklung fördern. Kramer (1968) registrierte eine Weiterentwicklung in der späten Adoleszenzphase und den frühen Erwachsenenjahren, die sich eher an der selteneren Verwendung von Argumenten früherer Stufen als an der Verwendung von Argumenten höherer Stufen zeigte. Dieses Ergebnis läßt vermuten, daß es die präkonventionellen Befragten sind, die sich am stärksten verändern.

Trotz dieser einschränkenden Qualifikationen zeigen die Ergebnisse doch einen starken Zusammenhang zwischen politischer Protesthaltung, sozialem Handeln und prinzipienorientiertem Urteil – mit der Maßgabe, daß auch präkonventionelle Männer protestieren –, und sie zeigen, daß junge Leute mit konventionellen moralischen Argumentationsstrukturen inaktiv sind. Man beachte, daß diese Ergebnisse keineswegs implizieren, daß Protest per se moralisch ist. Dieses Urteil ist von der Struktur der individuellen Argumentation und spezifischen Situationsaspekten abhängig.

Dieses Ergebnis und auch die Ergebnisse über die Beziehungen zu den Eltern werfen eine Reihe von Fragen auf: wie läßt sich der Zusammenhang zwischen der Struktur moralischer Argumentation und entsprechendem sozio-politischen Handeln theoretisch begreifen, wo doch Kohlbergs Dilemmata keinen politischen Inhalt haben. Wie trägt der familiale und soziale Kontext dieser jungen Leute zur Produktion dieser Ergebnisse bei? Vermag Kohlbergs Konzept moralischer Argumentation die von den prinzipienorientierten Protestlern geschilderte Abkehr von den elterlichen Werten erklären?

Die folgende Diskussion obiger Fragen muß zwei Probleme miteinander verknüpfen: einmal das Verhältnis von moralischem Denken zu gegebenen Ordnungen, zum anderen die Fähigkeit des Individuums, bei moralischen Fragen den Standpunkt eines anderen oder der Gesellschaft zu berücksichtigen.

Der Bezugspunkt für die konventionelle Moral ist die Aufrechterhaltung der Gesellschaft. Der Konventionelle fühlt sich als Person und in seinen Entscheidungen, wenn er die verwickelten Pros und Kontras eines moralischen Problems strukturiert und dessen Verzweigungen, Konsequenzen und alternative Lösungen bedenkt, primär als Mitglied der Gesellschaft. Er wird das Gute auch in diesen Kategorien begreifen und erwählen. Folglich kommt konventionelles Moralisieren nicht oft dazu, den Status quo in Zweifel zu ziehen, es sei denn, die Vertreter dieser Ordnung erwiesen sich unmißverständlich und bedauerlicherweise als ihrer Ämter unwürdig. Auf diese Weise engt die konventionelle Moral den Begriff des Guten und seine Wahl ein, und es liegt nahe, daß solche Menschen nicht eben leicht protestieren.

Ein IR muß den Status quo ablehnen, da er oft seiner egoistischen Sichtweise von Beziehungen zu anderen und zur Gesellschaft und seiner ich-bezogenen Definition des Guten zuwiderläuft. Seine Selbstperzeption verbietet ihm, den Standpunkt anderer, auch von Autoritätspersonen, zu erkennen oder einzunehmen. Diese Unfähigkeit impliziert eine Form von Handlungsentscheidungen, die zweifellos umso unbrauchbarer wird, je älter die Leute werden.

Konventionelle und insbesondere prinzipienorientierte Moral wird durch die Fähigkeit, sich in die Lage eines anderen zu versetzen, ermöglicht. Dies hängt von der Fähigkeit, über das eigene Selbst und die eigenen Fixierungen hinauszuwachsen, ab. Das Einfühlungsvermögen der PC's ist zwar noch kein Äquivalent für, aber doch ein Vorläufer von der prinzipienorientierten oder IP-Rollenübernahme; das gleiche gilt für den verständnisvollen Respekt, den LO's den Repräsentanten der Gesellschaft zollen. Wenn ein prinzipienorientiertes Individuum, insbesondere ein IP, zeitweilig den Standpunkt des anderen in einer moralischen Konfliktsituation einnimmt – mag er auch letztlich die Priorität oder die Legitimität der Rechte des anderen, etwa des Apothekenbesitzers in dem oben zitierten Dilemma, zurückweisen – dann involviert das ein beträchtliches Maß gedanklichen Zusammenspiels und kognitiver Arbeit. Dabei ist das Denken durch Konsistenz, Objektivität, Universalismus und Unpersönlichkeit charakterisiert. Nicht dagegen das Denken des Präkonventionellen: er kann sich nicht objektiv in die Lage des anderen, unabhängig davon, wer der andere ist, versetzen und begreifen, daß letztlich der andere menschliche Grundbedürfnisse hat, die sich in etwa mit den seinen decken.

Wie die Ergebnisse bei den Frauen vermuten lassen, sind politisch-sozialer Protest und präkonventionelles moralisches Denken vermutlich nicht bei allen Stichproben konsistent miteinander verknüpft. Da ihr Interesse am Gesellschaftlichen selbstbezogen ist, brauchen die IR's ein allgemein politisiertes Klima, um zu protestieren, und die möglichen Erfolgsaussichten dürften für sie das entscheidende Kriterium sein. Der politische Protest selbst dürfte ein klarer Ausdruck der persönlichen Auseinandersetzungen politisierter IR's mit einer Gesellschaft sein, die eher als Befriedigungen vorenthaltend denn als unmoralisch perzipiert wird.

Das prinzipienorientierte Individuum fühlt sich nicht zwangsläufig durch gegebene Charakteristika bestimmter sozialer Ordnungen oder Verhältnisse eingeengt. Der SC hingegen, mit seinem stärkeren Gefühl vertraglichen Gebundenseins, kann sich nicht klar und problemlos gegen die soziale Ordnung abgrenzen, auch wenn er vertraglich vereinbarte Ungerechtigkeiten erkennt. Die Loyalität der IP's in einem moralischen Konflikt ist auf seiten der universellen, logisch konsistenten, idealen Prinzipien von Gerechtigkeit, die zwar bestehende soziale Abkommen automatisch mit umfassen, aber den Vorrang haben, falls es zum Konflikt kommen sollte. Kohlberg (1968) hat festgestellt, daß man nicht auf Stufe 6 kommen kann, ohne Stufe 5 durchlaufen zu haben. D.h., man kann einen sozialen Kontrakt nicht *auf der Basis individueller Prinzipien* zurückweisen, ohne zuerst die wesentlich kontraktuelle Natur von Sozialordnungen und menschlichen Verhältnissen begriffen zu haben. Der IP versetzt sich in einem sehr umfassenden, abstrakten und idealen Sinn in die Lage anderer. Die ›anderen‹ können häufig alle Menschen sein, nicht nur persönlich bekannte oder unmittelbar anwesende Personen wie im Falle der PC oder Inhaber formaler Positionen wie im Falle der LO oder Vertragspartner wie im Falle der SC. Aufgrund ihres persönlichen Verantwortungsgefühls versetzen sich die IP's in einem doppelten Sinne in die Lage anderer: sie verstehen nicht nur den Standpunkt des anderen, sondern fragen sich auch, welches Verhalten von anderen sie gerne hätten, wären die Rollen vertauscht. Dieses hochentwickelte Gefühl interpersoneller Verpflichtungen spiegelt sich in der Idealbildbeschreibung der IP's wider: sensibel, einfühlend, altruistisch und selbstlos. Nun mag das prinzipienorientierte Denken den Status quo unterstützen oder nicht – da Gesellschaften (und Menschen) zu jeder Zeit und an jedem Ort eine nur sehr unvollkommene Verkörperung des Guten darstellen, wird der Prinzipienorientierte, und zwar der IP mehr noch als der SC, dank seines Gefühls von Verantwortlichkeit und seines Selbstverständnisses als freie Person am ehesten protestieren. Das zeigt sich auch in dieser Studie.

In den meisten Untersuchungen, in denen Verhalten mit moralischem Urteil korreliert wird, geht es um Verhalten wie ›Betrügen‹, das in jedermanns Verständnis ›schlecht‹ ist und die geforderte, als moralisch geltende Handlung ist eine Unterlassung (vgl. Kohlberg 1964; Maccoby 1968, für einen Überblick über entsprechende Studien; vgl. auch Krebs 1967). Das hier untersuchte Verhalten repräsentiert eher eine ›unterstützend-beziehungsorientierte‹ Moral, sofern Proklamationen analysiert wurden. In der Literatur gibt es nur eine andere ähnliche Untersuchung. Kohlberg (1968) legte die Skala moralischen Urteilens Studenten vor, die gleichzeitig an Milgram's Pseudo-Lernexperimenten teilnahmen. Sie wurden vom Versuchsleiter (einer Autorität) aufgefordert, das universelle Gebot, andere nicht ohne zureichenden Grund zu verletzen, zu übertreten: sie sollten Opfer, die nicht schnell lernten, durch Elektroschocks bestrafen. Da die Lösung dieses Dilemmas erfordert, daß der Proband sich aufgrund von Einfühlungsvermögen zu Ungehorsam entschließt, ist die Situation der vergleichbar, in der sich protestierende Studenten befangen glauben. Kohlberg fand, daß 75% der Probanden, die wenigstens teilweise Denkstrukturen der Stufe 6 verwandten, aus dem Experiment ausbrachen, im Gegensatz zu nur 13% von Probanden auf Stufe 4 und 5. Milgram (1965) erläuterte, daß die meisten Menschen nicht über eine Sprache des Ungehorsams verfügen, wenn sie mit solchen Situationen konfrontiert werden. Kohlbergs Untersuchung wie auch die hier vorliegende Studie zeigen jedoch, daß Personen auf der Stufe 6 am wenigsten bereit sind, sich Forderungen zu beugen, die sie als moralisch illegitim ansehen.

Die Beziehungen der Konventionellen, insbesondere der LO's zu ihren Eltern, entsprechen dem, was Maccoby ›moralische Ersetzung‹ genannt hat. Mit diesem Begriff beschreibt er den Prozeß der Wertetransmission zwischen den Generationen, wie er in der sozialen Lerntheorie konzeptualisiert wird. Die Konventionellen berichten, daß ihre Eltern Erziehungstechniken einsetzen, die nach der sozialen Lerntheorie geeignet sind, die Moralentwicklung zu fördern: klare Regeln, Strafen und Belohnungen; und es gibt genügend Belege dafür, daß sie ihre Eltern als Vorbild gewählt haben. Die vorliegenden Ergebnisse lassen vermuten – worauf auch Maccoby schon hingewiesen hat –, daß diese Maßnahmen den jungen Menschen nicht soweit freisetzen, daß er aus seinen eigenen Erfahrungen lernen und auf sozialen Wandel angemessen reagieren kann. Die prinzipienorientierten Befragten, die ihre Eltern nicht mit dem ambivalenten Zorn der männlichen Präkonventionellen ablehnen, haben politisch-soziale und persönliche Wertorientierungen gewählt, in denen sich zeitgenössische Leitmotive widerspiegeln. Ihre Bereitschaft, auf sozialen Wandel zu reagieren, hat jedoch Geschichte: sie wuchsen in politisch liberalen Familien auf, die Konflikte offen austrugen und analysierten, und hatten Eltern, die auf ihren Rechten als Personen und nicht auf der Macht und Kontrolle, die die Gesellschaft ihnen automatisch überträgt, insistierten.

Vermutlich waren die Familien der Konventionellen nicht so konfliktfrei, wie ihre Kinder sie beschreiben, und diese Beschreibungen verdanken sich wahrscheinlich der Tatsache, daß Harmonie ein wichtiger Wert in der Familie war (eine Idealbildbeschreibung der Eltern würde da gewisse Aufschlüsse geben können). Wenn Harmonie ein hoher Wert ist, dann werden Individuen ihre Entscheidungen auf anerkannte Lösungen gründen. Darüber hinaus sind konfliktfreie Erfahrungen vermutlich sowohl der moralischen wie der kognitiven Entwicklung abträglich. Turiel (1969) wie Kohlberg (1968) haben kürzlich von Arbeiten berichtet, die zeigen, daß moralische Entwicklung beschleunigt werden kann, wenn man Kindern moralische Argumentationen für widersprüchliche Lösungen auf je verschiedenen Stufen moralischen Urteilens vorlegt. Die Autoren der vorliegenden Studie (Block et al. 1968) haben in Übereinstimmung mit Inhelder und Piaget (1958) früher darauf hingewiesen, daß die kognitive Entwicklung in der Adoleszenzphase durch ein gesteigertes Vermögen, Alternativvorstellungen zu entwickeln und Reziprozität zu realisieren, charakterisiert ist. Dieser fließende, abstrakte und personenorientierte Kontext produziert sicherlich moralische Ungleichgewichtigkeiten, und diese führen zu Wandel.

Neue Umgebungen und Erfahrungen, wie sie beispielsweise in der Universität angetroffen werden, können zweifellos zu kognitiver Ungleichgewichtigkeit und einer erneuten Überprüfung moralischer Bindungen führen. Ältere Jugendliche, die für Erfahrungen aufgeschlossen sind, werden sich eher ändern als solche, die sich vor Widersprüchen schützen. Gleichzeitig mögen sie für kurzfristige oder permanente Regressionen anfälliger sein, aber schließlich ist Entwicklung stets risikoreich. Es ist nicht klar, ob der Streß und der moralische Konflikt der FSM-Auseinandersetzungen und anderer Proteste in der San Francisco Bay Area das moralische Urteil der jungen Menschen beeinflußt haben – es könnte aber gut sein. Es ist nicht klar, ob der Gesamteffekt eher eine progressive oder eine regressive Entwicklung war. Aber man kann unterstellen, daß beide vorkamen.

ANMERKUNG

1. Die fünf Kohlberg-Geschichten, der Erhebungsbogen für biographische Informationen, die Q-sort-item-Liste zur Beschreibung von Selbst- und Idealbild sowie zusätzlich die Informationen für Tabellen 7 bis 10 wurden beim National Auxiliary Publication Service hinterlegt. Sie können unter dem Titel NAPS-Documents 0075 von ASSIS National Auxiliary Publications Service, c/o CCM Information Sciences, Inc., 22 West 34th St., New York 10001, bestellt werden, wobei 1 Dollar für Microfiche bzw. 3 Dollar für Fotokopien beizulegen sind.

Bibliographie

Adelson, J./O'Neil, R., The Development of Political Thought in Adolescence: The Sense of Community. In: Journal of Personality and Social Psychology, 4, 1966, S. 295–306

Adelson/Green, B./O'Neil, R., The Growth of the Idea of Law in Adolescence. In: Developmental Psychology, 1, 1969, S. 327–332

Adelson/Beall, L., Adolescent Perspectives on Law and Government. In: Law and Society Review, May 1970, S. 495–504

Adelson/Gallatin, J., Individual Rights and the Public Good. In: Comparative Political Studies, July 1970, S. 226–242

Aebli, H., Über die geistige Entwicklung des Kindes, Stuttgart: Klett, 1963

Aronfreed, J., Conduct and Conscience: The Socialization of Internalized Control over Behavior, New York: Academic Press, 1968

Artiss, K. L., Milieu Therapy in Schizophrenia, New York: Grune & Stratton, 1962

Ausubel, D. P., Das Jugendalter, München: Juventa, ^{3}1971

Ausubel/Sullivan, E. V., Das Kindesalter. Fakten. Probleme. Theorie. München: Juventa, 1974

Baacke, D., Jugend und Subkultur, München: Juventa, 1972

Baier, K., The Moral Point of View, Ithaca: Cornell University Press, 1958. Deutsche Übersetzung: Der Standpunkt der Moral, Düsseldorf: Patmos, 1973

Baldwin, J. M., Social and Ethical Interpretations in Mental Development, New York: Macmillan, 1906

Balint, M., Thrills and Regression, London: Tavistock, 1959. Deutsche Übersetzung: Angstlust und Regression, Reinbek: Rowohlt, 1972

Bandura, A./McDonald, F., Influence of Social Reinforcement and the Behavior of Models in Shaping Children's Moral Judgments. In: Journal of Abnormal and Social Psychology, 67, 1963, S. 274–281

Bandura, A./Walters, R., Social Learning and Personality Development, New York: Holt, Rinehart & Winston, 1963

Barker, R. G./Dembo, T./Lewin, K., Frustration and Regression. In: Barker, R. G./Kounin, J. S./Wright, H. F. (Hrsg.), Child Behavior and Development, New York: McGraw-Hill, 1943, S. 441–458

Bateson, G., Double Bind, Beitrag zum ›Symposium on the Double Bind‹, Annual Meeting of the American Psychological Association, Washington, D. C., 2. September 1969

Bayer, L. M./Bayley, N., Growth Diagnosis, Chicago: University of Chicago Press, 1959

Beck, C./Sullivan, E./Porter, N., Effects of a Moral Discussion Program on Moral Judgment. Unveröffentlichtes Manuskript. Ontario Institute for Study of Education, Toronto, Kanada, 1972

Bell, D., The End of Ideology, Glencoe: Free Press, 1959

Bing, J./McLaughlin, F./Marburg, R., The Metapsychology of Narcissism. In: The Psychoanalytic Study of the Child, 14, S. 9–28, New York: International Universities Press, 1959.

Bion, W. R., Experiences in Groups, London: Tavistock 1961; Deutsche Übersetzung: Erfahrungen in Gruppen und andere Schriften. 2. Aufl., Stuttgart: Klett, 1974

Blatt, M., Change in Moral Judgment through the Classroom Discussion Process. In: Kohlberg, L./Turiel, E. (Hrsg.), Recent Research in Moral Development, New York: Holt, Rinehart & Winston, 1973

Block, J., The Challenge of Response Sets: Unconfounding Meaning, Acquiescence, and Social Desirability in the MMPI, New York: Appleton-Century-Crofts, 1965
–, The Child-Rearing Practices Report. Institute of Human Development, University of California (Mimeo), 1965
Block/Haan, N./Smith, M. B., Activism and Apathy in Contemporan Adolescense. In: Adams, J. F. (Hrsg.), Understanding Adolescence: Current Developments in Adolescent Psychology, Boston: Ally & Bacon, 1968
Blos, P., The Concept of Acting Out in Relation to the Adolescent Process. In: J. Amer. Acad. Child Psychiatry, 2, 1963, S. 118–143
–, On Adolescence, New York: Free Press, 1962; Deutsche Übersetzung: Adoleszenz – Eine psychoanalytische Interpretation, Stuttgart: Klett, 1973
–, The Young Adolescent, New York: Free Press, 1970
Blum, G. S., A Study of the Psychoanalytic Theory of Psychosexual Development. In: Genetic Psychology Monographs, 39, 1949, S. 3–99
Bob, S., An Investigation of the Relationship between Indentity Status, Cognitive Style and Stress. Unveröffentlichte Dissertation, State University of New York at Buffalo, 1968
Bottenberg, E. H./Gareis, B., Zum Selbstbewertungsprofil jugendlicher Krimineller. In: Zeitschrift für Psychotherapie und medizinische Psychologie, 22, 1972, S. 177–182
Boyd, D., From Conventional to Principled Morality: An Application of Kohlberg's Theory of Moral Development. Unveröffentlichtes Manuskript, Harvard University, 1972
–, A Developmental Approach to Untergraduate Ethics. Unveröffentlichte Dissertation, Graduate School of Education, Harvard University, 1973
Brandt, G. et al., Berufliche Sozialisation und gesellschaftliches Bewußtsein jugendlicher Erwerbstätiger. Zwischenbericht zum Projekt. Frankfurt/Main, 1972
Brown, C., Manchild in the Promised Land, New York: Macmillan, 1965
Bruner, J. S., The Process of Education, New York: Vintage Books, 1960; Deutsche Übersetzung: Der Prozeß der Erziehung, Düsseldorf: Pädagog. Verl. Schwann, 1970
Brunswick, E., The Conceptual Focus of Systems. In: Marx, M. H. (Hrsg.), Psychological Theory, New York: Macmillan, 1951, S. 131–143
Charlesworth, W. R., Development of the Object Concept in Infancy: Methodological Study. In: American Psychologist, 21, 1966, S. 623
Chresta, H., Jugend zwischen Konformismus und Opposition. Eine sozialpsychologische Untersuchung jugendlicher Selbstaussagen. Zürich, Einsiedeln, Köln: Benzinger, 1970.
Colby, A., Relations between Logical and Moral Development. In: Kohlberg, L./Turiel, E. (Hrsg.), Recent Research in Moral Development, New York: Holt, Rinehart & Winston, 1973
Coles, R., Drugs and Youth, New York, 1970
–, Erik H. Erikson: The Growth of His Work, Boston, 1970
Conger, J. J., Child Development and Personality, 3rd Edition, New York, 1969
–, Readings in Child Development and Personality, 2nd Edition, New York, 1970
Conger/Miller, W. C., Personality, Social Class and Delinquency, New York: Wiley, 1966
Cowan, P. A., Cognitive Egocentrism and Social Interaction in Children. In: American Psychologist, 21, 1966, S. 623
Cross, H. J., Ego Identity Status, Academic Achievement and Adjustment. In: Waterman, A. S. (Chm.) Recent Development in Ego Identity Research. Symposium presented at the Meeting of the Eastern Psychological Association, Atlantic City, April 1970

Day, J./Kiatkowska, H. Y., The Psychiatric Patient and His ›Well‹ Sibling. In: Bulletin of Art Therapy, Winter 1962
Deutsch, H., Psychologie der Frau, Bd. 1, Bern, Stuttgart: Huber, 1948
Döbert, R./Nunner-Winkler, G., Adoleszenzkrise und Identitätsbildung, Frankfurt/Main: Suhrkamp, 1975
Douvan, E./Adelson, J., The Adolescent Experience, New York: Wiley, 1966
Durkheim, E., De la division du travail social, Buch I, Kap. 7; Deutsche Übersetzung in Vorbereitung bei Luchterhand, Darmstadt
–, Soziologie und Philosophie, Kap. 2: Die Bestimmung der moralischen Tatsache, Frankfurt, 1967
Elkind, D., The Child's Conception of His Religious Denomination, I: The Jewish Child. In: Journal of Genetic Psychology, 99, 1961a, S. 209–225
–, The Development of Quantitative Thinking. In: Journal of Genetic Psychology, 98, 1961b, S. 37–46
–, The Child's Conception of His Religious Denomination, III: The Protestant Child. In: Journal of Genetic Psychology, 103, 1963, S. 291–304
–, Conceptual Orientation Shifts in Children and Adolescents. In: Child Development, 37, 1966, S. 493–498
–, Middle-Class Delinquency. In: Mental Hygiene, 51, 1967, S. 80–84
Emerson, A., Homeostudies and Comparison of Systems. In: Grinker, R. (Hrsg.), Toward a Theory of Human Behavior, New York: Basic Books, 1956, S. 147–163
Erikson, E. H., Childhood and Society, New York: Norton, 1950; Deutsche Übersetzung: Kindheit und Gesellschaft, Stuttgart: Klett, 1974
–, The Problem of Identity. In: Journal of the American Psychoanalytic Association, 4, 1956, S. 56–121; Deutsche Übersetzung: Das Problem der Identität. In: Psyche, 10, 1956, 1–3, S. 114–176
–, Identity and the Life Cycle. In: Psychological Issues, Vol. 1, No. 1, New York: International Universities Press, 1959; Deutsche Übersetzung: Identität und Lebenszyklus, Frankfurt/Main: Suhrkamp, 1973
–, Insight and Responsibility, New York: Norton, 1964; Deutsche Übersetzung: Einsicht und Verantwortung, Stuttgart: Klett, 1966
–, Youth: Fidelity and Diversity. In: Erikson, E. H. (Hrsg.) The Challenge of Youth, New York: Anchor, 1965
–, Identity. In: New International Encyclopedia of the Social Sciences, New York: Macmillan, 1967
–, Identity, Youth and Crisis, New York: Norton, 1968
–, Autobiographisches zur Identitätskrise. In: Psyche, 27, 1973, 9, S. 793–831
Eysenck, H. J., The Development of Moral Values in Children: The Contribution of Learning Theory. In: British Journal of Educational Psychology, 30, 1960, S. 11–22
Fairbairn, W. R. D., An Object-Relations Theory of the Personality, New York: Basic Books, 1952
Feffer, M. H., The Cognitive Implications of Role-Taking Behavior. In: Journal of Personality, 27, 1959, S. 152–168
–, Developmental Analysis of Interpersonal Behavior. In: Psychological Review, 77, 1971, S. 197–214

Feffer/Gourevitch, V., Cognitive Aspects of Role-Taking in Children. In: Journal of Personality, 28, 1960, S. 383–396

Fenichel, O., The Psychoanalytic Theory of Neurosis, New York: Norton, 1945; Deutsche Übersetzung: Psychoanalytische Neurosenlehre, Bd. 1–2, Freiburg: Walter-Verlag, 1974–75

Feuer, L., The Conflict of Generations, New York: Basic Books, 1969

Flavell, J. H., The Developmental Psychology of Jean Piaget, New York: D. Van Nostrand, 1963

–, Piaget's Contributions to the Study of Cognitive Development. In: Merrill-Palmer Quarterly, 9, 1963, S. 253–262

–, The Development of Role-Taking and Communication Skills in Children, New York: Wiley, 1968; Deutsche Übersetzung: Rollenübernahme und Kommunikation bei Kindern, Weinheim: Beltz, 1975

–, An Analysis of Cognitive Developmental Sequences. In: Genetic Psychology Monographs, 1972, 86, S. 279–350

Footman, D., Red Prelude: A Life of A. I. Zhelyabov, London: Cresset Press, 1944

Freud, A., Das Ich und die Abwehrmechanismen, München: Kindler, 1936, 1968

–, The Ego and the Mechanisms of Defense, New York: International Universities Press, 1946;

–, The Mutual Influences in the Development of Ego and Id: Introduction to the Discussion. In: This Annual, 7, 1952, S. 42–50

–, Adolescence. In: The Psychoanalytic Study of the Child, 13, 1958, S. 255–278, New York: International Universities Press. Deutsch: Probleme der Pubertät. In: Psyche, 14, 1960/61, S. 1–24

–, Normality and Pathology in Child Development, New York: International Universities Press, 1965; Deutsch: Wege und Irrwege der Kinderentwicklung, Stuttgart: Klett. Bern: H. Huber 1968

Freud, S., The Interpretation of Dreams, 1900. New York: Science Editions, 1961; Deutsch: Die Traumdeutung, Ges. Werke, Bd. 2/3, 4. Aufl., Frankfurt/Main: S. Fischer, 1968

–, Drei Abhandlungen zur Sexualtheorie. 1905. Ges. Werke, Bd. 5. Frankfurt/Main: S. Fischer

–, The Ego and the Id. 1923. New York: W. W. Norton, 1960. Deutsch: Das Ich und das Es. Ges. Werke, Bd. 13, 7. Aufl., Frankfurt/Main: S. Fischer

–, The Dissolution of the Oedipus Complex. 1924. Collected Papers, Vol. 2., New York: Basic Books, 1959; Deutsch: Der Untergang des Ödipuskomplexes, Ges. Werke, Bd. 13, Frankfurt/Main: S. Fischer

–, Dostoevski and Parricide. 1928. Collected Papers, Vol. 5, New York: Basic Books, 1959; Deutsch: Dostojewski und die Vatertötung. Ges. Werke, Bd. 14, Frankfurt/Main: S. Fischer

–, Civilization and Its Discontents. 1930. New York: W. W. Norton, 1961; Deutsch: Abriß der Psychoanalyse. Das Unbehagen in der Kultur, Frankfurt/Main: S. Fischer, 1970

–, New Introductory Lectures on Psychoanalysis. 1933. New York: W. W. Norton; Deutsch: Neue Folge der Vorlesungen zur Einführung in die Psychoanalyse, Ges. Werke, Bd. 15, Frankfurt/Main: S. Fischer, 1944

–, On the Internalization of Sex-Role: The Feminine Case. In: Parsons/Shields/Naegele/Pitts (Hrsg.), Theories of Society, Glencoe, Ill.: The Free Press, 1961a, Vol. II S. 852ff.; Deutsch: Ges. Werke, Bd. 15. Kap. ›Die Weiblichkeit‹, S. 124–145. Frankfurt/Main: S. Fischer

–, The Ego and the Super-Ego. In: Parsons/Shields/Naegele/Pitts (Hrsg.), Theories of Society, Glencoe, Ill.: The Free Press, 1961, Vol. II, S. 733ff. Deutsch: Das Ich und das Über-Ich (Ich-Ideal), Ges. Werke, Bd. 13, S. 256–267, Frankfurt/Main: S. Fischer

Fritz, B., Relations Between Formal-Operational Thought and Moral Judgment Development. In: Kohlberg, L./Turiel, E. (Hrsg.), Recent Research in Moral Development. New York: Holt, Rinehart & Winston, 1973

Geleerd, E. R., Some Aspects of Ego Vicissitudes in Adolescence. In: Journal of the American Psychoanalytical Association, 9, 1961, S. 394–405

–, Adolescence and Adaptive Regression. In: Bulletin of the Menninger Clinic, 28, 1964, S. 302–308

Gesell, A., The Ontogenesis of Infant Behavior. In: Carmichael, L. (Hrsg.), Manual of Child Psychology. New York: Wiley, 1964, S. 335–373

Gourevitch, V./Feffer, M. H., A Study of Motivational Development. In: Journal of Genetic Psychology, 100, 1962, S. 361–375

Green, B. F., Attitude Measurement. In: Lindzey, G. (Hrsg.), Handbook of Social Psychology. Cambridge, Mass.: Addison-Wesley, 1958

Guntrip, H., Personality Structure and Human Interaction. New York: International Universities Press, 1961

Haan, N., Moral Redefinition in Families as the Critical Aspects of the Generational Gap. In: Youth and Society, 2, 1971, S. 259–283

Haan, N.,/Smith, M. B./Block, J., The Moral Reasoning of Young Adults: Political-Social Behavior Family Background and Personality Correlates. Berkeley: Institute of Human Development, University of Chicago, 1968

Habermas, J., Stichworte zur Theorie der Sozialisation 1968. In: Kultur und Kritik, Frankfurt a.M. 1973, S. 118–194

–, Moralentwicklung und Ich-Identität. In: Zur Rekonstruktion des Historischen Materialismus, Frankfurt, 1976

Hammond, K. R., Probabilistic Functioning and the Clinical Method. In: Psychological Review, 62, 1955, S. 255–262

Hartmann, H., Ego Psychology and the Problem of Adaptation. 1939. New York: International Universities Press, 1958. Deutsche Übersetzung: Ichpsychologie und Anpassungsproblem. Stuttgart: Klett, 1970, 2. Aufl., Sonderdruck aus ›Psyche‹.

–, Psychoanalysis and Moral Values (The Freud Anniversary Lecture Series. The New York Psychoanalytic Institute). New York: International Universities Press, 1960

Harvey, O. J./Hund, D. E./Schroder, H. M., Conceptual Systems and Personality Organization. New York: Wiley, 1961

Heilbrun, A. B., Jr., Social-Learning Theory, Social Desirability, and the MMPI. In: Psychological Bulletin, 61, 1964, S. 377–387

Hickey, J., Changes in Moral Judgment Through a Prison Intervention. In: Kohlberg, L./Turiel, E. (Hrsg.), Recent Research in Moral Development. New York: Holt, Rinehart & Winston, 1973

Hornstein, W./Schefold, W./Schmeiser, G./Stackebrandt, J., Lernen im Jugendalter: Ergebnisse, Fragestellungen und Probleme sozialwissenschaftlicher Forschung. Gutachten und Studien der Bildungskommission, Bd. 54. Stuttgart: Klett, 1975

Hullfish, H. G., Aspects of Thorndike's Psychology. Columbus: Ohio State University Press, 1926

Hunt, J. McV., Intelligence and Experience. New York: The Ronald Press, 1961

Inhelder, B., Cognitive Development and Its Contributions to the Diagnosis of Some Phenomena of Mental Deficiency. In: Merrill-Palmer Quarterly, 12, 1966, S. 299–319

Inhelder/Piaget, J., The Growth of Logical Thinking. New York: Basic Books, 1958

Inhelder/Piaget, The Early Growth of Logic in the Child: Classification and Seriation. New York: Harper, 1964

Inhelder/Bovet, M./Sinclair, H./Smock, C. D., On Cognitive Development. In: American Psychologist, 21, 1966, S. 160–164

Inhelder/Sinclair, H., Learning Cognitive Structures. In: Mussen, P. H./Langer, J./Covington, M. (Hrsg.), Trends and Issues in Developmental Psychology. New York: Holt, Rinehart & Winston, 1969

Isaacs, K. S., Relatability, a Proposed Construct and an Approach to Its Validation. Unveröffentlichte Dissertation, University of Chicago, 1956

Isaacs/Haggard, E. A., Some Methods Used in the Study of Affect in Psychotherapy. In: Gottschalk, L. A./Auerbach, A. H. (Hrsg.) Methods of Research in Psychotherapy. New York: Appleton-Century-Crofts, 1965

Jacobson, E., Denial and Repression. In: Journal of the American Psychoanalytic Association, 5, 1957, S. 61–92

Jahoda, M., Current Concepts of Positive Mental Health. New York: Basic Books 1958

Jaide, W., Jugend und Demokratie. München: Juventa, 1970

Johnson, A. M., Juventile Delinquency. In: Arieti, S. (Hrsg.), American Handbook of Psychiatry, Vol. 1. New York: Basic Books, 1959, S. 840–856

Jordan, D. C., Parental Antecedents and Personality Characteristics of Ego Identity Statuses. Unveröffentlichte Dissertation. State University of New York at Buffalo, 1969

Kaplan, B., The Study of Language in Psychiatry. In: Arieti, S. (Hrsg.), American Handbook of Psychiatry. Vol. 3, New York: Basic Books, 1966

Katan, A., Einige Bemerkungen über Optimismus. In: Internationale Zeitschrift für Psychoanalyse, 20, 1934, S. 191–199

–, The Role of ›Displacement‹ in Agoraphobia. In: International Journal of Psychoanalysis, 32, 1951, S. 32–41

Keniston, K., The Uncommitted. New York: Harcourt, Brace & World, 1965

–, Morals and Ethics. In: The American Scholar, 34, 1965, S. 625–632

–, Young Radicals. Notes on Committed Youth. New York: Harcourt, Brace & World, 1968

–, »You have to have grown up in Scarsdale . . .« In: New York Times Magazine, 1969a, April, 27.

–, »Youth as a Stage of Life«. Paper delivered to the American Psychopathological Association, New York City, 1969b

Kerbs, D. (Hrsg.), Die hedonistische Linke. Beiträge zur Subkulturdebatte. Neuwied-Berlin: Luchterhand, 1971

Kety, S./Rosenthal, D./Wender, P./Schulsinger, F., The Types and Prevalence of Mental Illness in the Biological and Adoptive Families of Adopted Schizophrenics. In: Journal of Psychiatric Research, 6 (Suppl. 1), 1968, S. 345–362

Kohlberg, L., The Development of Modes of Moral Thinking and Choice in the Years 10 to 16. Unveröffentlichte Dissertation, University of Chicago, 1958

–, The Development of Children's Orientations Toward a Moral Order: I. Sequence in the Development of Moral Thought. In: Vita Humana, 6, 1963a, S. 11–33

–, Moral Development and Identification. In: Yearbook of the National Society for the Study of Education, 62, 1963b, Part I

–, Development of Moral Character and Moral Ideology. In: Hoffman, H./Hoffmann, L. (Hrsg.), Review of Child Development Research, Vol 1. New York: Russell Sage Foundation, 1964

–, Relationship between the Development of Moral Judgment and Moral Conduct. Paper presented at the Symposium on Behavioral and Cognitive Concepts in Child Development. Minneapolis, March 1965.

–, Cognitive Stages and Preschool Education. In: Human Development, 9, 1966, S. 5–17
–, Moral Education in the Schools: A Developmental View. In: School Review, 74 1966b, S. 1–30
–, Moral and Religious Education and the Public Schools: A Developmental View. In: Sizer, T. R. (Hrsg.), Religion and Public Education. New York: Houghton-Mifflin, 1967
–, Education for Justice: A Modern Statement of the Platonic View. Ernest Burton Lecture on Moral Education, Harvard University, April 23, 1968
–, »The Child as a Moral Philosopher«. In: Psychology Today, September 1968b, S. 25–30
–, »The Concept of Moral Maturity«. Paper presented at NICHD Conference on the Development of Values. Washington, D. C., May 15, 1968c.
–, Moral Development, 1969
–, Stage and Sequence: The Cognitive-Developmental Approach to Socialization. In: Goslin, D. (Hrsg.), Handbook of Socialization Theory and Research. Chicago: Rand-McNally, 1969
–, Stages in the Development of Moral Thought and Action. New York: Holt, Rinehart & Winston, 1969b
–, Moral Development and the Education of Adolescents. In: Purnell, R. F. (Hrsg.), Adolescents and the American High-School. New York: Holt, Rinehart & Winston, 1970
–, From Is to Ought: How to Commit the Naturalistic Fallacy and get away with it in the Study of Moral Development. In: Mishel, T. (Hrsg.), Cognitive Development and Epistemology. New York: Academic Press, 1971a
–, The Ethical Life, The Contemplative Life and Ultimate Religion – Notes toward Stage 7. Unveröffentlichtes Manuskript, Harvard University, 1971b
Kohlberg, L./Gilligan, C., The Adolescent as a Philosopher. The Discovery of the Self in a Preconventional World. In: Daedalus, 100, 1971, S. 1051–1086
Kohlberg, L./Kramer, R. B., Continuities and Discontinuities in Childhood and Adult Moral Development. In: Human Development, 12, 1969, S. 93–120
Kohlberg, L./Mayer, R., Early Education: A Cognitive Developmental View. II. The Developmental Philosophic Strategy for Defining Educational Aims. In: Kohlberg, L./Turiel, E. (Hrsg.), Recent Research in Moral Development. New York: Holt, Rinehart & Winston, 1973
Kohlberg, L./Turiel, E., Overview – Cultural Universals in Morality. In: Kohlberg, L./Turiel, E. (Hrsg.), Recent Research in Moral Development. New York: Holt, Rinehart & Winston, 1973
Kramer, C. Y., Extension of Multiple Range Tests to Group Means with Unequal Numbers of Replications. In: Biometrics, 12, 1956, S. 307–310
Kramer, R. B., Changes in Moral Judgment Response Pattern during Late Adolescence and Young Adulthood. Retrogression in a Development Sequence. Unveröffentlichte Dissertation, University of Chicago, 1968
Krappmann, L., Soziologische Dimensionen der Identität. Stuttgart: Klett, ^{3}1973
Krebs, R., Some Relations Between Moral Judgment, Attention and Resistance to Temptation. Unveröffentlichte Dissertation, University of Chicago, 1967
Kris, E., Psychoanalytic Explorations in Art. New York: International Universities Press, 1952. Deutsche Übersetzung: Die ästhetische Illusion. Phänomene der Kunst in der Sicht der Psychoanalyse. Frankfurt/Main: Suhrkamp 1977
Kuhn, D./Langer, J./Kohlberg, L./Haan, N., The Development of Formal Operations in Logical and Moral Judgment. In: Genetic Psychology Monographs, 1974

Laing, R., The Divided Self: A Study of Sanity and Madness. London: Tavistock, 1960. Deutsche Übersetzung: Das geteilte Selbst. – Eine existentielle Studie über geistige Gesundheit und Wahnsinn. Köln: Kiepenheuer & Witsch, 1974
Laing, R., The Self and Others: Further Studies in Sanity and Madness. London: Tavistock, 1961. Deutsche Übersetzung: Das Selbst und die Anderen. Köln: Kiepenheuer & Witsch, 1973
Lampert, E., Sons Against Fathers: Studies in Russian Radicalism and Revolution. London: Oxford University Press, 1965
Langer, J., Theories of Development. New York: Holt, Rinehart & Winston, 1969
–, Disequilibrium as a Source of Development. In: Mussen, P./Langer, J./Covington, M. L. (Hrsg.), New Directions in Developmental Psychology. New York: Holt, Rinehart & Winston, 1969
Laqueur, W., Young Germany. New York: Basic Books, 1962
Lempert, W., Leistungsprinzip und Emanzipation. Frankfurt/Main: Suhrkamp, 1971
Lidz, T., The Person. New York: Basic Books, 1968. Deutsche Übersetzung: Das menschliche Leben. Frankfurt/Main: Suhrkamp, 1970
Lidz, T.,/Fleck, S./Cornelison, A. R., Schizophrenia and the Family. New York: International Universities Press, 1965. Deutsche Übersetzung in: Psyche XIII, 60, 1959, S. 257–267
Lipset, S. M./Willins, S. S. (Hrsg.), The Berkeley Student Revolt: Facts and Interpretations. Garden City, N.Y.: Doubleday, 1965
Loevinger, J., Measurement in Clinical Research. In: Wolman, B. B. (Hrsg.), Handbook of Clinical Psychology. New York: McGraw-Hill, 1965, S. 78–94
–, Models and Measures of Developmental Variation. In: Brozek, J. (Hrsg.), Biology of Human Variation. New York: New York Academy of Sciences. In Vorbereitung.
Long, D./Elkind, D./Spilka, B., The Child's Conception of Prayer. In: Journal of the Scientific Study of Religion, 6, 1967, S. 101–109
Lüscher, K., Dreizehnjährige Schweizer zwischen Peers und Erwachsenen im interkulturellen Vergleich. In: Schweizer Zeitschrift für Psychologie und ihre Anwendungen, 30, 1971, 3, S. 219–229
Lynd, H. M., On Shame and the Search for Identity. New York: Science Editions, 1961
Maccoby, E., Development of Moral Values and Behavior. In: Clausen, J. (Hrsg.), Socialization and Society. New York: Little, Brown, 1968
Mahler, M. S., Thoughts about Development and Individuation. In: This Annal, 8, 1963, S. 307–324
Maier, H. W., Three Theories of Development. New York: Harper, 1965
Marcia, J. E. Determination and Construct Validity of Ego Identity Status. Unveröffentlichte Dissertation, Ohio State University, 1964
–, Development and Validation of Ego Identity Status. In: Journal of Personality and Social Psychology, 3, 1966, S. 551–558
–, Ego Identity Status: Relationship to Change in Self-Esteem, ›General Maldjustment‹, and Authoritarianism. In: Journal of Personality, 1, 1967, S. 118–134
Marcia, J. E./Friedman, M. L., Ego Identity Status in College Women. In: Journal of Personality, 38, 1970, S. 249–263
Maslow, A. H., Motivation and Personality. New York: Harper, 1954
–, Toward a Psychology of Being. Princeton, N. J.: Van Nostrand, 1962. Deutsche Übersetzung: Psychologie des Seins. München: Kindler
Mead, G. H., Mind, Self and Society. Chicago: University of Chicago Press, 1934. Deutsche Übersetzung: Geist, Identität und Gesellschaft. Frankfurt/Main: Suhrkamp, 1973

Meehl, P. E./Hathaway, S. R., The K Factor as a Suppressor Variable in the Minnesota Multiphasic Personality Inventory. In: Journal of Applied Psychology, 30, 1946, S. 525–564
Meehl, P. E./Rosen, A., Antecedent Probability and the Efficiency of Psychometric Signs, Patterns, or Cutting Scores. In: Psychological Bulletin, 52, 1955, S. 194–216
Milgram, S., Dynamics of Obedience: Experiments in Social Psychology. Washington, D. C.: National Science Foundation, 1961, Mimeo.
–, Some Conditions of Obedience and Disobedience to Authority. In: Human Relations, 18, 1965, S. 57–76
Mumford, L., The City in History. New York: Harcourt, Brace & World, 1962
Murray, H. A., Explorations in Personality. New York: Oxford University Press, 1938
Mussen, H./Langer, J./Covington, M. (Hrsg.), Trends and Issues in Developmental Psychology, 1969
Nameche, G./Waring, M./Ricks, D. F., Early Indicators of Outcome in Schizophrenia. In: Journal of Nervous and Mental Disease, 136, 1964, S. 232–240
Nameche, G./Ricks, D. F., Life Patterns of Children Who Became Adult Schizophrenics. Paper presented at the Annual Meeting of the American Orthopsychiatric Association. San Francisco, April, 16, 1966
Neidhardt, F. et al., Jugend im Spektrum der Wissenschaften. Beiträge zur Theorie des Jugendalters. München: Juventa, 1970. Reihe Deutsches Jugendinstitut 3.
Oales, J., Self-Stimulation of the Brain. In: Science, 127, 1960, S. 315–324
Opler, M., Themes as Dynamic Forces in Culture. In: American Journal of Sociology, LI, S. 198–206
Ojemann, R. H./Pritchett, K., Piaget and the Role of Guided Experiences in Human Development. In: Perceptual and Motor Skills, 17, 1963, S. 927–940
Owen, C. Cross-Cultural Studies of Moral Development. Unveröffentlichte Dissertation, University of Chicago, 1968
Parsons, T., Social Structure and the Development of Personality, Kap 4. In: Social Structure and Personality. Glencoe, Ill.: The Free Press, 1964a
–, The School Class as a Social System. In: Social Structure and Personality. Glencoe, Ill.: The Free Press, 1964b
–, Evolutionary Universals in Society. In: American Sociological Review, 29, June 1964, S. 339–357
Peck, R. F./Havighurst, R. J., The Psychology of Character Development. New York: Wiley, 1960
Peel, E. A., The Pupil's Thinking. London: Oldhourne, 1960
Perry, W., Forms of Intellectual and Ethical Development in the College Years. Cambridge, Mass.: Harvard University Bureau of Study Counsel. Mimeo. 1968a
–, Patterns of Development in Thought and Values of Students in a Liberal Art College. Cambridge, Mass.: Harvard University Bureau of Study Council. Mimeo. 1968b
Piaget, J., The Moral Judgment of the Child. Glencoe, Ill.: Free Press, 1932. Deutsche Übersetzung: Das moralische Urteil beim Kinde. Frankfurt/Main: Suhrkamp 1973
–, The Psychology of Intelligence. New York: Harcourt, Brace & World, 1947. Deutsche Übersetzung: Psychologie der Intelligenz. Zürich, Stuttgart: Rascher, 1970
–, The Child's Conception of the World. London: Routledge & Kegan Paul, 1951
–, The Child's Conception of Number. New York: Humanities Press, 1952a. Deutsche Übersetzung: Die Entwicklung des Zahlbegriffs beim Kinde. Stuttgart: Klett 1969
–, The Language and Thought of the Child. London: Routledge & Kegan Paul, 1952b.

Deutsche Übersetzung: Sprechen und Denken des Kindes. Düsseldorf: Pädagogischer Verlag Schwann 1972.
–, The Origins of Intelligence in Children. New York: W. W. Norton, 1952. Deutsche Übersetzung: Das Erwachen der Intelligenz beim Kinde. Stuttgart: Klett, 1969
–, The Construction of Reality in the Child. New York: Basic Books, 1954. Deutsche Übersetzung: Der Aufbau der Wirklichkeit. Ges. Werke. Bd. 2. Stuttgart: Klett, 1975
–, The General Problem of the Psychobiological Development of the Child. In: Tanner, J. M./Inhelder, B. (Hrsg.), Discussions on Child Development. Vol. 4. New York: International Universities Press, 1960a
–, Comments on Vygotsky's Critical Remarks Concerning »The Language and Thought of the Child«. Cambridge, Mass.: M. I. T. Press, 1962
–, Three Lectures. In: Bulletin of the Menninger Clinic, 26, 1962, S. 120–145
–, The Attainment of Invariance and Reversible Operations in Developmental Thinking. In: Social Research, 30, 1963, S. 283–299
–, Six Psychological Studies. New York: Random House, 1967
–, Genetic Epistemology. New York: Columbia University Press, 1970a. Deutsche Übersetzung: Abriß der genetischen Epistemologie. Freiburg/Brsg.: Walter, 1974.
–, Structuralism. New York: Basic Books, 1970b. Deutsche Übersetzung: Der Strukturalismus. Freiburg/Brsg.: Walter, 1973
–, Biology and Knowledge. Chicago: University of Chicago Press, 1971. Deutsche Übersetzung: Biologie und Erkenntnis. Frankfurt/Main: S. Fischer, 1974
–, Intellectual Evolution from Adolescence to Adulthood. In: Human Development, 15, 1972, S. 1–12
Podd, M. H., Ego Identity Status and Morality: An Empirical Investigation of Two Developmental Concepts. Unveröffentlichte Dissertation. University of Chicago, 1969
Podd, M. H./Marcia, J. E./Rubin, B. M., The Effects of Ego Identity and Partner Perception on a Prisoner's Dilemma Game. In: Journal of Social Psychology, 82, 1970, S. 117–126
Projektgruppe Jugendbüro und Hauptschülerarbeit, Die Lebenswelt von Hauptschülern. Ergebnisse einer Untersuchung. München: Juventa, 1975
Redfield, R., The Primitive World and Its Transformations. Ithaca: Cornell University Press, 1953
Redl, F., Group Emotion and Leadership. In: Psychiatry V, 1942, S. 573–596
Reich, A., Early Identifications as Archaic Elements in the Superego. In: Journal of the American Psychoanalytical Association, 2, 1954, S. 218–238
Reiss, D., Varieties of Consensual Experience: Contrast Between Families of Normals, Delinquents and Schizophrenics. In: Journal of Nervous and Mental Disease, 152, 1970, S. 73–95
Rest, J., Hierarchies of Comprehension and Preferences in a Developmental Stage Model of Moral Thinking. Unveröffentlichte Dissertation, University of Chicago, 1969
–, The Hierarchical Nature of Moral Judgment: Patterns of Comprehension and Preference of Moral Stages. In: Kohlberg, L./Turiel, E. (Hrsg.), Recent Research in Moral Development. New York: Holt, Rinehart & Winston, 1973
Rest, J./Turiel, E./Kohlberg, L., Level of Moral Development as a Determinant of Preference and Comprehension of Moral Judgments Made by Others. In: Journal of Personality, 37, 1969, S. 225–252
Rosenmayr, L./Kreutz, H., Eltern und Gleichaltrige als Faktoren sozialen Einflusses bei Jugendlichen und »jungen Erwachsenen«. In: Wurzbacher, G. (Hrsg.), Die Familie als Sozialisationsfaktor. Stuttgart: Enke, 1968

Rosenthal, D./Wender, P./Kety, S./Schulsinger, F./Welner, J./Ostergaard, L., Schizophrenics' Offspring Reared in Adoptive Homes. In: Journal of Psychiatric Research, 6 (Suppl. 1) 1968, S. 377–391

Rosenthal, R., Experimenter Effects in Behavioral Research. New York: Irvington, 1966

Salinger, J. D., The Catcher in the Rye. Boston: Little, Brown & Co., 1951. Deutsche Übersetzung: Der Fänger im Roggen. Reinbek: Rowohlt

Sanford, N., Developmental Status of the Entering Freshman. In: Sanford, N. (Hrsg.), The American College. New York: Wiley, 1962

Santayana, G., Life of Reason. New York: Scribner, 1954

Schaie, K. W., Methodological Problems in Descriptive Developmental Research on Adulthood and Aging. In: Nesselroade, J. R./Reese, H. W. (Hrsg.), Life-Span Developmental Psychology: Methodological Issues. New York: Academic Press, 1973b

Schur, M., The Ego in Anxiety. In: Loewenstein, R. M. (Hrsg.), Drives, Affects, Behavior, New York: International Universities Press, 1953, S. 67–103

–, The Ego and the Id in Anxiety. In: The Psychoanalytic Study of the Child, 13, 1958, S. 190–220. New York: International Universities Press.

Schwendter, R., Theorie der Subkultur. Köln: Kiepenheuer & Witsch, 1971

Scott, R. D./Ashworth, P. L., The Shadow of the Ancestor: A Historical Factor in the Transmission of Schizophrenia. In: British Journal of Medical Psychology, 42, 1969, S. 13–32

Sears, R. R., Identification as a Form of Behavior Development. In: Harris, D. B. (Hrsg.), The Concept of Development. Minneapolis: University of Minnesota Press, 1957, S. 149–161

Seidenspinner, G., Lehrlinge im Konfliktfeld Betrieb. München: Juventa, 1974. Reihe Deutsches Jugendinstitut

Selman, R., Taking Another's Perspektive: Role-Taking Development in Early Childhood. In: Child Development, 42, 1971, S. 1721–1734

Selman, R./Byrne, D., Manual for Scoring Stages of Social Role Taking in Moral and Non-Moral Social Interviews. Unveröffentlichtes MS, Harvard University, 1973

Shapiro, R./Zinner, J., Adolescence and the Family. Paper presented at the Annual Meeting of the American Psychoanalytic Association, Washington, D. C., April, 30, 1971

Siegel, S., Nonparametric Statistics for the Behavioral Sciences. New York: McGraw-Hill, 1956

Smedslund, J., The Acquisition of Conservation of Substance and Weight in Children: II. External Reinforcement of Conservation of Weight and of the Operations of Addition and Substraction. In: Scandinavian Journal of Psychology, 2, 1961a, S. 71–84

–, The Acquisition of Conservation of Substance and Weight in Children: III. Extinction of Conservation of Weight Acquired »Normally« and by Means of Empirical Controls on a Balance. In: Scandinavian Journal of Psychology, 2, 1961b, S. 85–87

–, The Acquisition of Conservation of Substance and Weight in Children: V. Practice in Conflict Situations without External Reinforcement. In: Scandinavian Journal of Psychology, 2, 1961c, S. 156–160

Smith, M. B., Morality and Student Protest. Psi Chi Invited Address, American Psychological Association. San Francisco, Calif., 1968a

–, The Crisis on the Campus. Paper presented to Symposium on Ethics and Responsibility in Social Crises. New York State Psychological Association. New York City, May 4, 1968b

Smith, M. B./Haan, N./Block, J., Social-Psychological Aspects of Student Activism. In: Rubenstein, B./Levitt, M. (Hrsg.), Rebels and the Campus Revolt. New York: Prentice Hall, 1969

Stabenau, J./Tupin, J./Werner, M./Pollin, W., A Comparative Study of Families of Schizophrenics, Delinquents, and Normals. In: Psychiatry, 28, 1965, S. 45–59
Stierlin, H., Short-Term Versus Long-Term Psychotherapy in the Light of General Theory of Human Relationships. In: British Journal of Medical Psychology, 41, 1968, S. 357–367
–, Conflict and Reconciliation. New York: Science House, 1969
–, The Functions of »Inner Objects«. In: International Journal of Psychoanalysis, 51, 1970, S. 321–329
Stierlin, H./Levi, L. D./Savard, R. J., Parental Perceptions of Separating Children. In: Family Process, 10, 1971, S. 411–427
Sullivan, C./Grant, M.Q./Grant, J. D., The Development of Interpersonal Maturity: Applications to Delinquency. In: Psychiatry, 20, 1957, S. 373–385
Sullivan, H. S., The Interpersonal Theory of Psychiatry. New York: W. W. Norton, 1953
Sutton, L. E., An Investigation of Invariant Sequence in a Cognitive-Developmental Theory of Moral Development. Unpublished Master's Thesis, Connecticut College, 1972
Tanner, J. M./Inhelder, B., Discussions on Child Development. Vol. 1, New York: International Universities Press, 1956
Tanner, J. M./Inhelder, B., Discussions on Child Development. Vol. 4. New York: International Universities Press, 1960
Tenbruck, F., Jugend und Gesellschaft. Soziologische Perspektiven. Freiburg/Brsg.: Rombach, 1965[2]
Thorndike, E. L., Units and Scales for Measuring Educational Products. Proceedings, Conference on Educational Measurements. Indiana University Bulletin, 1914. (Zitiert bei Hullfish, H. G., Aspects of Thorndike's Psychology. Columbus: Ohio State University Press, 1926)
Turiel, E., An Experimental Test of the Sequentiality of Developmental Stages in the Child's Moral Judgments. Unveröffentlichte Dissertation, Yale University, 1965
–, An Experimental Test of the Sequentiality of Developmental Stages in the Child's Moral Judgments. In: Journal of Personality and Social Psychology, 3, 1966, S. 611–618
–, Cognitive Conflict in the Development of the Child's Moral Judgments. National Science Foundation. January 1967 Mimeo.
–, Developmental Processes in the Child's Moral Thinking. In: Mussen, P./Langer, J./Covington, M. L. (Hrsg.), New Directions in Developmental Psychology. New York: Holt, Rinehart & Winston, 1969
–, The Effects of Cognitive Conflict on Moral Judgment. In: Kohlberg, L./Turiel, E. (Hrsg.), Recent Research in Moral Development. New York: Holt, Rinehart & Winston, 1973a
–, An Experimental Test of the Sequentiality of Developmental Stages in the Child's Moral Development. In: Kohlberg, L./Turiel, E. (Hrsg.), Recent Research in Moral Development. New York: Holt, Rinehart & Winston, 1973b
–, Stage Transition in Moral Development. In: Travers, R. M. (Hrsg.), Second Handbook of Research on Teaching. Chicago: Rand, McNally, 1973
Walter, R. J. Student Politics in Argentina. New York: Basic Books, 1968
Weber, M., The Theory of Social and Economic Organization. In: Parsons, T. (Hrsg.). New York: The Free Press, 1966
Weir, W. M., Development Changes in Problem Solving Strategies. In: Psychological Review, 71, 1964, S. 473–490
Werner, H., Process and Achievement. A Basic Problem of Education and Developmental Psychology. In: Harvard Educational Review, 7, 1937, S. 353–368

–, Comparative Psychology of Mental Development. Chicago: Follet, 1948
–, The Conception of Development from a Comparative and Organismic Point of View. In: Harris, D. (Hrsg.), The Concept of Development. Minneapolis: University of Minnesota Press, 1957, S. 125–148
Werner, H./Kaplan, B., Symbol Formation. New York: John Wiley, 1963
White, R., Motivation Reconsidered: the Concept of Competence. In: Psychological Review, 66, 1959, S. 297–333
Whiting, J. W., Resource Mediation and Learning by Identification. In: Iscoe, I./Stevenson, H. W. (Hrsg.), Personality Development in Children. Austin: University of Texas Press, 1960, S. 112–126
Wurzbacher, G., Gesellungsformen der Jugend. München: Juventa, 1960[3]
Wynne, L. C., On the Anguish and Creative Passions of Not Escaping Double Binds: A Reformulation. Paper presented at the Symposium on Double Bind, Annual Meeting of the American Psychological Association. Washington, D. C., September, 2, 1969
–, Schizophrenics and Their Families. I. Research Redirections. In: British Journal of Psychiatry, 1972
Wynne, L. C./Ryckoff, I. M./Day, J./Hirsch, S. I., Pseudomutuality in the Family Relations of Schizophrenics. In: Psychiatry, 21, 1958, S. 205–220
Wynne, L. C./Singer, M. T., Thought Disorder and Family Relations of Schizophrenics. I. A Research Strategy; II. A Classification of Forms of Thinking. In: Archives of General Psychiatry 9, 1963, S. 191–206
–, Thought Disorder and Family Relations of Schizophrenics III. Methodology Using Projective Techniques. IV. Results and Implications. In: Archives of General Psychiatry, 12, 1965, S. 187–212
–, Schizophrenics and Their Families: II. Recent Research Methods. In: British Journal of Psychiatry, 1972a
–, Schizophrenics and Their Families: III. Recent Rorschach Communications Findings. In: British Journal of Psychiatry, 1972b
Yarmolinsky, A., Road to Revolution. New York: Collier, 1962

Register

PERSONENREGISTER

SACHREGISTER